U0520555

万物

西方将主宰多久

东方为什么会落后，西方为什么能崛起

［美］伊恩·莫里斯 著
（Ian Morris）
钱峰 译

WHY THE WEST RULES—FOR NOW
The Patterns of History, and What They Reveal About the Future

图书在版编目（CIP）数据

西方将主宰多久 /（美）伊恩·莫里斯著；钱峰译
. -- 3版. -- 北京：中信出版社，2024.5
书名原文：Why the West Rules—for Now: The Patterns of History, and What They Reveal About the Future
ISBN 978-7-5217-6453-6

Ⅰ.①西… Ⅱ.①伊…②钱… Ⅲ.①西方国家－历史 Ⅳ.①K10

中国国家版本馆CIP数据核字（2024）第079207号

Why the West Rules—for Now by Ian Morris
Copyright © 2010 by Ian Morris
Maps and graphs copyright © 2010 by Michele Angel
Printed in the United States of America First edition, 2010
Simplified Chinese translation edition © 2024 by CITIC Press Corporation
Published by arrangement with the author through Sandra Dijkstra Literary Agency, Inc. in association with Bardon-Chinese Media Agency
ALL RIGHTS RESERVED
本书仅限于中国大陆地区发行销售

西方将主宰多久

著者：[美] 伊恩·莫里斯
译者：钱峰
出版发行：中信出版集团股份有限公司
（北京市朝阳区东三环北路 27 号嘉铭中心　邮编　100020）

承印者：河北鹏润印刷有限公司

开本：880mm×1230mm 1/32　印张：23.75　字数：638千字
版次：2024年5月第3版　　　印次：2024年5月第1次印刷
京权图字：01-2010-4442　　　书号：ISBN 978-7-5217-6453-6
审图号：GS（2024）0657号（本书地图系原书插附地图）
定价：119.00元

版权所有·侵权必究
如有印刷、装订问题，本公司负责调换。
服务热线：400-600-8099
投稿邮箱：author@citicpub.com

The farther you can look into the past,
the better you can see into the future.

Ian Morris

献给
凯西

总序　人类历史发展的两大主线

葛剑雄
复旦大学文科特聘资深教授

由中信出版集团出版的伊恩·莫里斯教授的系列著作，包括《西方将主宰多久》《文明的度量》《战争》《历史的偏见》《地理即命运》《希腊人》六本。我受邀为该系列图书作总序。

翻阅这些书，我发现其时间跨度从一万年前直至2103年，空间跨度几乎遍及全球，涉及人文、科学、自然、社会各领域，覆盖大多数学科，各方面都远远超出了我的研究范围和认知能力。尽管如此，直觉告诉我，作者的研究和论述抓住了人类历史发展的两条主线，相当深刻又非常形象地揭示了人类文明的发展规律。

人类处于地球表层极其复杂多样的环境中，人类历史的发展是各种因素综合作用的结果。但从人类诞生至今，一直到可以预见的未来，始终贯穿着两条主线：一是人类与自然的互动和协调，即人类不自觉地或自觉地适应地理环境；二是人类不断克服自身的生物性、兽性，形成人性，并逐步确立人类共同的精神标准和价值观念。

人类诞生于非洲，在此后相当长的阶段内都不具备生产能力，只能靠采集和狩猎为生。尽管自然界的野生植物、动物丰富多样，但可供史前人类觅食并用于维生的种类和数量还是有限的。特别是在同一个空间范围内，因此史前人类会本能地扩大采集和狩猎的范围，且一旦在新的区域内生存下来，就不再返回。总有些史前人类比同伴有更强的好奇心，他们会在食物并未采尽时就迁入新的区域，这些人或许会因为采集和狩猎所得不足以维生而灭绝，或许就此完成了一次迁徙。

人类就这样走出了非洲，并最终走到地球上大多数适合人类生存的地方。但这一过程极其漫长，而且最终能走到新的定居地的人或许只是少数。那时的人类由于完全不了解外界的环境，再次向外走的时候往往没有选择的余地，只能一次次地试错，其中的无数支迁徙人群会以灭绝告终。有幸迁入一些自然条件相对优越地方的人，则获得了更好的繁衍条件，并逐渐创造出文明。

孕育了早期文明的地方，如肥沃新月地带、爱琴海周边、希腊沿海平原、地中海中的岛屿、尼罗河三角洲、黄河中下游地区等，都具有较好的自然条件。地球上可能被人类驯化为粮食作物的 20 余个品种，大多数生长在地中海式气候带。环地中海地带的人类最早驯化了小麦、豌豆、橄榄等优质作物，生产出充足的食物，为人口聚集和阶层分化提供了稳定的物质基础。又如黄河中下游地区是黄土高原和黄土冲积形成的平原，土壤疏松，原始植被易于清除，五六千年前气候温暖，降水充足，形成大面积的农田，文明曙光在这一带发展成华夏文明的核心绝非偶然。

因各种原因而迁入自然条件较差地区的人群，不得不选择游牧、狩猎、饲养、采集等生产方式，一般难以形成充足而稳定的食物供应，人口数量有限且分散，阶层分化出现得较晚，且层次简单，以至长期无法形成城市或行政中心。等到他们演化到足以改变生产方式，或有能力发展定居型农业时，近处的宜农地域早已被其他人群占有。在从事不同产业的人群交错分布的地区，由于农耕人群具有更强的生产和生存能力，采用其他生产方式的人群往往会被压缩到自然条件更差的空间，他们或者被迫外迁，或者被并入农耕人群。例如先秦时在黄河中下游地区还有不少以牧业为主的戎、狄部族，到公元前 221 年秦始皇统一六国，在长城以内已不存在聚居的牧业部族。

在总生产力相对较低而管理成本相对较高的条件下，统治阶层要维持自己的权力、地位和利益，必定会采用专制的办法，早期的政治实体、酋邦、国家基本采用专制政治体制，并先后转为世袭制。但由于地理环境不同，每个地区的专制集权程度不一，统一的范围也各异。如中华文明形成于黄河中下游地区，以黄土高原和黄土冲积平原为基础，这些基本属于宜农地区，面积大，中间没有明显的地理障碍，便于统治管理，行政成本低，很早就产生了大一统的观念和理论，并在公元前221年由秦始皇首先实现，建立了中央集权的专制政治体制，延续到20世纪初的清朝末年。但在希腊半岛，由于仅在沿海地区有狭窄的平原，其他都是山岭、峡谷、山地，交通不便，对异地的统治管理行政成本太高，因此形成了一个个独立的城邦，整个半岛从来没有出现如秦朝那样的中央集权专制政权，即使是在国力最强盛时，也只是主要城邦间的松散联合。上埃及与下埃及之间也只是联合，而不是中国式的中央集权。波斯帝国、亚历山大帝国、罗马帝国、拜占庭帝国、奥斯曼帝国，没有一个产生过"大一统"思想和理论，没有一个建立过真正意义上的中央集权政权。

游牧部族一般只能生产出勉强维持生存的食物，一旦出现不利的气候条件，往往只能选择迁徙。由于他们掌握的地理信息有限，迁徙大多是盲目的，因此其中一部分会以部族的灭绝或被其他部族吞并而告终。在迁徙遇到人为阻力时，他们别无选择，只能以武力对抗，结果可能获得依靠生产无法获得的食物、其他生活物资和财富。这无疑会诱发他们本来就难免的贪欲、野心和兽性，转而以掠夺、杀戮为手段获取更有利的生存条件。在耕地不足、气候不利或遭遇天灾人祸时，农业部族也不得不部分或全部迁徙。他们的最终命运取决于能否获得足够的土地和包括人文、自然两方面资源的基本生存条件。

而像古代中国这样拥有辽阔的疆域和足够的农田、能够生产出足够的食物和其他生活物资供养其人口的国家，在不利的气候条件或异常灾害面前，具有充分的回旋余地，通过内部的人口迁移和资源配置就能解决，如人口从北方迁往南方，从平原进入谷地、山区，由黄河流域转移到长江流域，开发尚未开发的区域。所以，从西汉至明朝，统治者尽管拥有足够的军事控制能力，却始终没有在蒙古高原、青藏高原和东北地区设立正式的郡县（州县）制度。开疆拓土或坚守边界，更多的是出于国家安全的考虑，或者是反击入侵的结果。对于新获得的疆土，统治者仅实施军事监护和象征性的行政管理，一旦国力衰退或鞭长莫及，就会轻易放弃。

有人将不同群体、不同民族、不同国家、不同文明之间的差异和特点归因于血统、基因，甚至认为存在优劣之分。但遗传学研究已经证明，人类出自同一个祖先、同一种基因，今天的不同人种、不同遗传基因是同一祖先的后裔散布到地球各地后长期演变的结果。而导致这些演变发生的主要原因，是各地不同的地理环境，而不是当初已经存在遗传基因的差异。

随着生产力的发展，特别是在工业化以后，一些人陶醉于科学技术的长足进步和物质财富的迅速增加，一度产生"人定胜天"的观念，提出征服自然的号召，造成某些资源的枯竭、某些物种的灭绝，并对局部区域的环境造成难以消除的污染和不可修复的破坏。殖民主义、帝国主义、垄断资本推波助澜，加剧环境恶化，引发社会危机。一方面，科学技术的发展达到空前的高度；另一方面，人类与自然的和谐共生共存也受到严峻的考验。

人类历史的另一条主线，是人类不断克服自身的生物性、兽性，并不断完善人性的过程。

在人类的祖先还在非洲以及走出非洲的过程中，绝大多数人都还只有生物性、兽性，与其他动物没有明显的区别。他们的发声、觅食、饮食、避热、御寒、集群、争斗、交配、生殖、育雏、病痛、死亡、迁徙等，与其他动物无异。与此同时，其中个别人或少数人，由于超常的生理发育，或脑功能的进化，或迄今我们还无法理解的原因，产生或强化了好奇心、羞辱感、舒适感、荣耀感、判断力、思维力、表达力、感染力、想象力、模仿力，并且不断克服自身的生物性和兽性。但多数人并不具备他们这样的能力，而且不认同他们的行为方式和表达出来的感情，视他们为异类，甚至加以驱逐或杀害。但其中有的人依靠自己的体力和智力，成为部落的首领，通过暴力强制或劝导示范，使部落成员接受他的生活方式、是非标准、行为规范，增强了部落成员的人性。这一过程是漫长的、曲折的、反复的，但最终结果是，一些部落形成了比较共同的人性，结为更大的部落联盟或部族，进而形成酋邦、政治实体和早期国家。

早期人类在面对变幻莫测又威力无穷的自然界和无法对抗的敌对群体时，无不寄希望于神灵、祖先，产生广泛的多神崇拜，形成越来越隆重丰盛的祭祀。由于所崇拜和祈求的是拟人化的神灵，所以他们就按自己的标准和理想来准备祭祀用品和殉葬品——动物、植物、鲜血、器官、心脏、头颅、奴隶、俘虏、美女、异人等和各种珍贵的物品。中国秦汉时的观念是"事死如生"，所以皇帝的陪葬品应包括他生前所需要的一切。随着人类自身的物质需求、审美标准和价值观念的变化，食物、鲜花和精心制作的祭祀器物才逐渐出现，伴随以音乐、舞蹈和隆重的仪式，殉葬品也逐渐改为俑、器物、模型、图画和象征性器物。

由于种种原因，包括迄今我们还不能了解的原因，特定区域（一种说法是在亚美尼亚一带）的人类产生了语言，随着人口的迁徙而产生不同语系的分支和更多不同的语言。有了语言，杰出的、先知先觉的人，无论是对部落的其他成员强制推行人性还是教化感化，都有了更有效的手段。一万年以来，地球上先后产生了不同的文字。文字的使用和传播，使人类的思想和精神生活得到记录和推广，也使人的生活方式、行为规范、好恶程度、是非标准、价值观念等得到准确的记录和表达，又通过家庭、家族的权威和政权的权力，形成规则、惯例、法令、制度、法律等。

统治者和统治阶层拥有丰厚的物质条件和强大的行政权力，可以有效地推行他们所认可的人性，尽管他们自己未必真正践行。一方面，他们可以通过家庭、学校、社会等各种途径对民众进行教化；另一方面，他们也会用规则、法律限制乃至严刑峻法加以强化、强制。在宗教盛行后，统治者还会借助于宗教。只要他们想推行的"人性"得到宗教信仰的肯定，被列入信仰的范围，或被解释为信仰的表现，统治者不需要付出任何行政成本，就能获得最大的效益，但统治者实际推行的"非人性"，也在这种政教合一的条件下被推向极致。

虽然宗教是创造人本身的人性的理想化、完美化和神秘化的产物，但一旦形成宗教信仰，信众就丧失了本来的人性，而必须完全接受神、上帝或主赐予的"人性"，方能弥补自己与生俱来的罪愆。宗教领袖、神职人员假神的名义，或者依照他们自己对神谕的理解，推行他们的"人性"。任何宗教信仰本质上都是排他的，在形成世俗的世界秩序和国际条约之前，宗教之间不可避免地存在难以调和的冲突，引发持久的、激烈的宗教战争。政教合一、宗教战争，曾经使欧洲相关宗教信仰地区经历了人类历史上最黑暗的时代。所以现代社会必须实行政教分离，在保证宗教信仰的同时，也要求宗教不干预政治、教育、科学和学术。

在生存资源有限、人类的生存能力不可能及时提升的条件下，群体之间为争夺生存资源引发的斗争和战争不可避免，无论胜负，都可能激发人固有的生物性、兽性，使有些个体或群体以掠夺、侵略代替生产，甚至以杀戮为乐趣。一旦兽性强的人掌握了权力，或者成了大群体的首领，更会不顾后果地持续发动战争。另外，人性的张扬也使有些个体或群体以正义的战争守卫自己的财物，维护自己的权益，以战止战。当拥有足够的实力时，他们还会用人性规范战争，并感化或强制对手遵守这些规则。如中国春秋时代的宋襄公，在敌强我弱的情况下还坚持不攻击正在渡河、未布好阵势的敌军和头发斑白的老年人，在兵败身伤时仍然坚持。在古希腊、古罗马时代，一些决斗、战争的规范初步形成；而在中世纪后，欧洲也逐渐产生规范战争行为、战场救护、善待战俘、保护平民的国际条约。

生产力和科学技术的进步，武器和战争手段的发展，人口的增加，使掌握国家权力的战争狂人具有无限的杀伤力，其兽性的膨胀会给全人类带来浩劫。但人性也凝聚着另一些人类群体、民族、国家，为了自己的利益、尊严、独立、自由、民主进行并坚持正义的战争。在二战中，大多数国家和人民结成同盟，打败了侵略者，消灭了法西斯，建立了联合国，确立了国际关系的准则，制定了相关的国际法。但时至今日，一些人的兽性依然得不到抑制，膨胀为侵略、掠夺、反人类行为、恐怖活动，并因拥有最先进的武器和战争手段给全人类带来巨大的灾难。

人类的精神活动对物质条件的依赖性很低。一位天才、一位杰出人物，只要他（或她）尚未进入脑死亡状态，就能运用思维，就能保持和提升人性，就能创造精神财富。当然，这一切只有被记录、被传播，才具有社会意义和实际意义。所以人类的精神境界、人性的高度，并不一定随着时间的推移和物质基础的改善而同步提升。某位天才、杰出人物曾经创造的精神境界、达到的人性高度和纯度，或许永远不可能被复制和超越。

任何一种人类文明，作为某一特定的群体在特定的时间和空间范围内创造的物质财富和精神财富的总和，其形成和发展、兴盛和衰落，离不开基本的物质条件。但在群体摆脱了物资匮乏状态，特别是进入富裕社会后，文明的命运在很大程度上就取决于精神财富，取决于人性。人类的未来、人类命运共同体的精神基础，就是中国共产党提出和倡导的全人类价值共识，即"和平、发展、公平、正义、民主、自由的全人类共同价值"，这是全人类人性的升华和结晶。

由于主观和客观条件的局限，作者没有涉及这两条主线的全部，在涉及的部分也未必都能做出圆满的阐述，但这套书的贡献已足以奠定作者里程碑式的地位。我谨将这套书介绍给各位读者。

推荐序一　全球视野下的东西方文明历程

姚洋

北京大学博雅特聘教授

《西方将主宰多久》作者伊恩·莫里斯是美国历史学家、考古学家，在美国斯坦福大学古典学系担任教授，研究考古学、古希腊史。西方很多优秀学者在自己专业领域有建树之余，还愿意向外拓展，撰写普及类书籍，告诉非专业的读者这个世界上在发生什么。

莫里斯的这类著作就是从考古学和历史学出发，讲述一个宏大的故事。《西方将主宰多久》解释了过去一万多年间欧亚大陆文明的交替和分流。《文明的度量》详细讲解了如何度量文明进步的程度。《战争》探讨了为什么战争有时候也能推动社会进步。《历史的偏见》研究了从觅食社会、农业社会到工业文明社会，不同的社会形态应该配备什么样的价值体系。可以看出他的思考是慢慢深入的。

《西方将主宰多久》这本书回答了以下几个问题。

第一，过去两百年里，为什么是西方领先东方？西方现在主宰着世界，但还要主宰多久？这就回答了由李约瑟之谜产生的东西方大分流问题，我将在后文详述。

第二，如何度量文明的成就？莫里斯创造了"社会发展指数"，以度量不同文明在过去一万多年间的进步程度。这是一个浩大的工程，肯定存在很多模糊性，但是他能做到这一步已经很不简单。

第三，什么因素主宰文明的长期进步或者衰落？莫里斯的解释是内因和外因的共同作用，内因是他自己所定义的"莫里斯定理"，外因是自然因素。

第四，自然因素对文明的塑造起到了什么作用？这是莫里斯在本书中特别关注的。要研究一万多年间欧亚大陆上文明的分野，他要找的是能够影响长期发展的基本因素，所以他找到了地理和气候这两个自然因素。地理决定了是西欧而不是中国首先发现了新大陆，这可以解释东西方大分流的问题。气候变化决定了北半球各文明的兴衰，这一点我认为非常重要，而且非常新颖。

莫里斯定理：长期增长的内因

究竟是什么因素决定了经济的长期增长，历年来有很多不同的研究，我介绍几种主要观点，再讲讲莫里斯的与众不同之处。

第一种观点是，经济的长期增长由地理环境决定。地理环境决定论曾一度受到批判，但实际上地理环境是非常重要的。美国演化生物学家贾雷德·戴蒙德的《枪炮、病菌与钢铁》是这种观点的代表作，产生了很大影响。但是这本书只讲到为什么农耕文明发源于欧亚大陆，未再深入。包括莫里斯在内的部分学者，把地理环境作为文明的重要因素之一，但并非决定性因素。

第二种观点是，思维方式决定长期增长。这是李约瑟的观点。他曾是生物化学家，二战时来到中国，在重庆建立中英科学合作馆，由此对中国的科学技术产生了兴趣。回到英国后，他转行研究中国古代科学技术史，写出了七卷本《中国科学技术史》，对中国乃至世界的科学技术研究做出了巨大贡献。他在第一卷里提出一个问题：中国古代，特别是宋朝的技术已达到很高的高度，但为什么后来的中国没有产生科学？这个问题后来引申为"大分流"问题：为什么工业革命没有发生在中国,而是发生在西欧,特别是英国?李约瑟给出的解释是,中国人善于实践但不善于理论分析,所以中国没有产生科学。

他说的有一定道理,但其实工业革命不是依赖科学而产生的。科学和工业的结合,是直到19世纪后半叶英国物理学家麦克斯韦建立电磁场理论才开始的。一般认为工业革命大约始于1750年,那时并没有科学的指导,绝大多数发明创造都是摸索出来的,有些发明创造者自己也不清楚背后的科学原因。举例来讲,过去航海的水手常会得坏血病,但大家找不出原因。苏格兰一名医生通过对照组实验发现吃橘子的水手不会得坏血病。他发现了这个情况,但根本不明白原因,我们现在知道是维生素的作用,但当时无人知晓。所以说,没有科学也可以产生技术的进步,李约瑟的这个解释至少是不完整的。

第三种观点是,制度决定论,这是当前最有影响力的一派。达龙·阿西莫格鲁和詹姆斯·罗宾逊合著的《国家为什么会失败》影响非常大,它把制度因素所起的作用提到很高的水平上,但这有很大的误导可能性。制度当然起了作用,但在历史长河里,如一千年甚至一万年,制度的作用就有待商榷。这个制度到底是内生的还是外生的?制度之下是否还有其他解释因素?古人认为地球能浮在空中是因为下面有很多龟在支撑,也许制度只不过是其中一只龟,还有很多其他龟。

莫里斯则不同,他所做的是努力去寻找最底层的那几只龟,也就是内因。莫里斯定理提出:人类社会的变化来自懒惰、贪婪和恐惧的人对方便、有利和安全的追求。人类都是懒惰的,不想吃苦,想要追求舒适,这就迫使人类去发明创造。比如人类发明了轮子,推着有轮子的车比较省力,后来为了舒适,又发明了自行车、汽车、飞机等。人类作为动物的一种,也非常贪婪。在古代,人们要去抢占周边的环境和资源;进入文明社会后,人们给贪婪找了一个文明的说法——追逐利润。如果说人类的进步是靠追逐利润推动的话,那么贪婪就是最下面的那只龟。人都有避险的本能,为了追求安全,建造了城堡,发展出军队。哥伦布为什么发现了美洲?实际上他是为了安全,想要绕开陆路，才决定走海路。所以上述因素源于我们人类发自内心的动物属性，属于内因。除了动物属性，还有外在因素在起作用，包括地理环境和气候变化。

三次大分流：东西方文明的轨迹

人们通常认为东西方文明的大分流只有一次，但莫里斯提出了新的看法，认为东西方文明已经有三次大分流。所谓文明，指的是从定居的农耕文明开始，在那之前的冰期、旧石器时代和新石器时代都不能被称为文明时期，一万年前有了农耕，才开始有了文明。

如何定义东方和西方？东方明确指以中国中原地区为核心的东亚地区。西方的定义比较大，从亚洲西南部到英国都算西方。这样定义从文明的演进来看是有道理的，符合西方文明从核心地区向边缘地区传播的规律。

西方文明的传播轨迹是从核心地区到边缘地区。西方率先定居的农耕文明发源于今伊拉克北部的肥沃新月地带，即伊拉克和叙利亚交界之处。随后，农耕文明开始向两河流域传递，到达今伊拉克的核心地区，在公元前4000年诞生了辉煌的文明，包括两次巴比伦文明和亚述文明，但后来由于草原民族的入侵，这两个文明先后衰落。西方文明的发展历程多次受到草原民族入侵的影响，现在的印欧语系也基本是草原民族入侵的结果。莫里斯没有在书中专门讲印度，因为他把印度纳入西方文明的范畴。两河文明衰落之后，接着依次成为文明中心的是古埃及文明、古希腊文明、古罗马文明和中东文明，这些都经历了兴起、鼎盛、停滞、衰落的过程，最后到西欧文明。中东地区是人类文明最早的发源地之一，历时两三千年后衰落，但到伊斯兰文明兴起的时候，中东再次成为世界文明的中心。由于十字军东征发现了古希腊文明，欧洲重新发现了自己文明的源头，产生了文艺复兴，最终工业文明在西欧特别是英国诞生。

可以看出这样一个原理，核心地区的文明都是先在一个地方产生，发展到一定高度之后，人就产生惰性，时机一到就被外族特别是蛮族消灭。这时候边缘地区的人民就开始发展，他们通常具备更强的进取心，不断流动，所以整个西方文明是流动的。

东西方文明的大分流是怎么产生的？戴蒙德的地理环境决定论认为文明没有首先产生在美洲或非洲的原因和地理有关。美洲是南北走向的，在北美洲温带地区驯化的动植物很难在南美洲的热带地区复制，所以文明的传播速度比较慢。非洲能被种植的作物和能被驯化的动物种类都比较少，所以文明就不容易产生。

东西方文明的第一次大分流是从两万年前到5世纪，在此期间，西方文明主宰世界。为什么定居文明发源于肥沃新月地带？因为那里驯化了现在常见的几乎所有家禽家畜，种植出了绝大部分现在常见的主食作物。然后文明沿纬度线向东西两边传播，中国的小麦也是从西边传来的。我有个未被证明的推论——为什么是秦国统一了中国？原因之一也许是秦国首先种植了小麦，使土地的人口承载能力大增。

第二次大分流是5—18世纪，此时东方文明成为世界文明的中心。中华文明也在此时走向顶峰，在北宋进入平台期并持续了一段时间。

第三次大分流是从18世纪到现在，发源于西欧工业文明时代的西方文明占据了上风。

文明的度量：社会发展指数

莫里斯发明了社会发展指数以度量文明的进步。社会发展指数包含四个参数。

第一个参数是获取能量的能力，即每个人每天能获得多少能量。这里说的能量除了一个人每日摄入的食物能量，还包括用电、用水等行为消耗的能量。能量用得越多，这个社会的文明程度就越高。

第二个参数是社会组织能力，用一个社会中最大定居点的规模来衡量。基本上每个朝代的都城都是最大的，用这个指标比较易于计算。

　　第三个参数是传递信息的效率，包括识字率和信息传递速率。古代靠人力跑步传递信息，后来有了马，中国很早就建立了驿站制度，就是用马来传递信息，再后来发明了电报，现在用互联网，所以信息传递速率越来越高。

　　第四个参数是战争的能力，包括军事技术、军队规模等。一个国家如果没有发动战争的能力，是不可能抵御外敌入侵的。军事技术和军队规模与国家的经济发达程度高度相关。莫里斯用战争的能力作为参数之一，是因为它比较好度量。我们无法得知一万年前一国的人均GDP（国内生产总值），但是可以从其战争的数量和规模上大体推断这个国家的能力。

　　莫里斯以公元2000年为基准，分别找到四个参数的最高水平，将每个参数的最高分都设为250分。比如，2000年东方最大的城市是东京，那么就将东京的社会组织能力设为最高分250分，然后将四大参数的分数相加，得到最高水平1 000分。度量历史上的文明就看其相当于2000年人类最高水平的百分比为多少，比如一个东方文明在某一参数上的水平，相当于2000年日本的水平的5%，就用250乘以5%，得到那个时期的某一参数的水平，四个参数相加，就得到该文明的社会发展指数得分。

　　莫里斯发现一个重要现象，在农耕文明时期，无论是东方还是西方，社会发展指数得分从未超过43分。罗马帝国是西方农耕文明的最高成就，其在4世纪在距离43分非常接近的时候崩溃。北宋也在即将达到43分的时候崩溃。这说明农耕文明的天花板是43分，这是一个重要现象，也是一个谜，需要合理的解释。

地理的作用：新大陆的发现与西方的崛起

　　莫里斯的这本书容量很大，限于篇幅，我不再一一解读，只选取两个因素和大家分享,一个是地理环境,一个是气候变化。

地理因素中最重要的是美洲新大陆的发现,这是造成最近一次东西方文明大分流的重要原因。

美洲新大陆的发现对西方的崛起有哪些作用?

首先是贸易,烟叶贸易大大促进了英国商业的发展。一个文明的发展要达到顶峰,最重要的一个前期指标是贸易是否发达。这一观点源于亚当·斯密的理论——分工促进经济繁荣。有了分工,在不同地区生产的产品就可以各专所长,然后通过贸易交换去获得自己没有的物品。贸易也会激励生产规模的增长,让某一地的产品卖到更多地方。因此,贸易促进经济增长。英国经济的发展始于美洲的烟叶贸易。当时的烟叶贸易有多重要?其甚至促成了苏格兰和英格兰的合并。苏格兰和英格兰此前是各自独立的国家。17世纪末,英格兰把北美的烟叶贩卖到欧洲,经济得以迅速发展。苏格兰见状也希望跟进,用占当时苏格兰GDP一半的资金成立了一个大型公司,去美洲和英格兰竞争,结果一败涂地,最终不得已和英格兰合并为一个国家。合并之后苏格兰经济猛增,继而为世界文明和现代化做出了巨大的贡献。据此可见贸易的重要性。

其次是白银,它引发了欧洲的价格革命。美洲盛产白银,16世纪之后在欧洲流通的白银基本来自美洲。欧洲人把大量白银掠夺到欧洲,就引发了价格革命。因为以前重金属稀缺,物价很低,有了大量白银之后,物价上涨,就大大刺激了生产。正如美国经济学家克鲁格曼在《萧条经济学的回归》一书中所说,当物价下降时,经济不可能增长,温和的通货膨胀对于经济增长是有好处的。

再次是引进新作物,包括玉米、马铃薯、西红柿等,救了很多欧洲人的命。比如爱尔兰在19世纪中期由于马铃薯晚疫病导致歉收而发生了大饥荒,饿死了100多万人,还有200多万人逃难去了美国。

最后是产生了竞争。在北美洲,英国人和法国人竞争,双方数次打仗,最后英国人打败了法国人。在南美洲,西班牙人和葡萄牙人竞争。他们把钱掠夺回欧洲之后，又在欧洲内部打仗。竞争很重要，东亚之所以没有发展出现代工业，可能跟竞争激烈程度较低有关。

当然，我们不能忘记人类知识水平和认知能力的提高（特别是从18世纪开始，人对世界的认识不断深入）对文明进步的作用，但是这恐怕跟地理也有关系。在西方，连续几百年的十字军东征发现了希腊文明和伊斯兰文明，从这些文明中学到的很多东西促使了文艺复兴的产生。欧洲还从伊斯兰文明中学到了阿拉伯数字，没有阿拉伯数字就没有后来的数学。在东方，挑战总是来自少数民族，他们的每一次入侵对于中原文明都是毁灭性的打击。因此，地理环境仍然在起作用。

发现美洲是西方崛起的最重要原因，但为什么是西方发现了美洲大陆？郑和七下西洋，为什么没有发现美洲大陆？这也是地理决定的。因为太平洋太大，从中国出发的郑和到不了美洲。大西洋相对小一些，再加上洋流的影响，更利于从欧洲出发的哥伦布到达美洲。

此处再对照莫里斯定理——人类社会的变化来自懒惰、贪婪和恐惧的人对方便、有利和安全的追求。第一看方便，哥伦布航海的目的其实是去印度购买香料。因为文明开始发达，定居农业发展了之后，人们的物资有了剩余。肉有了剩余就需要风干储存，只用盐不够美味，就需要香料，所以人类的本来目的是想过上更方便的生活。第二看利益，由于当时欧洲人都对香料有需求，香料生意的利润非常高。第三看安全，当时去印度如果走陆路会遭遇穆斯林的阻挡，如果走海路要绕道好望角，风险非常大，所以哥伦布另辟蹊径，打算向西绕地球一圈再到达印度，没想到抵达了美洲新大陆。通过以上可以看出，莫里斯定理是根本性的，地理环境是决定性的，两种因素的叠加导致是欧洲人而非中国人首先发现了新大陆。

气候变化：决定北半球农耕文明的重要力量

农耕文明高度依赖气候。气温高，雨水就充沛，作物生长就旺盛，动物就多，文明就会进步；气温低，就会产生干旱，作物生长就萎靡，动物就会减少，文明的诞生和发展就都很困难。现在全球气温在上升，中国西部地区的雨水开始变得充沛，一些小绿洲又开始出现。如果这样持续两三百年，也许楼兰古城又会变成绿洲。楼兰古城的消失其实也是气温降低的结果。

草原民族也高度依赖气候。气温高，牧草就丰盛，人们容易生存；气温低，牧草就萎靡，人们生存就有困难。北半球农耕文明的兴衰主线之一，就是与欧亚草原的草原民族争夺资源。在绝大多数情况下，草原民族的入侵对文明造成了破坏。农耕文明能否在跟草原民族斗争的过程中取胜，不取决于农耕文明的昌盛程度，而取决于草原民族求生欲的强度。当气温降低，草原民族的牛羊大规模死亡，人们的生活变得困顿，此时他们的求生欲是极其强烈的。比如蒙古人曾经横扫亚欧大陆，其势无人可挡。

殷商、西周时期，中原地区温暖湿润，平均温度比现在高两度左右。河南省简称"豫"，"豫"的偏旁"予"代表"我"，右边是"象"，"我牵着一头象"就是河南。这说明在当时的中原一带是有象的，我们也确实在那里挖到了象的化石。在那种温湿的环境中，中华文明开始发展。

从三国时期到南北朝时期，气候非常干冷。那时候北方草原民族进入中原腹地，这对当时的中原几乎是毁灭性的打击。

到了唐朝，温度开始上升，在北宋时期达到了高点，同时我们的文明也在北宋达到了顶峰。中华文明第一次超越西方文明是从公元500年前后一直到宋朝，这一段是气温的上升期，也是文明的上升期，所以二者高度相关。我认为，唐朝和北宋的妇女衣着较为袒露，应该和那段时期天气太热有关，大家可以看看《清明上河图》中女子的穿着。

北宋末年开始降温，一降温，草原民族生存出现困难，就会入侵中原，结果北宋被金国所灭。随后温度一直在下降，明朝中期有一段小幅回升。

明朝末年气温降到一个极低点，进入小冰期，此时金人再次入侵。明末因为干旱，粮食歉收，饿殍遍野，农民起义频发。崇祯想做一个有作为的皇帝，为了应对这种局面，他精简机构，但是他精简错了一个人，就是李自成。李自成此时在陕北做驿卒，失业没饭吃，只好揭竿起义，推翻明朝。

同样的情况也在西方发生。中国南北朝时期气候干冷，同时期的罗马帝国由于鼠疫和日耳曼人入侵而崩溃，分裂成西罗马和东罗马。东罗马帝国定都君士坦丁堡，开启了拜占庭帝国时期。

中国的元、明时期，气温降低，欧洲黑死病肆虐。黑死病由喜欢阴冷的黑鼠传播，是蒙古人征战欧洲时带去的。黑死病一直到17世纪才停止，因为那时气温上升，印度商队带来了喜欢温湿气候的褐鼠，霸占了黑鼠的地盘。

17世纪开始升温，清朝建立，西方则进入上升期，气候变化给了西欧一个摆脱马尔萨斯陷阱的机会。由于黑死病导致人口锐减，提高了劳动力的价值，促进了农奴制的瓦解，继而产生个人土地所有制，货币经济开始代替物物交换经济，农业由于气温上升也实现了大发展。

未来是否会有第四次大分流

未来是否会出现第四次东西方文明大分流？东方能否超越西方？莫里斯在这本书里说，如果东西方分别保持20世纪的增长速度，那么东方的社会发展指数得分将在2103年超越西方。东方有自己的优势，现在文明的核心地区还在西方及其衍生国，东方相对处于文明的边缘地区，因此具有后发优势。

然而，未来也许出现的不是东方主宰的世界，而是莫里斯所说的融合的世界。"奇点时刻"是指人与机器相融合的时刻，最乐观的估计是到2045年可能实现。那时候，将无所谓是东方人还是西方人，而是很可能出现一个不分种族和文化的新智能人，同时配之以不分东西方的全球文明。

推荐序二 中华文明再次走向世界辉煌

韩毓海
北京大学中文系教授

《西方将主宰多久》是一部前所未有的巨著。

它前所未有地提出:迄今为止的人类历史,是以西方文明和东方文明之间的相互赶超为主线展开的。

它前所未有地提出:发端于黄河流域的中华文明是东方文明的主体,中华文明以公元前221年秦统一中国为标志,率先以治理的"高端统治"摆脱了"低端统治",即以郡县制代替了分封制,这是东方文明在治理体系和治理能力方面第一次赶超西方文明,并最终在隋唐时期领先世界,为人类文明发展留下了重要的制度创新遗产。

它前所未有地指出,以14世纪的文艺复兴为标志,西方再次逐步赶超中华文明。直到19世纪,西方开始主宰世界。西方的优势在于,它在长期的赶超中形成了新的治理体系和治理能力。在一段时间内,西方的治理体系不仅被视为有效的,而且还被视为普适的;不仅被视为富强之理,而且被称为正义之道。

它前所未有地指出:西方在21世纪将被中国赶超,西方所面临的危机不仅是经济的危机,而且是治理体系和治理能力的危机。但是,中国也不能因自身经济的增长而沾沾自喜,因为中国所面临的挑战不仅来自经济，也来自军事、社会和生态环境，还来自制度。

它前所未有地使我们认识到：再次全面赶超西方文明的中华文明，正在步入新的秦皇、汉武和贞观之治的时代，这个灿烂的时代呼唤新的治理体系、治理能力。

对中国人来说，这是一部可以与《资治通鉴》相媲美的书，因为《资治通鉴》创作于中华文明第一次处于世界辉煌的尾声，这部书则预示着中华文明再次走向世界辉煌的先声。

新版自序　地理影响下的东西方社会

从我写《西方将主宰多久》到现在，有十几年的时间了，在这段时间里，世界发生了深刻的变化。我在本书提出的预言，即全球力量平衡的加速变化，以及将改变我们生活的计算机技术的革命性进步，在很大程度上已得到证实。然而也有一些不乐观的发展。东西方之间的猜疑日益加深，民族主义和保护主义抬头，战争的幽灵笼罩着国际政治。但我仍然确信，理解人类的长期历史可以使全世界团结起来。

纵观冰期结束后的12 000年，历史表明，人类的相似之处比差异更重要。东西方社会确实沿着不同的路线和不同的速度发展，但这并不是因为东方和西方的人不同，仅仅是因为东西方的地理位置不同。地理决定社会如何发展，但历史如此复杂的原因是，社会的发展方式决定了地理的意义。

在历史的大部分时间里，欧亚大陆西部的社会，从我们现在所说的伊朗到意大利，是地球上最富有和最强大的社会，因为地理优势意味着人类在这里开始耕种的时间比中国早2 000年。因此，生活在伊朗和意大利之间的人们比东亚人早几个世纪发明了城市、文字和帝国。罗马帝国成为世界上有史以来最大、最强的帝国。

但到了公元最初的几个世纪，西方的罗马和东方的汉朝已经发展得如此富强，以至改变了地理的意义。中亚一直是分隔东西方的屏障，但丝绸之路把它变成了连接东西方的高速公路，其结果几乎无人预见。在大规模迁徙、国家崩溃、饥荒、瘟疫和气候变化的压力下，罗马和汉朝都崩溃了，这赋予了地理新的意义，使东方的社会比西方的社会更受青睐。在一千多年的时间里，从唐朝到清朝的第一个皇帝，世界上最富有、最强大、最具创造力的社会都诞生在中国。

如果来自另一个星球的访客在500年前造访地球，他们几乎肯定会预测到，中国将会继续主宰地球，但他们的预测肯定是错误的。事实是，最初由中国制造的新发明（尤其是可以跨越海洋的船只和枪支）改变了地理的意义，将主动权转移到了西方。到1300年，欧亚大陆之间的联系如此紧密，以至有关新船只和新枪支的知识迅速从中国传播到欧洲。因为大西洋的宽度比太平洋小得多，欧洲人越过大西洋，发现、征服和殖民美洲，比中国人越过太平洋去做同样的事情（如果他们会这么做的话）要早得多。

到1700年，欧洲人建立了洲际帝国和贸易网络，改变了地理的意义，迫使自身面对新问题。在试图回答新问题的过程中，他们发起了科学和工业革命，释放了化石燃料的惊人力量。到1850年，欧洲人以一种前所未有的方式主宰全球。但到了1950年，东亚也开始工业化并加入全球市场，这再次改变了地理的意义，将太平洋变成了与大西洋一样的高速公路。从那时起，东方的社会发展就在稳步赶超西方。

如果目前的趋势继续下去，到21世纪末，东方的发展将赶上西方。但似乎有另一种可能，如果目前的趋势继续下去，不断提高的发展水平将极大地改变地理的意义，以至"东方"和"西方"将完全失去意义。我们正经历着世界上前所未有的最快的变化，也许已经进入了人类历史上最危险的时期。人类的知识和财富比以往任何时候都多，但武器的破坏力也比以往任何时候都大。现在，我们人类比以往任何时候都更需要了解彼此的历史，看看我们有多少共同之处。

目　录

前　言 **001**
　　阿尔伯特亲王在北京　　001
　　抢来的洛蒂在巴尔莫勒尔堡　　004
　　注定　　009
　　侥幸胜出　　016
　　历史的形态　　020
　　懒惰、贪婪和恐惧　　024
　　位置，位置，位置　　027
　　本书的脉络　　033

第一部分
我们的故事从何讲起

第一章　东方和西方之前　　**037**
　　西方是什么　　037
　　最初之时　　040
　　东方和西方从哪里开始　　044
　　最早的东方人：北京人　　048
　　最早的西方人：尼安德特人　　051

I

小步向前	058
走出非洲，再一次	065
史前毕加索们	071

第二章　西方领先的世纪　　　　　　　　　　**079**

全球变暖	079
伊甸园	083
每日面包	087
失乐园	089
变化的天堂	095
前进和繁殖	104
命中注定	110
伊甸园之东	118
烧煮和烘烤，头颅和坟墓	127

第三章　度量过去　　　　　　　　　　**133**

考古学的进化	133
人类学的退化	137
我们需要度量什么	140
如何进行度量	147
度量的时间和地点	154
过去的模式	157
斯克鲁奇的疑问	166

第二部分
是什么解释了东西方的相似与差异

第四章　东方后来居上　　171
盲人摸象　　171
向神求助　　173
化神为人　　180
狂野的西方　　186
国际化时代　　191
天下万国　　197
祖先神　　205
分崩离析　　210
不是众神的战车　　216
五大天启骑士　　218

第五章　并驾齐驱　　223
单调的好处　　223
廉价的王权　　224
变化之风　　232
走向高端　　239
经典著作　　247
边缘帝国/帝制国家　　256
第一次接触　　263

第六章　衰减与衰退　　272
最美好的归宿　　272

世界新秩序		273
东西方交流		284
天命已尽		291
糟糕的革命		300
更小的世界		310
耐心与胆怯		314

第七章　东方时代　　324

东方引领世界	324
战争和稻谷	325
武则天治下的唐朝	330
最后的荣光	335
先知的预言	342
核心不再	347
重压之下	356
黑暗的作坊	366

第八章　走向世界　　375

三件大事	375
蒙古的铁骑	377
枪炮、病菌和钢铁	383
不同的河流	389
郑和在特诺奇蒂特兰	400
伟人和蠢货	402
重来一次	407

| 隔离的好处 | 417 |
| 1521年 | 420 |

第九章　西方的赶超　　**422**

涨潮	422
谷仓里的老鼠	423
帝国的皇冠	431
硬天花板	438
关闭草原通道	445
大航海时代的开端	449
世界就像钟表一样	459
望远镜的审判	465
铁律	472

第十章　西方时代　　**481**

众望所归	481
蒸汽的魅力	484
大分流	489
葛擂硬	494
同一个世界	498
"复仇女神"号	506
东方的战争	512
世界大战	517
万物生长的年代	525
人民的天堂	532
东风,西风	537

第三部分
未来将如何

第十一章 为什么是西方主宰世界　543
- 为什么是西方主宰世界　543
- 西方主宰的必然性　551
- 回到未来　557
- 日暮　562
- 基地　565

第十二章 世界的未来　567
- 在历史的坟场里　567
- 中美关系衰退之后　569
- 2103 年　574
- 最糟糕的情形　582
- 大赛　590
- 未来的模样　595
- 再无东西方之分　601

附录 社会发展指数　604
- 社会发展指数的四大异议　604
- 能量获取　607
- 社会组织能力　611
- 战争能力　613
- 信息技术　616

  误差 620
  结论 625

致　谢 627

注　释 629

延伸阅读 647

参考文献 665

前　言

阿尔伯特亲王在北京

伦敦，1848年4月3日。维多利亚女王的头在痛。她这样脸贴地跪在木制码头上已经有20分钟了。她强忍住泪水，既愤怒又恐惧，并且已筋疲力尽。现在，开始下起雨来，绵绵细雨打湿了她的衣裙。她只希望，没人误以为她是因恐惧而战栗。

她的丈夫就在她身旁。如果她伸出手臂，就可以将手搭在他肩上，或者为他理顺被雨打湿的头发，赋予他力量，以面对即将到来的一切。要是时间能够静止就好了，或者赶紧过去。要是她和阿尔伯特亲王在别的地方就好了，只要不在这里。

他们就这样等待着——维多利亚女王、阿尔伯特亲王、威灵顿公爵和大半的朝臣，双膝跪地，在雨中等待。看得出来，河上出了点问题。由于中国舰队的旗舰过于庞大，无法驶入东印度码头，总督耆英大张旗鼓的伦敦之行只能由改乘一艘稍小些的装甲汽船开启，此船以他的名字命名。可即使是"耆英"号，对布莱克沃尔的码头来说，还是太大了。六只拖船牵引着"耆英"号进港，场面一片混乱。总督耆英面无表情。

透过眼角的余光，维多利亚女王可以瞥见码头上的小型中国乐队。一个小时前，乐手们的丝质长袍和怪异的帽子看起来还非常华丽，现在被英格兰的雨水打湿了，凌乱不堪。以为耆英的轿子即将上岸，乐队四度奏起嘈杂的东方乐曲，又四度戛然而止。第五次，乐手们终于奏至曲终。维多利亚女王心头一颤。耆英终究要上岸的，这事真的发生了。

接着，耆英的随从赫然出现在他们面前，如此贴近，维多利亚女王甚至能看清他鞋上的针脚。鞋面上绣着小小的龙、升腾的云烟和火焰，技法比她的侍女要高超得多。

随从以单调低沉的声音，朗读着来自北京的旨意。维多利亚女王早已知晓上面的内容：道光皇帝恩准了不列颠女王向宗主国致敬；维多利亚女王乞求向清朝进贡和纳税，并顿首臣服；道光皇帝恩准将英国纳为中国的领地，并准许英国遵从中国之道。

但在英国，人人皆知实际上发生了什么。起初，中国人受到了欢迎。中国资助过英国人民反抗拿破仑的战争，后者对英国实行"大陆"封锁，不准英国船只驶进欧洲各港口。但1815年后，中国销往英国的商品越来越廉价，最终导致兰开夏郡的纺织厂破产倒闭。当英国人抗议并提高关税时，中国军队将骄傲的英国皇家海军一举击溃，击毙了纳尔逊海军上将，并洗劫了南部海岸沿线的各个城镇。近八个世纪以来，英国无人能侵，可是如今，维多利亚女王的名字将永远被记入耻辱的史册。她的统治时期充斥着凶杀、洗劫和绑架，充斥着战败、耻辱和死亡。现在，耆英这个道光皇帝的大臣亲自来了，越发显得伪善和不怀好意。

这时，跪在维多利亚女王身后的翻译轻咳了一声，只有女王能够听到。这是一个信号：耆英的随从已讲到赋予她"儿皇帝"身份的部分了。维多利亚女王从码头上抬起前额，起身恭受属于野蛮人的帽子和长袍，那象征着英国的耻辱。她这才第一次端详起耆英来。

她不曾料想，眼前的这个中年人如此充满才智，如此活力四射。他难道真是那个令她畏惧的怪物吗？这时，耆英也第一次看到维多利亚女王。他看过维多利亚女王加冕的画像，但她比想象中更为健硕、更为寻常，并且十分年轻。她浸在雨水中，浑身都湿透了，甲板上的泥点溅了她一脸。她甚至不知道如何规矩地叩头。多么粗鄙的人啊！

最可怕的、无法想象的时刻到了。两名中国官员弯腰从耆英背后走出，扶阿尔伯特亲王起身。维多利亚女王知道，她既不能出声，又不能动弹——事实上，她僵在原地，哑口无言。

他们把阿尔伯特亲王领走了。阿尔伯特亲王保持着体面，他步履蹒跚，停了下来，回头望着维多利亚女王。那一眼里，仿佛有整个世界。

维多利亚女王昏倒了。但她还未倒在甲板上，就被一个中国侍从扶住——在这样的场合，一个女王，即使是一个外国的邪恶女王，晕倒受伤也是不合适的。阿尔伯特亲王仿佛梦游一般，失魂落魄，他表情凝重，喘着粗气，离开了自己的国土。他登上踏板，走进深锁的豪华船舱，踏上了去中国的航程。在那里，他将作为道光皇帝的陪臣幽居在紫禁城中。

等到维多利亚女王苏醒过来，阿尔伯特亲王已经走了。终于，她忍不住呜咽起来，浑身都在颤抖。阿尔伯特亲王要花费半年时间才能到北京，回来也要同样长的时间。他还要在那些野蛮的中国人中生活更长的时间，才能得到道光皇帝的召见。她能做什么呢？孤身一人，她将如何保护自己的人民？在这些暴行之后，她将如何面对这个万恶的耆英？

阿尔伯特亲王一去不返。他到了北京，其流利的中文和对儒家经典的了如指掌令清廷震惊。就在他走后不久，接踵而至的消息是，失去土地的农民发动起义，砸毁打谷机，起义风潮席卷英国南部，血腥的巷战在半数欧洲国家的首都爆发。几天后，道光皇帝接到耆英的上书，建议将阿尔伯特这样有才能的亲王幽禁在中国，保障其安全。这一暴动是向现代化转型过程中的阵痛，中国也曾经历过，但面对如此骚动的民众，不应心存侥幸。

于是，阿尔伯特亲王幽居在紫禁城中。他丢弃了英国人的装束，留起了满洲人的长辫子,时光荏苒,年复一年,他对中国的经典日渐谙熟。他独自在中国生活,终日与佛塔为伴,垂垂老矣。在这金笼子里被幽禁了13年之后,他终于弃世而去。

在世界的另一面,维多利亚女王把自己关在白金汉宫寒冷的房间里,对她的宗主不闻不问。英国完全由耆英治理,数不胜数的所谓政客匍匐着乞求与他做交易。1901年,维多利亚女王驾崩的时候,没有举行国葬,人们只是耸耸肩,面露讽刺的微笑,看着这一帝制中国时代之前的最后一件老古董湮没于史册。

抢来的洛蒂在巴尔莫勒尔堡

当然,事实上,这样的事情并未发生。最多只发生了一部分。确实存在一艘叫"耆英"号的中国船只,它也确实曾在1848年4月驶入伦敦的东印度码头(图0.1),但那并不是艘装甲舰,也并未载着一名中国总督到伦敦来:真实的"耆英"号只是一艘装饰华丽的木制帆

图0.1 真实的"耆英"号:1848年,成群结队的伦敦人争相划船观看(《伦敦新闻画报》载图)

船。几个英国商人几年前在香港买下这艘小船，他们觉得，将它送回故国会引起轰动。

维多利亚女王、阿尔伯特亲王和威灵顿公爵确实曾驾临泰晤士河畔，但并不是来给他们的新主子叩头的。相反，他们是作为游客来观赏在英国所见的第一艘中国船的。

这艘船确实是以两广总督耆英的名字命名的。但是，耆英并没有在1842年中国水师摧毁英国皇家海军后接受英国的臣服。真实情况是，他在那一年代表中国政府向英军求和。在此之前，一支英国海军中队摧毁了其所到之处的所有中国战舰，使中国的海防炮台寂然无声，并封锁了联系京城和鱼米之乡江南的大运河，使京城陷入饥荒。

1848年，道光皇帝确实统治着中国，但他并没有拆散维多利亚女王和阿尔伯特亲王。事实上，女王夫妇十分恩爱地继续生活在一起，维多利亚女王不时发点儿脾气，直到阿尔伯特亲王于1861年辞世。实际上是维多利亚女王和阿尔伯特亲王使得道光帝后劳燕分飞。

历史往往比小说更不可思议。维多利亚女王的同胞打垮道光皇帝，使他的国家摇摇欲坠，为的是最具英国特色的事物——一杯茶，或者确切地说，是几十亿杯茶。18世纪90年代，英国的东印度公司控制着南亚地区，将其视为自己的封地，该公司每年从中国运往伦敦的茶叶价值达2 300万英镑。虽然利润之大令人瞠目结舌，但还是存在一个问题：中国政府无意进口英国制造的商品作为交换，它只需要银子。东印度公司感到筹措可维持贸易的资金颇为困难。商人们欣喜地发现，不管中国政府需要什么，中国人民总会需要些别的东西。他们想到的是鸦片。最好的鸦片种植在印度，而印度正处于东印度公司的势力范围。在广州这处外商可以进行贸易的中国港口，商人们卖出鸦片换取银子，再用这些银子去购买茶叶，最后在伦敦高价销售茶叶。

然而，一个问题的解决往往导致另一个问题的产生，在贸易中同样如此。印度人食用鸦片，英国人则将鸦片溶于水饮用，每年大约消耗10~20吨（有些是用于为婴儿安神）。这两种食用方式只产生轻微的镇静作用，足以使古怪的诗人灵感大发，或者刺激公爵、伯爵们沉湎于酒色，不足为虑。可是，中国人吸食鸦片。其中的差异，就好比咀嚼古柯叶和将其在烟斗中点燃吸食的差异一样。英国毒贩故意忽视其中的差别，可道光皇帝没有，于是1840年，鸦片战争爆发了。

这是一场稀奇古怪的战争，不久便演变成了个人对决——在道光皇帝的禁烟力将、钦差大臣林则徐和英国驻华商务监督义律舰长之间。当义律意识到自己行将失败时，便怂恿英国毒贩向林则徐交出令人咋舌的1 700吨鸦片，并向这些毒贩保证，英国政府将补偿他们的损失。毒贩们并不知道义律是否有权做出如此保证，但他们还是照做了。林则徐收缴了鸦片，义律保全了面子，也维持了茶叶贸易，而毒贩们则得到了最高的补偿（加上利息和运费）。每个人都是赢家。

这里说的每个人，要除去英国首相威廉·兰姆。他不是赢家，他得找到200万英镑来补偿毒贩的损失。区区海军舰长让堂堂首相如此难堪，听来未免匪夷所思，但是义律清楚，他可以依靠财团游说议会以弥补损失。于是，围绕着威廉·兰姆，各种复杂的人际、政治、经济利益纠缠在一起，使得他别无选择，唯有先付清这笔钱，然后派遣一支远征军前往中国，迫使中国政府赔偿英国因鸦片被缴造成的损失。

这可不是大英帝国最为辉煌的时刻（图0.2）。我找不到完全对应的当代的例子，就好比为了反击美国禁毒署突击搜查毒品的行动，蒂华纳贩毒集团劝说墨西哥政府一路杀进圣迭戈，要求白宫赔偿毒品大亨被缴可卡因的损失（加上利息和运费），并承担远征军的开支。试想，就在我们身边，一支墨西哥舰队占领了卡塔利娜岛作为下一步行动的基地，并威胁封锁华盛顿，直到国会给予蒂华纳毒品大亨在洛杉矶、芝加哥和纽约的毒品专卖权。

当然，其中的差异是，墨西哥绝不可能炮轰圣迭戈，而在1840年，英国却可以肆无忌惮，为所欲为。

英国战舰以摧枯拉朽之势打垮了中国的海防，耆英被迫签订了一份屈辱的条约，开放中国的通商口岸并允许传教士进入。道光皇帝

图0.2 1841年1月7日,"复仇女神"号在虎门重创清朝水师战舰。图中最右端是"复仇女神"号,世界上第一艘蒸汽铁甲战舰

资料来源:英国国家海事博物馆

的后妃并没有被掳去伦敦,如同我在本书开头所假想的阿尔伯特亲王进京那样,但是,鸦片战争还是击垮了道光皇帝。他使三亿臣民在英国人面前卑躬屈膝,背叛了两千年来祖宗留下的传统。他感觉一败涂地——中国四分五裂,毒品成瘾者数量飙升,整个国家如脱缰之马失去控制,传统习俗土崩瓦解。

在这个风云动荡的世界上,一个科举落榜的书生洪秀全崭露头角。他在广州城外长大,四次进城赶考,又四次落榜。1843年,他心力交瘁,被抬回了家乡。在高烧的幻梦中,天使带着他翩然飞升到了天堂。在那里,他遇到了一个据说是他兄长的人,他们在长须飘飘的父亲的注视下,并肩与魔鬼战斗。

村里没人能解读他这个梦的含义,好几年了,洪秀全似乎忘了这个梦。直到有一天,他翻开了一本小册子,这本小册子是他在去广州赶考途中别人发给他的。它是对《圣经》的诠释,洪秀全意识到,其中蕴藏着破解他那场幻梦的钥匙。显然,梦中的兄长正是耶稣,而洪秀全则是天父的中国儿子。梦中，洪秀全和耶稣齐心协力将魔鬼逐出了天堂，这个梦似乎昭示天父希望洪秀全将魔鬼逐出人世。洪秀全将基督教的部分教义与儒家学说杂糅在一起，宣告太平天国诞生。愤怒的农民和游民在太平天国的旗帜下云集响应。到了1850年，他的乌合之众击垮了前来镇压的组织涣散的清军。他顺应天父的旨意推行了一系列激进的社会改革：分田地，立法保护女性的平等权利，甚至禁止缠足。

19世纪60年代初，当美国人在枪炮声中自相残杀，打响世界上第一场现代战争时，中国人也在做同样的事情，只不过用的是大刀和长矛，打的是世界上最后一场传统战争。这场传统战争的残忍恐怖程度，使得那场现代战争难以望其项背。战争共造成约2 000万人死亡，其中大部分死于饥荒和疾病。西方外交家和军人利用这场混乱，把自己的势力范围进一步扩张到东亚地区。1854年，为了寻求加利福尼亚与中国之间的装煤站，美国海军准将佩里迫使日本开放口岸。1858年，英、法、美三国又从中国攫取了新的特权。可想而知，咸丰帝对毁了他父亲道光帝的洋鬼子恨之入骨，现在则忙于镇压洪秀全的农民起义军，设法逃避新条约的束缚。但是咸丰帝举步维艰，因为英法两国政府提出了他无法拒绝的"优厚条件"。英法联军开进北京城，咸丰帝颜面尽失地逃往热河。英法联军随后放火焚毁了风景秀丽的圆明园，这让咸丰帝认识到，他们可以为所欲为，对紫禁城也可以一焚了之。咸丰帝投降了，他的颓废比其父有过之而无不及，他从此蛰伏不出，也不面见群臣，终日沉湎于大烟与女色以求慰藉。他于1861年驾崩。

数月后，阿尔伯特亲王也离开了人世。阿尔伯特亲王长年告诫英国政府糟糕的排污系统会传播疾病，他本人很可能就是死于温莎城堡肮脏的下水道所带来的伤寒。更悲哀的是，与其丈夫一样深爱现代管道系统的维多利亚女王，在她丈夫去世时，正在盥洗室里。

痛失一生的至爱，使维多利亚女王陷入深深的哀伤之中，也变得喜怒无常。但她也并非茕茕孑立，形影相吊。英国军官向她献上从北京圆明园劫掠来的珍稀犬种——一只京巴狗。维多利亚女王叫这只狗"洛蒂"。

注定

为何历史会循着这样的路径发展，把洛蒂带到巴尔莫勒尔堡，让它与维多利亚女王相伴终老，而不是让阿尔伯特亲王去北京研习儒家学说？为什么在1842年，是英国舰船横冲直撞，沿着长江逆流而上，而不是中国舰船驶入泰晤士河？或者更明确地说，西方缘何主宰世界？

要说西方"主宰"，可能语气上听起来有些强硬，毕竟，无论我们如何定义"西方"（这个问题后面还将述及），自19世纪40年代以来，西方人并没有在真正意义上运作一个世界政府，也不能为所欲为。许多年长者一定还记得，1975年美国人灰头土脸地从越南西贡（今胡志明市）撤兵，以及日本工厂在20世纪80年代将其西方对手挤出行业。很多人会感觉到，我们今天所购之物皆是中国制造。但显而易见的是，在过去的一百多年中，西方人把军队开进亚洲，而不是相反。东亚的政府在西方资本主义和共产主义理论间痛苦挣扎，可是没有哪个西方政府试图以儒家学说或者道家学说管理社会。东方人常跨越语言的藩篱，以英语互相交流，可欧洲人很少以汉语或日语这样交流。正如一位马来西亚律师直言不讳地告诉英国记者马丁·雅克的那样："我穿着你们的衣服，说着你们的语言，看着你们的电影，就连今天是什么日期，都是你们说了算。"[1]

这样的事情不胜枚举。自从维多利亚女王派去的部队抢走了京巴狗洛蒂，西方已经史无前例地主宰了全球。

我的目标就是解释造成这种局面的原因。

乍看起来，这一任务似乎并不艰巨。几乎人人赞同西方主宰世界，因为工业革命发生在西方，而非东方。18世纪，是英国企业家释放出了蕴藏在蒸汽与煤炭之中的无穷威力。工厂、铁路和舰炮给予19世纪的欧洲人和美国人主宰全球的能力，而飞机、电脑和核武器则使他们20世纪的接班人巩固了这一主宰地位。

当然，这并不意味着，所有事情的发生都是必然的。如果1839年义律舰长没有迫使英国政府插足发兵，英国可能不会在1840年攻打中国；如果钦差大臣林则徐更注意加强海防，英国军队可能不会如此轻易得手。但这确实意味着，不论时机何时成熟，不论哪位君主在位，不论谁赢得选举，不论谁领兵打仗，西方终将在19世纪取得胜利。英国诗人和政治家希莱尔·贝洛克在1898年总结得恰到好处：

无论发生什么，我们有
马克沁机枪，而他们没有。[2]

故事终。

然而，这当然不是故事的结局，它只是提出了一个新的问题：为何西方拥有马克沁机枪，而其他地方没有？这是我将要回答的第一个问题，因为答案会告诉我们，西方缘何主宰当今世界。然后，我们可以据此提出第二个问题。人们关注西方缘何主宰的理由之一是，他们想要知道，这一现状是否会继续存在，会继续存在多久，会以何种方式继续存在——接下来将会发生些什么。

当20世纪缓缓过去，日本作为一个大国崛起，使这一问题显得尤为紧迫，而在21世纪早期，它将是不可回避的。中国的经济规模每六年就会翻一番，在2030年以前，中国很有可能成为世界上最大的经济体。正如我所述，在2010年年初，大多数经济学家指望着中国，而非欧美，重新点燃世界经济的引擎。2008年，中国主办了举世瞩目的北京奥运会，两位中国航天员成功完成了太空行走。中国和朝鲜都拥有核武器，西方战略家担心美国将如何适应中国的崛起。西方的主宰地位还能保持多久,这已成为一个迫在眉睫的问题。

历史学家的预言能力之差是众所周知的,所以他们大多拒绝谈论未来。然而,关于西方为何主宰世界,我思索得越多,便越意识到,业余历史学家温斯顿·丘吉尔的理解比大多数专业学者要透彻得多。"你越能回溯历史,"丘吉尔坚称,"便越有可能展望未来。"[3]按照这一思路(虽然丘吉尔可能不会赞同我的回答),我认为弄明白西方为何主宰当今世界,有助于了解21世纪将会出现何种局面。

当然,我并非第一个探究西方为何主宰世界的人。这一问题提出至今,已有250年之久。在18世纪以前,这一问题很少有人提起,因为那时它并无多大意义。17世纪,西方知识分子首次开始认真地琢磨中国,他们中的大多数人在东方的悠久历史和成熟文明面前自惭形秽;而当时少数关注西方的东方人对此也认为理所当然。有些中国官员欣赏西方人精巧的钟表、威力巨大的火炮以及精确的历法,但他们并不觉得效法除此之外一无长物的西方人有何价值。如果18世纪的中国皇帝知道伏尔泰等法国哲学家写诗赞颂他们,他们很有可能认为,这些法国哲学家本该如此。

但自从工厂烟囱里排放的浓烟密布英国的天空,欧洲知识分子们便意识到,他们有一个问题——他们似乎正在主宰世界,却不知为何。这是一个好问题。

欧洲的革命家、反革命分子、浪漫派和现实主义者都在思索西方为何主宰世界,产生了千奇百怪的预言和理论。关于这一问题的答案主要分为两类,我将其分别命名为"长时段注定论"和"短时段偶然论"。不用说,并非每种想法都能恰巧被归入某一阵营,但这一分类方式的确有助于聚焦问题。

长时段注定论的观点是,自古以来,某一关键因素使得东西方判然有别,从而决定了工业革命必然发生在西方。至于这一关键因素到底是什么,以及它何时开始发挥作用,长时段注定派内部产生了巨大分歧。他们中有些人强调物质因素,如气候、地形或者自然资源,其他人则指向一些无形的因素，如文化、政治或宗教。那些重视物质因素的人倾向于把"长期"看得极为漫长，他们中有些人上溯15 000年至冰期末期，有些甚至上溯至更为久远的年代。而那些强调文化因素的人则把"长期"看得稍微短些，仅上溯1 000年至中世纪，或者上溯2 500年至古希腊思想家苏格拉底和中国古代圣贤孔子生活的时代。但是有一点，那些持长时段注定论的人是一致赞同的，那就是，不管是19世纪40年代英国人长驱直入攻进上海，还是10年后美国人迫使日本开放口岸，在冥冥之中，这些都是在几千年以前的一系列事件中就早已注定的。一个持长时段注定论的人会说，以阿尔伯特亲王在北京和京巴狗洛蒂在巴尔莫勒尔堡这两个反差鲜明的场景作为本书的开头，作者是个十足的傻瓜。维多利亚女王是稳操胜券的，这一结果无法避免。这在无数世代以前就注定了。

粗略算来，在1750—1950年，几乎所有解释西方缘何主宰的理论都是长时段注定论的变体。其中家喻户晓的版本是，欧洲人在文化上拥有无与伦比的优越性。自从罗马帝国日薄西山，大多数欧洲人首先把自己界定为基督徒，寻根溯源至《新约》。但在解释西方缘何主宰的问题上，一些18世纪的知识分子则另辟蹊径，重新为自己寻找了一个源头。他们认为，2 500年以前，古希腊人创造了一种以理性、创新和自由为特征的独特文化，正是这种文化使欧洲人与众不同。他们也承认，东方人有自己的文化，可东方的传统是混乱、保守和等级森严的，无法与西方思想匹敌。由此，许多欧洲人得出结论，他们攻城略地，包举宇内，是因为他们有优越的文化。

到了1900年，在西方的经济和军事优越性中痛苦挣扎的东方知识分子，往往最后接受了这一论调。在美国海军准将佩里叩关东京湾的20年内，日本兴起了明治维新运动。一批法国启蒙运动和英国自由主义的经典著作被译成日文，倡导民主改革、发展实业、解放女性以赶上西方的思潮应运而生。甚至有些日本人希望将英语作为日本官方语言。19世纪70年代，像福泽谕吉这样的日本知识分子则强调问题的形成是长时段注定的：日本的文化大多源自中国，而中国在遥远的过去就已误入歧途。结果是，日本仅仅是"半开化"。福泽谕吉认为，虽然这个问题是长时段注定的，但并非不可动摇。通过摒绝中国的影响，日本也可以达到完全开化。

与此形成对照的是，中国的知识分子不需要排外，而需要自我革新。19世纪60年代，洋务运动宣称，中国的传统从根本上说仍然是完好的，中国只需要造些汽船，买些洋枪。这被最终证明是一个谬论。1895年，现代化的日本军队奇袭中国要塞，缴获中国军队的洋枪，并瞄准中国的军舰。显而易见，问题的深度远远超过了拥有合适的武器。到了1900年，中国的知识分子也追随日本的道路，译介经济学和进化论方面的西方书籍。与福泽谕吉的观点相同，他们的结论是，西方的主宰是长时段注定的，但并非不可改变，通过摒弃过去，中国也可以迎头赶上。

但是，西方有些持长时段注定论的人认为，东方对此无能为力。他们认为，文化使西方登峰造极，但那并非西方主宰世界的根本原因，因为文化本身是有物质起因的。有些人相信，东方过于炎热，或者瘴疠盛行，故而无法培育出像西方一样具有创新精神的文化。或者因为东方人口过密，消耗了所有的剩余产品，人们的生活水平只能维持在一个很低的层次上，因而无法产生像西方那样自由、前瞻的社会形态。

各种各样带着不同政治色彩的长时段注定论纷纷涌现，其中以马克思的版本最为重要，影响力也最大。就在英国军队抢走京巴狗洛蒂时，正在为《纽约每日论坛报》中国问题专栏撰稿的马克思提出，政治才是确立西方主宰地位的真正因素。他认为，数千年来，东方国家是如此的集权和强大，以至阻遏了历史发展的潮流。古代的欧洲从封建主义进化到资本主义，无产阶级革命又带来了共产主义，而东方却滞留在君主专制阶段，无法走上与西方一样的进步道路。尽管历史并未完全如马克思所预见的那样发展，后来的共产主义者（尤其是列宁和他的追随者）改进了马克思的理论，声称一场革命的先锋运动可能将古老的东方从沉睡中惊醒。但列宁主义者们认为,只有当他们不惜一切代价打碎陈腐的旧制度时,这一切才会发生。

整个20世纪,西方继续跳着复杂的舞步,史学家们发现了一些似乎并不符合长时段注定论的史实,而长时段注定派则据此修正了自己的理论。例如,如今无人质疑,当欧洲的航海大发现时代刚刚开始时,中国的航海技术遥遥领先,中国船员已经知道印度沿岸、阿拉伯地区、东非地区,可能还包括澳大利亚。*1405年,正使太监郑和从南京出发驶向斯里兰卡,他率领的船队有将近300艘舰船。其中既有运输饮用水的液货船,也有宏伟的宝船,后者装备有先进的方向舵、水密舱室和复杂的信号发送装置。在他的2.7万名船员中,有180名医生和药剂师。与之形成鲜明对照的是,1492年,哥伦布从西班牙加的斯出发的时候,他手下只有3艘船,90名船员。哥伦布手下最大的那艘船的排水量,只有郑和宝船的1/30,约26米的船长还不及郑和宝船的主桅高度,只有它舵杆的两倍长。哥伦布的船队既无液货船,也无医生。郑和有罗盘指路,凭借约6米长的海图,他对印度洋了如指掌。而哥伦布则茫然不知自己身在何方,更不必说正向哪里驶去。

这可能使任何一个认为西方的主宰地位在遥远的过去就已根深蒂固的人踌躇,但也有几本重要的著作争辩道,归根结底,郑和的例子也符合长时段注定论,只是解释起来更为错综复杂而已。例如,经济学家戴维·兰德斯在他的皇皇巨著《国富国穷》中,重新诠释了疾病

---

* 有些人甚至认为,中国船员早在15世纪就到达了美洲。但是,正如我将要在第八章中论述的,这一说法可能是天方夜谭。对于这种假想的航程,最可能作为证据的是一张世界地图,2006年曾在北京和伦敦展出。主办方声称,这是一幅1418年中国原作的复制品,绘于1763年。这张地图与真正的15世纪的中国地图迥然不同,而与18世纪法国的世界地图极为相似,比如将加利福尼亚描绘成一个岛屿。最有可能的情况是,一位18世纪的中国地图绘制者综合了15世纪的中国地图和他自己新近得到的法国地图绘制而成。绘图者或许并不想欺骗任何人,但是21世纪那些汲汲于耸人听闻的发现的收藏家,却欣然接受了自欺欺人。

和人口因素使得欧洲对中国拥有绝对优势的说法。他提出新论，认为中国人口密集，故而偏好集权政府，而密集的人口又削弱了统治者从郑和航行中牟利的动机。因为所向无敌，大多数中国皇帝担心的不是自己如何获得更多财富，而是贸易可能使不受欢迎的商人阶层致富。又因为国家非常强大，他们可以禁止这种危险的做法。15世纪30年代，远洋航海活动被禁止，郑和的航海记录可能于15世纪70年代被毁，从而终结了中国伟大的航海时代。

生物和地理学家贾雷德·戴蒙德在他的经典之作《枪炮、病菌与钢铁》中有类似的论述。他写作该书的主要目的是解释为何在贯穿中国和地中海的那个纬度带内诞生了最初的文明。他写道，是欧洲而非中国主宰当今世界的原因是，欧洲的半岛地形使得小王国有能力抵御潜在的征服者，因此偏好分散的政治权力，而中国更为连贯的海岸线使得中央集权而不是诸侯割据成为偏好，由此带来的政治统一使得15世纪的中国皇帝能够禁止郑和那样的航行。

与之相反，在政治权力分散的欧洲，尽管哥伦布的疯狂提议遭到一个又一个君主的拒绝，但他总能另寻明主。我们可以这样设想，假如郑和像哥伦布那样有如此众多的选择，可能1519年西班牙殖民者埃尔南·科尔特斯在墨西哥遇到的就将是位中国统治者，而不是遭受厄运的蒙特祖马二世。但是根据长时段注定论，巨大的非人为力量，如疾病、地形和地理使这种设想沦为空谈。

然而，郑和的航海之举与其他许多史实使有些人瞠目结舌，无法再塞进长时段注定论的模型。就在1905年，日本打败了沙俄，表明东方国家也可以使欧洲人在耗资靡费的战争中甘拜下风。1942年，日本曾一度将西方势力逐出太平洋地区，然后又在1945年骤然跌落，落得战败的下场。后来，日本转变方向，重新崛起，成为经济巨头。1978年以来，正如我们所知，中国在走一条相似的道路。2006年，中国超过美国成为世界上最大的二氧化碳排放国，甚至在2008年经济危机最为严重的时期，中国经济仍然持续增长，增长的速度令西方政府即使在其经济形势最好的年份里也会妒忌。或许，我们需要将老问题暂且搁置，而提出一个新问题：不是西方缘何主宰，而是西方是否主宰。如果答案是否定的，那么，长时段注定论就是为一个并不存在的西方主宰地位寻求远古解释，自然也就是一纸空谈了。

这种种不确定带来的一个结果是，一些西方历史学家已经发展出了一整套新的理论，解释为何西方曾经主宰世界，而今却丧失了主宰地位。我把这些理论称为"短时段偶然论"。短时段偶然论相比长时段注定论要更为复杂，并且这一阵营中存在着十分激烈的分歧。但有一点，所有持短时段偶然论的人是一致赞同的，那就是，长时段注定论的几乎所有观点都是错的。西方并不是在洪荒年代就已确立了全球主宰地位，直到19世纪以后，在鸦片战争前夕，西方才暂时领先于东方，即使是这一点，在很大程度上也是偶然的。阿尔伯特亲王在北京的假想场景并不是我愚蠢的虚构，它完全可能发生。

侥幸胜出

美国加利福尼亚州奥兰治县闻名于世的是政治、修剪整齐的棕榈树和长期居住于此的影星约翰·韦恩（当地机场便是以他的名字命名的，虽然他并不喜欢飞机在高尔夫球场上空飞过），而不是激进的学术。可是在20世纪90年代，此地成了全球历史短时段偶然论的中心。两位历史学家——加利福尼亚大学欧文分校的王国斌*和彭慕兰，以及社会学家王丰，撰写了具有里程碑意义的著作，主张不管从哪方面考察——生态还是家庭结构、技术和工业还是金融和机构、生活水平还是消费品位，迟至19世纪，东西方之间的相似之处仍然比差异之处要多得多。

---

* 王国斌2005年离开了加利福尼亚大学欧文分校，但只搬迁了60多千米，到了加利福尼亚大学洛杉矶分校。王国斌还有个合著者：詹姆斯·李，后者任教的地方离欧文分校也只有60多千米，即位于帕萨迪纳的加州理工学院。

如果他们的说法成立,要想解释为何是京巴狗洛蒂到了伦敦,而不是阿尔伯特亲王去了北京,就要困难得多了。有些短时段偶然派,如标新立异的经济学家安德烈·冈德·弗兰克(他写过30多本著作,从史前学到拉美金融,内容无所不包),他认为东方的条件实际上比西方更有利于工业革命的发生,但是偶然因素的介入改变了这一状况。弗兰克总结道,欧洲仅仅是"以中国为中心的世界秩序中"[4]的"一个遥远的边缘半岛"[5]。因为亚洲市场蕴藏着真正的财富,欧洲人非常渴望进入亚洲市场。1 000年前,他们试图通过十字军东征开辟通向中东的道路。当发现这样做行不通的时候,有些欧洲人,像哥伦布,转而试图向西航行以到达中国。

那样做也失败了,因为有美洲横亘在中间,但弗兰克认为,哥伦布的错误恰恰标志着欧洲在世界体系中的地位发生变化。在16世纪,中国经济欣欣向荣,却面临着持续的白银短缺。而美洲有充裕的白银,为了应对中国的需求,欧洲人驱使美洲原住民在秘鲁和墨西哥的山岳间开采出了15万吨贵金属。其中1/3最后流入了中国。白银、暴力和奴隶制,正如弗兰克所言,将西方带到了"亚洲经济列车的三等座上"[6],但还需要有更多的事情发生,西方才能"取代亚洲的火车头地位"。

弗兰克认为,归根结底,西方的崛起与其说是由于欧洲人的主动精神,还不如说是由于1750年以后"东方的衰落"。他相信,这一切是从白银供应缩水开始的。白银供应缩水引发了亚洲的政治危机,却为欧洲注入了一剂强心剂——由于欧洲缺少用于出口的白银,欧洲人开始实现工业机械化,以制造在亚洲市场上具有竞争力的产品。弗兰克称,1750年以后的人口增长,也在欧亚大陆的两端造成了迥异的结果:在中国,这导致了贫富两极分化,引发了政治危机,并且抑制了创新;而在英国,则为雨后春笋般涌现的工厂提供了廉价劳动力。正当东方惨淡经营之时,西方发生了工业革命。工业革命本来应该发生在中国,但是最后还是发生在了英国,西方继承了整个世界。

但是，其他持短时段偶然论的人对此表示不敢苟同。社会学家杰克·戈德斯通（他曾在加利福尼亚大学戴维斯分校任教若干年，创造了术语"加州学派"，以描述短时段偶然派）争论说，直到公元1600年以前，东西方的优势大致相当，它们都由强大的农业帝国/帝制国家统治，复杂的神职系统守卫着古老的传统。17世纪，从英国到中国，处处遍布着瘟疫、战火和王朝的覆灭，将这些社会推向崩溃的边缘，然而，大多数国家还是恢复了元气，重新巩固了正统思想的统治，而西北欧的新教徒则摒弃了天主教传统。

戈德斯通认为，正是这种反抗行为推动着西方走向工业革命之路。挣脱了古代意识形态的束缚后，欧洲科学家们迅速有效地揭开了自然鬼斧神工的奥秘，而同样具有务实传统的英国企业家们则学会了利用煤炭和蒸汽工作。到了1800年，西方已取得了在世界上绝对领先的地位。

戈德斯通认为，这些都不是长时段注定的，事实上，一些偶然事件本来可能完全改变整个世界的进程。例如，在1690年的博因河战役中，信奉天主教的詹姆士二世军队射来的滑膛枪子弹撕破了奥兰治亲王威廉的大衣肩袖，后者觊觎着英国王位。"幸好子弹射偏了一些"[7]，威廉亲王或许会这样感慨。是啊，戈德斯通说，如果那发子弹再低几厘米，天主教可能仍然统治着英国，法国可能会主宰欧洲，而工业革命可能就不会发生了。

加利福尼亚大学欧文分校的彭慕兰想得更远。在他看来，工业革命的发生原本便是一个偶然事件。他说，在1750年前后，东西方都在走向生态灾难。比起技术进步，人口增长要快得多，人们为了生存，几乎穷尽一切办法，如发展农业、运输货物，以及重新组织人力。他们几乎达到了科技所能允许的极限，从当时的情况来看，完全可以预计，19世纪和20世纪将发生全球性的经济衰退和人口减少。

可是，事实上过去两个世纪的经济增长超过了先前所有年代的总和。彭慕兰在其重要著作《大分流》中解释了其中的原因：西欧，尤其是英国，只是运气好而已。同弗兰克的观点一样，彭慕兰认为，西方的运气始于偶然发现美洲，从而产生了一个能为工业生产提供动力的贸易系统。但与弗兰克的观点不同，他认为，迟至1800年，欧洲仍然有可能丧失好运。彭慕兰指出，为了给英国早期简陋的蒸汽机提供燃料，需要大量的木材，这就需要种植足够多的树，从而占据大面积土地——事实上，人口拥挤的西欧地区是无法提供这么大的空间的。但就在这时，第二次幸运又降临了：英国拥有世界上独一无二的便于开采的煤炭储备，以及快速实现机械化的工业。到了1840年，英国人将以燃煤为动力的机器普及到了各行各业，包括可以径直驶入长江的铁甲战舰。要不是以燃煤作为动力，英国将不得不每年多燃烧约6万平方千米的林地，而英国根本没有这么多林地。化石燃料的革命开始了，生态灾难避免了（或者说至少推迟到了21世纪），西方一夜之间克服困难，主宰了全球。这根本不是长时段注定的，而只是最近发生的一个奇特的巧合。

关于西方工业革命的短时段偶然论的种种变体，从彭慕兰的侥幸避免全球灾难论，到弗兰克的在不断扩张的世界经济中暂时转移论，其中的分歧之大，就好比长时段注定论阵营中的贾雷德·戴蒙德和马克思的观点差异。尽管两大理论派别内部都有诸多分歧，但是它们之间的战线划分了两种关于世界如何运行的泾渭分明、针锋相对的理论。有些长时段注定派宣称，修正派只是在兜售以次充好、政治上正确的伪学术；短时段偶然派则回应道，长时段注定派是亲西方的辩护士，甚至是种族主义者。

这么多专家学者得出的结论大相径庭，这说明我们考虑问题的方法出现了问题。在本书中，我将阐明，不管是长时段注定派还是短时段偶然派，都误解了历史的形态，从而得出了片面和矛盾的结论。我认为，我们需要的是一个不同的视角。

历史的形态

我的意思是,不管是持长时段注定论的人,还是持短时段偶然论的人,都赞同在过去的200年间西方主宰了全球,但对于在此之前的世界是什么状况,他们存在分歧。这一切都围绕着他们对前现代历史的不同评估。我们解决这一争端的唯一途径是研究这些更早的时期以建立总体的历史"形态"。只有建立稳定的基础后,我们才能够卓有成效地解释历史进程。

可是,似乎没有人愿意去做这件事。大多数写书论述西方缘何主宰的专家都拥有经济学、社会学、政治学或者现代史的学术背景,大体而言,他们是当代或近代事件的专家。他们倾向于聚焦最近的几代人,即使回溯历史也顶多回溯500年,而对更早的历史,即使有所涉及,也仅是简略地梳理——尽管主要争议是,赋予西方主宰地位的因素是在较早的时代便已存在,还是在现代突然出现的。

少数思想家对这个问题的处理方式十分与众不同,他们先是聚焦于遥远的史前时期,然后突然跳到了现代,而对于其间的数千年则很少提及。地理学家和历史学家阿尔弗雷德·克罗斯比把这种做法推演到了极致——他认为,出现于史前时期的农业是极为重要的,但是"在那时和推动哥伦布等航海家远渡重洋的社会大发展时代之间,大约过去了4 000年,相较过去而言,中间发生的事件乏善可陈"[8]。

我认为,这一观点是错误的。如果我们将研究局限在史前时期或现代,就会一无所获。不妨加一句,如果我们将目光局限在中间的那四五千年,也不会有收获。这一问题要求我们在讨论历史为何呈现此种形态之前,将整个人类的悠久历史看成一个完整的故事,建立起整体的形态。这正是我试图在本书中做到的。

我是一个考古学家和古代史学家,专业是公元前第一个千年(指公元前1000年—前1年,以此类推)的古地中海研究。1978年,我在英国伯明翰大学读书的时候,我所遇到的大多数古典学者都醉心于长时段注定论，认为始创于2 500年前的古希腊文化造就了独具特色的西方生活方式。他们中的有些人（大多是年纪较长者）甚至会说，正是这一古希腊的传统使得西方优于世界其他地方。

从我的记忆来看，这些说法毫无问题，直到20世纪80年代初，我开始在剑桥大学读研究生，从事古希腊城邦国家起源的研究。这使我与在世界其他地方从事类似研究的人类学家、考古学家成为同行。他们公然嘲笑道，认为古希腊文化是独一无二的，并且开启了以民主与理性为特色的西方传统，这一观点是荒诞不经的。就像人们常常会做的那样，几年间，我脑中这两个互相矛盾的观点一直在你争我斗：一方面，古希腊社会循着与其他古代社会一样的进程发展；另一方面，它开启了一个与众不同的西方发展轨道。

1987年，当我在芝加哥大学担任第一份教职的时候，要平衡脑中的这两种观点变得更为困难了。在芝加哥大学，我教授久负盛名的西方文明史课程，时间跨度从古代雅典到东欧剧变。为了备课，我必须比以前更认真地研读中世纪和现代欧洲史。结果我发现，很长一段时期以来，与其说人们遵守了古希腊给予西方的自由、理性和创造的传统，还不如说人们完全背道而驰。为了寻根究底，我开始博览史籍。我惊讶地发现，被称为与众不同的西方历史，与世界其他地方，如伟大文明古国中国、印度和伊朗的历史，是如此惊人地相似。

教授们常常抱怨沉重的行政负担，但当1995年我调至斯坦福大学后，很快发现在委员会工作是跳出自己的方寸天地去了解外界的绝佳途径。从那时起，我担任了斯坦福大学社会科学史学院和考古中心主任、古典学系系主任和人文与科学学院高级副院长等职务，并主持一项大型考古发掘工作——这当然带来了大量的文书工作，令人头痛，但我也得以结识了很多领域的专家，从基因科学到文学批评，他们的研究或许有助于解答西方缘何主宰当今世界。

我学到了很重要的一点：要想解答这一问题，我们需要取精用宏，把历史学家对历史环境的关注、考古学家对深挖过去的意识，以及社会科学家的比较方法结合起来。为了结合各方优势，我们可以组织一个跨领域专家小组，集中各领域的资深专家，事实上，这正是我在西西里岛开始主持考古发掘工作时的做法。对于分析所发现的炭化种子所需的植物学知识，我知之甚少；对于鉴定动物骨骼所需的动物学知识、鉴别储物容器中残余物质的化学知识、重建地貌形成过程的地质学知识，以及其他研究中不可或缺的专业知识，我都知之甚少，于是我求助有关专家。主持考古发掘的人就像是一个学术乐团的经理，将各具天赋的艺术家组织起来举办演出。

这是写作发掘报告的好方法，因为发掘报告的目的在于集中数据为他人研究提供便利，而委员会的报告在针对大问题制定统一答案方面则显得力不从心。因此，我在写作本书时采用的是跨领域而非多领域的方法。我没有驱使一大堆专家为我写书，而是自己动手，将无数领域中专家的发现加以汇集和解释。

这不免招致各种危险——肤浅之见、学科偏见，还有一般性错误。比起皓首穷经研读中世纪手稿的学者，我不可能细致入微地了解中国文化；比起遗传学家，我不可能掌握人类进化方面最前沿的知识（有人告诉我，《科学》杂志平均13秒更新一次其网站，在电脑上打下这句话时，我可能已经落后了）。但那些囿于自己学科之内的人将永远无法看到宏大的图景。要完成本书这样的作品，较之其他方法，单作者、跨学科的写法也许是最糟的。可对我来说，这种写法当然是最好的了。孰是孰非，就由读者来评判了。

那么，研究结果是什么？在本书中，我认为，西方为什么主宰世界的问题实际上是关于社会发展的问题。这里的社会发展是指社会达成目标的能力，即社会通过影响物理、经济、社会、智力等环境以达到相应目标的能力。19—20世纪，西方观察家将社会发展视为理所当然的好事。他们含蓄或者公开地说，发展就是进步（或者进化，或者沿革），而进步——不管是向着上帝、富裕还是人民的天堂——是生活的意义。现在，这些意义似乎不那么显而易见了。很多人感到，社会发展过程中带来的种种弊端，如环境恶化、战争、不平等和梦想破灭，要比收益多得多。

但是，不管社会发展的寓意有何变化，社会发展这一事实是无可否认的。与100年前相比，今天几乎所有的社会都更为发达了（从上一段中我对发展的定义来看），有些社会则比其他社会更为发达。1842年时，英国的的确确比中国更发达——事实上，当时的英国非常发达，它的势力遍及全球。过去曾存在无数的帝国，但这些帝国的势力范围都是区域性的。但是，到了1842年，英国制造商的产品可以涌入中国，英国工业家可以制造举世无匹的铁甲战船，英国政客可以派遣远征军穿越半个地球。

西方缘何主宰世界的问题，实际上包括两个问题。我们既需要知道，为何西方更为发达，即比世界其他地方更具备达成目标的能力；又需要知道，为何在过去200年间，西方的发展达到如此高度——有史以来首次有一些国家可以主宰整个地球。

我认为，回答这两个问题的唯一途径是，用一张图表来揭示历史形态，衡量社会发展。这样一来，我们就可以看到，不管是长时段注定论还是短时段偶然论，都未能很好地揭示历史的形态。第一个问题的答案——为何西方社会比世界其他地方更为发达——并不在于最近的偶然：在过去的15个千年中，西方有14个千年是世界上最为发达的地区。但西方的领导地位不是在遥远的洪荒年代就注定的。在550—1775年的1 000多年中，东方更为发达。西方的主宰地位既不是几万年以前就注定的，又不是最近的偶然事件的结果。

长时段注定论和短时段偶然论也无法回答第二个问题，即为何西方的社会发展达到了其他社会难以企及的高度。我们将看到，直到1800年前后，西方才开始以惊人之势迅速崛起，但这一崛起本身仅仅是长期以来逐渐加速的社会发展的最近表现而已。长期因素与短期因素共同起作用。

综上所述，要想解释西方的主宰地位，既不能把目光投向史前时代，又不能只看最近的几百年。要想回答这一问题，我们需要纵览整个历史进程。然而，描述社会发展过程中的起伏兴衰，虽然能够揭示历史的形态并告诉我们需要解释什么，但这并不是解释本身。我们还需深入史册，搜寻细节。

懒惰、贪婪和恐惧

"历史：名词，指一种往往虚假的记录，记录的大多是无关紧要的事情。这些事情由统治者和军人引起，这些统治者大多是无赖，而军人往往是傻子。"[9]美国作家安布罗斯·比尔斯关于历史的这条风趣的定义，有时你不得不赞同：看起来历史似乎仅仅是一件讨厌的事情接着另一件，是天才和傻子、暴君和浪漫派、诗人和盗贼混杂在一起的一团乱麻，或创造非凡之举，或在堕落边缘挣扎。

理所当然地，这些人将在接下来的内容中扮演重要角色。毕竟，正是血肉之躯的个人，而不是宏大的非人为因素，在这个世界上生存、死亡、创造和斗争。但是，在所有的喧哗和愤怒背后，还是有明显的模式可循的，历史学家们可以使用恰当的工具辨明这些模式，甚至解释它们。

我将使用其中的三种工具。

第一种工具是生物学★，生物学告诉我们，真实的人类是聪明的猿猴。我们是动物王国的一部分，而动物王国又是从大型类人猿到变形虫的更为广袤的生命帝国的一部分。这一明显的事实带来了三个重要结果。

第一个结果是，和所有生命形式一样，我们之所以能够生存是因为我们从环境中摄取能量，并且用此能量繁衍生息。

★ 作为学术的生物学是一片极为广阔的领域，本书采用的是生态/进化视角，而不是分子/细胞视角。

第二个结果是，像所有有智慧的动物一样，我们有好奇心。我们总是在探索，思索着哪些东西能吃，哪些东西能玩，哪些东西能加以改进。我们只是在探索方面比其他动物要强，因为我们拥有硕大、敏捷、有许多褶皱的大脑来思考问题，有柔软、灵巧的声带来谈论问题，还有可对掌的拇指来解决问题。

即便如此，同其他动物一样，人与人显然也不是完全相同的。有的人从环境中摄入更多能量，有的人生育更多后代，有的人更好奇、更有创造力、更聪明，或者更为实际。而我们作为动物的第三个结果是，相对于个体的人而言，大型群体之间大致是相同的。如果从一群人中随机地挑出两个，可以想象，他们可能迥然不同；可是如果召集起两群人，两个群体很可能颇为相似。如果比较有百万之众的群体，正如我在本书中所做的那样，他们很可能拥有同样多充满活力、繁殖力、好奇心、创造力和智力的人。

这三条非常符合常识的观察结论解释了大多数历史的进程。数千年来，由于我们的探索，社会总是在发展，并且是日益加速地发展。奇思妙想越来越多，并且一旦产生就难以忘却。但是，就像我们将要看到的，生物学并不能解释整个人类社会发展的进程。有时，社会发展长期停滞不前；有时，社会甚至会倒退。所以，仅仅知道我们是聪明的猿猴是不够的。

这里就需要引入第二种工具——社会学★。社会学同时告诉我们，什么导致了社会变化，社会变化又带来了什么。聪明的猿猴围坐在一起探索是一回事，它们的奇思妙想流行开来改变社会是另一回事。看来，这需要某种催化剂。科幻作家罗伯特·安森·海因莱因曾提出一条定理："懒男人想寻找更简单的方法解决问题，于是就有了进步。"

★ 我使用"社会学"作为缩略术语，用以描述更为一般的社会科学，主要是那些概括所有社会如何运转的分支学科，而不是那些聚焦社会差异的学科。这条定义超越了社会学、人类学、经济学和政治学之间传统的学科界限，着重强调生物学与社会科学的交叉领域，尤其是人口统计学和心理学。

我们将在后文看到,这条海因莱因定理只是部分正确,因为懒惰的女人与懒惰的男人一样重要,懒惰不是唯一的"发明之母",对于所发生的事情,"进步"通常是个听来颇为乐观的字眼。但是如果我们再充实一下内容,海因莱因的见解是对社会变化的原因的优秀总结。事实上,本书随后将提出我自己的"莫里斯定理",该定理的定义较为复杂:"导致变化的原因是懒惰、贪婪、恐惧的人们寻求更方便、更有利、更安全的生活。他们不知道自己在做什么。"历史告诉我们,一旦施加压力,就会产生变化。

懒惰、贪婪、恐惧的人们在保持舒适、尽可能少工作和获得安全之间寻求令自己满意的平衡。但事情并没有到此结束,因为人们繁衍生息和摄取能量将不可避免地使他们所能获取的资源(这里既包括物质资源,又包括智力资源和社会资源)承受压力。在社会的不断发展之中,也潜藏着阻止社会进一步发展的力量。我把这称为"发展的悖论"。成功带来新问题,而解决这些问题后,又会产生更多新问题。正如人们说的那样,苦海无边。

发展的悖论一直在起作用,迫使人们面临艰难的抉择。人们经常无力应对发展带来的挑战,于是,社会发展陷于停滞甚至倒退。但是,有时候,懒惰、贪婪和恐惧推动着一些人去冒险、创新,改变游戏的规则。如果有些人成功了,并且大多数人接受了成功的革新,社会便有可能突破资源瓶颈,继续向前发展。

人们每天都在面对和解决这些问题,这就是为什么自最后一个冰期末期以来,社会发展总体呈现上升趋势。但正如我们将要看到的,在有些节点上,发展的悖论仍然制造了"硬天花板",只有真正翻天覆地的变化才能突破它。社会发展在这些硬天花板下徘徊不前,走得艰难而绝望。在一个又一个案例中,我们可以看到,当社会无力应对遇到的问题,大量弊病——饥荒、瘟疫、不可控制的迁徙以及国家崩溃——接踵而至,社会由发展停滞转为衰落;而如果在饥荒、瘟疫、迁徙和国家崩溃之外,又有其他破坏性力量,如气候变化(我把这五个破坏性因素总称为"天启五骑士"),衰落可能会转变为长达数个世纪的灾难性的崩溃与黑暗时代。

围绕这些主题,生物学和社会学解释了大部分的历史形态——为何社会有时会发展,为何社会有时发展得快,有时发展得慢,有时会崩溃。但这些生物学和社会学定律是放之四海而皆准的,它们告诉我们人类这个整体是什么样的,却没有告诉我们,为何一处之人与别处之人行事如此不同。为了解释这一问题,我会贯穿全书来论证,我们需要第三种工具:地理学★。

位置,位置,位置

"传记的艺术不同于地理学,"幽默作家爱德蒙·本特利在1905年评论道,"传记是关于人物的,而地理则是关于地图的。"很多年来,大人物(英国人所说的上层阶级男性)主宰了史学家们讲述的故事,以致历史与传记相差无几。这一状况在20世纪得到了改观,史学家们把女性、下层阶级男性和孩子也算进了人物之列,在一团混杂之中加入了他们的声音,但在此书中我想更进一步。我认为,一旦我们把人物(在新的、更为宽泛的定义下的更大群体的人物)看作大致相仿的,剩下的便只有地图了。

很多史学家被这一论断所激怒,就如同公牛看到红色的斗牛布一般。其中有几个史学家对我说,拒绝几个伟人就可以决定东西方历史走向的陈词滥调是一回事,拒绝承认文化、价值观和信仰的重要性,仅在无理性的物质因素中寻找西方主宰世界的原因,又是另外一回事。但这基本上就是我的主张。

★ 地理学,同生物学和社会学一样,是个庞大而定义宽泛的领域(事实上,它的定义如此宽泛,以至20世纪40年代以来,许多大学纷纷取消了地理系,因为这些大学认为地理学根本算不上学术意义上的学科)。我更多地采用的是人类/经济地理视角而不是物质地理视角。

我将试图说明，在过去的15 000年中，东西方以相同的次序经历了相同的社会发展阶段，因为东西方由相同种类的人组成，而正是这些人创造了相同种类的历史。但我也试图说明，他们并非以同样的频率和速度完成这些事情。我的结论是，生物学和社会学能解释全球范围内的相似之处，而地理学则能解释区域差异。从这个意义上讲，是地理学解释了西方为何主宰世界。

坦率地讲，这听起来可能像长时段注定论的强硬路线，当然有些历史学家是这样看待地理学视角的。这一观点至少可以上溯到希罗多德，这个生活在公元前5世纪的希腊人常被誉为"历史学之父"。他坚称："土质松软的国家养育生性软弱的人民。"[10]并且，正如由他所开启的地理环境决定论传统，他得出的结论是，正是地理环境决定了他的祖国的伟大。或许最值得一提的例子是埃尔斯沃思·亨廷顿，这位耶鲁大学的地理学家在20世纪第二个十年收集了大量统计数据，用以证明他的家乡康涅狄格州的纽黑文有近乎完美的出产伟人的气候条件。（只有英国的气候条件要更好些。）作为对比，他总结道，加利福尼亚州"过分整齐划一的刺激性气候"（正是我居住的地方）只出产了大量疯子。"加利福尼亚州的人民，"亨廷顿向他的读者保证说，"可以被比作不堪驱策的马，他们中的一些因筋疲力尽而垮掉。"[11]

人们很容易嘲讽这类说辞，但当我说地理学解释了西方的主宰地位的时候，我的想法颇为不同。地理差异确实有长期的效果，但这些不是注定的。并且，在社会发展的某一阶段的地理优势，在另一阶段可能是毫无影响的，甚至可能转化为劣势。我们或许可以这么说，虽然地理推动了社会发展，但是社会发展决定了地理的意义。这是双向的。

为了更好地解释这一点，也为了给本书的内容做一下快速导航，我要回溯两万年，上溯到最后一个冰期最为寒冷的时刻。那时，地理环境至关重要：一千多米厚的冰川覆盖了北半球的大部分地区，冰川边缘是干燥而不适宜居住的苔原地带，只有靠近赤道的地方，才有零星人群以采集和狩猎为生。南方（人类可以居住的地方）和北方（人类不能居住的地方）的差异巨大，但在南部地区，东西差异则相对较小。

冰期末期改变了地理的意义。当然，两极地区依然很寒冷，赤道地区依然很炎热，但在这两个极端之间的六处地方，即我在第二章中所指的原始核心地区，更温暖的气候条件配合当地的地理环境，为适宜人类驯化的动植物的进化（即改变它们的基因使之更能为人类所用，最终使得经过基因改进的生物只能与人类共生）提供了有利条件。驯化的动植物意味着更多的食物，这样就能养育更多的人，从而产生更多创新。但是，驯化同时也意味着施加给推动这一进程的资源更大压力。发展的悖论在这里起了作用。

这些核心地区一度是冰期极为典型的相对温暖、适宜居住的地区，但是现在，它们彼此之间以及与世界其他地方之间的界限日益模糊了。地理眷顾了这些地方，但对其中的某些地方更为偏爱。欧亚大陆西部一个叫侧翼丘陵区的核心地区，是可驯化的动植物的集中之地。由于人群大致相似，因此在这片动植物资源最为丰富、驯化最为便捷之地，人类开始了对动植物的驯化过程。那大约是在公元前9500年。

遵循常识，我用"西方"一词描述所有从欧亚大陆核心地区最西端演化而来的社会。很久以前，西方从西南亚★的核心地区开始扩张，包括地中海盆地乃至欧洲，在最近的几个世纪里，又囊括了美洲和澳大拉西亚（在16—17世纪泛指澳大利亚、新西兰及附近的南太平洋诸岛）。希望以常识的方式来界定"西方"（而不是挑出一些所谓独特的"西方"价值观，诸如自由、理性、宽容，然后论证这些观念来自何方，以及世界的哪些地方有这些观念）能更清晰明了，这对理解我们所生活的世界有重大影响。我的目标是解释为何从原始的西方核心地区沿袭而来的一系列社会——首先是北美洲——如今主宰地球，而不是西方其他地方的社会，即沿袭自其他原始核心地区的社会为何没

★ 19世纪以来，人们将这一地区误称为"中东"。

有主宰全球。

遵循相同的逻辑，我使用"东方"一词指代自欧亚大陆核心地区最东端（古老程度仅次于西端）演化而来的社会。也是在很久以前，东方从中国的黄河与长江之间的原始核心地区开始扩展，那里对于植物的驯化大约始于公元前7500年，今天的东方包括了北至日本，南至中南半岛的广大地区。

发源自其他核心地区的社会（位于今天的新几内亚的东南核心地区、位于今天的巴基斯坦和北印度的南亚核心地区、位于东撒哈拉沙漠的非洲核心地区，以及分别位于墨西哥和秘鲁的两个新大陆核心地区），都有各自令人神往的历史。在下文中，我将反复提到这些地区，但着眼点还将落在东西方对比上。我的主要根据是，自从冰期末期以来，世界上最为发达的社会要么发源自原来的西方核心地区，要么发源自原来的东方核心地区。阿尔伯特亲王在北京，与京巴狗洛蒂在巴尔莫勒尔堡相比，是个貌似可能的选择，而阿尔伯特亲王在库斯科、德里或者新几内亚则不然。因此，要想解释西方缘何主宰世界，最有效的方式是聚焦东西方的对比，这正是我所做的。

这样撰写本书是有局限的。通过更为全面的全球性论述，审视世界上的每一个地区，这种处理方式在内容上将会比本书更为丰富，并注意到细微差别，也将为南亚文化、美洲文化及世界其他地区的文化对整个人类文明所做的贡献给予充分的肯定。但是这种以全球视野论述的书也会存在不足，尤其是将会导致失去焦点，篇幅较之本书也将会更为冗长。18世纪英国最机智的作家塞缪尔·约翰逊曾经评论道，虽然人人都喜爱弥尔顿的《失乐园》，"但没人希望它更长"[12]。这一评论适用于弥尔顿，更适用于我将要着手论述的一切。

如果在解释历史方面，地理真的提供了一个希罗多德式的长时段注定论解释，那在指出对动植物的驯化在西方核心地区始于公元前9500年，在东方核心地区始于公元前7500年之后，我便可将本书匆匆收尾。如此说来，西方社会的发展便会简简单单地领先于东方

2 000年，在西方进行工业革命的时候，东方还在发明文字。当然，情况显然不是这样。在接下来的几章里，我们将看到，地理并不能决定历史，因为地理优势最终往往适得其反。它们推动了社会发展，但在此过程中社会发展又改变了地理的意义。

随着社会的发展，核心地区的范围扩大了，有时是通过移民，有时是通过邻近地区的效仿或者独立创新。在老的核心地区非常有效的技术——不管是农业技术，还是关于村庄生活、城市和城邦、大帝国/帝制国家或者重工业的技术——会扩散到新的社会和新的环境。有时候，这些技术在新的背景下兴旺发达；有时候，它们无功无过；还有的时候，它们需要经过重大调整才能发挥作用。

尽管这看起来有些奇怪，但社会发展中的最大进步往往发生在这些无法很好地应用从更发达的核心地区所引进或效仿的技术的地方。有时，这是因为使旧方法适应新环境的努力迫使人们取得突破；有时，则是因为在社会发展的某一阶段无关紧要的地理因素，在另一个发展阶段变得举足轻重。

例如，5 000年前，葡萄牙、西班牙、法国和英国从欧洲大陆延伸至大西洋中，是地理上的一大劣势，意味着这些地区远离美索不达米亚（亦称"两河流域"）★和埃及的文明。但500年前，社会的发展改变了地理条件的意义。人们有了新型的舰船可以横渡原先无法通行的海洋，于是突然间扭转了形势，延伸到大西洋的地理条件变成了一大优势。葡萄牙、西班牙、法国和英国的舰船，而不是埃及或者伊拉克的舰船，开始驶向美洲、中国和日本。西欧通过远洋贸易将世界紧密联系在一起，西欧的社会发展也因此蒸蒸日上，超越了原先地中海东部的核心地区。

★ 美索不达米亚是古希腊语，意思是"两河之间的土地"。美索不达米亚是古巴比伦的所在，在今伊拉克境内。习惯上，历史学家和考古学家用美索不达米亚来指称637年阿拉伯人入侵以前的这一地区，之后则称为伊拉克。

我将这一模式称为"后发优势"★[13]，它同社会发展一样历史悠久。当农业村寨开始转变为城市（在西方是公元前4000年之后不久，在东方是公元前2000年后），拥有利于农业生产的某些特定土壤和气候条件变得不那么重要了，更为重要的是拥有可以引水灌溉或作为商路的大河。当国家不断扩张，拥有大河的重要性也下降了，后来居上的是拥有金属矿藏、更长的贸易线路，或者人力资源。随着社会发展的变迁，所需资源也发生了改变，那些原先微不足道的地区可能会发现，落后之中也蕴藏着优势。

蕴藏于落后之中的优势是如何逐渐展现出来的，往往很难预见，并不是所有的落后都可以等量齐观。比如，400年前，在很多欧洲人看来，加勒比海地区欣欣向荣的种植园要比北美洲的农场更有前景。事后来看，我们可以看到，海地变成了西半球最为贫困的地区，而美国则最为富裕，但要预见到这样的结果十分困难。

然而，这种后发优势的一个非常清楚的结果是，每个核心地区最为发达的地区总是因时而异的。在西方，在早期农业时代，最发达之处是侧翼丘陵区；随着国家的出现，它南移至美索不达米亚河谷地区和埃及；再后来，随着贸易与帝国地位的凸显，又西移至地中海盆地。在东方，最发达之处先是从黄河与长江之间的地区北移至黄河流域，然后又西移至渭水流域的秦地。

第二个结果是，西方在社会发展中的领先地位时起时伏，部分是因为这些至关重要的资源——野生动物和植物、河流、商路、人力——在每个核心地区的分布各不相同；部分是因为在这两个核心地区，扩张和抢占新资源的过程既猛烈又动荡，将发展的悖论推演至极致。例如，公元前第二个千年内西方国家的发展，使得地中海不仅成为商贸要道，而且成为毁坏之源。大约在公元前1200年，西方国家

★ 我从经济学家亚历山大·格申克龙处借用了这一术语，尽管后者使用这一术语的方式与我略有差异。

失去控制、迁徙、国家崩溃、饥荒和瘟疫引发遍及核心地区的崩溃。而没有这种内海的东方,则未经历类似的崩溃,到了公元前1000年,西方在社会发展中的领先地位已经严重被动摇。

在后来的3 000年中,同样的模式一而再再而三地起作用,造成的结果不断变化。地理因素决定了世界哪个地方的社会发展脚步最快,而社会发展又改变了地理的意义。在不同的时刻,连接欧亚大陆东部和西部的那些大草原、中国南部肥沃的稻田、印度洋和大西洋都是极为重要的。当17世纪大西洋的重要性日渐显露的时候,那些处于开发利用大西洋最佳位置的人(最初主要是英国人,后来还有曾是英属北美洲殖民地的美国的人民)创造了全新种类的帝国和经济,并释放出蕴藏在化石燃料中的巨大能量。我将会论证,这正是西方主宰世界的原因。

本书的脉络

随后的章节将分为三个部分。第一部分(第一章至第三章)探讨最为基础的问题:什么是西方?我们的故事从何讲起?"主宰"的含义是什么?如何判断谁处于领先位置或者主宰位置?在第一章中,我从故事的生物学基础讲起,评述人类如何进化,以及现代人类如何遍布地球。在第二章中,我追踪冰期之后原始东方核心地区和西方核心地区的形成和发展。在第三章中,我宕开一笔,界定"社会发展"的含义,并且解释将如何用社会发展来衡量东西方差异★。

在第二部分(第四章至第十章)中,我将详细追踪东西方的历史,不断地提出这样一个问题:是什么解释了东西方的相似与差异?在第四章中,我将审视国家最初的兴起,以及公元前1200年以前西方核心地区遭受的巨大破坏。在第五章中,我将思考最初的东西方

★ 更多技术性的论述见本书附录及提供的网站,也可阅读《文明的度量》。

大帝国/帝制国家的社会发展如何逼近农业经济所能承载的极限。在第六章中，我将讨论公元150年以后横扫欧亚大陆的大崩溃。在第七章中，出现了转折，东方核心地区开拓了新的疆域，引领社会发展。到了大约1100年，东方再次逼近农业社会的发展极限。在第八章中，我们将看到，这将如何导致第二次大崩溃。在第九章中，我将描述在恢复过程中，东西方如何在欧亚草原和大洋彼岸开拓新的疆界，并考察西方是如何缩短与东方的发展差距的。最后，在第十章中，我们将看到，工业革命是如何将西方的领先地位转化为主宰地位的，以及由此带来的巨大影响。

在第三部分（第十一章和第十二章），我将转向对史学家而言最为重要的问题：那又怎样？在第十一章中，我将从过去15 000年的万千历史细节之中归纳出自己的观点，即生物学法则和社会学法则这两套法则决定了全球范围内的历史形态，而地理学法则是第三套法则，决定了东西方发展的差异。正是这些法则之间不断的相互作用，而不是长时段注定的因素，或者短时段偶然的因素，把京巴狗洛蒂带到了巴尔莫勒尔堡，而不是把阿尔伯特亲王带到北京。

这不是史学家们通常所说的历史。大多数学者在文化、宗教信仰、价值观、社会制度或者盲目的随机事件中寻找解释，而不是关注确凿的物质现实世界，少数人一谈起规律法则就哑口无言。但在考虑并剔除某些备选因素之后，我将更进一步，在第十二章中指出，历史的规律事实上有助于我们预见未来。到了西方主宰阶段，历史并没有终结。发展的悖论和后发优势仍然在起作用，创新推动社会发展，毁坏则使之倒退，这两股力量仍然在角逐。事实上，在我看来，这种角逐正变得空前激烈。新的类型的发展和毁坏预示（或者威胁），它们不仅会改变地理学，而且会改变生物学和社会学。我们这个时代面临的一大问题，并不是西方是否会继续主宰世界，而是我们人类作为一个整体，能否在灾难使我们一蹶不振之前，突破创新，进入一种全新的生存模式。

WHY THE WEST RULES—FOR NOW
The Patterns of History, and What They Reveal About the Future

第一部分

我们的故事从何讲起

第一章
东方和西方之前

西方是什么

"当一个人厌倦了伦敦,"塞缪尔·约翰逊说,"他便厌倦了生活,因为生活所能提供的,伦敦都有。"[1]那是在1777年,每一种思潮,每一种新奇的发明,都使约翰逊博士的家乡充满活力。伦敦有大教堂和皇宫、公园和河流、高楼大厦和贫民窟。最重要的是,伦敦有可以购买的商品——花色之齐全,种类之繁多,超出了之前任何时代的人们最为天马行空的想象。打扮精致的淑女和绅士可以在牛津街新建的拱廊外停下,款款走下马车,选购新奇的商品,如雨伞(这是18世纪60年代的发明,英国人立刻发现它不可或缺),或者女用手提包和牙膏(两者都是那十年里的新产品)。不仅仅是富人在享受这种新的消费文化。令保守人士感到惊恐的是,生意人在咖啡店里消磨时光,穷人把下午茶称为"必需品"[2],而农民的妻子则在购买钢琴。

英国人开始感到他们与其他民族不同。1776年,苏格兰智者亚当·斯密在其《国富论》一书中,把英国称作"小店主之国",但他的本意是赞美。斯密坚信,英国人对自身福利的重视使得每个人更加富有。他说,只要想想英国与中国之间的反差就知道了。长久以来,中国曾经是"世界上最富庶的国家之一,土地丰饶,文化灿烂,人民勤劳，人口众多"，但是已经"在法律与制度允许的范围内，富庶到了登峰造极的地步，再也没有余地"。简言之，中国人陷入了动弹不得的境地。"劳动力的竞争和雇主的利益"，斯密预测道，"将很快使他们沦落到普通人类生存的最低水平，结果是"中国底层人民的贫困程度，将远远超过欧洲最为贫困的国家……任何腐肉，例如死猫死狗的残骸，虽然臭气熏天，招人厌恶，但对他们来说，已经算是美食了，就如同其他国家的人们看来最健康的食物一样"[3]。

约翰逊和斯密言之有理。虽然在18世纪70年代工业革命才刚刚开始，但在英国，人们的平均收入比中国更高，收入分配也更均衡。关于西方主宰地位的长时段注定论往往是以这一事实为出发点的，这一理论的支持者们认为，西方的主宰地位是工业革命的原因，而不是其结果，我们需要上溯更长的时间（或许要长得多）来解释它。

我们需要这样做吗？历史学家彭慕兰（我曾在前言部分提到过彭慕兰的著作《大分流》）坚称，亚当·斯密和他之后的所有奉承西方的学者实际上是在拿错误的东西进行比较。彭慕兰指出，中国的广袤和多样与整个欧洲大陆相当。如果把在斯密所处时代的欧洲最为发达的地区——英国单独挑出来，同整个中国的平均发展水平相比较，英国将胜出，这不足为奇。同样地，如果我们反过来，把长江三角洲地区（18世纪70年代中国最为发达的地区）与整个欧洲的平均发展水平相比较，长江三角洲会胜出。彭慕兰认为，较之将英国与欧洲不发达地区相比，或者将长江三角洲与中国不发达地区相比，18世纪的英国与长江三角洲有更多相同之处——产业主义萌芽、市场繁荣、有着复杂的劳动分工。这一切都使他得出这样一个结论：因为思考太过草率，长时段注定派把事情整个儿颠倒了过来。彭慕兰评论道，如果英国和长江三角洲在18世纪是如此相似，那么对于西方缘何主宰世界的解释就必须是在此之后，而不是在此之前。

有一点是明确的：如果我们想知道西方为何主宰世界，首先需要知道"西方"是什么。但是，一旦我们提出这一问题，事情就复杂了。对于究竟是什么构成了"西方"这一问题,我们大多数人的感觉出于一种本能。有些人将西方等同于民主和自由,另一些人想到了基督教,还有一些人想到的则是世俗的理性主义。事实上,历史学家诺曼·戴维斯找到了至少20种关于西方的学术定义,并用他所称的"弹性地理"统一在一起。每一种定义都赋予西方不同的形态,而这一定会造成混乱,关于这一点,彭慕兰曾在书中抱怨过。戴维斯说:"对于西方的定义,它的辩护者们可以用任何一种他们认为恰当的方式进行。"戴维斯的意思是,当我们着手定义西方的时候,"西方文明本质上是知识建构的混合物,可以被用来增进作者们的利益"[4]。

如果戴维斯的观点是正确的,那么,关于西方缘何主宰世界的问题不过是任意地选取某一价值观来定义西方,声称某些特定国家是这一价值的典范,然后将这些国家与一些同样任意的"非西方"国家相比较,以得出我们想要的任何自圆其说的结论。任何人如果不同意我们的观点,可以直接选用一种不同的价值观作为西方性的典范,拿一些不同的国家来代表这一价值观,再选取一个不同的对照组,那么自然就会得出一个不同的但同样自圆其说的结论。

这样做毫无意义,所以我想选择一个不同的路径,我不会一开始就从结论出发,先臆断西方价值观,然后回溯历史寻找其根源。我将从最初开始探寻,一路往下,直到我们看见各具特色的生活方式在世界的不同地方出现。然后,我将把这些各具特色的地区中最西端的称为"西方",最东端的称为"东方",以地理标记来区分东西方,而不是通过价值观进行判断。

想要从头开始是一回事,可要真正寻找到这个源头又是另一回事了。我们将看到,在遥远的过去,学者们曾多次试图从生物学的角度定义东西方,这些学者否认我在前言部分提出的观点,即群体的人类是大致相同的。他们认为,世界上某些地方的人在基因上要优于其他地方的人。一些持类似观点的人得出了这样的结论,即某些地区自洪荒之时起便在文化上优于其他地区。我们必须仔细审视这些观点,因为如果我们一开始就在这里走错一步，那么在关于历史形态和未来形态的问题上，就会谬以千里。

最初之时

关于万事万物的起源，每一种文化都有自己的传说。但是在过去一些年内，天体物理学家给了我们一些新的科学解释。现在大多数专家认为，时间和空间开始于130亿年前，虽然关于时空是如何开始的这一问题，他们之间还存在争议。在众多理论中，居于主导地位的是宇宙膨胀理论，该理论认为，宇宙最初从一个极其致密、微小的点开始膨胀，膨胀速度超过光速。而与宇宙膨胀理论相抗衡的周期循环理论则认为，这个宇宙的出现始于上个宇宙的坍塌。两个理论一致认为，我们的宇宙还在继续膨胀。但是，宇宙膨胀论者认为，膨胀仍会继续，恒星会湮灭，最终永恒的黑暗和寒冷会降临。而周期循环论者则认为，宇宙会自行收缩，然后再度爆炸，开始另一个新的宇宙。

除非接受过经年累月的高等数学训练，否则很难弄明白这些理论的意义，但幸运的是，我们的问题并不需要我们追溯至那么早。当方向和自然的法则都不存在的时候，无所谓东方或者西方。在45亿年前，也就是太阳和地球形成之前，东方和西方也不是什么有意义的概念。或许在地壳形成后，或者至少在（几百万年前）大陆漂移到了它们现在的位置之后，我们才能谈论东方和西方。但是事实上，以上这些讨论都偏离了主题。对本书的问题来说，只有在加入另一个要素——人类之后，东方和西方才有意义。

研究早期人类的古人类学家比历史学家更喜欢争论。他们研究的领域十分年轻，并且瞬息万变，新的发现不断地推翻已经确立的事实。如果两个古人类学家同处一室，他们可能带着三个人类进化理论走出房间，而就在关门的刹那，一切又都过时了。

人类与前人类的界限是模糊不清的。有些古人类学家认为，一旦猿能够直立行走，就意味着人类诞生。从髋骨和趾骨的化石来看，某些东非猿类从六七百万年前便已开始直立行走。但是，大多数专家觉得这一标准太低了。事实上，生物学上准确的人类界定标准是，脑容量从400～500立方厘米增至大约630立方厘米（我们的脑容量通常是其两倍），并且能制造粗糙石器（这是直立行走猿人的第一证据）。大约距今250万年前，这两个过程发生在两足东非猿类身上。在坦桑尼亚的奥杜瓦伊峡谷从事发掘工作的著名古人类学家路易斯和玛丽·利基夫妇（图1.1），将这些脑容量相对较大并且使用工具的生物称为"能人"。

当能人行走于大地之上的时候，东方与西方的区分还没有多大的意义。首先，这是因为这些生物只生活在东非的森林里，还没有演化出区域性的变种。其次，因为"行走在大地上"这一表述过于笼统。能人同我们一样有脚趾和脚踝，当然也能行走，但它们有长臂，这意味着很多时候它们也会待在树上。这些只是想象中的猿人，仅此而已。能人制作的石器留在动物骨骼上的印记表明，它们既食用肉类，也食用植物，但是看起来它们仍然处于食物链的低端。有些古人类学家坚持狩猎者理论，认为能人既聪明又勇敢，仅凭棍棒与石头便能杀死猎物。但另一些人则（或许更可信）认为能人是食腐者，追随诸如狮子等真正的杀手，以它们丢弃的残余食物为食。显微镜下的观察表明，能人所使用的工具在动物骨骼上留下的印记至少在鬣狗牙齿之前。

25 000代以来，能人奔跑穿梭于世界一隅的林间，它们削制石器，互相梳理毛发，求偶交配。然后，在大约180万年前，它们消失了。目前所知道的是，它们消失得很突然，但是很难精确地确定其消失的时间，而这正是研究人类进化史的一大难题。大多数情况下，我们依赖于这样一个事实，那就是化石或工具所在的岩石层中含有不稳定的放射性同位素，这种同位素的衰减速度是已知的，因此，通过测量同位素之间的比例，就能确定具体的时间。然而，这样确定的时间

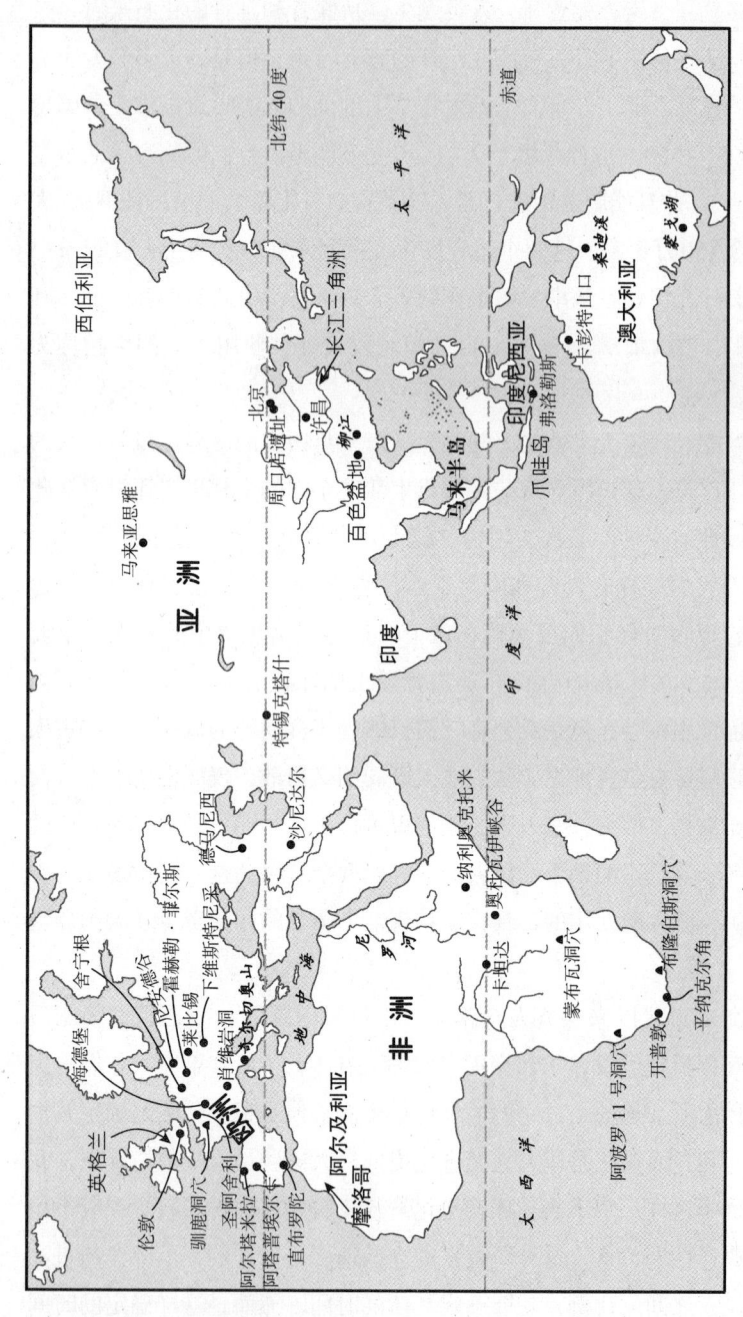

图1.1 在"东方"与"西方"有意义之前：本章提及的旧世界中的地点

的误差范围可以有上万年，所以当我们说能人突然消失，"突然"一词既可能指几代人的时间，也可能指几千代人的时间。

19世纪四五十年代，达尔文在思考自然选择的时候认为，进化是通过微小变化的自然累积实现的。可到了20世纪70年代，生物学家斯蒂芬·杰·古尔德认为进化是这样进行的：在很长一段时间里变化都十分细微，然后某一事件引发了一系列大变化。进化论者现在分为两派，一派认为，渐变论（这被批评者讥称为"匍匐式进化"）更符合进化的一般模式；另一派则赞同古尔德的"间断平衡论"[5]（"跳跃式进化"）。但是，在能人绝迹的问题上，后者显然更有说服力。大约180万年前，东非的气候变得更干燥，开阔的热带大草原取代了能人先前居住的森林，正是在那时，新型猿人★取代了能人的位置。

我暂不为这些新型猿人冠名，现在仅仅指出，它们的脑容量要大于能人，通常为800立方厘米。它们不像能人那样拥有长长的、黑猩猩般的手臂，这很可能意味着它们几乎所有时间都在地上活动。它们的身材也更为高大。从肯尼亚的纳利奥克托米出土的一具150万年前的骨架被称为"图尔卡纳男孩"——约1.5米高的孩子，它如果活到成年，身高能达到约1.8米。它的骨骼不仅更为修长，而且不如能人的骨骼坚固，这意味着它和它的同代人主要依靠智慧和工具生活，而不是倚仗蛮力。

我们大多数人认为，聪明当然是好的。那么，既然能人有变聪明的潜力，为什么却在"突然"转变为更高大、脑容量也更大的生物之前，白白消磨了50万年之久？最有可能的解释是，天下没有免费的午餐。要想使一个硕大的脑袋运转，代价是高昂的。我们的大脑重量一般占我们体重的2%，却要消耗我们20%的能量。大脑袋还会带来其他问题：需要一个硕大的颅骨才能装得下大脑——事实上，由于脑

★ "猿人"一词由于迪士尼动画剧集《泰山与珍妮》的主角"人猿泰山"而颇有深意，我年轻时，该词在教科书中颇受欢迎。现在古人类学家们认为这个词隐藏优越感，但对我来说，这个词很好地抓住了这些前人类/古人类的模棱两可性，并且很简洁。

袋太大，现代女性分娩时胎儿的脑袋很难顺利通过产道。因此，事实上女性通过早产来解决这一问题。如果胎儿在子宫里待到几乎能够自给自足（如同其他哺乳动物那样），那么他们的脑袋就会大到让母亲无法分娩。

但是，充满风险的分娩、经年累月的滋养、消耗掉20%能量的大脑，这些我们都能接受——无论如何，这要比消耗同样多的能量去发育爪子、更多肌肉或者獠牙要好。比起这些因素，智力对人更有益。但不太明了的是，为何几百万年前会发生基因突变，赋予猿人更大的大脑，使它们获得了足以弥补多消耗的能量的优势。如果变得更聪明是得不偿失的，聪明的猿类将无法赛过它们蠢笨的亲戚，它们的聪明基因也将很快从种群中消失。

或许我们应该将原因归结为天气。当久旱不雨，猿人们栖身的树木开始枯死，更聪明合群的变异体会比它们那些更像猿类的亲戚占优势。这些聪明的猿类没有在草原上绝迹，而是设法生存了下来。然后，就在一眨眼之间（从进化的时间量程上来看），一小撮变异体将它们的基因扩散到了整个种群，最终完全取代了脑袋愚笨、身形瘦小、喜爱居住在树林中的能人。

东方和西方从哪里开始

不知道是因为它们的活动范围太狭窄了，还是因为群内纷争，或者仅仅是因为好奇，这些新型猿人是第一批离开东非的此类生物。从非洲大陆南端到亚洲的太平洋沿岸，人们都发现了它们的骸骨。但是，我们不应把大批猿人的迁移想象成西部片中的类似场景。猿人对它们的所作所为是不自觉的，并且穿越这么漫长的距离需要花费非常漫长的时间。从奥杜瓦伊峡谷到南非的开普敦是很长的一段距离——超过了3 200千米，但在10万年内（显然花了这么长的时间）走完这么长的路，猿人们只需要平均每年将觅食范围拓展约32米。以同样的速度向北迁移，它们将到达亚洲的门户。2002年，在格鲁吉亚共和国的德马尼西出土了一块170万年前的颅骨，这块颅骨兼具能人和新型猿人的特征。在中国发现的石器和在爪哇岛（那时与亚洲大陆相连）发现的化石年代可能同样久远，这说明离开非洲大陆后，猿人加快了迁移，平均速度达到了每年128米★。

实际上，要想区分东西方的生活方式，只能等到猿人离开了东非，散布到远至中国的温暖的亚热带地区。东西之别可能正如我们所发现的那样。到160万年前，在考古记录上已经有了明显的东西方模式。问题是，这些对比是否足够重要，以至我们应当设想其背后是两种判然有别的生活方式。

20世纪40年代，哈佛大学考古学家哈勒姆·莫维斯注意到聪明的新型猿人的骸骨往往与新品种的石器碎片同时发现，此时考古学家们已经知道了这些东西方的差异。考古学家们将这些石器中最具特点的称为"阿舍利手斧"（称其为"斧"是因为它们看起来像斧头，尽管它们显然是用于切割、戳刺、捣碎和劈斩的；称其为"手斧"是因为它们需要手持，而不是被捆在棍棒上；称其为"阿舍利手斧"是因为此类石器的首次大量发现是在法国小镇圣阿舍利）。把这些工具称为艺术品可能有些言过其实了，但是它们简单对称的外形比能人的粗糙石片和石刀要美观得多。莫维斯注意到，尽管阿舍利手斧在非洲、欧洲和西南亚极为普遍，在东亚和东南亚却未见踪影。而在东部地点出土的工具要较为粗糙，很像前阿舍利时期与非洲能人有关的发现。

如果所谓的莫维斯线（图1.2）真的标志着区分东西方生活方式的开始，这也可以算是个令人惊奇的长时段注定论——认为猿人离开非洲后，它们的文化便分裂为两种：一种是在非洲和西南亚，以阿舍利手斧为代表，技术上领先的文化；另一种则是在东亚，以石片和石刀为代表，技术上落后的文化。我们可能会得出这样的结论：难怪今

★ 实际上，它们很可能是一次前进几千米寻找新的觅食之处，然后在那里待上几年。

莫维斯线

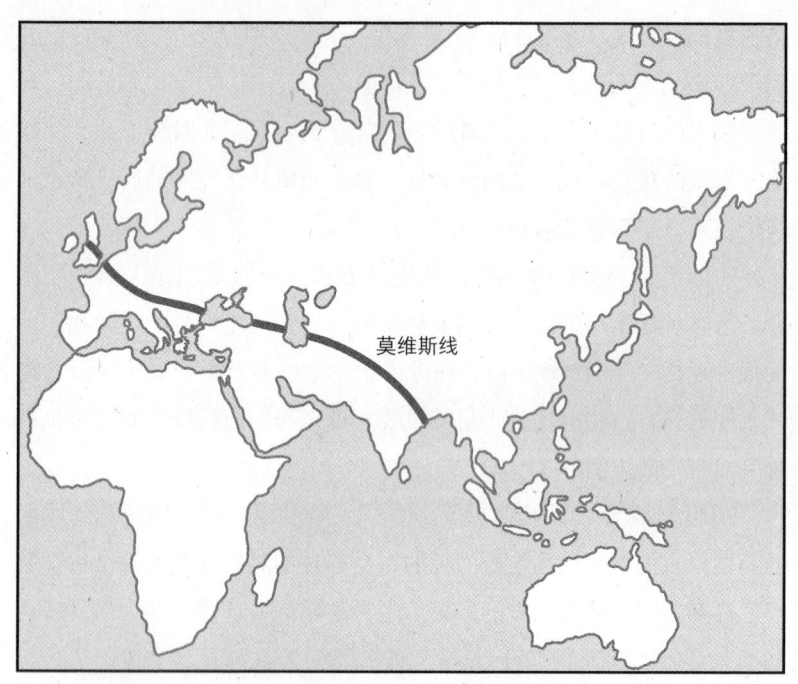

图1.2 东西方之始？莫维斯线如图所示。此线用以划分自旧石器时代起，使用手斧的西方文化和使用石片、石刀的东方文化

日西方主宰世界，毕竟西方在技术上领先世界已达150万年之久。

然而，发现莫维斯线要比解释它容易。发现于非洲的最早的阿舍利手斧距今约有160万年，但在那之前10万年，格鲁吉亚的德马尼西便已有猿人存在。显然，在阿舍利手斧变成最初猿人的日常工具之前，猿人便已离开非洲，它们带着前阿舍利时代的技术穿越亚洲，而西方/非洲地区则继续发展阿舍利时期的工具。

但是，只要看一眼图1.2就会发现，莫维斯线并没有把非洲同亚洲分割开来，这条线实际上穿越了北印度。这是个很重要的细节。在阿舍利手斧发明之前，最初迁移的猿人便离开了非洲，所以肯定有后续的移民浪潮涌出非洲，把手斧带到西南亚和南亚的印度。那么，我们就需要提出一个新的问题：这些后续移民浪潮里的猿人，为何没将阿舍利时期的技术带到更远的东方？

最有可能的答案是，莫维斯线并不是技术领先的西方和技术落后的东方之间的界限，而仅仅分割了易于获取制作手斧所需石材的西方地区，和不易获取此类石材但容易获得竹子（它结实耐用却不易保存，因而在考古发掘中不易发现）等其他材料的东方地区。根据这一解释，当手斧的使用者们跨越了莫维斯线，它们便逐渐放弃了阿舍利时期的工具，因为旧工具坏了以后无法更新。它们继续制造石刀和石片，因为这类工具用旧卵石就可以制作，而原来需要用石手斧完成的工作，它们现在则可能用竹器取而代之。

有些考古学家认为，在中国南部的百色盆地的一些发现支持这一论点。大约80万年前，一块巨大的陨石撞击了这里。这一撞击造成了一场大规模灾难，大火烧毁了上万平方千米的森林。在撞击之前，生活在百色盆地的猿人像其他东亚地区的猿人一样，使用石刀、石片和（假定）竹器。大火之后，它们回到百色盆地，开始制作和阿舍利时期十分相似的手斧——根据这一理论，有可能大火燃尽了这一地区的竹子，同时将可用的鹅卵石暴露于地表。几个世纪后，当植被又重新生长起来，当地人便不再制作手斧，重新使用竹器。

如果这一推断成立的话，只要条件允许，东亚的猿人也完全可以制作手斧，但是它们通常不这么做，因为其他材料更易获得。石手斧和竹器只是做同样工作的两种不同工具，并且不论是在摩洛哥还是马来半岛，猿人的生活方式都大致相同。

这一说法言之成理，但既然是史前考古学，就意味着可以用其他思路看待莫维斯线。到此为止，我尚未给使用阿舍利手斧的猿人命名，而给它们命名的重要意义现在开始显现出来。

从20世纪60年代以来，大多数古人类学家把这种大约180万年前在非洲进化而来的新型猿人称为"直立人"，他们断定这些生物在亚热带地区漫游，并到达了太平洋沿岸。然而，在20世纪80年代，一些专家开始研究在非洲发现的直立人颅骨与在东亚地区发现的直立人颅骨的微小差异。这些专家怀疑，他们所看到的其实是两种不同种类的猿人。于是他们创造了一个新的名称——匠人，用于指代那些180万年前在非洲进化，然后一直散布至中国的猿人。他们认为，仅当匠人到达了东亚地区，直立人才从匠人进化而来。因此，直立人是个纯粹的东亚人种，区别于遍布非洲、西南亚和印度的匠人。

如果这一理论成立的话，莫维斯线就不仅标志使用工具类型的细微差异，还是区别两种不同的早期猿人的基因分水岭。事实上，这一论断所提出的可能性，可以称为长时段注定论之母：东西方之所以存在差异，是因为100多万年以来，东方人和西方人根本就是两种不同种类的人类。

最早的东方人：北京人

这一关于史前人类骨骼分类的技术争论，有着令人警醒的潜在影响。种族主义者往往急于抓住这一细节大做文章，为偏见、暴力甚至种族灭绝正名。读者可能会感到，花时间论述此类理论仅仅是为顽固的偏见提供依据，或许我们应该直接将之忽略不提。但我认为，这种做法是不恰当的。仅仅将种族主义理论宣称为可鄙的，是不够的。如果我们真的想要摒弃这些理论，并且得出结论说，（群体的）人们事实上是大致相同的，那必须是因为种族主义理论是错误的，而不仅仅是因为今天大多数人都不喜欢这些理论。

基本上，我们并不清楚，在大约150万年以前，地球上是否仅存在一种猿人——意思是说从非洲到印度尼西亚，（群体的）猿人是大致相同的，或者，在莫维斯线东西两侧，分别存在着两种不同的猿人，即匠人与直立人。要想澄清这一问题，还有待进一步研究。但毫无疑问，在过去100万年内，在东方与西方确实进化出了两种不同的猿人。

地理因素很可能发挥了很大作用。大约170万年前从非洲迁移出来的猿人十分适应亚热带环境，但是当它们向北漫游，深入欧洲和亚洲时，不得不面对更为漫长、严寒的冬季。当它们行进到大约北纬40度的地方（这条纬度线横贯葡萄牙顶端到北京，图1.1）时，像它们的非洲祖先一样露天而居变得越来越不切实际。据我们所知，它们当时的智力还不足以建造棚屋和制作衣物，但是它们可以想出一种应对之策——栖身于洞穴中。这样，我们儿时所闻的穴居人就诞生了。

穴居生活对猿人来说是福祸交加，它们常常不得不与熊和大如狮子的鬣狗相处，后者的牙齿足以咬碎骨头。但这给考古学家们带来了意外的好运，因为洞穴能够很好地保存史前堆积物，使我们得以追寻猿人是如何在旧世界的东方和西方开始分化演进，最终成为寒冷气候中的不同变异体的。

要想理解东方猿人，最重要的考古地点是北京周口店，周口店正好位于北纬40度纬度线上，从距今67万~41万年前，断断续续地有猿人居住于此。周口店遗址的发掘工作可以称得上是部史诗，这也构成了谭恩美的出色小说《接骨师之女》的部分背景。1921—1937年，正当欧洲、美国和中国的考古学家们在周口店附近的山中进行考古发掘的时候，那里成了国民党、共产党和各派国内军阀残酷内战的前线。考古发掘人员常常在隆隆的炮火声中工作，并且不得不躲开强盗和哨卡，把他们的发现运回北京。当日本侵略中国时，这一考古发掘计划最终付诸东流，周口店变成了共产党的一个基地，日本军队还残害了三名考古队队员。

形势江河日下。1941年11月，日本与美国即将开战，这些考古发现资料被运往纽约保管。工作人员将资料装入两个大板条箱内，等待装到美国使馆派来的车中。没人确切地知道，那辆车来了没有，或者，如果那辆车真的来了，它又将那两个大板条箱运到了何方。有一种说法是，正当日机轰炸珍珠港之时，日本士兵截获了护送资料的美国海军陆战队队员，将他们逮捕，并丢弃了无价的资料。在那些黑暗的日子里，人命如草芥，没人关注几箱石头和骨头。

但并非一切尽失。周口店考古队巧妙地公布了他们的发现，并将猿人骨骼的石膏模型送到了纽约——这是证明数据备份重要性的早期案例。这些发现表明，到了距今60万年前，北京人（这是考古发掘队员对周口店猿人的命名）已经从图尔卡纳男孩那样身材高大瘦长的非洲人中分化出来，变得更为矮胖结实，以更好地适应寒冷气候。北京人的身高通常在1.6米，毛发比现代猿类要少，尽管如此，如果你在大街上撞见一个北京人，你一定会张皇失措。北京人的脸短而宽，前额又低又平，有着粗大的眉骨，下颌很大，几乎没有下巴。

北京人之间的交流很困难。据我们所知，直立人的基底神经节（大脑的一个部位，负责使现代人用一系列小的嘴部动作组合成无数言辞）发育得很不完善。保存完好的图尔卡纳男孩的骨架显示，它的椎管宽度（脊髓所在之处）只有现代人的3/4，这表明它无法精确地控制呼吸，像我们一样随心所欲地交谈。

也就是说，其他发现间接地表明，生活在旧世界东方的猿人只能在某种程度上互相交流。1994年，在爪哇岛附近的一个叫弗洛勒斯的小岛上，考古学家发掘出了一批石器，看起来有80万年的历史。80万年前，弗洛勒斯一定是个小岛，约20千米宽的海域将它与大陆分隔开来。这一切似乎意味着，直立人一定能够很好地交流，因为只有这样，它们才能够制造船只，驶过地平线，移居弗洛勒斯。但是，其他考古学家不赞同直立人制造船只这一说法，他们反对说，这些"工具"可能根本就不是什么工具，只是被自然作用撞击成了一定的形状，从而引起了人们的误解。

这一争论本来很可能陷入僵局，因为考古学的争论往往如此，但是在2003年，弗洛勒斯又有了更令人震惊的发现。深度探测发现了八具成人骨架，年代都在公元前16000年前后，身高都在1.2米以下。那时，彼得·杰克逊执导的电影《指环王》系列刚刚推出不久，记者们立刻把这些身材矮小的史前人类称为"霍比特人"，这一名称取自该电影原著作者——英国作家J.R.R.托尔金笔下覆着毛发的半身人。当动物种群被隔绝于岛上，又没有天敌，它们往往进化得身材矮小，据推测，这可能就是霍比特人身材如此矮小的原因。如果在公元前16000年，它们的身材已经缩小至霍比特人这么大，猿人一定在此之前数千万世代就已移居到弗洛勒斯了——据1994年发现的石器显示，可能早在80万年前它们便已移居至此了。这再次说明了，直立人能够很好地交流，从而越过海洋。

周口店的猿人之间互相交流的效果应该比黑猩猩或者大猩猩要好得多，山洞中的沉积物显示，它们还能随心所欲地生火。至少有一次，北京人烘烤了一匹野马的头。野马颅骨上的切痕表明，北京人食用马舌和马脑，这些都是富含脂肪的部位。它们可能也喜欢食用同胞的大脑：在20世纪30年代，考古发掘人员从骨头破裂的痕迹判断，北京人甚至同胞相食，享用对方的大脑。但是20世纪80年代对北京人骨骼石膏模型的研究则表明，颅骨上的大多数裂痕是由史前巨兽鬣狗的牙齿造成的，而不是其他北京人留下的，不过有一块在1966年出土的颅骨碎片确实带有石器的印记。

你当然不可能在现代大街上撞见一个北京人，但你可以乘坐时光机器返回50万年前的周口店，那将是一次令人迷惑而惊恐的经历。你将看到穴居人类互相交流，可能是边打手势边嘟哝作声，但是你无法与它们交谈。你也无法通过画画与它们交流：没有确凿的证据表明，艺术对于直立人的意义比对于黑猩猩的意义大多少。在旧世界的东方进化的北京人与现在的我们迥然不同。

最早的西方人：尼安德特人

但北京人与在旧世界的西方进化的猿人也有所不同吗？年代最久远的发现来自欧洲，是1994年在西班牙阿塔普埃尔卡的一系列洞穴中发现的，距今约80万年（与直立人可能造船移居弗洛勒斯的时间大致相当）。在某些地方，阿塔普埃尔卡的发现与周口店的发现颇为类似，很多骨骼上留有纵横交错的石器刻痕，很像是出自屠夫之手。

猿人可能存在同胞相食的消息登上了报纸头条，但是古人类学家对于阿塔普埃尔卡人与周口店猿人的区别更为激动。阿塔普埃尔卡人颅骨上的凹处比直立人的更大，它们的鼻子和颧骨也更接近现代人。古人类学家由此得出结论，一个新的人种出现了，他们把这种人称作"前人"。

前人的出现使得1907年以来的一系列发现有了意义，当时工作人员在德国的一处沙坑中翻出了一块奇怪的下颌骨。这一人种以其发现地附近的一个大学城的名字命名，被称为"海德堡人"。海德堡人看起来很像直立人，但是它们的头更像现在的人，有着又高又圆的颅骨，脑容量大约为1 000立方厘米，比直立人800立方厘米的平均脑容量要大得多。看起来，80万年前猿人穿越旧世界进入寒冷的北方，遭遇了迥异的气候条件，结果产生了大量随机的基因变异，从而加快了进化的步伐。*

至此，我们终于掌握了一些无可争议的事实。到了60万年以前，当海德堡人登上历史舞台，北京人统治着周口店的栖息地之时，在旧世界的东方和西方存在着千差万别的人种：在东方有脑容量较小的直立人，在西方则有脑容量较大的前人和海德堡人。

说到大脑，脑容量并不意味着一切。阿纳托尔·法朗士在1921年获得了诺贝尔文学奖，他的脑容量并不比海德堡人大。但是，海德堡人看起来确实比更早期的猿人，或者与它们同时期的北京人要聪明得多。在海德堡人出现以前的100万年间，石器几乎没发生多少变化，但到了公元前50万年，海德堡人开始制作更薄且更轻便的石器，用软锤（很可能是木制的）打造更为精巧的石片，而且仅仅通过撞击石头制作石器。这意味着更强的手眼协作能力。海德堡人会制作更专

---

* 据此，海德堡人确实既在欧洲生活过，又在非洲生活过。有些古人类学家设想，海德堡人起源于欧洲，后来又散布到了非洲。而其他古人类学家则认为，海德堡人与能人和匠人一样，由于当地气候变化而在非洲进化，后来又向北散布。在中国也曾发现过极其类似海德堡人的骸骨，但那个证据颇受争议。

门的工具，它们开始准备形状特殊的石核，并进一步加工成适当的工具。这意味着，在思考自己需要从这个世界得到什么，以及如何得到方面，它们比直立人进步得多。海德堡人能在海德堡这个北纬40度线以北很远的地方生存下来，这一事实本身就证明它们是聪明得多的猿人。

在距今67万~41万年，居住在周口店的猿人变化很少，而西方的猿人在这一时期则持续演进。如果你深入西班牙阿塔普埃尔卡阴湿的洞穴，匍匐行进数百米（主要是爬行，有时也使用绳索），你会在一个约12米骤降处进入名副其实的"万骨坑"——有史以来发现的猿人遗迹最为丰富密集的地方。在这里，自从20世纪90年代以来，已经发现了超过4 000件猿人骨骼碎片，年代在距今60万~56.4万年。这些骨骼大多属于青壮年。它们在这么深的地下做些什么，始终是个谜，但和更早的阿塔普埃尔卡遗址一样，万骨坑也有着十分多样的猿人遗骸。西班牙考古发掘者将它们中的大多数归类为海德堡人，但很多国外学者认为，它们看起来更像另一个人种——尼安德特人。

这些最著名的穴居人是在1856年首次被确认的，当时尼安德谷采石场的工人们向一名当地教师展示他们发现的一块头盖骨和15块骨头（20世纪90年代的发掘工作从当时的废石堆中又出土了62块猿人骨骼碎片）。这名教师将这些残骨给一名解剖学家看，后者判定，这些骨头属于"前日耳曼"时期。

阿塔普埃尔卡的发现表明，尼安德特人是在25万年间逐渐演化而来的。这可能只是一个遗传漂变的案例，许多不同种类的猿人同时进化，而不是由于气候变化或者扩张后进入新的区域，从而为一些变异体繁衍和取代海德堡人提供条件。"标准的"尼安德特人在20万年前出现，在接下来的10万年之内，它们散布到欧洲的大部分地区，东至西伯利亚，但据我们所知，它们并没有到达中国和印度尼西亚。

尼安德特人和北京人有多大的差异？它们与东方猿人的身高大致相当，看起来更原始，前额倾斜，颌骨无力。它们有硕大的门牙，因为经常当工具使用而磨损。面孔前突,可能是为了适应冰期欧洲寒冷的空气。它们的鼻子很大。它们比北京人身材更为健硕,臀部和肩膀都更宽。它们和摔跤运动员一样强壮,拥有马拉松运动员的耐力,看起来像凶残的斗士。

尽管尼安德特人的骨头比大多数猿人要重得多,但它们还是经常受伤。如果为它们骨断裂的方式找个最近似的现代的例子,那就是职业骑手。由于10万年前它们不太可能从猛然弓背跃起的野马背上摔下来(现代马类直到公元前4000年才进化出来),古人类学家坚信,尼安德特人是因为搏斗而受伤的——既彼此搏斗,又跟野生动物搏斗。它们是专心致志的猎手,其骨骼中的氮同位素分析显示,它们大量进食肉类,从中获取数量惊人的蛋白质。长期以来,考古学家怀疑尼安德特人吃的有些肉是通过同胞相食的方式获取的,就像北京人一样,20世纪90年代在法国的发现证实了这一点。发现表明,六个尼安德特人的骨骼和五只马鹿的骨骼混杂在一起。这些猿人和马鹿受到了同样的对待:首先,它们被用石器切成小片;其次,它们的肉被从骨头上削下来;最后,它们的头骨和长骨被敲碎以取出脑和骨髓。

迄今我所强调的细节使得尼安德特人听起来和北京人相差无几,但它们其实有很大的差别。其中一点是,尼安德特人的脑容量很大——比我们的脑容量还大,事实上,它们的脑容量平均在1 520立方厘米左右,而我们的脑容量大约为1 350立方厘米。它们的椎管也比图尔卡纳男孩要宽,这些粗大的脊髓赋予它们更为灵巧的手艺。它们的石器比北京人制作的更为精良,种类也更为丰富,有专门的刮器、锋刃和尖端。在叙利亚发现的一块石器的尖端嵌在一头野驴的颈部,上面有涂抹柏油的痕迹,表明这曾是一个缚在木棒上的矛尖。石器上的磨损痕迹说明,尼安德特人主要用石器来切割木头,而木头很难保存下来,但在被水淹没的德国考古地点舍宁根,在堆积的野马骨旁,发现了四根雕工精美的两米多长的长矛。长矛很重,被用于戳刺,而不是投掷。虽然尼安德特人很聪明,但它们还没学会互相协作使用投掷武器。

可能是因为尼安德特人要靠近恐怖的动物，所以它们身上才会留下骑手般的伤痕，但是有些发现，尤其是在伊拉克的沙尼达尔洞穴的发现，则给出了完全不同的启示。一具骨架表明，一个雄性尼安德特人在一条手臂萎缩、双腿变形的情况下生活了数年，它还失去了右前臂和左眼（在琼·奥尔的畅销小说《洞熊家族》中，作家塑造的主人公克莱伯——一位生活在克里木半岛的残疾的尼安德特部落精神领袖，就是以这具骨架为原型的）。在沙尼达尔洞穴发现的另一个雄性尼安德特人，右踝因关节炎致残，但它也挺了过来，直到因一处戳伤丧命。有更大的脑容量无疑有助于虚弱受伤的人自力更生。尼安德特人能够随意生火，很可能还会用动物皮制作衣物。尽管如此，很难想象，如果没有身体健全的朋友和家庭的帮助，这些沙尼达尔人将如何渡过难关。即使最严苛的科学家也赞同，与早先的人属以及它们生活在周口店的同类相比，尼安德特人表现出了我们可以称之为"人道"的精神。

有些古人类学家甚至认为，尼安德特人硕大的大脑和粗大的脊髓使得它们在某种程度上能够像我们一样交谈。像现代人一样，它们有舌骨，这样就可以固定舌头，使得喉咙可以做出说话所需的一系列复杂动作。但是，也有些学者持否定意见，他们认为，尼安德特人的大脑虽然硕大，却比我们的更长、更扁平，所以负责语言功能的区域可能发育得不是很完善。他们还指出，虽然只有三块颅骨，但相关区域还是残存了下来，看起来尼安德特人的喉在颈部很高的位置上，这意味着尽管它们有舌骨，但只能发出很少的几种声音。或许它们只能嘟哝单音节（我们可将之称为"我泰山，你简"模式），或者它们可以通过边打手势边发声表达重要概念，如"过来""我们打猎去吧""我们做石器/做饭/做爱吧"（我们可将之称为"洞熊家族"模式，其中尼安德特人有复杂的符号语言）。

到了2001年，遗传学似乎可以解决问题。科学家发现，一个英国家族三代人都患有言语失用症，他们都有一个变异的基因FOXP2。研究表明，这一基因为影响大脑处理语音和语言的蛋白质编码。这并不意味着FOXP2是"言语基因"：言语是极端复杂的过程，无数基因协同工作，其原理我们至今尚未完全明了。FOXP2之所以引起遗传学家的注意，是因为只要一处出了差错，整个系统就会崩溃。只要一只老鼠咬断了价值两美分的电线，我那价值两万美元的汽车就没法发动；一旦FOXP2出了故障，大脑复杂的言语网络就停止运转了。有些考古学家则认为，可能就是产生FOXP2和相关基因的偶然变异，赋予了现代人类语言能力，而包括尼安德特人在内的早前物种都不曾拥有这一能力。

事情到了这里开始变得复杂起来。众所周知，DNA（脱氧核糖核酸）是生命的基本单元，2000年，遗传学家们成功绘制出了现代人类的基因组工作草图。但鲜为人知的是，1997年，发生了类似于电影《侏罗纪公园》中的一幕，德国莱比锡的科学家从1856年尼安德谷出土的一具尼安德特人骨架的手臂上提取出了古老的DNA。这实在是惊人之举，因为人一旦死亡，DNA便开始分解，通常在如此年代久远的材料上，只有少量碎片残存。据我所知，莱比锡小组并不想克隆穴居人，建一个尼安德特人公园★，但在2007年，绘制尼安德特人基因组草图的过程（于2009年完成）产生了一个惊人的发现——尼安德特人也有FOXP2。

这可能意味着，尼安德特人像我们一样健谈；也可能意味着，FOXP2不是言语的关键所在。总有一天我们会弄明白，但是现在，我们所能做的一切就是关注尼安德特人互动的结果。它们生活的群体比早先的猿人更大，狩猎更为有效，占据地盘的时间更长，互相关心

★ 一位哈佛大学的人类学家在祝贺尼安德特人基因组草图的发布时说，只要投资3 200万美元，我们就可以改造现代人的DNA，并将之注入一只黑猩猩的细胞中，培育出一个真正的尼安德特人幼崽。所需技术还不成熟，但即使技术成熟了，在考虑是否运用此项技术时，我们也会踌躇再三。正如我在斯坦福大学的同事、世界上最著名的古人类学家之一理查德·克莱因质问一名记者的话："你想把（尼安德特人）放在哈佛大学，还是动物园里？"[6]

的方式也是早先的猿人所不能企及的。

它们也会慎重地埋葬一些死去的同伴，甚至可能还举行某些祭奠仪式——如果我们的解读正确的话，这意味着它们拥有精神生活，这是最早的属于人类的最显著特征。例如，在沙尼达尔，几具遗骸明显是经埋葬的，有一个墓中的泥土富含花粉，这可能意味着，有些尼安德特人将其亲人的遗体安放在铺满鲜花的花床上。也有些考古学家不那么浪漫地指出，这个墓被老鼠挖成了蜂窝状，而老鼠经常将花朵运回它们的巢穴。

在第二个案例中，在罗马附近的奇尔切奥山。1939年，建筑工人发现了一个洞穴，这个洞穴在五万年前被大量落石封存。工人们告诉考古学家，在地上的一圈石头中间有一块尼安德特人的颅骨，但是因为在专家看到以前，工人们动过那块颅骨，很多考古学家对此存疑。

还有在乌兹别克斯坦的特锡克塔什的案例。在那里，哈勒姆·莫维斯发现一具尼安德特人雄性幼崽的骨架被五六副山羊角环绕着。但特锡克塔什的遗址满是山羊角，而莫维斯从未发表过关于该发现的计划或照片，以说服怀疑者那些特定的山羊角组成了有意义的排列。

要想让这个问题尘埃落定，我们还需要更为明显的证据。就个人而言，我认为"无风不起浪"，尼安德特人确实有某种形式的精神生活。或许，它们甚至有像《洞熊家族》中的伊萨和克莱伯那样的女医生和巫师。不管这推断正确与否，如果我早前所说的时间机器能带你回到沙尼达尔和周口店，你将看到东方北京人和西方尼安德特人真真切切的行为差异，你可能很难避免做出如下论断：西方比东方更发达。当160万年前莫维斯线形成的时候，这可能已经是事实了，而10万年前这一定是事实。种族主义的长时段注定论的幽灵再一次抬头了：西方今天主宰世界，是不是因为欧洲人是基因上占优势的尼安德特人的后裔，而亚洲人则是更为原始的直立人的后裔？

小步向前

不是。

历史学家们喜欢对简单的问题做出长而复杂的回答,但是这次,问题似乎真的是简单明了的。欧洲人并不是优等的尼安德特人的后裔,亚洲人也并不是劣等的直立人的后裔。大约从七万年前开始 ★,一种新的人类——我们——迁移出非洲,并完全取代了所有其他人种†。这种人种,即"智人",将其他人种一扫而空:现在我们都是非洲人了。当然,进化还在继续,从我们开始遍及全球起,两千代人之间,肤色、脸形、身高、乳糖耐受度以及无数其他方面都在发生本土化变异。不过当我们认真研究的时候,这些方面都是细枝末节。不管你走到哪里,不管你做些什么,(群体的)人们总是大致相同的。

我们这个人种进化并占领了地球,使得人类有了生物学意义上的统一性,这就为解释西方缘何主宰世界提供了基础。人类生物学上的统一性否定了这些基于种族立场的理论。但是,尽管这些过程至关重要,关于现代人类起源的许多问题仍然不甚明了。到了20世纪80年代,考古学家们知道,与我们相仿的骨架最初出现于距今15万年前左右的非洲东部和南部。新人种与早先的猿人相比,有着更为扁平的面部,前额下方缩得更明显。他们较少将牙齿作为工具,四肢更修长而且上面的肌肉更少,他们的椎管更宽,喉咙的位置更利于说话。他

★ 这一时间点的确定,综合了放射性碳定年法和所谓的分子钟法测得的证据,后者基于DNA的变异速度。就在2010年上半年,一些遗传学家争论说,我们把分子钟校错时间了,智人迁移出非洲的时间应在两万年之后,但迄今这只是少数派的观点。

† 有些孤立的种群,如弗洛勒斯的霍比特人,可能不久以前还残存于世。当16世纪葡萄牙水手到达弗洛勒斯的时候,他们声称看见了身材矮小、毛发浓密的穴居者,这些穴居者几乎不能说话。100多年后,据说类似的矮人在爪哇岛还存在。最近有人展示了他们的一根毛发,但是DNA测试表明,那完全是人类的毛发。有些人类学家相信,我们会在爪哇岛的丛林中最终遇见这些前现代人类的最后残存。对此我心存疑虑。

们大脑的凹处比尼安德特人的要小些,但头盖骨更高,形状更接近于穹顶,这样就为大脑更大的语音和语言中心留下了空间,也更利于安放层层叠叠同时进行大规模运算的神经元。

骨骼表明,最早的智人可以像我们一样行走,但奇怪的是,考古发现表明,在10万年的时间里,他们顽固地拒绝像我们一样说话。智人的工具和行为很像早先的猿人,并且与我们完全不同的是,早期智人似乎只有一种行事方式。不管考古学家们在非洲的什么地方进行考古发掘工作,他们总是获得同样的、不那么令人激动的发现,除非他们发掘的智人遗址年代在距今5万年以内。在这些年代较近的遗址,智人开始做各种各样有趣的事情,并且采取了许多不同的方式。例如,在埃及的尼罗河谷,考古学家们至少发现了六种风格完全不同的石器,年代在公元前50000—前25000年,而在此之前,从南非到地中海沿岸只流行一种样式的石器。

人类发明了样式。把石器这样切割,而不是那样切割,使一群人和他们的邻居区别开来;把石器以另一种方式切割,使一代人和他们的长辈区别开来。以我们习惯的标准来看,这个改变仍是非常缓慢的。我拿出2006年的手机,它不能拍视频、不能查地图、不能收邮件,这让我看起来像个老古董,但与过去的一切相比较,这种变化不过是刹那间的事情。

一个少年回到家,头发染成了绿色,身体上又新穿了孔,他会告诉你,表达自我的最佳方式是装饰自我,但直到五万年前,似乎没有人这么看。后来,显然每个人都这么看了。在年代为公元前50000年之后的一个又一个非洲考古地点,考古学家们发现了装饰用的骨骼、动物牙齿,还有象牙。这些是有实物证据的。其他我们所熟知的个人装饰形式,如发型、化妆、文身、服饰等,很有可能也在大致相同的时间出现。一个令人不快的遗传研究显示,生活在我们衣服中并吸我们血的体虱,是在大约五万年前进化而来的,像是给最初的"时尚人士"的礼物。

"人类是多么伟大的杰作！"当哈姆莱特的朋友罗森格兰兹和吉尔登斯吞来监视他的时候，他发出了如此感慨，"理性多么的高贵！禀赋多么的无穷！行动多么的迅捷，外形多么的可赞！举止多么像天使！悟性多么像上帝！"[7]在这么多方面，人与猿人不同。到了公元前50000年，现代人类的思想和行为与他们的祖先完全不在一个层面上。似乎发生了某些异乎寻常的事情——如此深刻，如此神奇，以至20世纪90年代平素清醒持重的科学家都开始夸夸其谈。有些人说起了大跃进，还有些人说起了人类文明的曙光，甚至还有人说是人类意识的大爆炸。

尽管如此具有戏剧性，但这些理论总是不那么令人满意。这些理论要求我们设想两大转变，而不是一大转变，即在大约15万年前，第一大转变塑造了现代人类的形体，却没有塑造现代人类的行为；到了大约5万年前，第二大转变塑造了现代人类的行为，而人类的形体却没有发生改变。最广为人知的解释是，第二大转变仅仅从神经方面的变化开始，重塑了大脑的内部线路，使得现代的言语成为可能，进而推动了行为的革命。但是这次对大脑内部线路的重塑包括哪些内容（以及为何颅骨没有发生相应的变化），至今仍然是个谜。

如果说进化论科学为超自然力量的介入留有某些余地的话，某种超能力将一点神性之光吹入猿人迟钝的泥坯之中，显然就是在这里。当我很年轻的时候，特别喜欢亚瑟·C.克拉克的科幻小说《2001太空漫游》，以及由斯坦利·库布里克执导的令人难忘、难有后继的电影版开篇的那个故事。神秘的水晶巨石从外层空间坠入地球，使得我们星球上的猿人在饿死甚至灭绝之前实现跳跃式进化。夜复一夜，地球居民中的猿人首领"月球守望者"，当巨石发送给它幻象并教会它投掷石块的时候，它感觉到了克拉克所说的"好奇的卷须状物沿着大脑未曾使用过的通道悄悄爬下"。克拉克写道："它简简单单的大脑中的原子被扭曲，构成新的模式。"[8]于是，巨石的使命完成了：月球守望者捡起一根被丢弃的骨头，用它猛击一头小猪的脑袋。令人沮丧的是，克拉克眼中的人类意识大爆炸仅仅包括杀戮，以月球守望者杀死敌对部落的猿人首领单耳告终。读者所知道的下一件事，就是我们处于太空时代。

克拉克把他的2001年设置在300万年以前，可能是为了把能人发明工具涵盖在内，但是我经常感到，一块巨石能发挥作用的地方，应是在完全现代的人类出现之时。到了我在大学学习考古学的时候，已经知道不应做此评论，但是这样一种感觉仍然很难动摇，即专业解释比克拉克的解释无趣得多。

在我读大学本科的那些遥远日子里，考古学家面临的一大问题是，他们还没有发掘出很多年代在距今20万～5万年的考古遗址。自从20世纪90年代以来，随着新发现的积累，一切开始变得明朗起来，我们毕竟不需要巨石。事实上，大跃进也开始分解为一系列的向前蹒跚学步，跨越数万年的时间。

我们现在知道几处年代在公元前50000年以前的考古遗址，那里有令人惊奇的、看起来颇为现代的行为迹象。就以平纳克尔角为例，这一山洞在南非海岸，发掘于2007年。大约16万年前，智人移居这里。这本身就颇为有趣：早期猿人一般忽视沿海地点，很可能是因为它们不知如何在此找到食物。然而，智人不仅向海滩走去（这是极为现代的行为），而且当他们到了海边，他们已聪明到可以采集、打开并烹制贝类。他们还把石头削成又小又轻的尖头，考古学家们将之称为小石刀，很适合作为标枪或者箭矢的尖端——这是北京人和欧洲的尼安德特人从未做过的事。

在其他一些非洲考古遗址中，人们从事着不同的但是看起来同样极具现代感的活动。大约10万年前，在赞比亚的蒙布瓦洞穴，人们在一组壁炉边排上石板，营造舒适的小角落，我们很容易想象他们坐在一起讲故事的情形。从非洲南端到北边的摩洛哥和阿尔及利亚（甚至在非洲之外的以色列），在几十个沿海的考古遗址中，当时的人们耐心地将鸵鸟蛋壳切割后打磨成小珠子，有些珠子的直径只有约0.6厘米。到了九万年前，位于今刚果（金）卡坦达的人们已经变成了严格意义上的渔夫，他们会把骨头雕刻成鱼叉。然而，最有趣的考古遗址还要数非洲南海岸的布隆伯斯洞穴，那儿除了蛋壳制作成的珠子，考古发掘者还发现了一根有7.7万年历史的赭石棒（赭石是一种铁矿石）。赭石可以用来把东西粘起来，制作防水帆，以及各种各样的其他用途。但当时赭石特别流行的用途是画画，它能在树皮、洞壁和人体上绘制令人满意的粗重的红色线条。人们在平纳克尔角共发现了57根赭石棒。到了公元前100000年，大多数非洲考古遗址都出土了赭石棒，这很可能意味着早期人类喜爱画画。但关于布隆伯斯洞穴出土的赭石棒最值得一提的是，有人在上面刻了一个几何图形，这使得它成为无可争议的世界上最古老的艺术品，并且它是用来制作更多艺术品的。

在这些考古遗址中，我们都发现了一两种现代人类行为的蛛丝马迹，但并不是公元前50000年后我们熟悉的一整套活动。现在也没有很多证据表明，这些看起来极具现代感的行为是与日俱增的，它们逐渐累积，最终占据主导地位。但是考古学家们已经开始寻找答案，来解释这些走向完全现代人类的蹒跚学步，他们认为，这主要是气候变化所致。

地理学家们意识到，回溯至19世纪30年代，在欧洲和北美洲部分地区发现的蜿蜒数千米的碎石带，一定是冰盖推动碎石形成的（而不是像以前推测的那样，是由《圣经》中记载的大洪水形成）。"冰期"的概念由此产生，虽然科学家们要弄明白冰期为何产生，还要再过50年。

地球围绕太阳公转的轨道并不是标准的圆形，因为地球还受到其他星球的引力作用。在10万年间，我们地球的公转轨道从近乎正圆形（如同现在的样子）到椭圆形，然后再循环往复。地轴的倾斜角度也会发生变化，周期是2.2万年；地球围绕地轴自转也会呈现周期性变化，周期是4.1万年。科学家们将这些周期性变化称为"米兰科维奇旋回",以计算出这些周期的南斯拉夫数学家米兰科维奇的名字命名。米兰科维奇在一战被软禁期间,一笔一画计算出这些循环周期(这是个宽松的软禁,米兰科维奇有充裕的时间在匈牙利科学院的图书馆中工作)。这些循环周期以极其复杂的方式互相作用,大约每隔十万年,在它们的共同作用下,我们从接受比平均量稍多的日照(全年日照分布稍有不均),变成接受比平均量稍少的日照(全年日照分布较为均衡)。

米兰科维奇旋回如果不是与其他两个地理趋势相互作用,可能不会造成多大影响。第一个趋势是,在过去5 000万年中,大陆漂移使得赤道以北的陆地更多,北半球以陆地为主,南半球以海洋为主,这就扩大了日照的季节性变化效应。第二个趋势是,在同一时期火山活动减弱。(目前)我们大气层中的二氧化碳比恐龙时代的要少,因为这一原因,地球(在很长一段时期内,直到不久前)逐渐降温。

在地球历史上的大部分时间里,冬季非常寒冷,两极降雪,雪水冰冻起来,但是一般来说,每年夏季太阳都会将冰雪融化。但是到了1 400万年前,火山活动的减弱使得地球急剧降温,导致在有着大片陆地的南极,夏季的阳光无法融化冰雪。北极没有陆地,冰雪更易融化,但到了275万年前,气温已经降到了连北极也常年积雪的地步。这造成了巨大的影响,因为一旦米兰科维奇旋回使得地球接受的日照更少,全年日照分布更为平均,北极冰盖就会扩张至北欧、亚洲和美洲,锁住更多水分,使得地球更为干旱,海平面更低,反射更多日照,气温进一步降低。然后地球便随着这一旋回进入冰期,直到地球摇摆,倾斜,运转至更温暖之处,冰川后撤。

根据计算方式的不同,人类已经历的冰期的数量在40~50个,其中跨越公元前190000—前90000年的两个冰期(这是人类进化史上至关重要的几个千年)特别寒冷难熬。例如,马拉维湖今天的水量仅有公元前135000年时的1/20。更为严酷的环境必然改变了生存的规则，这可能解释了为何有利于智力发展的变异大量产生。这可能也可以解释为何我们发现的这一时期的考古遗址特别少，很可能是因为大多数人类始祖死亡殆尽。事实上，有些考古学家和遗传学家估计，在公元前100000年前后，存活于世的智人可能仅有两万人。

如果这一新理论成立的话，人口危机会产生几大影响。一方面，由于基因库的缩水，更易产生大量变异；另一方面，如果智人群落变得更小，他们就更易灭绝，任何变异带来的优势也就随之消失了。如果（从这一时期数量极少的考古遗址看）智人群落数也减少了，群落间相遇的频率就会降低，共享基因和知识的机会也就更少。我们或许可以这样设想，10万年间，在非洲恶劣难测的环境中，人类始祖的小小群落挣扎度日，勉强维生。他们并不常相遇，不常异种繁衍，也不常交换物品和信息。在这些相互隔绝的群体中，基因变异层出不穷，有些产生了很像我们的人类，有些则没有。有些群落制作鱼叉，有些制作小珠子，但大多数群落这两样都不做，灭绝的幽灵始终萦绕着这些群落。

这是智人的黑暗岁月，但大约七万年前，他们的运气发生了改变。非洲的东部和南部变得更为温暖和潮湿，这使得狩猎和采集更容易，人类同他们的食物来源一样快速增长。现代智人已经进化了10万年，经历了许多波折和灭绝危险，但是一旦气候条件改善，那些拥有有利的基因变异的群体就会更快速地繁衍，超过不那么聪明的人类。没有巨石，也没有大跃进，有的只是大量的性爱和婴儿。

在几千年间，早期人类遇到了一个转折点，这既是人口统计学上的转折点，也是生物学上的转折点。早期人类再也没有如此频繁地灭绝，相反，他们的群落越来越大，人数越来越多，早期人类可以经常保持联系，共享基因和知识。变异不断积累，智人的行为很快从其他猿人中分化出来。一旦这种情况发生，东西方生物学差异的出现便指日可待了。

走出非洲，再一次

气候变化往往是很复杂的，当七万年前非洲东部和南部智人的定居地变得更为湿润时，北非则面临干旱。我们的祖先在家园范围之内迅速繁衍，决定不向北非散布。智人的小群落从今天的索马里出发开始漫游，跨越陆桥到达阿拉伯南部，然后到达伊朗（图1.3）。至少，我们认为他们做到了。南亚的考古探索相对较少，但是我们认为，有些现代人类的群落也朝这个方向迁移，因为到了公元前60000年，他们已经到达了印度尼西亚，并乘船穿越80千米的开阔水面，漫游至澳大利亚南部的蒙戈湖。这些移居者的移动速度比直立人/匠人离开非洲时要快上50倍，与早期猿人每年32米的移动速度相比，他们的速度超过每年1 600米。

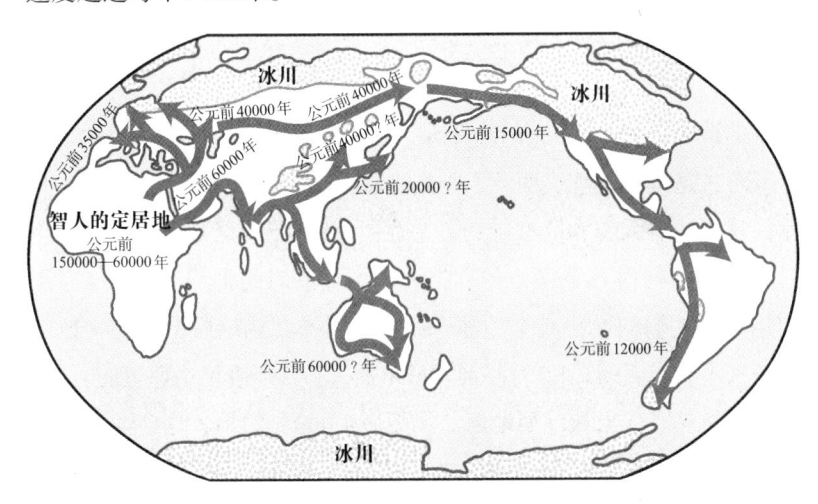

图1.3 人类重新统一：在大约距今6万~1.4万年前，完全现代的人类走出非洲。这些数字显示的是，人类到达世界的各个地方分别是在什么时间。海岸线则表示冰期末期，即大约两万年前的情形

在距今5万~4万年前，第二次移民潮很可能穿越埃及，到达西南亚和中亚，并从那里进一步散布至欧洲。这些现代人类足够聪明，会制作精巧的石刃和骨针，他们缝制合身的衣物，并用猛犸象的象牙

和毛皮建造房屋，在西伯利亚这样一个寒冷的荒原上建起了家园。大约在公元前15000年，人类跨越连接西伯利亚和阿拉斯加的陆桥，然后/或者沿着大陆边缘进行短程航行。到了公元前12000年，他们在俄勒冈州的洞穴中留下粪化石，并在智利的山间留下海藻。（有些考古学家认为，人类还沿着当时连接欧洲和美洲的冰盖边缘穿越了大西洋，但目前为止这仅仅是个推测。）

东亚的情形不甚明了。在中国柳江出土的一块完全现代人类的颅骨可能有6.8万年的历史，但是要确认这一时间还有些技术问题，没有争议的时间最多仅能上溯至公元前40000年。现代人类到达中国的时间是较早还是较晚，还有待更多的考古发现去证明★，但是可以确定的是，到了两万年前，他们已经到达了日本。

不管新的人类到达哪里，他们似乎都带来了大破坏。当智人到达的时候，那些早期猿人从未涉足的大陆有着丰富的大型猎物。最早到达新几内亚和澳大利亚的人类，遭遇了180千克重的不会飞的鸟和一吨重的巨蜥；到了公元前35000年，这些动物灭绝了。蒙戈湖和其他几处考古遗址的发现表明，人类到达那里的时间大约在公元前60000年，这意味着人类和巨型动物群共存了2.5万年，但是有些考古学家对于这一时间尚有争议，他们把人类到达的时间推后至距今4万年前。如果他们的说法成立，那么巨兽在人类到达以后十分可疑地迅速消失了。在美洲，1.5万年前，最早的人类移居者到达那里的时候，遇到了骆驼、大象和巨型地懒。在短短4 000年之内，这些动物也全都灭绝了。智人的到来和巨兽的灭绝之间，存在惊人的巧合。

没有直接的证据表明，这些动物的灭绝是人类狩猎造成的，或者是人类将这些动物赶出它们的领地造成的。而且关于它们为何灭绝的其他解释（如气候变化，或者彗星撞击）也大量存在。但是当现代人类进入了猿人占据的环境，猿人便灭绝了，关于这一事实的争议较

★ 有些中国考古学家认为，现代人类在中国独立进化。我们稍后讨论这点。

少。到了公元前35000年，现代人类进入了欧洲，在一万年内，欧洲大陆除边远山区之外的其他地方，尼安德特人已经消失得无影无踪了。已知最晚的尼安德特人遗址位于西班牙南部的直布罗陀，年代大约在公元前25000年。在统治了欧洲15万年之后，尼安德特人消失了。

然而，现代人类如何取代猿人的细节问题，对于决定西方主宰的种族解释是否成立，是至关重要的。我们尚不知道，我们的祖先是主动杀死了智力不如我们发达的猿人，还是仅仅在争夺食物的竞争中胜过了它们。在大多数考古遗址中，现代人类的遗迹直接取代了那些与尼安德特人有关的遗迹，这意味着改变是在突然之间发生的。主要的例外是法国的驯鹿洞穴，在那里，在距今3.5万～3.3万年，由尼安德特人和现代人类的居住痕迹交替占据，尼安德特人的文化残留层包括棚屋的石基、骨具，还有动物牙齿制成的项链。考古发掘工作者认为，尼安德特人向现代人类学习，正迈向尼安德特人觉醒的曙光。在法国的几处尼安德特人考古遗址发现的赭石（在其中一个洞穴里发现了九千克之多）可能也指向这一点。

很容易想象出，肌肉发达、头脑简单的尼安德特人看到动作灵敏、言谈自如的新到访者在身体上绘画并建造棚屋，于是它们笨手笨脚地模仿这些动作，或者用猎物的肉与新到访者交换首饰。在《洞熊家族》中，琼·奥尔想象现代人类傲慢地将尼安德特"平头家伙们"赶走，而尼安德特人则试图对"他者"敬而远之——除了艾拉，一个现代人类的小女孩，5岁的孤儿，尼安德特人的洞熊部落接受了她，结果是翻天覆地的。当然，这些都只是想象，但是这同任何其他人的猜想一样貌似可信（除非我们接纳那些一点也不浪漫的考古学家的观点，认为考古发掘工作匆忙草率，是造成驯鹿洞穴中的尼安德特人遗迹和现代人类遗迹交错存在的最合理解释，意味着没有直接证据表明，"平头家伙们"在向其他人学习）。

要点在于性。如果现代人类没有通过异种繁衍取代旧世界西方的尼安德特人和东方的直立人，种族主义理论将现代西方的主宰地位上溯到史前的生物学差异，便肯定不能成立。但果真如此吗？

在20世纪30年代，即所谓的科学种族主义的全盛时期，一些体质人类学家坚称，现代中国人比欧洲人更原始，因为他们的颅骨与北京猿人近似（头顶有小的隆起，脸的上半部分相对扁平，颌骨不突出，门牙呈铲状）。这些人类学家还指出，澳大利亚原住民的颅骨同100万年前的印度尼西亚直立人近似——同样有用于连接颌部肌肉的背脊、搁架似的眉毛、后缩的前额，还有硕大的牙齿。这些（西方）学者总结道，现代东方人一定是更为原始的猿人后代，而现代西方人则是更为先进的尼安德特人后代，这就解释了为何西方主宰世界。

今天没人会如此草率地做出论断了，但是如果我们要严肃地探求西方缘何主宰世界这一问题的答案，便不得不考虑这样一种可能性，即智人与前现代人类异种通婚，繁育后代，而东方人则在生物学上比西方人原始。我们不可能发掘出正在交媾的穴居人化石，以证明智人是否与西方的尼安德特人交流了基因，或者与东方的北京人交流了基因，但幸运的是我们不必如此。如果这样的约会的确发生过，我们可以在自己的身体上观察结果。

我们每个人都从我们的祖先那里继承了DNA，这意味着遗传学家可以通过比较每个在世的人的DNA，以画族谱的方式追溯到人类最近的共同祖先。但事实上，由于你身体里的DNA有一半来自你母亲的家族，另一半来自你父亲的家族，这使得破解遗传信息难如登天。

遗传学家们找到了一个巧妙的方法绕开这一问题，这就是关注线粒体DNA。线粒体DNA不像大多数DNA那样有性繁殖，而是仅通过母本继承（男性继承他们母亲的线粒体DNA，却不遗传下去）。我们一度拥有相同的线粒体DNA，所以线粒体DNA在你我身体中的任何不同一定是偶然变异的结果，而不是有性繁殖导致的。

1987年，遗传学家丽贝卡·卡恩领导的小组发表了一项对全世界在世的人的线粒体DNA的研究。他们在数据中区分了大约150种的线粒体DNA，并且意识到不管他们怎样处理统计数据，总会得到三个关键结果：第一，非洲的基因比世界其他地方的更为多样；第二，世界其他地方的基因多样性仅仅是非洲基因多样性的子集；第三，最深远也就是最古老的线粒体DNA谱系都来自非洲。他们很自然地得出这样一个结论：世界上所有人共有的最近一个女性始祖一定曾经生活在非洲——这个女性始祖被冠名为"非洲夏娃"。通过卡恩及其同事的观察，"非洲夏娃"是个"幸运的母亲"[9]。在对线粒体DNA的变异率进行标准估测后，他们得出结论，"非洲夏娃"生活在20万年以前。

整个20世纪90年代，古人类学家就卡恩小组得出的结论争论不休。有些学者质疑他们的方法（制作族谱的方式有成千上万种，理论上一样有效），也有些学者质疑他们的证据（在最初的研究中，大多数"非洲人"事实上是非洲裔美国人），但是不管是谁重做样本和数据，得到的结果都大致相同。唯一确实的变动是将"非洲夏娃"的生活年代后推到了距今15万年前。问题的解决在于，20世纪90年代末，当技术的进步允许遗传学家们检验Y染色体上的核DNA时，"非洲夏娃"有了伴侣。同线粒体DNA一样，Y染色体上的核DNA是无性繁殖的，但仅通过父本遗传。研究发现，Y染色体上的核DNA同样在非洲有最丰富的多样性和最深远的谱系，这些证据指向一个生活在距今9万~6万年前的"非洲亚当"和一个生活在大约5万年前的非非洲变种祖先★。基因数据似乎完全支持这样一个论断：每个今天在世的人都是非洲人的后代，没有人的血管里流淌着尼安德特人或者北京猿人的血液。

★ 如果说"非洲亚当"的生活年代要比"非洲夏娃"晚10万年听起来很奇怪的话，那是因为这些名字并不意味着他们是夫妻。他们并不是最早的智人男性和女性，他们只是今天在世的人在基因上可以追溯的最远的祖先。平均算来，男性与女性拥有同样数量的后代（显然如此，因为我们都有一个父亲和一个母亲），但是每名男性拥有的孩子数量在平均值上下波动的幅度要比每名女性拥有的孩子数量波动更大，因为有些男性是几十个孩子的父亲。没有孩子的男性数量相对较大，这意味着男性的基因谱系比女性更容易断绝，所以在世的男性谱系交汇在比女性谱系年代更近的一个祖先身上。

但是有些古人类学家还是不予置信，坚持认为遗传学的可信度不如他们观察到的西方智人与尼安德特人、东方智人与直立人骨骼上的近似度。他们提出一个"多区域模型"以取代"走出非洲"模型。他们不情愿地承认，或许人类最初的蹒跚学步确实发生在非洲，但是在此之后，在非洲、欧洲和亚洲间的人口迁移造成了快速的基因流动，某个地区有益的基因变异很快在几千年内到处扩散。结果是，略有差异的现代人类在世界几个地方同时分别进化。这可以同时解释骨骼和基因的证据，同时也意味着，东方人与西方人在生物学上确实是不同的。

和许多理论一样，多区域分别进化理论是模棱两可的。有些中国科学家坚称，中国是个例外，因为正如《中国日报》所载的："现代中国人类发源自现在中国的所在区域，而不是非洲。"[10]但是，自从20世纪90年代后期以来，证据逐渐不利于这一论断。在欧洲，研究表明，尼安德特人的线粒体DNA与我们的线粒体DNA完全不同，这似乎否定了尼安德特人与智人异种繁衍的假说。甚至连两者存在异种繁衍，但偶然的灭绝事件使我们的基因库里没有尼安德特人的基因这一说法看起来也不能成立：2003年，遗传学家在欧洲从距今2.4万年的智人骨骼中提取出了线粒体DNA，它与我们的线粒体DNA高度一致，却与尼安德特人的毫不吻合。

在东亚，关于远古的DNA的分析要少些，但是已经完成的研究似乎也排除了异种繁衍的可能性。一项Y染色体核DNA研究的作者甚至得出了这样一个结论："数据表明，原始人类完全不可能是解剖学意义上的东亚现代人的始祖。"[11]基因数据看起来是明确的了。智人从非洲进化而来，并没有（或者不能）与猿人异种繁衍。

争论还在持续，直到2007年，周口店新出土的牙齿和许昌新出土的颅骨碎片，还被作为现代人类是从中国的直立人进化而来的证据。然而，即便这些发现公开发表，其他学者还是给了多区域分别进化理论最后的致命一击。他们对6 000多个颅骨的测量数据进行了复杂的多元回归分析，结果表明，当控制了气候因素这一变量，全世界颅骨类型的变异事实上与DNA分析所得证据是一致的：我们都是非洲人。在过去六万年内，我们从非洲走出去，把过去50万年内出现的所有基因差别一扫而空。

事实上，种族主义理论将西方的主宰地位归结为生物学因素是毫无根据的。不管在哪里，人们总是大体相同的，我们从非洲祖先那里继承了相同的躁动不安、善于创造的头脑。生物学本身无法解释西方的主宰地位。

史前毕加索们

那么，如果种族主义理论不能成立，东方与西方到底从何处开始？100多年来，对许多欧洲人来说，答案似乎是显而易见的：即使没有生物学这个因素，他们也自信地断言，自从现代人类出现以来，欧洲人便在文化上比东方人优越。使他们确信这一点的证据在1879年开始出现。达尔文发表于之前20年的《物种起源》，使得寻找化石成了绅士们的一项体面的爱好。像与他同一阶层的许多人一样，马塞利诺·桑斯·德·索图欧拉在他位于西班牙北部的土地上寻找穴居人。有一天，他和女儿探访了阿尔塔米拉洞穴。对八岁大的小孩来说，考古并没有多大乐趣，所以当索图欧拉的眼睛紧紧盯着地上的时候，他的女儿小玛丽亚开始跑来跑去玩起了游戏。很多年以后，她对一位记者说："突然，我认出了洞顶上的外形和轮廓。"她喘着气惊呼："爸爸，看，公牛！"[12]

所有考古学家都梦想着惊呼"哦，我的天哪"的那一刻——那一刻，面对着令人敬畏的惊人发现，完全难以置信，时间停下了脚步，其他一切都消失了。事实上，没有多少考古学家有过这样的一刻，甚至或许没有一个有过类似的一刻。索图欧拉看到了野牛、鹿、层层叠叠的色彩丰富的动物图案覆盖了洞穴顶部约6米长的地方，有些蜷缩着身子，有些在互相嬉闹，还有些则在欢快地跳跃

（图1.4）。每一个都绘制得优美而生动。当毕加索多年后造访这一考古遗址时，他惊得目瞪口呆。"我们中没有人能够那样作画，"他说，"阿尔塔米拉之后，一切尽颓。"

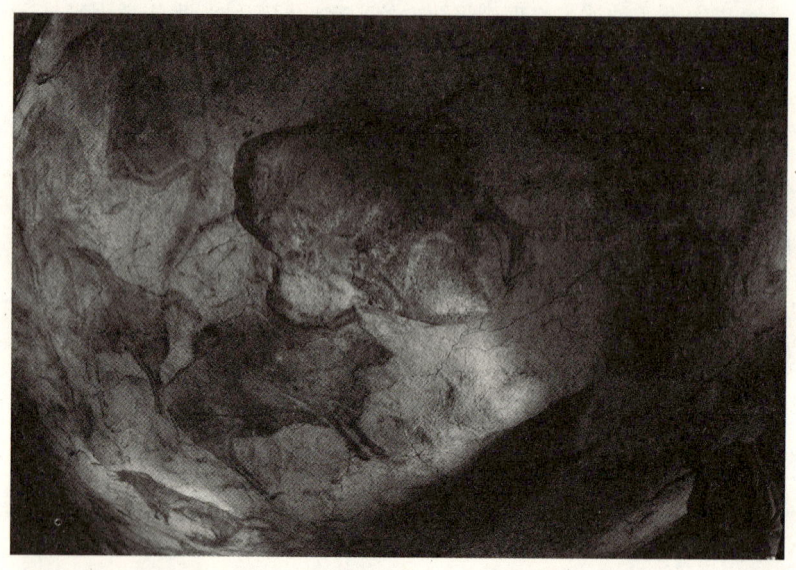

图1.4 "阿尔塔米拉之后，一切尽颓……"八岁的玛丽亚·桑斯·德·索图欧拉在1879年发现的令人震惊的洞顶公牛岩画的一部分，这一发现毁了她父亲的人生，也使毕加索惊叹得无法呼吸

资料来源：Kenneth Garrett /《国家地理》摄影集

玛丽亚回忆道，父亲的第一反应是大笑，但很快他变得"非常兴奋"，"几乎不能作声"[13]。他渐渐说服自己，这些壁画真的是远古时期留下的（最近一项研究表明，有些壁画的历史在2.5万年以上）。但在1879年，没有人认同这一点。事实上，1880年，当索图欧拉在里斯本的国际人类学和史前考古学大会上提交他的这一发现的时候，专家们哄笑着将他轰下台去。那时候，人人都知道，穴居人不可能创造出这样精湛的艺术作品。他们一致认为，索图欧拉不是骗子就是傻瓜。索图欧拉将这嘲笑视为对他尊严的攻击。八年后，他精神崩溃，离开了人世。他惊呼"哦，我的天哪"的那一刻毁了他的人生。

直到1902年，索图欧拉的主要批评者才实地造访了阿尔塔米拉洞穴，并且公开认错。自那以后，人们又发现了数百个绘有史前壁画的洞穴。壁画最为壮观的洞穴之一是法国的肖维岩洞，直到1994年才被发现。洞内壁画保存完好，看起来好像壁画作者刚刚出门去吃一口驯鹿肉，随时都会回来似的。肖维岩洞的其中一幅画作有三万年的历史，它是西欧现代人类的最早遗迹之一。

在世界其他地方，还没发现过与这些洞穴壁画类似的东西。现代人类走出非洲的迁徙泯灭了莫维斯线带来的一切差异，也将先前猿人种族间的差异一扫而空。三万年以前，在西班牙北部和法国南部，一种独具创造性的文化培育了一大批史前毕加索，我们应当从中探明独特（而优越）的西方传统吗？

令人吃惊的是，答案或许藏在严寒的南极洲荒原。那里每年都降雪，将先前的雪覆盖，积压成层层的薄冰。这些冰层就像是远古时候天气的编年史。通过将它们分离，气候学家可以测量这些冰层的厚度，告诉我们下了多少雪；建立氧同位素间的平衡，揭示温度；比较二氧化碳和甲烷的量，阐明温室效应。但是在冰盖上钻芯取冰是科学上最为艰巨的任务之一。2004年，欧洲的一个小组成功提取了差不多3 200多米深的冰芯，年代可以上溯到74万年前，时间之久远令人吃惊。尽管冬季的气温骤降至零下50摄氏度，并且从未高于零下25摄氏度，并且在1999年，钻头卡住了，科学家们不得不从头再来，在最后的几百米还不得不用一个装满乙醇的塑料袋权且替代钻头，但他们最后还是完成了任务。

这些科学超人从冰芯中提取出来的结果证明了一件事情：阿尔塔米拉的艺术家们生活的世界是很寒冷的。现代人类离开非洲以后，气温又开始骤降，大约两万年前，即用赭石和木炭在洞穴壁上涂鸦的艺术家人数达到顶峰之时，最后一个冰期达到了严寒的顶点。平均气温比现在要低约8摄氏度。这导致了惊人的变化。数千米厚的冰川覆盖了亚洲北部、欧洲和美洲，锁住了大量的水分，那时的海平面比现在要低90米以上。你可以从非洲走到英国、澳大利亚或美国,却看不到海洋。你不会希望造访这些地方,在冰川边缘,狂风呼啸,卷起的沙尘暴肆虐广袤贫瘠的干草原,这些干草原冬季寒冷,夏季荒芜。甚至在最适宜人居住的地区,即赤道南北纬40度范围之内,夏季苦短,降水稀少,空气中二氧化碳含量下降,阻碍了植物生长,也使动物(包括人类)种群数量保持在较低水平。情况的严峻程度,与现代人类走出非洲前不相上下。

当时,在今天的热带地区,生活不像西伯利亚那样艰难,但是不管考古学家们审视哪个地方,他们发现,人们适应冰期的方式都大体相似。他们结成小部落而居。在寒冷的环境中,12个人就算得上一个大部落了;而在气候较为温和的地区,聚居部落的规模可能是前者的两倍。他们知道了不同的植物什么时候成熟,在哪里能找到这些植物;动物何时迁徙,在哪里能截获这些动物。他们到处追踪搜寻这些植物和动物。不知道这些的人就会挨饿。

这些小部落挣扎求生,繁衍后代。像现代边缘环境中的狩猎-采集者们一样,他们一定时不时地聚在一起,交换伴侣,交易物品,讲述故事,或许还对着他们的神、鬼怪和祖先说话。这些聚会将是一年中最激动人心的社交大事。当然,我们仅仅是在猜测,但是很多考古学家认为,西欧令人叹为观止的洞穴壁画的背后,一定隐藏着一些节日,在这些节日里,每个人都披上他们最好的兽皮,戴上最好的珠子,脸上画上画,竭尽所能装饰他们神圣的聚会地点,使这些地方非同寻常。

但显而易见的问题是,如果纵观非洲、亚洲和欧洲,生活都是同样的艰难,为什么我们只在西欧发现这些令人叹为观止的洞穴壁画。传统的回答是,欧洲人比其他人在文化上更具创造力,这似乎很有道理,但是我们还能更进一步,改变这一观点。欧洲艺术史并不是从肖维岩洞到夏加尔一脉相承,放眼尽是旷世之作。公元前11500年之后,洞穴壁画便绝迹了,直到我们所知的能与之媲美的画作出现,又过去了许多个千年。

在三万年以前的欧洲创造力传统中寻找源头,显然是错误的,因为这一传统已经断绝了几千年。或许,我们应该问的是,洞穴壁画传统为何断绝了,因为我们一旦提出这一问题,便会意识到,史前欧洲的这些惊人发现,同任何特殊的西方文化一样,与地理和气候因素大有关系。

在冰期的大多数时间里,西班牙北部和法国南部是绝佳的狩猎之所,在那里,一群群驯鹿从夏季牧场迁徙到冬季牧场,然后再返回。但在大约1.5万年前,当气温开始回升(关于这一问题,本书第二章中还会有更多论述),驯鹿不再在冬季向南迁徙到这么远的地方,猎人们也随之北迁。

就在这时,西欧洞穴壁画衰落了,这不能说是个巧合。提着油脂灯,拿着赭石棒,在地下艰难行进的艺术家越来越少。大约在13 500年以前,最后一个艺术家也离开了。当时这名最后的艺术家可能没有意识到,但是就在那一天,古老的传统断绝了。洞穴中黑暗降临,几千年来,只有蝙蝠和滴水打破坟墓般的死寂。

公元前11500年之后,为何美丽的洞穴壁画没有随着猎人追踪驯鹿的步伐一路向北,穿越欧洲?或许是因为北欧的猎人没有如此方便的洞穴可以绘画。西班牙北部和法国南部有众多幽深的石灰石洞穴,而北欧要少得多。史前人类对他们聚会之所的装饰很少能保存下来,留待我们去发现,除非狩猎之处正好有幽深的洞穴。如果不巧狩猎之处没有幽深的洞穴,人们的聚会场所就会更靠近地面,或者就在地面之上。经过两万年的风吹、日晒和雨淋,他们的艺术作品能残存于世的已经很少了。

但是,"遗迹很少"不等于"荡然无存",有时我们还是能很幸运地找到一些蛛丝马迹。在纳米比亚的阿波罗11号洞穴,绘有犀牛和斑马的石板从洞壁剥落,掉落到地上,在距今2.6万~1.9万年形成的沉积物之下得以保存。在澳大利亚的某些发现,其年代甚至更为久远。在桑迪溪洞壁的一处雕刻上形成的矿物沉积物，其年代可以追溯到大约2.5万年前，而颜料残迹则有2.6万～3.2万年的历史。在卡彭特山口，绘有岩画的洞壁部分掉入有4万年历史的居住区碎石土中，这块壁画的历史甚至比肖维岩洞还要久远。

从美学意义上讲，在非洲与澳大利亚发现的例子都无法与在法国和西班牙发现的最好作品相媲美，还有很多西欧以外的幽深洞穴没有壁画（如周口店，两万年前又有猿人在此居住）。如果声称人类对于洞穴绘画艺术投入了同样多的精力，这显然是个愚蠢的说法，更不必说所有艺术传统都同样成功了。但是鉴于保存条件，以及考古学家们在欧洲比在其他地方寻找的时间更长也更努力的事实，在其他大陆保存下来的作品都说明了，不管身处何方，现代人类都有创造艺术的强烈愿望。当洞穴壁画的条件不像西欧那么理想时，人们就把精力投入其他媒介。

图1.5很好地表明当洞穴绘画艺术在西欧兴盛之时，石制、黏土制还有骨制的人体和动物模型在东方区域更为普遍。如果条件允许，我可以展示几十幅精美绝伦的小塑像的照片，发现地从德国到西伯利亚，处处都有。由于条件不允许，我仅介绍最近的发现，2008年发现于德国的霍赫勒·菲尔斯的一尊约5厘米高的女性小雕像（图1.6），无头而且巨乳，雕于3.5万年前，以猛犸象牙雕刻而成。大约在相同的年代，在西伯利亚贝加尔湖旁的马来亚思雅（地球上最不宜居住的地点之一），猎人们在骨头上雕刻动物图案；到了公元前25000年，在位于今捷克共和国的下维斯特尼采，120多人的群体聚集在用猛犸象牙和象皮搭起的棚屋里，制作成千上万的小雕像，有雕动物的，也有雕巨乳女性的。东亚的艺术记录还不多，但最早的发现（一尊用鹿角雕刻的小鸟，或许有1.5万年的历史，是2009年在许昌发现的），其雕工非常复杂，我们相信，进一步发掘将会揭示，中国也拥有欣欣向荣的冰期艺术传统。

西欧以外的冰期时代人类，虽然没有肖维岩洞和阿尔塔米拉洞穴

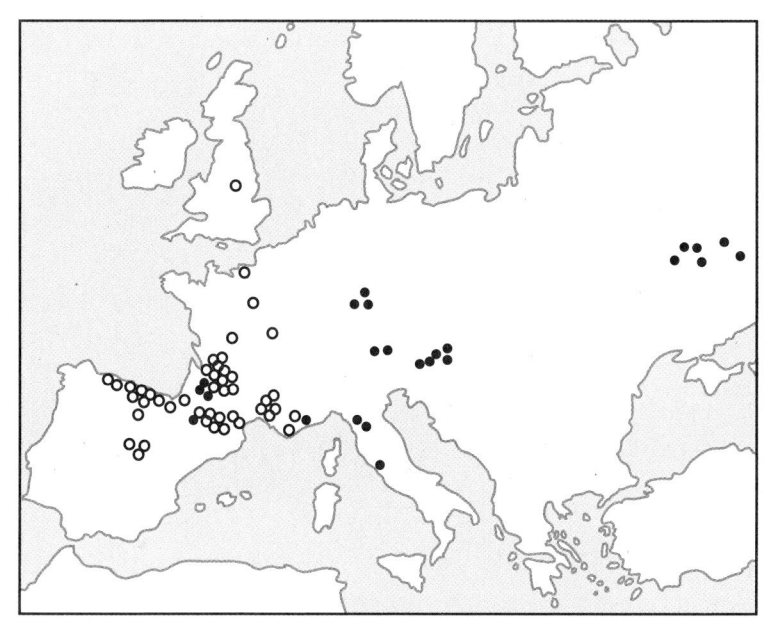

图1.5 西方文明之始？空心圆表示的是发现1.2万年前甚至更早期的洞穴壁画的地点，实心圆则表示发现同时期便携式艺术的地点

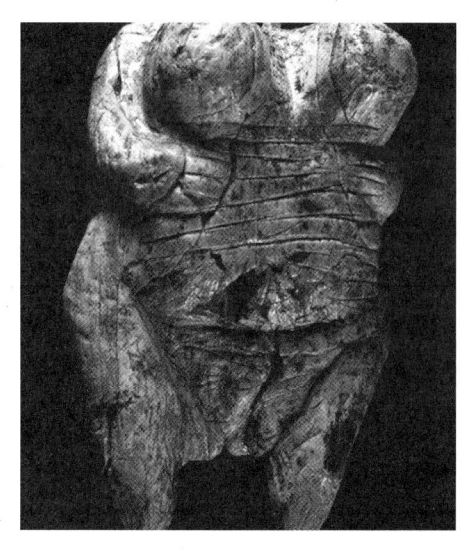

图1.6 创作的冲动：一尊约5厘米高、有3.5万年历史的巨乳无头"维纳斯"雕像，以猛犸象牙雕成，2008年发现于德国的霍赫勒·菲尔斯

资料来源：图宾根大学，H.Jensen摄

077

的条件,但他们显然为自己的创造力找到了其他宣泄渠道。关于较早期的猿人是否有创作的冲动,证据少得可怜,但是智人的想象力似乎是与生俱来的。到了距今五万年前,人类的心智已经足以寻找世界的意义,而人类的技艺也足以将这些意义通过艺术、诗歌(很可能,虽然我们无法观察到)、音乐以及舞蹈表达出来。这再次说明了,(群体的)人们大致相同,不管他们身在何处。尽管阿尔塔米拉洞穴艺术壮丽非凡,但它并不能使西方区别于世界其他地方。

在第一个猿人离开非洲的150万年后,技术、智力和生物的差异累积起来,将旧世界分为尼安德特人/智人的西方和直立人的东方。大约10万年前,西方以相对先进的技术和一丝人性之光为代表,而东方似乎愈加落后。但是当6万年前,完全现代人类走出非洲的时候,他们将这些差异一扫而空。当2万年前,最后一个冰期到达顶峰时,"东方"和"西方"只是日出日落的方位而已。人类的小部落前所未有地团结在一起,散布于从英国到西伯利亚的广大地区,并且(相对)不久以后,跨入美洲,而不是彼此分离。当植物成熟时,动物往来迁徙,各个小部落搜寻粮草,四处狩猎,在广大地区漫游。每一个部落一定会立刻熟悉自己的区域,讲述关于每块石头、每棵树的故事;每个部落都有自己的艺术和传统、工具和武器、神灵和魔鬼。每一个部落一定都知道,他们的神爱着他们,因为尽管有诸多苦难,但他们毕竟还活着。

在这样一个寒冷、干旱的世界上,人类已经走得够远了。我们有理由怀疑,如果没有脚下摇摆的地球,万物都将是静止的。

第二章
西方领先的世纪

全球变暖

两万年前那些颤抖着围在篝火旁的穴居人一定不知道,他们的世界已经开始变暖了。在接下来的一万年里,气候的变化加上他们迅速进化的大脑改变了地理,产生了直至今天都带有明显的地区特色的生活方式。东方和西方的概念开始有了意义。

全球变暖带来的影响令人难以置信。在公元前17000年前后的两三个世纪里,由于覆盖北美、欧洲以及亚洲的冰川融化,海平面上升了12米多(图2.1)。土耳其和克里米亚之间的区域,即现在的黑海,在冰期曾是一个地势低洼的盆地,但是冰川径流将其变成了世界上最大的淡水湖。这么大的洪灾,需要挪亚方舟★才能从中幸免。在某段时期,海平面每天上升约15厘米,湖岸每天都会向前推进约1.6千米。

★ 地理学家威廉·瑞安和沃尔特·皮特曼在他们的著作《大洪水》中提到,正是由于黑海的洪灾,才有了《圣经》中的挪亚方舟的故事。他们认为这场洪灾发生在公元前5600年前后,不过近来越来越多的研究表明,这个盆地在公元前16000—前14000年就被淡水淹没了,然后在公元前7400年前后,由于地中海注入,淡水变咸。这样早期的一次洪灾不可能是挪亚方舟这个故事的素材。古代文献中对现在波斯湾地区洪灾的描述更为可信。

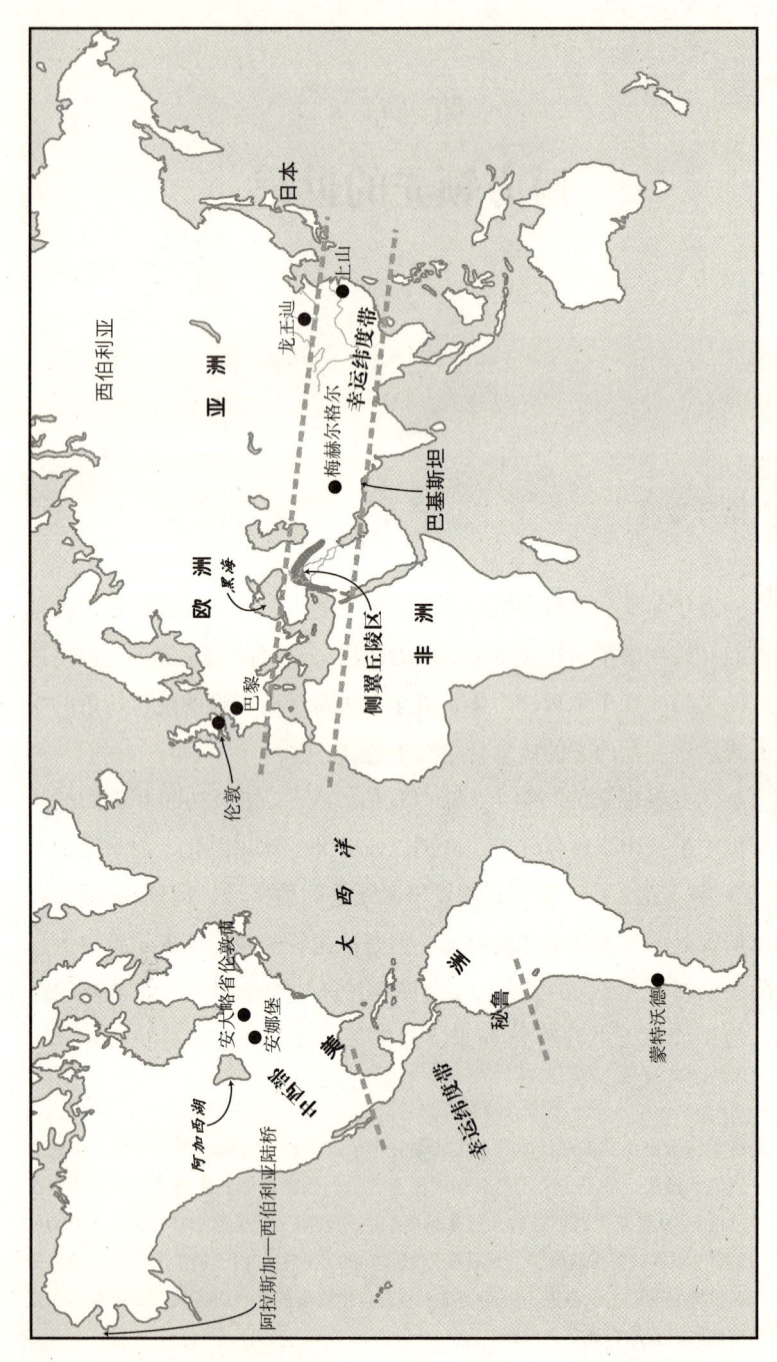

图2.1 全局图：从全球的角度看本章的故事

现代所发生的任何事都不能与之相比。

地球的运行轨道变化使得气候冷热交替，收成时好时坏。图2.2显示了南极冰芯氧同位素的比例如何随着气候的变化而来回变化。直到公元前14000年之后——此时融化的冰川不再把冰冷的水注入海洋中，世界才开始逐渐变暖。公元前12700年前后，气候变暖的速度加快，在短短的时间里，地球的温度就上升了约2.8摄氏度，直到变成现在的温度。

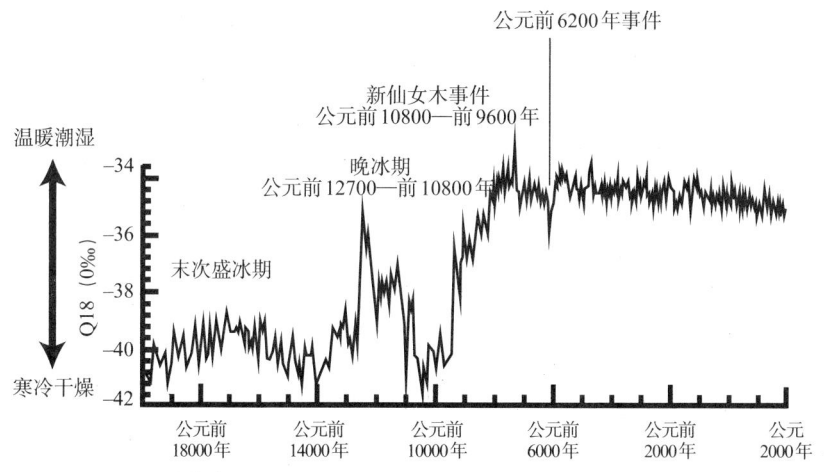

图2.2 冰里的故事：南极冰盖上气泡中的氧同位素比例，显示了两万年前温暖潮湿与寒冷干燥的气候在不停交替

中世纪的基督教徒喜欢把整个宇宙看成一个伟大的存在之链，上至伟大的上帝，下至最卑微的蚯蚓。无论是城堡里的富人，还是家徒四壁的穷人，他们在永恒的历史中都有各自的地位。不过，我们最好想象一条非永恒的能量之链。引力势能构成了宇宙，它先是把原始的宇宙汤变成了氢和氦，然后再把这些元素变成恒星。我们的太阳就像一个巨大的核反应堆，将引力势能变为电磁能，地球上的植物则通过光合作用把一小部分电磁能转化成了化学能。动物吃掉植物，把化学能代谢为动能。太阳和其他星球之间的相互引力决定了地球的运行轨道，从而决定了我们将得到多少电磁能，植物

将产生多少化学能,以及动物将从中转化多少动能。这些又决定了其他一切事物。

公元前12700年前后,地球加快了能量巨链的形成。太阳光越多,意味着动植物越多,人类在食物的数量、工作的强度以及繁衍后代的数量上的选择也就越多。每一个独立的个体或者小团体可以用自己的方式将这些选择结合起来,但是总体而言,人类推动能量之链的方式和动植物的方式极其相似:繁衍。公元前18000年前后的每一个人(总体可能有50万人),到公元前10000年时就有12个后代了。

人们对全球变暖的不同感受依赖于他们生活的不同区域。在南半球,海洋缓和了气候变化的影响,不过北半球就不一样了。对生活在黑海盆地形成之前的那些觅食者来说,气候变暖带来的影响是灾难性的,而对生活在沿海平原上的人们来说,情况也好不到哪儿去。冰期给他们带来了巨大的好处,但是气候变暖意味着海平面上升。每一年,当海浪淹没他们祖先的捕猎场所时,他们不得不撤到其他地方,直到最后一切都消失了。★不过对北半球的大部分人来说,提升能量之链是一件好事。人们可以追寻动植物,北上前往原先过于寒冷的区域生活。到了公元前13000年(具体时间还无定论),人类已经遍布美洲——这里之前没有猿人的足迹。人们在公元前11500年到达了美洲南端,登上了这里的山峰,进入了这里的雨林区。人类得到了这片土地。

★ 有人认为一些比亚特兰蒂斯更为发达的文明在冰期繁荣于沿海平原,但是在公元前12700年之后随着海平面的上升,这些文明被吞没,之后就被遗忘了。考古学家一般不认同这个观点,不是因为他们试图掩饰真相,而是因为这并不可信。抛开其他原因,要认同这个观点,我们必须相信内陆高地(就是那些在水平面以上的区域)的人从未和那些消失的城市进行贸易或者模仿它们的成就。尽管我们进行了一百多年的考古挖掘,但是迄今为止还没有发现来自这些文明的遗迹。人们常常在河床上发现冰期的石器和哺乳动物的骨头,却从来没有发现先进的人工制品。

伊甸园

全球变暖的最大受益者是生活在幸运纬度带上的人们，这个纬度大约是欧亚大陆的北纬20~35度，以及美洲大陆的南纬15度到北纬20度。于冰期内聚集在这个纬度带的动植物在公元前12700年后迅速繁衍生长，尤其是在亚洲两端（图2.1）。在这里，野生谷物——西南亚大麦、小麦、黑麦以及东亚的稻和粟的前身——进化出了大颗种子，觅食者可以将这些种子煮成粥或者捣碎了烘烤成面包。这些觅食者要做的事只是等待这些植物成熟，然后摇晃它们，收集种子。对现代西南亚的野生谷物的实验表明，约一万平方米的植物就能结出一吨可食用的种子。只要消耗一卡路里的能量收割就能获得50卡路里的食物。这是觅食者的黄金时代。

在冰期，由于食物稀少，几个狩猎-采集者一起在土地上四处游荡，但是他们的后代改变了生活方式。像其他拥有大脑的动物那样（无论是蜜蜂、海豚、鹦鹉，还是我们的近亲猿），人们似乎是出于本能地生活在一起。我们是善于社交的。

也许拥有大脑的动物之所以过着群居生活，是因为他们知道群体相对个体而言，有更多眼睛观察周围，有更多耳朵聆听四周，也就能更快地发现敌人。又或者，正如一些进化学家认为的那样，在大脑进化之前就有了群居生活，开始了大脑科学家史蒂芬·平克所说的"认知军备比赛"[1]。在这场竞赛中，那些能够猜出其他动物在想什么的动物——能够跟踪朋友和敌人以及那些同属一个群体或者不是一个群体的动物——比那些不能猜出其他动物想法的动物发展得更快。

无论如何，今天我们已经进化得彼此相像，并且我们的祖先通过形成更大的固定群体来更好地利用能量之链。到了公元前12500年，在幸运纬度带上，四五十个人一同生活，已经变得非常普遍了，还有一些群体甚至超过了100人。

在冰期，人们搭起帐篷，吃光他们所能找到的动植物，然后搬到另一个地方，重新开始这个过程。我们歌唱着自己是一个游牧民，就像鸟儿一样自由等，但当能量之链使得我们完全有可能定居下来的时候，还是壁垒和家园对我们有更大的吸引力。早在公元前16000年，中国人就已经开始制造陶器（如果你每隔一段时间就要换一个地方的话，用陶器并不是一个好做法）；公元前11000年前后，秘鲁高地的狩猎-采集者已经筑起围墙，并保持洁净——对高度流动的人口来说，这毫无意义，但是对那些连续几个月生活在同一个地方的人来说，这么做是非常明智的。

最明显的人类群居和定居的证据来自被考古学家称为"侧翼丘陵区"的地方。侧翼丘陵区是西南亚一个跨越底格里斯河、幼发拉底河以及约旦河谷的弧形带。本章我会花大量笔墨讨论这个区域，因为这个地区见证了人类首次摆脱狩猎-采集者的生活方式，与此同时，还见证了西方的诞生。

位于现在以色列的艾因-马拉哈（也称为埃南，图2.3）最能说明过去发生了什么。公元前12500年前后，一群不知名的人在这里建立了半地穴式的圆形房子。有的房子宽约九米，用石头砌墙，用修剪过的树干做房梁。烧焦的食物残渣表明他们曾收集在不同时期成熟的各种坚果及其他植物，把它们储存在铺有石膏的防水坑里，然后用石臼研磨。他们居住的村庄里到处是鹿、狐狸、鸟儿以及（最为重要的）瞪羚的骨头。考古学家对瞪羚的牙齿很感兴趣，因为这些牙齿在冬天和夏天的时候呈现出不同的颜色，因此很容易看出它们是死于什么季节的。艾因-马拉哈地区的瞪羚牙齿有两种颜色，这很可能意味着人们常年居住在那里。目前为止，在侧翼丘陵区外，我们还未发现该时期的其他遗址。

定居和大规模群居大大地改变了人们之间的相互关系以及他们周围的世界。在过去，人们只能跟着食物不断更换地方。他们肯定能说出他们停留过的每一个地方：我的父亲就是死在这个洞穴的，我的儿子在这里烧毁过一个小屋，那是鬼魂聊天的泉眼，诸如此类。但是，艾因-马拉哈不仅仅是人们生活过的一个地方。对生活在那里的人们

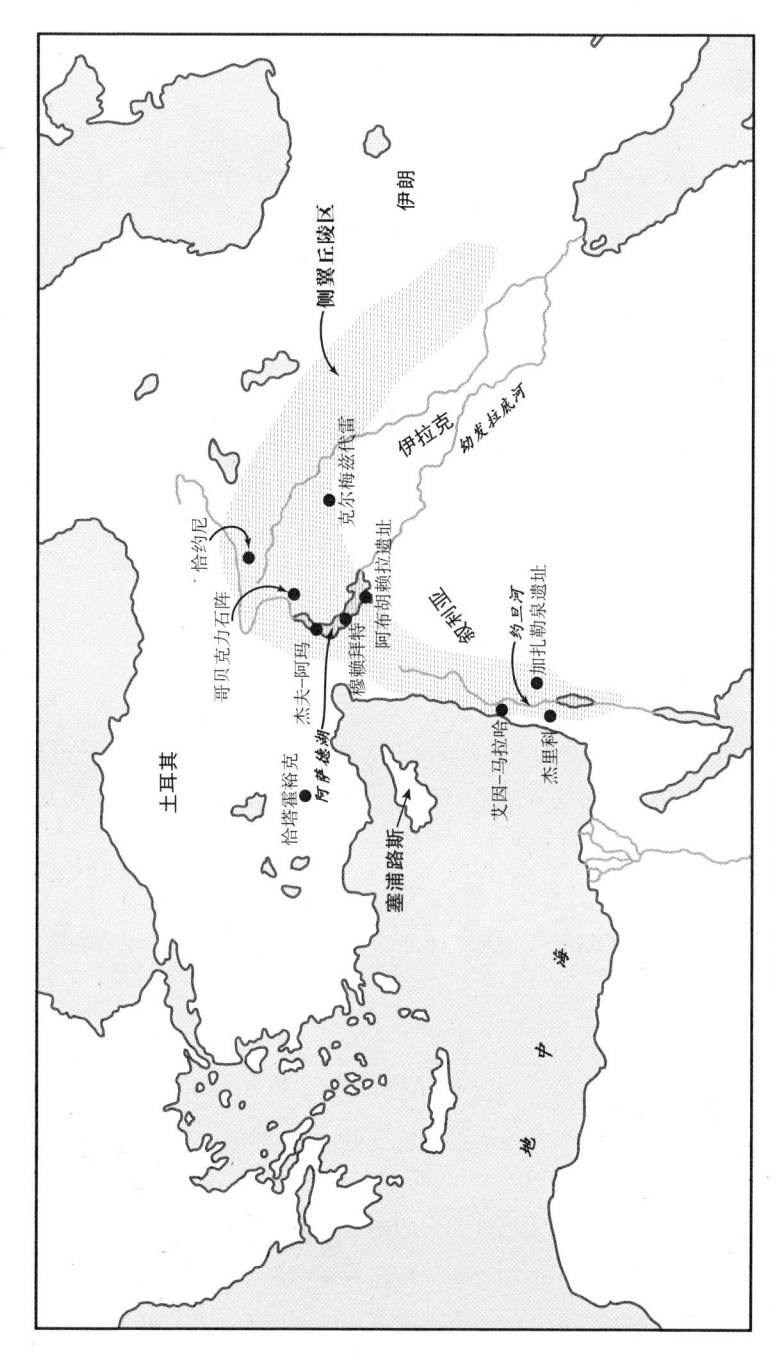

图 2.3 西方的起源：本章提到的侧翼丘陵区及其周围的地方

来说，艾因-马拉哈就是他们生活的地方。他们在这里经历生老病死。他们现在不再把遗体放在一个多年以后他们都不会再来的地方，而是埋在房子与房子之间，有的甚至还把遗体埋在自己的房子里面，把他们祖先的根扎在了这个特殊的地方。人们小心呵护着自己的房子，一次又一次地对房子进行重建。

  他们也开始担忧起卫生问题。冰期觅食者的生活并不整洁，他们居住的地方到处都是食物残渣，因为当蛆和食腐动物出现时，人们早就离开了这个地方，寻找下一处食物来源。不过，艾因-马拉哈的人们的生活不是这样。他们哪儿也不去，因此也就不得不忍受这些垃圾。考古学家在艾因-马拉哈发现了大量的老鼠骨头——冰期的老鼠还不是我们现在看到的样子。早期的食腐动物不得不把人类的垃圾列入食物来源。如果人们将所有的骨头和坚果都放在洞穴里，这对那些动物来说无疑是一个好消息，但是如果早期的老鼠想依赖这些食物过活的话，它们很可能早在人类回来增添食物之前就饿死了。

  永居村庄改变了啮齿类动物的生活。它们全天都可以大饱口福。可以在人们眼皮底下生活的小老鼠比那些又肥又大的老鼠生活得更好。在短短的几十年里（考虑到老鼠的繁殖能力，完全用不上一个世纪那么久），啮齿类动物实际上自行改造了基因，以和人类共存。鬼鬼祟祟的家鼠完全代替了它们的（野生）祖先，就像智人代替了尼安德特人一样。

  家鼠对人类的这种"恩赐"也给予"回报"：它们在人类储存的食物和水里排泄，加速了疾病的传播。人们出于这种原因开始厌恶老鼠，我们中的一些人甚至认为老鼠非常可怕。不过，最为可怕的食腐动物是狼，它们也难以抵挡垃圾的诱惑。大多数人认为，那些像《野性的呼唤》中一样的狼就像老鼠一样可怕，只不过老鼠长得更小，也没那么危险。

  长久以来，考古学家都认为人们积极地驯养狗，把驯服的狼当成宠物来养，让它们生出更加温顺的狼崽——它们喜欢人类就像人类喜欢自己那样。但是，最近的研究表明，自然选择再一次不以我们的意志为转移。不过，不管怎样，狼、垃圾以及人类之间的相互作用，产生了我们称为"狗"的动物，这些狗可以杀死携带病菌的老鼠，甚至可以与狼作战，从而成了男性最好的朋友。狗也是女性最好的朋友：公元前11000年前后，有一位老媪被埋葬在艾因-马拉哈。她的一只手搭在一只小狗上，他们看起来就像睡着了一样。★

每日面包

在本书的前言部分，我将科幻作家罗伯特·安森·海因莱因的俏皮话"懒男人想寻找更简单的方法解决问题，于是就有了进步"扩展为一个社会学理论，即历史是因为懒惰、贪婪和恐惧的人们为了获得更方便、更有利和更安全的生活而产生的（他们往往不知道自己在做什么）。这个准则在冰期末期对侧翼丘陵区的人们产生了巨大影响，创造了具有西方特色的生活方式，使得西方的社会发展快于地球上的其他任何一个地方。

我们或许可以将这一点归功于（或者归咎于）女性。在现代的狩猎-采集社会，女性主要做采集工作，而男性主要负责狩猎。男性的墓中主要是矛头和箭头，女性的墓中主要是磨削工具，据此我们可以判断，史前发生在东西方的事情差不多是一样的，这提示了目前为止本书主要问题的答案——我们在提到西方与其他地方不同的生活方式时，该从什么时间、什么地点说起：约15 000年前，侧翼丘陵区女性的聪明才智。

野生谷物是一年生植物。也就是说，它们在一个季节里生根发芽，最后枯萎，然后在来年的时候，它们的种子长成新的植物。当植物成熟时，它的穗轴（连接种子和植物的小茎）就会变得脆弱，然后这些种子就会纷纷落到地面。种子落到地面时，外壳会摔碎，然后就

★ 这是一个感人的场景，只要我们不去想这只狗是怎么凑巧和它的女主人同时死亡的。

会发芽。对15 000年前的觅食者来说，收集种子最简单的方式就是拿着篮子，摇晃植物，把快要成熟的种子晃下来。唯一的问题是，每一个地方的每种野生植物的种子是在不同时期成熟的。如果这些觅食者来晚了，大部分的种子已经掉落，生根发芽或者被鸟儿吃了。如果他们来得太早，穗轴还太硬，也就不容易把种子摇落下来。不管是哪一种情况，他们都会失去大部分谷物。当然，他们也可以反复去同一个地方，不过这样他们就没有那么多的时间去其他地方。

我们不知道懒惰（不想从一个地方走到另一个地方）、贪婪（想要获取更多的食物）和恐惧（对饥饿或者他人抢先获得食物的恐惧）是否真的给了人们灵感，但是有人——很有可能是一个女人——想出了一个好主意：可以把最好的种子重新种植在特别肥沃的土壤里。之后，她很可能这样想：如果我们照料这些种子——翻土、拔草，甚至给这些植物浇水，那么我们每年都可以得到它们的果实，它们甚至会给我们带来更多的果实。生活非常美好。

侧翼丘陵区再一次为我们提供了最早的直接证据，对此我们要间接地感谢阿拉伯复兴社会党。阿拉伯复兴社会党最广为人知的是他们在萨达姆·侯赛因的领导下，在伊拉克发动了恐怖的政治运动，不过他们首先于1963年在伊拉克邻国叙利亚取得执政地位。在清除对手后，他们开始对叙利亚进行现代化改造，其中一个重要的举措就是在幼发拉底河上建设水坝，形成一个长约80千米的阿萨德湖——阿萨德湖目前供应着叙利亚大部分的电力。叙利亚文物总局预测洪水将会淹没侧翼丘陵区的核心地区，因此发动了一场国际性的运动，研究可能会受到破坏的地区。1971年，一支英国考察队发现了阿布胡赖拉遗址。阿布胡赖拉遗址上的发现表明，公元前7000年前后，这里曾经有一个村庄，考古学家也对此提供了大量的书面证据。不过有一道地沟显示，这个村庄是建立在更早时期的一个定居点的废墟上，这个定居点可以追溯到公元前12700年。

这是一个巨大的意外收获。发掘者开始与时间赛跑，因为洪水正在逼近；他们还要和战争赛跑，因为叙利亚的军队正在召集工人与以色列交战。当洪水淹没这个地方的时候，挖掘队已经挖掘了超46平方米的土地：虽然只是一小片区域，这却是考古上的一大重要发现。他们发现了半地穴式圆形小屋、磨削工具、壁炉以及几千颗烧焦了的种子。这些种子主要是野草的种子，但是其中一小把饱满、沉甸甸的黑麦种子尤其引人注目。

这些种子表明阿布胡赖拉遗址的人们已经开始使用锄头耕地了。他们把种子埋在土里，而不是仅仅把种子扔在土壤上。那些较大的幼苗比小幼苗更容易破土而出，接触空气。如果史前的耕种者把自己种植的所有植物都吃光了，那么种子大小也就不重要了。但是如果他们把其中的一些种子保存起来，以备来年再种，那么大种子的数量就会比小种子略多。最初的时候，这个差异还不足以引起人们的注意，但是如果耕种者不断重复这个过程的话，随着种子的平均尺寸越来越大，他们对"正常"种子的标准也会逐渐提高。古植物学家（那些专门研究现存的古代植物的科学家）将这些大种子称为"栽培种子"[2]，与那些野生的谷物以及我们现在所食用的完全驯化的谷物区分开来。

公元前11000年，当阿布胡赖拉遗址的人们埋葬老妪和她的小狗时，他们早就已经频繁种植黑麦，收获更大的种子。现在看起来这似乎没什么了不起，但这是西方发展的萌芽。

失乐园

在地球的另一端，并没有出现小狗与黑麦，有的只是冰川在不断地融化。大约一万年前，融化的冰川冲刷出了北美洲，有了中西部平原。现在这些冰川的融化将这个树木日益增多的平原变成了一块沼泽之地，蚊虫滋生。生态学家将此称为"喝醉了的林地"——地面太潮湿了，那些树木根本就无法直立。巨砾和还未融化的冰块将冰川径流困在了大湖里。其中最大的是阿加西湖（图2.1），它是以一位瑞士科学家的名字命名的，这位科学家在19世纪30年代第一次明确提出历史上曾出现过全球性冰期。到了公元前10800年，阿加西湖占了西部平原近65万平方千米的面积，是现在苏必利尔湖的4倍。接着，发生了不可避免的事情：气温和海平面的上升导致维持阿加西湖的冰盖融化、崩解。

与现在的很多灾难相比，阿加西湖的决口经历了漫长的时间。例如，在令人印象深刻但并不可信的电影《后天》中，丹尼斯·奎德扮演了一个名叫杰克·霍尔的科学家（显然也是唯一的科学家）。他意识到全球变暖将在第二天导致冰盖崩溃。总统召见了他。在白宫里，他告诉总统，一场超级风暴就要发生，到时温度会降到约零下101摄氏度，阻断墨西哥湾暖流——正是这一暖流将热量传递到北欧沿海地区，使得英国伦敦的冬天不像安大略省伦敦市那么寒冷。霍尔认为，这场超级风暴将引发新的冰期，使得北美大部分地区不再适合居住。毫无疑问，总统对此持怀疑态度，他并没有采取任何措施。几个小时之后，暴发了超级风暴，霍尔的儿子被困在了纽约。后来就是一系列的英雄事迹。

我不打算剧透，但我要说的是，公元前10800年前后，当阿加西湖突然使墨西哥湾暖流停止流动的时候，情况就发生了翻天覆地的改变。虽然没有出现影片中那样的超级风暴，但是当湖水流入大西洋时，整个世界进入了长达1 200年的冰期（地质学家将公元前10800—前9600年那段时期称为"新仙女木事件"，仙女木是寒冷气候的标志性植物，在当时的泥炭沼泽中很常见）。侧翼丘陵区永居村庄的人们食用野生谷物，产生成堆的垃圾，与老鼠和狗共同生活，但这些植物如今长得不那么茂盛了，结的种子也变得更少、更小了★。

★ 一些考古学家持另一种观点。他们认为，在北美的一些地方——它们的历史可以追溯到公元前11000年，发现的玻璃、碳和铱表明，它们是由于酷热产生的，这种热量只有在彗星残骸撞击地球时才会产生。这些考古学家不仅描绘出了冰川的逐渐融化，还描绘了北极一股突然的气流使得墨西哥湾暖流停止流动。不过，即使是那样，也不会产生《后天》中那样的超级风暴。

人类被赶出了伊甸园。大多数人放弃了常年居住的村庄，形成了更小的群体，然后继续在山坡游荡，寻找下一顿的食物，就像冰期最冷时他们的祖先那样。在侧翼丘陵区发现的动物骨头显示，由于人类的过度捕杀，到了公元前10500年，瞪羚变得越来越小。早期人类牙釉质上的裂纹说明他们从小就缺乏营养。

之后人类再也没有面临同样规模的灾难。事实上，要找到可以与之相匹敌的，就得看科幻小说了。1941年，艾萨克·阿西莫夫在《新奇科幻》上发表了名为《日暮》的科幻小说，当时他刚开始他的写作生涯。故事发生在拉格什星球，这个星球有六个太阳。无论拉格什人去哪里，都至少有一个太阳照耀着，并且总是白天——除了每2 049年发生一次日食，那时太阳排成一条线，月亮位于太阳前方。天空变黑了，星星出来了，恐惧的人们做出种种疯狂的举动。日食结束的时候，拉格什人摧毁了自己的文明，回到了野蛮的状态。在接下来的2 049年中，他们又慢慢建立起了自己的文化，到下一次日食发生的时候，又开始了这个过程。

新仙女木事件就像《日暮》再现：地球的运行变化使得冰冻和融化不断交替，每隔几千年就发生诸如阿加西湖决口这样的悲剧，把历史抹得一干二净。虽然《日暮》是一个了不起的故事（美国科幻作家协会票选《日暮》为史上最佳科幻短篇小说，我本人也这么认为），但它并不是用来思考历史的绝佳例子。在真实世界中，即使是新仙女木事件，也不能像《日暮》那样将过去完全抹去。事实上，我们不妨追随古希腊哲学家赫拉克利特的思想，早在阿西莫夫成为作家前的2 500年，他已提出："人不能两次踏入同一条河。"[3]这是一个著名的悖论：当你第二次踏进这条河的时候，是新的水流而不是原先的水流在流淌，它已经不是你上次踏进去的那条河了。

同样，我们也不可能经历两次同样的冰期。公元前10800年前后，当阿加西湖决口的时候，侧翼丘陵区的社会已经和冰期前的社会不一样了。与阿西莫夫笔下的拉格什人不同，当自然界使人类生活的世界发生了翻天覆地的变化时，地球人并没有发疯。相反，他们运用自己独特的技巧和聪明才智，在原先的基础上继续发展。新仙女木事件并没有让时光倒流。没有什么事情能让时光倒流。

一些考古学家认为，新仙女木事件非但没有使人类接近末日，反而加快了创新的发展。就像所有的科学技术一样，鉴定阿布胡赖拉遗址最早进行驯化黑麦的年代的科学技术所得出的结果存在误差。阿布胡赖拉遗址的发掘者指出，虽然先前提到大颗黑麦种子大约出现在公元前11000年前后（在新仙女木事件之前），但是有可能在500年后（在新仙女木事件之后），人们才开始收获黑麦种子。也许阿布胡赖拉遗址的女性不是出于懒惰或者贪婪才去种植黑麦的，也许她们只是出于恐惧。由于气温降低，野生动植物减少，阿布胡赖拉遗址的人们很可能在尝试种植作物后，发现精心种植的作物能够产出更多、更大的种子。一方面，寒冷、干燥的天气使得人们更加难以种植谷物；另一方面，天气越恶劣，人们越有动力去做。一些考古学家认为在新仙女木事件时，觅食者扛着几袋种子，将这些种子撒在有收成希望的地方，以解决自然界采集食物不足的问题。

进一步的考古发掘将证实这一猜想正确与否。不过我们已经知道，在侧翼丘陵区，不是所有人都是通过重回采集老路来应对环境灾难的。法国发掘队在穆赖拜特遗址——就在阿布胡赖拉遗址的上游，发现了建于公元前10000年前后的一个村庄。在阿萨德湖淹没这个村庄前，发掘队只挖掘出了约65平方千米的面积，但是已经足以看出这里的村民一起努力采集了大量的野生植物，捕获了很多瞪羚。在建于公元前10000—前9500年的一所房子内，考古学家有了一个意外的发现：在一条陶土制成的长凳里，嵌着欧洲野牛祖先——原牛的一对牛角、两副肩胛骨，这种动物有1.8米高。

没有一个新仙女木事件前的遗址有这么奇怪的物件，但是考古学家在建于公元前10000年后的村庄中，发现了各种各样令人惊讶的事情。例如，1986年发现的位于伊拉克北部的克尔梅兹代雷。人们只挖掘出了两个小地沟,一个地沟的位置正好对着一个煮食野生食物的区域,就像艾因-马拉哈或者阿布胡赖拉遗址那样,而另一个地沟则没有任何室内活动的迹象。但是它有一排三间圆形小屋,每一间宽3~4米,往地下挖了约1.5米。第一间屋抹上了灰泥,有四根支柱。这四根支柱紧密排列,因此难以在房内走动。其中一根支柱保存完好:黏土浇注,抹上石膏,一端逐渐变窄,在靠近顶部处有奇怪的凸起,使得它看起来就像是人体躯干。这间房间里有大量泥土(显然是特意的),泥土里是一些动物的骨头和诸如石珠这样不寻常的物品。然后人们几乎在同样的地点挖掘出了另一间房间。和第一间房间一样,这间房间也抹上了石膏,装满了大量泥土。第三间房间的情况也是如此。人们在这个房间里发现了六个人类头骨。这些头骨没有下颌骨,将将露出地面。这些头骨很不完整,表明它们辗转多时之后才被埋在这里。

这些人究竟在做些什么?在考古学家中有这么一个笑话,就是每当我们无法确定挖掘出来的是什么时,我们就说这与宗教有关(当我在西西里岛挖掘出一个我认为与宗教相关的遗址时,我不再觉得这个笑话好笑了)。当然,问题是,我们无法挖掘出过去的信仰,但这也并不意味着考古学家在谈论史前宗教的时候,只是在信口胡诌。

如果我们把宗教定义为信仰强大、超自然且往往无形的神秘力量——这些神秘力量关注人类,同时也希望人类能够关注它们(这常见于很多社会,以致一些进化心理学家认为宗教扎根人类大脑),那么我们就能认出(如果不一定能理解)宗教仪式的废墟,人们通过这些仪式与神的世界进行交流。

宗教仪式因文化而异。例如在某些地方,只有当你把一只活的白山羊的鲜血倒在某一块石头的右边,或者只有当你脱下鞋子,双膝跪下,朝着某一个方向朝拜的时候,或者当你向神职人员忏悔你的罪行时,那些强大的神秘力量才能听到你的声音。当然远远不止这些行为。虽然宗教仪式多种多样,但是它们有一个共同点。许多宗教仪式要求有特殊的地点(山顶、洞穴和不寻常的建筑等)、物体(雕像、图案、珍贵或者外来的物品等）、运动（游行、朝圣等）以及服饰（非常正式，或衣冠不整），这些都增强了超越日常生活的感觉。包含奇异食物的宗教盛宴非常流行，同样流行的还有斋戒，目的是使人们进入全身心的静修状态。失眠、疼痛、反复唱诗、跳舞或者吃药都具有一样的效果，可以使真正圣洁的人进入恍惚状态，产生幻觉。

这些遗址包括：奇怪的地下房间、人形柱、没有下巴的头骨——虽然在对宗教的考察中，所有一切都是推测出来的，但是我认为它们是人类对新仙女木事件的宗教反应。整个世界都非常寒冷，植物濒临死亡，瞪羚正在消失。有什么比向上天、神灵以及祖先寻求帮助更顺理成章的呢？又有什么比选出特别的人和特别的地点来与神的世界进行交流更合适的呢？克尔梅兹代雷的那个神坛，看起来就像是一个扩音器，放大人们寻求帮助的声音。

公元前9600年新仙女木事件结束后，世界变得暖和，此时侧翼丘陵区与3 000年前的情形并不一样，虽然当时世界也是在经历了冰期后开始变得暖和。全球变暖也没有两次踏进同一个社会。在早期的温暖时期，诸如艾因-马拉哈地区的人们开心地享受着自然界的丰富资源，而公元前9600年后侧翼丘陵区的人们则将大量资源投入了宗教。公元前9600年之后建立的很多地方都有精心埋葬的人类和原牛的头骨，还有一些看起来像公共神坛的大型地下房间。在叙利亚的杰夫-阿玛地区（已沉睡于阿萨德湖底），法国考古学家在一个大的地下房间周围发现了十所多功能的房子。一张长凳上摆放着一个人头，在房间的中间，是一具无头骨架。这看起来就像是在进行活人献祭，令人胆寒。

最令人惊讶的要数哥贝克力石阵。它坐落在山顶上，可以俯瞰土耳其东南部。自1995年以来，德国和土耳其的挖掘者已经挖出了四个下沉房间，高约3米，宽约9米，可以追溯到公元前9000年或者更早。就像那些在克尔梅兹代雷发现的更小、更早的房间一样，每一个房间都被特意填埋了。房间里都有T形石柱，有的石柱甚至有两米多高，雕有动物纹饰。根据地磁测量，至少还有15个巨石遗迹埋在地下。这个遗址可能总共有200根石柱，其中许多都不止8吨重。考古学家还在一个矿场发现了一根重达50吨、高约6米的未完成的石柱。

早期的人类仅靠燧石工具完成了这些工程。虽然我们永远也不会知道为什么这个特别的山顶会如此神圣，但它看起来确实像一个宗教圣地。也许它是欢度节日的地方，几百个人在这里聚上几周，雕刻石柱，然后把石柱拉到房间立起来。不过，有一件事我们可以肯定：历史上从没有这么大规模的集体合作。

人类并不是被动地接受气候变化带来的影响。他们利用自己的聪明才智，希望在面对灾难时获得神灵和祖先的帮助。虽然我们中的大多数人怀疑这些神灵以及祖先的灵魂是否真的存在，但是宗教仪式可以成为社会黏合剂。毫无疑问，那些相信通过宗教仪式会获得神灵帮助的人会更加坚韧不拔，共克时艰。

到了公元前10000年，侧翼丘陵区的发展早已领先于世界上其他地区。大部分地区的大部分人仍然不停地在洞穴和野外之间变换着住处，就像2004年在中国龙王辿发现的遗迹那样，唯一能够证明他们活动的就是一些烧土遗迹。在这个遗址发现的一块破碎的页岩或许是一把简单的石铲，意味着驯化谷物的时期开始了，但是这里没有像阿布胡赖拉遗址那样饱满的黑麦种子，更不用说诸如穆赖拜特和克尔梅兹代雷那样的遗址了。美洲最广为人知的遗址要数一间装满了弯弯的小树苗的小屋，它是由一群细心的挖掘者在智利的蒙特沃德发现的。在印度，考古学家还没有更多发现，散落的石器是唯一可以证明有人类活动的证据。

一个与众不同的西方世界正在形成。

变化的天堂

到了公元前9600年，地球再一次变得暖和。这一次，侧翼丘陵区的人们已经知道如何最大限度地利用牧草了。他们马上（所谓的马上，是在当时看来）又开始了耕种。到了公元前9300年，约旦河谷地区种植的小麦和大麦的种子比那些野生的种子要大得多，人们也开始修剪无花果树，以提高产量。目前世界已知的最古老的谷仓就是在公元前9000年前后出现在约旦河谷的，是黏土建造的小屋，宽和高各约三米。在那个时候，驯化已经在侧翼丘陵区至少七个地区发展起来了，从现在的以色列到土耳其的东南部。到了公元前8500年，饱满的谷物种子在整个地区都已经很常见了。

以现代的标准来看，这个地区的变化发生得非常慢，但是在接下来的几千年里，侧翼丘陵区与世界上其他地方的差异越来越明显。这个地区的人们不知不觉中改变了植物的基因，创造了完全驯化的作物，没有人类的帮助，它们就无法自我繁殖。就像狗一样，这些植物需要我们，正如我们需要它们那样。

像动物一样，这些植物进化了，因为它们的DNA传到下一代时发生了随机突变。植物的突变偶尔会增加植物繁殖的概率。当环境也发生变化的时候，这种情况就变得相当普遍，就像永久性村庄的产生使得小型、温顺的狼比那些庞大、凶猛的狼更受欢迎，或者就像驯化使得饱满的种子比个头小的种子更具优势。我之前已经提到过，野生谷物的繁殖需要等它的种子成熟后落到地面，外壳破碎，然后种子才能生长。但是有一些植物（也就是一百万分之一或者两百万分之一的概率）的基因会发生随机突变，而这个基因加固了连接种子和植物的穗轴，也加固了保护种子的外壳。当这些种子成熟后，它们并不会落到地面，外壳也不会破碎。这些种子会等着觅食者来把它们拾起。但是每一年在觅食者到来之前，那些变异的植物就已经死亡了，因为它们的种子无法进入土壤，从而使这个突变成为不利的突变。如果人类摇晃这些植物，拾起掉落的种子，也会发生同样的情况。突变的种子不会掉落，它们会再一次死亡。

植物考古学家激烈地讨论到底发生了什么而改变了这种情况，但是这往往涉及人类的贪婪。女性（再一次，我们认为是女性）花了大量精力给最好的草地锄地、除草和浇水，她们想尽量多地从她们所种植的植物中获得食物。这意味着她们每一次到草地中去都要摇晃几次那些植物，然后她们肯定会意识到，无论她们摇得多么用力，一些固执的种子（那些穗轴坚硬的突变植物）就是不会掉落。所以人们很可能就会直接把这株令人讨厌的植物连根拔起带回家。毕竟，小麦和大麦的植株并不重，而且我很肯定，如果我遇到这种植物的话，我也会这么做。

如果那时女性从一堆种子中随意挑选一些种植，那么这些种子中就会既有突变的种子，也有正常的种子。事实上，突变的种子会更多一点，因为有一些正常的种子早就掉落了。因此每一年她们种植植物的时候，所种植的突变植物的数量就会略有增加。这是个缓慢的过程，当时的人们觉察不到这个过程，但是它产生了深刻的影响，就像垃圾对老鼠所产生的巨大影响一样。她们花费了几千年就完全改变了植物的基因，而再不是一两百万株植物里偶尔出现一株突变的。挖掘发现表明，直到公元前8500年前后，还没有出现完全驯化的小麦和大麦。但到了公元前8000年，我们在侧翼丘陵区发现的植物中有一半有着坚硬的穗轴。而到了公元前7500年，几乎所有的植物都有坚硬的穗轴了。

懒惰、贪婪和恐惧往往带来进步。人们发现，在园子里第一年种植谷物，第二年种植蛋白质丰富的豆类的话，土壤就会变得肥沃，同时也令自己的饮食更加丰富。在这个过程中，他们驯化了小扁豆和鹰嘴豆。人们把小麦和大麦在粗糙的磨石上捣碎，去除杂质，避免磨损牙齿。之后，他们发明了新的饮食方式——他们利用黏土烘制出防水的锅，用来煮食。如果我们可以将当时的女性与现代的农学家进行对比的话，正是她们做出了大部分或者说全部创新，同时，她们也知道了如何将亚麻织成衣服。动物的皮毛已经不受欢迎了。

当女性在种植植物的时候，男性（很可能是男性）开始养殖动物。到了公元前8000年，牧羊人在现在的伊朗西部成功养殖了山羊，山羊的基因后来得以进化，个头变得更大，性情变得更加温顺。公元前7000年前，牧人把原牛驯养成了今天温顺的奶牛，把野猪驯养成了家猪。在接下来的几千年里，他们渐渐知道，不应在动物幼兽时期就全杀了吃肉，而应留着一些来获取羊毛和牛奶，而最有用的是可以利用它们拉车★。以前，人们搬运东西只能用肩扛，自从给牛套上挽具之后，人就省力多了，因为牛的挽力是人类的三倍。到了公元前4000年，牛拉犁使得植物种植和动物驯养融合在一起。人们继续忙碌着，直到又过了约6 000年，人类才在工业革命中开始利用煤炭和蒸汽这些新能源。

　　侧翼丘陵区的早期农夫改变了人类的生活方式。我们在乘坐长途航班时，往往害怕旁边坐着一个哇哇大哭的婴儿，但是我们不妨想想早期的女性觅食者，她们每年都要背着孩子步行几千千米去采集植物。显然，她们并不想要太多的孩子。无论是有意还是无意，她们会母乳喂养孩子到三四岁，从而减少怀孕次数（产生母乳会阻止排卵）。冰期的觅食者很可能采用同样的方式，但是随着她们定居下来，她们开始不需要这么做了。事实上，生育更多的小孩成了一个优势，因为这会产生更多的劳动力。最近的骨骼研究表明，早期的农村女性通常待在同一个地方，储存好食物，生七八个小孩（其中可能有四个能存活到一岁，三个存活到生育年龄），而她的祖先只会生五六个小孩。人们种植的作物越多，能养活的孩子也就越多。当然，他们养的小孩越多，种植的作物也就越多。

　　于是人口激增。到了公元前8000年，一些村庄甚至有500个村民，是新仙女木事件前艾因-马拉哈等村庄的十倍。到公元前6500年，在现在土耳其的恰塔霍裕克，人口可能已经达到了3 000人。这些村

★ 这听起来轻而易举，但是给动物上轭，使得动物在拉车的时候不会勒死自己，同时还要使动物听从人们的控制是一件非常困难的事。

庄急剧膨胀,它们因此也就面临着潜在的问题。科学家通过显微镜对恰塔霍裕克的沉积物进行分析,发现人们把臭烘烘的垃圾和粪便倒在房子之间,堆积如山,然后这些垃圾和粪便被踩成了尘埃和烂泥。这些脏东西会吓退狩猎-采集者,但是显然对老鼠、苍蝇和跳蚤有利。我们可以从被踩成泥地的几小块粪便中看出,人们也在室内饲养动物。约旦加扎勒泉遗址发现的人类骨骸表明,到公元前7000年时,肺结核已经从牛群传染到人类。人们定居下来,种植更多的作物,增加了人口,但是这也意味着要养活更多的人,会产生更多的细菌,这些都增加了死亡率。每一个农村在刚形成时的几代往往会迅速发展,直到它们的出生率和死亡率达到平衡。

虽然很肮脏,但很显然,这就是人们想要的生活。狩猎-采集者群体有着广阔的地理活动范围,但是社会活动范围很狭窄:环境发生了变化,但人类没有改变。早期农夫的生活正好相反。你的一生可能都生活在自己出生的小村庄里——这个村庄到处都有神坛,有盛大的节日和宴会,有住在坚固房子里的爱说闲话的邻居,他们的房子抹上了石灰,屋顶还是防水的。在现在大多数人看来,这些小屋既拥挤,又烟雾缭绕,还散发出恶臭,但是它们是人类的一大进步,因为人类不用再居住在潮湿的山洞里,也不用在下雨时在树下缩成一团。

早期的农夫改变了环境,把它变成了同心圆——在圆的中心,是他们的家,然后往外依次是邻居、耕地和牧场。牧羊人在冬夏,把饲养的动物赶到这些牧场。在这些牧场之外是一个野生、不受约束的世界,有着可怕的动物和猎杀可怕怪物的野人。一些挖掘者发现了一些刻有几条线的石板,在一些考古学家看来,这些线条画的就是林间小道。在公元前9000年前后,杰夫-阿玛地区的村民和现在被阿萨德湖淹没的一些地区的人们似乎已经开始书写原始文字了,他们把蛇、鸟、农场动物和一些抽象的符号刻在石头上。

我们可以认为,侧翼丘陵区的人们通过将这些心理结构作用于他们的世界,也驯养了自己。他们甚至给"爱"赋予新的意义。夫妻之间的爱或者父母与子女之间的爱是很自然的，在人类身上延续了几百万年，但是农业给这些关系注入了新的力量。觅食者原先总是把自己的知识告诉他们的孩子，教他们如何找到成熟的植物、野生的动物以及安全的洞穴，但是农夫传给下一代的东西更具体。为了生活得更好，人们现在需要财产——房子、土地和牲畜，更不用说诸如水井、墙壁以及工具这样的东西。显然，第一批农夫是集体主义者，他们共同分享食物，甚至还一起煮食，但是到了公元前8000年，他们建起了面积更大、功能更多的房子，每一间房子都有专门的储藏室和厨房。他们还有可能把土地变成了私有田地。人们开始越来越倾向于建立小型的家族，家族成为几代人之间传递财产的最小单位。后人需要这种物质的继承，否则他们会变得非常贫穷。财产的传承成为关乎生死的重要事情。

　　有迹象表明当时人们已经产生祖先崇拜。我们可以追溯到公元前10000年，例如克尔梅兹代雷地区没有下颌的头骨，但是随着农业的发展，祖先崇拜不断升级。将几代死者埋在房子下面变得很常见，这种方式似乎能够充分表现出财产与后人之间的关系。有的人不仅仅将尸体埋在地下，他们会把腐烂之后的尸体挖出来，把头颅拿走，再把无头尸体重新下葬。他们利用石膏，在头颅上制作出面容，在眼眶里装上贝壳，再画出一些诸如头发这样的细节。

　　20世纪50年代，考古学领域由男性主导，而凯瑟琳·凯尼恩是一位了不起的女性考古学家。她在西岸的杰里科遗址进行挖掘时，率先发现了这个可怕的风俗。不过现在考古学家在很多地方都发现了抹上石膏的头颅。人们究竟对头颅做了什么，我们还不清楚，因为我们只发现了那些重新被埋起来的头颅。大多数头颅被放在了深洞里，不过在恰塔霍裕克，我们发现了一位埋葬于公元前7000年前后的女性，她将一个头颅抱在胸前，这个头颅曾不止三次被抹上石膏并涂成红色。

　　早期农夫与尸体如此亲密的接触会让我们中的大多数人感到不

适，但是显然，这对侧翼丘陵区的人们有着重大意义。大多数考古学家认为，这表明了祖先是最重要的超自然存在。祖先遗留下了财产，使活着的人不至于饿死，活着的人因此对他们表示敬意。祭祖仪式为财产的传递披上了神圣的光环，这就解释了为什么有的人比其他人拥有得更多。人们也有可能利用头颅来召唤祖先的灵魂，问他们的祖先何时开始耕种，去哪里捕猎，或者是否应袭击邻居。

整个侧翼丘陵区都出现了祖先崇拜。在恰塔霍裕克，几乎每家每户都有尸体埋在房子下面，抹上石膏的祖先头颅嵌进墙壁。在加扎勒泉遗址，考古学家发现了两座暗窖，窖里有真人大小的立像和胸像，是用涂上石膏的芦苇做成的。一些雕像有两个人头，大部分雕像都有大大的眼睛。最令人惊讶的是，在公元前8000年前后，土耳其东南部恰约尼地区的人们建起了被挖掘者称为"死亡之屋"的地方。在祭坛后面，藏着66个头颅和400具骷髅。化学家检测出，祭坛里的沉积物是人类和动物的血红蛋白结晶。黏土碗上有更多的人血，另外两个房子里也有沾满血污的祭坛，其中一个祭坛上还刻着人头。这相当令人难以置信。它听起来就像是一部惊悚电影——受害者被绑到祭坛上，挣扎着，祭司用锋利的燧石割开他们的脖子，然后把他们的头锯下，储藏起来，信徒喝着他们的鲜血……

或许不是这样。考古学家挖掘出来的东西并不能证实或者推翻这样的假想。不过，这些塑像以及"死亡之屋"似乎暗示出现了宗教专家，他们用某种方式令人们相信他们能够接近超自然力量。也许他们能够进入恍惚或痉挛状态，也许他们能够更好地描述幻觉。无论是出于什么原因，祭司可能是第一个享有制度化权威的人。这也许就是根深蒂固的等级制度的起源。

无论正确与否，等级制度在家庭内部发展得最快。我已经说过，在狩猎-采集社会，男性和女性各自扮演着不一样的角色。男性主要进行狩猎活动，而女性主要负责采集活动。不过现代研究表明，驯养进一步加剧了性别之间的分工，把女性限制在了家庭内部。高死亡率和高出生率使得大多数女性把大部分时间花在了怀孕以及照顾小孩上。农业的变化——很可能是女性带来的变化——更强化了这种现象。驯化的谷物比野生谷物需要更多的加工处理。因为女性可以一边照看婴儿,一边在家打谷、研磨和烘烤,所以这些就变成了女性的工作。

当出现土地辽阔而劳动力不足的情况时(如早期的耕种时期),人们往往开垦大片土地,但耕种得不精细,男性和女性共同锄地和拔草。如果出现人口增长,而农田面积却没有增加的情况(就像公元前8000年后的侧翼丘陵区那样),人们就会更努力地耕作,通过施肥、犁地和灌溉从每一块土地上获得更多食物。所有这些工作都需要上半身的力量。有很多女性跟男性一样强壮,但是随着农业的发展,越来越多的男性负责户外工作,女性则负责室内工作。成年男性在农田里耕作,男孩照料牲畜,成年女性和女孩做着比以前更加明确的室内工作。考古学家在阿布胡赖拉遗址发现了162具公元前7000年的骷髅,通过研究,考古学家发现了令人惊讶的性别差异。男性和女性的上脊椎骨都变大了,这很可能是因为他们头上经常顶着沉重的物体,但是只有女性的脚趾有关节炎,这是因为她们在研磨谷物的时候,长时间跪着,用脚趾发力。

除草、清理石块、施肥、浇水和犁地都能增加产量,并且继承一块精心照料的土地,而不仅仅是任意的一块土地,对一家人的财富来说有很大的差别。公元前9600年后宗教的发展方式表明人们开始在意祖先和继承,我们不妨认为正是从这个时候,他们开始把宗教仪式与其他制度结合起来。面对着这么多的危险,现代农夫想要确保将来继承自己财产的人是他们的亲生孩子。觅食者对性的随意态度转变为男性对女儿婚前贞洁和妻子婚外行为的诸多担忧。传统农业社会的男性一般在30岁左右结婚,也就是在他们继承财产之后,而女性一般在15岁左右结婚,以减少其外遇的机会。虽然我们不能确定这种模式是不是起源于农业早期,但是这很有可能。例如,公元前7500年之前，一个女孩往往是在父权下成长的，到青少年时期，她从父权手中被移交到夫权手中，她丈夫老得可以当她父亲了。婚姻可能会成为财富的来源，例如一个已经拥有大量土地和牲畜的人与另一个财产相当的人结婚时，就会巩固双方已有的财产。富有的人变得更加富有。

有值得继承的东西就意味着有值得被偷的东西。公元前9600年之后，侧翼丘陵区的防御工事和有组织的争斗的出现显然并非巧合。现代狩猎-采集者的生活充满暴力，由于没有真正的等级制度约束他们，年轻的狩猎者往往认为杀人是解决争端的最好办法。在很多集体中，这就是死亡的主要原因。为了能够住在一起，人们不得不学会处理人际暴力。那些能够处理这些暴力的人将发展得很好，并且能够利用暴力从其他部落夺取物品。

最引人注目的证据是在杰里科城墙遗址发现的。此处因《圣经》里的故事广为人知：约书亚率以色列大军围攻杰里科，鼓号齐鸣六天六夜，终于在第七天城墙倒塌，大军摧毁了杰里科。50年前，凯瑟琳·凯尼恩在这里挖掘的时候，她确实发现了城墙，但并不是约书亚摧毁的那堵墙。约书亚生活在公元前1200年前后，而凯瑟琳·凯尼恩所发现的防御工事比这还要早8 000年。凯瑟琳·凯尼恩认为，这些高约4米、厚约1.5米的墙是防御堡垒，可以追溯到公元前9300年。20世纪80年代的研究显示，凯瑟琳·凯尼恩可能犯了一个错误。她以为的"堡垒"实际上是由不同时期建造的几堵小墙组成的，当初修建这些墙也许是为了阻挡河流。不过，她的第二个伟大发现——一个约9米高的石塔很可能是防御工事。就当时最先进的武器而言——将一块磨尖了的石头绑在棍子的一端，这确实是一个强大的堡垒。

除了侧翼丘陵区，世界上没有哪一个地方的人们有这么多要保卫的东西。在公元前7000年，这个区域之外的所有人几乎都是觅食者，根据季节的变化转移地点，他们建立村落的地点，例如现在巴基斯坦的梅赫尔格尔和长江三角洲的上山，以杰里科的标准来说，根本算不了什么。如果地球上其他地方的狩猎-采集者能够被空运到恰约尼或者恰塔霍裕克，他们一定不会相信自己看到的一切。这里没有他们那样的洞穴或者小木屋，取而代之的是繁华的城镇，镇上有坚固的房子、大量的食品储备，以及让人惊叹的艺术和宗教纪念碑。他们会发现自己劳作苦，寿命短，而且体内有一群令人讨厌的微生物；他们会和那些富人以及穷人接触，对男性之于女性的权威以及父母之于孩子的权威感到恼怒或者高兴；他们甚至还可能发现，一些人能够在宗教仪式中杀死自己；他们也可能疑惑，为什么人类要让自己遭受这一切。

前进和繁殖

让我们从产生等级制度和繁重工作的史前侧翼丘陵区快速前进一万年到1967年的巴黎。

对于巴黎大学楠泰尔学院校园的中年男管理员来说（源自恰塔霍裕克地区的父权制），他们管理的女学生不能进入男生的宿舍（反之亦然）。对这些年轻人来说，他们显然不能理解这样的规定，但是300代人的时间以来，年轻人不得不遵守这样的规定。不过现在不再是这样了。随着冬季的来临，学生们对长者的权威发起挑战，希望决定自己的爱情生活。1968年1月，丹尼尔·科恩·本迪特（现在欧洲议会中一位受人尊敬的绿党成员，以前曾经是一个学生激进分子，被称为"红色丹尼"）发动了"五月风暴"，揭开了一连串学生运动的序幕。学生走上街道示威，与武装警察发生冲突。路障和焚烧的汽车使得巴黎瘫痪。法国总统戴高乐秘密会见了他的将军们，想寻求军队的支持去镇压学生运动。

现在让我们来看看密歇根大学年轻的人类学家马歇尔·萨林斯。萨林斯早年因写过一系列关于社会进化的精妙论文以及对越南战争的批判而闻名。现在他放弃了在安娜堡（他毫不留情地将安娜堡称为"一个只有小巷的小大学城"[4]，这有些刻薄但不失公正）学习的机会，转而来到人类学和学生激进主义的圣地——法兰西学院，在那里待了两年。随着危机的加深,萨林斯向《摩登时代》杂志投了一篇文章,这份杂志是法国知识分子的必读读物,后来这篇文章成为有史以来人类学方面最有影响力的文章之一。

学生中的激进分子在楠泰尔的墙上潦草地写着:"打开托儿所、大学以及其他牢笼的大门。由于教师和考试,我们的竞争从六岁就开始了。"[5]萨林斯的文章为学生提供了某些东西:不是答案——无政府主义者很可能并不想要答案("做一个现实主义者,要求不可能的事"是他们的口号之一),但至少是某种鼓励。萨林斯认为,关键的问题是,资本主义社会"为不可实现的事物——无限的需求建立了圣地"。我们遵从资本主义的准则,努力赚钱,所以我们能够通过购买那些我们并不需要的东西来满足我们无限的需求。萨林斯建议,我们可以向狩猎-采集者学习。他解释道:"世界上最原始的人类,几乎没有任何财产,但是他们并不贫穷。"[6]这听起来就像一个悖论:萨林斯认为狩猎-采集者一般一周只工作21~35个小时——比巴黎工厂的劳动者,甚至可能比学生的工作时间还短。狩猎-采集者没有汽车,也没有电视,但是他们不知道自己应该渴求这些东西。他们的收入很少,但是他们的需求更少,萨林斯认为,正是因为这样,他们生活在"原始富足的社会"。

萨林斯提到了关键的一点,他问道:如果得到的报酬是工作、不公平和战争的话,为什么农耕会取代觅食?但农耕确确实实取代了觅食。到了公元前7000年,农业完全统治了侧翼丘陵区。公元前8500年之前,驯化后的谷物就已经传到塞浦路斯,到公元前8000年,就传到了土耳其中部。到了公元前7000年,完全驯化的植物就已经传到了以上所有地区,并向东传到了巴基斯坦(或者有可能是巴基斯坦自己发展起来的)。它们在公元前6000年到达了希腊、伊拉克南部和亚洲中部,在公元前5500年到达埃及和欧洲中部,在公元前4500年到达大西洋沿岸(图2.4)。

几十年来,考古学家一直对事情发生的原因争论不休,但始终没

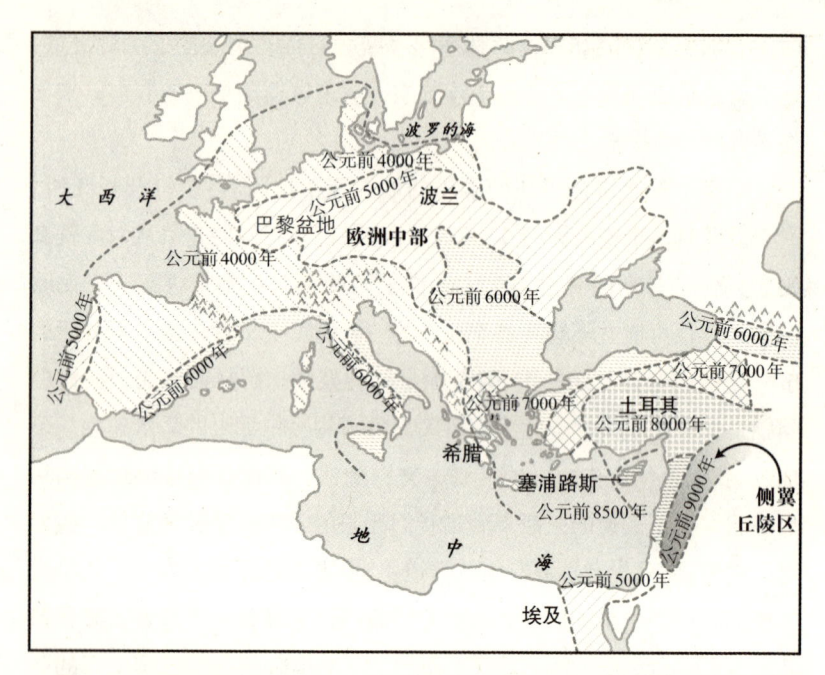

图2.4 前进和繁殖的版本之一：人工种植的植物从侧翼丘陵区向西传播到大西洋（公元前9000—前4000年）

有达成一致意见。例如，在一篇权威评论的末尾，剑桥大学的格雷姆·巴克给出了他所能给出的最好结论，农夫"用不同的方式，以不同的速度，出于不同的理由代替了觅食者，但是他们所面对的挑战是相似的"[7]。

虽然整个过程杂乱无章——这个过程经历了几千年，穿过了几个大陆，怎能不混乱？但是如果我们记得这是关于地球在能量链上的运动，那么我们就能明白其中很大一部分。轨道的变化意味着地球能获得更多太阳能，光合作用将大部分太阳能转化成了化学能（生长了更多植物），新陈代谢将一部分化学能转化成了动能（更多动物），农业使得人类能够从动植物中获取更多的能量来满足自己的需求。虽然害虫、捕食者和寄生生物吸收了其中一部分能量，但还是有很多剩余的能量。

像植物和其他动物那样，人类主要通过有性繁殖来释放多余的能量。高出生率意味着新的村庄可以迅速发展，直到每一寸可利用的土地都被耕种，然后出现疾病和饥饿，导致死亡人数与新出生人口相当。能量捕获和能量消耗达到了大致的平衡。一些村庄就这样稳定下来，总是在崩溃的边缘徘徊着；而在另一些村庄，则有一些大胆的人决定重新开始。他们也许会走上一个小时到同一个山谷或平原上的一块空地（也许不太理想），或者长途跋涉几百千米寻找他们听说过的绿色牧场。他们甚至还可能漂洋过海。毫无疑问，很多冒险家都失败了，衣衫褴褛、饥肠辘辘的幸存者灰溜溜地回来了。不过，有一些人成功了。人口数量急剧增长，直到死亡率赶上了出生率，或殖民地又分离出自己的殖民地。

当大多数农夫扩张到新的领土时，他们发现觅食者已经生活在那里了。这让我们很容易想到美国西部电影中的场景：抢掠牛群、剥头皮、枪战（实际上双方用的是弓箭）。不过现实可能没这么戏剧化。考古学家研究发现，每一个地区的首批农夫往往定居在与当地觅食者不同的区域。这一点我们几乎可以肯定，因为最好的农田和最好的觅食地很少重叠。至少在初期，农夫和觅食者可能互相忽视。

当然，最后觅食生活消失了。今天，你在托斯卡纳或者东京郊区已经看不到狩猎者或者采集者在修剪整齐的地方游荡了。农业人口迅速增长，仅仅几个世纪就占领了最好的土地，直到他们没有其他选择，只好入侵（在他们眼里的）觅食者生活的边缘地区。

关于接下来发生了什么，主要有两个理论。第一个理论认为，农夫从根本上摧毁了原始富足的社会。疾病是其中一个原因，老鼠、牲畜以及永久性村庄毫无疑问使得农夫没有狩猎-采集者那样健康。不过，我们不能将这种传染病与1492年之后夺取几百万美洲原住民性命的传染病相比。农夫与觅食者只是隔着几千米的森林，而不是不可穿越的海洋，因此他们之间疾病的差异并不是非常大。

但是，即使没有大规模的屠杀，人口数量还是起着决定性作用。

如果觅食者决定和农夫打一仗，就像很多现代殖民地边境所发生的事那样，他们有可能摧毁奇怪的农业村庄，不过，会有更多的农夫前来，攻破他们的防线。另外，觅食者可以选择逃跑，但是无论他们撤退多远，新的一批农夫最后还是会出现，农夫会砍掉更多的树，到处传播细菌，直到觅食者退至农夫根本无法使用的土地，就像西伯利亚和撒哈拉沙漠的情况那样。

第二个理论认为，以上这些情况都没有发生，因为在图2.4所示的大部分区域出现的首批农夫并不是来自侧翼丘陵区的移民的后代。他们是定居下来的当地狩猎-采集者，最后自己成了农夫。萨林斯的观点使得农业与原始富足的社会相比毫无吸引力，但是觅食者很可能并没有面临两种生活方式的选择。一个离开耕地开始游走的农夫不会一脚踏入与自己泾渭分明的觅食者的领域。相反，他会首先进入一个耕作精细度稍低的村庄（也许只是锄地，没有犁地和施肥），然后进入耕作精细度更低的村庄（可能烧毁森林，种植植物，直到再次长出野草），之后他继续迁移，最后，他会进入那些完全依赖于狩猎-采集的社会。思想、人口和细菌在这个广阔的接触带不停地来回流动。

当觅食者意识到他们的邻居以劳动更为密集的生存方式破坏、驱赶他们赖以生存的野生植物和动物时，他们没有对农夫发动进攻或者逃跑，而是加入了这个群体，加强了自己的耕作。人们并没有用农业完全取代采集业，而是决定少花一点时间进行采集，多花一点时间种植。之后，他们可能要决定是否要除草、犁地和施肥，不过如前所述，这只是从原始富足社会迈向繁重劳作和慢性疾病的一小步，而不是一次一劳永逸的飞跃。整体说来，在经历了几百年，跨越了几千千米后，那些向农业靠近的觅食者人口数量增多了，而那些固守自己传统方式的人减少了。在这个过程中，农业的"边界"扩展了。没有人选择等级制度和更长的工作时间，女性也不喜欢患有关节炎的脚趾，这些事悄悄地降临到他们身上。

无论考古学家挖掘出多少石器、焚烧过的种子或者地基，他们都无法证明其中任何一个理论。不过遗传学再一次提供了（部分）帮助。20世纪70年代，斯坦福大学的路易吉·卡瓦利-斯福扎对欧洲血型和核DNA进行了一项大规模的研究。他的团队发现从东南部到西北部，基因频率的变化相当一致（图2.5）。他们指出，这一考古发现证实了图2.4所展示的农业传播方式。他们得出结论：西亚移民把农业带到欧洲后，他们的后代大规模地替代了原始觅食者，把剩余的觅食者逼退到遥远的北部和西部。

考古学家科林·伦福儒认为语言学也支持卡瓦利-斯福扎的观点。他认为，第一批农夫不仅用西南亚的基因替代了欧洲的基因，还用侧翼丘陵区的印欧语系代替了欧洲的本土语言，只留下了诸如巴斯克语这样的孤立的古老语言。农业社会对原始富足社会的取代在欧洲人的

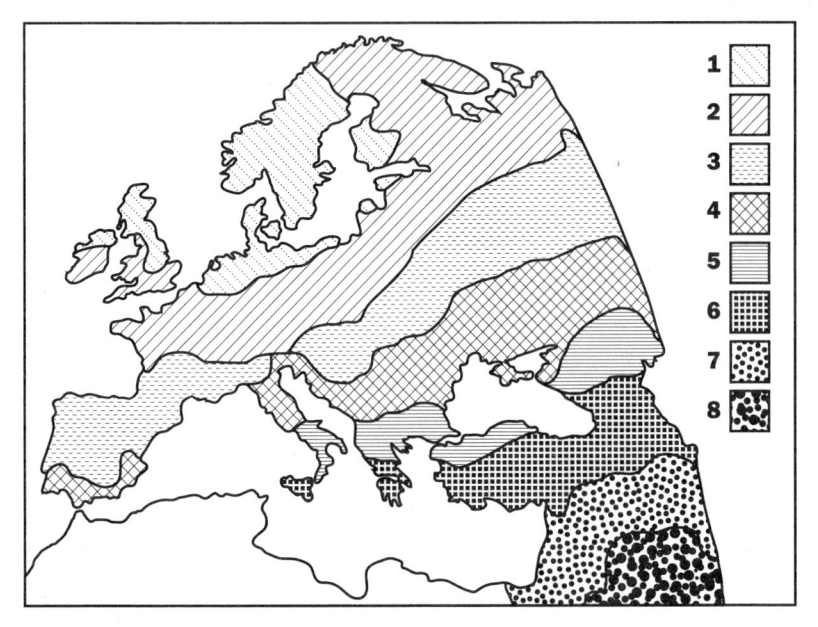

图2.5 基因研究：路易吉·卡瓦利-斯福扎对欧洲基因组成的解释主要基于大规模的核DNA样本。他认为这张地图显示了现代人口与假定中的来自侧翼丘陵区的迁移人口在基因方面的相似性，其中数字1表示一致的程度最低，数字8表示完全一致，从而说明是来自侧翼丘陵区的移民的后代将农业传播到欧洲的。但是很多考古学家和遗传学家并不同意他的观点

血液和语言中体现了出来。

起先,这些新的证据只是引起学者们更多的争论。语言学家马上就挑战了伦福儒的观点,认为如果欧洲语言真的是在六七千年前从同一个祖语中分离出来的话,那么它们之间的差异就会更大。1996年,布莱恩·赛克斯带领的牛津团队在遗传学方面挑战了卡瓦利-斯福扎的观点。赛克斯研究的是线粒体DNA而不是核DNA。他发现,传播路线不但并不像图2.5所展示的那样自东南向西北传播,而且由于这个传播路径太混乱,无法轻易地在地图上表现出来。赛克斯发现了6组基因宗谱,只有其中1组能够与西亚农业移民相联系。赛克斯认为,其他5组的历史更加久远,可以追溯到5万~2.5万年前。他总结道,所有这些都表明了欧洲第一批农夫主要来自那些决定定居下来的原始觅食者,而不是来自侧翼丘陵区的移民后代。

卡瓦利-斯福扎和赛克斯的团队在1997年《美国人类遗传学》期刊上展开了激烈的争论,但后来,他们的观点开始慢慢融合。卡瓦利-斯福扎现在认为西亚农业移民占了欧洲人DNA中的26%~28%,赛克斯则认为约20%。要说每五个欧洲人中,有三四个欧洲人是原始觅食者的后代,一个是西南亚移民的后代,虽然过于简单,但也没有太大的错误。

命中注定

无论是卡瓦利-斯福扎、伦福儒,还是赛克斯,抑或是他们的相互融合都无法令楠泰尔的学生高兴,因为这些理论都认为农业的胜利在所难免。遗传学和考古学认为,竞争与考试或者教师无关,因为竞争一直伴随着我们。这意味着不管如何,事情大体上都会像现在这样发展。

但是,这是真的吗?毕竟,人类有自由意志。懒惰、贪婪和恐惧或许是历史发展的动力,但我们每一个人都要在其中做出选择。如果欧洲第一批农夫中至少有3/4是原始觅食者的后代，那么显然，如果有足够多的史前欧洲人抵制耕种的话，他们就不会选择耕种。那么，为什么这种情况没有发生呢？

有时候事情就是这样的。在公元前5200年前的几百年前，农业发展的浪潮从现在的波兰席卷至巴黎盆地，之后戛然而止（图2.4）。在之后的1 000年里，几乎没有农夫进入他们与波罗的海之间的八九十千米的土地，波罗的海地区的觅食者也很少有人从事更加精细的耕作。在这里，觅食者保留了自己的生活方式。沿着农业/觅食的断层线，我们发现了大量设防定居点和年轻男子的骨骸，他们头骨正面和左侧留下了钝器打击的致命伤，如果他们是与右手持石斧的敌人面对面搏斗的话，就会出现这种情形。一些乱葬坑甚至可能是大屠杀的恐怖遗迹。

我们永远也不会知道7 000年前，在欧洲北部平原的边缘发生了怎样英勇和野蛮的行为，但是地理和经济对确定农业/觅食边界的作用与文化和暴力的作用一样大。波罗的海的觅食者生活在一个寒冷的伊甸园，这里丰富的海洋资源常年供养着村庄里密集的人口。考古学家已经挖掘出大量贝壳，这些东西是盛宴上的剩菜，在村庄的周围堆积如山。显然，丰富的自然资源使得觅食者能够自给自足：有足够多的觅食者可以对抗农夫，但只够养活自己，其中一部分人不得不转向农业生产。同时，农夫发现，那些原先在侧翼丘陵区驯化的动植物在这个遥远的北部生长得并没有那么好。

我们不知道为什么在公元前4200年之后，农业会最终移至北部。一些考古学家强调是推力的作用，认为农夫的数量已经增加到一定程度，所以他们压制了所有反对的声音；另一些人强调是拉力的作用，认为狩猎-采集社会自身的危机使得北部受到侵略。但是无论结局怎样，波罗的海的这个特例表明，一旦侧翼丘陵区出现了农业，原始富足的社会将无法存续。

我这么说并不是在否定自由意志的存在。那很愚蠢，但有很多人会受到诱惑而否定自由意志的存在。例如，伟大的列夫·托尔斯泰在他的小说《战争与和平》的结尾就用奇怪的附录否认历史上的自由意志——说它奇怪，是因为这本书描写了各种痛苦的决定（和优柔寡断）、思想的突然转变和很多带来严重后果的愚蠢错误。托尔斯泰认为，尽管如此，"历史上的自由意志只是一种表达，这种表达暗示着我们并不知道人类历史的规律"。他继续说道：

> 历史承认人的自由意志是一种能影响历史事件的力量……这正如天文学承认天体是受一种自由力推动那样……如果有一个自由运行的天体，那么开普勒定律和牛顿定律就不存在了，任何天体运动的观念也就不再存在，如果存在着一种人的自由行为，那么就不存在任何历史规律，不存在任何历史事件的观念。[8]

这是一派胡言，高级的一派胡言，但再高级也是一派胡言。在任何一天，任何一个史前的觅食者都可以决定不进行精细生产，任何一个农夫也可以从自己的土地或者磨石边走开，去收集坚果或者捕杀野鹿。显然，有些人这么做了，于是对他们自己的生活产生了巨大的影响。但是长远来看，这并不重要，因为对资源的竞争意味着那些继续耕作或者更加辛勤耕作的人能够获得更多资源。农夫们生育更多小孩，饲养更多牲畜，开垦更多田地，对觅食者越发不利。就像公元前5200年波罗的海的情形那样，农业的扩张在某个时候放慢了脚步。但是这种情况并不能一直持续下去。

毫无疑问，农业也会受到当地条件的限制（例如，在公元前6500—前6000年，过度放牧使得约旦河谷变成了一片沙漠），但是除了像新仙女木事件这样的气候灾害，世界上的所有自由意志都无法阻止农业生活方式向所有适宜的地方扩展。当智人与温暖、潮湿和稳定的气候以及能够被驯化的动植物联系起来，农业的发展就变得不可避免。

到了公元前7000年，欧亚大陆西端那些充满活力的、开放的农业社会与地球上的其他任何一个地方都不一样。这时，我们可以将"西方"与其他地方区分开来。但是，西方与其他地方之间的差异并不是永久性的。在接下来的几千年里，在幸运纬度带上，大约有六个地区的人们开始独立发展农业（图2.6）。

在侧翼丘陵区之外，农业发展最早也最明显的地方就是中国。公元前8000—前7500年，长江流域的人们就开始种植水稻；公元前6500年，华北地区的人们开始种植粟；粟和稻分别在公元前5500年和公元前4500年完全驯化；野猪也在公元前6000—前5500年被驯化。最近的研究发现，耕种在美洲几乎同时开始。公元前8200年，秘鲁北部的南充克流域已经开始驯化南瓜，公元前7500—前6000年，墨西哥的瓦哈卡流域也开始种植南瓜。公元前6500年时，南充克流域已经出现了花生。虽然瓦哈卡地区野生的大刍草转变为驯化的玉米的考古证据只能追溯至公元前5300年，不过遗传学家怀疑这个过程实际开始得更早，在公元前7000年前后。

显然，中国和美洲的驯化与侧翼丘陵区没有关系，不过发生在巴基斯坦的印度河流域的情况就没有那么明朗了。公元前7000年前后，驯化的大麦、小麦、绵羊和山羊突然在梅赫尔格尔出现了，很多考古学家认为是来自侧翼丘陵区的移民把它们带到那里的。小麦的出现尤其具有说服力，因为目前为止还没有人能够证明当地野生小麦可能是从梅赫尔格尔附近区域进化而来的。植物学家还没有对这个地区进行彻底的研究（甚至在这些荒凉的部落领地上四处打探的巴基斯坦军队也并不十分了解），所以这里可能会给我们带来惊喜。虽然现有的证据表明印度河流域的农业确实是由侧翼丘陵区发展而来的，但是我们要看到，这个地区的农业以自己的方式迅速发展着：在公元前5500年，人们驯化了当地的瘤牛；公元前2500年出现了一个先进、有文化的城市社会。

公元前7000年前后，撒哈拉沙漠的东部比现在要潮湿得多，每

113

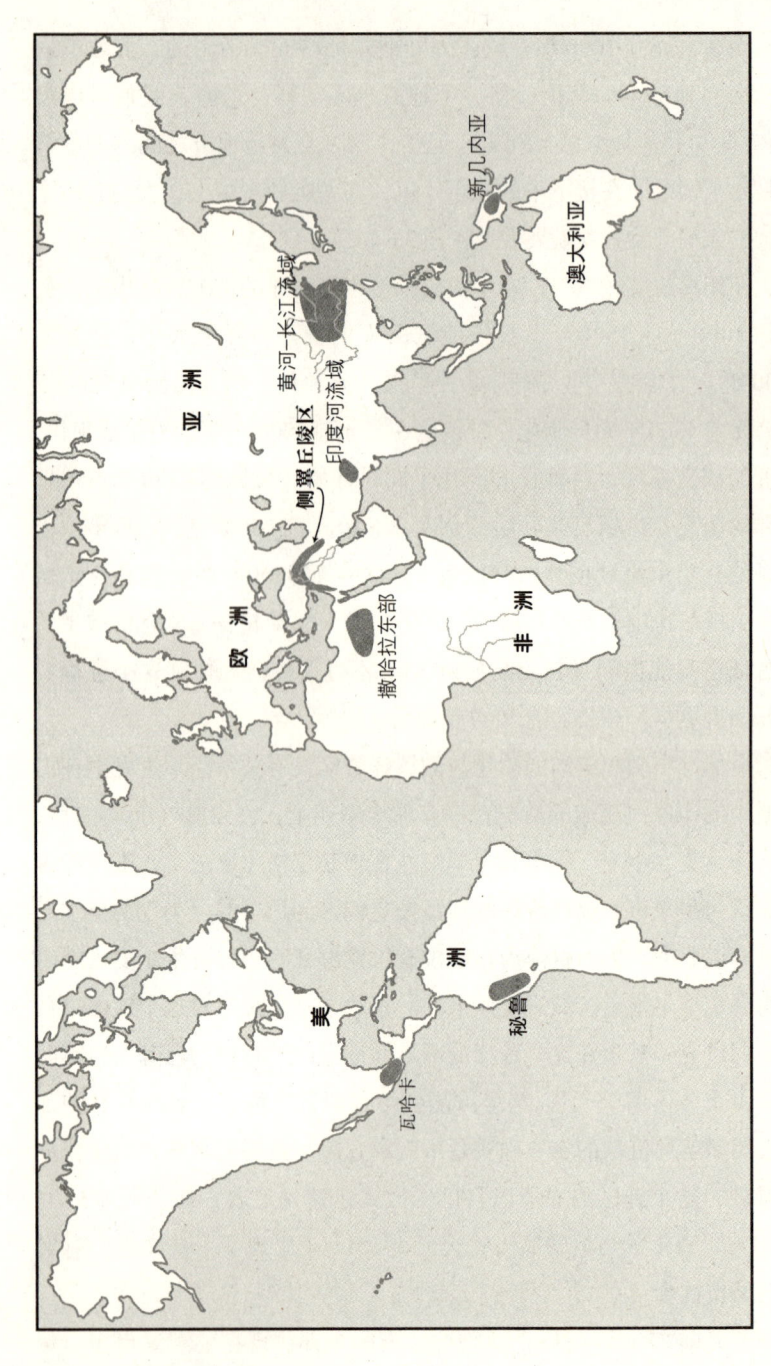

图 2.6 希望之地：公元前 11000—前 5000 年，世界上有 7 个地区的人们开始独立种植植物或者驯养动物

年夏季都有大量的季风雨注入湖中，即便如此，它还是不适宜居住。在这里，逆境显然是"发明之母"：牛和羊不能在野外生存，但是如果觅食者将它们从一个湖赶到另一个湖，就能使这些动物生存下来。公元前7000—前5000年，觅食者把自己变成了牧民，把野生牛羊变成了体型更大、性情更加温顺的动物。

到了公元前5000年，在两个高原地带也出现了农业，其中一处在秘鲁，人们在这里放牧美洲驼/羊驼，采集变异的藜麦种子；另一处是新几内亚岛。考古学家在新几内亚岛的发现和在印度河流域的发现一样有争议，但是现在我们可以肯定，公元前5000年时，高地的人们放火烧毁森林，抽干沼泽，驯化香蕉和芋头。

这些地区的发展历史大不相同，但就像侧翼丘陵区一样，每一个都是独特的经济、社会以及文化传统的起点，这些传统流传至今。在这里，我们终于可以回答那个从第一章起就一直困扰我们的问题了，那就是如何定义西方。历史学家诺曼·戴维斯对各种"弹性地理"的西方定义做出了批判。他认为，这些定义"只是为了扩大其提出者的利益"。戴维斯不分精华糟粕全盘否定，并且拒绝谈论什么是西方。多亏了考古学家提供的时间深度，我们现在能够分析得更好。

现代社会的伟大文明都要追溯到冰期末期驯化的开始。我们没有必要因为戴维斯描述的知识分子之争而不把"西方"作为分析范畴：它只是一个地理术语，指的是那些由欧亚大陆最西部的核心驯化地区（位于侧翼丘陵区）发展而来的社会。公元前11000年之前把"西方"作为一个与众不同的地区来讨论毫无意义，当时的耕作刚刚开始让侧翼丘陵区变得不同。只有在公元前8000年之后，"西方"这个概念才变成一个重要的分析工具，但是其他农业核心也开始出现。到了公元前4500年，西方扩张，囊括了欧洲大部分的地区，并且在过去的500年里，殖民者把美洲、澳大利亚、新西兰以及西伯利亚都纳入了"西方"。因此，把"东方"定义为那些在公元前7500年由中国最东部的核心驯化地区发展而来的社会再自然不过了。我们同样也可以谈论具有可比性的美洲、南亚、新几内亚和非洲的传统。我们问为什么西方主宰世界，实际上是问为什么是从侧翼丘陵区农业核心发展而来的社会，而不是从中国、墨西哥、印度河流域、撒哈拉东部、秘鲁或者新几内亚的农业核心发展而来的社会主宰我们的地球。

我的脑海中马上就浮现出长时段注定论：侧翼丘陵区的人们，即第一批西方人比世界上其他地方的人早几千年开始发展农业，是因为他们更加聪明。当他们横跨欧洲时，他们把自己的聪明才智通过基因和语言四处传播。公元1500年之后，欧洲人在殖民化其他地区时又将自己的智慧传播至全球。这就是西方得以主宰世界的原因。

就像我们在第一章讨论的种族论那样，这个解释毫无疑问也是错误的。至于原因，进化学家和地理学家贾雷德·戴蒙德已经在他的经典著作《枪炮、病菌与钢铁》中做出了有力的解释。戴蒙德认为，自然是不公平的。侧翼丘陵区比世界上的其他地方早几千年出现农业，不是因为那里的人们特别聪明，而是地理因素使然。

戴蒙德认为，虽然现在地球上约有20万种植物，但是只有约2 000种是可以食用的，其中只有约200种可以驯化。事实上，我们今天消耗的热量中超过一半来自谷物，其中最重要的谷物包括小麦、玉米、稻、大麦和高粱。这些从野生状态进化而来的谷物并不是在全球范围内均匀分布的。在56种最大、最有营养的种子中，有32种生长在西南亚和地中海盆地，而东亚只有6种，中美洲有5种，撒哈拉以南非洲有4种，北美洲也是4种，澳大利亚和南美洲各有2种，西欧有1种。如果人们（就整体而言）是完全一样的，并且世界上的所有觅食者都一样懒惰、贪婪和恐惧，那么侧翼丘陵区的人们比其他人更早开始驯化动植物是因为他们有更多好的原材料。

侧翼丘陵区还具有其他优势。野生小麦和大麦只需要一个基因突变就能被驯化，但是将大刍草变成玉米却需要几十个基因突变。公元前14000年前后进入北美洲的人不比其他地方的人更懒惰、更愚蠢，他们种植大刍草而不是小麦，这也没有什么错。在美洲，没有野生的小麦。移民也不能将驯化作物从东方带到美洲,因为只有美洲和亚洲之间出现陆桥的时候,他们才能进入美洲。公元前12000年前后,当上升的海平面还没有淹没陆桥时,他们还没有驯化作物可以携带。当出现驯化的粮食作物★时,陆桥已经被淹没了。

在驯化动物方面,机遇再次青睐了侧翼丘陵区。世界上有148种大型哺乳动物(重量超过45千克),直到1900年只有14种被驯养,其中有7种原产于西南亚。世界上5种最重要的驯养动物(绵羊、山羊、牛、猪和马)中,除了马,都源自侧翼丘陵区。在14种被驯养的动物中,东亚有5种,而南美洲只有1种,北美洲、澳大利亚和撒哈拉以南非洲一种也没有。当然,非洲有许多大型动物,但是在驯养诸如狮子和长颈鹿这样的物种时,显然具有极大的挑战性——狮子会吃掉你,而长颈鹿跑得比狮子还快。

但是,我们不应该认为侧翼丘陵区的人们首先发展了农业是因为他们在种族上或者文化上更加优越。是因为他们生活的环境比其他地方有更多适合驯化的动植物,所以,他们率先发展了农业。中国的野生动植物的资源虽然比不上侧翼丘陵区,但条件也比较优越。大概2 000年之后,中国也开始驯化动植物。又过了500年才出现了撒哈拉沙漠的牧民,当时他们只有绵羊和牛群,因为沙漠里无法种植作物,这些牧民没有变成农夫。新几内亚高地的人面临着相反的问题,那里作物种类有限,也没有适合驯养的大型动物。他们需要再过2 000年才能发展为农夫,并且永远也不会成为牧民。与侧翼丘陵区、中国、印度河流域、瓦哈卡和秘鲁不同,撒哈拉和新几内亚的农业核心没有发展出自己的城市和文明——不是因为他们不够优越,而是因为他们缺乏自然资源。

与非洲和新几内亚地区的人们相比,美洲原住民更有可为,但比

★ 与非粮食作物相反——2005年的一份DNA研究发现,美洲的第一批殖民者从亚洲带来了葫芦,他们将此作为容器。

不上侧翼丘陵区和中国的人们。瓦哈卡和安第斯山地区的人行动迅速，在新仙女木事件结束后的2 500年里就种植起了植物（不过没有驯化动物）。火鸡和美洲驼是除狗之外，他们可以驯化的两种动物，而这还要再过几个世纪。

澳大利亚的资源最有限。最近的挖掘表明，澳大利亚人尝试过鳗鱼养殖。如果再给他们几千年时间的话，他们或许也能建立驯化的生活方式。然而，在18世纪，欧洲侵略者征服了他们，带来了小麦和绵羊，这是侧翼丘陵区农业革命的成果。

就目前我们所说的，不管哪里的人似乎确实都一样。全球变暖为每个人提供了新的选择，包括劳动量更少、劳动量不变但吃得更多，或者生更多小孩，即使这意味着要更辛勤地劳动。新的气候状况也使人们能选择在更加庞大的群体生活，不用那么频繁地四处迁移。在世界的每一个角落，那些定居、生育更多小孩和更加辛勤劳动的人淘汰那些做出不同选择的人。自然因素使得西方首先开始了这个过程。

伊甸园之东

也许宣扬长时段注定论的人会同意以上观点，也许各地的人们都差不多，也许地理因素确实对西方更加有利。但是，历史不仅仅是天气和种子的大小。显然，人们在劳动得更少、吃得更多和供养更多的人口之间做出的选择也很重要。故事的结局往往在一开始就决定了，也许今天西方得以主宰世界是因为一万年前在侧翼丘陵区建立的文化和后来发展起来的西方社会比世界上其他核心地区的文化都更有潜力。

接下来，让我们看一下在西方之外记载最为详细、历史最为悠久，并且（在我们现在的时代）最为强大的文明，它起源于中国。我们需要找出中国最早期的农业文化和西方的农业文化有多大的差别，以及这些差别是否导致了东西方不同的发展方向，从而揭示为什么西方社会得以主宰全球。

直到最近，考古学家对中国早期的农业还是知之甚少。很多学者甚至认为水稻——当今中国饮食的代表——起源于泰国，而不是中国。1984年在长江流域发现的野生水稻表明人们曾在这里种植过水稻，但是依然没有直接的考古证据。问题是，面包师烤面包时，总会留下一些烧焦了的小麦或者大麦的种子，从而被考古学家发现，但是煮饭很少会出现这种情况。因此，对考古学家来说，要恢复古代水稻更加困难。

不过，考古学家们不久就攻克了这个难题。1988年，挖掘者在长江流域的彭头山（图2.7）发现，公元前7000年前后，制陶工人开始将米糠和稻梗加入陶土中，防止陶壶在窑中破裂。研究后找到了确凿证据，表明当时的人们已经开始种植这些作物了。

不过，真正的突破始于1995年，当时北京大学的严文明教授和美国考古学家马尼士合作（马尼士是世界一流的实地考察者，他于20

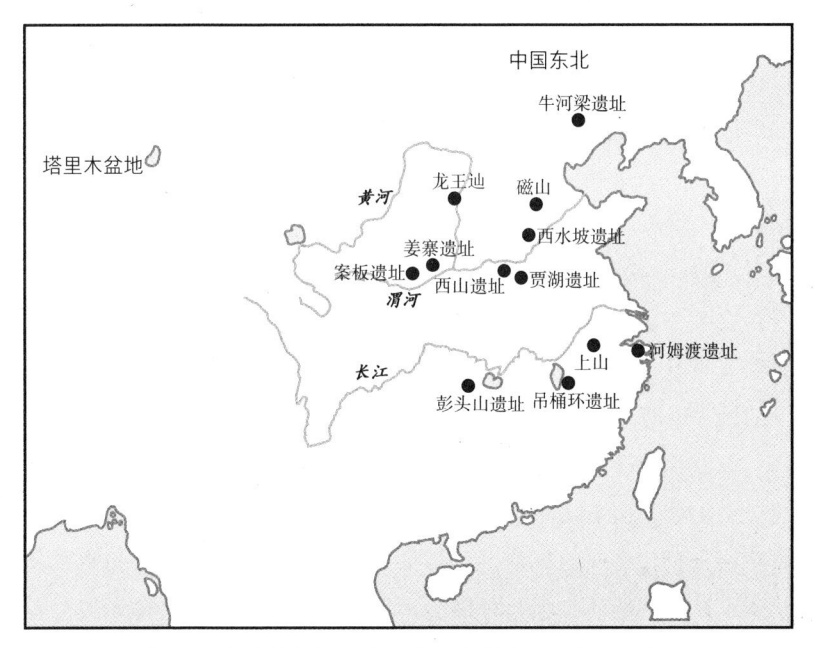

图2.7　东方的起源：本章提到的现在中国的一些地点

世纪40年代在墨西哥开始挖掘的时候,在探沟里待了5 683天,令人惊叹——几乎是我的10倍。2001年,当他在伯利兹实地考察的时候,发生事故身亡,享年82岁。当时他还穿着考古靴。据说,在去医院的途中,他一直和救护车司机讨论考古学)。马尼士不仅给中国同行带来了他几十年来研究早期农业的专业技术,同时还带来了生物考古学家黛博拉·皮尔索尔。这位考古学家带来了新的科学技术。尽管在考古沉积物中我们很难找到水稻的踪迹,但是所有植物都从地下水中吸收少量的硅。一些植物细胞中富含硅质,当植物腐烂的时候,就会在土壤中留下植硅体。对植硅体的研究不仅能让我们了解当时的水稻是否用于食用,还能揭示水稻是不是驯化的。

严文明和马尼士在靠近长江流域的吊桶环遗址挖了近五米深的探沟。皮尔索尔通过研究植硅体发现,公元前12000年时,人们就已经将野生稻连根拔起,带回洞中。就像侧翼丘陵区一样,随着全球变暖,这里的小麦、大麦和黑麦迅速生长——这对狩猎-采集者来说,是一个黄金时期。虽然植硅体无法表明稻向人工种植发展的过程与黑麦在阿布胡赖拉遗址发展的过程一样,但是新仙女木事件对长江流域的破坏和对西方的破坏一样大。公元前10500年,野生稻在吊桶环几乎完全消失,直到公元前9600年之后气候变暖,才再一次出现。那个时候,粗陶炊器碎片(可能来自煮谷物的容器)已经很常见了,比侧翼丘陵区的第一批陶器早了2 500年。公元前8000年前后,植硅体变得更大,表明人们开始种植野生稻。到了公元前7500年,野生谷物和人工种植植物在吊桶环一样常见。到了公元前6500年,完全野生的稻已经消失。

自2001年开始在长江三角洲进行的一系列挖掘证实了这条时间线。到了公元前7000年,黄河流域的人们已经开始种植粟米。在位于黄河和长江之间的贾湖,人们在公元前7000年就已经种植水稻和粟米了,也可能已经驯养野猪了。公元前6000年前后,磁山的一场大火烧焦了储存在80个窖中的110多吨重的粟米种子。在一些窖的底部，粟米下面埋着狗和猪的完整骨架（很有可能用于祭祀），这是有关中国驯化动物的最早记录。

就像在西方一样，东方的驯化涉及许多世纪以来对一系列农作物、动物和技术的无数微小改造。长江流域的河姆渡的高地下水位让考古学家们惊喜不已，这里保留着大量被水浸过的大米、木制品和竹制品，全都可以追溯到公元前5000年。到了公元前4000年，水稻已经完全被驯化，像西方的小麦和大麦一样，等着人类来收割。河姆渡人还驯化了水牛，用它们的肩胛骨当铲子。在中国北部的渭河流域，考古学家发现，在公元前5000年之后，稳步从狩猎转向成熟农业。这在人们使用的工具中表现得最为明显：随着人们从开垦森林土地变为在农田上耕种，工具也从斧头变成了石铲和锄头，并且由于农夫翻地翻得越来越深，铲子也变得越来越大。在长江流域（其堤岸因洪水而升高），可辨别的稻田可以追溯到公元前5700年。

早期的中国村庄，像在公元前7000年前后的贾湖地区，看起来和侧翼丘陵区首次出现的村庄非常相像，都是又小又圆的半地穴小屋，小屋之间有磨石和墓葬。有50~100人居住在贾湖，其中一间小屋比其他小屋略大。但是研究发现，当时财富和性别差异不明显，煮食和储存都是公有的。这种情况在公元前5000年发生了改变，当时一些村庄有150个村民，并且有沟渠保护。在这个时期文献记载最丰富的遗址姜寨，小屋面向广场，广场上有两大堆灰烬，这些灰烬很有可能是宗教仪式遗留下来的。

姜寨的祭祀（若是）与西方几千年前建起的神坛相比，显得相当平常，但是贾湖坟墓中的两个重要发现表明，宗教和祖先对这里的人们来说也很重要，丝毫不亚于侧翼丘陵区。第一处发现中有三十几支用丹顶鹤尺骨雕刻而成的骨笛，它们均出现在比较富裕的男性的墓葬里。其中五支还可以吹奏。最早期的骨笛源自公元前7000年，只有五六个孔。虽然它们并不十分精细，不过可以用来吹奏现代的中国民歌。到了公元前6500年，骨笛上一般有七个孔，制造骨笛的人也对音调制定了标准，这很有可能是因为当时有合奏需求。大约公元前6000年前后的一个坟墓中，有一根八孔骨笛，能够吹奏现代所有的旋律。

这一切都非常有意思，但只有当我们看到24个埋有龟壳的富裕男性的坟墓时，我们才能明白骨笛的全部意义。这些坟墓中的14个龟壳上还刻有简单的符号。在一个约公元前6250年的坟墓中，死者的头已被移走（让人想到了恰塔霍裕克），取而代之的是16个龟壳，其中两个还刻上了符号。至少在一些学者看来，其中一些符号与5 000年后商朝所使用的最早的完整文字系统中的甲骨文有着惊人的相似之处。

在第四章中，我会再一次提到商朝的铭文，但是，我现在只想说明，虽然贾湖符号（公元前6250年前后）和中国最早的文字系统（公元前1250年前后）之间的差异就像叙利亚杰夫-阿玛的奇怪符号（公元前9000年前后）和美索不达米亚最早的文字系统（公元前3300年前后）之间的差异那样大，但是中国有更多的证据证明其连续性。很多地方都出现了刻有符号的奇怪陶壶，尤其在公元前5000年之后。同样，对于贾湖地区这些粗糙的划痕是不是包含5 000多个符号的商朝文字系统的直系祖先，专家们也各持不同观点。

认为它们之间存在联系的重要原因是很多商朝文字也是刻在龟壳上的。商朝的君主在祭祀活动中利用这些龟壳来占卜，而这种仪式可以追溯到公元前3500年。贾湖遗址的挖掘者提出这样的问题：龟壳、文字、祖先、预言和社会力量之间的关系是否有可能在公元前6000年就开始了？读过孔子学说的人都知道，中国的音乐和宗教仪式在公元前第一个千年时就已结合在一起，那么贾湖坟墓中的骨笛、龟壳和文字能否作为证据，证明祭祀者能够与5 000年前的祖先对话呢？

这是个引人注目的连续性，但是也存在着平行性。之前我曾提过，在约旦加扎勒泉遗址发现了一尊独特的塑像。这个塑像有两个人头，眼睛很大，可以追溯到公元前6600年。艺术史学家丹尼丝·施曼特-巴塞瑞特指出，公元前2000年前后，美索不达米亚描绘的神灵形象和那些塑像有着惊人的相似之处。无论是在东方还是西方，第一批农夫的宗教中有一些元素延续了特别长的时间。

甚至早在发现贾湖遗迹前，在哈佛大学任教的张光直（从20世纪60年代到2001年去世前，他一直是美国学界中国考古学的泰斗）认为中国第一批真正有影响力的人是巫师，他们令别人信服，他们能够和动物及祖先对话，能够在几个世界之间穿梭，也只有他们能够与上天交流。20世纪80年代，当张光直提出"巫蹻"这个理论时，当时的证据只能证明这些巫师在公元前4000年前后出现，在那个时期，中国社会发展迅速，一些村庄变成了城镇。到了公元前3500年，一些群落已经有两三千名成员，和3 000年前恰塔霍裕克和加扎勒泉遗址的人口一样多。一些群落已经能够动员数千成员用一层层夯土建造堡垒（好的建筑石料在中国很少见）。最令人印象深刻的要属西山的城墙。这个城墙厚3~4米，长度超过1.6千米。即使到了今天，它在一些地方还有2米多高。地基下面陶器中的部分幼童骨骸也许就是祭品。在定居点内，很多灰坑里都有成年人的遗骸，一些骨骼的姿势表明他们生前曾做过挣扎。其中有些骨骼还和动物的骨头混合在一起。这些可能就是活人祭祀，就像土耳其的恰约尼那样。有一些证据表明，这种可怕的仪式可追溯至公元前5000年。

如果真如张光直所说的那样，公元前3500年确实是巫师起着领导作用，那么这些巫师有可能居住在占地近400平方米的大房子里（考古学家常常把这些房子称为"宫殿"，虽然有一点夸张），如今在一些城镇中仍可见到。这些房子的地板抹上了石灰，还有中央大壁炉和装有动物骨头（不知是不是祭品）的灰坑。其中一个坑里有一个白色的大理石物体，看起来就像一根权杖。最有趣的"宫殿"在陕西扶风县案板村，坐落在城镇中间的高地上。这个"宫殿"有石柱底座，周围都是灰坑。有的灰坑里装着被染成红色的猪下颌骨，有的装着用布包着的猪头骨，还有一些装着陶土雕像。这些雕像有大鼻子、胡须，还有古怪的尖顶帽子（就像万圣节的巫婆）。

关于这些小雕像，有两个方面令考古学家激动不已。第一，制作这些雕像的传统延续了几千年。考古学家在陕西扶风县召陈村的一座公元前1000年的宫殿里发现了一个非常相似的雕像，这个雕像的帽子上还刻有商周文字"巫"字。一些考古学家认为，这些小雕像，包括在案板发现的，全都代表着"巫"。第二，很多小雕像看起来像高加索人，而不是中国人。从案板到中亚的土库曼斯坦，沿着后来连接中国和罗马的丝绸之路，一路都发现了类似雕像。即使在今天，西伯利亚的萨满教还是非常有影响力，只要付钱，狂热的幻想家仍会召集神灵，为冒险的旅游者预测未来。案板的小雕像也许能够说明，公元前4000年前后，来自中亚偏远地区的萨满被纳入了中国传统的宗教权威传统。一些考古学家甚至认为，这意味着，早在公元前10000年时侧翼丘陵区的萨满对东方就有着某种影响。

其他证据显示，这种情况很有可能。最不可思议的是，直到20世纪90年代中期，经《发现》《国家地理》《考古学》《科学美国人》介绍，西方才了解了塔里木盆地的干尸。干尸也具有高加索人的特点，这似乎证明了公元前2000年前，人们确实从中亚甚至亚洲西部来到了中国西北部边缘。令人难以置信的巧合是，那些埋葬在塔里木盆地的人不仅像案板雕像那样有胡须和大鼻子，而且他们也偏爱尖顶帽子（一个坟墓中有10顶羊毛帽）。

对于一些异常的发现，人们总是过于激动，但即使抛开更激进的理论，也能发现宗教权威在早期中国和早期侧翼丘陵区同样重要。如果还有人心存怀疑，那么20世纪80年代的两个惊人发现应该能够打消他们的疑虑。在西水坡挖掘的考古学家惊奇地发现在约公元前3600年的一个坟墓中躺着一个成年男子，他的两侧摆放着蚌壳摆塑的龙虎图案。在四周，还有更多蚌图。其中一个图案是一只龙头老虎，背上有一头鹿，龙头之东摆塑一只蜘蛛，另一个图案是骑着龙的男人。张光直认为，死者是一个原始道士或巫师，周围的这些是助他上天入地的龙、虎、鹿三蹻。

在中国东北的一个发现让考古学家们更加惊讶。公元前3500—前3000年,一系列占地超过五平方千米的宗教场所在牛河梁发展起来。这个地点的中心被挖掘者称为"女神庙"。这是一个约二十米长的奇特的半地下走道,房间里有人、猪龙以及其他动物的泥土雕像。至少有六尊雕像的残块是裸体的妇女,有真人般大小,盘腿坐着,保存最好的头像有朱红色的嘴唇和用青色玉片镶嵌的眼睛。玉少见、难以雕刻,在当时的中国已成为一种奢侈品。青绿眼睛在中国很少见,因此人们很容易把这些雕像与案板和塔里木盆地那些看起来像高加索人的塑像联系起来。

虽然牛河梁与外界隔绝,但是有六个坟墓群散布在这个庙宇周围的山上。一些坟墓有约三十米宽,并且坟墓中的物品包括一些玉饰,其中一个刻作猪龙。考古学家认为,由于缺乏证据,我们无法确定埋在这里的男女到底是巫师还是首领,很有可能他们既是巫师又是首领。不过,无论他们是谁,用玉为一小部分死者——往往是男性——陪葬在整个中国都变得非常流行。公元前4000年时,对死者的真正崇拜开始出现。看起来,东方核心地区和侧翼丘陵区的人们一样在乎祖先,只不过表达的方式不同而已——西方是将头颅从死者身上取下,然后把它们与活人放在一起,而东方对死者的敬意则在坟墓中表现出来。但在欧亚大陆的两端,人们都将最多的资源投入与神灵和祖先有关的仪式。第一批拥有真正权力的人似乎是那些能够与祖先和神灵交流的人。

公元前3500年,东方的农业生活方式和几千年前在西方创立的农业生活方式极其相似,都需要辛勤劳动,储存食物,建立防御工事,进行祭祀,还包括女性、儿童对男性、长者的服从,这种农业生活方式似乎已经扎根东方的核心地区,并且传播到其他地方。东方的农业传播和西方的非常相似,或者至少可以说,东西方的专家有争议的方面也类似。一些考古学家认为,来自黄河和长江之间核心地区的人们穿过东亚时,传播了农业;另外一些考古学家认为,当地的觅食者开始定居下来,驯化动植物,相互交易,并且迅速在大范围内发展类似的文化。在东方，语言学方面的证据和在欧洲一样引起争议，并且也没有足够的基因数据来说明一切。我们可以确定的就是，早在公元前6000年，中国东北部的觅食者就生活在较大的村庄里，种植着粟米。公元前4000年，长江流域的人们已经开始种植水稻，水稻在中国台湾和中国香港种植的时间是公元前3000年，在泰国和越南的种植时间是公元前2000年。那时，水稻的种植已经传到马来半岛，穿过中国南海进入菲律宾和加里曼丹岛（图2.8）。

像西方的农业发展一样，东方的农业发展也遭遇了一些挫折。植硅体表明在公元前4400年，水稻就传到了朝鲜；粟米则是在公元前3600年传到朝鲜，公元前2600年传到日本。但是史前的朝鲜人和日本人在接下来的2 000年里并没有重视这些新鲜事物。像欧洲北部一样，朝鲜和日本的海岸有着丰富的海洋资源，能够支持永久性的大型村庄。这些村庄被发掘出来时四周都是大型贝壳堆。这些有着丰富资源的觅食者发展了先进的文化，显然并不急于开始发展农业。再一次，就像公元前5200—前4200年的波罗的海地区的狩猎-采集者那样，他们的数量（和决心）足以击退那些试图强占他们土地的殖民者，但又没有多到会饿得被迫从事农业，以养活自己。

无论是朝鲜还是日本，人们转而发展农业都与金属武器的出现有关——公元前1500年在朝鲜出现了青铜器，公元前600年在日本出现了铁器。就像欧洲的考古学家争论究竟是推力因素还是拉力因素结束了波罗的海富足的觅食社会那样，一些亚洲学者认为武器来自那些带来农业的入侵者，而另一些亚洲学者则认为是觅食社会内部发生了极大变化，因此农业和金属武器突然变得具有吸引力。

到了公元前500年，稻田在日本南部的九州岛已经很普遍了。但是农业发展在本州岛受到了挫折。又过了1 200年，农业才在日本北部的北海道发展起来，这里可采集的食物资源极为丰富。但是最终，就像西方一样，东方的农业完全替代了觅食。

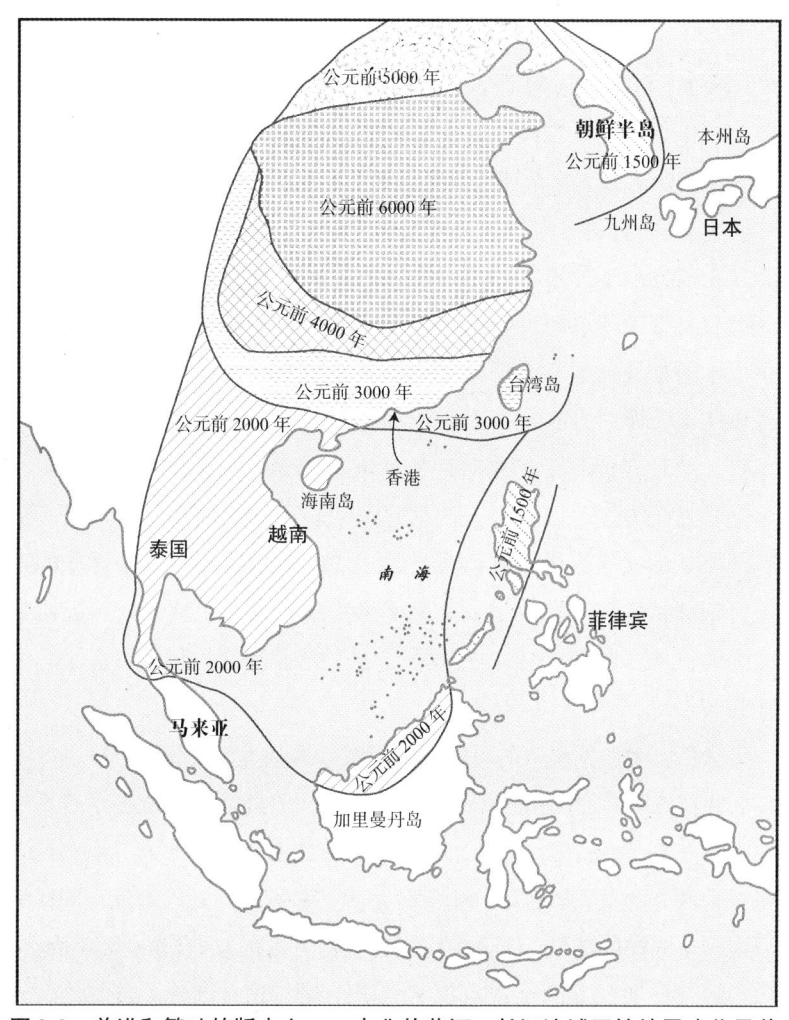

图2.8 前进和繁殖的版本之二：农业从黄河—长江流域开始扩展（公元前6000—前1500年）

烧煮和烘烤，头颅和坟墓

我们该如何理解这一切？当然，东方和西方是不一样的，无论是饮食还是信奉的神灵。没有人会把贾湖误认为杰里科。但是巨大的文化差异是否能够解释为什么是西方主宰世界？这些文化传统会不会只是用不同的方式做同样的事？

表2.1总结了这些证据。我认为，主要说明了三点。第一，如果一万年前在侧翼丘陵区建立的文化（由这个文化发展出了西方社会）确实比东方文化在社会发展方面更具有潜力的话，我们就应该能够从表2.1中看到东西方存在一些巨大差异。但实际上并没有。事实上，东西方发生的事情基本一样。西方和东方都驯化了狗，驯化了植物和大型（体重超过45千克的）动物。它们都见证了"成熟"农业（指的是高产量、劳动密集的体系，有完全驯化的植物，以及财富和性别等级）的发展，以及大型村庄（居民超过100人的村庄）的兴起，并且在两三千年之后，发展成了城镇（人数超过1 000人）。无论是在东方还是西方，人们都建造了精致的建筑和防御工事，发明了原始的文字系统，在陶壶上绘制漂亮的图案，建起了奢华的墓葬，崇拜祖先，采用人祭，并且逐渐扩展了农业生活方式（起初是缓慢地扩展，2 000年后加速发展，最后甚至完全取代了最富足的觅食者）。

第二，东西方发生的事情不仅相似，而且发生的先后顺序也差不多。我已在表2.1中用连线表示。图中大部分直线的斜度都是差不多的。西方先开始发展，大约2 000年后，东方也开始发展★。这有力地表明了东西方的发展遵循同一个文化逻辑，在欧亚大陆的两端，同样的原因产生同样的结果。唯一的区别在于西方比东方早2 000年开始。

第三，我的前两个观点都不完全正确，总有例外。东方比西方早至少7 000年开始制造陶器，也比西方早1 000年开始建造奢华墓葬。西方比东方早6 000年建造大型神殿。如果有人认为正是这些原因使得东西方的文化朝不同的方向发展，从而解释了西方得以主宰世界的原因，那么他就要解释为什么陶器、墓葬和神殿的意义这么重大，而那些认为这些并不太重要的人（比如我自己）就需要解释为什

★ 平均不到1 700年，中位数是2 250年。

表2.1 东西方起源的对比

年代（公元前）	西方	东方
14000		简易的陶器
13000		冰期结束
12000		
11000	狗 ? 驯化的植物	新仙女木事件开始
10000	大型神殿 驯化的植物	新仙女木事件结束
9000	? 防御工事 原始文字 大型村庄 开始扩张（塞浦路斯）	狗
8000		
7000	驯化动物 ? 人祭 "成熟"农业 城镇，大型建筑 简易的陶器	驯化的植物 ? 防御工事 原始文字
6000	扩张加速 精致的陶器	大型村庄 驯化的动物
5000		开始扩张（中国东北） "成熟"农业 ? 人祭
4000		大量的陪葬品 城镇，大型建筑 精致的陶器 大型神殿
3000	大量的陪葬品	扩张加速

129

么会出现这些例外。

对于陶器这么早就出现在东方的原因,考古学家大都看法一致:因为东方的食物使煮食变得非常重要。东方人需要能放在火上的容器,因此也就很早地掌握了制陶技术。如果这个观点正确的话,我们不应该关注陶器本身,而应该问问是不是烹饪上的差异使得东西方朝不同的方向发展。比如,或许西方人的烹饪方法会留住更多的营养物质,因此造就了更加强壮的人民。不过这个观点并没有太大的说服力。骨骼研究表明,无论是在东方还是西方,人们的生活都很暗淡:17世纪的英国哲学家托马斯·霍布斯将此时的生活描述为贫穷、肮脏和物资缺乏(但不一定野蛮)的。在东西方,农夫都缺乏营养,发育迟缓,满是寄生虫,一口坏牙,而且寿命很短;在东西方,农业的发展都逐渐改善了人们的饮食;在东西方,最终都出现了了不起的烹饪技术。东方人对煮食的依赖只是其中的差异之一,但总体说来,东西方营养方面的相似点还是远远大于它们的不同点。

或许从长远来看,不同的烹饪方法产生了不同的饮食方式和家庭结构。但仍然无法证实这一点。在东西方,最早的农夫似乎都共同储存、烹饪甚至分享食物,几千年后才改为以家庭为单位进行。东西方之间的相似再次超过了它们的差异。东方早期对陶器的制造显然是一个有意思的差别,但是这似乎与西方得以主宰世界的原因没有太大关系。

那么,东方早期奢华的墓葬和西方更早些时候精致的神殿是否有关系呢?我想,这些只是彼此的镜像。正如我们所见,东西方都曾对祖先非常崇拜,当时农业的发展使得对逝者土地的继承成为最重要的经济活动。出于各种我们永远也不可能理解的原因,东西方采用不同的方式感谢、联系祖先。一些西方人显然认为,四处传递他们亲属的头骨,在殿内立满柱子和牛头,并在其内献祭活人就能达到目的;而东方人一般将动物玉雕作为陪葬品,并祭拜坟墓,还砍掉其他人的头陪葬。不同的人有不同的偏好,结果却是相似的。

我想我们从表2.1能够得出两个结论。第一个结论是，早期东西方核心地区的发展非常相似。当然它们之间存在差异，例如石器样式、食物种类，但这些差异都不能为我们先前提到的长时段注定论提供支持，即在冰期后，西方文化的发展方式使得它比东方文化更具潜力，从而解释为什么世界由西方主宰。这解释不了。

如果有任何长时段注定论能够经得起表2.1的检验，那么最简单的理论就是，得益于地理因素，西方先于东方发展2 000年，这个领先优势足以让它先开始工业革命，然后得以主宰世界。为了检验这个理论，我们需要将东西方的比较放到离我们更近的时期，看看事情是否真的是这样。

这听起来很简单，但是我们从表2.1中得到的第二个结论是，跨文化比较很棘手。在两栏中列出重要的发展只是一个开始，因为要了解表2.1中的异常现象，我们就需要将煮食和烘烤、头骨和墓葬放在当时的背景中考虑，找出它们在史前社会中的重要意义。这将会让我们陷入人类学的核心问题：不同社会的比较研究。

19世纪，欧洲的传教士和行政人员开始收集有关其殖民地人民的信息，他们报告中所描述的异域风俗使很多学者感到震惊。人类学家对这些活动分门别类，推测了它们在全球范围内的传播路径，从而推断出人类更高文明行为（他们指的是更像欧洲人的行为）的进化。他们派遣渴望成功的学生前往异国搜集更多的样本。其中有一个名叫布罗尼斯拉夫·马利诺夫斯基的优秀的年轻人，他是在伦敦学习的波兰人。1914年，一战爆发的时候，他正在特罗布里恩群岛上。当时，马利诺夫斯基没有船回家，于是他做了一件在当时的情况下唯一合理的事情：在帐篷里生了一会儿闷气之后，在岛上交了一位女朋友。因此，到1918年，他已经对特罗布里恩群岛上的文化了如指掌。他了解到了专家的研究中缺失的部分：人类学其实是解释不同的习俗如何变成一个整体的。要进行比较，对象必须是有完整功能的文化，而不是脱离背景的零碎习俗，因为即使是相同的行为，在不同的背景下也会有不同的意义。例如，面部文身在美国堪萨斯州是叛逆行为，而在新几内亚是传统习俗。同样的，相同的想法在不同的国家有不同的表现形式，就像史前东西方分别用传递头骨和用玉器陪葬来表示对祖先的尊敬一样。

马利诺夫斯基不会喜欢表2.1。他会坚持认为，我们不能对两个正常运转的文化进行优劣评判。我们也不能把"西方领先"作为一本书的开头。他有可能会问，"领先"指的是什么？我们究竟如何从紧密的文化网络中抽取那些特别的习俗，并将它们进行对比？即使我们能够做到，我们怎么知道该衡量哪些部分？

这些都是很好的问题。如果我们要解释为什么西方得以主宰世界的话，就必须回答这些问题。尽管在过去的50年里，人类学家为寻求这些问题的答案已经四分五裂。带着一些不安，我将试着对这些棘手的问题给出答案。

第三章
度量过去

考古学的进化

正如第二章末尾所描述的那样,当"进化"还是个很新的概念时,文化人类学家就对其发起了进攻。这个词的现代意义仅仅能追溯到1857年。那时,一个未受过正规教育的英国学者赫伯特·斯宾塞,发表了一篇题为《论进境之理》的文章。斯宾塞性格古怪,他曾当过铁路工程师,在刚创办不久的《经济学人》杂志当过文字编辑,还曾是小说家乔治·埃利奥特的情人。这些他都做得不成功,既没有一份稳定的工作,又没有结婚。然而,这篇文章却使他一夜成名。斯宾塞在文中解释道:"从科学所能理解的最遥远的过去,直到刚刚过去的昨天,进化在本质上都是从同质到异质的转变。"斯宾塞认为,进化是事物由简单到复杂的变化过程,这是对一切事物任何变化的解释:

> 由简单到复杂的进化,是通过一个连续变化的过程,表现在我们可追溯的以及可推导的宇宙万物最初的变化中;表现在地球地质和气候的进化上;表现在其表面每一个有机体的演变中,以及有机体种类的繁殖中;表现在人类的进化中,无论是文明开化的单独个体,还是种族的群体;表现在社会政治、宗教和经济组

织方面的进化上；还表现在组成我们日常生活环境的人类活动的无数具体和抽象的产品的进化之中。[1]

在之后的40年里，斯宾塞致力于把地质学、生物学、心理学、社会学、政治学和伦理学融合到单一的进化理论里。斯宾塞取得了巨大成功，到1870年的时候，他已经成为使用英语写作的最有影响力的哲学家了。日本和中国的学者想了解西方的成就时，翻译的首选就是他的作品。同时代的伟人们都尊敬他的思想。达尔文1859年首次出版的《物种起源》中，并没有包含"进化"一词，第二版和第三版也没有，甚至连第四版和第五版里也没有出现。但在1872年第六次印刷时，达尔文觉得有必要借用这个由斯宾塞创造并推广的词条★。

斯宾塞认为，社会的进化经过了四层分化，由简单社会（无领袖的游牧群体），到复合社会（拥有政治领袖的固定村落），以及二重复合社会（拥有教会、国家、复杂的劳动分工和学术研究），直到三重复合社会（像罗马和英国维多利亚时代那样的伟大文明）。这种说法很快流行起来。然而在如何标记划分这些发展阶段上，理论家们众说纷纭。有人说进化是从野蛮到蒙昧，再到文明开化；有的则倾向于认为进化是从神秘到宗教，再到科学。到1906年，"社会学之父"马克斯·韦伯对不计其数的术语感到十分厌烦，他抱怨："现在有些'学者'太过矫情，对待别人使用的术语就像是别人用过的牙刷一样嫌恶。"[2]

不论进化论者使用的是何种划分标记，他们都面临着同样的问题：他们都本能地感觉自己肯定是正确的，却没有多少有力的证据支持。因此，新兴的人类学开始着手提供数据资料。当时有种看法是，有的社会进化的程度相对较低，譬如非洲或特罗布里恩群岛的殖民地

★ 虽说如此，达尔文的进化观与斯宾塞的其实存在很大差异。斯宾塞认为进化适用于一切事物，是渐进性的，会不断地完善宇宙万物。达尔文则把进化局限在生物学范畴，定义为"有改变的传代"，认为改变的原因是随机的基因突变，因而是没有方向性的，有时会由简单结构生成复杂体，有时不会。

社会，当地人仍使用石器，奉行奇风异俗，堪称活化石，折射出史前时代三重复合社会里的文明人的样子。人类学者要做的（除了忍受疟疾、体内寄生虫和不友好的原住民）只是做好笔记，然后他（那时女性人类学者不多）就可以回家填补进化史中的缺口。

马利诺夫斯基反对的正是这种知识性项目。从某种程度上来说，会出现这种争议本身就很奇怪。如果进化论者想要记录社会的进步，为什么不直接使用考古学的数据，研究史前社会留下的实际遗址，而要间接地通过对当代群体的人类学观察，来推断他们是不是其后裔呢？答案是：一个世纪前的考古学家所知不多。正式的挖掘工作才刚刚开始，进化论者只能结合考古报告中稀少的信息、古代文献及民族志中的零星记载，这就很容易给马利诺夫斯基和怀有类似想法的人类学家们造成一种印象，认为进化论者对历史的重建只是投机的推测，是精心编造的故事。

考古学是门新兴的科学。仅三个世纪前，我们关于历史最久远的证据——中国的五经、印度的《吠陀》、希伯来《圣经》，以及希腊诗人荷马——只能勉强追溯到公元前1000年。在这些经典作品的记录之前，历史的一切都笼罩在黑暗中。"挖掘"这一简单的动作改变了一切，当然花了一段时间。1799年，拿破仑入侵埃及的时候，随身带去一队学者，他们抄写并带走了几十份古代铭文。1822年，法国语言学家商博良揭开了这些象形文字的秘密，把有文献记载的历史又向前推进了2 000年。19世纪40年代，英国探险家们不甘示弱，在今天伊拉克境内的古代城市遗址里挖掘隧道，或在伊朗山谷里被绳索悬吊着，抄下了王室铭文。19世纪40年代还没结束，学者们就已经能读懂古波斯、亚述和巴比伦的智慧遗产。

19世纪50年代，当斯宾塞刚开始考虑"进化"时，考古学更像一场冒险，而非科学，充斥着真人版的印第安纳·琼斯。直到19世纪70年代，考古学家们才开始把地层学的地质原理（常识性原理，诸如遗址的最上层泥土肯定晚于下层泥土出现，因此我们可以通过沉积土的顺序来重建事件发生的次序等）运用到挖掘中去，而到20世纪20年代，地层学分析才成为主流。那时，考古学家们仍然依赖于将遗址与古代文献所提到的事件联系起来，以推测其挖掘成果的年代。因此直到20世纪40年代，世界上的大部分发现仍笼罩着浓厚的推断和臆测色彩。这种状况一直持续到核物理学家们发现放射性碳定年法，通过研究骨头、木炭和发现的其他有机物中的不稳定碳同位素的衰变，来确定物体的年代。考古学家们开始给史前时期排序，到20世纪70年代，全球性的框架体系逐渐成形。

20世纪80年代，我还是一名研究生，那时还有资深的教授说，在他们做学生的时候，他们的老师曾建议，野外考察只要一件燕尾服和一把小型左轮手枪。直到现在我也不确定是否应该相信，但不管他们说的是不是事实，到20世纪50年代，詹姆斯·邦德时代肯定已经走到了终结的边缘。真正的突破来自专家们日常的辛勤工作，挖掘史实，把史前时期推向更早，足迹遍布全球。

博物馆储藏室里堆满了文物，图书馆书架上堆满了专业论文，但一些考古学家担心最基本的问题无法解答。那就是：这一切意味着什么？20世纪50年代的情形与19世纪50年代正好相反：以前是重要理论寻求数据的支持，如今是大量数据需要理论来总结。满载着来之不易的成果，20世纪中叶的社会科学家们，尤其是美国的社会科学家们，做好了进行另一次理论化尝试的准备。

有些社会科学家称自己为新进化论者，以显示他们比斯宾塞等守旧的"古典"进化论者更加先进。他们表示，虽然手边有充分的史实资料可供使用，可这一大堆证据本身就成了问题的一部分。重要的信息被湮没在人类学家和考古学家凌乱混杂的陈述记录或历史文档里。简言之，科学性还不够。为了从纷繁的19世纪类型学中解脱出来，创造一个统一的社会理论，新进化论者们认为需要将这些故事转化成数字。通过度量差距、分配分值来给各个社会排名分等，然后寻找分数和可能的解释之间的关联。最终，他们可以尝试去回答一些问题，使花在考古学上的所有时间和金钱都物有所值——社会的进化是只有一种方式，还是多种方式并存的；在离散进化阶段，社会是否发生集群现象（如果发生了的话，它们又是如何从一个阶段过渡到另一个阶段的）；或者是否存在某个单一的参数，如人口、技术（或者地理特征），能够解释一切问题。

人类学家拉乌尔·纳罗尔参与了由美国联邦政府资助的名为"人际关系区域档案"的大型数据搜集项目。1955年，他首次探究他所谓的社会发展指数。纳罗尔在全世界范围内随机选择30个工业化前期社会（有现代的，也有过去的），他翻遍档案，查找它们之间的差别。他认为，这些差别会反映在最大居留地的规模、劳动分工程度，以及下辖组织的数量上。纳罗尔把结果转化为标准格式，提交了分数报告。得分最低的是火地岛的雅甘人，1832年达尔文惊叹他们"生存状态的改善程度低于世界其他任何地方"[3]。他们在满分63分的情况下只得了12分。最高的是西班牙入侵前的阿兹特克，得分58分。

之后的二十多年中，其他人类学家也进行了类似的尝试。尽管使用了不同的分类、数据集、数学模型和计分手段，但他们在87%~94%的情况下对结果持一致意见，[4]这对社会科学来说相当不错。斯宾塞去世五十多年后，也就是他那篇关于进化的文章发表一百多年后，新进化论者们已经胸有成竹，准备证明社会进化的法则。

人类学的退化

那么发生了什么呢？如果新进化论者们已经做了交代，解释了有关社会进化的一切，那我们应该已经听说过了。更重要的是，他们应该已经回答了"为什么是西方主宰世界"这一问题。毕竟，这个问题与东西方社会发展的相对水平有关。究竟是像长时段注定派宣称的那样，西方遥遥领先已经很久了，还是像短时段偶然派认为的那样，西方的领先只是最近才发生的？如果新进化论者们能够度量社会发展，我们就不必在像表2.1那种复杂的图表上浪费时间了。只需要计算冰期结束之后不同时间点上东西方的得分，进行比较，看看哪套理论更符合实际即可。那么为什么还没有人这样做呢？

我怀疑，这大体上是由于新进化主义内爆了。甚至在20世纪50年代纳罗尔拿起他的滑尺之前，在很多人类学家看来，度量社会是很幼稚的想法。那群"相信法则与秩序的家伙们"（评论家们这样称呼纳罗尔及其追随者），手里拿着印有编码数据的穿孔卡片，对统计资料进行深奥难懂的争论，在足有仓库大小的电子计算机前忙活，这些似乎与忙于挖掘发现的考古学家们以及采访狩猎–采集者的人类学家们的现实格格不入。20世纪60年代，随着时代的变化，新进化主义渐渐不再荒诞可笑，而转向了彻头彻尾的邪恶。例如，我曾在第二章中提到其"原始的富裕社会"观点的人类学家马歇尔·萨林斯，在20世纪50年代开始其职业生涯时是个进化论者，可是到60年代，他却认为"对越南反抗斗争的同情甚至是钦佩情绪，加上对美国战争在道德和政治上的不满，可能会削弱经济决定主义和进化发展的人类学基础"[5]。

到了1967年，萨林斯在巴黎争辩狩猎–采集者们事实上并不贫穷时，新一代人类学家提出了更强硬的观点。这些人在美国民权运动、反战运动和女权运动中成长起来，深受反主流文化思潮的影响。依照他们的说法，进化论者所做的唯一一件事，实际上就是按照与西方人的相似程度来给非西方社会划分等级，而令人惊讶的是，西方人总是给自己打最高分。

20世纪80年代，考古学家迈克尔·桑克斯和克里斯托弗·蒂利写道："进化论很容易滑入自圆其说的思想意识，或主张西方在与其他文化关系中的优先地位，认为其他文化的主要作用只是对西方现代'文明'的补充。"[6]许多评论家感觉，这种对数字的自信不仅是西方人满足虚荣心的游戏，也是我们狂妄傲慢的一部分，而狂妄给我们带来的是地毯式轰炸、越南战争和军工复合体。瞧啊，约翰逊总统要下台了，民族优越感泛滥的教授也该带着他们的傲慢和数学滚蛋了。

静坐和谩骂把一场学术辩论转变成了一场摩尼教式的对决。在一些进化论者看来,他们的批评者们是道德败坏的相对主义者;而对某些批评者来说,进化论者是美帝国主义的傀儡。20世纪八九十年代,人类学家们在招聘、任期和研究生招生委员会等方面钩心斗角,破坏了研究事业,导致学术的两极分化。美国最著名学府的人类学系衰退堕落了,就像婚姻不幸的一对夫妻,多年的互相责难终于爆发,两人开始分居。"我们(甚至)都不叫对方名字了,"[7]一位著名的人类学家1984年遗憾地说。最极端的例子在我任职的斯坦福大学。那里的人类学家们在1998年决裂,正式分裂成支持进化的人类学科学系和反对进化的文化与社会人类学系。两个系开始独立招聘与解聘教职人员、招生和教学。两个系的成员互不认识,也不需要认识。他们甚至创造出一个新的动词,让自己的学系更"斯坦福化"。

　　斯坦福化的悲哀——或是喜悦,这取决于谁在说话——让人类学家们在好几年的学术会议上自娱自乐,可是对于解决社会科学中最大的难题之一,斯坦福化没有多大帮助。★若想解释西方主宰世界的原因,我们就需要在这一问题上正视双方的论点。

　　社会进化的批评者们认为相信法则与秩序的家伙们目中无人,这当然没错。就像赫伯特·斯宾塞本人,试图解释一切事物的任何变化,很可能最终什么都解释不了。关于新进化论者到底在度量什么,存在着很多不解和疑惑。即便他们对社会内部进化发展的本质达成了一致(这大多发生在他们坚持斯宾塞的分化观点的情况下),这种对全世界的不同社会进行排名的行为实际意义也不明显。

　　批评者们认为,评分表掩盖的东西比它揭示的还要多。它掩盖了文化个体的特性。20世纪90年代时,我在研究民主的起源,十分赞同这个观点。创造这种管理形式的古希腊的确很奇特,那里的很多居民

★ 斯坦福大学在2007年认识到了这一点,并举办了一次强制的"复婚",把两派人类学家又重新组合在了一起。

打心眼里相信，发现真理最好的方法不是向祭司询问神的想法，而是把所有人召集到山腰上，争论一番，然后投票。给古希腊的变化打分并不能解释民主的由来，而用社会发展指数掩盖希腊人的特色，分散了人们对其独特成就的注意力，从而实际上加重了任务的困难程度。

不过，那并不代表设计社会发展指数是在浪费时间，只是对上述那个具体问题来说用错了工具。西方主宰世界的问题是另外一回事，是需要我们纵观几千年的历史，观察数百万平方千米的土地，追踪数十亿人来进行比较的巨大工程。对这个任务来说，社会发展指数正是我们所需要的工具。毕竟，长时段注定论和短时段偶然论的争议之处在于出现东西之分后的约一万年的时间里，东西方社会发展的整体形态。长时段注定派和短时段偶然派并没有专注于这一点，直接对质对方的观点，而是着眼于不同的历史阶段，使用不同的证据，用不同的方式定义他们的术语。跟随相信法则与秩序的家伙们，把浩如烟海的史实证据缩减为简单的数字得分，有其缺点，但也有一个很大的优点，就是可以让所有人面对相同的证据，并得出惊人的结果。

我们需要度量什么

第一步要弄清楚我们到底需要度量什么。我们可以听参加过鸦片战争的罗伯特·乔斯林勋爵是怎么说的，那场战争让人们意识到了西方的主宰地位。1840年7月，一个炎热的星期天下午，他看着不列颠舰队缓缓靠近定海，那里有一道坚固的堡垒阻挡了他们进入长江入口处。"船队对着小镇舷炮齐射，"乔斯林写道，"随后，木料的碰撞声、房屋的倒塌声、人们的哭喊声在岸边回响。轰炸持续了九分钟……我们登陆时，海岸上已经生气全无，只剩下几具尸体、弓箭、断裂的长矛和枪支。"[8]

这里就体现了西方主宰世界的直接原因：1840年，欧洲舰队和枪支可以突破任何东方国家的防御。当然，除了军事力量，还有其他因素也导致西方主宰世界。1840年跟随英国舰队的另一位长官阿迈恩·芒廷，把定海的中国武装比喻成中世纪编年史插图中的事物。"就好像那些老照片里的物件复活了，有了实体和颜色一样，"他回想着，"它在我面前游弋，完全不知道几个世纪以来世界的进步，也全然不知现代的用法、发明和改进。"[9]

芒廷领悟到炸毁舰队和堡垒只是西方主宰世界的最直接原因，是西方一系列优势长链中的最后一环而已。更深层的原因是英国工厂能够大量生产炸弹、威力巨大的大炮和远洋战船，而英国政府能够筹集资金，支持横跨半个地球的远征。那天下午英国人之所以能堂而皇之地闯进定海，最根本的原因是他们成功地从自然环境中获取能量，并用于实现自己的目标。这全都归结为西方人不仅在能量链上比其他任何人爬得更高，而且与历史上的早期社会不同，他们高至得以在整个世界范围内投射自己的力量。

这种在能量链上攀爬的过程，遵循20世纪50年代纳罗尔之后的进化论人类学家们的传统，我称之为"社会发展"的基础——主要是一个族群掌握其物质和精神环境以达到目的的能力。★说得更正式一点，社会发展就是技术、物质、组织和文化上的成就的集合体，人类以此解决衣食住行，繁衍后代，解释周围的世界，解决集体内部的纷争，以其他集体为代价拓展自己的势力，以及防御其他集体拓展势力的尝试。我们或许可以说，社会发展能度量一个集体达成某项目的的能力，而这种能力在理论上是可以跨时间和地域来比较的。

在做更深入的讨论之前，我想郑重申明一下：度量和比较社会发展并不是为了对不同集体做道德上的评判。例如，21世纪的日本遍地都是空调和计算机化工厂，以及熙攘忙乱的城市，拥有汽车、飞机、图书馆、博物馆和高科技医疗，居民受教育程度很高。当时的日本人已经充分地掌握了他们的物质和智力环境，远远超过1 000年前的先

★ 心理学家使用的"社会发展"有很大区别，是用以指代孩童学习其所在社会的规范。

祖们，那时根本没有这些东西，因此说现代日本比中世纪日本更发达就十分合理了。但这并不能说明现代日本人比中世纪的日本人更聪明、更有价值，或更幸运（不用说更快乐了），也没有评判道德、环境，或是其他社会发展的代价。社会发展是一个中性的分析范畴。度量是一回事，褒贬是另一回事。

本章稍后将会讨论度量社会发展告诉我们，如果要回答西方何以主宰世界这个问题，我们需要解释哪些东西。事实上，除非我们想出一个度量社会发展的方法，否则将永远无法回答这个问题。然而，首先我们需要建立一些原则来指导指数的设计。

用现代最受敬仰的科学家阿尔伯特·爱因斯坦作为开始再好不过了。爱因斯坦曾说过："科学，要力求简单，但不要过于简单。"[10] 也就是说，科学家们应把想法归结成可以用事实检验的核心点，用最简单的方法进行检验，然后就这样，不要加什么，也不要再减什么。

爱因斯坦本人的相对论提供了一个很著名的例子。相对论指出引力会使光线弯曲，如果该理论正确的话，那么每当太阳经过地球和另一个恒星之间时，太阳的引力会使该恒星发出的光线弯曲，使其位置看上去稍微改变了一些。这为该理论提供了一个很容易检验的方法。只是太阳光线太强，我们无法看到它附近的恒星。不过，1919年，英国天文学家亚瑟·爱丁顿想出了个巧妙的解决办法，很符合爱因斯坦的那句格言。爱丁顿想到，在日食期间观察太阳附近的恒星，就能够测量它们的偏移距离是否如爱因斯坦所预测的那样。

爱丁顿动身去南太平洋，做了一系列观察，并宣布爱因斯坦是正确的。激烈的争论随即爆发，因为证明爱因斯坦正确和错误的结果差别甚微，爱丁顿已经充分利用了1919年可用的仪器。尽管相对论很复杂★，但天文学家们在测量的对象和方式上是持一致意见的。那么，

★ 伦敦皇家天文学会的一位成员试图赞美爱丁顿，说世上仅有三个人能真正理解爱因斯坦的理论学说，而他便是其中之一。爱丁顿沉默了，最后说："我只是好奇，那第三个人是谁？"[11]

关键就看爱丁顿的测量是否准确。然而从壮观的星体运动回到定海残酷的轰炸上来，我们会立即发现，在面对人类社会时，问题要复杂得多。到底应该度量什么来给社会发展指数分配分值呢？

如果说爱因斯坦为我们提供了理论指导，那么我们可以从联合国人类发展指数寻求实践指导，这不仅是因为它与有助于我们回答问题的指数有很多相似之处。联合国开发计划署设计这一指数，是为了衡量每个国家在为公民提供实现其内在潜能的机会方面做得如何。参加这一项目的经济学家们首先讨论了人类发展到底是指什么，然后总结出三个核心参数：人均预期寿命、平均受教育程度（表现为识字水平和入学率），以及平均收入水平。然后，他们设计出一个复杂的加权系统，综合这些参数，给每个国家评出一个0~1的分数。0意味着根本没有人类发展（也就是所有人都死了的情况），1则表示在调查完成所在年份里现实世界中可能达到的最完美状态。（例如，在最近的报告中，2021/2022年，瑞士居于首位，得分0.962，而南苏丹垫底，仅有0.385。）[12]

这一指数符合爱因斯坦的规则，因为这三个参数可能是联合国在抓住人类发展意义前提下所做的最简化处理了。尽管如此，经济学家们仍然有不满意的地方。最明显的是，我们可以衡量的不仅是寿命、教育和收入。它们的优势在于方便定义和记载（较之其他参数，如幸福），不过我们完全可以再调查一些其他可以生成不同分值的因素（例如就业率、营养状况或住房）。即便是最认同联合国的参数的经济学家，有时也不愿把它们合并成一个单一的人类发展分值。他们认为，这些参数就像苹果和橘子，把它们捆在一起简直荒谬。也有经济学家不排斥选择及合并这些参数，但是不喜欢联合国统计学家们对每个参数的加权方式。他们指出，这些分值看似客观，实际上却十分主观。还有些评论家对给人类发展打分这一想法本身表示反对。他们认为，这会造成一种印象，感觉好像瑞士人在通往极乐天堂的路上已经走了96.2%的路程，是南苏丹人幸福程度的2.5倍——这两点都不大可能。

不过，尽管恶评如潮，事实证明人类发展指数还是大有用处的。它便于救援机构把基金拨给最需要的国家，即便是批评者们也同意，以指数为依据，可以让一切更明晰，让辩论更深入。过去15 000多年的人类发展指数，与联合国的指数面临着同样的问题（还有一些别的问题），不过，也具备一些相似的优点。

像联合国经济学家们一样，我们应该遵循爱因斯坦的规则。指数应该衡量尽可能少的社会维度（力求简单），而且抓住前文定义的社会发展的最基本特征（不要过于简单）。我们所衡量的每个社会维度都应该符合六项基本标准。第一，必须具有相关性。也就是说，必须与社会发展有所关联。第二，必须具有文化独立性。例如，我们或许认为文学艺术作品的质量是衡量社会发展的有用参数，可是我们对此类参数的判断具有严重的文化局限性。第三，这些参数必须相互独立。譬如，如果选用国家人口总数和财富总量作为特征，我们就不能使用人均财富作为第三个特征，因为这是由前两个参数推算出来的。第四，必须有足够的档案记录。由于是回顾几千年前的事，这一点的确很重要。因为现有的证据千差万别。尤其是对于遥远的过去，我们不太了解一些潜在有用的特征。第五，必须具有可信性。也就是说，专家们大都认同证据的意义和价值。第六，必须具有便捷性。这或许是标准中最不重要的一项，可是证据越是难以获得，或计算结果所需的时间越长，该参数的用处也就越小。

任何参数都不是十全十美的。我们选择的每个参数都不可避免地会在这几项标准上表现得各有优劣。可是在花了几年时间研究这些参数之后，我选定了四个参数，在这六项标准上表现得都不错。就像联合国利用人均预期寿命、教育和收入特征不能告诉我们有关瑞士、挪威或南苏丹的一切一样，这些指标加总也并不能全面反映东西方社会，但它们确实是社会发展的一个很好的缩影，如果我们想了解为什么西方主宰世界，它们向我们展示了所需要解释的社会发展的长期模式。

我选择的第一个参数是能量获取。倘若不是从动植物中获取能量以养活几乎不从事耕作的士兵和海员，不从风力和煤炭中获取能量以发动船只驶向中国，不从炸药中获取能量向清军开火，英国根本无法在1840年抵达并轰炸定海。能量获取对社会发展十分关键，早在20世纪40年代，著名人类学家莱斯利·怀特便提出把人类历史缩减成一个方程式：$E \times T \to C$（E代表能源，T代表技术，C代表文化）。[13]

这其实并不像听起来那么庸俗。怀特的意思并不是说把能量与技术相乘，就可以完全了解孔子、柏拉图、荷兰画家伦勃朗或中国山水画家范宽的一切了。怀特所说的"文化"实际上更像是我说的社会发展。即便如此，他的方程式对我们的目的来说太过简单，对于解释定海事件还不够。

如果没有能力组织好，就算获取了世上所有的能量，也无法把英国的海军中队带去定海。维多利亚女王的仆从们能够召集军队，支付军饷，提供给养，训练他们听从指挥，完成大量棘手的指令。我们需要度量这种组织能力。从某种意义上说，这种组织能力与斯宾塞的分化理论有所重合，但新进化论者在20世纪60年代意识到，想直接度量社会的变化，甚至给出让评论家们满意的定义，几乎是不可能的。我们需要一个既与组织能力紧密相关，同时又便于度量的替代参数。

我选择的第二个参数是城市化。这看起来也许有点奇怪，毕竟，说伦敦是个大地方，并不能直接反映墨尔本子爵的资金流，或皇家海军的指挥结构。然而，再仔细考虑一下，这个选择就没有那么奇怪了。支持一座300万人口的城市所需要的组织能力令人咋舌。要有人负责把食物、饮用水运进来，把废弃物运出去，提供工作岗位，维持法律秩序，扑灭火灾，并承担维持大城市日复一日运行的其他事务。

当然，如今有些世界级大城市运作失常，犹如噩梦一般，充斥着犯罪、肮脏和疾病。历史上的大城市大多难免如此。公元前1世纪，罗马拥有100万居民，那时街头帮派时常阻碍政府运作，死亡率高到仅仅为了维持人口总数，每月要移居超过1 000名乡下人到罗马。可是，尽管罗马有着各种黑暗面（2006年美国HBO电视网的电视剧《罗马》很好地表现了这一点），使这个城市得以运作的组织远远超出了任何早期社会所能管理的范围——正如管理拉各斯（人口1 100万），或孟买（人口1 900万），更不用说东京（人口3 500万），远远超出了罗马帝国的能力范围。

这便是为什么社会科学家们经常使用城市化来大致反映组织能力。这种度量并不完美，可是作为粗略的指导还是很有用的。对我们来说，一个社会最大城市的规模还有一个额外的优势：不仅可以在过去几百年的官方统计数据中找到它，还可以追溯考古学记录，因而能够对其自冰期以来的组织能力水平有个大致的认识。

除了获取并组织好物理能量，英国还需要处理并交流大量的信息。科学家和实业家们需要准确地进行知识转移；枪支制造商、船只制造商、士兵和海员们越来越需要读懂书面说明、计划和地图；亚欧之间需要传递各种信件。19世纪英国的信息技术与我们现在相比当然十分落后（私人信件从广州寄到伦敦需要三个月，政府急件因为某种原因需要四个月），可是较之18世纪的水平已经先进很多了，而18世纪与17世纪相比也有很大进步。信息处理对社会发展十分关键，所以我把它作为第三个参数。

最后一个参数是发动战争的能力，很遗憾，这点也同样重要。就算英国获取能量的能力、组织能力和交流信息的能力再强，1840年事件之所以能够发生，还是因为他们能够把这三个参数转化为破坏力。在第一章中，我不赞同亚瑟·C.克拉克在他的科幻小说《2001太空漫游》里把进化等同于杀戮的技能，但在为社会发展设计指数时，如果不包含军事力量，这样的指数就毫无用处。正如毛泽东的名言："每个共产党员都应懂得这个真理：'枪杆子里面出政权。'"[14]19世纪40年代之前，没有哪个社会可以把军事力量投射到整个地球，讨论由谁"主宰"也是毫无意义的。可是，在这以后，这可能成了世界上最重要的问题。

正如联合国人类发展指数，没有人能裁定只有这些参数是衡量社会发展的最终方法，同样，对参数做出的任何变动都会改变分值。然而，好消息是，几年来我研究的这些替代参数都没有对分值产生太大的影响，也没有改变社会发展的整体模式。★

如果爱丁顿做了画家，他或许会像18世纪的绘画大师，用肉眼难辨的微小细节描摹世界。为社会发展制定指数更像是电锯艺术，把树干雕刻成灰熊。毫无疑问，这种粗糙和随性的程度会让爱因斯坦心焦，不过对于不同的问题，所允许的误差范围是不同的。对电锯艺术家来说，唯一重要的问题就是树干像不像灰熊。对比较历史学家而言，则是指数能否显示社会发展历史的整体状况。当然，把指数所揭示的模式和历史记录的细枝末节进行比较，那是历史学家们自己要去判断的事情。

实际上，激励历史学家们做这些事可能就是指数能起到的最大作用了。可争辩的余地还很大：不同的参数、不同的计分方式可能会更有效。但用数据说话，我们就必须关注错误的来源，以及修正的办法。这可能不像天体物理学那样精准，但总比在黑暗中乱转要好得多。

如何进行度量

现在需要生成一些数字资料。搜集公元2000年世界各国的数据资料是相当容易的（由于它是一个整数，我选择将这个日期作为指数的终止时间）。联合国的各种项目每年会公布统计数据，例如，美国

★ 我也搜集了最大政治单位的人口规模、生活水平（以成人身高值为代表）、交通速度、大型建筑物的规模等数据资料。与我最后选择的四个参数相比，这些参数都存在一些问题（与其他参数有重合、数据资料不足），不过好消息是它们与我选的那四个参数大致遵循同样的模式。

人均年耗能达8 320万千卡,相比之下,日本人均只有3 800万千卡;79.1%的美国人居住在城市,而日本则是66%;每1 000个美国人拥有375台计算机,每1 000个日本人只有73台。英国国际战略研究所每年的《全球军力平衡报告》告诉我们每个国家拥有多少军队和武器装备,以及它们的威力和价格。我们都快被数字淹没了。不过,我们要思考怎样把它们组织起来,得出一个指数。

我坚持最简原则,把公元2000年可达到的社会发展指数的最大值设为1 000分,再平均分配给我选择的四个参数。1956年,拉乌尔·纳罗尔公开发表了第一个社会发展的现代指数,他也给自己所提出的三个参数平均分配分数,因为正如他所说的,"没有理由给其中哪个更大的分值比重"[15]。那听起来有点自暴自弃的感觉,但我们确实有理由给参数以同等的重要性。即使能想到什么理由,在计算社会发展时给予其中某个参数更大的比重,我们也没有根据去假设这些权重在过去的15 000多年里都是合理的,或是对东西方同样适用。

给公元2000年的每个参数设定好最高分值250分,之后就是最困难的部分了,那就是决定如何给东西方历史的各个阶段打分。对于计算的具体步骤,我就不赘述了(本书结尾将总结附录中的数据和一些主要难点,我的另一本作品《文明的度量》也公布了完整的说明),不过,在某种程度上,快速浏览一下准备过程,把步骤解释得更详细一点应该还是有帮助的。(如果你觉得没有必要的话,当然可以略过这一节。)

城市化可能是最简单明了的参数了,不过这个参数也面临一些难题。首先是定义方面:城市化到底是指什么?有的社会科学家将其定义为居住在一定规模(如一万人)以上的定居点的人口比例;也有的认为,城市化是指不同居住地等级的人口分布,从城市到村庄;还有一些人觉得,城市化是指一个国家内社区的平均大小。这些方法都很有效,可是要运用于我们研究的整段时期却很困难,因为证据的性质一直在改变。我决定使用一个较为简单的参数:每个时期东西方社会已知的最大城市的规模。

关注最大城市的规模并没有解决定义方面的问题，我们仍然需要决定如何定义城市的范围，如何把不同类别的数据证据结合起来。不过，这确实把不确定性降到最低限度了。在整理这些数据时，我发现把城市的最大规模和其他标准（譬如城市与农村的人口分布估测，或是城市的平均大小）结合起来，会显著增加任务的难度，对整体分值却没有多大影响。那么，既然复杂的度量方式产生的结果大致相同，同时却存在更多的估测因素，我觉得还是使用较为简单的城市规模参数更合理。

大多数地理学家认为，在2000年，世界上最大的城市是拥有约2 670万人口的东京。★那么，东京在组织力/城市化参数上得满分250分，这也就意味着在计算其他城市的分数时，1分需要管理106 800人（即2 670万除以250分）。2000年西方最大的城市是纽约，拥有1 670万人口，得156.37分。虽然一百多年前的数据没有这么准确，不过所有历史学家都同意那时的城市要小得多。在西方，1900年的伦敦拥有大约660万居民（得61.80分）；而在东方，东京仍然是最大的城市，拥有大约175万居民，得16.39分。回到1800年的情况，历史学家们需要结合若干种不同的证据，包括食物供应和税收、城市的物理面积、住房密度以及传闻。不过大多数人得出的结论是，当时世界上最大的城市是京师（今北京），拥有约110万人口（得10.30分）；最大的西方城市仍然是伦敦，拥有约86.1万人口（得8.06分）。

我们越往前追溯，误差就越大，不过在公元1700年之前的那几千年里，最大的城市显然在中国（日本紧随其后）。公元800—1200年，首先是长安，然后是汴京（今开封），再后来，临安（今杭州）

★ 我在前面给出的数字3 500万是针对2009年而言的，意味着在2000—2009年，东方在组织力/城市化上的分值由250分飙升至327.72分。在本章末以及第十二章我将继续讨论21世纪社会的加速发展。

拥有接近甚至超过100万居民（约9分）。相比之下，西方城市连一半的人口规模都没有。再往前追溯几个世纪，情况恰好相反。公元前1世纪，罗马拥有的几百万居民使其当之无愧成为世界上最大的城市，而长安大概只有50万人口。

当我们向前追溯至史前时期，其证据就会变得模糊，数字也明显减小。但结合系统的考古调查和小范围的细致挖掘，我们还是能够对城市规模有个合理的估计。正如我之前提到的，这很像电锯艺术。大多数人能接受约10%的偏差，不过偏差不太可能比这个数字更大了。由于我们运用相同的估测手段度量东西方城市，大致的趋势还是相当可信的。根据这个体系，每获得1分，需要有106 800位居民，因此人口略微超过1 000就可以得0.01分，这是我觉得值得输入指数的最小数字。正如第二章中所说的，西方最大的村庄在公元前7500年前后就达到了这一水平，而东方则是在公元前3500年前后。在这些年份之前，东西方都是零分（分数表见附录）。

再来谈谈能量获取，该参数提出了截然不同的问题。关于能量获取，最简单的方法是考虑人均能量获取，用每日获取能量的千卡数来表示。根据与城市化参数相同的步骤，从2000年开始，美国每日人均获取能量约22.8万千卡，这个数字是历史最高水平，得满分250分（本章前面提过，我所关注的并不是评判我们获取能源、建造城市、交流信息和发动战争的能力，只是对其进行度量而已）。2000年，东方最高人均获取能量是日本的10.4万千卡，得113.89分。

有关能量获取的官方数据，东方只能追溯到大约1900年，西方约为1800年。不过幸运的是，有很多方法可以补救。人体有基本的物理需求：每天至少需要从食物中得到约2 000千卡的能量才能正常运作。（个子较高或运动量较大的人需要更多，反之亦然。目前美国人均每日摄入3 460千卡，正如特大号腰带无情地揭示的，这远远超过了我们的身体所需。）如果你每天摄入的能量少于2 000千卡，力量、视觉、听觉等身体功能就会逐渐萎缩，直到死亡。日人均食物消耗不可能长时段低于2 000千卡，也就意味着最低的分值是2分左右。

不过，实际上，最低的分值总是高于2分的，因为人类消耗的大部分能量都以非食物的形式存在。在第一章里我们看到，50万年前，直立猿人可能就已经在周口店生火做饭了；10万年前，尼安德特人肯定如此，并且穿着动物毛皮。我们对尼安德特人的生活方式知之甚少，猜测得不会太准确，可是加上非食物能量来源，尼安德特人平均每天获取的能量应该多出至少1 000千卡，为他们赢得了大约3.25分。毫无疑问，较之尼安德特人，现代人类烹煮更多食物，穿更多衣服，并且使用木材、树叶、猛犸象骨和兽皮建造房屋——这些源于植物提供的化学能量，而后者又依赖于太阳的电磁能。即便是20世纪技术最落后的狩猎-采集社会，食物来源和非食物来源的总量每天也至少有3 500千卡。考虑到气候更加寒冷，他们冰期末期的远祖们每天肯定需要近4 000千卡，也就是至少4.25分。

我相信不会有哪个考古学家会在这些估测上纠缠不休，不过冰期狩猎者的4.25分和现代使用汽油和电力的西方的250分之间，有着巨大的差距。这期间发生了什么呢？考古学家、历史学家、人类学家和生态学家们群策群力，给出了一个很好的答案。

1971年，《科学美国人》杂志的编辑们邀请地球学家厄尔·库克写一篇名为《工业社会的能量流》的文章。他在文中放了一张图，显示了对狩猎-采集者、早期农耕者（指第二章中提过的公元前5000年西南亚的农夫）、后期农耕者（1400年前后的欧洲西北部农夫）、工业人群（位于1860年前后的欧洲西部），以及后20世纪"科技"社会的人均耗能的推测，耗能方式分成四类：食物（包括供食用的家畜的饲料）、家庭和商业、工业和农业，以及交通运输（图3.1）。这张图后来被多次引用。

近40年来，与历史学家、人类学家、考古学家和经济学家收集

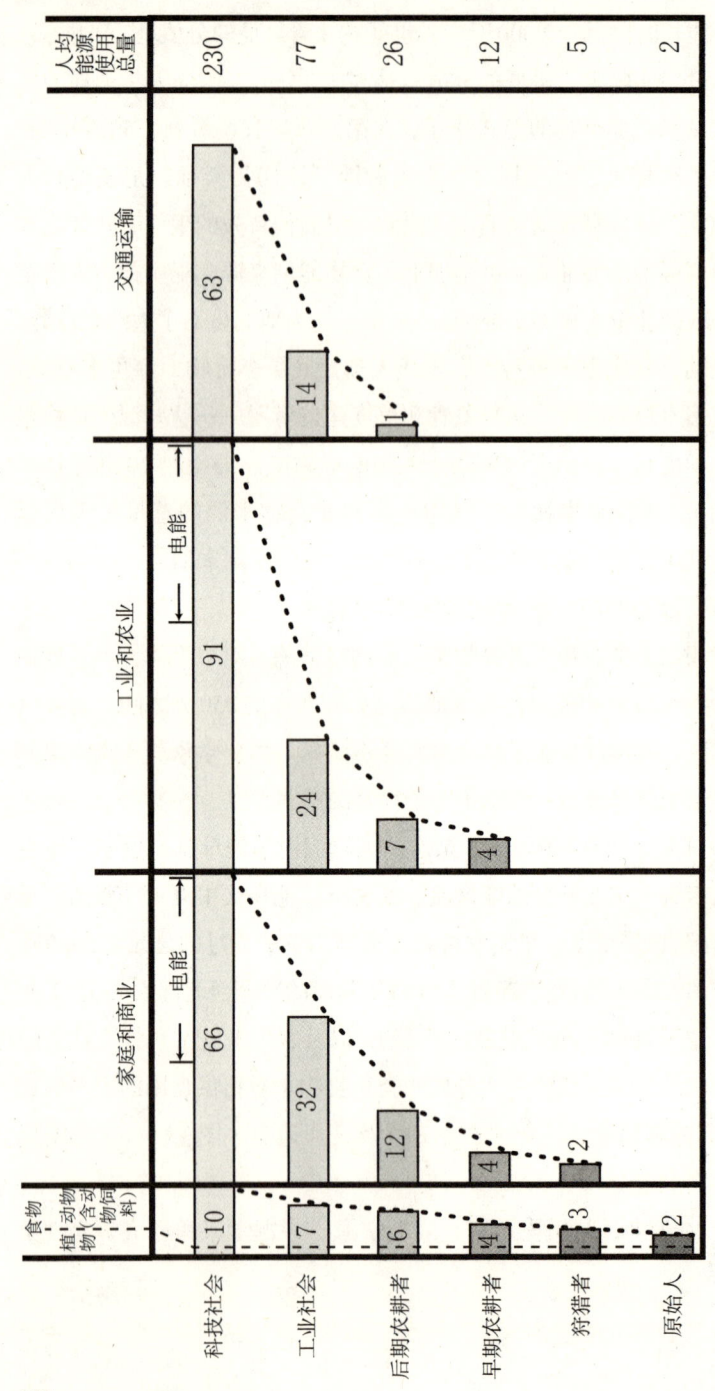

图 3.1 数字能量链：地球科学家厄尔·库克对从能人时代到 20 世纪 70 年代美国的单日人均能量获取的估计

的结果相比,库克的推测很站得住脚。★当然,他们只提供了一个出发点,但我们可以用东西方社会各个时期留存下来的详细证据,来研究实际社会在多大程度上背离了这些参数。有时候我们可以借助文本证据,但大多数时期,一直到前几个世纪,考古发现更为重要。譬如挖掘出的人和动物的骨骸、房屋、农耕工具、梯田和灌溉的痕迹,工匠的作坊和商品,以及运输这些产品的手推车、船只和道路的遗迹。

有时候,证据来得很意外。第一章和第二章着重描述的冰芯还显示了空气污染在公元前的最后几个世纪里增长了7倍,其中最主要的原因是罗马人在西班牙采矿造成了污染,过去十年对泥炭沼泽和湖里的沉积物的研究也证实了这一点。欧洲1世纪生产出的铜和银是13世纪时的9~10倍,这意味着能量需求极大——需要劳工挖矿,牲口运走煤渣;更多的劳工和牲口修建公路,建造码头,装卸货船,把金属矿石搬运到城里;用水车碾碎矿石;最重要的还是木材,井筒需要原木支撑,锻炉需要木炭燃料填装。通过这种独立的证据来源,我们可以比较不同时期的工业活动水平。直到11世纪,冰层的污染才降到罗马时代的水平(据中国文献记载,由于炼铁工人源源不断的需求,汴京附近山上的树木都被砍伐得差不多了,煤炭在史上首次成为一个重要的能量来源),直到19世纪,因为英国烟囱喷涌黑烟,污染的程度才再次远远超过罗马时代。

我想再次强调一下,我们正在进行的是一种电锯艺术。譬如,我估计在1世纪,罗马帝国鼎盛时期,日人均能量获取在31 000千卡左右。这要大大超过库克对后期农业社会26 000千卡的估计,不过考古学清楚地表明,与之后直至18世纪的欧洲人相比,罗马人吃更多肉,建造更多城市,开更多更大的商船。这样说来,罗马的能量获取与我

★ 对于库克的数据,我只做了一个实质性的修改。我认为他过高地估计了植物驯化初期西南亚地区的能量占有增长率。他提出的公元前5000年前后,日人均耗能12 000千卡的"早期农业"时期的数字,应该更符合公元前3000年前后的水平。

的估计肯定会有5%的偏差。不过，因为我在附录中提到的原因，误差应该不会超过10%，肯定不会达到20%。库克的框架以及详细的证据使得估测产生的误差不会很大，而且正如城市化的得分，由于所有的推测工作都是由同一个人完成的，使用的原理也是相同的，这就意味着即使出现错误也是有一致性的。

信息技术和战争也有自己的困难（附录中的讨论较为简略，在我的网站上有详细讨论），但这两个参数与城市化和能量获取采用同一原理，或许产生的误差也是一样的。正如我在附录中讨论的，分值达到15%甚至20%的系统性错误，才会对社会发展的基本模式造成实质的影响，但如此巨大的误差是有悖于历史证据的。最终唯一确定的方法是，让其他历史学家提出自己的数字，他们或许更倾向于其他参数，或是使用其他计分方式。

50年前，哲学家卡尔·波普尔主张科学的进步是"推测与辩驳"[16]的过程，遵循"之"字形路线：一个研究者抛出一个观点，其他学者争先恐后地进行反驳，在这个过程中提出更好的观点。我认为，这一过程同样适用于历史。我相信任何符合证据的指数得出的模式都会与我的差不多，但如果我错了，其他人发现这个计划有不足之处，那就希望我的失败能鼓励他们找到更好的答案。再借用一次爱因斯坦的话，"对任何理论来说，其最好的命运……莫过于能为一个其所依赖的更全面的理论的提出指明方向"[17]。

度量的时间和地点

最后有两个技术问题。第一个问题是，我们应该多久计算一次分数。如果愿意的话，我们可以追踪自20世纪50年代至今的每年甚至每月的社会发展变化。不过，这样有多大意义值得怀疑。毕竟，我们希望看到很长时间跨度下的历史的整体架构，为此，每100年给社会发展把一次脉应该就足够了。这一点也是接下来我想要证明的。

然而，当我们回顾冰期末期，若是每隔100年观察一次社会发展，这既不可能，又没有多大价值。公元前14000年的情形和公元前13900（或13800）年没多大区别，部分是因为我们没有足够的实质证据，部分是由于变化本身发生得就很缓慢。因此，我根据时期的不同来调整度量的间隔。在公元前14000—前4000年，每1 000年度量一次社会发展。在公元前4000—前2500年，证据的质量有所提高，改变也有所加快，因此我每500年度量一次。在公元前2500—公元1250年，每250年度量一次。最后，在公元1400—2000年，每100年度量一次。

这样做也有风险，最明显的是追溯越早期的历史，变化就会显得越平缓。每1 000年或500年才计算一次分数，我们很可能漏掉一些有趣的发现。然而，事实上，在我所建议的范围里，我们没多少次能更精确地确定信息的年代。我不会放任不管，在第四章到第十章的叙述中将会填补尽可能多的空白，而我在这里使用的框架在我看来似乎在实用性和精确性之间实现了最佳平衡。

第二个问题是度量哪里。当你阅读前文时，或许会对我在核算"西方"和"东方"得分时，没有指明对自己所指的是世界的哪个部分感到吃惊。有时候我说的是美国，有时是英国，有时是中国，有时是日本。在第一章里，历史学家彭慕兰抱怨比较历史学家们常常歪曲了对西方主宰世界原因的分析，他们草率地把面积很小的英国和幅员辽阔的中国进行比较，然后就下结论说西方自1750年起就开始领先于东方了。他认为，我们必须比较规模相似的单元。我在第一章和第二章里对此做出了回应，把"西方"和"东方"具体定义为起源于黄河—长江流域和侧翼丘陵区的原始东西方农业革命的社会。不过现在得承认，那只是部分解决了彭慕兰的难题。在第二章中，我描述了农耕开始后的约5 000年的时间里，东西方地区令人惊叹的扩张过程，以及在侧翼丘陵区或长江流域等核心地区，和诸如北欧或朝鲜半岛等周边地区之间长期存在的社会发展的差异。那么，当我们为社会发展指数计算分值时，应该关注东西方的哪些地区呢？

我们可以尝试研究整个东西方地区，尽管那就意味着，譬如，1900年的分值将综合考虑工业时期英国浓烟滚滚的工厂和轰隆作响的机器、俄国的农奴、墨西哥的苦工、澳大利亚的牧场工人，以及广阔西方地区各个角落的群体。我们需要为整个西方地区制定一种平均的综合性的发展分值，对东方亦然，然后对之前历史上的各个时期重复同样的过程。这样做太过复杂，且不实际，我怀疑它根本就没什么意义。当解释西方为什么能主宰世界时，最重要的信息一般来自比较各个地区最发达的部分，即由最密集的政治、经济、社会和文化交流联系起来的核心地区。社会发展指数需要度量和比较的是这些核心地区内部的变化。

然而，我们将在第四章到第十章看到，核心地区会随着时间发生迁移和改变。西方核心地区的地理位置在公元前11000—公元1400年是很稳定的，基本保持在地中海东岸。在公元前250—公元250年前后，罗马帝国向西扩张，吞并了意大利。除此之外，核心地区一直在如今伊拉克、埃及和希腊组成的三角形区域里。从1400年起，核心地区不断向西、向北移动，首先在意大利北部，然后到西班牙和法国，再扩大到囊括英国、比利时、荷兰和德国。到1900年，核心地区横跨大西洋；到2000年，固定在了北美。东方的核心直到1850年之前一直保持在黄河—长江地区，尽管在公元前4000年前后中心向黄河流域的中原转移，公元500年后又转向长江流域，公元1400年之后又逐渐转向北方。到1900年，核心地区扩展到日本，2000年扩大至中国的东南部（图3.2）。目前为止我只是想说明，所有的社会发展指数得分都反映了这些核心地区的社会状况，至于这些核心地区转移的原因，我们将在第四章到第十章重点讨论。

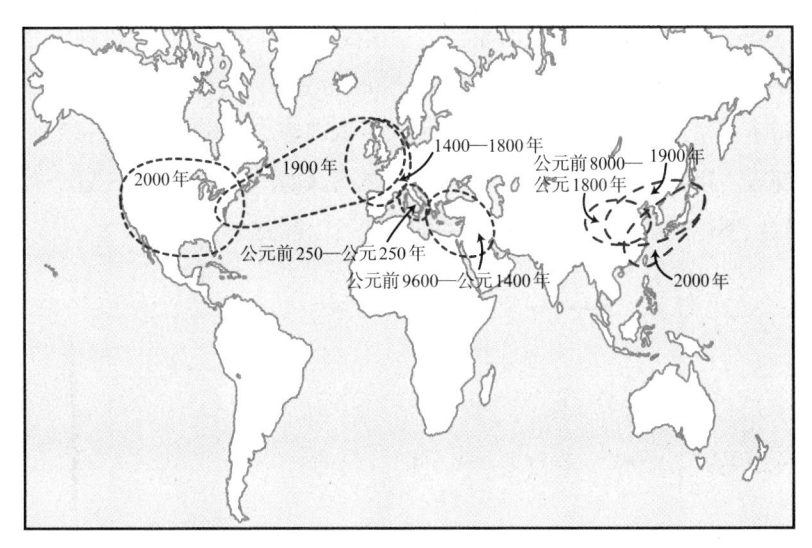

图3.2 权力中心的转移：自冰期末期以来，东方和西方最发达核心地区时快时慢的地理转移

过去的模式

游戏规则就介绍到这里，下面来看一些结果。图3.3显示了自冰期末期地球变暖以来的16 000年的分值。

在这么多铺垫之后，我们看到了什么呢？坦白说，并没有看出多少东西，除非你的视力比我的好很多。东方和西方的曲线靠得如此之近，以至难以区分，而且它们直到公元前3000年才勉强离开图的底部。即便如此，也是直到几个世纪之前才有大的变化，两条线几乎都是突然出现90度转折，直线向上攀升。

这个图看起来很让人失望，事实上却告诉了我们两件十分重要的事。第一，东西方社会发展并没有太大差别。以我们所观察的尺度看，二者在历史上大多数时候都无法区分。第二，过去的几个世纪里发生的深刻变化，是迄今为止史上最迅猛、最伟大的转变。

要想获取更多信息，我们需要换个角度观察这些分值。图3.3的缺点在于，由于20世纪时东西方的曲线陡然攀升，为了在纵轴上显示出公元2000年的分值刻度（西方906.38分，东方565.44分），就不得不把早期过低的分值压缩到肉眼难辨的程度。所有想显示增长的加速较之以前是成倍增长而非简单增加的模式的图表，都会存在这个问题。不过幸运的是，有个很简便的方法可以解决这个难题。

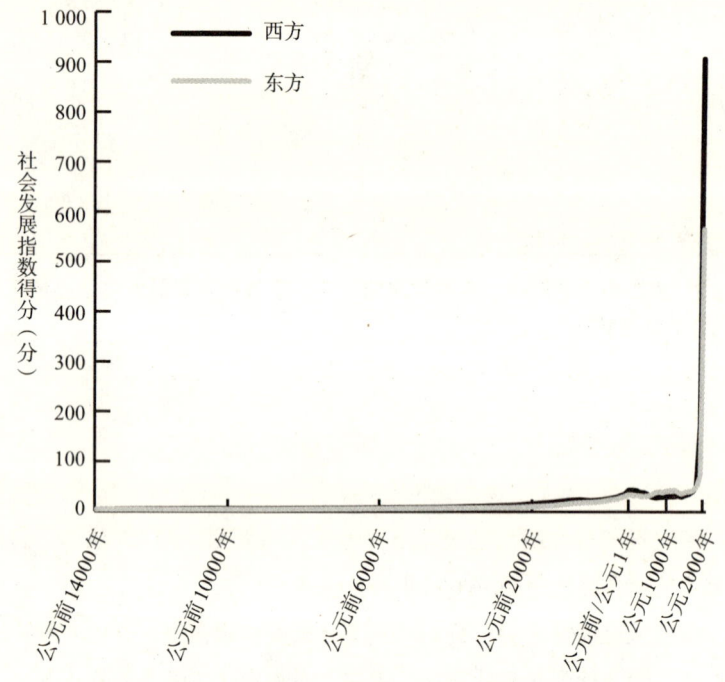

图3.3 计分：公元前14000年以来的东西方社会发展

设想一下，我想买杯咖啡，却没有钱。我从本地的黑帮老大那里借了1美元（假设那时1美元还是能够买到一杯咖啡）。当然了，他是我的朋友，所以只要我在1周以内还给他，就不收利息。不过，要是我超过了期限，债务就会每周翻一番。不用说，我逾期了，所以现在我欠他2美元。我天生对理财少根筋，又拖了1周，也就是欠了4美元。接着又过了一周，欠款变成了8美元。我出了城，把这件事忘得一干二净。

158

图3.4显示了我的债务变化。正如图3.3，很长一段时间内没有多大变化。直到大约第14周时，代表利息的曲线才变得清晰，而那时我的债务已经累积到了令人咋舌的8 192美元。第16周，债务拉升至32 768美元时，曲线终于完全离开了图的底部。到第24周，等到黑帮找上门时，我已经欠了8 260 608美元的巨款。这真是史上最昂贵的一杯咖啡了。

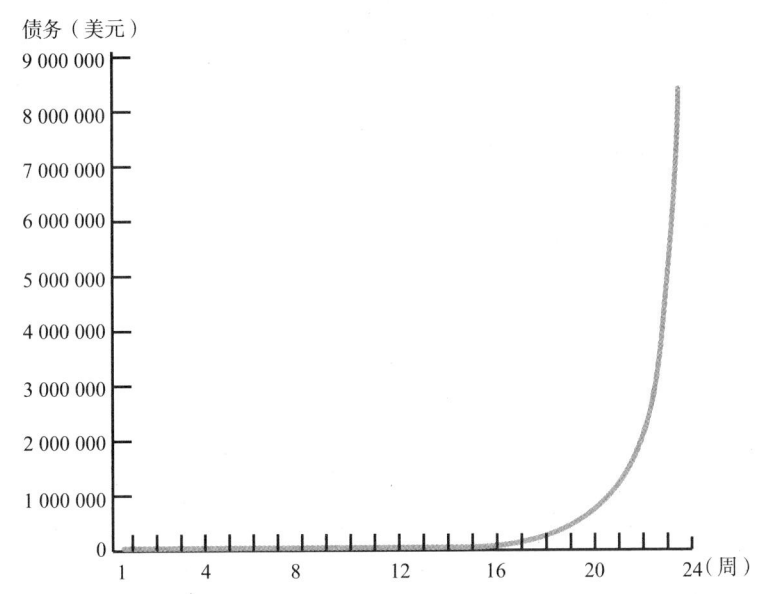

图3.4 800多万美元的咖啡：传统图表显示的复利情况。虽然咖啡的价值在14周内由1美元升至8 192美元，但直到第15周，这场财务危机才趋明显

当然，按照这个标准，我的债务在前几周的增长实在微不足道，从1到2到4，再到8美元。可是假如我买了那杯咖啡后的一个月左右，碰到了黑帮老大手下的一个小喽啰，那时我的债务是16美元。假设我没有16美元，但给了他5美元。考虑到自身安全，我坚持每周偿还5美元，持续了4周，可接着就又一走了之了。图3.5中的黑线代表一分未还的情况，而灰线则代表坚持5周，每周还5美元之后的债

务增长情况。我那杯咖啡最后仍然花了不止300万美元，但仍不到我一分未还情况下的欠债金额的一半。这至关重要，然而在图中却无法看到。从图3.5中无法得知为什么在结尾处灰线比黑线低那么多。

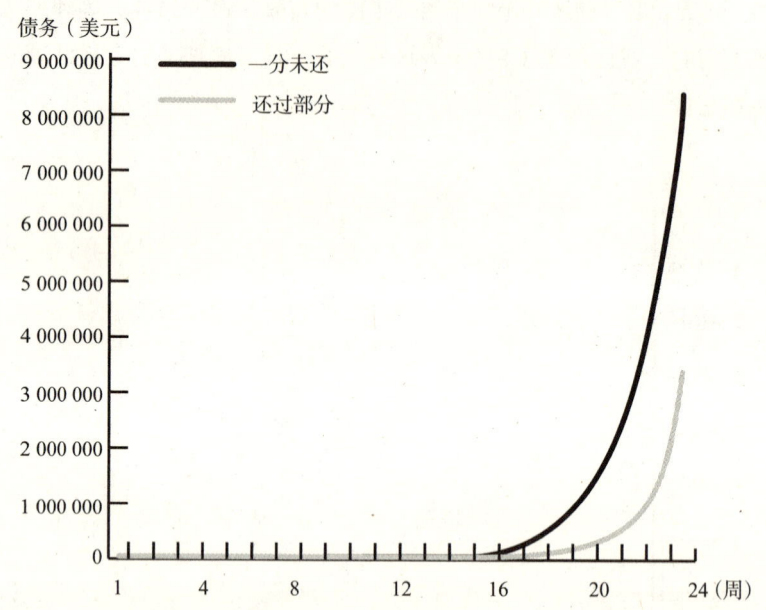

图3.5　一种不是很有力的表现方式：黑线显示的是与图3.4相同的债务累积情况，而灰线则表现了第5~9周的小额还款后的状况。传统的线性-线性图中无法显示这些关键的还款情况

图3.6从另一个角度描述了我的破产。统计学家们把图3.4和图3.5叫作"线性-线性图"，因为每条轴上的刻度都是以线性增长的，也就是说，过去的每周在横轴上占据相同的长度，债务增长的每一美元在纵轴上也占据相同的高度。对比之下，图3.6在统计学中被称为"对数-线性图"。时间在横轴上也是以线性单元分配的，但纵轴是以对数的方式记录我的债务，意味着图的底部轴线和第一条水平线之间的空间代表了我的债务从1美元到10美元的10倍增长，第一条和第二条水平线之间的空间意味着又涨了10倍，从10美元到100美元，然后再涨10倍，从100美元到1 000美元，如此反复，一直到最顶部的1 000万美元。

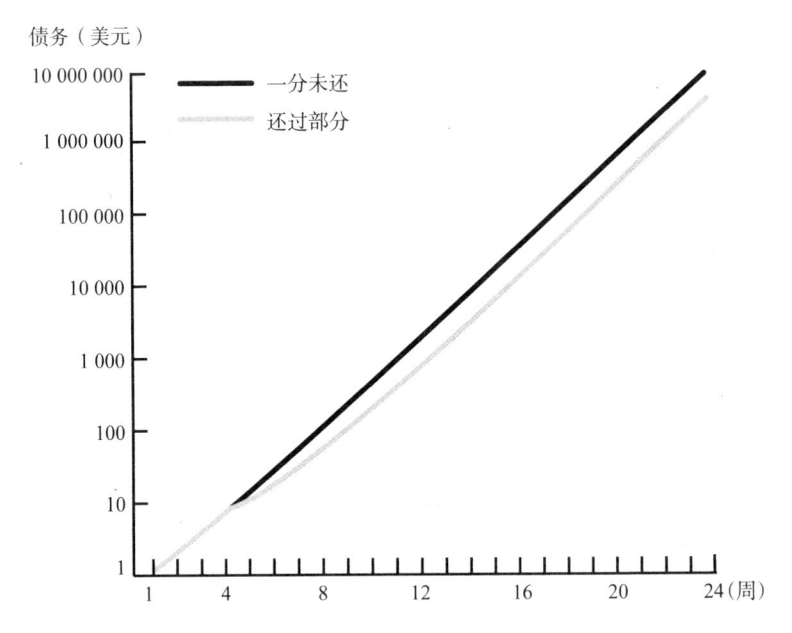

图3.6 预示破产的平滑直线：对数-线性标尺表上的债务增长。黑线显示从未还款时债务的稳定翻倍，而灰线表现了第5~9周小额还款的影响，以及之后停止偿还时又回到翻倍增长的状态

政治家和广告商们精于用数据误导人们。早在一个半世纪之前，英国首相本杰明·迪斯累里就曾有感而发："谎言有三种：无伤大雅的小谎、糟糕透顶的大谎和统计数字。"[18]图3.6或许就证明了他的话。不过与图3.4和图3.5相比，它实际上只是关注了我债务的另一个方面。使用线性-线性标尺很好地表现了我债务的糟糕程度，对数-线性标尺则清楚地显示了原因。图3.6中的黑线平滑，说明未作偿还时，我的债务稳定地增长，每周翻一番。灰线显示4周的翻番之后，我的一系列5美元还款是如何减缓，却并没有停止债务增长的。当我停止偿还时，因为债务再一次每周翻番，灰线再一次上升到与黑线平行，但最后并没有涨到黑线令人眩晕的高度。

政治家和统计学家们并不总是在撒谎，只是根本没有一种完全中立客观的方式可以表现政治和数字。每句新闻陈述、每张图表，都强调了事实的某些方面,而淡化了另外一些方面。因此,图3.7用对数-线性标尺显示了公元前14000—公元2000年的社会发展指数得分,与图3.3的线性-线性版本相比,同样的分数却给人以截然不同的印象。图3.7比图3.3更有揭示性。近几个世纪里社会发展的飞跃十分真实,清晰明了,再多巧妙的统计手法也无法掩饰。但在图3.7中它并没有像图3.3那样突兀。当曲线开始向上攀升时(西方大约在1700年,东方在1800年前后),两个地区的分值已经比曲线左半部分高出10倍左右了。这个差别在图3.3里很难看出来。

图3.7表明,解释西方主宰世界的原因就意味着要同时回答几个问题。我们需要知道为什么社会发展在公元1800年之后会突然发生飞跃,达到的水平之高(接近100分),使得一些国家能够向全球范

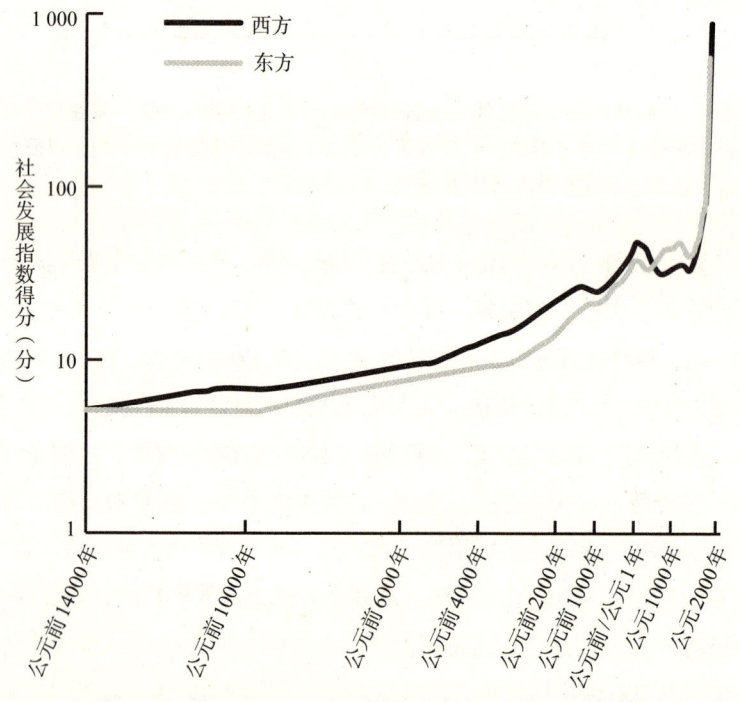

图3.7 对数-线性标尺表现的公元前14000—公元2000年的社会发展情况。这种表现方式十分有效,突显了东西方的相对增长率,以及在1800年以前几千年的变化的重要性

围投射威力。在发展达到这样的高度之前，即便是地球上最强大的社会，也只能统领自己的那一部分地区。然而，19世纪的新技术和制度使其把地方统治变成全球性统治。当然，我们也需要弄清楚为什么西方是第一个迈过这一门槛的地区。不过，要回答这两个问题，我们还需要理解在此前的14 000万年里，社会发展增长如此之大的原因。

图3.7揭示的还不止这些。它还表明东西方的分值实际上并不是直到几千年前才开始有差别的：从公元前14000年起，西方的分值就在90%的时间里比东方高。这似乎是对短时段偶然论的一个挑战。西方自从1800年开始就处于领先地位，是对长时段注定论的一种回归，并不是什么古怪的异常现象。

图3.7虽然并没有否认短时段偶然论，但的确意味着短期理论想站住脚需要更加周密，要同时能够解释冰期末期的长期模式，以及公元1700年以后发生的事。不过，从这些模式看来，长时段注定派也不能高兴得太早。图3.7清楚地显示出西方的社会发展指数得分并不是始终领先于东方。两条线在公元前的第一个千年里不断趋近，在541年相交，之后直到1773年，东方一直居于领先地位。（当然这些日期精确到难以置信，取决于我计算的社会发展指数得分是否完全正确。最合理的说法应该是，东方的分值在6世纪中期超过西方，而西方在18世纪后期重获领先地位。）东西方分值在古代曾趋近，东方在社会发展上领先世界1 200年，这些都不能证明长时段注定论的错误，正如西方在冰期末期以来几乎一直领先，也不能推翻短时段偶然论一样。但是，这些事实意味着成功的理论需要更加周密详备，需要考虑到比目前所提供的还要广泛的证据。

在结束对这些图表的研究之前，还有几个模式值得提一下。在图3.7里可以看到，而在图3.8中更加清晰。这是个普通的线性-线性图，不过只覆盖了公元前1600—公元1900年的3 500年的时间。截去公元2000年的高分部分，我们就可以伸展纵轴，从而看到早期的分值。缩短时间跨度，可以拉长横轴，使横向改变更加清晰。

163

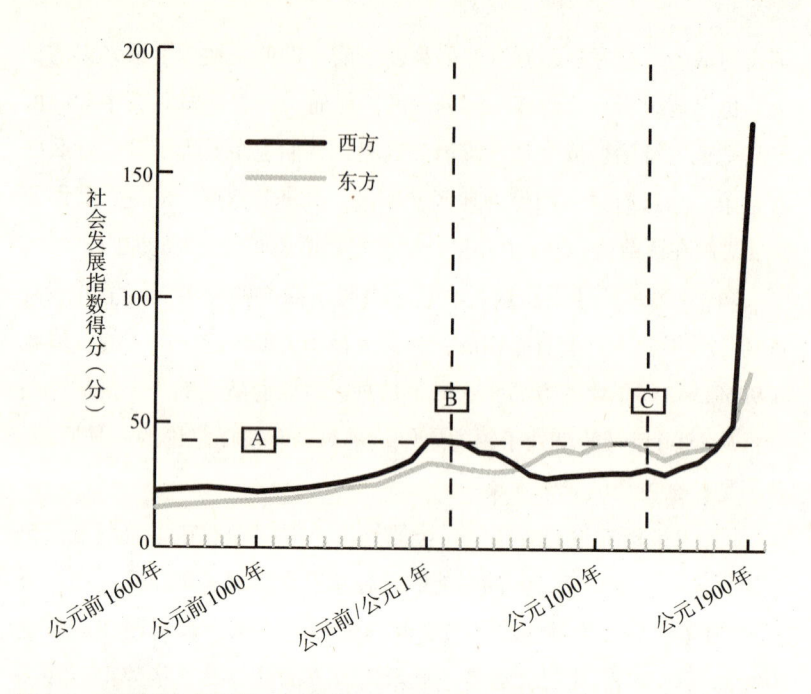

图3.8 跨越时空的曲线：以线性-线性图表现的公元前1600—公元1900年的3 500年里的社会发展情况。A线代表可能存在的43分门槛，阻挡了公元后第一个世纪西方罗马帝国和1100年前后中国宋朝的持续发展。直到1700年，东西方有所突破。B线表现了公元后第一个世纪里东西方分数下降的潜在联系。C线显示了1300年前后开始的东西方的另一潜在关联

这张图让我印象深刻的有两点。首先，在1世纪，西方的最高分在43分左右，公元100年后开始缓慢下降。再向右边看一下，就会发现东方的最高分是1100年的42分左右，是北宋的鼎盛时期，然后出现了类似的下降。再往右，在1700年前后，东西方的分数都降到了40分以下，不过这一次并没有停滞，而是加快了速度。100年后，西方的曲线随着工业革命的开始而攀升。

是否存在某种"40分门槛"阻止了罗马和北宋的发展呢？我在前言中提到过，彭慕兰在他的书《大分流》中主张，18世纪时，东西方都遇到了生态瓶颈，这按理会导致社会发展的停滞和倒退。可事实并非如此，彭慕兰认为，这种现象的原因是英国（主要靠运气而非

判断）把掠夺新大陆的成果和化石燃料的能量结合起来，从而突破了传统的生态瓶颈。有没有可能，罗马和北宋的社会发展低于40分时，也遇到了类似的瓶颈，却未能突破？若当真如此，在过去的2 000年历史里，主导的模式或许是长时段波动，庞大的帝国/帝制国家分值攀升到近40分，然后又跌回来，直到18世纪特殊事件的发生。

图3.8让我印象深刻的另一点是我们既可以在上面画横线，又可以画竖线。可以画竖线的最明显的地方是在1世纪，东西方分数都处于顶峰，虽然东方得分与西方有不小的差距（34.13分和43.22分）。与其只关注西方上升到40分区间的峰值，或许我们应该不管它们所达到的水平，而是去寻找影响旧世界两端，致使罗马和中国汉朝的社会发展指数得分下降的事件。

在1300年前后我们还可以画一条竖线，东西方得分再一次遵循类似的模式，尽管这一次是西方的分数低了很多（30.73分和42.66分）。东方的分数已经下滑100年了，西方这时也加入了进来，直到公元1400年之后两条曲线才有所回升，在1700年前后开始加速上升。同样，与其关注18世纪早期触及40分区间的峰值分数，我们或许应该寻找是什么全球性事件，在14世纪沿着相同的轨迹推动了东西方的发展。或许正如彭慕兰总结的，工业革命首先发生于西方并不纯粹是巧合，而是东西方其实都在朝着这场革命的方向前进，但西方凭借对14世纪发生的事件的反应，获得了微小的优势，这对其抢先到达18世纪的飞跃点具有决定性意义。

在我看来，图3.3、图3.7和图3.8说明了长时段注定论和短时段偶然论都存在的一个缺点。一小部分理论家关注农业革命初期的事，大多数则研究最后的那500年。因为其中的几千年大体上被忽视了，所以当观察整个历史架构时，对突然出现的那些陡增、放缓、崩溃、趋同、超越，或水平天花板以及垂直连接等现象，他们甚至很少尝试解释。坦白说，那就意味着这两种方法都不能解释西方主宰世界的原因。这样一来，二者就都无法回答隐藏于其后的问题——接下来将会发生什么。

斯克鲁奇的疑问

在查尔斯·狄更斯的小说《圣诞颂歌》的高潮部分,圣诞未来之灵把埃比尼泽·斯克鲁奇带到一个杂草丛生的教堂墓地。圣诞未来之灵静静地指向一个无人打扫的墓碑。斯克鲁奇知道自己的名字将出现在那里,他知道自己将长眠于此,孤独冰冷,被人遗忘。"这些幻影是一定会实现的事情,还是可能会发生的事情?"[19]他呼喊道。

我们也可以对图3.9提出同样的问题,它显示了20世纪东西方社会发展的增长率,并预测了东西方的未来。★东方曲线在2103年与西方交叉。到2150年,西方的主宰地位就将结束,其繁盛将如尼尼微和提尔一样成为历史。

西方的墓志铭同斯克鲁奇的一样清晰:

西方主宰
1773—2103
愿灵安息

这些幻影真的是必定会发生的事情吗?

斯克鲁奇在面对自己的墓志铭时,跪倒在地。"行行好吧,圣诞未来之灵,"他祈求道,紧紧抓住圣诞未来之灵的手,"告诉我,如果我现在改变自己的生活,你给我看的未来幻影也会改变!"圣诞未来之灵没有回答,但斯克鲁奇自己悟出了答案。他被迫同圣诞过去之灵和圣诞现在之灵一起度过了一个糟糕的夜晚,因为他需要从他们那里

★ 我为2000年设定的最高分是1 000分,当然这并不意味着以后不会有更高的发展水平。按照我的计算,2000—2010年,西方发展指数从906分上升到了1 060分,而东方从565分升至680分。

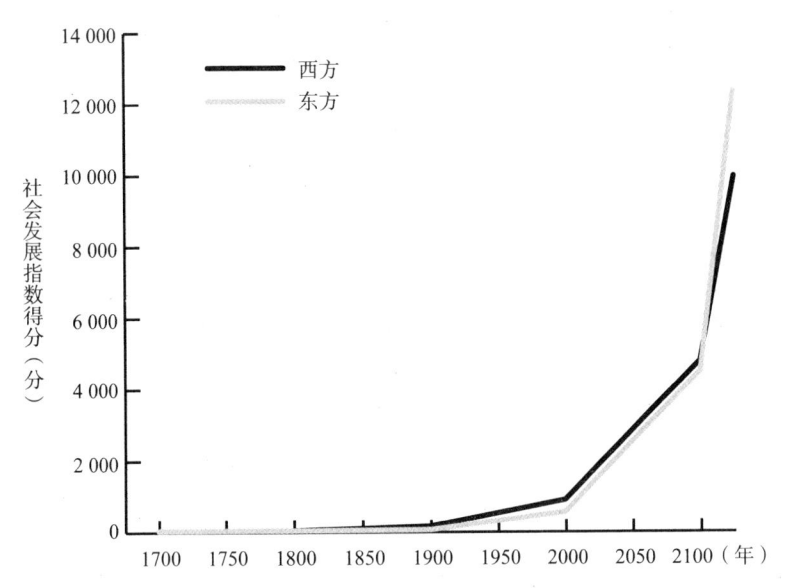

图3.9 即将发生的？如果把20世纪东西方社会发展速度延伸至22世纪，可以看到东方将于2103年重获领先地位（在对数-线性图中，东西方曲线从1900年起都是直线前进，表明增长率不变。本图为线性-线性图，所以两条线都急剧上升）

学到什么。"我会吸取教训的，"斯克鲁奇保证道，"噢，告诉我，我可以把这个石头上的字抹掉！"

在前言中，我说过，在分析西方主宰世界的原因，特别是接下来会发生什么的人当中，自己属于少数派，因为我既不是经济学家，也不是现代历史学家或政治学家。借着斯克鲁奇的比喻，我认为由于讨论中缺少历史学家，我们陷入了只与现在圣诞之灵对话的误区。我们需要把过去圣诞之灵也请回来。

为此，本书的第二部分（第四章到第十章）将以一个历史学家的角度，讲述东西方过去几千年的故事，试图解释社会发展产生变化的原因；在第三部分（第十一章和第十二章），我会把这些故事串起来。我相信，这不仅能解释西方主宰世界的原因，也能告诉我们接下来会发生的事情。

WHY THE WEST RULES—FOR NOW
The Patterns of History, and What They Reveal About the Future

第二部分

是什么解释了东西方的相似与差异

第四章
东方后来居上

盲人摸象

南亚有盲人摸象的古老故事。一个人抓住象鼻,说这是一条蛇;另一个人摸象尾,认为这是一根绳;第三个人靠着象腿,得出这是一棵树的结论。在读到关于西方为什么主宰世界的长时段注定论和短时段偶然论时,我们不免会想到这个故事,长时段注定派和短时段偶然派就像那些盲人,只摸到了大象的一部分,却误认为这就是整个大象。相比之下,社会发展指数能让我们看到事物的真面目,因此也就不会再有关于蛇、绳、树的错误判断了。每个人都必须认识到,我们只摸到了大象的一部分。

图4.1总结了第二章内容。最后一个冰期末期,气候和生态因素导致西方社会发展比东方起步早,虽然经历了新仙女木事件这一气候灾难,但是西方还是明显地领先于东方。不可否认,早至公元前10000年前,我们的电锯艺术的确十分粗糙。在东方,很难发现在长达4 000年的时间里有任何可度量的社会发展变化,即使西方社会在公元前11000年比公元前14000年发展程度高,我们也无法找到社会发展变化的微妙痕迹。虽然这些社会发展指数得分不能反映太多情况,但是有数据总比没有强,而且这些分数反映了一个重要的事实:正如长时段

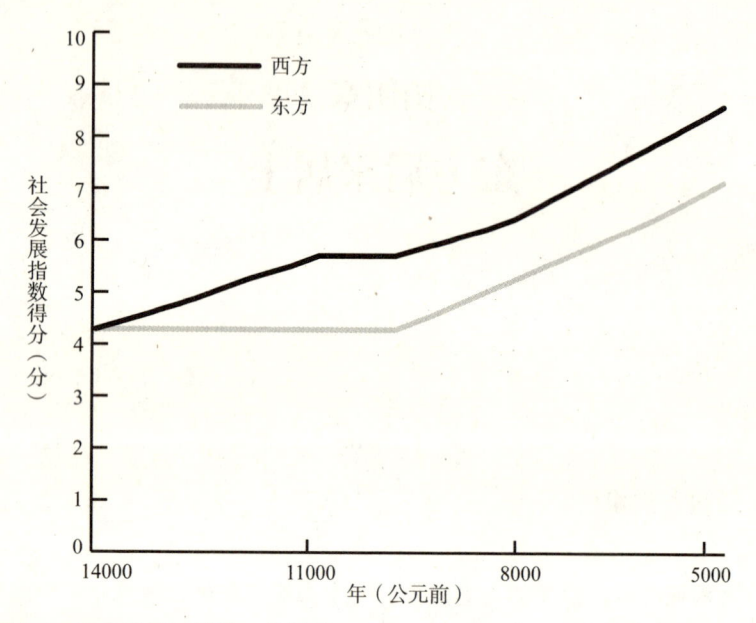

图4.1 至今的发展形势：公元前14000—前5000年，西方社会发展处于领先地位，第二章已对此做出阐述

注定论所预测的，西方一开始就抢先了一步，并一直处于领先地位。

但是图4.2就没有图4.1那么简单了，图4.2继续描述公元前5000—前1000年的社会发展。它和图4.1的差别就像绳和蛇的差别一样大。两幅图的相似之处在于：两幅图中，东西方都继续向前发展，相差不大，但西方的发展总是领先于东方。但是，两者的差别也一样明显。首先，图4.2的发展曲线比图4.1上升得更快。在公元前14000—前5000年的9 000年间，西方的社会发展指数得分翻了一番，东方上升了2/3，但是在接下来的4 000年间（是图4.1所覆盖时间段的一半不到），西方的社会发展指数得分增加了两倍，东方增加了约1.5倍。其次，我们看到，公元前1300年后，西方社会发展势头在历史上首次下滑。

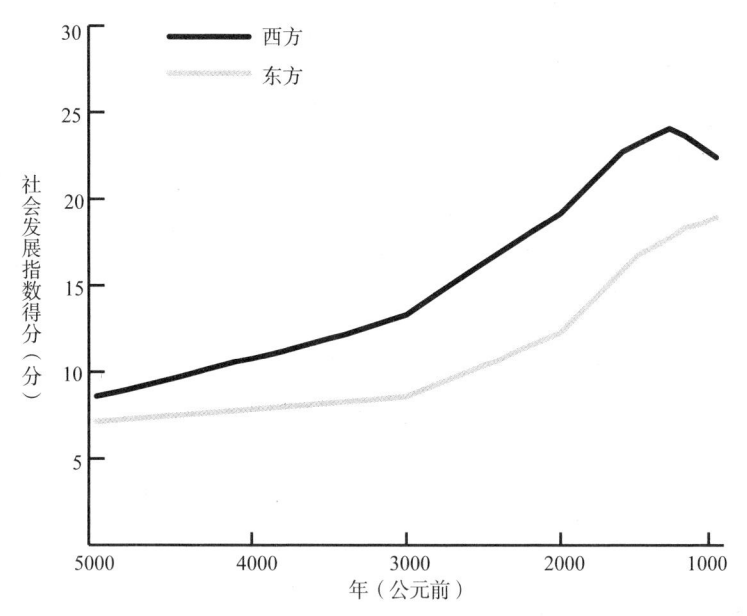

图4.2 东西方继续向前发展，差距先拉大，后缩小：公元前5000—前1000年，东西方社会的加速、分化和趋同

我试图在本章解释这些事实。我认为，西方的加速发展和公元前1300年后的下滑，事实上是同一过程的两个方面，我把这个过程叫作"发展的悖论"。在接下来的几章中，我们会看到，在解释西方为什么主宰世界，和告诉我们接下来会发生什么方面，这个悖论发挥了主要作用。但在这之前，我们需要研究在公元前5000—前1000年发生了什么。

向神求助

公元前14000—前5000年，西方社会发展指数得分翻了一番，农村从侧翼丘陵区发展蔓延至亚洲中部和大西洋沿岸。然而，公元前5000年，虽然离侧翼丘陵区仅数天步行路程，"两河流域的土地"美

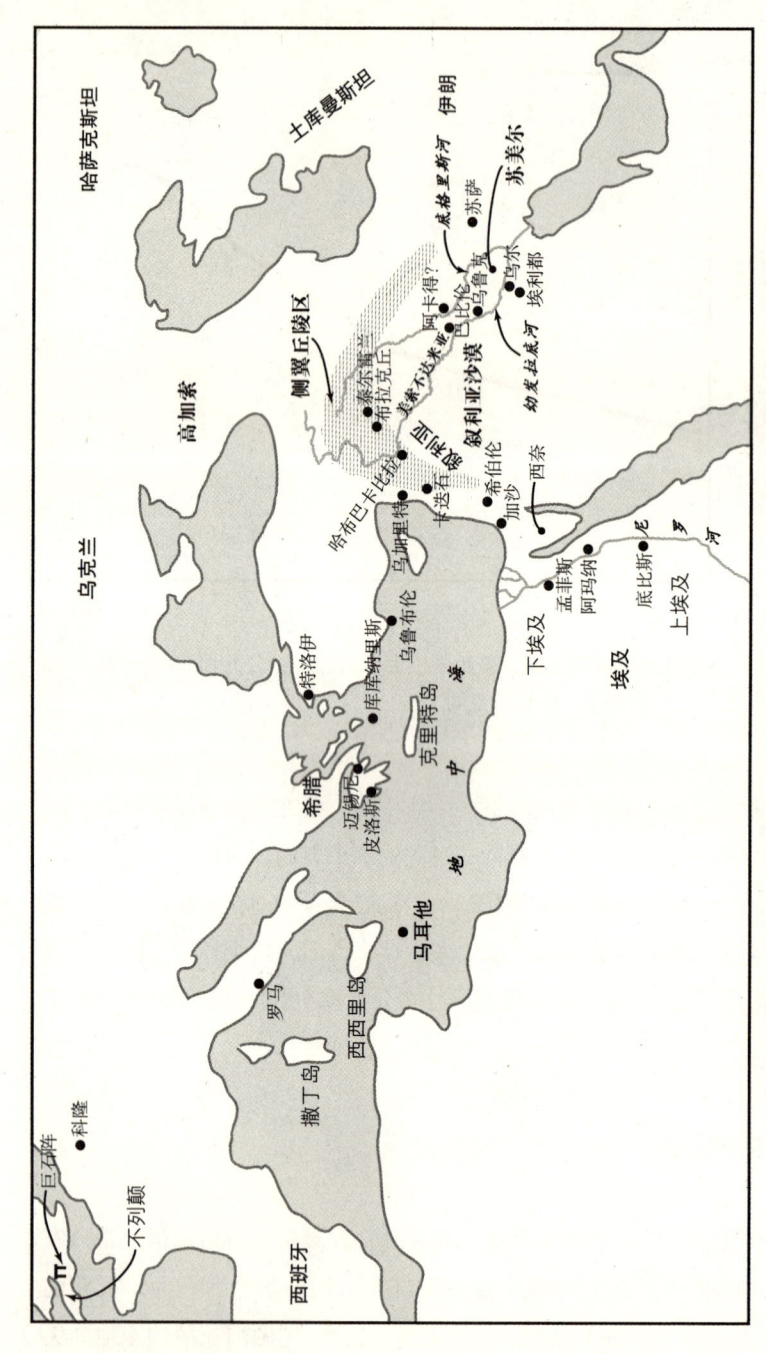

图 4.3 西方核心地区的扩张，公元前 5000—前 1000 年：本章提到的地点和区域

索不达米亚（今伊拉克）还是几乎没有出现农业（图4.3）。

从某种程度上来说，这并不奇怪。2003年以来，因为各种新闻报道，我们对伊拉克的恶劣环境十分熟悉。夏天气温高达近49摄氏度，几乎不下雨，周围呈现荒漠化。很难想象农民居然会选择在那里居住，而在公元前5000年前后，美索不达米亚甚至更热、更潮湿，农民的主要问题不是如何寻找水源，而是如何有效利用水。印度洋季风会带来一些雨水，但不足以支撑农业发展。然而，如果农民能控制幼发拉底河与底格里斯河的夏季洪水，适时引流至田地，灌溉庄稼，那么此处的前景一片光明。

那些把农业生活方式传至欧洲各地的人，以及从周围人那里学到农业耕作方法的人，不断修正传统农艺，适应新环境。但是，有些农艺只适用于侧翼丘陵区的雨养农业，要让其适用于美索不达米亚的灌溉农业，仅仅进行修正是不够的。农民不得不从零开始。经过20代人的努力，他们改善了运河、沟渠和蓄水池，不但使美索不达米亚边缘耕地渐渐充满生气，而且使其比侧翼丘陵区更多产。他们改变了地理的含义。

经济学家有时候把这个过程叫作"探索后发优势"。当人们将一项适用于发达核心地区的技术应用于欠发达的边缘地区时，有时候能使这项技术得到更好的应用，推动边缘地区成为新的核心地区。公元前5000年，这样的事情在美索不达米亚南部地区发生了，纵横交错的运河滋养了一些当时世界上最大的村庄，供养了大约4 000人。这么多人可以建造更宏伟的神庙。在一个名为埃利都的村庄，我们发现了建于公元前5000—前3000年的层进式神庙，这些神庙以砖为平台，具有相同的建筑结构，并且随着时间的推移，越造越大，装饰得也越来越华丽。

美索不达米亚积累了如此多的优势，以至古老的核心地区侧翼丘陵区开始效仿这个洪积平原上充满活力的新社会。公元前4000年前后，生活在伊朗西南部靠近侧翼丘陵区的平原的苏萨居民甚至超越了埃利都居民，用砖块建造了一座约76米长、约9米高的平台。虽然19世纪的挖掘者考古技术还不够精湛，在挖掘这个遗址时破坏了证据，但是我们可以推断，这个平台在当时可能支撑着一座宏伟的神庙。然而，即使是这些考古学家，也不会错过这些越来越复杂的组织的迹象，包括世界上最早的铜饰，标志着货物受到行政控制的印章或泥印，以及一些被专家认定为"祭司王"的画像。考古学家通常认为，苏萨比周围的村庄要大得多，它是地区首领的居住地，偏远村庄的村民可能到苏萨来敬拜神灵，敬奉首领，并用食品交换饰物和武器。

当然，村民也可能没有这样做，从如此挖掘不力的遗址中很难判断。但是考古学家不得不依靠苏萨来理解这段时期的历史，因为同时代的美索不达米亚的村庄经历了6 000年的幼发拉底河与底格里斯河的洪水，被深深地埋在了淤泥之下，难以被发掘（此外，还有一个明显的原因是，自从1979年伊朗伊斯兰革命爆发，或者自从萨达姆·侯赛因在1990年侵略科威特，在伊朗和伊拉克境内几乎没有新研究开启）。公元前4500年后，在幼发拉底河与底格里斯河，类似的改变可能正在发生，但是直到公元前3800年，它们才显现出来，并被日后的考古学家捕捉到。

关于村庄越来越大、越来越复杂这个问题，还存在争议。公元前第六个千年内，当农民开始搬到美索不达米亚时，由于地球公转轨道不断变化，自转也不稳定，全球进入了史上最热、最潮湿的时期，但是到公元前3800年，世界又开始降温。你可能误以为这对美索不达米亚农民来说是个好消息，但更凉爽的夏季意味着能带来降雨的印度洋季风越来越弱，降雨越来越少，越来越难预测，美索不达米亚看起来就像干旱之地，正如我们在电视上看到的一样。问题一个个出现：春季降雨减少，意味着庄稼生长期变短，庄稼在每年夏天幼发拉底河与底格里斯河发洪水前成熟。美索不达米亚的农民2 000年来辛勤建立起来的农作系统再也无法运转。

气候变化使美索不达米亚人面临艰难的抉择。当沙尘侵袭田地时，他们可以逃避现实，继续自己的生活，但是无所作为是要付出代价的，饥饿、贫穷甚至饥荒会接踵而来。或者他们也可以迁移到不太依赖季风的区域，但农民无法轻易放弃打理得很好的土地。无论如何，侧翼丘陵区是最明显的去处，但是那里人满为患。2006年，考古学家在叙利亚东北地区的布拉克丘挖掘出两座公元前3800年的万人坑，埋葬的都是年轻人，他们明显是大屠杀的受害者。因此，让农民搬回拥挤且充斥着暴力的侧翼丘陵区，也不是一个有吸引力的选择。

如果美索不达米亚人都不采取任何措施，或者都逃跑了，那这个新的核心地区就会瓦解。但这时出现了第三个选择：人们可以抛弃他们的村庄，搬到美索不达米亚几个较大的地区。这看起来违反常理，因为如果庄稼收成减少，更多人挤在更小的空间会使事情变得更糟糕。但是，一些美索不达米亚人似乎想出了办法：如果更多人齐心协力，他们可以建造更大的灌溉系统，储存洪水，灌溉庄稼。他们可以供养更多矿工开采铜，让更多铁匠制造饰物、武器和工具，让更多商人将这些商品卖到周边地区。事实证明他们非常成功，到公元前3000年，青铜（铜和小部分锡的合金）在很大程度上代替了石头，成为新的武器和大多数工具的原料，很大程度上提高了战士和工人的效率。

然而，要达到这个目标需要有组织。中央集权就能解决问题。到公元前3300年，人们会在小泥板上刻下相关活动的记录，大多数考古学家将这些复杂的记录称为书写符号（即使现在也只有一小部分研究符号的专家才能看懂）。不会书写符号的小村庄的发展碰壁了，但是有一处（乌鲁克）发展成为一座真正的城市，大约有两万居民。

美索不达米亚人发明了管理、会议和备忘录——对现在很多人来说，这些东西是祸根，而不是人类成就的标志。然而，在接下来的几章中，我们就会更清楚，这些事物往往是社会发展最重要的动力。组织促使侧翼丘陵区的村庄、黄河两岸的村庄成为城市、国家和帝国/帝制国家，组织失败则导致这些城市、国家和帝国/帝制国家的失败。在我们的叙述中，管理者既是英雄，又是恶棍。

177

季风的减弱和管理的诞生肯定带来了痛苦。我们可以想象这样的画面：饥肠辘辘的败兵在灰蒙蒙的天空下没精打采地向乌鲁克走去，像连破车都没有的沙尘暴移民[①]，更不用提新政了。我们还可以想象，愤怒的村民拒绝将权力交给高傲的官僚，那些官僚企图征用前者的田地和庄稼，结果往往是使用暴力。这样乌鲁克就很可能分裂，很多与它竞争的城镇确实已经分裂了。

我们永远也不会知道古代管理者如何帮助乌鲁克渡过危机，但是考古学家怀疑，他们依靠神庙。很多证据都指向这一点，这些证据互相支持，就像北美印第安人搭建圆锥形帐篷的长木杆一样。比如说，考古学家在神庙遗址挖掘出成堆的大小相同的碗碟，这些碗碟被称作"斜沿碗"，可能被用来分配食物。最早刻有符号的陶片主要来自神庙，陶片上代表"配比额"的符号就是斜沿碗的草图。当文字系统发展至人们可以记录这些信息时，那些符号告诉我们，神庙控制着大片灌溉土地以及在这些土地上工作的劳力。

神庙如雨后春笋般迅速成为巨大的纪念碑，使建造这些神庙的群落相形见绌。长长的阶梯通向几十米高的围墙，祭司在其中与神灵进行交流。我们在第二章提到公元前第十个千年的神坛，如果说那是人们向神灵传达信息的扩音器，那这个公元前第四个千年的乌鲁克的宏大神殿就是一套能让齐柏林飞船乐队大显身手的扩音设备。诸神只有聋了才听不到人们的呼喊。

正是这些对神灵的呼喊让我开始对考古产生兴趣。1970年，我的父母带我去看电影，改编自伊迪丝·内斯比特经典著作《铁路边的孩子们》，故事创作于爱德华时代。我很喜欢这部电影，但这部电影前放的加片更让我心潮澎湃。在那天晚上之前，我痴迷"阿波罗11号"，想成为一位宇航员，但是这部根据埃里希·冯·丹尼肯的书《众神的

[①] 原文是Okies，在美国专指20世纪30年代，因沙尘暴而离开故乡俄克拉何马州的贫苦移民。此词是对他们的歧视用语，后被扩展用于指"贫穷的沙尘暴移民"。——编者注

战车》改编的低成本纪录片（勉强称得上纪录片），让我意识到考古是我必走的道路。

和亚瑟·C.克拉克在小说《2001：太空漫游》（与《众神的战车》均于1968年出版）中声称的一样，冯·丹尼肯也声称外星人在远古时代访问过地球，将重大秘密告知人类。然而，冯·丹尼肯与克拉克不同，他强调他一是没有胡编乱造，二是外星人多次造访地球。外星人激发了人们建造巨石阵和埃及金字塔，希伯来《圣经》和印度史诗描述了外星人的宇宙飞船与核武器。冯·丹尼肯坚持认为，早期文明中，一些国王声称自己曾和太空超人生物交谈，原因是这事的确发生过。

虽然证据不足（委婉的说法），但是这个说法很有经济效益，很多人对它坚信不疑，冯·丹尼肯的书卖了6 000万册。他现在仍有很多粉丝。几年前，我专心烤肉时，有人郑重指控我隶属某秘密考古集团，企图密谋掩盖这些事实。

人们常常批评科学家否认奇迹，但是他们这样做，是希望揭示真相。真相就是我们不需要太空超人来解释美索不达米亚的神一样的国王，也不需要《2001：太空漫游》中的场景来解释智人的进化。自从农业出现后，宗教人士开始扮演重要角色，众多迹象表明，当神要抛弃人类，停止布雨时，美索不达米亚人会本能地依赖祭司的帮助，这些祭司声称自己有特殊方法能与神交流，然后转告人们应该怎么做。在那些艰难的时期，组织是生存的关键，因此，有越多人按祭司说的做，事情就会变得越顺利（前提是祭司给出合理的建议）。

两个过程互为因果，其逻辑和冯·丹尼肯的论证逻辑一样，都是相互影响的，但是前者更有说服力。野心勃勃的人声称自己有特殊方式可以和神交流，他们说他们需要富丽堂皇的神庙、盛大的仪式和大笔的财富才能让神灵听到他们说话。一旦得到这些东西，他们就可以证明，他们的确和神亲近，因为他们有富丽堂皇的神庙、盛大的仪式和大笔的财富——毕竟，神只会把这些财富给他所庇护的人。公元前2700年前后，记录员开始记录这些事件时，美索不达米亚地区的国王们甚至宣称，神是他们的祖先。有时候，(我怀疑)在乌鲁克，将权力委任给与神交流的人会创造奇迹，但是当他们失败时——失败是常有的事，留给考古学家去发现的却寥寥无几了。

乌鲁克不仅成了一个城市，而且成了一个国家，有中央机构征税、为整个社会做决策，并依靠军队维护社会秩序。少数男性占据最高地位（显然女性不行），还有一大队战士、地主、商人和有文化的官僚辅佐他们。几乎对每个人来说，国家的崛起都意味着自由的丧失，但是在艰难时期，这是成功的代价。与国家形成前的社会相比，付出如此代价的社会能聚集更多人口、财富和权力。

公元前3500年后，城市和国家促进了美索不达米亚地区的社会发展，然后向外延伸，就像侧翼丘陵区曾经的农村一样。乌鲁克式的物质文化（斜沿碗、书写陶土片、恢宏的神庙）被传播到了叙利亚和伊朗。关于它们是如何传播的争论和农业最初是如何传播的争论很相似。人口密集、组织严密的美索不达米亚南部地区可能曾对人烟稀少、权力分散的北部地区进行殖民，这些殖民地包括叙利亚北部的哈布巴卡比拉，这看起来像有人复制了一个乌鲁克街区，并将它丢弃在1 000多千米外。相反，早在斜沿碗发明之前，布拉克丘就是一座大市镇，它看起来更像一个地方社区，有些风俗来自乌鲁克。村民艰难求生，他们看到美索不达米亚的城市比较繁荣，于是允许当地祭司成为国王；野心勃勃的祭司看到乌鲁克的宗教首领飞黄腾达，可能会试图说服、欺骗、威吓村民允许他们拥有类似的权力。有些人更喜欢村庄生活，但是他们肯定会发现，国家的形成是大势所趋，就像几千年前觅食者发现农耕时代的到来是大势所趋一样。

化神为人

公元前5000年前后，当第一批农夫在美索不达米亚平原上汗流浃背地种植庄稼的时候，更勇敢的人从约旦河谷向西奈沙漠走去，到尼罗河流域去碰运气。埃及几乎没有可驯化栽培的本土植物，在农业发展方面也落后于侧翼丘陵区，但是一旦引进合适的种子和动物，新的生活方式就蓬勃发展起来。尼罗河每年泛滥的时候刚好是灌溉庄稼的季节，大片雨水滋养的绿洲推动了农业的发展，直至如今已成为沙漠的地区。

然而，这些优势意味着，公元前3800年季风的退去对埃及的影响比对美索不达米亚的还要大。很多埃及人离开了他们的绿洲，来到了尼罗河流域，那里水源充足，但是土地稀缺，尤其是在上埃及尼罗河流域变狭窄的地方★。在美索不达米亚，人们通过管理解决了这个问题。挖掘出的坟墓表明，上埃及的村庄首领既要管理军事，又要管理宗教事务。成功的首领在村庄获得更多土地，变得越来越富有，而失败的首领不知去向。公元前3300年，形成了三个小国家。每个国家都有安葬早期国王——如果"国王"这个头衔不算太大的话——的富丽堂皇的墓地，这些墓地模仿了美索不达米亚的建筑风格，陪葬品有黄金、武器和从美索不达米亚进口的物品。

这些国家互相战斗，直到公元前3100年统一成一个国家。那时候皇家宏伟建筑物的规模迅速扩大，独特的埃及象形文字突然出现。和美索不达米亚一样，书写可能只限于很小的抄写员群体，但是埃及的文字记录一开始就不光包含叙述性文字，还包含政务叙述。一处显著记述表明，一位叫那尔迈的上埃及法老在公元前3100年征服了下埃及，还有一处写到了一个叫"蝎子王"†的法老。后来还有文本提到了征服者美尼斯（可能和那尔迈是同一个人）。虽然细节方面令人困惑，但故事的基本框架已经清晰了：公元前3100年前后，在尼罗河流域，尼罗河流域的小国被统一为当时世界上最大的国家，约有100万名臣民。

★ 我们的现代地图中，北面在上方，而埃及人认为，尼罗河从南面的"上埃及"流向北面的"下埃及"，这点可能会造成混淆。
† 遗憾的是，电影《蝎子王》和我们所知道的真实的"蝎子王"毫无相似之处。

公元前3100年后，上埃及的物质文化迅速沿尼罗河流域传播。随着几千年前农业的发展，以及乌鲁克文化在当时的美索不达米亚的传播，下埃及人可能（自愿，或是迫于竞争）仿效了上埃及的生活方式。有明显证据表明，组织成国家的上埃及的人口比以村庄为基础的下埃及增长得更快，政治统一含有一些南方征服北方的意味。

虽然有很多相同之处，公元前3500年后乌鲁克在美索不达米亚的传播，与公元前3300年后上埃及的扩张，却有着不同的结果。首先，当那尔迈/美尼斯/"蝎子王"于公元前3100年征服下埃及的时候，乌鲁克的扩张突然终结。乌鲁克城被烧毁，很多刚刚发展起来的有着乌鲁克式物质文化的地区也被遗弃。原因至今不明。公元前2700年前后，象形文字开始记录更多信息时，美索不达米亚南部地区分裂成了35个城邦，每个城邦都有自己神圣的国王，美索不达米亚人开始称呼自己为苏美尔人。乌鲁克的消亡使统一的埃及成为主要的西方核心地区。

为什么埃及和美索不达米亚地区发展不同，这仍然无法解释。可能因为埃及更容易征服和管理，它只有一个河谷和三角洲以及一些周围都是沙漠的绿洲，美索不达米亚有两条河流、多条支流，周围还有很多可藏匿敌人的山丘，可能会面临激烈的抵抗。也可能是因为那尔迈等人比不知名的乌鲁克国王们做了更明智的决策。也可能是因为某些其他关键因素（我之后会再讨论这个问题）。

美索不达米亚和埃及还有一个很大的区别。苏美尔国王宣称自己像神，而埃及国王宣称自己就是神。改编自冯·丹尼肯作品的电影和电视剧《星际之门》，提供了一个简单的解释：那尔迈一行人是真正的太空人，而乌鲁克国王只是太空人的朋友。虽然这个解释简单粗暴，但是没有任何证据，很多人认为，事实上法老在提升自己的神圣形象方面下了不少功夫。

我们大多数人认为，自我神化是疯子的行为，在5 000年前也不是容易的事。那这些国王是如何做到的呢？那尔迈和他的朋友没有给出任何解释（神是不需要自我解释的），根据后来马其顿王国的亚历山大大帝的故事，我们有了最佳线索。亚历山大于公元前332年征服了埃及，宣称自己是法老。在和自己的将军争权夺利的时候，他发现传播一个谣言很有用：他也是神，就像之前的法老一样。几乎没有马其顿人相信这一说法，所以亚历山大采取了进一步行动。当他的军队到达今巴基斯坦时，他召集了十位当地的智者，并命令他们回答他提出的最深奥难解的问题，违者处死。当轮到第七位智者时，亚历山大问："人如何才能变成神？"[1]这位智者很简单地回答道："做一些人力难为之事。"很容易想象，亚历山大假装搔头不解：最近有人做了人力难为之事吗？答案非常明显，他可能已经告诉自己了：有的，那就是我。我刚刚推翻了波斯帝国。没有凡人可以做到。我是神，所以当我的朋友反对我时，我不应该为杀了他们而感到不安。

可能是亚历山大和他的支持者编造了整个故事，但是在某种程度上，在公元前4世纪20年代，故事的真假并不重要，更重要的是：一个国王宣传自己是神的最佳方法是展现非凡的军事威力。至于3 000年前这是不是最好的方法，我们只能猜测，但是在统一尼罗河流域这件事上，"蝎子王"、那尔迈或者美尼斯的确做到了人们所认为的人力难为之事。可能将一个神圣的国王和一位伟大的征服者结合在一起能让自我神化听起来更可信。

这不是法老唯一成功的政变。上埃及的首批法老肯定发展了乌鲁克式的管理技能，也就是让人们向他们提供资源，并接受中央管理，但是法老们从整个尼罗河流域挑选了当地精英来担任管理者。法老们在上下埃及之间的要冲——孟菲斯建造了一座新的都城，吸收地方贵族。法老们在孟菲斯分配恩惠，奖励对这个政体有所贡献的低等级贵族，让他们继续巩固这个体系。地方领主在保证农民能勉强生存的情况下，尽可能多地征税，然后将收入上交，以此换取法老的恩惠。

法老的成功部分依靠政治和幕后交易，部分依靠华丽的粉饰，因此假装是神而不只是神的朋友，当然更容易成功。哪位当地的权贵不想为神服务？然而，为慎重起见，法老还创造了强大的符号语言。公元前2700年后不久，左塞法老的艺术家设计了圣书体和代表神王的风格，沿用了500年。左塞理解了永生者辞世的神学的微妙，因此他设计了埃及王权的终极象征（金字塔）来保存神圣的法老的遗体。现高约137米的胡夫金字塔始建于公元前2585年前后，在1880年德国的科隆大教堂超过它的高度前，胡夫金字塔一直是世界上最高的建筑。成千上万的劳工花了几十年建造金字塔：采石，让石头沿尼罗河漂下，然后拖到建筑地。金字塔脚下的所谓工人村是当时世界上最大的城市之一。给工人提供食物、指挥他们行动，要求官僚机构的规模、影响力有巨大飞跃，而对那些可能从未离开过家的村民来说，加入工人群肯定是颠覆性的经历。如果有人在金字塔建造之前怀疑法老的神圣性，那在金字塔造好后肯定不会了。

美索不达米亚的苏美尔城邦也朝类似的方向发展，但更慢、更谨慎。根据记录，每个城市被分为很多"家族"，每个家族包含很多一夫一妻制家庭。每个家族有一户家庭作为首领，组织土地和劳力，其他家庭按等级负责不同的事务——有些家庭在田地里工作，有些家庭制作工艺品，完成所安排的工作份额，以此换取口粮。规模最大、最富有的家族理论上由神领导，可能管理上万平方米的土地和数百名工人。为神管理这些家族的人通常是城市的首领，由国王领导城市的守护神家族。保护其守护神的利益是国王的工作。如果国王做得很好，他的守护神会发达，反之守护神也会没落。

公元前2500年以后，这成了一个问题。农业的发展让人们可以供养规模更大的家庭，人口的增长推动了对良田的竞争，也催生了更有效的争夺方式。有些城市战胜并占领了另外一些城市。其中的神学意义和埃及神王的死亡一样棘手：如果一个国王保护好了其守护神的利益，却被另一位自称是其他神的国王占领了城邦，这又意味着什么？有些祭司提出"庙城"理论，使宗教等级制度和守护神的利益独立于国王。成功的国王回应说，自己不仅仅是神灵的代表。公元前2440年前后，一位国王宣布他是他的守护神之子，关于乌鲁克国王吉尔伽美什如何在世界游历以寻求永生的诗歌开始流传，融合成为《吉尔伽美什史诗》，这是世界上现存最古老的文学巨著。

统治者寻找新的场所显示他们的威严，美索不达米亚有史以来最伟大的考古发现乌尔王陵可能就是其中之一。王陵中华丽的金银陪葬品就像埃及法老的金字塔一样，暗示着死者绝非凡人。74人被毒死，给普阿比王后陪葬，这表明统治者彰显自己与神的关系，对普通苏美尔人来说简直是噩耗。

公元前2350年前后，冲突开始白热化，出现了暴力政变、武力征伐，还有对财产和神权的革命性的再分配。公元前2334年，一个叫萨尔贡的人（意思可能是"合法的统治者"，这很可疑，他可能是在夺权后更名为此的）建立了一座新的城市，名为阿卡得。现在这座城市可能埋于巴格达地下，还没有被挖掘出土，这毫不奇怪。但是其他遗址的陶片记录着，萨尔贡并没有和其他苏美尔国王战斗，他劫掠了叙利亚和黎巴嫩，直到有足够的财富组织一支5 000人的全职军队。然后他攻打了其他苏美尔人，通过外交和暴力征服了其他城市。

教科书常常称萨尔贡为世界上第一个帝国创立者，但是他和他的继任者的做法与八个世纪前埃及的统治者统一国家的行径并无二致。萨尔贡本人并没有成为神，但是在镇压公元前2240年前后的一场叛乱后，他的孙子那拉姆·辛宣布，八位苏美尔神灵想让自己加入他们的行列。苏美尔艺术家开始将那拉姆·辛描述为尊贵的、超越生命的、拥有传统神性的神明。

到公元前2230年，西方有了两大核心地区——苏美尔和埃及，它们使侧翼丘陵区原来的核心地区黯然失色。为了应对生态问题，人们创建了城市；为了应对城市之间的争斗，他们创建了有百万人口的国家，这些国家由神灵或者神王统治，由官僚管理。随着核心地区的争斗促进社会向前发展，城市网络蔓延至叙利亚和利凡特更原始的农村，经过伊朗蔓延到今土库曼斯坦的边界。在克里特岛，人们不久也开始建造宫殿，马耳他建起了巨石庙，西班牙东南沿海开始零星出现要塞城镇。在更远的西北方，农民在每个可生存的生态环境中生活。在西方世界最边远的地方，大西洋海浪拍打着不列颠的寒冷海岸，人们投入了大约3 000万小时的劳动，建造了最神秘的不朽建筑——巨石阵。公元前2230年，冯·丹尼肯的故事中访问地球的太空人会得出这样的结论，外星人没有必要继续介入人类的发展了，因为这些聪明的猩猩正在促使社会发展稳步前进。

狂野的西方

如果太空人50年后重返地球，他们会感到震惊。西方各个核心地区都在分裂，人们互相斗争，颠沛流离。在接下来的几千年中，一系列的社会动荡（一个听起来比较中性的词，却包含了各种恐怖的屠杀、苦难、逃亡和匮乏）让西方走上了疯狂的道路。当我们问是谁或者是什么扰乱了社会发展时，我们会得到一个惊人的答案：这要归咎于社会发展本身。

人们试着改变命运的主要方式往往是传播信息、传递物品和四处迁移，因为在一个地方富足的东西在另外一个地方可能稀有而珍贵。其结果是出现了越来越复杂的社会网，按社会阶层运作。4 000年前，神庙和王室占有最好的土地，中央官僚机构没有将土地直接分给农民家庭，让他们自行种植，而是严格规定哪些农民应该种什么。拥有肥沃庄稼地的村庄可能只种小麦，而山区的村庄种植葡萄树，还有的村庄专门制作金属制品。然后官僚就可以重新分配这些产品，从中拿去一些他们所需要的，储存一些以备不时之需，将其余的作为配额分配给臣民。公元前3500年乌鲁克开始实行这种分工分配，1 000年后这成了社会规范。

国王之间也互赠合适的礼物。埃及法老们有大量的黄金和谷物，他们将这些物品送给黎巴嫩城邦的小统治者，这些统治者则回赠雪松木，因为埃及缺乏上等木材。送礼不合适是非常失礼的事情。互赠礼物是出于经济考量、心理因素和巩固地位，而且有效地交流了商品、人员和思想。传输链两端的国王和中间的很多商人都发财了。

现在,我们往往认为由国王、独裁者或者政治官僚规定每个人应该做什么的"计划经济"效率低下,但是大多数早期的文明都依赖于此。可能在缺乏让市场运转的信任和法律的世界里,这种经济体制已经是最好的选择了。但它们并不是唯一的选择,地位低下的个体商贩与王室和祭司并行发展生意。邻里之间以物易物,用奶酪交换面包,或者以挖茅坑来换取照顾小孩的服务。城里人和乡下人在集市进行交易。修补匠用驴子装载着锅碗瓢盆,来往于集市。在国家的边境,耕地慢慢变成沙漠或山脉,村民用面包和青铜武器与牧羊人或觅食者交换牛奶、奶酪、羊毛和牲畜。

关于这些交易的最有名的记述来自希伯来《圣经》。在希伯伦附近(今约旦河西岸)的山丘上,有一名成功的牧羊人雅各。他有12个儿子,但是他偏宠第11个儿子约瑟,送给他一件彩衣。约瑟的10个哥哥一气之下把约瑟卖给了去埃及的奴隶贩子。几年后,希伯伦缺粮,雅各派他的10个儿子去埃及籴粮。他们并不知道,他们遇到的埃及宰相正是约瑟,虽然他是一个奴隶,但是在服侍法老的过程中得到提拔(不可否认,是在被诬陷强奸未遂而入狱一段时间后)。当时商人公认不可信,因此当约瑟假装认为哥哥们是间谍而把他们关入大牢时,他们一点也没觉得奇怪。但是故事结局很圆满,雅各和他的儿子们以及所有的后裔迁居埃及。"他们在那里置了产业,"《圣经》写道,"并且生育甚多。"[2]

约瑟的故事可能发生在公元前16世纪,那时人们已经追随这部《圣经》长达2 000年之久,这些人到现在姓名已经失传。阿莫里特人来自叙利亚沙漠边界,库提人来自伊朗的山区,他们以商人或者劳工身份来到埃及,是美索不达米亚城市里的熟面孔;来到埃及的还有尼罗河流域的"亚细亚人",埃及人用这个带有轻蔑性的词指从亚洲来的人。社会的不断发展使核心地区与毗邻地区的经济、社会和文化互相融合,使核心地区不断扩大,对环境的控制力增强,从而促进社会发展。但是发展得越来越复杂是有代价的，社会体系变得越来越脆弱。这始终是社会发展的悖论的核心部分。

神王那拉姆·辛有一个同样神圣的儿子沙尔卡利沙利，公元前2200年前后，当他在阿卡得的正殿统治美索不达米亚大部分地区时，问题开始出现。耶鲁大学的哈维·韦斯是挖掘出叙利亚的谢赫那城遗址的考古学家，他认为自己知道出了什么问题。谢赫那城在公元前2300年前后的萨尔贡时期是一座有着两万人口的城市，但是一个世纪后成了一座鬼城。为了寻找原因，韦斯研究小组的地质学家通过对地质沉积物的微观研究发现，公元前2200年前，谢赫那城和毗邻地区的土壤中的灰尘数量剧增。灌溉渠被淤泥堵塞，这可能是因为降水量减少，人们渐渐搬离。

1 000多千米以外的尼罗河流域也出现了问题。在约瑟的故事中，法老依靠解梦人来预测农业收成，但是现实中的法老有一种测量工具，叫作尼罗河水位计，用来测量河水的流量，并预示收成好坏。记录测量读数的文字显示，公元前2200年前后，河水流量大量减少，埃及也变得越来越干旱。

公元前3800年前后，干旱的天气促使乌鲁克发展壮大，也引发了统一埃及的战争，但是在公元前第三个千年晚期的复杂、互相关联的世界里，舍弃谢赫那城这样的城市意味着剥夺了阿莫里特人和亚细亚人赖以生存的商业活动。就好像约瑟的兄弟来到埃及籴粮，却无粮可买。他们可以回到希伯伦，告诉父亲不得不挨饿了，或者他们也可以继续深入法老的领地，可行的话就买食物或者用工作来换取食物，否则就偷抢食物。

在其他情况下，阿卡得和埃及平民军队可能已经杀了这些令人讨厌的人（经济移民或者罪犯，就在于你怎么看了），而公元前2200年，这些武装力量正在瓦解。有些美索不达米亚人将他们的阿卡得国王看作残暴的征服者。当被认为神圣的沙尔卡利沙利未能处理好公元前22世纪90年代面临的问题时，很多祭司家庭不再与他合作。他的军队不听指挥，将军自封为王，阿莫里特帮派占领了所有城市。在不到十年内，帝国瓦解了。每个城镇各行其是——正如一位苏美尔编年史家描述的："那谁是国王？谁又不是国王？"[3]

在埃及，宫廷和贵族之间的紧张关系也在加剧，事实证明，在位60年的国王佩皮二世无力应对这些挑战。当他的朝臣密谋反对他时，本地精英自行其政。公元前2160年前后，下埃及爆发军事政变，建立了一个新王朝，数十个独立领主和难以掌控的亚细亚人团伙在乡间胡作非为。更糟糕的是，上埃及底比斯的卡纳克神庙的大祭司声名日盛，最终与下埃及法老发生内战。

到公元前2150年前后，埃及和阿卡得已经四分五裂，为了争夺不多的粮食，这些国家互相争斗。一些武装团体因此发财，但是从留存的零星记录可看出当时的兵戈扰攘。有记录显示，这次危机还波及了核心地区以外的地方。考古学家很难判断一个地区发生的事件何时与另一地区产生联系，我们也不应该低估不起眼的巧合，不难发现，古希腊最大建筑的灰飞烟灭、马耳他巨石庙的坍塌、西班牙沿海要塞的废弃都发生在公元前2200—前2150年。

西方核心地区要建立更加庞大和复杂的社会体制，需要依靠人口、商品和信息的定期流动，而气候或社会局势的突变（比如谢赫那城的气候突然干旱，或者佩皮二世年迈时期社会的动荡）破坏了这些社会体制。一些破坏性事件不一定会造成社会混乱，比如公元前2200年后的气候干旱和移民，但是这些事件影响了历史前进的方向。至少在短期内，什么事情都可能发生。如果佩皮二世有一位像约瑟那样的顾问，或许能扭转乾坤；如果沙尔卡利沙利妥善处理他与将军和祭司的关系，他的帝国或许就不会灭亡。然而，在美索不达米亚，最后乌尔城利用阿卡得的瓦解，建立了一个新的帝国，这个帝国比阿卡得小，但是因为官僚强行征税，留下了各类税单，我们对该国的了解更多。已有4万份税票被公开，还有更多的等待专家去研究。

舒尔吉于公元前2094年登上了乌尔的王位，宣称自己是神灵并实行"个人崇拜"。他甚至创造了一种新的音乐体裁"舒尔吉圣歌",来赞美他从唱歌到预言的各方面的能力。虽然舒尔吉才华横溢,但是在他死(公元前2047年)后的几年内,他的帝国也开始衰落。公元前21世纪30年代,乌尔频遭袭击,问题严重,因此人们建造了约160千米长的城墙来抵御阿莫里特人,但是公元前2028年,很多城市开始抵制乌尔的税收制度,因此国家财政在公元前2020年前后崩溃了。一切就像阿卡得崩溃重演了,饥荒肆虐,一些将军企图为乌尔征收粮食,还有一些将军宣布独立。苏美尔诗歌《乌尔哀歌》中写道:"饥荒就像洪水一样淹没了城市。臣民像被洪水包围,费力喘息。国王在宫殿孤独一人,呼吸沉重,人们放下武器……"[4]公元前2004年,袭击者洗劫乌尔,俘虏了乌尔最后的国王。

当美索不达米亚四分五裂时,埃及又统一了。当时上埃及的底比斯大祭司当了国王,在公元前2056年击退了主要敌人,并于公元前2040年统治了整个尼罗河流域。到公元前2000年,这个西方核心地区看起来非常像它1 000年以前的样子,埃及统一在一个神王的统治下,美索不达米亚分裂成很多城邦,由国王统治,这些国王最多只是像神,而不是神。

4 000多年以前,西方核心地区疯狂的社会形势令人目眩,一些促使社会发展的基本力量已经很明显。社会发展不是克拉克书中的巨石或者冯·丹尼肯书中的外星人施与人类的礼物或者诅咒,社会发展是我们自己创造的,但不是以我们自己选择的方式。正如我在前言中提出的,归根结底,因为人类懒惰、贪婪、恐惧、总是寻找更方便、更有利和更安全的方式做事,社会才不断发展。从乌鲁克的崛起到底比斯人重新统一埃及,懒惰、贪婪和恐惧推动着社会的每次发展。但是人们无法以自己的意愿推动社会发展,每次社会发展都以之前所有的发展成果为基础。社会发展是一个积累的过程,必须以正确的顺序完成每一步。乌鲁克的首领在公元前3100年前后无法实施乌尔1 000年以后在舒尔吉的统治下才发展成熟的官僚体制,就像"征服者"威廉在中世纪的英格兰无法制造电脑一样。正如美国人所说，你无法一下就从这里到那里。这种积累的社会发展模式也解释了为什么社会发展速度在不断加快：每次创新都建立在前人创新的基础上，并且为后人做铺垫，这意味着，社会发展程度越高，发展越快。

然而，创新过程从来不会一帆风顺。创新意味着改变，会带来同样多的欢乐和痛苦。社会发展造就赢家和失败者，造就新的富有和贫穷的社会阶层，造就男性和女性以及老人和年轻人之间的新关系。因为后发优势理论，之前被边缘化的人被赋予了权力，这时社会发展甚至还创造出新的核心地区。社会发展使社会变得更大、更复杂、更难管理。同时，社会发展程度越高，越能威胁到社会发展本身。因此就产生了这个悖论：社会发展产生的强大力量能危害社会发展本身。当这些力量失去控制，特别是变化的环境使不确定因素大量增加，社会的混乱、毁灭和瓦解就会随之而来，正如公元前2200年发生的那样。在接下来的几章中我们将会看到，社会发展的悖论在很大程度上解释了为什么长时段注定论不可能是正确的。

国际化时代

虽然公元前2200年后，社会动荡横扫西方核心地区，但是这并非夜幕降临的时刻。公元前2200年后的衰落甚至没有在图4.2中表现出来★。这可能低估了破坏性事件的规模，即使是这样，有一件事是非

★ 这种情况部分是因为我们的考古数据资料十分粗糙，部分是技术原因。因为数据资料不完整，所以我在描述公元前第三个千年内的社会发展时，以250年为间隔，很多公元前2250年和公元前2000年前后的社会动荡事件都没有涉及。而且，西方有两个核心地区，一个在美索不达米亚，一个在埃及，这两个地区都曾面临不同节奏的衰退。公元前2100年，埃及的社会发展比公元前2200年慢，但是美索不达米亚已经从衰退中恢复；到公元前2000年，美索不达米亚再次分裂，而埃及已经恢复发展。

常明确的：到公元前2000年，西方的社会发展比公元前3000年快一半。社会发展不断向前，西方社会发展规模扩大，形式更复杂。

核心地区在其他方面也发生了变化。公元前2000年后，美索不达米亚的统治者再也不宣称自己是神，甚至在埃及，法老也失去了民众的一定信任。公元前第二个千年内，雕像和诗歌将法老刻画得比公元前第三个千年内的更好战、厌世和令人失望。国家权力肯定也因此缩水：虽然宫殿和神庙还是很重要，但是更多的土地和贸易掌握在私人手中。

然而，破坏性事件之所以没有使历史发展倒退，最重要的原因是，在危机发生的过程中，核心地区不断扩张，吸引了在落后中找到新优势的边缘地区加入。从伊朗到克里特岛，这些地区都依靠雨养农业，边境线常常剧烈变动，且充斥着暴力，人们调整埃及式或美索不达米亚式的宫殿和再分配的经济体系，以适应现实状况。总的来说，边缘地区的国王比依靠灌溉农业的核心地区的国王更依赖军事力量，并且更少宣称自己是神，可能是因为埃及和苏美尔的统治者看上去太庄严，以至伊朗和克里特岛的国王很难让自己看起来像神。

社会的不断发展再次改变了地理的意义。公元前第三个千年内，大河流域对社会发展来说是至关重要的，但是在公元前第二个千年，生活在旧核心地区的北部边缘地区有更大的优势。今乌克兰地区的牧人在公元前4000年驯化了野马，2 000年后，在今哈萨克斯坦的大草原上，驯马人把马套在轻便的两轮战车上。几个草原牧人驾着马车出行并不影响核心地区，但是如果有人有能力负担4 000辆马车，那情况就不一样了。马车不是坦克，无法压垮敌人的阵线（虽然很多历史大片的导演喜欢这样拍），但是登乘马车的弓箭手队伍能迅速移动，这使行进缓慢的老式步兵部队彻底过时。

战车的优势看起来十分明显，但是擅长一种战略系统下的军队往往很难采用另外一种。建立一支训练有素的战车军队，将使全步兵军队的等级制度陷入混乱，从而使一支新的精锐部队得以崛起。虽然缺乏证据，但是有着根深蒂固的等级制度的埃及人和美索不达米亚人似乎只是缓慢采用了这种新的战略系统。北方的新国家则更灵活,比如神秘的胡里安人明显在公元前2200年从高加索移居至美索不达米亚北部和叙利亚。胡里安人的"草原渊源"让他们能容易接触到新武器,而且其松散的社会结构更容易采取新的战略系统。胡里安人、伊朗西部地区的加喜特人、安纳托利亚的赫梯人★、今以色列和约旦地区的喜克索人以及希腊的迈锡尼人,都没有埃及或者美索不达米亚的古巴比伦组织严密,但是严密的组织一时变得无关紧要,因为有了战车,这些之前被边缘化的人们就占了优势,他们就能掠夺,甚至占领历史更悠久、更富有的邻国。喜克索人不断向埃及迁移,在公元前1720年建立了自己的城市,并在公元前1674年夺取了王位。公元前1595年,赫梯人洗劫了巴比伦,不久加喜特人占领了美索不达米亚的城市。到公元前1500年,胡里安人创建了一个王国,名为米坦尼,迈锡尼人征服了克里特岛(图4.4)。

那是一个社会动荡的时代,但是从长远看,那些动乱使核心地区扩张,而没有使社会发展倒退。在美索不达米亚,因为奴役、放逐、屠杀和劫掠,北方的移民取代了当地的统治者。在埃及,底比斯人领导的叛乱于公元前1552年终结了喜克索王朝,社会也没有发生很大的变化。但到公元前1500年,新的王国在旧核心地区的北部边缘地区形成,它们发展迅速,很快成为一个扩大版的旧核心地区。这些大国互相联系紧密,因此历史学家将接下来的300年称为"国际化时代"。

贸易蓬勃发展。由皇家的记录可见在埃及阿玛纳发现的公元前14世纪的书信显示,巴比伦、埃及,与新兴强国亚述、米坦尼和赫梯等国国王谋取更高地位,索取礼物,联姻。他们创造了共同的外交辞令,互称"兄弟"。二级统治者被排除在强国俱乐部之外,被强国俱

★ 古历史学家通常将这片现在属于土耳其的土地以希腊语命名为"安纳托利亚",意思是"东部的土地",因为本来从亚洲中部地区来的突厥人部落在11世纪才在安纳托利亚定居下来。

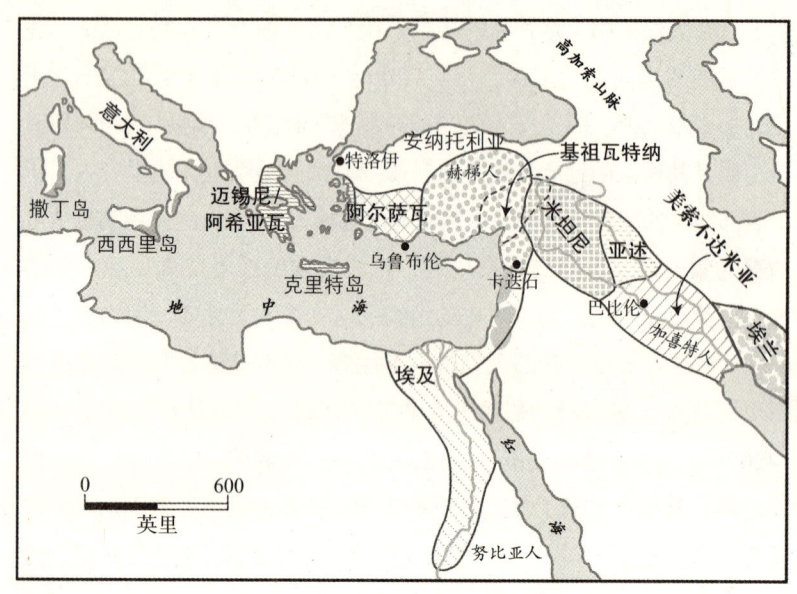

图4.4 一群兄弟：公元前1350年前后，在赫梯和米坦尼吞并了基祖瓦特纳之后、赫梯人和亚述人打败米坦尼之前，西方核心地区的国际化时代的地图。在图上标出的西西里岛、撒丁岛和意大利的灰色区域，人们找到了迈锡尼的希腊陶器

乐部的国王称为"仆人"，但是等级是可以重新商量的。比如说，阿希亚瓦（可能是古希腊）是一个边缘强国。在阿玛纳的记录中没有阿希亚瓦的往来书信，但一位赫梯国王在一份公元前13世纪的条约中列了一张"和我等级相当的国王"[5]的列表，上书"埃及国王、巴比伦国王、亚述国王和阿希亚瓦国王"，但思索片刻后，他把阿希亚瓦国王划掉了。

这些"兄弟"交往越密切，他们之间的竞争就越激烈。公元前18世纪的喜克索入侵重创了埃及精英阶层，粉碎了后者认为无法逾越的沙漠会保护他们不受攻击的想法。为防止这样的侵害再次发生，埃及人将松散的平民军队升级为永久军队，配备职业军官和战车。公元前1500年，埃及人沿着地中海岸征伐至叙利亚，沿途修筑要塞。

公元前1400年爆发了军备竞赛，落后者遭殃。在公元前1350—

前1320年，赫梯和亚述人吞并了米坦尼。亚述干涉了巴比伦的内战，到公元前1300年，赫梯打败了另一个邻国阿尔萨瓦。赫梯和埃及国王发动了一场殊死的冷战，派出了很多间谍，发动了很多次秘密行动，控制叙利亚的城邦。公元前1274年，冷战变成热战，当时世界上最大的两支军队——估计每支有3万名步兵、5 000辆战车——在卡迭石发生冲突。很明显，埃及法老拉美西斯二世陷入了困境，既然他被人们视为神，打仗自然不在话下。拉美西斯二世在7座以上的神庙张贴了以下告示，告诉我们他发动了史泰龙的电影中兰博式的狂暴行为：

> 国王陛下（拉美西斯二世）歼灭了我们的敌人赫梯人的整支军队，还有他们的军队首领和所有弟兄，以及和他们同伙的国家的所有首领、步兵和战车骑兵，他们一个个倒下。国王陛下在他们的地盘上，将他们杀死了。他们横尸于他的马前，而且国王陛下独自征战，并没有他人陪同。[6]

如拉美西斯二世所说的，"赫梯的卑鄙首领"后来求和了（他最好求和，否则后果不堪设想）。

要从神王的夸大言辞中得出军事史实太困难，但其他证据都显示，事实和拉美西斯二世的吹嘘完全相反，拉美西斯二世那天差点中了赫梯人的埋伏。赫梯人沿着海岸线不断向前行进，直到公元前1258年，因为挑起了新的战斗才停止前行，一场是与亚述在安纳托利亚东南部的山脉交战，另一场是与古希腊的冒险家在安纳托利亚西海岸交战。有些历史学家认为，五个世纪后的希腊史诗——荷马的《伊利亚特》大致反映了公元前13世纪20年代的一场战争。在那场战争中，希腊的盟军围攻了赫梯的附庸城特洛伊；在遥远的东南地区，一场更具破坏性的围攻正在进行，以亚述在公元前1225年洗劫巴比伦告终。

这些都是野蛮的搏斗。失败意味着被歼灭——男人被屠杀，女人和小孩被俘，城市沦为废墟，渐渐被人遗忘。因此，为了赢得胜利，人们不惜一切。更多军事化精英出现了，他们远比之前的更富有，他们的内部宿怨发生了变化。国王们加固了宫殿，或者在不受低阶层人士烦扰的地方建造新城市。税收和强制劳役剧增，而且随着贵族依靠借贷保证自己奢华的生活方式、农民抵押粮食收成以生存下去，负债不断增加。国王们将自己描述为"人民的牧羊人"，但是他们花更多时间去"剪人们身上的羊毛"，而不是去保护他们。国王们控制劳动力，迫使人们为他的建筑工程工作。为法老的城市辛劳工作的希伯来人，是满怀希望来此的雅各儿子们的远亲后裔，他们只是这些奴隶中最为人熟知的。

因此，公元前1500年后，国家权力增加，西方核心地区随之扩张。人们在西西里、撒丁岛和意大利北部找到了古希腊制造的陶器，这表明，其他更值钱的（但考古更难发现）的商品也进入了长途贸易。考古学家深入安纳托利亚海岸，得以一窥令人惊奇的当时的贸易机制。公元前1316年前后在乌鲁布伦失事的船只装载着足以锻造10吨青铜的铜和锡，还装载着从非洲热带地区运来的乌木和象牙、黎巴嫩的雪松木、叙利亚的玻璃、希腊和今以色列地区的武器。简言之，能卖钱的东西都有一些，可能是这条航线的船员在每个港口一点点收集的。

西方核心地区逐渐扩展至地中海海岸。用大量青铜武器陪葬的坟墓显示，在撒丁岛和西西里，村庄首领慢慢成为国王。历史记载显示，年轻人离开这些岛上的村庄，就像核心地区战争中的雇佣兵那样，去发家致富。撒丁岛人最终来到了巴比伦，甚至还到了今苏丹地区。埃及军队为了寻找黄金向南行进，沿路袭击当地的国家，建造神庙。在更远的地方，瑞典首领们用战车陪葬，这是西方核心地区的终极地位象征，瑞典军队还使用其他进口的军事武器，尤其是锋利的青铜剑。

随着地中海变成了新的边界，不断前进的社会发展又一次改变了地理的意义。公元前第四个千年，因为灌溉农业和城市的发展，埃及和美索不达米亚地区的大河流域开始变得比侧翼丘陵区的旧核心地区更发达。在公元前第二个千年内，长途贸易迅速发展，使地中海广阔的航路更有价值。公元前1500年后，动荡的西方核心地区进入了扩张的新时代。

天下万国

西方考古学家往往会遭受这样的烦恼，我称之为"埃及嫉妒症"。就是说，无论我们在何处挖掘，挖掘出何物，我们都会认为，如果我们在埃及挖掘的话，会找到更好的东西。知道"埃及嫉妒症"也会影响到其他行业的人，我们感到很宽慰。1995年，中国时任国务委员、国家科委主任宋健正式访问了埃及。考古学家告诉他古埃及有完整的编年年表，且比中国的年代更久远。回到北京后，宋健启动了夏商周断代工程。四年后，该工程宣布了发现成果，将夏朝的起始时间推至约公元前2070年。

正如我们在第二章中看到的，公元前9500年农业生活方式就开始在西方发展，足足比中国早2 000年。到公元前4000年，农业传播至埃及、美索不达米亚等边缘地区。当公元前3800年季风开始转而向南吹时，这些农民为了保护自己，建造了城市和国家。东方也有很多干旱的边缘地区，但是到公元前3800年，他们才开始接触农业，因此更寒冷、更干旱的天气没有导致城市和国家的崛起，反而使温暖潮湿的长江和黄河流域更干燥、更易控制，使两岸的村民生活更容易。现在我们很难想象在公元前4000年前后，黄河流域主要是亚热带森林，大象在如今车水马龙的北京大街上吼叫。

公元前第四个千年的中国没有像埃及和美索不达米亚一样，发展并建立城市和国家，但人口稳定而不显眼地增长。人们砍伐森林，建立新的村庄，之前的村庄发展成了城镇。人们获取能量的能力越强，人口增长越快，人们的压力也越大。因此，他们像西方人一样，不断改进和试验，寻找新方法去提升农业产量，更有效地组织自己，并抢夺别人的财物。在更大的定居点周围出现了用夯土建筑的坚固要塞，这意味着当时有战争；有些定居点比其他地方更有组织，这意味着出现了群落规划；房屋变得越来越大，我们在房屋里面发现了更多物品，这意味着生活水平的提高；但是房屋之间的差距也在增大，这可能意味着富有的农民正在将自己同邻居区别开来。有些考古学家认为，房屋内工具的分配也显示了性别差异。在一些地方，尤其是山东（图4.5），一些人，尤其是男性，安葬于奢华坟墓里，陪葬品多于他人，有些坟墓中甚至还有精致的玉饰。

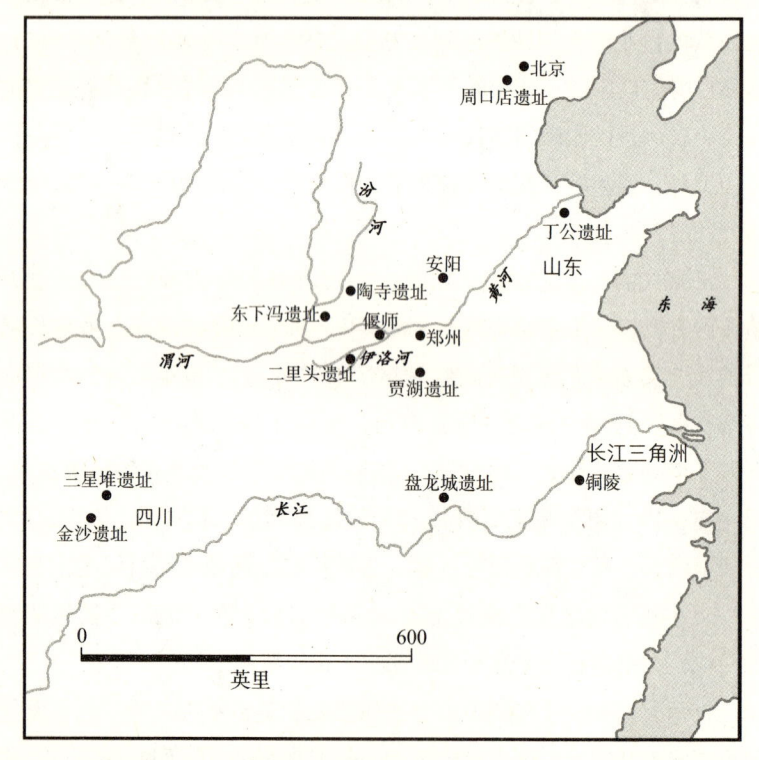

图4.5 东方核心地区的扩张，公元前3500—前1000年：本章提到的遗址

虽然这些玉饰很漂亮，但在挖掘中国公元前2500年的遗址时，没有发现任何大金字塔或者皇室铭文。事实上，考古学家的发现更像是

公元前4000年前后在西方核心地区的遗址发现的东西,当时就快出现城市和国家了。东方走着像西方一样的道路,但是至少落后1 500年。按照这样的时间表,东方在公元前2500—前2000年经历的社会转变,就像西方在公元前4000—前3500年所经历的一样。

在大河流域周围,社会变化加速,但是一个有趣的模式出现了。变化最快的地方不是最广阔的有着肥沃土壤的平原,而是狭小的空间。在这种地方,如果人们在村庄内或村庄间抢夺资源失败,就很难逃出去重建家园。比如说,考古学家发现在公元前2500—前2000年,在山东的小平原上形成了新的定居模式。一个拥有5 000居民的大城镇发展起来,周围分布着较小的卫星镇,每个卫星镇又有各自更小的卫星村。调查发现,伊朗西南地区的苏萨在1 500年前也有着相同的模式。当一个群落取得政治控制权时,可能会采取这种模式。

据有些人的豪华陪葬品可判断,山东真正的王在公元前2500年之后,就开始努力了。一些坟墓中有十分豪华的玉饰,其中有一座坟墓中有一个看起来很像皇冠的绿松石头饰。然而,最引人注目的发现是山东丁公遗址的一块不起眼的陶片。这片看起来其貌不扬的陶片刚刚出土时,挖掘人员只是把它和其他挖掘出的物品一起扔到了桶里,但是当他们回到实验室清洗这块陶片时,发现在陶片表面刻有11个符号,这些符号和中国后来的文字有关联,却又与之不同。考古人员提出疑问,这是不是广泛流传、写在易毁坏材料上的文字的冰山一角?山东的统治者是否像1 000年前美索不达米亚的乌鲁克统治者一样,有官僚帮他处理事务?事实可能如此,但是也有其他考古学家认为,这些文字的刻画方式不同寻常,他们怀疑年代鉴定不准,甚至可能是伪造的。只能静待进一步的发现来解释这些疑问。无论有没有这些文字符号,掌管山东群落的人肯定权力很大。到公元前2200年,人殉变得很寻常,有些坟墓还有祖先崇拜。

这些统治者是谁?陶寺是距丁公遗址600多千米的汾河流域的一处遗址,可能会提供一些线索。这是到当时为止最大的村落,大约有一万居民。一座巨大的夯土平台可能支撑起了中国最早的宫殿之一，虽然唯一的直接证据只是在一个坑里发掘出来的一堵被毁坏的墙壁碎片（稍后会再回到这一点）。

在陶寺，数千座坟墓被挖掘出来，揭示了当时有着森严的社会等级制度。几乎90%是小坟墓，只有很少的祭品。约10%是较大的坟墓，其中有1%是大型墓葬（墓主皆为男性）。有些大型墓葬有两百件祭品，包括彩绘龙盘、玉饰和整猪骨架（用于祭祀而非食用）。最奢华的坟墓还有乐器：土鼓和用鳄鱼皮蒙的鼍鼓，大型石制编钟、外形奇特的铜铃，这和第二章谈论过的史前墓地贾湖有着惊人的相似。

我在第二章讲述贾湖时提到了考古学家张光直的理论：东方的君王从史前的萨满发展而来，这些萨满用酒、音乐和重复的仪式来向自己（和他人）证明，他们旅行至精神世界，和祖先与神交流。当张光直提出这个想法时，贾湖遗址还没有被挖掘，他只能找到公元前3500年前后的证据。但是说到陶寺和其他相似遗址时，他指出，古代中国的宗教和皇家的象征是在公元前2500—前2000年形成的。2 000年后，一本关于礼仪的儒家著作《周礼》列出了在陶寺的坟墓中发现的所有种类的乐器，将其列为上层人士仪式中演奏的乐器。

张光直认为，和《周礼》同时期的文学作品也显示了公元前2000年之前的状况。其中最重要且可能最神秘的著作就是《吕氏春秋》，这是一部杂家名著，由秦国丞相吕不韦于公元前239年编撰。吕不韦宣称："天道圜，地道方，圣王法之，所以立上下。"[7]据说圣王是"帝"的继任者，最后一位圣王禹开凿水渠，疏导黄河的洪水，拯救了人民。据《左传》记载："微禹，吾其鱼乎？"[8]充满感激的人们让禹成为他们的大王，建立了中国的第一个朝代——夏。

吕不韦对自己主持编撰的《吕氏春秋》的正确性很有信心，他将此书悬挂于咸阳城门，谁能增删书中一个字，他就赏黄金千两。（幸运的是，现在出版社不要求作家这么干。）虽然吕不韦的信念很感人，但是大禹的故事听起来和挪亚方舟的故事一样缺乏可信度，挪亚方舟是从洪水中拯救人类的西方版本。很多历史学家认为这些圣王完全是虚构的。然而，张光直认为吕不韦的书保留了公元前第三个千年晚期的真实信息，虽然有点歪曲。在那个时代，类似王权的权力在东方正在形成。

吕不韦在书中描述，圣王将天圆地方作为他们立天下的法则，张光直认为，这和琮有关系。公元前2500年的长江三角洲区域，在富人的墓葬品里就有琮，后来传到了陶寺和其他地方。琮是一种内圆外方（八角形）的方柱/筒形玉器，圆和方代表了天和地的统一。直到1912年中国最后一个封建王朝终结，方圆一直是皇权的有力象征。如果你进入故宫，在拥挤的人群中探视昏暗的宫殿内部，你就会一再看到同样的符号——方形王座、圆形藻井。

古代的"祭司王"宣称他们可以在我们的世界和精神世界中穿行，并且将琮作为他们权力的象征。张光直指出，这些记忆一直保留至吕不韦所处的时代。张光直将公元前2500—前2000年这段时期称为"玉琮时代，在这段时期萨满教和政治活动联合起来，上层阶级出现，用萨满教来控制社会"[9]。最引人注目的琮当然是皇家财富，比如，最大的琮刻着神和动物，考古学家将它命名为"琮王"（他们非常缺乏幽默感）。

如果张光直是正确的，那么公元前2500—前2000年，祭司们就把自己变成了统治精英，和美索不达米亚1 000多年前的情况一样，他们用玉器、音乐和建在夯土平台上的庙宇作为向神传达信息的扩音器。一处遗址甚至还有一座形状似琮的祭坛（不可否认，虽然很小，斜边长只有约六米，平台很低）。

到公元前2300年，陶寺看起来就像发展中的乌鲁克，他们有了完整的宫殿、平台，当地的首领正在神化自己。突然一切都没了。上层阶级的宫殿被摧毁，这也是为什么当时的宫殿留下的唯一痕迹是在坑里发现的一块墙壁碎片，我之前提到过。多具尸骨被扔进当时宫殿所在的坑里，其中有些尸骨被肢解，有些尸骨上还有武器，一些最大的墓地被洗劫一空。陶寺的面积变成了原来的一半,在几千米开外,一座新的大城镇发展了起来。

最让考古学家沮丧的是,我们常常能发现事情的结果,却找不到原因。我们可以编造故事(野蛮人烧毁了陶寺!内战摧毁了陶寺!内部争执让陶寺分裂!新的邻国侵略了陶寺),但是我们几乎无法分辨出哪一个故事是真的。因此,我们只能认为,陶寺的衰落是社会发展进程的一部分。到了公元前2000年,山东最大的城邦也被废弃了,中国北部地区人口减少——这时,埃及和美索不达米亚也在遭受干旱、饥荒和政治崩溃。气候变化会造成当时世界范围内的危机吗?

如果陶寺也用像埃及的尼罗河水位计一样的黄河水位计来记录溢流水位,或者如果中国的考古学家也像叙利亚谢赫那城的考古学家那样进行微观研究,我们就能回答上面这个问题,但这些证据并不存在。我们可以搜寻事件发生2 000年后的相关文字记载来找到相关信息,但就像《吕氏春秋》关于圣王的故事一样,我们无法辨别这些文字的作者对如此久远的年代了解多少。

《吕氏春秋》中写道:"当禹之时,天下万国。"[10]很多考古学家认为这里的"国"指的是"酋邦",是一个城墙包围的小型政治单位,他们觉得这个词能十分恰当地描述公元前2500—前2000年黄河流域的情况。还有些学者主张,大禹的确存在,他终结了万国时代,并建立了夏朝。文献资料甚至还提供了气候原因:黄河不是美索不达米亚式的风沙中心,黄河流域常年会下倾盆大雨,这也是为什么禹需要疏导黄河洪水。当然,这些学者的推测可能是真的,在几十年前,黄河出现多次断流之前,西方人经常称黄河为"中国之患",因为大多数年间黄河都会发洪水,使大批农民遭受苦难。

禹的故事可能的确是基于公元前2000年前后的一场真正的灾难,也可能只是一个民间故事。我们无法确定。但是我们又一次发现,虽然我们不清楚发生社会变化的原因是什么,但是结果很明显。公元前2000年,山东和汾河流域的城镇再次发展起来(陶寺甚至还有一座高约6米，对角线长约60米的大平台），后发优势（这个理论在西方历史中如此重要）开始显露，在从前的穷乡僻壤伊洛河流域，更多的纪念性建筑开始建立起来。

我们没有足够的证据证明河洛文化为什么不模仿陶寺的建筑，而是创造了全新的建筑风格。之前的1 000年，中国北方流行开放、从四周都能进入的大型建筑，陶寺的建筑代替了这种建筑，宫殿变成封闭式，庭院被有顶的走廊包围，只有几处入口，然后用高高的夯土墙将宫殿隐蔽起来。解释建筑风格是一件很棘手的事，但是河洛文化的建筑风格可能意味着，随着祭司统治传播到伊洛河流域不断变化的边缘地区，统治阶级和被统治阶级的关系发生了巨大的变化，等级制度变得更森严。

我们可以将这看作在东方的乌鲁克时代，一个群落远远超过它的竞争对手，并发展成为一个国家，统治者可以使用武力强行做出决策，强行征税。这个群落就是二里头。公元前1900—前1700年，二里头迅速发展成一座真正的城市，有2.5万居民。很多中国的考古学家认为，二里头是夏朝的都城，据说是由大禹建立的。其他国家的学者大体上反对这个说法，他们指出，二里头废弃1 000多年后才有关于夏朝的文献资料，夏朝和禹可能都是人们编造的。这些批评人士指责中国的学者，说得好听点，就是他们轻易相信这些神话；说得难听点，就是他们别有用心，利用这些神话进行鼓吹，把中国文明起源往早推，以提升现代中国人的民族认同感。毫不奇怪的是，这些争论相当激烈。

这些争论与我们讨论的问题关系不大，但是我们也不能避而不谈。就我来说，即使关于禹的故事大多数是民间传说，我也倾向于相信夏朝的存在，以及二里头是夏朝的都城。我们在接下来的部分会看到，当我们想要证实它的准确性时，我们会发现中国的历史学家非常善于将人物代代相传，我无法想象禹和夏朝是凭空编造出来的。

无论事实如何，夏朝的禹，或者任何统治二里头的人可以指挥更多劳工来建造一系列宫殿，可能还在夯土平台上建新的封闭式宗庙。

支撑一号宫殿的平台总共花费了10万个工作日。在距离此地400来米的地方，考古学家发现在8 000多平方米的区域里散落着炉渣、熔炉和青铜范。公元前3000年，人们就发现了铜，但是铜对人们来说一直是新事物，多数人只是把它制成小饰品。当二里头在公元前1900年前后发展起来时，青铜武器还不常见，石头、骨头和贝壳仍然是常见的农业工具，这种情况一直持续到公元前第一个千年。二里头的铸造工艺较之早期的工艺有了重大突破，产出了大量武器和工匠的工具，这帮助这个城市取得了成功，同时也生产出了非凡的礼器——类似陶寺铜铃、镶嵌绿松石兽面纹铜牌饰和高26.5厘米的青铜爵。在二里头发明的这些器物（青铜斝、青铜鼎、青铜爵、青铜盉）成为东方人传达宗教旨意的终极扩音器，它们代替了琮，在接下来的几千年间在宗教仪式中发挥了重要作用。

这些伟大的器物只能在二里头找到。张光直认为，王权来自统治者站在这个世界和超自然世界的交汇处，如果他的看法正确，那青铜礼器对二里头的王权来说可能和青铜剑同样重要。二里头的统治者有最大的扩音器和神交流，一些小国领主可能会得出这样的结论：与最能向神传达信息的人合作是明智的。

然而，对统治者来说，青铜器皿是一种工具，同时也是一件令人头痛的事。青铜器异常昂贵，需要无数工匠，成吨的铜、锡、燃料，这些在伊洛河流域都很短缺。二里头不仅建立了一个小国家（一些考古学家通过定居点的格局，猜测这个国家占地5 000多平方千米），还派人去别处掠夺原材料。比如，东下冯在二里头以西不到200千米，地处丘陵，有丰富的铜矿，有二里头式陶瓷和大量炼铜残渣，但是没有宫殿、丰富墓葬或者铜范，更不用说这些器皿本身了。考古学家在东下冯寻找了很长时间，但他们可能找错了地方。最可能的是，铜在东下冯被开采并提炼，然后被送到二里头。

祖先神

后发可能会带来优势，但是也有弊病，尤其是当一个边缘地区进入一个旧核心地区时，它就会对上同样想进入旧核心地区的新的边缘地区。公元前1650年，二里头是东方最耀眼的城市，庙宇中的青铜鼎熠熠生辉，悦耳的钟声不绝于耳，但是如果有大胆的二里头人走出黄河流域，只要步行一天，他就会置身于一个充满军事要塞和敌对领主的暴力世界。在离二里头60多千米的地方发现了两具被剥掉头皮的尸骨。

二里头和这些荒野边界的关系，可能很像美索不达米亚的阿卡得帝国和阿莫里特人的关系，贸易和劫掠对双方都有利，一直到这个平衡被打破。偃师商城建于公元前1600年，距二里头八千米，这个商城的出现意味着东方出现了动荡。后来的文献资料显示，在这段时期，商朝推翻了夏朝。在偃师发现的最早的文物结合了二里头式的材料和黄河以北地区的文化传统，大多数中国的考古学家（这次有很多其他国家的考古学家）认为，商在公元前1600年前后渡过了黄河，击败了二里头，建立了偃师来统治那些更卑下却更老练的敌人。当二里头逐渐衰退时，偃师迅速发展成一座伟大的城市，直到公元前1500年，商朝的君王可能认为不需要再如此密切警戒之前的敌人，于是迁都80千米以东的新城市郑州。

看起来，人们在二里头能做的事，在郑州能做得更好，或者规模更大。郑州的内城和二里头差不多大小，郑州还有约三平方千米的市郊，每个郊区有各自的夯土墙。据估计，这需要一万劳工花费八年建造完成。后来一首诗这样描述建造这类墙的劳役："捄之陾陾，度之薨薨。筑之登登，削屡冯冯。"[11]（盛起土来满满装，填起土来轰轰响。噔噔噔是捣土，乒乒乒是削墙。）那时郑州肯定萦绕着轰轰、噔噔、乒乒的建造之声。郑州需要不止一处的青铜铸造间，其中一处留下了占地0.03平方千米的废料堆。郑州的礼器延续了二里头的传统，但是更宏大。公元前1300年被匆忙埋葬（可能是因为战乱）的一座青铜鼎高约1米，重约91千克。

郑州同时也扩张了二里头的管束范围。在长江之外600多千米，矿工为了寻找铜矿，挖遍了铜陵的山谷，开采了上百个竖井，破坏了当地的山水，留下了30万吨残渣。他们留下的物品（保存相当完善，考古学家甚至找到了他们的木制和竹制工具，还有芦苇席子）和商朝都城的很像。当乌鲁克的物质文化在公元前3500年后沿着美索不达米亚传播时，有些遗址看起来就像乌鲁克的复制品，甚至连街道的布局也一模一样。同样，商朝的统治者在盘龙城建造了一座小型郑州，商朝式的宫殿、奢华的墓葬、青铜礼器一应俱全，开通了从铜陵到商朝中心城区最便捷的通道。

然而，直到公元前1250年，商朝才真正繁荣起来（武丁中兴）。根据传说*，1899年，国子监祭酒王懿荣得了疟疾，派人去买一剂中药龟甲。当王懿荣看到仆人带回的龟甲上刻有一排符号时，他猜测这是中国古代的文字，这些文字可追溯到商朝。

王懿荣买了更多龟甲，在译解这些符号上有了很大进展，但是进展还不够迅速。1900年夏天，民众对西方列强的愤怒推动义和团运动爆发。慈禧太后起初支持义和团，并派包括王懿荣在内的朝廷官员扶助义和团。义和团团民包围了外国大使馆，但是两万外国联军（日军、俄军、英军、美军和法军）最终入侵北京。王懿荣不欲苟生，与妻子和长媳一同服毒后跳井自尽。

王懿荣的刻有甲骨文的龟甲传到了他的老朋友刘鹗手中。八年后，刘鹗被充军新疆，一年后也病逝了，但是他在1903年成功出版了第一本甲骨文著录书《铁云藏龟》。这在当时引起了一阵甲骨狂热。

---

* 我说"根据传说"是因为周口店遗址（第一章我们已经讨论过这个史前遗址）的线索差不多也是以这种方式在同一年开始发现的：一位德国博物学家因为国内动乱而被困在北京的时候，他辨认出一家药店的"龙骨"为早期的人类牙齿。这样的巧合稍有可疑。

中外学者纷纷抢购龟甲，有一位学者出价每字约1.7两白银，而那时北京的劳动者每天只能赚到约0.09两白银。坏消息是，这股热潮导致了非法挖掘，一些武装团伙为了抢夺龟甲碎块而在马铃薯田里死斗。然而，好消息是鼓舞人心的。王懿荣的判断是正确的，这些甲骨文是中国最古老的文字，而且记录了商朝最后几位国君的名字，这些名字和公元前1世纪司马迁的记载完全吻合。

古董商试图对甲骨文的挖掘地保密，但是人们很快就知道它们来自安阳。1928年，国民政府在那里启动了首次官方考古挖掘。不幸的是，立刻遇到了与周口店北京猿人遗址同样的问题。军阀和土匪在附近厮杀，盗墓者用自制手枪与警察交火，日军步步逼近。1936年挖掘将要结束前一小时，考古学家发现了史上规模最大的甲骨文龟甲坑，共有17 000余片。考古学家又花了四天四夜将这些龟甲挖出，他们知道自己可能再无机会返回此地。在接下来战乱的十年，他们的大多数发现都消失了，但是青铜器和甲骨文龟甲在1949年被运往台湾。这一切都是值得的，安阳的挖掘改变了中国早期的历史。

这几次挖掘表明，安阳（殷）是商朝最后一个都城，建于约公元前1300年。对殷用城墙围起的居住地的考察，直到1997年才启动，该地占地约8平方千米，但是像郑州一样，殷的市郊使城区相形见绌。庙宇、墓地和铸铜间在周围26平方千米以内都可见到，整个面积相当于曼哈顿的1/3。一处在2004年被挖掘的居住地占地0.04平方千米，但是据甲骨文龟甲记录，这个用来举办仪式的地方的中心处正在举行一项不同的活动：国君通过举行仪式祈求祖先保佑。

挖掘出的甲骨文在武丁统治时期（公元前1250—前1192年）就开始出现了，根据这些甲骨文的信息，我们可以将当时仪式的各个阶段拼凑在一起。国君会向祖先提出问题，从位于洹河对岸的坟墓中召唤祖先的灵魂。他用烧红的炭棒灼烧龟甲，然后解释龟甲裂纹的含义，负责占卜的贞人就会在甲骨上记录下结果。

这些仪式使武丁成为祖先神，负责为先公、先王举办祭祀活动，将这些先公、先王的灵魂召集在一起，让他们召集并招待各自的祖先神。为决断大事，这些祖先神会召集所有祖先神的灵魂，直至所有人的共同祖先——帝。不会说话的乌龟能让人们听到祖先的旨意，这种思想在6 000年前的贾湖就存在了，我们在第二章讨论过。但是，商朝的君王使其规模更大，形式更佳。考古学家在安阳发现了超过20万片甲骨，而据西方甲骨文研究泰斗吉德炜计算，当时大约制造了200万~400万片，用了10万只乌龟和牛。仪式还包括饮酒狂欢，可能是为了让君王和巫师进入状态，和神交流。

商朝的君主试图用规模宏大的葬礼，来纪念其前人向祖先神的转变。考古学家发现了八座王陵，公元前1300—前1076年的每位君主都有一座，第九座末代君主帝辛的坟墓未建造完成，因为商朝在公元前1046年灭亡的时候，帝辛还在位。所有坟墓都曾被洗劫，但是墓地仍然规模宏大——每座坟墓挖出几千吨泥土。但根据埃及的墓地规模标准来看，这是微不足道的，真正令人震惊的是商朝葬礼的暴力程度。

中国古代文学讲述过人们为皇亲贵戚殉葬，但是殷墟的挖掘者在挖掘出这么多残酷的发现之前还是没有做好心理准备。第1001号坟墓可能是武丁的墓地，墓地里有200余具尸体——墓底有9个小坑，每个坑里有1人1犬1把铜戈（中心坑为砍），木椁顶周围还埋有11人，四条墓道及东耳室等地还分散着73~136具尸体（很难从这些破碎的尸体残骸判断精确数量），墓室东侧还有80具尸体。坟墓周围有数千个祭祀坑，埋有数百人（大多数是男人，有些人因为苦役而伤了关节）和动物（从鸟类到大象）。这些被命运诅咒的人并非平静赴死的。有些人被砍头，有些人被砍去四肢，有些人被腰斩，还有些被绑住的人身体扭曲，显然是被活埋的。

这些数字令人震惊。甲骨文记载了13 052次仪式性凶杀，如果像吉德炜说的那样，我们只发现了其中的5%~10%，那么受害人总共有25万人。平均算来，150年内，每天有4~5人死于非命。事实上，他们被绑到宏大的葬礼上。在这场贵族的狂欢会上,他们被砍死,哭喊着死去,墓地的确是用鲜血建造成的。大约3 000年后,墨西哥的阿兹特克国王为了给他们嗜血的神灵魁扎尔科亚特尔喂血,发动了战争。为了祖先,商朝国君可能做了同样残忍的事,尤其是对羌人,在甲骨文记载中,有7 000多名羌人被害。

武丁和商朝其他国君像西方的伟大国王那样,在这个世界建造墓地,同时和另外一个世界的神交流。因为个人崇拜和战争,他们成了君王,葬礼使死去的君王变成下一任君王的祖先,这充满了军事象征意味。第1004号坟墓(可能是廪辛的墓地,廪辛死于公元前1160年前后)虽然被盗过,但仍然有731支矛头、69把斧头和141只头盔。武丁王和帝的直接交流也往往是关于战争的。甲骨文记载:"甲辰卜,争贞:我伐马方,帝受我佑。"[12]

按照西方的标准来看,商朝的军队规模很小。甲骨文记载的最大军队有1万人,是卡迭石战役中拉美西斯军队规模的1/3。甲骨文记录的地名显示,武丁只直接管理黄河流域的一小段,还有一些遥远的属地,比如盘龙城。很明显,他管理的国家不像埃及那样完整、有税收制度、官僚制度健全,而是由一些分散的同盟组成的,这些同盟会向安阳进献贡品——用来祭祀的牲畜、白马和占卜用的龟甲与兽骨,甚至是用来献祭的人。

司马迁在《史记·殷本纪》中历数商朝国君,让早期的中国历史听起来很简单。在圣王时代(大禹时代达到顶峰)之后,中国建立了夏朝,然后是商朝,接下来是周朝("夏商周断代工程"中的三个朝代)。中国从这三个朝代起发展而来,其他信息都不值一提。但是考古学家发现二里头和安阳在当时是无可匹敌的,同时也发现,司马迁的记录过于简单化。夏朝和商朝不得不与几十个邻国打交道,就像埃及和巴比伦那样。

考古学家才刚刚开始发掘这些邻国令人印象深刻的遗迹,主要在中国南部和东部地区。直至1986年,我们才知晓,公元前1200年,远在长江上游的四川兴旺发展起来。但是考古学家不久就在三星堆发现了埋有宝藏的坑穴，其中有几十个铜铃，一些约1.8米高的大眼戴冠人像，还有精致的青铜神树，是人像的近两倍高，枝叶繁茂，硕果勾垂，枝上立鸟栖息。挖掘者无意中发现了一个失落的王国——古蜀国，其都邑于2001年在成都金沙附近被发现。据估计，在21世纪的前几十年内，中国将建造世界上一半的房屋和高速公路，我们难以预测那些抢在挖土机前的考古学家还将发现什么。

我们很容易认为赫梯人、亚述人和埃及人是不同的民族，因为古代文献显示，他们有着不同的语言，而且我们习惯地认为，西方被分为很多国家。然而，在东方，根据《史记》，中国始于夏朝，并向外辐射，让人很容易想象这些古国从古至今都是中国的一部分。当然，古代东方和西方都包括众多国家，它们有着相同的信仰、习俗和文化形式，但又有着不同之处。它们进行贸易、战斗，互相竞争，不断扩张。随着我们的证据不断增加，古代东西方的发展历程看起来越来越相似。在当时，安阳可能有一座木制大厅放置文件，这些文件写在丝绸和竹简上，记录与（说另一种语言的）外国统治者的外交往来，就像埃及阿玛纳的陶土片一样。金沙的君王在和武丁讨论是否平等对待山东的君王时，可能称呼武丁为"兄弟"；武丁甚至可能将商朝的公主嫁到长江流域的一个小朝廷，让公主在那个远离家乡和亲人的地方生儿育女。这些事情我们永远也无法得知。

分崩离析

我又要提到冯·丹尼肯的太空人的故事了。如我之前所说，外星人若发现埃及和美索不达米亚在公元前2200年瓦解了，肯定会吃惊，但是如果他们乘飞碟看到公元前1250年中国的武丁时代和埃及的拉美西斯二世时代，他们就会十分满意，认为完成了任务。这时西方的社会发展指数得分为24分，是公元前5000年的3倍。

每个埃及人或美索不达米亚居民平均每天获取2万千卡能量，相比之下，公元前5000年每人每天获取8 000千卡，最大的城市可能有8万居民，比如埃及的底比斯或者巴比伦。那里有众多书吏和蓬勃发展的图书馆。规模最大的军队可以召集5 000辆战车，因此我们可以合理地猜测，一个国家（可能是埃及，也可能是赫梯）可以建造一个核心范围内的帝国。新兴国家在意大利、西班牙以及其他地方发展，有着各自的宫殿、神庙和圣王，然后核心地区的帝国会吞并这些国家，直到出现一个足以填满图4.3的国家。东方的发展继续落后于西方一两千年。东方可能会像西方那样遇到发展障碍，而西方可能会遇到更多动乱，但这些动乱仅仅是放慢了社会发展的进程，就像之前讨论的那样。西方将会保持领先态势，在几千年内发现化石燃料，继续主宰世界。

因此，当西方核心地区的每个主要城市，从希腊到我们现在称为加沙地带的地方，在公元前1200年都被付之一炬，外星人会认为这就像公元前2200年或公元前1750年那样，是一场大浩劫，但是长期来看，无须担心。即使突生不测，甚至书吏还没来得及记录，那些外星人也不会失眠。

在希腊的皮洛斯，考古学家发现了一块公元前1200年前后的不同寻常的泥板，泥板上刻有一行不祥的文字"守卫者正在守护海岸"[13]。考古学家在同一地方找到了另一块泥板，上面的文字明显刻得很匆忙，没有刻完，刻下的文字看起来是在描述为防止不测而举行的人祭。在叙利亚富有的沿海贸易城市乌加里特，考古学家在一个烧窑里发现了一些泥板，书吏打算在窑里把它们烧干后再归档。他来不及把这些泥板带走，乌加里特就遭到洗劫。这些刻于乌加里特被劫掠之际的泥板读来让人毛骨悚然。其中有一份来自赫梯的国王，他乞求食物："这是生死攸关的大事！"[14]在另一份文件中，乌加里特的国王写道，当他的军队和战船在支援赫梯人时，"敌人的战船来到了这里，他们烧毁了我的城镇，在我的国家作恶"[15]。

到处都被黑暗笼罩，但是只要埃及仍然挺立，希望就仍然存在。拉美西斯三世法老以他的名义建造了一座神庙，里面立了一块碑，碑文看似是在讲述乌加里特的故事："外国人在他们的岛上密谋，在他们武器的威力下没有国家得以幸存。"[16]这些被拉美西斯三世称为"海上民族"的人击败了赫梯、塞浦路斯和叙利亚。公元前1176年，他们又来到了埃及。但是他们没有预料到埃及的神王，神王说道：

> 那些胆敢侵犯我国边境的人，他们将子嗣不存、神形俱灭……他们被从海中拉出来，在海滩上被包围、击败、杀戮，尸体成堆……我使列国退缩，不敢再提埃及。他们在自己的土地上一呼喊我的名字，就会受烈火焚烧。[17]

拉美西斯三世所说的"海上民族"也可能是皮洛斯和乌加里特故事中的恶棍。拉美西斯三世说，这些恶棍包括Shrdn、Shkrsh、Dnyn和Prst。埃及的象形文字不记录元音，大多数历史学家认为Shrdn应读作Sherden，这是撒丁岛人的古称，Shkrsh读作Sheklesh，是Sikels（西西里）的埃及文名字。历史学家还不是很清楚Dnyn指什么人，可能是指Danaans，后来诗人荷马用这个名字指希腊人。我很确定Prst指的是Peleset，是腓力士丁人（Philistines）的埃及文名字，他们在《圣经》中声名赫赫。

这些人来自地中海多个区域，对于他们为什么会来到尼罗河三角洲，历史学家争论不休。证据不是很完整，但一些考古学家认为，原因是在公元前1300年，西方核心地区所有地方都出现了气温升高、降水量减少的迹象。他们指出，旱灾重现了公元前2200年的景象，使人们迁移，导致国家崩溃。还有些考古学家认为，地震使西方核心地区陷入混乱，在边境地区为掠夺者和入侵者提供了可乘之机。人们的作战方式也发生了改变,来自边缘地区的非正规轻装步兵,有了用来砍杀的新式刀剑和更致命的标枪后,就能打败核心地区的战车队伍,这些战车部队表面光鲜,实际上却笨重而不灵活。疾病也有可能是人们迁移的原因之一。公元前14世纪20年代,一场可怕的瘟疫从埃及传到赫梯。一位祈祷者说:"赫梯之地,每个角落,都在死亡。"[18] 虽然现存的史料没有再次提到这场瘟疫,但如果在史料记载更完善的时代,此类瘟疫会不断地在史料中被提及。到公元前1200年,核心地区人口明显减少。

虽然潜在的动态机制看起来已经足够清晰:核心地区和扩张的边缘地区的关系突然转换了,但是我们仍不知道这场危机的具体原因。和之前讨论的事情一样,扩张是一把双刃剑。一方面,地中海沿岸的新边缘地区促进了社会快速发展,但是另一方面,这也揭示了新的后发优势,并且引起了社会动荡——移民、雇佣军、难以管理的新技术,这些都是对已然存在的社会旧秩序的挑战。公元前13世纪,核心地区似乎已经对它们所建立的边缘地区失去了控制。

不管人们是被迫还是出于自愿,不管原因是气候变化、地震、战场的改变还是瘟疫,人们开始大量向核心地区迁移。在公元前13世纪20年代,拉美西斯二世已经加强了埃及的边境防御,将移民安置在受到严密管制的城镇,或者让他们参军,但这还远远不够。公元前1209年,法老麦伦普塔赫不仅要与撒丁岛人和西西里人作战(拉美西斯三世在公元前12世纪70年代将再与他们作战),还要同古利比亚人和爱凯瓦沙人(可能是希腊人说的"阿希亚瓦人")战斗,这些人联合起来从西方袭击埃及。

胜利的麦伦普塔赫欣喜地割下了阵亡敌人的6 239个未受割礼的阴茎,以此来计算敌军死亡人数,但是就在他数这些阴茎的时候,风暴席卷了北方地区。希腊、赫梯和叙利亚的城市被摧毁。后来有传说讲述,这时埃及有移民迁移去希腊,考古学家的发现也暗示了可能有向外迁徙的移民。加沙是非利士人公元前12世纪定居的地方,在那里发现了很多陶器，这些陶器和希腊的陶器别无二致，这表明非利士人一开始是希腊迁移过去的难民。更多的希腊人在塞浦路斯定居。

随着越来越多难民从受灾地区迁移出去，移民数量迅速增长。这看起来是一场无组织的迁徙，因为到处都充满劫掠和斗争。很明显，叙利亚的瓦解促使阿拉米人移民至美索不达米亚，虽然拉美西斯三世已经宣布了胜利，之前的"海上民族"还是在埃及定居了。和希腊一样，埃及也经历了向外移民和向内移民。《圣经》中讲到摩西和以色列人逃出埃及，并最终在现在被称为西岸的地方定居，这些故事可能反映了这些混乱的年代。麦伦普塔赫在公元前1209年麦伦普塔赫石碑的碑文中提到以色列，说他离开了那片"荒芜，寸草不生"[19]的土地，这是《圣经》以外的史上第一次提到以色列的记载，可能不仅仅是巧合而已。

公元前13世纪20年代开始的移民，其规模之大，让之前的社会动荡相形见绌，但是到公元前12世纪70年代，在飞碟里观察人类的外星人可能仍然希望这个阶段会像之前的动荡一样发展。毕竟，埃及并没有被洗劫，在美索不达米亚，亚述人在敌国垮台的时候扩张了领土。随着公元前12世纪慢慢流逝，动乱仍在继续，人们慢慢发现，这种动乱是全新的。

在希腊，公元前1200年之后遭到破坏的宫殿没有再次被占用，旧官僚体制废止了。希腊富有的贵族确实保留了部分之前的生活方式，经常搬到易守难攻的地方，比如山上或小岛上，但是他们在公元前1125年遭到了新一波的破坏。我在读研究生时，非常有幸来到这些遗址之一进行挖掘（不但考古深深地吸引了我，我还在那里遇到了我未来的妻子），这个遗址在帕罗斯岛上的库库纳里斯山顶上，防御坚固★。这些贵族的首领享受了优越的生活方式，其居住地风景优美，

★ 我想再次感谢雅典考古协会的迪米特里厄斯·斯基拉尔迪博士，他十分慷慨地邀请我们加入他们的挖掘团队，挖掘工作从1983年开始直到1989年。

能看到美丽的海滩，王座镶嵌了象牙。但是在公元前1100年，他未能从再一次灾难中幸免。村民囤积了石头来攻击袭击者，并且把牲畜带到城墙后（我们在废墟中发现了驴的尸骨），但是他们在有人（我们永远也不知道是谁）攻击堡垒的时候，早于战争一步逃走了。类似场景在希腊各地上演，公元前11世纪，幸存者只建造了简单的泥坯屋。人口减少，工艺水平降低，平均预期寿命也减少了。黑暗时代来临了。

希腊的衰落是一个特例，但赫梯帝国也衰落了，埃及和巴比伦艰难地控制移民和入侵者。随着村民不断遗弃田地，饥荒越来越严重。因为农民没钱交税，国家就无法征兵；因为没有军队，袭击肆虐，当地强人建立公国。公元前1140年，埃及位于今以色列的帝国衰落了。守军拿不到军饷，有的成了农民，有的成了强盗。《士师记》中讲述了这次埃及衰落中以色列人的状况："以色列在那时没有国王，所有人都自行其是。"[20]

到公元前1100年，埃及四分五裂。底比斯分裂出去，移民在尼罗河三角洲建立了公国。不久，拉美西斯十一世这位官方神王竟被自己的大臣赫里霍尔控制，进而在公元前1069年被赫里霍尔篡位。几个世纪内，埃及的影子法老中几乎没有人组建大规模军队，建造纪念性建筑，或者留下大量文字记录。

亚述早期看起来像大赢家，但是随着阿拉米人不断迁徙，它也对乡村失去了控制。到公元前1100年，田地继续休耕，国库耗尽，饥荒肆虐。我们对这种情况了解越来越少，因为官僚越来越少记录历史，到公元前1050年，记录突然终止了。那时候，亚述的城市被遗弃，整个亚述帝国成为人们的记忆。

到公元前1000年，西方核心地区缩小了。撒丁岛、西西里和希腊很大程度上和广阔的世界失去了联系，战士首领瓜分了赫梯和亚述帝国留下的土地。叙利亚和巴比伦王国的城市幸存了下来，但与公元前第二个千年内的乌加里特等城市相比，不值一提。埃及分裂出的一些小国家幸存了下来，但是这些国家相比辉煌的拉美西斯二世的帝国，积贫积弱。社会发展首次倒退。所有社会发展指数得分都下滑了：到公元前1000年，人们获取的能量更少，城市规模更小，军队更弱，比公元前1250年的前人留下的资料更少。社会发展指数得分又下滑到600年前的水平。

不是众神的战车

公元前1200年前后，当武丁还在位时，商朝贵族又有了新的陪葬物品：战车。公元前11—12世纪，商朝贵族的坟墓中就有几十辆战车（不用说，还有一套齐整的马和驭手）。商朝的战车和500年前西方核心地区的战车十分相似★，考古学家一致认为，这两种战车都源自哈萨克斯坦公元前2000年发明的战车。经过两三个世纪，战车制造工艺传到了胡里安人的手中，胡里安人也有了战车，西方强国的平衡格局被打破；战车制造工艺传到黄河流域还需要八个世纪。

就像埃及人和巴比伦人一样，商朝的人在接受新武器方面发展缓慢。他们肯定是从北方和西方的鬼方族人和羌人那里学到了战车的制造方法，甲骨文记载了这些邻国在战争中使用战车。在武丁时代，商朝人只用马车进行捕猎，而且还不能驾驭自如。有记录描述武丁在捕猎犀牛的时候翻车了。武丁幸免于难，但是其子子央伤得很重，甲骨文花了大篇幅描写如何驱散引起他痛苦的鬼神。一百年后，商朝人开始在战斗中使用战车，但是他们没有像赫梯人和埃及人那样大量使用，而是分散在步兵队伍中，可能是让军官乘坐的。

商朝和西北邻国的关系看起来很像500年前美索不达米亚居民和胡里安人与赫梯人的关系。和美索不达米亚居民一样，商朝和邻国进行交易和争战，还挑动邻国互相战斗。其中一个部落——周部落于公元前1200年在甲骨文中首次被提到时，是商朝的敌人。后来他们成为

★ 唯一的区别就是中国战车比西方的战车有更多的轮辐。

商朝的同盟，但是到公元前1150年，他们又变成了敌人，那时他们居住在渭水流域。商周关系时好时坏，周人在汲取适合他们的商朝文化。到公元前1100年，他们建立了自己的国家，有自己的宫殿、青铜器、占卜仪式和富丽的坟墓。一位周贵族用一队战车部队给自己陪葬，这是商朝的传统。周首领甚至与商朝联姻。像美索不达米亚面对胡里安人和赫梯人的战车那样，商朝也失去了对局势的控制。周人显然与西北部族结成了同盟，在公元前1050年已对商朝都城殷构成了威胁。

就像西方古代的国家一样，商朝面临动乱时很快就瓦解了。据甲骨文记载，自公元前1150年，商朝的上层社会内部就发生了动乱，君王权力增强，却失去了很多贵族支持者。到公元前1100年，商朝南方属地脱离了商朝统治，很多离商朝很近的同盟（比如周）叛变了。

公元前1048年，商纣王帝辛还能召集八百诸侯来抵挡周部落的袭击，但两年后情况就不一样了。周武王率领三百乘战车绕到殷城后方攻取殷。在一首描述武王伐商的诗歌里，周武王的战车听起来所向披靡："檀车煌煌，驷騵彭彭。……肆伐大商，会朝清明。"[21]（檀木战车光彩又鲜明，驾车驷马健壮又雄俊……袭击讨伐商朝，一到黎明就天下清平。）

商纣王自杀了。周武王任用了一些商朝的官员，处决了另一些官员，封商纣王的儿子为殷王。周武王的政治安排很快遇到了麻烦，我们在第五章会看到，但到那时，东西方社会发展差距大幅缩小。西方一开始在农业、村庄、城市和国家的发展这几方面领先东方2 000年，但是在公元前3000—前2000年，差距逐渐缩小至1 000年。

早在20世纪20年代，大多数西方考古学家认为他们知道中国为什么开始赶上西方：中国几乎从西方复制了一切——农业、陶器、建筑、冶金和战车。格拉夫顿·艾略特·史密斯爵士是一位英国人类学家、埃及学家，他热情过头，甚至给"埃及嫉妒症"带来了恶名。无论他在世界何处看到什么——金字塔、文身、巨人和侏儒的故事，艾略特·史密斯都认为它是以埃及为原型的复制品，因为他坚信埃及的"太阳之子"[22]在全世界都传播着"太阳城"文化。在他看来，我们不但都是非洲人，而且都是埃及人。

他的某些理论甚至在当时看起来也相当疯狂，从20世纪50年代开始，考古学家逐渐推翻了艾略特·史密斯的几乎所有观点。东方的农业是独立发展起来的，东方人使用陶器比西方人早几千年，东方有自己的纪念性建筑的传统，甚至人祭也是东方独立发明的。但即便如此，东方还是有一些重要的想法来自西方，尤其是青铜铸造。青铜在二里头非常重要，但是青铜并不是首先在发达的伊洛河流域被发现，而是在遥远的西北的干旱贫瘠、狂风侵袭的新疆，可能是由那些长相像西方人的人经欧亚草原传播到新疆，我在之前提到过，这些人埋葬在塔里木盆地。正如我们所看到的，战车可能也是以同样的方式传入中国，在战车被传入西方核心地区500年后，经过欧亚草原来到中国。

虽然西方的一些技术向东方传播解释了东方社会发展为什么赶上了西方，但是最重要的原因绝对不是东方复制西方，而是西方的倒退。东方社会发展在公元前1200年仍然落后西方1 000年，但是西方内部的突然瓦解很快就抹去了6个世纪的成就。到公元前1000年，东方的发展只落后西方几百年。西方在公元前1200—前1000年的倒退是我们要讲述的第一个转折点。

五大天启骑士[①]

为什么西方核心地区出现倒退，这是历史上的不解之谜。如果

---

① 在《圣经》的《启示录》中有四骑士，传统上被解释为瘟疫、战争、饥荒和死亡，但是对于四骑士的解释略有争议。这是作者对此的化用。——译者注

我有一个非常明确的答案，那么我肯定早就说出来了，但事实是，除非有幸能意外搜集到新的证据，否则我们可能永远也不会知道答案。

尽管如此，本章描述了社会发展中的动荡，我们系统地审视这些动荡还是很有启发意义的。表4.1总结了我认为最重要的特征。

表4.1　天启骑士：记录在案的各种灾难（公元前3100—前1050年）

年（公元前）	迁徙	国家崩溃	饥荒	瘟疫	气候变化
西方					
3100		×			
2200	×	×	×		×
1750	×	×			
1200	×	×	×	?×	×
东方					
2300		×			
1050	×	×			

公元前3100年西方的乌鲁克，以及公元前2300年东方的陶寺都停止了扩张，是怎样的动乱造成它们发展的停滞，我们对此知之甚少，所以我们也许不应该去讨论这些，但是东西方的四场动乱可以被分为两组。第一组是西方在公元前1750年的危机和东方在公元前1050年的危机，也许可以说是人为的。战车参与的战争改变了强国的平衡格局，野心勃勃的外来者征伐到核心地区，暴力、迁徙和政权更迭不断发生。东西方这两次危机的主要结果就是，政权转移到之前被边缘化的群体手中，社会继续发展。

第二组是西方在公元前2200—前2000年的危机和在公元前1200—前1000年的危机，它们迥然不同，很明显是因为自然因素使人类看上去蠢笨。人类基本上无法控制气候的变化，气候变化至少是造成这段时期饥荒的原因之一（如果《圣经》中约瑟的故事能给我们一些启发，那就是缺乏农耕计划也是造成饥荒的原因之一）。第二组社会危机比第一组严重得多，我们可以从中得出一个试验性结论：当天启四骑士——气候变化、饥荒、国家崩溃和迁徙——走到一起，特别是当第五位骑士疾病加入他们的时候，社会动乱会变成社会瓦解，有时甚至会导致社会发展的倒退。

但是，我们不能得出这样的结论：气候变化造成的社会动荡直接导致了社会的瓦解。西方核心地区遭受的旱灾在公元前2200年比在公元前1200年更严重，但是在公元前2200—前2000年，该地区只是稍有动乱，而在公元前1200—前1000年，该地区四分五裂。公元前3800年发生的旱灾可能比公元前2200年或者公元前1200年的更严重，但是相对来说，那次旱灾对东方几乎没有影响，事实上还使西方社会向前发展了。

以上论述又表明了第二个可能的结论：社会瓦解源自自然因素和人为因素的相互作用。我认为我们可以说得更详细：规模更大、结构更复杂的核心地区会发生规模更大、更具威胁性的社会动荡，使一些破坏性因素更危险，比如，气候变化和迁徙会引发彻底的社会瓦解。公元前2200年，西方核心地区已经有很大规模，有宫殿、神王和再分配的经济，包括从埃及到美索不达米亚的所有区域。旱灾频频发生，人们从叙利亚沙漠和扎格罗斯山脉迁徙出去，这两个因素彻底改变了这个地区的内部以及外部关系，这样的结果令人震惊，但是因为西方的两个核心地区埃及和美索不达米亚联系并不紧密，所以每个核心地区都单独衰落。到公元前2100年，埃及部分地区瓦解，而美索不达米亚恢复发展；而当美索不达米亚部分地区在公元前2000年前后瓦解时，埃及恢复发展。

对比之下，公元前1200年，西方核心地区扩展至安纳托利亚和希腊，到达了中亚的绿洲，甚至到达了苏丹。移民明显是从动荡的地中海地区开始的，但在公元前12世纪，从伊朗到意大利都有移民。因为移民造成的社会动荡比之前任何时候的规模都大，并且席卷至互相联系的核心地区，在这些地区，社会发展更容易遭到阻碍。入侵者烧毁了乌加里特的庄稼，因为乌加里特国王派军队支援赫梯。一个地区发生的灾难以1000年前从未发生过的方式加重了另外一个地区发生的灾难。当一个国家灭亡时，其他国家也会受到影响。公元前11世纪到处都充满着动乱，最终拖垮了每一个人。

社会发展的悖论（社会发展产生的强大力量能危害社会发展本身）意味着，越大的核心地区会给自己带来越大的问题。对于我们现在所处的时代，这再熟悉不过了。19世纪，国际经济不断发展，欧美的资本主义国家抱团，使社会以前所未有的速度迅速发展，但是这也导致美国股票市场在1929年产生的泡沫使所有国家受到严重打击；过去50年，组织严密的国际金融发展速度令人吃惊，使社会不断向前发展，但是这也导致美国2008年新的经济泡沫几乎动摇了整个世界的根基。

这个结论令人惊恐，但是从这些国家早期动乱的历史中，我们也能得出第三个结论，这个结论更乐观一些：规模更大、结构更复杂的核心地区会发生规模更大、更具威胁性的社会动荡，但是也能采取更多、更严谨的措施来应对这些动荡。世界金融领袖应对2008年的经济危机，其手段若在1929年是难以想象的，在2010年年初，他们看似已经解决了这场金融危机，就像解决20世纪30年代的金融危机一样。

社会不断向前发展，引起更具威胁性的社会动乱与更精确有效的解决方法之间的竞赛。有时平定动乱的解决方法落后于这些社会问题，就像公元前2200年和公元前1200年在西方发生的一样。无论是因为领导者犯了决策错误，或者社会制度瓦解，还是因为组织机构和技术不匹配，社会问题都有可能不断加剧直到失控，社会动乱演变成社会瓦解，从而导致社会发展的倒退。

在公元前1200—前1000年西方社会瓦解之前，西方社会发展领先东方13 000年。我们有理由相信西方社会发展将永远领先于东方。在这次瓦解之后,西方的领先优势几乎全无,如果再次发生这样的动乱,西方就不再领先了。社会发展的悖论在公元前5000—前1000年如此残酷而频繁地上演,这表明,没有什么物质文明是永恒的。长时段注定论无法解释为什么西方主宰世界。

第五章

并驾齐驱

单调的好处

图5.1可能是最单调的图表了。不像图4.2，在图5.1中，两条线并没有交叉、中断或汇合，而是保持平行将近1 000年。

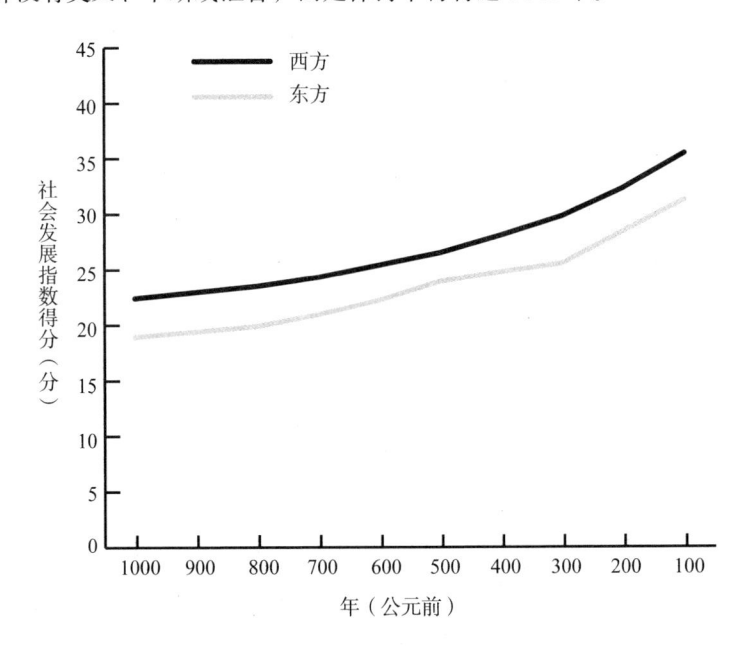

图5.1 历史上最单调的图表？公元前1000—前100年的社会发展

尽管图5.1结构比较简单，但这个时期未发生的事对我们的整个故事非常重要。在第四章中，我们看到西方文明核心地区在公元前1200年前后瓦解，导致它的社会发展优势急剧缩小。西方花了5个世纪的时间，才把社会发展指数得分拉回公元前13世纪左右就达到的24分。如果在这个水平再次倒退的话，就能将东西方的差距抹平了。但如果在24分时东方社会瓦解，东方将会重蹈西方公元前1200年以前的覆辙。事实上，正如图5.1所显示的，这两种情况都没有发生。东西方社会平行发展，并驾齐驱。公元前第一个千年中期左右是历史的转折点，因为在这段时间内社会发展并未倒退。

但是图5.1期间发生的事也非常重要。在公元前1000—前100年，东西方社会发展指数得分几乎都翻了一番。西方社会发展指数得分超过了35分，尤利乌斯·恺撒跨过卢比孔河时的分数要比哥伦布穿越大西洋时的还要高。

为什么西方文明核心地区不在公元前700年前后达到24分时瓦解，或者东方文明核心地区没有相应地在公元前500年前后瓦解？为什么社会发展指数得分在公元前100年时达到如此高的分值？为什么在这一点上，东西方文明核心地区如此相像？我将在本章回答这些问题。紧跟着大家会问的问题是：如果在公元前100年时社会发展程度如此高，那为什么古罗马或者古中国不在新世界开拓殖民地，或者发生工业革命呢？这些问题需要等到第九章和第十章，我们对公元1500年后发生的事和古代没有发生的事进行比较后才能回答。现在我们先看看这段时间内到底发生了什么事。

廉价的王权

简言之，东西方文明核心地区都在公元前第一个千年内进行了内部重组，创造了新制度，避免了因持续扩张而造成的瓦解。

统治国家有两种方式：高端和低端统治（即昂贵的和廉价的王

权）。高端统治比较昂贵。中央集权统治者在官僚机构或军队中雇用人员进行有偿服务。支付这些人员的薪酬需要大笔收入，但是官僚机构的主要任务就是通过税收产生收入，军队的任务就是强制征收。目标是达到平衡：大笔税收收入支付出去，然后可以收到更多税收收入，统治者和他们的雇员以此差额为生。

低端统治比较便宜。统治者并不需要巨大的税收收入，因为他们没有大笔支出。他们让其他人来支付这笔费用。统治者不供养军队，而是依靠地方贵族（很可能是统治者的亲属），让后者在自己的领地里建立军队，这样统治者自己就不必支付军队的费用。统治者通过和这些领主分享战利品来犒赏后者。统治者屡战屡胜，结果达到了一个低端的平衡：没有大笔收入，但是支出更少，统治者和他们的亲属以此差额为生。

在公元前第一个千年中，东西方最大的事件都是统治策略从低端转向高端。这个转变从乌鲁克时期开始。公元前第三个千年中期，埃及法老就已经有足够的实力建造金字塔，1 000年后，他们的继承人建造了复杂的战车军队。在公元前第一个千年中，当时国家的规模和领域都比先前的国家大得多。因此，本章将主要介绍这些国家的管理方式和战争。

在公元前第一个千年中，东西方采用了不同的方式来达到高端统治，但都困难重重。东方国家比西方国家的出现要晚得多，在公元前1000年时还处于低端统治。商朝是一个松散的联盟，盟国把乌龟和马匹进贡到殷都，需要出兵打仗时就出兵。周武王在公元前1046年推翻商朝，当时的周朝可能更加松散。周武王并没有吞并商朝，因为他找不到合适的人选来对其进行管制。周武王封武庚管理商王畿之地之一的殷，之后就回到了渭水流域（图5.2）。

这是控制前朝残余势力成本较低的方法，但是很快，在低端统治中常见的手足竞争出现了。周武王的家族也未能避免这种竞争。公元前1043年，周武王薨，留下三个弟弟和一个儿子。根据史官记载

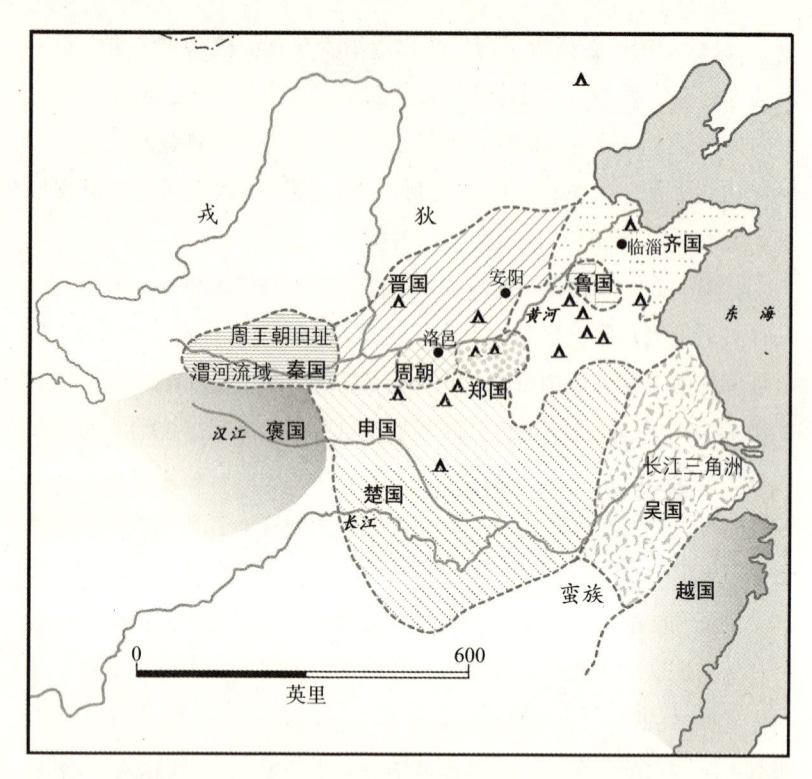

图5.2 东方低端统治的王权：文中提及的公元前1000年上半叶时的国家分布图。三角形代表周朝主要的聚居地

（当然是由胜者编写的），因周武王的儿子周成王年幼，由周武王的弟弟周公摄政（许多历史学家认为事实上他发动了叛变）。周武王的另外两个弟弟联合商朝遗党来反对周公。

公元前1041年，周公平定叛乱，杀死/流放了两个哥哥，但他意识到他不能像周武王期望的那样统治商朝，也不能任由敌人密谋造反，于是想出了一个巧妙的低端统治方法：分封王室子弟和功臣到黄河流域（关于人数，不同史书有不同记载，26~73个不等）。这些封国不用向他缴税，中央政府也不拨款。

周朝像个家族企业，运作方式与做家族生意有很多相似点。君主相当于周朝的老大，以大规模的地产为生，用初步的官僚制度统治国家；诸侯那些次级统治者相当于高管，住在自己坚固的城池中。当君主号召开战，诸侯就带着战车和士兵来帮君主作战。当战争结束，分享战利品，然后各自回家。每个人都很开心（除了被掠夺的敌人）。

周王用精神及物质来奖励下属，使其保持忠诚。君主将大量金钱用于构建自身合法性，这是区分君主和匪徒的唯一区别。君主使诸侯深信：君主作为一家之长、预言者及人与上天的沟通者，有权力号召他们。

诸侯对君主的忠诚度越高，君主越不需要以分享战利品的方式维持统治。周王积极推动了一种新王权理论的形成：帝，天界至高的神，因商王无德而鄙弃他们，选择并委任周王做人间的统治者。关于周武王的美德故事如此详细，以至公元前4世纪的思想家孟子认为，周武王没有攻打商朝，只是对民众说了一句"无畏！宁尔也，非敌百姓也"[1]（不用害怕，我是来安定你们的，不是与老百姓为敌的），立刻"若崩厥角稽首"（百姓叩头声如山崩）。

即使有的话，也只有很少的诸侯会相信这种荒谬的言论，但这个以德配天的理论确实起到了鼓励他们去追随君主的作用。水能载舟，亦能覆舟，如果周王无德，上天可以撤回对他的天命，并选择他人。除了这些诸侯，还有谁能判定君主的行为是否符合上天的标准呢？

周朝的贵族喜欢在祭祀祖先所用的青铜器上铭刻他们所获得的荣誉，这一点很好地体现了物质和精神奖励的结合。例如，麦方尊铭文介绍了周成王（公元前1035—前1006年在位）如何在一个烦琐的仪式上给邢侯封爵赏地。铭文写道："零王在庡，已夕，侯赐者𩰫臣二百家，劑用王乘车马、金勒、冂衣、巿、舄"[2]（即赏赐奴隶、衣物等，乘坐天子车乘等）。

周朝的这个"骗术"非常有效。周天子组织起了庞大的军队（公元前9世纪时拥有数百辆战车），并达成先辈遗愿，向周朝周围的"蛮夷"收取"保护费"（朝贡）。周朝领土内的农民受到保护，辛勤劳作，供养不断发展的城市。诸侯不向农民征税，而要求他们提供劳役。理论上很美好，农田被划成3×3九格，如井字棋盘那样，八家佃户分别耕作外围的八块私田，并轮流为中间第九块公田干活。现实无疑要混乱得多，但贵族通过结合农民的劳役、掠夺和勒索，开始变得富有。他们修建壮观的陵墓，人殉的数目比商朝要少，而用更多的战车陪葬。他们浇铸和铭刻数量惊人的青铜器（约1.3万件青铜器已经被发掘并公开出来），尽管文字仍然是贵族的工具，但它突破了商朝时狭隘的用途。

但这个体系有一个缺点，它依赖于战争的胜利。王位传了将近一个世纪，但在公元前977年周昭王战败。没人想记录失败，我们了解的内容来自一部被遗弃的《竹书纪年》。这部编年史在公元前296年随墓主埋入地下，在近六个世纪后该墓被盗时才被发现。据该编年史记载，祭公、辛伯支持昭王与周朝南疆的楚国开战。编年史上写道："天大曀，雉兔皆震，丧六师于江。王陟。"[3]（天空阴暗，野鸡、兔子皆惊恐，六师葬身汉水。周昭王身死。）

周朝突然失去了军队、君主以及天命的神圣性。也许就像诸侯们总结的那样，周王也无德。他们的问题更加复杂：在黄河东端发现了公元前950年的青铜器，上面的铭文已不再表达对周朝的忠心。君主努力去控制诸侯，却失去了对西面犬戎的控制，对周朝的城池构成了威胁。

新掠夺的土地不够肥沃，贵族间因土地而发生的矛盾明显上升。面对低端统治瓦解的危机，周穆王转向了成本更高的解决方案：在公元前950年后，他建立官僚体系。（不确定是哪几位）周王通过行政官员转让土地，大概是为了奖励忠诚并惩罚背叛，但诸侯做出了反击。将青铜器的铭文拼凑起来大概可以得知，在公元前885年，要不是许多诸侯坚持，周夷王无缘王位。周夷王在公元前883年烹杀最强大的诸侯齐哀公。公元前841年，百姓奋起反击，周厉王流亡。

在欧亚大陆的另一端，西方的君主们也在公元前10—前9世纪建立了低端统治的国家。西方文明核心地区在公元前1200年后的衰退是如何开始的,以及之后是如何恢复的,都不为人知,但是在绝望中产生的创造力可能起到了一定的作用。长途贸易的瓦解迫使人们转而依赖于当地资源,但一些重要商品,尤其是制作青铜的重要原料锡,在很多地方都找不到★,西方人因此用铁来代替。塞浦路斯的铁匠一直拥有世界上最先进的冶金技术,在公元前1200年就已经知道如何从地中海区域常见的其貌不扬的红色、黑色的铁矿石中提取铁,但是只要还有青铜,铁就不会被广泛应用。锡供应的中断改变了这一切,使得铁是唯一选择。到公元前1000年为止,从希腊到耶路撒冷附近,新的廉价金属得到广泛应用。(图5.3)

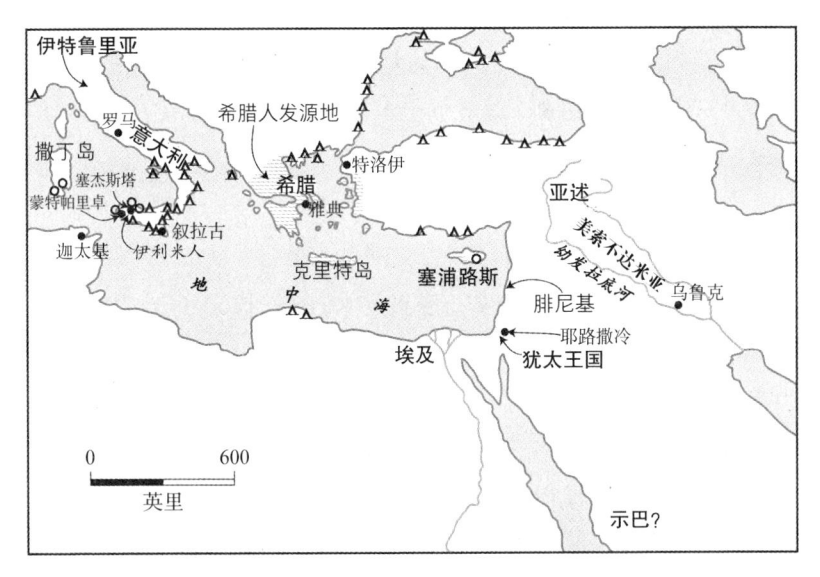

图5.3 西方低端统治的王权:文中提及的公元前1000年上半叶时的国家分布图。三角形代表希腊人主要聚居地,空心圆代表腓尼基人主要聚居地,阴影部分是希腊人的发源地

在20世纪40年代,欧洲著名考古学家戈登·柴尔德提出"廉价的铁器使农业、工业和战争都民主化了"[4]。为什么会出现这种情况?

★ 西方文明核心地区的锡资源主要位于安纳托利亚的东南部。

之后60年的发掘并未给出更明确的答案,但柴尔德肯定是正确的,由于铁容易获取,金属武器和工具在公元前第一个千年要比在之前1 000年中常见得多。即使在贸易恢复后,也没有人再用青铜做武器或工具了。

在黑暗时代之后,西方文明核心地区的恢复首先在以色列出现。根据希伯来《圣经》记载,公元前10世纪,大卫和所罗门国王创造了从埃及的边界一直延伸到幼发拉底河的古以色列联合王国。其首都耶路撒冷迅速发展,所罗门国王宴请来自远方的示巴女王(也许在也门),并向地中海地区派出贸易代表团。尽管比国际化时代的王国要弱小,但相比同时代的周朝,联合王国更加中央集权化,向各地征税及收取贡品。如果以色列人和犹太人没有在公元前931年前后所罗门去世后突然分道扬镳,这个联合王国可能会成为世界上最强大的国家。

除非这些事情都没有真正发生过。许多《圣经》学者认为不存在联合王国。他们认为这全都是幻想,是几个世纪后以色列人身处困境而杜撰出来的,用以自我安慰。考古学家们在寻找《圣经》中提及的大卫和所罗门建造的宏伟建筑时遇到了困难,关于这个主题的辩论相当激烈。通常情况下,即使最敬业的考古学家也会在关于古贮存容器年表的研讨会上打瞌睡,但是在20世纪90年代,有个考古学家提出,通常被追溯到公元前10世纪的罐子其实是在公元前9世纪被创造的。这意味着先前那些被认为是公元前10世纪所罗门王国宏伟建筑物的建造日期也必须向后推100年,反过来,这也意味着所罗门王国实际贫穷而普通,希伯来《圣经》的故事不正确。结果他引起了犹太人的公愤,不得不雇用保镖。

此事牵涉甚广,我没有保镖,就大概说下吧。在我看来,《圣经》与第四章中提及的关于夏朝和商朝的中国古典文献一样,可能被夸大了,但也不可能完全是想象出来的。有来自其他西方文明核心地区的证据表明,在公元前10世纪末复苏已经开始。在公元前926年,利比亚王公舍顺克一世夺取了埃及王权。为恢复埃及帝国，他进军犹太王国（即今以色列南部和约旦河西岸），结果以失败而告终。但在北部地区，出现了更强的国家。经过黑暗时代的100年空白后，在公元前934年，从国王阿苏尔丹二世开始，亚述帝国再次崛起。亚述帝国恶行累累，相比之下周朝如同天堂一般。

阿苏尔丹二世很清楚亚述帝国正从黑暗时代复苏过来。"亚述帝国的人民曾因匮乏和饥荒而背井离乡，现在我把这些疲惫的人带回来了，"他写道，"我将他们安顿下来……他们生活安定。"[5]在某些方面，阿苏尔丹二世很传统，把自己看作亚述的守护神阿苏尔在人间的代表，就像美索不达米亚的国王们在过去2 000年中所做的一样。不过，因为大多数凡人都没有认识到他是至高的神，阿苏尔在黑暗时代后成了一个非常愤怒的神。阿苏尔丹二世的任务是通过掠夺使凡人认识到阿苏尔神的至高地位。只要亚述帝国变得富有，一切都在所不惜。

在亚述中心地带，国王建立了一个小型官僚体系，任命被称为"天之子"的总督，赏赐大量土地和劳动力。这些都是国际时代统治者所熟悉的高端统治策略，但亚述国王的实际权力来自低端统治。国王并不向人民征税，以支付军队征伐的费用，而是依靠总督提供军队，像周王一样，用爵位和战利品来奖励他们。总督们任期30年，爵位实行世袭制，并将劳动者转化成农奴。

和周朝天子一样，亚述帝国的国王也都是贵族的傀儡，但只要战争获胜就不会出什么问题。总督们提供的军队要比周朝的诸侯们提供的更庞大（根据史书记载，在公元前9世纪70年代有5万步兵，在公元前845年有10万，外加数千辆战车），国王的相对高端的官僚体系给军队提供后勤支持，以供养并调遣这些诸侯。

不出意料，亚述周围弱小的邻国为了避免与亚述开战，失败后被烧毁城市，民众被刺穿在尖木桩上，而宁愿向其支付"保护费"。亚述帝国的提议往往令它们难以拒绝，尤其是因为亚述帝国常常会在当地立一个傀儡国王，而不像周朝那样赶走当地人，用本国人取而代

231

之。战败的国王也可以获利,如果下次他们将军队借给亚述帝国,那上缴的钱财可以有所减免。

有些代理国王可能会不遵守协议,因此亚述人用神吓唬他们。代理国王并不需要膜拜阿苏尔神,但他们必须承认,阿苏尔神统治天国及他们自己的守护神。这导致了在宗教及政治方面反抗亚述的叛乱,亚述人别无选择,只能加以严惩。亚述国王用刻有暴行场景的雕刻来装饰宫殿,面对屠杀,他们已经麻木。举个例子,亚述纳西帕二世在公元前870年前后对叛乱者的惩罚是:

> 我在他的城门外建一座塔,把叛乱的首领都活剥,用他们的皮来蒙塔。把有些人关进塔内,有些人扎穿在塔上,有些人钉在塔周围的柱子上。
>
> (我把)许多俘虏烧死,许多做奴隶。有的割掉鼻子、耳朵和手指,还有许多人挖掉眼睛。我把活着的人堆成一堆,人头再堆成一堆,再把人头挂在城里各个地方的树干上。把年轻男女都烧死。我活捉了20个人,把他们砌在了宫墙里……其余的战俘,我让他们在沙漠里渴死。[6]

在公元前9世纪,东西方文明核心地区的政治命运向着不同方向前进:周朝瓦解,亚述帝国在黑暗时代后复苏。但两者都经历了连绵的战争、城市的发展、贸易的增长和新型但低端统治策略的运用。在公元前8世纪,又出现了一些共同点:两者都发现了廉价的王权的局限性。

变化之风

就像俗话说的那样,凡事有利也有弊。这一点在公元前800年前后再明显不过了。当时,地轴产生轻微摆动,在北半球产生了更强的冬季风(图5.4)。在欧亚大陆西部,冬季风来自大西洋的西风带,这意味着冬季降雨量上升。这对地中海盆地的农民来说是个好消息，因为在当地造成死亡最常见的原因一直是在炎热干燥的天气中肆虐的肠道病毒，而且农民的主要问题是，如果冬季风不够大，降水不充沛，就没有好收成。寒冷和雨水总比疾病和饥饿好。

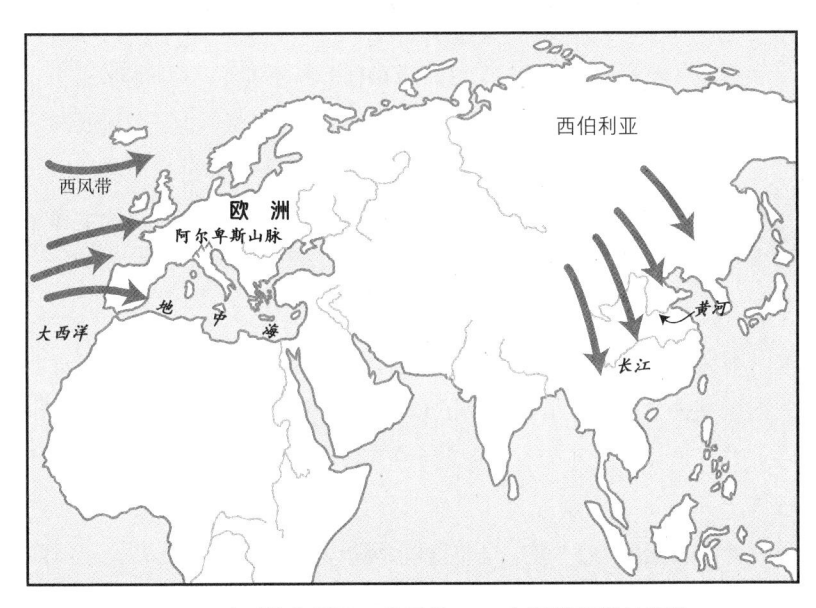

图 5.4 凛冽的冬季风：公元前1000年早期气候的变化

但是对阿尔卑斯山以北的居民来说，新的气候很糟糕。当地造成死亡的原因主要是由寒冷和潮湿引起的呼吸道疾病，主要的农业问题是夏季生长期过于短暂。由于公元前800—前500年的气候变化，北欧和西欧人口减少，但地中海周围地区人口增加。

中国的冬季风主要来自西伯利亚，所以在公元前800年后，冬季风变得更强烈，天气变得干燥而凉爽，减少了洪灾。这样的气候有利于长江和黄河流域的农耕，所以这两个地区的人口增加了，但是对生活在黄河以北的日益干旱的高原居民来说，日子更为艰难了。

在整体的大变化中，当然也存在着局部差异，但主要结果和第四章中我们所看到的气候变化结果一样。区域间的平衡被打破，迫使人们做出反应。据一位古气候学教科书的专家说:"如果这样的气候变化发生在今天,将给社会、经济和政治带来灾难性后果。"[7]

东西方都一样,随着人口增长,同样面积的土地必须养活更多人,这导致了冲突和革新的出现。这两者对统治者都有利:更多的冲突意味着有更多机会帮助朋友并惩治敌人,更多革新意味着财富增长。推动两者发展的是人口增长,这意味着有更多劳动者、士兵和收益。

那些掌握实权的君主确实能获益,但对公元前8世纪实施低端统治的君主来说,要想获益有些困难。最大的赢家,即最有可能利用新机会的是低端统治君主所依赖的地方统治者,即地方长官、地主和军队将领。这对君主来说是个坏消息。

在公元前8世纪70年代,东西方的君主都丧失了对诸侯的控制。埃及在公元前945年差不多统一了,但在公元前804年分裂成了三个王国,到公元前770年分裂成了12个独立的公国。在亚述,沙姆希-阿达德五世经过争斗才在公元前823年继承王位,但是他丧失了对代理国王和领主的控制。有些总督甚至以自己的名义发动战争。亚述研究者将公元前783—前744年这段时间称为"间隔期",在这段时间内,君主无足轻重,叛乱四起,领主肆意妄为。

对于地方贵族、小君主和小城邦,这是一个黄金时代。最有趣的例子是位于现今黎巴嫩沿海一带的腓尼基。由于西方文明核心地区在公元前10世纪复苏,腓尼基人作为埃及和亚述间的贸易活动的中间商而繁荣。他们的财富引起了亚述人的注意,到公元前850年,腓尼基人开始上缴保护费。一些历史学家认为这推动了腓尼基人冒险到地中海地区赚钱以谋求和平,其他人却认为,人口增长及地中海地区新市场的吸引力更为重要。无论何种原因,到公元前800年,腓尼基人已开始航海远行,在塞浦路斯设立贸易点,甚至在克里特岛建立了小神社。到公元前750年,希腊诗人荷马理所当然地认为他的读者知道(但并不信任)"腓尼基人以航海而闻名,他们贪财,为了赚钱,他们用黑船装着无数花哨的小玩意儿"[8]。

希腊人口增长最快。饥饿的希腊人开始追随腓尼基的探险家和商人的足迹。公元前800年，有人把希腊陶器带到了意大利南部；公元前750年，希腊人和腓尼基人在地中海西部永久定居（图5.3）。双方都喜欢通过河流连接内陆市场的港口，但希腊人比腓尼基人多，他们以农民的身份定居，抢占了沿海最好的土地。

原住民有时也会反抗。有些地方的人，如意大利伊特拉斯坎和撒丁岛的部落，在殖民者到来前就已经有城镇和长途贸易了，现在他们建造城市和纪念碑，组织实施低端统治的国家，发展集约化农业。他们根据希腊字母创造出了字母表（希腊人反过来又在公元前800—前750年根据腓尼基语调整了希腊字母）。这些字母比以前拥有数百个符号的文字（每个符号代表一个辅音加元音音节）更容易学习和使用，比拥有几千个符号的埃及象形文字或中文（每个符号代表一个不同的字）都简单。乐观估计，在公元前5世纪，10%的雅典男性能阅读简单的文章或写自己的名字，数量远远超过之前东西方的任何地区。

我们对欧洲公元前第一个千年内的城市、国家和贸易发展的了解，相比对之前四五千年中农业发展（在第二章讨论过）的了解要多得多。但是对于两者相关问题的争论却很相似。一些考古学家认为，在公元前第一个千年内，来自地中海东部的殖民导致了更西部城市和国家的崛起；有人反驳说，原住民为了抵抗殖民主义而改变了自己的社会。后者主要是年轻学者，指责前者把对现代殖民政权自诩的文明使命的怀旧投射到古代世界；而前者主要是老一代的学者，他们回应说，这些批评者意在扮演被压迫者的捍卫者，而不是真的想找出到底发生了什么事。

与以色列考古学家引起的公愤（据我所知，暂时还没有人需要保镖）相比，上面的论战明显要温和许多，但按照古典学术的优雅标准，这算是一场激烈的争论，足以吸引我。为了弄清楚这个问题，2000—2006年的每个夏季，我一直在西西里的一个叫蒙特帕里卓的发掘点工作。*这座原住民的古城在公元前650—前525年被伊利米人占领。它非常靠近腓尼基和希腊的殖民地,从我们所在的山顶就能看到它,是一个检验到底是殖民化还是本地发展导致地中海西部崛起的理想地点。经过七个夏天的发掘、铲土、筛选、计数、称重,并吃了大量意大利面后,我们得出的结论是:两者兼而有之。

当然这与考古学家们对几千年前农业扩张所得出的结论类似。在每种情况下,不论在核心或周边地区,社会发展水平都有所上升。商人和殖民者因受竞争对手排挤或是被机会吸引,离开核心地区;在边缘地区,一些人积极效仿核心地区或形成自己的风格。结果更高的社会发展水平从核心地区向外扩散,覆盖早期的体系,并不断转化,因为边缘地区的人们在转化过程中加入了自己的新方法,并发现了他们的后发优势。

蒙特帕里卓当地的一些新举措很重要。一方面,我们怀疑我们的发掘点被来自塞杰斯塔的伊利米人破坏了,他们在公元前6世纪时建立了自己的城邦国家。另一方面,希腊殖民者的到来也很重要,因为塞杰斯塔国家的形成,部分是因为要和希腊竞争土地,很大程度上受到了希腊文化的影响。塞杰斯塔的贵族努力和希腊抗争,借鉴希腊的做法。事实上,他们在公元前5世纪30年代建的希腊式神庙就是一个很好的例子。许多艺术史学家认为,他们当时一定雇用了设计雅典帕台农神庙的建筑师。塞杰斯塔人也把自己融入了希腊神话,(和罗马人一样)声称自己是埃涅阿斯(在特洛伊沦陷后流亡的特洛伊英雄)的后人。到公元前5世纪,地中海西部的殖民城市,如迦太基(腓尼基人定居地)和叙拉古(希腊人定居地),已经能和旧的核心地区的

---

* 我想借此机会再次感谢支持过我的塞巴斯蒂亚诺·图萨(原为特拉帕尼省考古主管)、克里斯蒂安·克里斯蒂安森(哥德堡大学)、克里斯托弗·普雷斯科特(奥斯陆大学)、迈克尔·科尔布(北伊利诺伊大学)、埃玛·布莱克(亚利桑那大学)、罗塞勒·吉利奥和卡泰丽娜·格雷科以及萨莱米居民(尤其是乔瓦尼·巴斯科内和妮古拉·斯帕尼奥洛)、各位捐助者以及所有参与这个斯坦福项目的学生和工作人员。

任一城市相媲美。伊特拉斯坎的社会发展也不甘落后。几十个民族，如伊利米人，也紧追不放。

随着人口增长，东方核心地区国家的瓦解与边缘地区扩张的进程与西方相似。大约在公元前810年，周宣王失去对诸侯的控制。诸侯日益强盛，觉得没有必要再服从君主。周朝的都城陷入了内乱，西北方的犬戎长驱直入。周宣王的儿子周幽王在公元前781年即位，他试图结束这种困境，决定跟叛乱的诸侯和与太子宜臼及申后勾结的权臣们一决高下。

在这一点上，流传下来的史实更像坊间怪谈，但仍给我们提供了很多信息。司马迁讲述了一个离奇故事：周厉王曾打开一个装有龙涎的千年古盒，龙涎化作鼋，爬了出来。司马迁并没有讲为什么周厉王让几个宫女脱光衣服，并对怪物吼叫。鼋没有逃跑，而是爬进了后宫，碰上了一位童妾。后来她生下一个怪异的女婴后将其遗弃。一对避难的夫妇将这女婴带到了叛乱的诸侯国褒国。

故事的关键点是：女婴长大后成了一个美女，叫褒姒。公元前780年，褒国人为求和，把褒姒献给了周幽王。周幽王宠爱褒姒，次年，褒姒诞下一子。这就是为什么周幽王想杀宜臼和申后了。

之后国家太平，直到公元前777年，流亡的废太子宜臼回到其外祖的诸侯国申国，并与周幽王的权臣勾结。众多诸侯和西北方的犬戎结盟。

周幽王只顾博宠姬褒姒一笑（褒姒不爱笑，考虑到她的情况，这一点也不奇怪），只有一个办法行得通。周朝设立了烽火台，如果犬戎突袭，鼓声和烽火可以通知诸侯勤王。司马迁说：

> 幽王为烽燧大鼓，有寇至则举烽火。诸侯悉至，至而无寇，褒姒乃大笑。幽王说之，为数举烽火。其后不信，诸侯益亦不至。[9]

周幽王就是"狼来了"的最初版本。当犬戎和申侯真的在公元前

771年造反时，许多诸侯看到烽火却不愿再被戏弄，不发一兵一卒。叛军杀了周幽王，烧毁都城，但被宜臼打败，宜臼即位为周平王。

这个故事很难让人当真，但许多历史学家认为它确实保留了部分真实情况。在公元前8世纪70年代，西方的埃及和亚述统治者陆续丧权，中国的封建制也因人口增长、地方势力复苏、派系斗争和外族入侵等内外压力结合而受到重挫。

在公元前771年叛乱的诸侯们也许只想证明自己的实力，他们名义上拥立周平王，实际上不把周王室放在眼里。他们决定把自己的青铜礼器埋在渭河河谷里（考古人员自20世纪70年代以来已在此发掘出大量青铜器），等犬戎掠走宫中财宝而退兵后再取回。但是他们想错了。犬戎没有退兵，诸侯立周平王，把都城从镐京东迁至洛邑（位于黄河流域）。原本的周王权在丧失大片故土后已衰落，这一点很快就显现出来了。诸侯国中最强的郑伯开始挑战王权。在公元前720年，周平王被迫与郑庄公互换太子为人质。在公元前707年，郑庄公的军队在战争中用箭伤了周桓王（周平王之孙）。

到公元前700年，诸侯国（据一古书记载有148个）基本与周王室脱离关系。为首的诸侯仍然打着周朝的旗号行事，但实际上无视周天子，相互争霸，私自缔结或毁坏盟约。在公元前667年，当时雄霸一时的齐桓公召集各诸侯会盟，承认他为盟主。齐桓公逼迫周惠王封他为方伯，代表周天子的利益。

齐桓公的地位，很大程度源于他保护弱小诸侯国免于少数民族侵扰：北有戎、狄，南有蛮族。然而，这些战争的主要（当然也是无意的）结果与腓尼基人和希腊人在地中海西部进行殖民统治的结果类似，它将戎、狄和蛮族吸纳入文明核心地区，并使核心地区迅速扩张。

在公元前7世纪，北方的国家与戎、狄通过联姻而结盟。许多戎、狄首领精通周朝文化，他们刻意依附齐、晋、秦等强国。南蛮也建立了自己的国家楚国，在公元前7世纪与晋、齐大战。到公元前7世纪50年代，楚国兴盛，参与争霸。就像西方的塞盖斯塔尼人和自称是埃涅阿斯后代的罗马人一样，楚国国君声称他们与中原的国家一样，原是周朝的诸侯国。结合中原及南方特色的楚文化在公元前600年出现。

楚国实力大增，在公元前583年，晋国决定与其他诸侯国结盟以对抗楚国。公元前506年，盟国之一吴国实力大增，打败楚国。到公元前482年，吴国称霸，与楚王一样，自称周王后代。另一个南方国家越国，此时也实力大增。越王勾践自称是大禹后代，卧薪尝胆，力图灭吴。在公元前473年，越国攻陷吴国，吴王夫差拔剑自刎，越国成为霸主。尽管政治体系瓦解，但东西方文明核心地区都急剧扩张。

走向高端

公元前750—前500年是历史没有转折的转折点。在公元前750年，西方社会发展指数得分与其在公元前1200年文明核心地区瓦解前相当，逼近24分；公元前500年，东方社会发展指数得分也达到24分。在公元前1200年前后，气候发生变化，人口迁移，冲突不断升级，新国家成为文明核心，老国家开始瓦解。文明核心地区似乎完全有可能再次瓦解，但两个文明核心地区都进行了自我调整，发展经济、政治和文化知识来应对它们所面临的挑战。这就是图5.1如此单调但又有趣的原因。

改革最先在亚述出现。公元前744年，新贵提格拉-帕拉萨三世在一场政变后登上王位。刚开始，他和公元前8世纪80年代以来先前几位篡位的君主没什么区别，但是在之后短短20年间，他使亚述从一个破落的实行低端统治的国家蜕变成了充满活力的实行高端统治的国家。在此期间，与黑手党的合法化一样，他从一个黑道老大变成了伟大（但残忍）的国王。

他的秘诀是废黜总督。提格拉-帕拉萨三世建了一支常备军，由他发薪，只听命于他一人，而不需要领主提供军队。他以某种方式拉拢战俘组成了他的私人军队，现存文献资料没有记载他是怎样做到的。

取胜时，提格拉-帕拉萨三世直接把战利品赐给军队，而不再和领主分享。倚仗军队，他瓦解了贵族的势力，细分国家高等行政机构，并将俘虏的宦官安排在这些机构中。宦官有两个好处：他们不可能有后代来袭位，且通常受到传统贵族的蔑视，不可能会叛乱。最重要的是，提格拉-帕拉萨三世通过扩大官僚体系来统治国家，废黜总督并选用忠于他的行政官员。

面对高昂的开支，提格拉-帕拉萨三世调整了国家财政制度。他主张定期收缴贡金，基本上就是税收，而不是不时地掠夺外族。如果代理国王有异议，提格拉-帕拉萨三世就用亚述官员代替他。例如，以色列王比加在公元前735年与大马士革和其他叙利亚城市一起发动抗税起义（图5.5）。提格拉-帕拉萨三世狠狠惩治了他们。[10] 他在公元前732年攻破了大马士革城，派官员驻守，并吞并了以色列北部肥沃的山谷。比加被臣民暗杀了，他们拥立亲亚述的何细亚为国王。

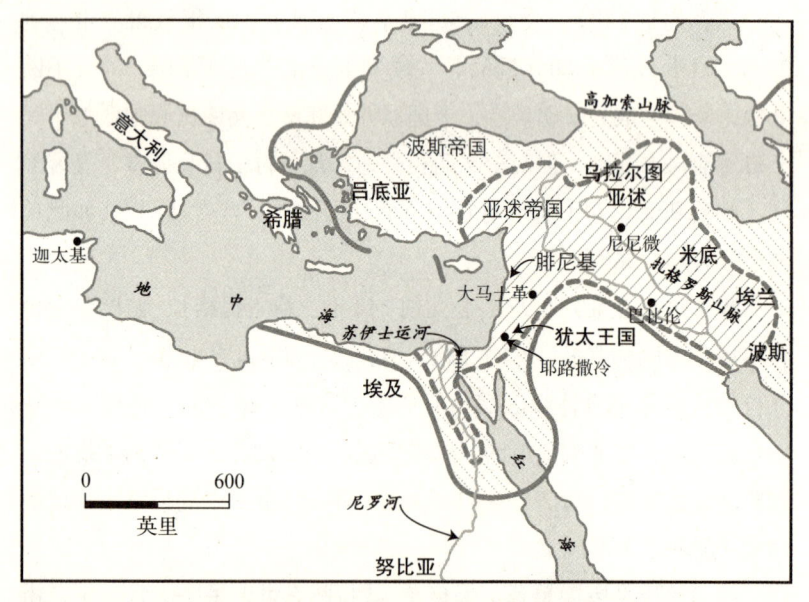

图5.5 第一个高端统治的帝国。粗虚线表示亚述帝国的最大疆域（约公元前660年），粗实线表示波斯帝国的最大疆域（约公元前490年）

直到提格拉-帕拉萨三世在公元前727年去世，亚述一直都国泰民安。何细亚认为新亚述体系将随着提格拉-帕拉萨三世的死而消亡，于是他停止上缴贡金，但提格拉-帕拉萨三世设立的机构即使在统治者发生变动的情况下也可以继续运转。亚述的新国王萨尔玛那萨尔五世在公元前722年攻陷以色列（其间去世，后由其弟即位后完成），杀了何细亚；其弟派官员驻守，并强制迁徙数以万计的以色列人。公元前934—前612年，亚述强行让约450万人迁徙。这些被驱逐者被充军，建城池，参与提高帝国生产力的项目，如筑坝、栽树、培育橄榄树、挖运河等。被驱逐的劳动力进入尼尼微和巴比伦后，两座城市的人口都增加到10万，使早期城市相形见绌，它们吸收各地资源，社会发展突飞猛进，到公元前700年时，亚述成了史上最强大的帝国。

历史是不是因为提格拉-帕拉萨三世在公元前8世纪阻止了国家瓦解而改变了发展轨迹？历史学家曾毫不犹豫地肯定这一点，但现在他们都不会把结果只归因于这位独特的伟人。他们这样做可能是正确的。伟大的提格拉-帕拉萨三世可能很残酷，但绝不是唯一的。所有公元前8世纪晚期西方文明核心地区的统治者都采用了中央集权化来应对他们的困境。在埃及，来自今苏丹的努比亚人甚至在提格拉-帕拉萨三世夺取王位之前就已经统一了全国，并在之后的30年中实行了后者也会认可的改革。甚至到公元前8世纪第二个十年，小小的犹太王国的国王希西家也采用了同样的做法。

与其说是由一个天才改变的，当时的情形更像是绝望的人们想尽办法生存下去，最好的解决方案最终胜出。要么中央集权，要么灭亡，未能成功控制地方领主的统治者被那些成功的统治者击败。希西家忌惮亚述，感到有必要壮大犹太王国；亚述的新国王辛那赫里布也忌惮希西家，感到有必要阻止他。公元前701年，辛那赫里布侵略犹太王国，劫走民众。他赦免了耶路撒冷，因为（据希伯来《圣经》）上帝的天使击退了亚述人，或是因为（据辛那赫里布传记）希西家同意上缴更多贡金。

不管原因究竟如何,辛那赫里布的胜利给他带来了一个严酷的新现实:亚述每次获胜都会产生新敌人。当提格拉-帕拉萨三世在公元前8世纪30年代早期吞并叙利亚北部时,大马士革和以色列联合反对他;当提格拉-帕拉萨三世和萨尔玛那萨尔五世分别在公元前732—前722年征服大马士革和以色列时,犹太王国就成了前线;在公元前701年犹太王国灭亡后,埃及就成为威胁了,所以在公元前7世纪70年代,亚述占领了尼罗河流域。最后亚述人发现埃及对他们来说实在是太远了。十年后,亚述人从埃及撤兵,亚述所有边境都陷入了危机。摧毁北方劲敌乌拉尔图后,他们就常受到高加索毁灭性的袭击;击溃南方劲敌巴比伦后,他们开始与东南方的埃兰作战;在公元前7世纪40年代战败埃兰后,居住在扎格罗斯山脉的米底人成了威胁,并让巴比伦恢复了实力。

耶鲁大学历史学家保罗·肯尼迪在其著作《大国的兴衰》中说:在过去的500年中,战争迫使欧洲国家过度扩张,削弱了它们的实力,导致最后垮掉。尽管达到了高端统治模式,拥有巨额收入、专业化的军队和官僚体系,击败了所有对手,作为过度扩张的典型代表,亚述帝国难逃垮掉的厄运。到公元前630年,亚述全面撤兵。公元前612年,米底和巴比伦组成的盟军洗劫了尼尼微,瓜分了帝国。

亚述帝国的突然崩塌导致了第四章中的情况再次发生。军事动乱使以前处于边缘的民族有机会成为文明核心。米底借鉴了亚述的机构和政策,巴比伦再次成为强国,埃及试图在利凡特重建帝国。分割亚述领土的争斗也促进了它们的扩张。米底的中央集权使另一个边缘部落,即伊朗西南部的波斯变得强大。公元前550年,波斯雄主居鲁士推翻了米底。米底的派系斗争为他铺平了道路。(米底国王先前曾逼迫一位将领自食其子,之后他又愚蠢地把攻打居鲁士的军队交给了这位将领。该将领旋即叛变,军队垮掉,居鲁士顺利接手。)

像先前的亚述国王一样,波斯统治者认为自己是由上帝委派的。

他们的家族阿契美尼德代表与黑暗和邪恶斗争的光明主神——阿胡拉·马兹达。他们相信其他民族的神看到他们的正义性后也会希望他们获胜。因此，当居鲁士在公元前539年夺取巴比伦时，他（显然很真诚地）说这样做可以让那些被巴比伦腐败统治者压制的神得到释放。他随后把巴比伦人在公元前586年俘虏的犹太人送回了耶路撒冷，希伯来《圣经》的作者也证实了居鲁士的自命不凡。他们坚信自己的神将居鲁士视为牧人："我耶和华所膏的古列，我搀扶他的右手，使列国降伏在他面前。我也要放松列王的腰带，使城门在他面前敞开，不得关闭。"[11]

居鲁士率领他的军队到达了爱琴海和今哈萨克斯坦、阿富汗和巴基斯坦的边远地区。他的儿子冈比西征服并统治埃及。接下来发生的事与司马迁讲的那个故事一样离奇，最后在公元前521年，他的远房亲戚大流士继承了宝座。据希腊历史学家希罗多德说，冈比西做了一个梦，误以为他的兄弟司美尔迪斯想谋反，于是他派人暗杀了司美尔迪斯。但令他惊恐的是，有个牧师也叫司美尔迪斯，且和死去的司美尔迪斯长得一模一样。这个牧师假装是真正的司美尔迪斯，继承了王位。冈比西跳上马赶回王宫揭露骗局（以及谋杀兄弟的事实），但因不小心刺伤了自己的大腿而去世。与此同时，假司美尔迪斯也因没有耳朵而被他的妃子识破（假司美尔迪斯在早期因受刑罚而被削了耳朵）。于是七名贵族杀了假司美尔迪斯，并开始争夺王位：每人带着马到指定地点，谁的马在太阳升起时先嘶鸣，谁就成为国王。最后大流士赢了（事实上他作弊了）。

值得一提的是，事实证明这是选国王的好方法。★大流士很快证明了自己的能力，成为新一代提格拉-帕拉萨三世。他依靠拥有3 000万人的国家，榨取最大价值。据希罗多德记载："波斯人称大流士是一

★ 如果这是真事，那也无可厚非。但大部分历史学家怀疑事实上是大流士谋杀了真正的司美尔迪斯，并推翻了拥护他的神职人员。

个商人……他尽可能谋利。"[12]

为此,大流士向西来到了社会发展已复苏的地中海沿岸。到公元前500年时,商人不再为宫殿和庙宇服务,而为自己谋利,创造了充满活力的经济,大大降低海运成本,通过运输奢侈品及食品等大宗商品来谋利。大约在公元前600年,安纳托利亚西部的吕底亚人开始铸币。到大流士统治时,铸币技术已被广泛应用,进一步加快了商业发展。生活水平提高,到公元前400年,平均每个希腊人要比他们三个世纪前的先辈多消费25%~50%的能量。房屋更大,饮食更多样,人们更长寿。

大流士通过雇用腓尼基人成立了波斯第一支舰队,开凿苏伊士运河以连接地中海和红海,并控制希腊城市来介入地中海繁荣的经济。据希罗多德记载,他派间谍监视意大利,甚至考虑过攻打迦太基。

大流士死于公元前486年,这时西方社会发展指数得分已比公元前1200年的24分整整高出了10%。埃及和美索不达米亚的灌溉农业产量已稳步增加;巴比伦大约有15万居民(据希罗多德说,这个城市如此之大,以至居鲁士占领它的消息花了几天才传到每家每户);波斯军队规模庞大,甚至把所有河水都喝干了(这也是希罗多德说的);可能多达1/10的雅典人会写自己的名字。

东方社会发展指数得分也达到了24分。东方国家也进行了重组并实行中央集权化,就像西方自公元前8世纪以来做的一样。公元前771年西周的瓦解让诸侯们喜忧参半。没有周王朝,他们可以肆意征战。诸侯们原本听命于周王,但由于周王依赖他们的军队,导致这些诸侯有些不守规矩,而现在他们自己的权臣也开始变得难以驾驭。解决办法是废黜贵族,引进少数民族,像提格拉-帕拉萨三世那样用囚犯组建军队。晋、齐、楚、秦(图5.2)在公元前7世纪就开始这么做,并逐渐变得强大起来。

相比黄河流域的其他国家,楚国受到周王室的管制较少。早在公元前690年,楚国就创立了县制,县尹/县公直接向楚王汇报。其他国家争相效仿。公元前7世纪60年代,晋献公采用了更激烈的策略,屠杀名门望族的首领,并提拔顺从他的臣子。其他国家也争相效仿。公元前594年,鲁宣公采用了新策略:承认私田,农民不用再付劳役租,但是几年后需要"作丘甲"或缴税。不用多说,其他国家当然也群起仿效。

这些采用新统治策略的君主与西方国家的君主一样,创建更大规模的军队,面对更强劲的对手,并从经济发展中获利。农民拥有自己的土地后更愿意努力耕作,提高农作物产量,并发明了牛拉犁。铁制农具得到了广泛使用。到公元前5世纪,铁匠们学会使用风箱,将铁矿石加热到熔点1 539摄氏度后再铸造。★吴国的铁匠甚至能控制铁中的碳含量,造出真正的钢铁。

城市蓬勃发展(到公元前500年鲁国临淄的居民人数可能已达到五万)。和西方一样,需求促进商业发展。在公元前625年,鲁国的一位大臣为了促进贸易,取消了边境检查站。水运贸易兴旺,晋国及东周推行铜币(但与西方无关)。与西方相似的另一点是,在人民生活水平提高的同时,不平等也在加剧。税收增加,从公元前6世纪初的10%上升到了100年后的20%。诸侯在宫殿里建冰室,而农民陷入贫困。

在西方,经济在公元前6世纪迅速扩张,且国王已重掌权力,但在东方,经济的发展加剧了君主的烦恼,因为取代诸侯的往往是权倾朝野的卿大夫。卿大夫往往能比他们的君主更好地享受经济发展的成果,最后常常成了竞争对手。在公元前562年,鲁国三桓三分公室,建立三军,各领一军。公元前537年,鲁国由三桓中的季孙氏专权。晋国的卿大夫韩、赵、魏发动内战,持续了50年,最终在公元前453年三家分晋。

但在这个时候,君主(及那些篡位的卿大夫)找到了解决办法。

★ 到公元前1世纪,铸铁技术已在中国普及。将铁矿石加热到近900摄氏度,并多次锤击制成熟铁,这一技术直到14世纪才在西方出现。

如果卿大夫和他们所取代的诸侯一样是问题，为什么不从其他国家招募臣子呢？这些臣子被称为"士"，尊称"君"，因缺乏政治关系而不可能权倾朝野。其中许多士出身卑微，这就是他们选择仕途的原因。士这群人的出现及壮大证明了中央集权化和知识的传播。数以千计的士穿梭于各国间，担任一些低下的职位。

只有少数幸运的士得到了君主的重视，并加官晋爵。有趣的是，与西方不同，这些士而不是他们效忠的君主成了当时文学作品中的主角。他们在这些作品中扮演以德服人、辅弼君主的良臣，通过让统治者循规蹈矩来实现繁荣。《左传》写于公元前300年前后，记述了春秋时期的具体史实，都是关于这些士的。我最喜欢的是晋灵公的权臣赵盾。《左传》描写道："晋灵公不君……从台上弹人，而观其辟丸也。宰夫胹熊蹯不孰，杀之，寘诸畚，使妇人载以过朝。"★[13]（晋灵公不配为君……在高台上射人，观看人们闪躲。厨子没炖熟熊掌，就把厨子杀了，塞在草筐里，让宫女抬着，大摇大摆走过朝堂去扔。）

赵盾多次劝谏，使晋灵公生厌，晋灵公便派鉏麑去刺杀赵盾。鉏麑一大早就去了赵盾家，只见赵盾早就穿戴好上朝的礼服，忙于政事。鉏麑不愿杀害这样一位忠臣，也不愿违背国君的命令，最后他选择了唯一的出路：一头撞死在树上。

晋灵公再次刺杀赵盾。晋灵公设下埋伏，结果赵盾的手下一拳打死了袭击他的狗，且晋灵公的一名武士是赵盾多年前救助的饿汉，在两人帮助下，赵盾最终得以脱险。最后，与《左传》中其他故事一样，晋灵公得到了应有的惩罚，但赵盾也常被指责未能规劝君主。

★ 这里有一个问题：赵盾的故事发生在公元前610年前后，但弩在5世纪中叶才开始普及。因此一些历史学家得出结论，《左传》实际上是民间故事的集合，因几百年来的反复讲述而不断丰富，故事大意是可信的，关于士和君主的细节描写却未必真实。但这么说可能太武断了。尽管赵盾的故事有很多荒诞的地方，但《左传》的编撰者显然有可靠的消息来源，且至少告诉了我们关于制度、思想的一些情况。

在公元前5世纪，其他（表现较好的）君主取得了成功，新型的建筑风格展示了他们国力的日益强盛。周天子将宫殿建在一两米高的平台上，但后来的诸侯不断抬高平台，达到文字可以形容的最高高度。据说，有一座楚国的宫殿坐落在100多米高的平台上，高得甚至可以碰到云端。另一座本欲建造的中国北方的宫殿叫作"中天台"。统治者对他们的宫殿严密设防，如同害怕敌国一样害怕自己的国民。

到公元前450年，东方的统治者像西方的一样征税、建军，并通过忠于自己但不会因自己的死亡而瓦解的国家机构来处理这些复杂的事务，使国家走向了高端统治。经济繁荣，社会发展指数得分超过了24分。在西方，文明核心地区扩张，波斯帝国统一了其大部分地区；在东方，类似的过程也在进行之中。在公元前771年西周灭亡后出现了148个国家，但到公元前450年，只剩下了14个，其中4个（晋、齐、楚、秦）占霸主地位。

在第四章中，我提到冯·丹尼肯的外星人预测说，大约在公元前1250年时东西方文明核心地区会继续扩张，两个地方都将会出现一个大帝国。如果他们大约在公元前450年时再回来，可能会觉得预言属实。毕竟预言的内容没有错，只是时间错了。

经典著作

外星人也可能会很有兴趣地发现，地球人曾持有的人能与上天交流的观念正在消失。几千年来，君主像天神一样，用祭祀来维持道德秩序，以此将卑微的平民与（通过在通灵塔上献祭或在坟场屠杀战俘来与上天对话的）统治者联系起来。但现在，原来神圣的君主将自己的角色变成了行政首长，他们的统治"魔法"消失了。"要么让我在这个时代之前便已死去，要么让我在这个时代之后降生，"公元前7世纪的希腊诗人赫西奥德抱怨说，"因为现正处于黑铁时代……正义之神和愤怒之神身着可爱的白色长袍，离开了凡间。他们遗弃人类，加入了奥林匹斯山永生的众神,把苦痛留给凡人,这样就没有帮手来对抗邪恶了。"[14]

但这只是一种看法而已。从爱琴海海岸到黄河流域,其他思想家开始对世界运行的方式提出了新观点。他们之所以从边缘地区谈起,从社会角度看,是因为他们大多处于社会底层;从地理角度看,是因为他们大多来自文化核心边缘的小国。★他们说(大意如此),不要绝望,我们不需要神圣的国王统治这个已被玷污的世界。救赎要靠我们自己,而不在腐败、暴力的统治者手中。

德国哲学家卡尔·雅斯贝斯在二战结束时试图搞清当时的道德危机。他将公元前500年前后的几个世纪称为"轴心时代",意味着历史围绕这个轴心旋转。雅斯贝斯称,在轴心时代,"我们今天所知的人类才形成"[15]。轴心时代的著作——东方的儒家和道家文献,南亚的佛教和耆那教经书,西方的希腊哲学和希伯来《圣经》(及衍生出的《新约》和《古兰经》)——成了定义无数人生活意义的经典及永恒杰作。

对于像释迦牟尼和苏格拉底这样本身没有或者很少留下书面作品的人,这是很大的成就。他们的传人(有时并不是嫡系)记录、润色或完全编造他们的言语。通常没有人真正知道创始人当时是怎么想的,因此,他们的继承人激烈争斗,举行会议,相互诅咒,把对手逐出教门。现代哲学最大的成功在于揭示了:继承人在分裂、对抗、咒骂和迫害彼此的同时,又多次写或改写了他们神圣的书籍,结果使文本几乎不可能保持原意。

轴心时代的著作各种各样。有些是晦涩的格言集,有些是诙谐的对话,还有很多诗歌、历史故事或檄文,有些文本则结合了所有这些

★ 但并不是全都这样。耆那教创始人筏驮摩那(约公元前599—前527年)来自印度最强大的国家摩揭陀。琐罗亚斯德大致生活在公元前628—前551年(当时波斯还在西方文明核心地区的边缘),尽管这样,这位伊朗人还是被一些历史学家归为轴心时代的大师。(我在这里不讨论琐罗亚斯德是因为历史资料太混乱。)

类型。经典著作一致认为，他们的最终主题，一个超越堕落世界的超然境界，是难以用言语描述的。释迦牟尼说，涅槃，字面意思是"吹灭"，在这种心境中，世间的激情像蜡烛一样被熄灭了，难以用言语描述，甚至连尝试也是不适当的。对于孔子，"仁"也难以用语言描述。"仰之弥高，钻之弥坚，瞻之在前，忽焉在后。"[16]（孔子的学问越仰望越高，越钻研越觉深厚；看着就在前面，忽然又去了后面。）"为之难，言之得无讱乎？"[17]（仁做起来很难，言谈能不谨慎吗？）同样，苏格拉底放弃了给"善"下定义，他说："我做不到，如果我去尝试只会让我出丑。"[18]他只能用寓言来表达：善像火焰，投射出我们误以为是现实的影子。同样，耶稣也只是间接提到天国，他也喜用寓言。

最难定义的是道，道家对它的理解如下：

> 道可道，非常道；
> 名可名，非常名……
> 此两者，同出而异名，同谓之玄。
> 玄之又玄，众妙之门。[19]

经典著作一致认同的第二件事是如何实现超越。儒家、佛教、基督教等的教义远比保险杠上贴的标语更有内涵。但当我在最喜欢的咖啡馆写这一章时，外面有辆车上贴着一条标语，很好地做了总结："同情是革命。"遵循道德准则，放下欲望，对待别人像你希望别人对待你那样，这样你将改变这个世界。所有经典都敦促我们要宽容，并提供提高自身修养的一些方法。释迦牟尼用冥想；苏格拉底青睐对话；犹太拉比呼吁学习★；孔子也提倡学习，并注重礼乐。在每种文化传统中，有些人倾向于神秘主义，而另一些人更务实、通俗。

★ 犹太教学校在公元前1世纪及公元后的几个世纪内发展尤为迅速。

这个过程始终是一个自我塑造、内在的向超越演变的过程，不依赖于像神一样的国王，甚至神。事实上，超自然的力量偏离轴心思想。孔子与释迦牟尼拒绝谈论神灵；苏格拉底尽管自称虔诚，但最终因不信奉雅典的神而被指责；犹太拉比警告犹太教徒，上帝神圣而不容过多提及或赞美。

在轴心思想中，君主面对的情况甚至比神还要糟。道家和佛教对君主主要采取不置可否的态度，而孔子、苏格拉底和耶稣公开指责道德缺失的统治者。轴心批评困扰着善人和伟人，新出现的关于出身、财富、性别、种族和种姓的问题明显是反主流文化的。

在指出东方、西方和南亚经典中的相似点时，我不会去掩饰它们之间的差异。没有人会把三藏误以为是柏拉图的《理想国》或孔子的《论语》，但也不会有人把孔子的《论语》误以为是与之相媲美的其他中国经典，如道家的《庄子》或法家的《商君书》。在公元前500—前300年，中国传统文化出现了百家争鸣的盛世，我想花一点时间来看看这一区域出现的多种思想流派。

孔子把公元前11世纪的周公作为美德的榜样，把重建周朝礼制，恢复当时的美德作为目标。孔子称自己"述而不作，信而好古"[20]。但考古发现其实孔子对遥远的周公时代所知甚少。并不是周公，而是在公元前850年前后发生的大规模的"礼制改革"使周朝恢复了等级森严的礼制。在公元前600年前后，霸主们为了彰显自己的地位，用大量财宝陪葬，礼制再次发生变化。

孔子是士，受过教育，但不是特别富有。他可能会反对第二个变化，将公元前850—前600年的礼制理想化，并将其追溯到周公时代。孔子强调"克己复礼为仁"[21]。这意味着重生者而非逝者，重真诚敬畏而非炫耀伪善，重美德而非出身，用简单的礼器正确行礼，遵循先例。孔子坚持认为如果他能说服一个统治者实行仁爱，大家都会模仿后者，世界就会和平。

公元前5世纪的思想家墨子却完全不这么认为。在他看来，孔子误解了仁爱。他提倡行善,而不是为善;是对每个人行善,而不只是对家人。墨子拒绝礼乐和周公。他说,即使民不聊生,儒家却还"是若人气,瓶鼠藏,而觚羊视,贲彘起"[22](像乞丐一样,像田鼠偷藏食物,像公羊那样贪婪地看着,像阉猪一样跃起)。墨子身穿粗布衣服,席地而卧,吃稀饭,过穷苦的生活。他倡导兼爱,即"兼相爱,交相利"。他提倡"视人之国若视其国,视人之家若视其家,视人之身若视其身"[23]。他认为,"凡天下祸篡怨恨,其所以起者,以不相爱生也"(举凡天下的祸患、掠夺、埋怨和憎恨,产生的原因就在于不兼爱)。墨子用外交来避免战争,四处奔波直到把鞋磨破。他甚至派了180个年轻弟子誓死捍卫受到国君不公正对待的一处封地。

道家对墨子和孔子的观点都不以为然。他们认为"道法自然":夜晚到白天,喜悦到悲伤,生到死,没有什么是固定的,难以定义。"民食刍豢,麋鹿食荐,蝍蛆甘带,鸱鸦耆鼠,四者孰知正味?"(人吃牛肉,鹿吃草,蜈蚣吃蛇,猫头鹰吃老鼠,谁能说哪个最好?)道家指出:儒家认为是正确的,墨家却认为是错的,但实际上一切都是相互联结的。没有人知道天道通向何方。我们必须达到天人合一,但切不可操之过急。

道家代表人物之一庄子讲述了另一位道家代表人物列子的故事。

然后列子自以为未始学而归,三年不出。为其妻爨,食豕如食人。于事无与亲,雕琢复朴,块然独以其形立。纷而封哉,一以是终。[24](列子自此后认为自己什么都没学到,就回家了。三年不出家门。替妻子做饭,像侍候人一样喂猪。对任何事物都不分亲疏远近,不偏不倚,返璞归真,独以形体存在。在纷纭的大千世界中,保持真朴,以此终生。)

庄子认为列子的故事让孔子与墨子的实践主义看起来既荒谬又危险。庄子设想有人对孔子说:"夫不忍一世之伤而骜万世之患,抑固窭邪，亡其略弗及邪？……反无非伤也，动无非邪也。"[25]（你不忍一代人的损伤却留下使后代人奔波的祸患，你是本来就孤陋闭塞，还是才智不及呢？……违背事理定会受伤，心性被搅乱就会起邪念。）相比之下，庄子称墨子"真天下之好也"[26]，却把生活的乐趣都抛弃了，"使后世之墨者，多以裘褐为衣，以屦蹻为服，日夜不休，以自苦为极"[27]（墨家穿粗布衣服，穿草鞋，日夜不停地工作，以刻苦自励为最高理想）。墨子主张"其生也勤，其死也薄"[28]（人生时应勤苦，死时要薄葬），但庄子问，"墨子虽独能任，奈天下何"[29]（即使墨子自己能忍受，他又怎么能使天下人都这么做呢）？

墨子反对孔子，庄子反对孔子和墨子，而法家反对以上所有学派。法家反对轴心思想，比马基雅弗利更不择手段。法家认为，仁、兼爱和道都没有抓住重点。试图超越现实是愚蠢的：神圣的君主只能屈服于那些能有效管理国家的人才，民众也应该采用这个体系。商鞅是公元前4世纪秦国的丞相、法家代表人物，他的奋斗目标并不是人道，而是"以富国强兵也"[30]。商鞅说："故兵行敌之所不敢行，强；事兴敌之所羞为，利。"[31]（用兵做到敌人所不敢做的，兵力就强大；做敌人认为可耻的，就有利。）不用为善也不用行善，因为"国以奸民治善民者，必治至强"[32]。不用把时间浪费在礼制、实践论或宿命论上，而要将法律和酷刑（斩首、活埋、苦役）结合起来统治国家，并将法制强加于人民。法家认为法律就像木匠的矩尺一样，可以将杂乱的原料变得符合规则。

中国的轴心思想范围涉及神秘主义和独裁主义，并不断地发展。例如，公元前3世纪的学者荀子将儒家、墨家和道家思想结合起来，并在法家中寻求中间道路。许多法家弟子支持墨家的工作伦理与道家的包容万物。几个世纪以来，各种思想相结合，之后又经历千变万化的复杂重组。

南亚和西方的轴心思想也大致相同。我不会再详细谈论这些文化思想，但只要稍稍看一下希腊这片小土地上发生的事，我们就能想象出当时思想的大锅沸腾的样子。在公元前1200年以前,希腊神圣的王权可能比之前的西南亚古国都要羸弱,于是到公元前700年,希腊人决定反抗这种王权。这也许就是为什么他们比其他轴心时代的人民更加直接地面对了这个问题:在缺乏能与神沟通的统治者的情况下,一个美好的社会该是怎样的。

希腊人的其中一个对策是通过集体政治来解决问题。一些希腊人问,既然没人能拥有超然的智慧,为什么不集中每个人有限的知识来创建一个(男性的)民主社会呢?这是一个与众不同的想法,甚至墨子也没有想到这一点,长时段注定派普遍认为希腊式男性民主的发明标志着西方与其他地区的决定性分裂。

读到这里,你应该不会对我不赞同这一说法感到奇怪。14 000年来,在希腊人开始实行民主前,西方的社会发展指数得分就一直比东方高。在公元前5—前4世纪,即希腊民主的黄金时代,西方的领先地位也基本没什么变化。只有到公元前1世纪时,罗马帝国摒弃民主政策,才使西方的领先地位急剧上升。希腊决裂论(将在第六章到第九章细谈)面对的更大问题是在古希腊与美法两国革命之间的2 000年的时间内,民主在西方完全消失了。19世纪的激进主义者在讨论现代民主国家如何运作时,当然发现古希腊很有用,但是我们要选择性地阅读大量历史资料才能看出从古希腊到美国开国元勋的民主自由精神的延续。(顺便说一句,这些开国之父用"民主"一词来指代"权力滥用",与"暴民统治"只差一步。)

不管怎样,希腊对轴心思想的贡献并不在于这些民主派,而在于苏格拉底引导的对民主的批评。他认为,希腊并不需要民主,民主只会加深那些通过表象来判断一切的人的无知;希腊需要的是像他一样的人,知道自己对"善的本质"这一关键点一无所知。只有这样的人通过哲学辩论磨炼出理性后才可能理解善(苏格拉底也不确定是否真有人可以理解)。

苏格拉底的追随者之一柏拉图,将苏格拉底的善的社会模式分成了两个版本：对儒家来说足够理想的《理想国》和足够让商鞅称心的《法律篇》。亚里士多德（柏拉图的学生之一）的思想也涵盖了类似的范围，从人道主义的《尼各马可伦理学》到逻辑分析的《政治学》。关于相对主义，公元前5世纪的一些诡辩家可以和东方的道家相媲美，就如在神秘主义方面，有远见的巴门尼德和恩培多克勒与道家相当。而普罗塔哥拉和墨子一样，都是普通人的捍卫者。

在前言中，我谈到了另一个长时段注定论，该理论认为今天西方之所以能取得主宰地位，不是因为古希腊人发明了民主本身，而是因为他们创造了一种理性的、充满活力的独特文化，而古代中国则是蒙昧和保守的。★这种理论也是错的。这个理论嘲讽了东方、西方及南亚的思想，并忽略了其内部的多样化。东方思想可以像西方思想那样理性、自由、现实及愤世嫉俗，西方思想也可以像东方的那样神秘、专制、相对主义和模糊。轴心思想的真正统一是多样化的统一。东方、西方及南亚思想存在差异，但观念、论点及冲突的范围都很相似。在轴心时代，思想家们不论是身在黄河流域、恒河平原抑或地中海东部城市，都找到了新的辩论疆域。

与过去真正的决裂是由于这片知识疆域作为一个整体的形成，而不是其中任何一部分（如古希腊哲学）的形成。在公元前1300年西方社会发展指数得分首次达到24分时，没有人提出轴心论。公元前1379—前1362年在位的埃及法老埃赫那顿是最接近的候选人，他推翻了传统的多神信仰，确立了三位一体的统治模式，即他、他的妻子奈费尔提蒂及太阳神阿顿。埃赫那顿敬拜阿顿神，为之谱写赞歌，并建了一座满是神庙的新城，促进了怪异的艺术风格的形成。

100年来，埃及学家一直在争论埃赫那顿的所作所为。有人认为

★ 一些理性的历史学家和许多新时代的拥护者提出了截然相反的观点。虽然他们仍同意东西方存在区别，但他们认为东/南亚的思想解放了人类心灵，而西方的抽象主义抑制了人类心灵。

他是试图创造一神教。一个和弗洛伊德相当的著名学者认为，当希伯来人还在埃及的时候，摩西剽窃了埃赫那顿的想法。埃赫那顿"为阿顿神谱写的赞歌"与希伯来《圣经》中《诗篇》第104篇"给造物者上帝的赞歌"有惊人的相似之处。然而埃赫那顿的宗教革命并不属于轴心思想，它并不包括个人的超然性，事实上，埃赫那顿禁止平民膜拜阿顿神，这使法老更像连接凡间和神界的桥梁。

对阿顿神的崇拜只能证明在君主依靠神灵而稳坐宝座的社会里要做出思想方面的变革有多困难。他的新宗教并没有赢得大众支持，他一死，以前的多神信仰就又恢复了。埃赫那顿的庙宇被毁坏，直到1891年考古学家发掘出了他的城市，那次被遗忘的变革才重新为人所知。

那么，是不是由于轴心思想的影响使得图5.1如此单调？是不是因为在公元前第一个千年中期，由于孔子、苏格拉底和释迦牟尼引导人类跨越了智慧的障碍，社会发展指数得分才达到了24分？是不是因为在之前1 000年中没有出现这样的天才，所以当时的社会发展受到了阻碍？

可能不是这样的。首先，这个说法与年代图表不符。在公元前8世纪，西方的亚述达到了高端统治，使当时的社会发展指数得分超过了24分，但苏格拉底时代在三个世纪后才出现，之前西方思想中基本上没有明显属于轴心思想的内容。东方的情况相同，在公元前500年前后，秦、楚、齐和晋的社会发展指数得分达到了24分，当时也正好是孔子最活跃的时期。但东方轴心思想的主要浪潮在随后的公元前4—前3世纪才到来。如果南亚人把释迦牟尼追溯到公元前5世纪晚期是正确的，那高端统治应该在轴心思想之前就已经形成了。

其次，这个说法与地理也不符合。最重要的轴心思想家来自边缘小国，如希腊、以色列、释迦牟尼的故国迦毗罗卫国或孔子的故国鲁国，而且很难看出，来自弱国的政治超越性突破是如何影响强国的社会发展的。

最后，这与逻辑也不符。轴心思想是对高端统治的回应，往往和伟大的君王及他们官僚的权力相冲突，充其量对其保持中立态度。我怀疑，轴心思想对提高社会发展的真正贡献是在后来的公元前第一个千年中，所有的大国都利用这一思想为它们服务。在东方，西汉将儒学改造成了官方意识形态，指引官僚忠于职守。在印度，伟大的阿育王显然是真的被自己的暴力血腥吓到了，在公元前257年前后皈依佛教，但他仍旧不愿放弃战争。而在西方，罗马人先是改变希腊哲学的原有立场，然后再将基督教变成他们的国家支柱。

轴心思想最理性的部分就是其促进了法律、数学、科学、历史学、逻辑学和修辞学的发展，这些都使人们了解更多关于他们所处世界的信息。但图5.1背后真正的动力和冰期结束后的情况是一样的。懒惰、贪婪及恐惧的人们发现了更方便、更有利、更安全的做事方法，在这个过程中，他们建造更强的国家、到更远的地方做生意，并在更大的城市定居。在之后五章中，我们将多次看到这种模式，随着社会的发展，新时代得到了它所需要的思想。当实行高端统治的国家出现，人们对世界也不再抱有幻想，轴心思想也就相应出现了。

边缘帝国/帝制国家

若要进一步证明轴心思想是国家重组的后果而非原因，我们只需看看秦国，一个位于东方文明核心地区西部边缘的强国（图5.6）。《战国策》是西汉刘向编订的有关外交策略的著作，原作者不详，书中描述说："秦与戎、翟同俗，有虎狼之心，贪戾好利而无信，不识礼义德行。"[33]尽管秦国与儒家的主张全然相反，但它在公元前3世纪从东方文明核心地区的边缘一直扩张，直至征服了整个文明核心地区。

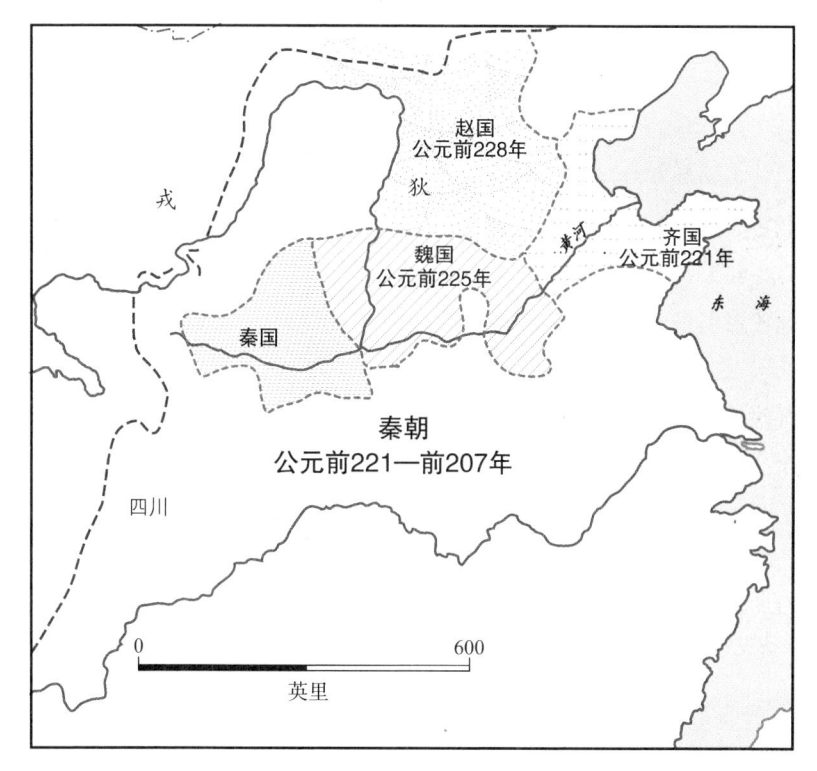

图 5.6　秦的胜利：公元前300—前221年，战国时期的东方（赵国、齐国、魏国处的日期是秦国攻下这些主要国家的时间）

在欧亚大陆也发生了类似的情况：来自西方文明核心地区边缘，且常被比作狼的罗马人摧毁了文明核心，奴役了把他们称为蛮族的哲学家。在公元前167年，希腊人波里比阿被送往罗马做人质，他写了40卷的《通史》来向他的同胞解释这一切。他问："谁这么狭隘或懒惰，以至不想知道……在不到53年的时间内（公元前220—前167年），罗马人是如何史无前例地统治了几乎整个已知世界★？"[34]

秦国和罗马有许多共同点。两者是后发优势的典型，都把在旧核心地区实行的新组织方法和在烽火前线磨炼出的军事手段结合了起

★　这只是波里比阿所知道的整个世界，他根本不知道秦国的存在。

来,都屠杀、奴役并驱逐了数百万人,且两者都以前所未有的速度推动社会发展。秦国和罗马还是我们称之为暴力悖论的典型:无论在东方还是西方,当血河干涸时,帝制国家/帝国让人民变得更加富裕。

秦国和罗马成功的秘诀很简单——人数。两者走了不同的路线,但它们都比对手更善于组建军队、养兵、军事武装以及休养生息。

几个世纪以来,秦国一直是东方"战国六雄"中最弱的。★它很晚才走向高端统治,在公元前408年实行土地税。无情的战争迫使其他国家向国民征兵征税,并用法家的手段来进行处罚。统治者们千方百计增加收入,高效的治国策略迅速流传,因为不效仿的话就会被消灭。公元前430年前后,魏国开始聚集劳动力挖大型灌溉渠以提高农业产量,其他国家,(最终)包括秦国,纷纷效仿。赵国与魏国修建长城以保护水田,其他国家也效仿。

在公元前4世纪,秦国国力追上了其他国家。在40年代,商鞅说服秦国国君实行严刑峻法,将秦国变成了噩梦般的国度,他自己也因此而扬名:

> 令民为什伍,而相牧司连坐。不告奸者腰斩,告奸者与斩敌首同赏……[35]

这并不是独裁主义幻想,从秦国司法官吏陵墓中发掘出的竹简表明,秦国向所有人强制实行律法。

商鞅作法自毙,最后被车裂而死。但那时采用高端统治及法制政策的秦国已占尽先机,东方文明核心地区成了一个武装阵营。在公元前500年,3万人的军队已经算大规模了,但到公元前250年,10万大军也算正常,20万大军也没什么特别的,真正强大的军队规模还要

★ 公元前6世纪有4个大国(晋、齐、楚、秦),之后晋国内战,分裂成三个国家(韩、魏、赵),于是就有了6个大国。一些历史学家把燕国(位于今北京附近)也视为大国,即"战国七雄"。

再翻一番。人员伤亡数相应也变得巨大。据史书记载,在公元前364年,秦军灭了魏国六万大军。这些数字可能被夸大了,但想到秦国士兵以头颅数领赏(字面上是这么说的,事实上,他们以上缴敌人的耳朵领赏),所以也不会太离谱。

毫无约束的军队引起了恐慌,在公元前361年,超级大国定期召开会议商讨相互之间的分歧。被称为"说客"的雇佣外交官在公元前4世纪50年代出现。一个人可能穿梭于几个大国间,并同时担任这些国家的重臣,和亨利·基辛格一样编织着权谋的大网。

温斯顿·丘吉尔说过,"吵吵总比打打好"[36],但在公元前4世纪蛮力还是击败了谈判。问题在于秦国。秦国以绵延的群山做掩护,难以被攻克,并利用核心地区边缘的地理位置,吸纳来自遥远西方的无国家群体,使其军队不断向核心地区逼近。《战国策》称"夫秦,虎狼之国也,有吞天下之心。秦,天下之仇雠也"[37]。

其他国家意识到它们需要联合起来对付秦国,但是四个世纪的战争让它们互不信任,相互在背后捅刀子。公元前353—前322年,魏国建立联盟,但是盟国打了几场胜仗后,因害怕魏国实力比它们强,于是开始攻打魏国。魏国像是被抛弃的情人或领导人,转而投奔秦国。公元前310—前284年,齐国建立了新联盟,结果重蹈魏国的覆辙。之后赵国接过了盟主的衣钵。在公元前269年,赵国两次大胜秦国。希望在每个人心中萌动,但为时已晚。秦王嬴政发现了一个可怕的新战略:只要杀的人够多,其他国家就不可能重建军队。秦国发明了按敌尸数计功。

接下来的30年里,秦国将领杀了约百万敌军。关于这段时期的史书充斥着凄惨的屠杀,但在公元前234年秦国斩首十万赵人后,屠杀停止了。之后,秦国就没了劲敌,其他国家选择投降,秦国放弃杀戮。

秦国的残敌走投无路,打算刺杀秦王。在公元前227年,荆轲绕过秦王的护卫,抓住秦王的衣袖,把涂有毒药的匕首刺向秦王,可惜没能刺中,只割断了秦王的袖子。秦王用柱子做掩护,趁机从剑鞘中拔出长剑，把荆轲刺伤了。

齐国，最后一个独立的国家，在公元前221年也被消灭了。秦王嬴政自称"始皇帝"。他规定："朕为始皇帝，后世以计数，二世三世至于万世，传之无穷。"[38]对此没人敢反对。

罗马建立帝国的过程与秦国不同（图5.7）。公元前521年，大流士登上王位时，波斯已经统一了当时西方文明核心地区的大部分。大流士想瓜分地中海地区财富的欲望掀起了反抗的浪潮，最终摧毁了整个波斯帝国。当时的希腊和意大利城邦已经很发达，在能量获取和信息技术方面得分很高，但社会组织和战争能力方面得分较低。所以大流士将它们一一攻破后，用武力威逼它们屈服，但正是武力威逼使这些城邦结合起来，并促使它们提高了社会组织和战争能力。

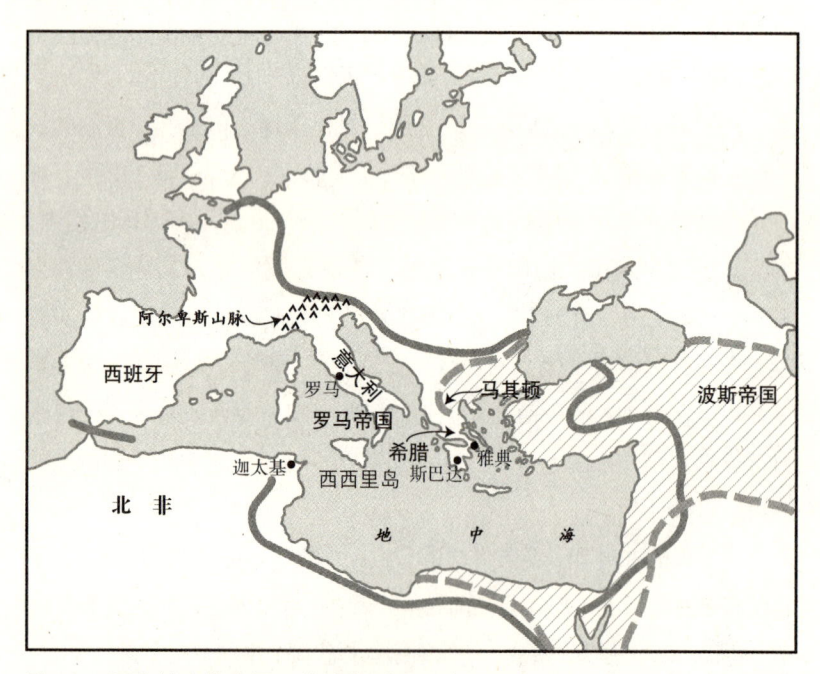

图5.7 西方的古代帝国：从波斯到罗马（公元前500—前1年）。粗虚线代表波斯帝国西部疆域的最大范围（约公元前490年），粗实线代表公元前/公元1年罗马帝国的疆域

因此，当大流士的儿子薛西斯在公元前480年率领大军攻打希腊时，雅典和斯巴达放下分歧，一致抵抗。历史学家希罗多德（和电影《300勇士》所塑造的形象不同）记载了使雅典成为联盟之首的这次大捷战。和东方国家结盟对抗秦国那样，雅典对斯巴达的威胁超过了波斯，于是可怕的雅典—斯巴达大战，即伯罗奔尼撒战争，在公元前431年爆发（修昔底德记载，但迄今未拍成电影）。公元前404年，受到重创且饥饿难耐的雅典人被迫投降，撤离海军，拆毁从雅典城到出海口的工事，此时西西里和迦太基也卷入了战争；战争也使部分地中海地区，尤其是马其顿，成了希腊经济附属国。

马其顿可以说是个古老的"香蕉共和国"，资源（尤其是木材和银）丰富，但局势混乱。50年来一直受希腊城邦的摆布，王位之争异常激烈，其政治就像是充斥着通奸、乱伦和谋杀的肥皂剧。但在公元前359年，腓力二世得到王位，成了马其顿的提格拉-帕拉萨三世。腓力二世无须社会科学家来解释什么是后发优势：他本能地理解并借鉴希腊人的制度来统治其领土辽阔、资源丰富但动荡混乱的王国。他挖掘银矿，任用雇佣军，并与放荡的贵族合作，无视希腊城邦。如果没有在公元前336年被神秘刺杀，他一定也会无视波斯。传言说，这场刺杀源于腓力二世醉酒和/或一场以同性轮奸结束的爱情恩怨。值得一提的是，腓力二世的儿子亚历山大大帝在短短四年内（公元前334—前330年）就完成了腓力二世的计划：征服波斯帝国，焚毁波利斯城，东征至印度边界。直到他的军队拒绝继续远征，他才停止扩张。

亚历山大大帝生于幻想破灭的新时代（亚里士多德曾是他的导师之一），没有意识到做一个神圣的国王有多困难。★虔诚的波斯人认为他们的国王是与黑暗永恒斗争的阿胡拉·马兹达神在人间的代表，因

★ 有记载说：亚历山大大帝比波斯国王矮30多厘米，当他第一次坐上波斯国王的宝座时，够不着地面。他的脚晃来晃去，庄严全无，直到侍臣给他垫了脚凳，问题才得以解决。

此亚历山大大帝肯定是邪恶的代表。毫无疑问，这个形象问题就是亚历山大大帝努力让波斯人相信他是神的背后原因（第四章提过）。也许假以时日他会成功，但他越是想让波斯人相信他是神，希腊人和马其顿人就越觉得他疯狂。没过多久，公元前323年亚历山大大帝突然死亡，很可能是中毒而死，几位将领混战，分割帝国，建立三大王国（也向神权靠拢）。

要是有一个王国能和秦国一样的话，应该会征服其他王国（而统一），但亚历山大大帝的继任者和这位伟大的国王一样只是昙花一现。公元前4世纪，马其顿与希腊开战，借鉴希腊制度并打败希腊，之后又征服了波斯帝国，但在公元前2世纪几乎被罗马全部吞并。

罗马是通过将殖民与发展边缘地区结合起来以扩大核心地区的典型例子。自公元前8世纪以来，罗马就深受希腊影响，在与邻国的战争中逐渐变得强盛，建立了高低端相结合的组织模式。最重大的决定由贵族元老院做出，人民大会以普通公民为主，通过投票决定和平与战争的问题。和秦国一样，罗马较晚向高端统治模式发展。罗马从公元前406年开始发放军饷，可能也在同时开始征税。几个世纪以来，罗马帝国的收入大多靠掠夺，而不是向战败的敌国征税，反而向其征兵。

虽然罗马人和希腊人一样反对神圣的王权，但他们很清楚征服与神权的联系。凯旋的将领驾着装饰圣洁的白马战车在罗马城内游行，陪同的奴隶在其耳边轻声说："记住，你只是凡人。"[39]胜利约束了神圣的王权，强大的征服者可以做一天神，但仅此而已。

对公元前3世纪的希腊人来说，这种机制并不新鲜，但其高低端统治相结合产生的劳动力规模如此之大，甚至可与秦国匹敌。在公元前480年，波斯20万大军入侵希腊，战败后花了几十年才恢复其国力。罗马没有遇到这种限制。一个世纪的战争使它拥有了意大利全部劳动力，元老院从公元前264年开始与迦太基争夺地中海西部的控制权。

迦太基人将罗马的第一支舰队引进一场风暴中，结果十万罗马水兵葬身海底。罗马于是建了一支更大的舰队。两年后这支舰队在狂风暴雨中惨遭覆没,所以罗马建了第三支舰队,结果第三次失去了海军。在公元前241年,罗马的第四支海军终于打败了迦太基,因为迦太基无法承受战争造成的巨大损耗。迦太基花了23年来恢复国力,之后汉尼拔将军率领战象部队,翻越阿尔卑斯山脉,从后方攻击罗马。公元前218—前216年,他俘虏和屠杀了十万罗马人,但罗马军队源源不断地增兵,最后通过消耗战将他打败。和秦国一样,罗马重新定义了暴行。波里比阿说:"罗马人的风格是消灭其见到的一切形式的生命,一个不留……所以当罗马人攻下一座城的时候,你不仅可以看到人的尸体,还可以看到被砍成两半的狗,以及其他动物被砍下的四肢。"[40]迦太基最终在公元前201年投降了。

战争比争论更受元老院的青睐。仅仅经过一个夏天的休整,罗马就开始进攻地中海东部亚历山大大帝继任者的王国,公元前167年将其全部吞并。后来经过与当地部落的连年苦战,罗马军队深入西班牙、北非和意大利北部。罗马成为西方唯一的超级大国。

第一次接触

到公元前200年,东西方的共同点比冰期以来的任何时候都要多:都只由一个人口众多的超级大国统治,都出现了一批生活在大城市、受过轴心思想教育、有文化教养的精英。大城市由多产的农夫供应食物,由复杂的贸易网络提供补给。东西方社会发展指数得分都比公元前1000年高出了50%。

本章很好地阐释了这一原理:人类总体来说是一样的。虽然中间隔着广阔的中亚和印度洋,东西方互相独立,却各自按着相似的历史轨迹前进,主要的区别在于西方仍勉强保持了在社会发展中的领先地位,这是冰期末期可驯化动植物的地理条件赋予它的。

本章还阐释了第二个原理:虽然地理位置决定了社会发展过程,但社会发展也改变了地理的含义。文明核心地区的扩张缩小了东西方间的差距,将东西方糅合进了一部全球史,造成了戏剧性的后果。

即使到公元前326年,马其顿的亚历山大大帝率兵远征到旁遮普时(图5.8),受过最好教育的东方人和西方人还根本不知道对方的存在。亚历山大大帝向手下保证他们很快就可以在包围世界的海洋中沐浴(但是展现在他们面前的不是海洋,而是堡垒林立的恒河平原,于是士兵开始叛乱)。

亚历山大大帝于是掉头回家,将很多叛乱者留了下来。一群人在今阿富汗建立了巴克特里亚王国(中国史籍称"大夏")。到公元前150年,该王国征服了恒河平原部分地区,融合了希腊和印度文化。一本印度史书记载了一个和尚与讲希腊语的巴克特里亚国王间的对话,对话之后国王和他的臣民都皈依了佛教。

巴克特里亚王国值得一提:它在公元前130年前后瓦解,这是在东西方史书中共同被提及的最早的历史事件。一两年后,张骞踏上了其废墟,回国后将他的精彩经历禀告了汉武帝,特别提及了中亚的马匹。在公元前101年,一支中国的远征军踏上了这片土地。一些历史学家认为当地反抗的军队可能包括罗马人和来自遥远的美索不达米亚的战俘,经过多次易手后,他们最后被卖到了中亚山区与中国军队作战。

缺乏浪漫色彩的历史学家认为罗马人和中国人要再过200年才会接触。据《后汉书》记载,班超在97年"遣掾甘英穷临西海而还"[41]。尽管不知这片遥远的海岸具体在哪儿,但可以确定的是甘英到达了大秦——从字面上就能看出,"大秦"这个名字体现了中国人眼中自己国家宏伟遥远的倒影。西海是不是地中海?大秦到底是不是罗马?这两个问题仍然悬而未决。反浪漫的历史学家认为,大秦王安敦(应该是罗马皇帝马可·奥勒留·安东尼)在166年派遣使臣至中国首都洛阳,才使中国人和罗马人最终相遇。

很可能在此之前,东西方就已经有了更富有成果的接触。但因为参与接触活动的人对受过教育的史书编撰者来讲太卑微了,不值一提,所以不曾在史书中提及。其中一群人是商人。罗马贵族老普林尼(死于

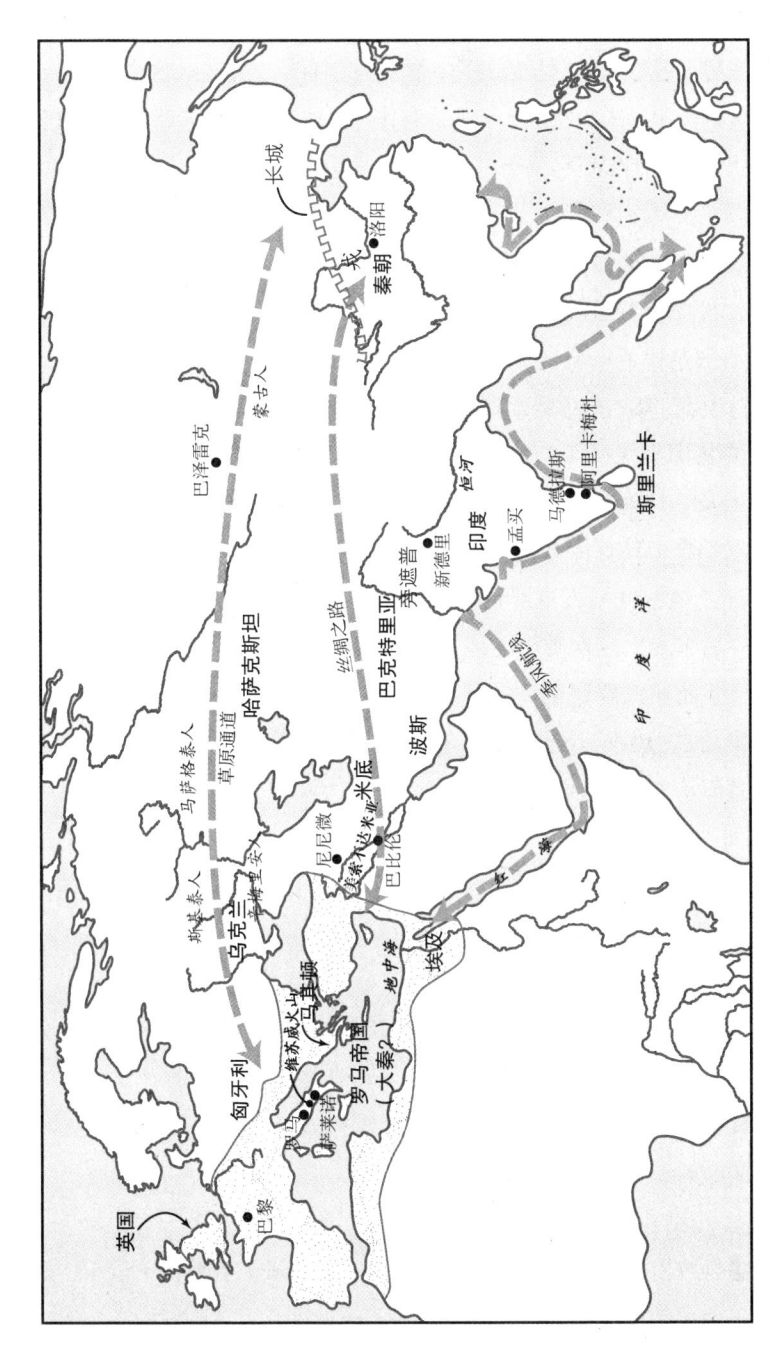

图 5.8 东西方之间：公元前第一个千年晚期，贸易通过印度洋、丝绸之路和草原通道将东西方连接了起来

公元79年，因痴迷于维苏威火山爆发，结果未能及时逃开）写了一篇关于世界及其特殊性的长篇论述，提到每年有一支商船队从埃及的红海海岸驶向斯里兰卡。实际上有一份叫作《红海旅记》的希腊语商业文件流传了下来，类似贸易手册，粗略地描述了印度洋的港口和风向。

  罗马商人在印度留下了踪迹。18世纪，英国和法国殖民者刚在印度定居，就从当地人手中获得了古罗马钱币，但直到1943年，罗马对印度影响的程度才变得清晰起来。那年夏天，正值二战达到高潮，英国殖民者眼看统治即将结束，决定重新发掘被忽视几十年的印度文化遗产。准将莫蒂默·惠勒从意大利的萨勒诺（一支英美军队刚刚从那里登陆）前线被调遣至新德里，监管近400万平方千米的和埃及一样拥有丰富考古资源的土地。

  惠勒是个具有传奇色彩的人物，参加过两次世界大战，足迹遍布三大洲。他对罗马古迹严谨的发掘工作使英国考古学实现了彻底变革。尽管如此，这次委派还是令人诧异。对此，印度爱国主义者质问道：大英帝国已经奄奄一息了，为什么还要派个对印度不如对英国本土的罗马古迹那样了解的且已退役的老顽固来呢？

  惠勒有很多东西需要去证明。一抵达孟买，他就开始了考古之旅。到马德拉斯（今金奈）后，他发现政府机关因为即将到来的酷暑都已关闭，于是决定到当地博物馆消磨时间。"在一个作坊的橱柜内，"他在回忆录中说道：

> 我的手紧握着一个陶器的瓶颈和长手柄，这个陶器与当地的热带风格迥异。当我看到它时，我想起了那个在新德里议会被提出的挑衅性问题："罗马人统治下的英国与印度有什么联系？"完整的答案就在这里。[42]

  惠勒拿着的是一个在离海岸约130千米的阿里卡梅杜（位于本地治里）挖出的罗马酒罐的碎片。他搭了通宵火车，在小镇的法国餐馆吃过早餐,喝过小酒后,开始寻找罗马人留下来的遗迹。

  公共图书馆的一个套间内存放着三四个博物馆的陈列柜。我满怀希望,大步走过去,用汗津津的手臂拂去灰尘,仔细观察。一个月内第二次,我的眼睛开始放光。堆在一起的是十几个罗马双耳细颈高瓶(酒罐)的碎片,一盏罗马灯的部件,一块罗马凹雕(浮雕胸针),大量印度陶片——陶瓷碎片、小珠子以及赤土陶器,以及任何学过古典考古学的人都不会搞错的红釉面陶瓷碎片。[43]

  惠勒把一块赤土陶器带回新德里后,他拜访了几个利用航拍照片进行战争研究的英国考古学元老。"我偶然间得到了一块赭色黏土陶片,"他指着从阿里卡梅杜博物馆得到的红釉面陶瓷碎片,"他们的反应让我感到兴奋,有人能理解是多么美好的奖励!"[44]

  据考古发现,到公元前200年就有货物从地中海运抵阿里卡梅杜(和其他几个港口),且数量在之后三个世纪内不断增加。最近在埃及红海海岸的考古发掘出土了干枯的椰子、大米和黑胡椒,这些食品只可能来自印度。到了1世纪,中国与印度开始贸易往来,两地同时也与东南亚地区有货物流通。

  东西方在越过汪洋大海后得以牵手,这么说有点夸张。与其说两者间存在着一张关系网,不如说是一些细线将两端串了起来。一个商人可能通过海运把红酒从意大利运到埃及,另一个可能通过陆路运到红海,第三个可能运到阿拉伯,第四个可能越过印度洋运到阿里卡梅杜。在那里,他可能会碰到当地的商人在出售来自黄河流域的丝绸。这些丝绸被转手了更多次。

  虽然这只是个开始。《红海旅记》提到了一个叫"Thin"的国家,可能是"秦"不标准的发音;一代人之后有个叫亚历山大的希腊人自称到访过"Sinae",很可能就是中国。公元前100年前后,在一定程度上是由于中国军队行军到巴克特里亚,丝绸和香料沿着丝绸之路向西流通，而金银向东流通。只有轻巧、昂贵的商品，如丝绸等，在历经6个月8 000多千米的运输后仍可以赢利。在一两个世纪内，所有罗马贵妇都披上了一条丝绸披肩。中亚商人在中国所有的主要城市都设立了办事处。

东西方的第一次交流对那些统治核心地区的贵族来说很值得庆祝，但也有很多值得担忧的事，因为在他们看来，那些来来去去的外来人比商人还要卑鄙。约在公元前390年，罗马历史学家阿米亚努斯在他的著作中写道："他们身材矮胖、四肢粗壮、脖子粗大，丑陋畸形，像两条腿的野兽。"他还写道：

> 他们的外形尽管可怕，却仍是人类，但他们的生活是如此艰苦，不用火，不食熟食，靠吃树根、草根和在他们大腿和马背上稍微温热后的半生的肉为生。[45]

这些人是游牧民族，对阿米亚努斯这样的地主来说完全陌生。我们已经谈到过他们的祖先，即中亚的游牧民族。他们约在公元前3500年开始驯养马匹，约在公元前2000年开始将马匹套在推车上，促进了马拉战车的出现。战车使西方文明核心地区在公元前1750年后陷入混战，500年后被传到了东方。骑在马背上似乎要比驾驶马车更方便，但直到公元前1000年前后，马匹更大，马具改进，可从马鞍上发射的小型强劲弓箭被发明出来，三者结合起来才开创了一种全新的生活方式：马背上的游牧生活。骑马使地理再次发生彻底改变，逐渐使从蒙古一直延伸到匈牙利（都是以游牧民族的名字命名的）的干旱平原变成了连接东西方的"草原通道"。

在某些方面，草原游牧民族类似大帝国边缘相对落后的居民，与希伯来《圣经》中雅各和他的儿子一样。他们用动物和毛皮去交换定居居民的产品。双方都会获利：公元前5世纪，中国的丝绸和波斯的地毯被用来装饰西伯利亚巴泽雷克的豪华陵墓，而在公元前9世纪，亚述人从游牧民那里引进马匹和弓箭，用骑兵取代战车。

但也有问题。巴泽雷克墓葬中除了丝绸和地毯，还有成堆的铁制武器和用敌人被剥去头皮的颅骨镀金后制成的奖杯，暗示贸易和战争互不影响。尤其是在公元前800年后，寒冷干燥的天气使草原牧场骤减，那些能迅速迁徙，且经过长途跋涉抵达牧场后还可以作战的牧民就拥有了巨大的优势。所有部落都开始骑马，在相隔数百千米的冬季和夏季牧场间穿梭。

他们的迁移产生了连锁反应。在公元前8世纪，马萨格泰人向西迁移，越过现在的哈萨克斯坦，遇上了斯基泰人。斯基泰人与史前被农夫侵占觅食栖息地的狩猎-采猎者及西西里岛居民在希腊殖民者登陆后遇到的选择一样：他们可以坚守阵地，组织起来进行反击，甚至推举出国王，或者逃跑。那些放弃的人跨过伏尔加河，给当时已定居在那里的辛梅里安人带去了战斗或逃跑的选择。

在公元前8世纪第二个十年，辛梅里安难民开始迁徙到西方的核心地区。他们人数不多，但造成的破坏很大。在农业国家，许多农夫在田里辛勤劳作来供给军队。在战争高峰期，罗马和秦国军队对平民征兵，每6人征1人；在和平时期，每20人征1人。相反的是，游牧民族的每个男人（也有许多女人）都是战士，从小就与马和弓箭打交道。这是不对等战争最初的例子。大帝国/帝制国家实力雄厚，设有军需官，军队装备有攻城武器，但游牧民族拥有速度、恐怖，而且他们的敌国常常交战。

多年的气候变化和社会的不断发展相结合，致使西方文明核心地区的边缘地区陷入了暴力和动乱。亚述帝国在公元前700年前后仍是西方最大的帝国，邀请辛梅里安人到核心地区以帮忙打败对手。起初确实行之有效，公元前695年，土耳其中部的弗里吉亚王国国王米达斯十分富有，希腊传说称其可以点石成金，他在被辛梅里安人包围都城后自杀了。

消除了像弗里吉亚那样的缓冲国后，亚述人将自己的心脏地带

269

暴露给了游牧民族。公元前650年,斯基泰人控制了美索不达米亚北部。他们"行为暴力,无视法律,最终导致了混乱",希腊历史学家希罗多德写道,"他们像强盗,来回奔走,窃取每个人的财产"。[46]游牧民族破坏了亚述帝国的稳定,且在公元前612年协助米底人和巴比伦人洗劫了尼尼微,之后立即转而攻打米底人。直到公元前590年前后,米底人想出方法来对抗这些诡计多端、疾如雷电的敌人。根据希罗多德记载,这个方法就是等他们的领袖在宴会上喝醉后再杀他们。

米底、巴比伦和波斯的国王尝试去应付游牧民族。一种方法是什么也不做,但后来游牧民族洗劫了边疆省份,税收收入因此减少。买通游牧民族是另一种方法,但上缴的保护费和洗劫造成的损失一样巨大。第三个方法是先发制人,进军草原并占领游牧民族赖以生存的牧场,但这个做法的成本和风险都更大。牧民无须进行防卫,他们可以撤退到寸草不生、干旱的荒原,等入侵者因不能及时补给而垮掉。

波斯帝国的创立者居鲁士试图在公元前530年对马萨格泰人发动先发制人的进攻。像之前的米底人一样,他用了葡萄酒战略:先让马萨格泰人先锋部队洗劫他的阵营,在他们喝醉后再将其屠杀,虏获了他们女王的儿子。"你如此嗜血,"托米丽司女王在写给居鲁士的信中说道,"把我的儿子还给我,这样你的军队可以全身而退……如果你不同意,我以太阳神起誓,我会让血多得让你喝不完。"[47]女王的话应验了,她打败了波斯人。居鲁士的首级被割下,浸在盛血的革囊里。

先发制人的战略一开始比较糟糕,但在公元前519年,波斯的大流士证明了这个策略行得通,他击败了波斯人称为"尖帽斯基泰"的联盟,向其征收贡金并设立了傀儡国王。五年后,他再次尝试,跨过多瑙河,将其余斯基泰人追击到了乌克兰腹地。和现代很多不对等的战争一样,很难说到底谁赢了。希罗多德认为这是一场灾难,大流士幸运地逃生了,但斯基泰人再也不是波斯人的威胁,所以很明显,有些事开始步入正轨了。

在东方,草原骑兵的诞生需要更长时间,正如在东方,战车的普及要比在西方花的时间更长。但是当游牧民族连锁反应影响东方的时候,产生的效应一样强烈。游牧民族的东扩很可能在公元前8世纪犬戎袭击周朝时就已开始了。在公元前7世纪和公元前6世纪被秦、晋吞并的北方民族,肯定通常选择同化而不是对抗入侵的游牧民族。游牧民族的入侵和东方国家的扩张相结合,减少了缓冲国家,和西方的情况一样。

此时赵国位于边缘地区。和亚述人对斯基泰人所做的一样,赵国招募游牧骑兵攻打邻国,并将臣民训练成骑兵。赵国采用了一项在西方不常用的战略——消耗战,修筑长城阻止牧民入内(至少在贸易和突袭的路线上)。这似乎比战争或付保护费更有效,于是在公元前3世纪各国大量修筑长城。秦始皇下令修建的长城绵延3 000余千米,(根据传说)成本是每建一米要死一人。★

秦始皇并不在乎这个。事实上,他重视城墙的建造,将这个防御性战略转化成了武器,用长城将游牧民族传统放牧的草场圈入了自己的疆域。后来在公元前215年,秦国大将蒙恬率兵北击匈奴。

长城是一个明显的征兆:地理的含义再次发生了变化。在图5.1中推动东西方社会平行发展的动力——更多能量的获取、更有效的组织、广泛传播的知识、更致命的军队——正在改变这个世界。到公元前200年,东西方各自由一个大帝制国家/帝国统治,两方的军队和商人甚至深入了两方之间的地区。大草原再也不是东西方之间的巨大障碍,而成了连接两方的通道。东西方核心地区的历史过去相互独立却非常相似,而现在开始相互交织。尽管只有极少数商品、人员或思想从欧亚大陆的一端传到另一端,却形成了新的地理现实。在接下来的几个世纪中,在公元前200年时统治核心地区的大帝国/帝制国家因此而瓦解,处于上升趋势的社会发展被扭转,西方的领先地位被终结。发展的悖论正进入一个全新的阶段。

★ 秦长城并不是北京一日游中参观的长城(这个是16世纪的)。从外太空看不到长城,更不要说从月球上了。

第六章
衰减与衰退

最美好的归宿

"在此最完善的世界上,万物皆有归宿,此归宿自然是最完美的归宿。"[1]在伏尔泰的经典喜剧作品《老实人》中,导师邦葛罗斯孜孜不倦地重复着他的乐观主义哲学。在书中,邦葛罗斯遭遇一连串厄运:感染梅毒,一只眼睛失明,失去了一只耳朵,遭人囚禁、奴役,被宗教裁判所施以绞刑,甚至接连遭遇两次地震。尽管如此,他仍然坚持"一切皆善"的说教。

当然,邦葛罗斯这个人物是伏尔泰跟读者开的一个小玩笑,用来讽刺当代哲学的愚昧无知,但是历史上确实曾经涌现许多真实的邦葛罗斯。在公元后的前几个世纪,东西方核心地区都被非常富庶的强大帝制国家/帝国所主宰。汉乐府诗曾这样描写:"上之回,所中益,……千秋万岁乐无极。"[2]对于罗马帝国,古希腊雄辩家亚里斯泰德更加热情洋溢地赞叹:"为了帝国的永存,文明世界一齐祈祷。请求所有的神一起赐予这个帝国,赋予这个城市永恒的繁荣,永不消逝,直到石头漂浮在海面上,直到草木再不发芽。"[3]

那么这些邦葛罗斯到底做了些什么,从而导致了图6.1中的情形?东西方的社会发展在公元前1年或公元1年前后达到巅峰,随后不约而同地出现衰退。这种衰退与之前相比又更进一步。它不仅范围更为广泛，波及欧亚大陆两端，而且影响程度更深，持续时间更长，长达数个世纪。截至公元400年，东方社会发展的衰退程度超过了10%；截至公元500年，西方社会的发展程度倒退了20%。这是西方14 000年社会发展领先地位的终结，本章旨在探讨这次衰退的根源所在。

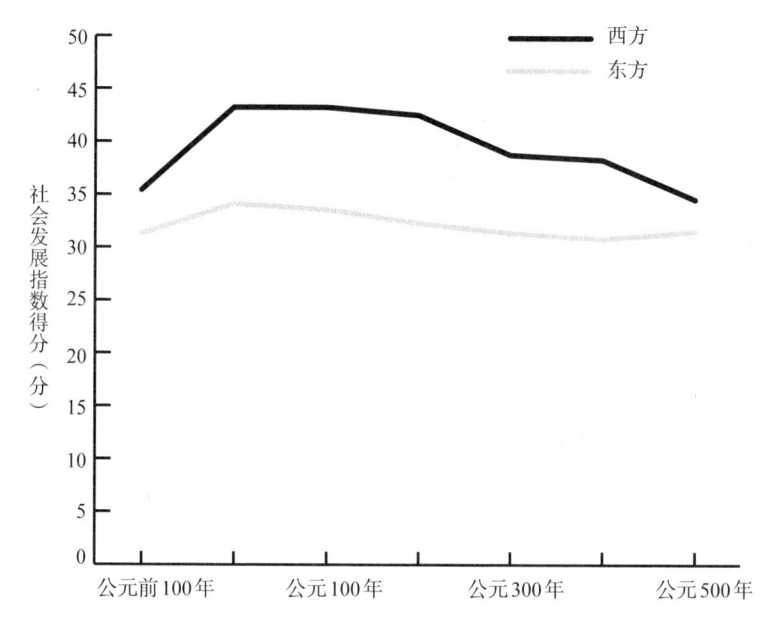

图6.1 一次旧世界范围的大衰退：古代帝国/帝制国家的巅峰时期、衰减时期和衰亡时期（公元前100—公元500年）

世界新秩序

古代帝国/帝制国家也不全是邦葛罗斯。经历了数百年的战火纷飞、生灵涂炭，我在第五章中提及的"暴力的悖论"——战争最终带来和平与繁荣的事实——才逐渐变得清晰起来。统一战争刚结束，秦国和罗马帝国这两个帝制国家/帝国就在血腥残暴的内战中诞生。秦国旋即遭遇内战，而罗马稍晚一步。

秦朝中央集权的强制机构利于战争，但是在和平统治阶段，这种机构的运作结果并不理想。公元前221年，秦国消灭了最后的敌人，但是秦始皇为建设国家，继续在全国范围内征召男丁。从某种角度来看，这些人的工作是卓有成效的，因为他们修筑了绵延数千千米的道路和运河。但从另一个角度来看，却远非如此。根据司马迁的记载，作为秦朝的第一位皇帝，秦始皇自命为"天子"，并寄希望于一些招摇撞骗之徒，靡费大量钱财寻求长生不老之药。也许就像现代人买保险那样，他花费36年时间，命令70万男丁修建帝陵。（考古学家已经在秦始皇陵挖掘出数百人的殉葬坑。）

这个占地五十多平方千米的秦始皇陵（大部分还未被开掘）是中国对"埃及嫉妒症"的回答。秦始皇陵是一个工作队于1974年挖掘水井时无意中发现的，它因兵马俑而闻名。共有六千多尊真人大小的兵马俑守卫着整个陵寝，它们是世界考古界的奇迹，然而令人惊奇的是，司马迁描述秦始皇陵时根本没有提及这些名震四方的兵马俑，转而描述的是陵墓地下360多米宽、周围环绕着水银仿制的秦国河流的青铜宫殿。（1981年和2002年的探测调查发现，封土中汞含量严重超标。）司马迁还补充说，在公元前210年，秦始皇下令让他所有未生育过的嫔妃、知道陵寝秘密的匠人以及秦国数百名高级官吏一起在此陪葬。

秦始皇的暴政激起了社会各个阶层的强烈抵抗。六国的王公贵族加以指责，秦始皇强制将他们迁移到都城咸阳；儒生站出来反抗，秦始皇活埋了其中460人；农民发动起义，他残忍地将叛乱者腰斩。★

由于秦始皇在国内实施恐怖统治，他刚驾崩就发生了大规模内乱。公元前209年的某天，突发暴雨导致戍卒无法如期到达屯戍地，而根据秦律，逾期必定被斩首。根据司马迁记录："陈胜、吴广乃谋

★ 至少，儒家学者们是如此描述的。许多现代的史学家怀疑，当时的乡绅阶层对整个事件进行了篡改。然而，秦始皇将农民腰斩的事实似乎无可置疑。

曰：'今亡亦死，举大计亦死，等死，死国可乎？'"[4]于是他们发动了起义。

陈胜、吴广很快就被车夫/部将杀害了，但他们的义举传遍了全国。不出几个月，中国又回到了大一统之前各国混战的状态。公元前207年，秦朝覆灭，叛乱演变成可怖的内战。经历五年的征伐之后，出身农家的刘邦掌握了局势，随后建立了西汉。他将八万名战俘全部处死，宣告从此天下太平，史称汉高祖（或汉高帝）。

罗马与秦国所面临的问题正好相反。罗马的问题不是高度集权的统治方式无法适应和平年代的发展步伐，而是组织机构过于松散。在罗马帝国内部，由富有的年长男性成员组成的元老院以及由贫穷市民组成的人民大会得到进一步发展，这对于一个城邦国家的运作来说绰绰有余，但它们无法胜任对一个帝国的管理，导致战利品堆积如山，成群的奴隶无人处置，国家对那些因战功而极其富有的军事将领疏于防范。公元前133年秋天，元老院成员由于政见不合而发生冲突，元老们居然砸碎他们坐的长凳，以凳腿互殴。到公元前1世纪80年代，再也没有人能够说得清，到底是谁在统治罗马帝国。

尽管罗马在接下来的50年间内战频发，但至少没有像秦朝那样顷刻崩塌。越来越多的军队只效忠于他们各自的军事将领，而不是国家。元老院为了遏制这些战功赫赫的军事领袖，只好派他们攻打更为弱小的邻国（反而使得这些将领实力大增），或者任命新的军事将领来讨伐旧将领（结果又引发了新的危机）。到公元前45年，尤利乌斯·恺撒成功地打败了所有入侵者，次年遇刺身亡。于是新一轮开始了。公元前30年，屋大维在埃及抓捕了安东尼和克娄巴特拉七世（"埃及艳后"），他们二人最终被迫自杀。此时，罗马帝国的贵族们对于长期征战已经深恶痛绝，于是达成一致意见：私底下，他们将对屋大维（即"奥古斯都"，意为"神圣伟大"）唯命是从，而在公开场合，他们又假装把他当作普通市民对待。这个诡异的协定似乎让所有人都保全了面子，由此公元前27年，罗马进入帝国时代，奥古斯都成为这个帝国的实际统治者。

到了公元前1年,东方和西方两个核心地区都处于单一国家的统治之下,但是这个局面的形成并非毫无悬念。事实上在公元前203年,刘邦曾经签订了"楚河汉界"协议,同意与他最后的敌人项羽分享东方核心地区的统治权,但他随后违背承诺开战。项羽败亡,刘邦一统天下。到公元前1世纪30年代左右,地中海地区似乎即将分裂,一边是来自罗马的屋大维统治下的拉丁语的西部,另一边则是来自埃及的安东尼和克娄巴特拉七世统治下的希腊化的东部。如果汉高祖信守承诺,或者安东尼不那么沉迷于酒精和性爱,那么这一章的内容将会彻底改写。当时南亚正朝着完全不同的方向发展。公元前1000—前600年,位于恒河流域的小城市和小国家不断发展,最后成为类似东西方核心地区的高端统治国家。公元前3世纪,这些城市和国家被庞大的孔雀王朝吞并,建成了可能是当时世界上规模最大的国家(虽然秦朝很快就会赶超它)。然而孔雀王朝没有像罗马和秦国那样不断壮大,反而在接下来的几百年间逐步分裂。到了奥古斯都时代,整个南亚再一次分裂为众多彼此交战的小国。

托尔斯泰有一句名言:"幸福的家庭都是相似的,不幸的家庭各有各的不幸。"[5] 这句话同样适用于国家关系。对国家来说,分裂灭亡有无数种方式,比如战场失利溃败,君主昏庸无道,贵族脱缰失控,百姓暴动叛乱以及政府运作不良。但保持国家统一只有一个方法:妥协。在这一点上,西汉和罗马的统治者都显示出了卓越的才能。

公元前202年,汉高祖与异姓功臣达成一项协议:分封七位异姓功臣为王;国土面积近2/3,作为其统治下的半独立国家存在,从而避免内战。汉高祖深知,为了防止新的内战发生,国家需要根除这些诸侯的威胁。如果下手过快,惊动了这些诸侯的话,可能会引发国家原本想要阻止的战争。相反,如果下手太慢,又会导致这些诸侯势力过于强大。然而,西汉皇帝很好地把握了时机,在公元前100年彻底解除了来自诸侯的威胁。令人惊讶的是，几乎没有引发叛乱。

和秦始皇的妄自尊大相比，西汉皇帝们显然要收敛得多，但他们或多或少也存在狂妄的一面。例如，公元前141年汉景帝驾崩时，也有众多兵马俑随葬（数量是秦始皇兵马俑的6倍多，但是高度只有其1/3）。尽管西汉皇帝和商周的君王一样，坚信自己是连接人间和上天的代理人，但除了伟大的征服者汉武帝，西汉其他皇帝都未曾宣称自己长生不死或君权神授。

他们小心谨慎地维持统治。皇帝们与世家大族打交道时，需要抛弃皇家神权（尽管也可以采取比较实际的做法，即把士族的财富与朝廷自身的成功联系在一起）。如果想安抚士绅学者，就需要将皇位纳入一个理想化的儒家等级制度模型（在此也有一个具有实践意义的做法，就是把人们对儒家经典的认知程度作为入仕的考量标准，而非凭借士族关系网络）。而在广阔的乡间，维持皇家的权威需要运用一些其他要素。在前轴心时代，皇帝曾经充当世人和祖先、神灵之间的桥梁，现在他们要将这种角色与更加现实的措施相结合，诸如减少兵役、缓和严酷的秦朝律法以及相应的税收减免政策。

这种妥协带来了和平统一的局面，并逐渐将东方核心地区转变为一个单一的整体，东方核心地区的统治者们称之为"中国"（世界中心的"中心之国"）或者"天下"（"普天之下"，因为在他们看来，边境线之外的其他东西都无关紧要）。至此，人们开始认识到把东方核心地区看作一个单一整体的意义，并且由于近代西方人的发音错误，将"秦"（Qin）读作"China"，因此西方开始用"China"来称呼中国。尽管当时天下仍然存在着巨大的文化差异，但是东方核心地区已经开始向"中国"演变。

罗马人也做出了类似的妥协。公元前30年，罗马内战结束，胜利者奥古斯都遣散了征召来的士兵，派遣职业军人驻守边防。和西汉皇帝一样，他深知强大的军队时刻威胁着他的统治。中国统治者用犯人和外国人补充军队，意图将其驱逐出主流社会；而奥古斯都和他的继任者们决定将军队安置在较近的范围内,将军队改造成核心社会机构,直接听命于皇帝。

战争成了专业人士的专利,其他人都转投和平之路。像中国一样,罗马吞并了其他藩属国,并将贵族的财富与国家的财富紧密联系起来。皇帝们如履薄冰,步步谨慎:对待贵族阶层时表现出高不可攀的气势,处理军队问题时要扮演最高统帅,与那些将统治者想象成超自然存在的民众接触时又要变得神圣庄严。他们运用一种"死后成神"的策略来代替以往"一日是神"的妥协办法。这种理论声称,皇帝们在死前都只不过是伟人,死后才成为神。有些皇帝认为这种理论纯属无稽之谈,例如韦斯巴芗。他在弥留之际还与朝臣戏谑道:"我想我正在变成神。"[6]

在1世纪以前,希腊罗马文化融合不断发展,当时的富人们可以在约旦到莱茵河区间内的城市游历:他们在风景似曾相识的城市停留,用几乎相同的金制餐具吃饭,观看相似的希腊悲剧,巧妙影射荷马和维吉尔,四处寻觅对其良好教养表示欣赏的志趣相投者。地方知名人士越来越多地得到元老院的认同,本地权贵篆刻碑文时采用拉丁文和希腊文两种文字,甚至连在土地上耕作的农民也开始认同自己是罗马人。

这种妥协平息了抵抗行为。在这一点上,当属1979年的喜剧《布莱恩的一生》总结得最为全面。雷吉(由约翰·克里斯扮演)是犹太人民阵线的主席,当时的追随者大多对革命毫无热情,因此他试图激起他们内心对罗马统治的反抗怒火,结果却发现他们更倾向于谈论罗马帝国带来的好处(尤其是美酒)。雷吉向他们提出了一个针对罗马帝国的著名问题:"好吧。除了环境卫生、医药、教育、美酒、公共秩序、灌溉系统、淡水系统以及公共卫生,罗马人到底为我们做了些什么?"那些自由的捍卫者沉思片刻,随后有一人试探性地举起手说:"他们还带来了和平?"雷吉被这个愚蠢至极的回答惊呆了,回复说:"哦,和平……闭嘴!"[7]

雷吉并未意识到：和平改变了一切，和平带来了横贯欧亚大陆两端的繁荣富强。两大核心国人口迅速增长，经济加速发展。从最基本的标准来说，无论从哪个方面统计——总产量、每单位土地的产量或每单位劳动力的产量，农业产出都呈上升趋势。西汉和罗马的律法为地主和农民的财产都提供了更多安全保障。各阶层的农民因此开垦更多耕地，致力于扩大灌溉面积，改进排水系统，购买奴隶或者雇佣劳动力，并且更多地使用肥料和更加先进的工具。埃及相关史料表明，罗马时代的农民每播种0.45千克种子就能收获4.5千克小麦，这对尚未经历现代化进程的农业生产来说，无疑是一项傲人的成绩。虽然尚无任何中国农业的相关记录，但考古发现和农业记录表明，中国当时的农业产出也相当高，尤其是在黄河流域。

就这样，农民和工匠将能量获取推向更高水平。然而，书写现存文献的贵族却鲜少记录这些。事实上，纵观整个人类历史，此前使用的能量均来自动物肌肉或者生物燃料，但是当时的人类已经发现四种潜在的具有革命性的能源——煤炭、天然气、水力和风力。

前面两种能源一直没得到普遍应用，一小部分中国铁匠将煤炭用于铸铁作坊，四川的制盐者用竹笕运输天然气，煮沸并蒸发盐水中的水分。但是，后两种能源的发展完全不同。公元前1世纪，罗马和中国都发明了水车，用水车驱动磨盘研磨谷物，用风箱加热熔炉。目前所知最令人印象深刻的例子，当属公元100年后不久建于法国巴贝加尔地区的水车，它拥有16个互相连接的轮子，可以产生30千瓦的能量，基本等同于100头公牛（或者两辆全速行驶的福特T型车）所产生的能量。大多数水车较小，但即使是一个普通的罗马磨坊产生的能量也相当于10个壮年男子用脚踩轮子产生的能量。

然而，风力和水力的广泛使用并非来源于新型水车，而是来自对旧航海技术的革新。除非能够找到将生产出来的数千吨小麦、数百万升酒和几十亿颗铁钉运送到潜在买主所在位置的方法，否则根本没有人会生产这些东西。因此，规模更大、条件更好且价格低廉的船运

（以及港口、运河）几乎和犁、水车占据着同等重要的地位。由此可见，贸易和工业发展是同步的。

图6.2很清晰地表明了当时的西方发展状况，将不断增长的海难沉船数量和2005年针对西班牙佩尼多维洛地区湖泊沉积物调查研究中记录的铅污染水平对比。（调查海难沉船，是因为缺少现存的关于古代船运的书面记录，因此除非随着时间推移，船长们莫名其妙地变得笨拙，因而经常在驾驶船只时发生触礁事故，海难沉船数量最能体现出当时船运发展的程度；调查铅污染水平，是因为作为银加工业的衍生物，铅对地球化学家来说是最容易展开研究的同位素。）下图中，两条曲线同步上升，且都在公元前1世纪达到顶峰，这体现出当时贸易和工业发展的紧密联系（以及对环境发展来说，古罗马时期绝非黄金时代）。

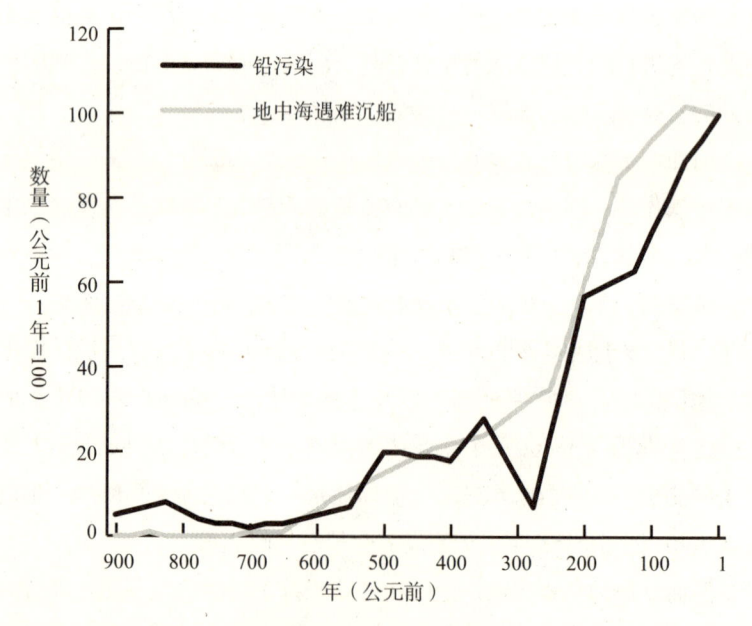

图6.2 商品和服务：地中海海难沉船数量和西班牙佩尼多维洛地区湖泊铅污染水平的平行增长趋势。已对沉船数量和铅含量进行标准化处理，因此能够在同一纵坐标上对两者进行比较

我们还无法将图6.2与东方发展的相应图表做比较，因为中国考古学家还没有搜集到可以计量的足够数据。然而现存资料表明，公元前300年后东方核心地区的贸易发展相当繁荣，但是仍不及西方核心地区发展程度高。举例来说，近期一项调查得出了这样的结论：罗马帝国当时流通的货币数量大约是西汉的两倍，并且当时罗马最富裕的人所拥有的财富大约是西汉富人财产的两倍之多。

这种贸易发展的差异性很可能与两者不同的地理条件有很大关系。在罗马帝国，90%的人口居住在距离地中海十几千米的范围内。公元前第二个千年，西方核心地区扩张到地中海盆地，带来了各个领域的蓬勃发展，也带来了相应的破坏。但是到了公元前1世纪，当罗马人完成对整个海岸线的征服之后，罗马帝国立即终结了这种破坏行为。当时的地中海已经构建起四通八达且价格低廉的水路运输系统，得益于此，贸易取得了突飞猛进的发展。

然而，在西汉，居住在近海以及靠近河流的人口占比较小，而且并非所有河流都能随时保持畅通无阻。罗马的军事扩张开拓了新经济疆界，那里的农民能够将最先进的农耕技术运用在新近征服的土地上，然后再卖出农作物，满足意大利和希腊城市的粮食供应。然而秦朝和西汉缺少像地中海那样的水运通道，因此贸易活动只能局限于相对较小的范围内。一些西汉皇帝通过疏浚黄河和渭河，以及修建人工运河绕开难行区域等手段，试图提升中国的交通运输水平，但是几个世纪后，中国才解决了没有属于自己的地中海的问题。

在经济发展背后，存在着两股相似的力量，分别起着拉动和推动作用。所谓拉动作用就是指国家的发展壮大。罗马和西汉的征服者在各地广泛征税，并将大部分税收收入用于扩充边防军队（当时罗马大约拥有35万军人，中国拥有至少20万军人）和建设庞大的都城（罗马都城大约有100万居民，而西汉都城长安大约拥有50万居民）。东西方核心地区都需要将食物、商品和钱财从富裕、纳税的地区运送到穷困、消耗国家收入的人群聚居地。

位于罗马郊区的泰斯塔西奥山（也称"碎陶片之山"）遗址，充分展现了西方这股拉动力影响范围之广。和气势磅礴的秦始皇陵相比，这座仅有约46米高、杂草丛生且到处散布着破损陶片的土堆实在是相形见绌，但是对考古学家来说，这就是意大利对"埃及嫉妒症"的回答。在长达三个世纪的岁月里，共有2 500万个储藏罐被丢弃至此，这是一个惊人的数字。这些罐子大多用于储藏共7.6亿升橄榄油，并将其从西班牙南部运至罗马，那里的城镇居民将橄榄油广泛应用于烹饪、沐浴★以及燃烧照明。站在泰斯塔西奥山上，你会深切体会到饥饿的人几乎无所不能，从而心怀敬畏。而这不过是罗马众多垃圾填埋场中的一个。

起推动经济上升作用的是我们熟悉的气候变化。公元前800年后的全球气候变冷，使得实行低端统治的国家陷入混乱，引发了长达数个世纪之久的扩张运动。到了公元前200年，持续性的地球轨道变更带来了气候学家口中的"罗马暖期"。冬季风不断减弱，这对地中海和中国长江与黄河流域的农民来说是个坏消息，但为了应对早期全球变冷而建立的实行高端统治的国家，赋予了东西方社会抵御气候变化的能力，使它们不仅能够适应气候变化，还能够进一步对气候变化加以利用。尽管世事艰难，但逆境也加速了人类的多元化进程和开拓创新的步伐。人们重新开始使用水车和煤炭，并且通过船运将货物送往各地，从而发掘当地的独特发展优势。实行高端统治的国家为贸易发展提供了道路和港口，以增加船运活动的利润，还提供了军队支持和法律条款，以确保利润的安全性。此举非常明智：富人会支付更多税款。

实行高端统治的国家还将统治范围由原本的核心腹地扩展到受暖

★ 在发明肥皂前，人们沐浴时会在身上涂满橄榄油，然后把它刮下来，起到祛除污垢的作用。这种近乎奢侈的做法要求使用者拥有一定的财力，而且可能并不符合所有人的品位，但比起使用尿液当牙膏（曾有一个罗马诗人以讽刺的口吻提及这件事），这显然更卫生。直到1 000年后，中国才发明了真正意义上的肥皂和牙膏。

期影响而更加多产的地区,例如西方的法国、罗马尼亚和多雨的英格兰,以及东方的中国东北、朝鲜和中亚地区(图6.3)。尽管他们自身并未意识到,但实际上东西方的皇帝们有效对冲了他们的赌注,因为尽管气候变化对温暖地区造成了一定损害,但同时也为寒冷地区带来了诸多效益。在罗马,商人们依托地中海将商品运往各地,由此获取巨额利润;而在中国,大河往往不如地中海便捷通畅,因此利润也相对较少。但就整体来说,东西方贸易发展程度相差并不大。

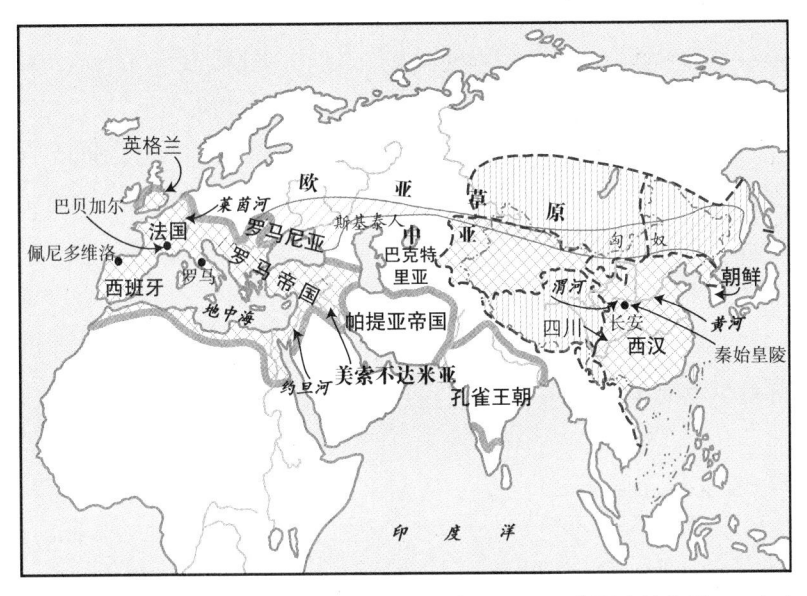

图6.3 充分利用气候:西汉(约公元100年)和罗马帝国(约公元117年)版图的最大范围,包括从这次全球变暖中获益的地区

公元前第一个千年历经各种战争、奴役和屠杀,孕育出一个富足的时代,也酝酿出本章开头提到的民众的邦葛罗斯式的盲目乐观情绪。尽管富裕的成果并没有公平分配,因为当时农民的数量远远超过了哲学家或者国王的数量,但是当时存活下来的大城市人口已经多于以往任何时代的居民数量,而且整体来说这些人活得更久、吃得更好,拥有的东西也更多。

20世纪70年代，我在英国从事考古挖掘工作，曾经发掘出几处罗马时代的遗址。当时的考古工作相当艰苦，我们需要用鹤嘴镐清理出混凝土（另一项罗马人的发明）浇灌而成的巨型房基，并且必须赶在更多发现堆积如山之前，争分夺秒地完成工作记录。之后，我开始攻读博士学位，主要研究公元前700年前后的希腊社会，并在1983年展开针对那个时代遗址的第一次挖掘工作。结果令人大吃一惊。这些人什么都没有，如果能找到一大块生锈的铁板已经算是大发现了。与更早期的人类相比，罗马人可以说是身处消费天堂。公元前800年前后，罗马帝国西部的人均消耗能量仅仅处于勉强维持生存的最低水平，然而六七百年之后人均消耗能量增长超过了50%。

当时的东方也正在经历类似的过程，尽管正如我之前提到的，数据还不够充分。如果依据现代的标准来看，那么当时生活在东西方核心地区的居民生活极端贫困——有一半幼儿不足5岁就夭折，几乎没有人能活过50岁，长期饮食不良使得古人比现代人身高矮了约15厘米，但是与之前的时代相比，当时可以算是黄金时代。因此，古代国家遍布邦葛罗斯式的人也就不足为奇了。

东西方交流

然而，这些邦葛罗斯并未意识到，核心地区内部加速的社会发展进程也同样改变着国界线以外的世界。当帝国/帝制国家强盛时，统治者可以把他的意志肆意强加于边境线上的居民，以公元前6世纪波斯帝国的大流士和公元前3世纪的秦始皇为例，他们都将中亚的大片草原纳入自己的控制之下。但当帝国/帝制国家衰微时，游牧民族就会进行反击。公元前300年前后的西方，亚历山大大帝手下的将领们纷纷在波斯帝国的废墟之上建立新的国家，但都无法与他们伟大祖先建造的强大国家相提并论。而斯基泰人很快入侵巴克特里亚和印度北部，另一群来自中亚的帕提亚人也开始向伊朗渗透。公元前200年，罗马人向马其顿王国发起猛烈攻势，最终导致马其顿王国分崩离析，而帕提亚人从中渔翁得利。

帕提亚人与之前深入西方核心地区的游牧民族有所区别。当时的游牧民族（例如斯基泰人）都是通过掠夺或者向农耕国家勒索保护费获取财富，他们基本等同于强盗，而且对征服实行高端统治的国家以及管理混乱不堪的官僚机构毫无兴趣。相反，帕提亚的骑兵只能算半游牧民族，他们来自中亚大草原的边缘地区，而非大草原贫瘠的腹地，他们世代与农耕者毗邻而居，他们的统治者深谙如何从备受压迫的农民手中榨取税收收入，同时竭力维持其军事权力所依附的"马背上的传统"。公元前140年前后，他们已经成功地将之前波斯帝国的大部分地区转化为一个松散统一的低端统治的国家（即中国史籍中所称的"安息"）。

帕提亚君主喜欢以居鲁士和大流士的后裔自居，并竭尽全力去适应西方的先进文化，但事实上，他们的国家一直停留在松散统一的低端形态。尽管曾经给罗马帝国带来短暂而猛烈的冲击——当时的罗马人已然忘却游牧民族骑兵的巨大威力，但是他们永远无法真正威胁罗马帝国的存在。帕提亚的骑兵以"回马箭"闻名于世，即骑兵佯装退却，随后返身向追捕者放箭。凭借类似的战术，帕提亚骑兵于公元前53年突袭并全歼罗马军队，甚至杀死了罗马大将军克拉苏。帕提亚国王对西方文化极其推崇，在他的手下呈上克拉苏的人头时，他还在观赏希腊的悲剧，他受过良好的教育，当戏剧主演把这一幕加进台词时，他理解了其中的幽默。

与东方核心地区的秦汉王朝和匈奴之间发生的矛盾冲突相比，西方核心地区的罗马帝国与帕提亚人之间的争端显然相形见绌。公元前215年，蒙恬北击匈奴，结果带来了灾难性的间接后果：战争非但没有对游牧民族产生胁迫效果，反而激起了大草原上的一场政治革命，正是这场革命使得长期争斗不止的匈奴部落统一成为世界上第一个真正意义上的游牧国家。和帕提亚人不同，匈奴首领冒顿单于没有向农民征税，以供养骑射的贵族，相反，他展开了对中原的疯狂掠夺，并用抢夺来的丝绸和美酒买通小部落的游牧首领，让他们对其效忠，从而建立了实行极度低端统治的国家。

冒顿很好地把握了时机。公元前210年，秦始皇驾崩。公元前209年，冒顿接管了匈奴部落，在接下来的九年中，利用中原的内乱肆意洗劫。汉高祖决定结束这种局面，他在公元前200年亲率大军直入大草原。这一行为后来使他深刻地认识到：对游牧民族发动战争与王位争夺战截然不同。面对西汉的强劲攻势，匈奴人暂时撤退，让西汉军队在荒野挨饿，然后冒顿伺机发动突袭，而当时西汉士兵中有1/3已经冻掉了手指，再也无力迎战。汉高祖勉强得以从白登之围中全身而退，多数士兵却未能逃过一劫。

汉高祖终于意识到，与匈奴交战，消耗战、僵持、先发制人都行不通，因此他提出了第四种战略：与冒顿和亲。于是，汉高祖将他的长公主①许配给冒顿。这位公主被迫放弃原本优渥的生活条件——"砥室翠翘……翡翠珠被"★8，匆匆赶往大草原，在毡帐里凄凉地度过余生。1 000年后，仍有中国诗人为这位西汉公主赋诗，感慨她孤苦伶仃，被迫与野蛮粗鄙的牧民为伍的无尽悲戚。

这次皇家联姻开创了中国学者所说的"和亲政策"。除了和亲，汉高祖每年将大量黄金和丝绸赏赐给冒顿。然而，封赏并非长久之计。匈奴越发贪得无厌、索取无度，随后开始在各地肆意掠夺。他们深信，只要破坏的成本低于开战的成本，西汉皇帝就不会贸然发动战争。

这种和亲政策持续了60年，费用越来越高昂。公元前2世纪30年代后，西汉朝廷就是否继续和亲分裂成了两派。一些官员对白登之

---

① 汉高祖原意是让长公主鲁元公主和亲，后改为宗室公主。——编者注
★ 这是《楚辞》中描写的公元前208年长安宫殿的奢华景象，尽管目前为止这样的情景并未在挖掘现场出现。（此处应为作者谬误。该处诗句出自《楚辞·招魂》，作于公元前296年，应为描写楚国都城郢都的场景。——编者注）

围仍然心有余悸，提出对匈奴采取忍耐放纵的政策；另一些官员则强烈要求向匈奴开战，血债血偿。公元前135年，在一向持保守态度的窦太皇太后逝世后，年轻的汉武帝决定采取武力镇压。公元前129—前119年，汉武帝每年派遣数十万精锐部队讨伐匈奴，但每次都铩羽而归，仅存半数残兵败将。战争消耗了巨大的人力和物力，于是汉武帝的批评者，即那些撰写史书的鸿儒们总结说，这场由汉武帝率先发动的战争无疑是一场灾难。①

但是，如同400年前波斯帝国的大流士对斯基泰人发动的战争一样（也被史学家认为是失败的战争），汉武帝发动的战争也对游牧民族产生了巨大影响。由于失去了西汉的封赏，也无法将洗劫来的财富分给部下，匈奴统治者控制下的牧地不断受到威胁，游牧民族联盟最终解体，匈奴内部爆发动乱。公元前51年，呼韩邪单于朝见汉宣帝，以示臣服。大约一个世纪之后，匈奴分裂成两个部落，北匈奴退居北方，南匈奴归附东汉，被安置于云中郡。

1世纪，罗马帝国和东汉都取得了对游牧民族的主动权。东汉皇帝采取"以夷制夷"政策，赐予南匈奴稳定的居住地（以及长期的封赏），换取他们对其他游牧民族作战。由于受到森林、山脉和东欧农场的保护，罗马得以免受游牧民族侵扰，他们只需要面对来自帕提亚（半）游牧民族的威胁。即便如此，罗马人在迎战帕提亚人时，仍然将美索不达米亚的城市和运河边作为战场，而非游牧民族占据优势的草原。只要罗马皇帝对战事加以足够的重视，罗马军团就能够轻而易举地攻破帕提亚人的顽强抵抗。

尽管如此，在罗马东部和中国北方的边疆地区，战争并未真正平息。114年，罗马人将帕提亚人赶出美索不达米亚，取得了对整个西方核心地区的控制权，但在117年，他们只能再次放弃这片"河流之间的土地"（意指美索不达米亚）。在2世纪，罗马人曾经四次意欲夺

---

① 作者此处对汉朝与匈奴之间大战的胜负判断，与我国史学结论完全相反。——编者注

取美索不达米亚,但每次都被迫放弃。对罗马人来说,尽管美索不达米亚物产富饶,但毕竟地处偏远,难以驾驭。相反,东汉统治者将匈奴纳入自己的统治范围之内,使得东汉版图上的边境线逐步转变成一块流动的边境区域。在这片北方荒野上,人员得以自由流动,政府也极少插手干预。由此可见,强大的军事威慑作用远胜于纸面上的法律条款。

游牧民族和农耕国家之间联系日益紧密,改变了欧亚大陆的地理状况,甚至导致整个世界范围缩小。最显著的效果就是出现了大片由乌克兰向蒙古延伸的共享物质文化地区。商人和士兵通过这片区域相互传递东西方的文化、艺术和武器。然而,在东西方之间航行着的最重要的货物肉眼是看不见的。

数千年间,随着旧世界农民不断在村庄聚居,逐渐出现了一群讨厌的病原体,它们大多具有高度传染性,相当一部分病原体具有致命性。由于吸入污浊的空气或者饮用受污染的水源,许多人染上瘟疫,并且交叉感染,导致疫病迅速蔓延。但同时,也有不少人并未感染疫病,由此证明这些人本身具有抗体,能够抵抗疫病侵袭。几千年来,这些自带抗体的人群通过基因库将自身的防御力延续下去。尽管随机突变仍然可以将休眠的疾病转化为致命杀手,如野火燎原般肆虐人间,但随后宿主和病毒会自发构建起一种新的平衡,使得两者都能存活下来。

如果暴露在一群从未接触过的细菌中,人类几乎没有任何防御能力来抵挡这群静默的杀手。最著名的案例当属由著名地理学家及历史学家阿尔弗雷德·克罗斯比命名的"哥伦布大交换"[9],这是1492年欧洲征服新世界所带来的可怕的、意想不到的后果。完全分隔开来的病毒分别在欧洲和美洲大陆发展变化。美洲本土也存在着可怕的疾病,比如梅毒,但是美洲本土疾病相对来说症状轻微、感染范围较小,完全无法与来自欧洲的各种细菌相提并论。当时,原住民此前完全没接触过此类病菌,在欧洲殖民者踏上这片土地之后,诸如麻疹、脑膜炎、天花、斑疹伤寒等数不胜数的疾病就开始入侵他们的身体，摧毁他们的健康细胞，病人最终在极度痛苦中死去。没有人知道确切的死亡人数，但"哥伦布大交换"至少将美洲3/4的人口从地球上抹去。一位16世纪的法国人总结说："这一切灾难似乎是上帝的意愿，他希望（美洲原住民）将位置拱手让给新来的殖民者。"[10]

一个类似的"东西方交流"在2世纪孕育而生，但分布更加均衡。在农业发展初始阶段的几千年间，西方、南亚和东方核心地区分别演变出了各自特有的致命疾病组合。直到公元前200年，这些疾病仿佛处于不同的星球，发展趋势大相径庭。但随着越来越多的商人和游牧民族在不同核心地区之间自由流动，不同的病毒逐渐合并，并在全世界引发了巨大的恐慌。

据中国史料记载，161—162年，西北边境有一支军队正在与游牧民族对峙，但是军中突然发生神秘的瘟疫，大约1/3的士兵因此丧命。据罗马古代文献记载，165年某个军营发生了类似的疫病，描述的是在对抗帕提亚的战争中，叙利亚军事基地暴发的瘟疫，而这个基地与中国的瘟疫发生地相隔6 000多千米。171—185年，中国接连发生了五次瘟疫，同一时期的罗马也遭受了几乎同样多的瘟疫肆虐。根据现存的详细记录，疫病在埃及夺去了超过1/4的生命。

现在，我们已经很难弄清楚古代疾病到底是怎么一回事，部分原因是病毒在过去的2 000年中不断发展进化，主要是因为古代的记录者在描述疾病时含糊其词。在现代社会中，作家们可以买到诸如《电影剧本创作入门》这类书籍，随后套用书中方法炮制一部电影或一档电视节目。同样，古代的作家们也深知任何一本优秀的史书都需要包含政治、战争和瘟疫。就像现代人观看电影一样，古代的读者们对这些情节应该是什么样子有很强的敏感性。作家在描述瘟疫时，必须涉及瘟疫来临前的征兆、发生时阴森可怖的症状、令人惊愕的死亡率、腐烂的尸体、崩坏的法制、心碎的寡妇以及凄惨的父母和儿女。

如果想要描写瘟疫蔓延的惨状，最容易的方法是提取另一段史料并替换其中的人名。关于这一点，西方的原型出自修昔底德对公元前430年前后侵袭雅典的一场瘟疫的目击实录。尽管修昔底德的相关叙述并不清晰，但2006年的一项DNA研究证实那是伤寒症的一种。在其后1 000年间，其他史学家公开地反复引用这一（扣人心弦的）描述，但他们关于疫病的描述全都含糊不清。

除了这种不确定性的疑云，印度相关记录表明，2世纪的印度未发生任何瘟疫，这就与罗马和中国的史料记载形成了鲜明对比。这可能是因为养尊处优的统治阶层对数百万贫苦百姓的生死漠不关心，但更为可信的说法是瘟疫的确绕过了印度。这也说明了东西方交流主要是通过丝绸之路和欧亚草原进行的，而非通过印度洋的贸易航线，这也和瘟疫在中国和罗马暴发的方式一致：始于边境线上的军营。

不论微生物交换的机制如何，在2世纪80年代后几乎每一代都要重演可怕的瘟疫。在西方，最严重的时期是251—266年，当时罗马城中每天有5 000人丧生；在东方，最暗无天日的年代是310—322年，（根据史料记载）疫病又在西北部地区肆虐，几乎无人幸免于难。一名从瘟疫中幸存的大夫将瘟疫描述为类似麻疹或天花等疾病：

> 比岁有病时行，仍发疮头面及身，须臾周匝，状如火疮，皆戴白浆，随决随生，不即治，剧者多死。治得瘥后，疮瘢紫黑，弥岁方灭。[11]（近来有许多人遭受传染性肿胀的折磨，这种肿胀开始于头部、面部和四肢。不久之后，这种肿胀蔓延到全身，看起来像火疮，包着白色脓液。一批脓包干透之后，又生新脓包。如果病人没有及时得到治疗的话，通常会死亡。即便康复也会留下丑陋的紫色伤疤，经年才消。）

东西方交流带来了灾难性的后果：城市萎缩、贸易衰退、税收锐减、土地荒废。祸不单行，当时一切迹象（泥炭沼泽、湖泊沉积物、冰芯、树木年轮、珊瑚礁中的锶钙比率，甚至海藻中的化学物质）都显示罗马暖期就此结束,气候开始变得不适宜人类生存。200—500年,平均气温下降了大约1.1摄氏度。另外,气候学家所说的"黑暗时代寒冷期"导致夏天更加凉爽,减少了海洋的水汽蒸发,季风和降雨也随之减弱。

在其他情况下,日益繁荣的东西方两大核心地区也许能够有效应对气候变化,就像公元前2世纪罗马暖期开始时一样。但是这一次,瘟疫和气候变化(第四章重点描述的天启五骑士中的两名)并驾齐驱,共同作用。这到底意味着什么?其他的三骑士,即饥荒、迁徙和国家崩溃是否会加入这一行列?一切都取决于人类准备如何应对。

天命已尽

和其他组织机构一样,汉朝和罗马帝国在发展过程中解决了各自的特定问题。它们学会了如何打败对手,如何用简单的技巧统治广袤的领土和庞大的人口,如何将富裕地区的粮食和财富转移到边境线上的军队以及大城市中去。这两个国家在解决问题时方法大同小异,而正是这些区别决定了它们如何应对东西方交流带来的挑战。

最重要的一点在于这两个国家如何处理军队问题。公元前2世纪20年代之后,为了抵抗匈奴的不断入侵,汉朝建立了庞大的骑兵队伍,并且越来越多地雇佣来自游牧民族的骑兵。1世纪时,东汉将"以夷制夷"的政策运用得得心应手,推动游牧民族的人在东汉境内定居下来。这带来了双重后果:一方面,皇帝减少了对边境的匈奴士兵的监督管理,使边境军事化;另一方面,将境内非军事化。在中国腹地,人们很少在都城以外看到军队驻扎,雇佣军更是少见。中国的士族认为在远离都城的少数民族手下当官没什么好处。战争成了远方的外邦人为皇帝效劳的事。

对皇帝来说,这个政策有积极的一面,原本强大的士族再也无力调遣军队,无法组织叛变。但这也带来了消极后果,因为统治者不再拥有强大的军队，无法制衡那些事实上对统治阶级构成威胁的士族。随着国家的军事垄断地位不断削弱，士族开始任意欺压当地农民，吞并土地以建造私人宅邸，并把那里作为私有封地进行地主式管理。从农民身上榨取的财富是有限的，而天高皇帝远，地主却近在咫尺，因此更多财富落入当地地主手中，只有少数作为税收收入送去长安。

为了遏制这一趋势，皇帝对士族限田限奴，将土地重新分配给自由民（且可征税的）小农，并通过国家对铁、盐、酒等生活必需品的垄断积累资金。但是公元9年，王莽篡位称帝，宣布土地国有，废除奴隶制度和农奴制，并宣称从此以后只有国家才能占有黄金，这一事件加剧了统治者与地主之间的矛盾。王莽的政权很快瓦解，但农民起义震撼了整个国家。1世纪30年代后，当东汉重整秩序时，统治者的政策已然发生天翻地覆的变化。

取代王莽登上帝位的光武帝（公元25—57年在位）出身地方豪族，他能够攀上权力顶峰并非依靠旧皇室的裙带关系。为了恢复汉室的权威，光武帝必须与手下的富商紧密合作，他甚至拿出自己的财富用于投资，由此开创了地主们的黄金时代。地主们逐渐变得和皇帝一样富有，统领着数以千计的农民，事实上他们几乎无视国家权威和那些讨厌的收税人员。之前的皇帝将构成威胁的地主迁入长安，这样就可以时刻留意他们的一举一动，但是光武帝坚决要求迁都洛阳（图6.4），而洛阳恰好是士族最强势力的据点，在那里士族形成了对皇室的监视。★

权贵开始掌控国家权力，并逐渐摆脱国家巨大的财政开销——军队。到1世纪后期，匈奴已经无法构成主要威胁，这就意味着为抗击匈奴而集结起来的庞大骑兵军团只能自谋生路，意味着掠夺他们本应

★ 史学家通常将公元前202—公元9年这段时期称为西汉，因其都城长安位于西边；而将公元25—220年这段时期称为东汉，因其都城洛阳位于东边。有些史学家称之为前汉和后汉。

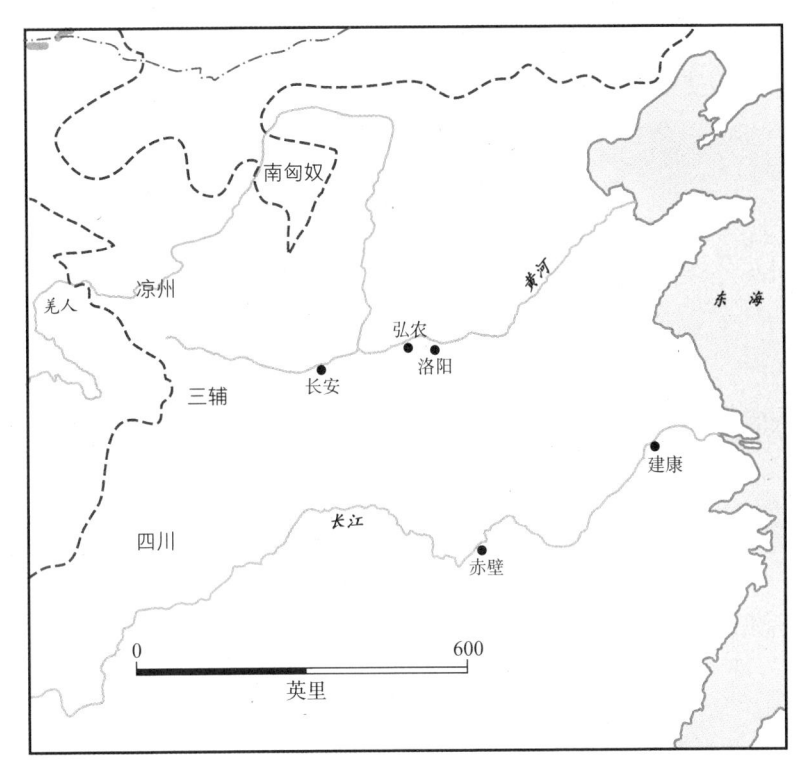

图6.4 东汉的终结，公元25—220年：文中提及的地点

保护的农民。到了公元150年前后，南匈奴名义上仍附属于东汉，实际已经基本独立。

面对西部羌人造成的新威胁，他们也没有重整军队。也许是得益于罗马暖期温和的气候，羌人人口接连几代迅速增长，并且一些小团体已经迁入中国的西部地区。如果条件允许，他们就占领土地；如果条件不允许，他们就发动战争，四处偷窃。为了维护边境地区的稳定，东汉需要建立起一支卫戍部队，而不是游牧民族骑兵，但是洛阳的地主们并不想为此埋单。

一些官员建议放弃西部边疆，任由羌人作乱，另一些官员则担心这将引发连锁反应。王符据理力争："是故失凉州，则三辅为边；三辅内入，则弘农为边；弘农内入，则洛阳为边。推此以相况，虽尽东海犹有边也。"[12][如果失去凉州地区,那么三辅之地将会成为边境。如果失去三辅之地,那么弘农将会成为边境。如果失去弘农,那么洛阳将成为边境。如果这样继续下去,就会退到东海(今黄海)边,再无可退之路。"]

东汉政府最终被这种说法说服,决定维持原来的方针,花钱筹建军队,但是渗透仍在继续。94年和108年,羌人两次占领了西部的大部分地区。自110年开始,羌人不断崛起。150年,羌人也和匈奴一样摆脱了洛阳统治阶层的统治。当地地主被迫在西部和北部边境建立他们自己的防御体系,将附庸的农民转变成民兵,那些受国家派遣又被国家遗忘的地方官员也组织起自己的军队(他们在任职地大肆搜刮民脂民膏,来支付军队费用)。

我们不得不得出这样的结论:东汉天命已尽。145年相继发生了三次独立的起义,要求建立新政权。然而对拥有大片土地的士族来说,这无疑是"山重水复疑无路,柳暗花明又一村"。尽管东汉版图缩小,税收收入锐减,军队在某种程度上私有化,但是他们的土地却比以往任何时候都更加富饶多产。同时,战火纷飞的国家根本无暇顾及当地税收,战争阴云对他们来说也只是遥远的传闻。在他们眼中,似乎万物都找到了最完美的归宿。

2世纪60年代,东西方交流踏上中国土地,此后中国的邦葛罗斯以一种粗暴的形式觉醒了。瘟疫在羌人最先入侵的西北方肆虐,进而席卷各地。东汉非但没能力挽狂澜,反而爆发了内乱。

从理论上来说,在洛阳任职的数百官吏应该践行皇帝的意愿,但实际上(就像很多朝代的政府工作人员一样),他们却干着以权谋私的勾当。这些官僚中有许多人来自地主家庭,在遇到他们厌恶的事情(比如为战争筹集资金等)时,他们通常都擅长寻找借口来逃避。但凡有些主见的皇帝都要学会与之周旋,一些皇帝开始任用皇亲国戚,尤其是外戚;另一些皇帝转向宦官寻求帮助,我在第五章提到了宦官具备的优势。精明的皇帝综合任用这两类人,取得了巨大的成效,但是这些代理人也有他们自己的小算盘,并希望皇帝不要过于精明。公元88年后,由于外戚和宦官的肆意妄为,14岁以上的皇子没有一个能够活下来登上帝位。朝廷政治沦为围绕大臣、宦官和年幼皇帝的外戚展开的阴谋。

168年,当时正处在东汉最需要领袖人物的紧要关头,然而年仅12岁的汉灵帝登基后不久,宦官就发动了反对外戚的政变。此后大约20年间,瘟疫四下蔓延,匈奴和羌人不断侵扰,朝廷却沉溺于清洗和反清洗的内部矛盾之中,夺走了成千上万人的性命,并导致整个朝廷瘫痪。朝廷的腐败无能此时攀至顶峰。不公平的现实引发了人民的叛乱,但是汉灵帝无力集结和指挥军队,只能任命各地豪强组织军队,尽可能维持其统治。

国家陷入这场突如其来的混乱,这是百姓无法理解的,而儒家礼仪和道教神秘主义也无法对此做出解释,于是一群自称先知的人填补了空白。在黄河流域,太平道创始人张角宣扬罪恶导致疫病、忏悔带来健康,从而赢得了众多追随者。2世纪70年代,他进一步总结说,这个朝代本身是罪恶和瘟疫蔓延的最终根源,因此必须推翻它。他宣称:"岁在甲子,天下大吉。"[13]

但大吉并没有到来。相反,当日历翻到下一个甲子年,即184年的4月3日,情况变得更加糟糕。尽管支持朝廷的军队镇压了叛乱(也就是著名的"黄巾起义",黄巾是指叛乱者头上所戴的黄色头巾,黄色则是新时代的象征),但是类似的起义在中国境内此起彼伏,愈演愈烈。上天似乎也想表现他的不满,黄河大规模泛滥,36.5万名农民流离失所。五斗米道(承诺人们只要忏悔自身罪过并献出五斗米,即可免受瘟疫)起义将四川变成独立的道教神权统治地区;羌人则利用了这场骚乱,再次洗劫中国西部地区;原本代表皇帝镇压反抗、抵抗入侵的从事等人变成割据的诸侯。当朝廷终于决定展开行动时,却事与愿违,事情已经到了不可收拾的地步。

189年,汉灵帝想召势力最强的诸侯董卓入京,但是董卓回复道:

"所将湟中义从及秦、胡兵。皆诣臣言：'牢直不毕，禀赐断绝，妻子饥冻。'牵挽臣车，使不得行。"[14]（我的汉族士兵和少数民族士兵都对我说："如果你走了，我们的供给将会被切断，我们的妻儿将会死于饥寒。"所以他们拉住我的马车，不让我离开。）在汉灵帝一再坚持下，董卓最终听从君命来到洛阳，但也带来了他的军队。就在董卓赶到洛阳之前，汉灵帝驾崩，外戚（拥立13岁的皇子为继承人）与宦官（拥立8岁的皇子为继承人）正式对立，两股势力互相杀戮。董卓借机攻入洛阳，杀尽宦官，谋杀了较为年长的皇子，拥立年幼的皇子登上帝位，史称"汉献帝"。随后，董卓火烧洛阳，并开始思考下一步行动。

天下的统治权已然不在汉室皇帝手中，但也不属于董卓，因为当皇帝作为管理者的高端权力失效后，他们那含糊、天授的低端权力仍继续发挥作用。只要汉献帝还活着，就没有人胆敢宣称自己是皇帝，也没有人敢谋杀幼帝。（诸侯争斗是无比残酷的，董卓于192年遇刺身亡。）权力掮客们不断上演着争权夺利的戏码，将汉献帝视作傀儡，整个国家分裂成数个封地，而匈奴和羌人在边境地区虎视眈眈。曾经坚不可摧的东汉高端统治机构已然烟消云散。

公元197年后，曹操写下了《蒿里行》。

> 铠甲生虮虱，万姓以死亡。
> 白骨露于野，千里无鸡鸣。
> 生民百遗一，念之断人肠。[15]

曹操一直抑制着这股悲愤之情，直至迎回汉献帝，随后他挟天子以令诸侯，成为中国北方的霸主。

曹操是一个复杂的人。他或许有能力恢复汉室，将自己打造成英明辅臣，名垂青史。在目睹诸侯对旧的高端统治国家造成的破坏后，他采用士家制，士兵未征召入伍时屯田，以此解决军事问题，并且创九品中正制，即由中正对士人进行评议、定级，以此解决政治问题。和1 000年前亚述王国的提格拉-帕拉萨三世一样，曹操并不在意门阀士族。这样看来，曹操似乎极有可能重新统一中国。然而208年，曹操的水军在赤壁之战中毁于一旦，这个希望又一次破灭了。

尽管曹操有不少功绩，但是他被后世看作颠覆汉室的奸臣（主要是因为14世纪的鸿篇巨制《三国演义》）。在20世纪的京剧表演中，曹操脸谱为代表奸诈的白色，眼睛等处勾黑线，是众人鄙弃的反面角色。到了20世纪90年代，曹操进而成为无数电脑游戏中的反派。随着电视剧《三国演义》的热播，曹操又进入了电视屏幕。随后曹操出现在亚洲人斥巨资拍摄的电影《赤壁》（上下两部分别于2008年、2009年上映）中。

曹操之所以臭名昭著，更多是因为他死后所发生的事情，而非他自身犯下的罪行。赤壁之战后，魏、蜀、吴三国之间形成了某种平衡。220年，曹操的长子曹丕迫使汉献帝禅让，形成了三国鼎立的局面。在这个时期，曹魏是三国中最强大的。263年，曹魏打败了蜀汉。263年司马炎逼迫魏元帝禅让，改国号为晋★（史称西晋）。280年，西晋集结起一支庞大的军队和舰队，灭掉了东吴，成功统一天下。

在接下来的十年中，东汉的瓦解看上去就像是一次短暂的反常现象，也许可以和公元前2200年或公元前1750年发生在西方核心地区的事件比较。当时气候变化、迁徙和饥荒三个因素导致国家崩溃，但是它们对社会发展影响甚微。然而人们很快发现，事实上汉朝衰亡与公元前1200年前后的西方衰落极其相似，并带来深远的长期后果。

战场上的胜利可以成就唯一的霸主，但是它无法改变中国潜在的根本问题。士族一如既往的强大，很快破坏了曹魏的士家制和九品中

★ 晋国是公元前8—前5世纪战国时期的一个国家。在220—589年这一分裂时期建立起来的新国家大多选择沿用古国的名字，从而使它们的统治看上去更加正当合理，它们显然没有考虑到这种做法会给今天的学生带来众多困惑。

正制。瘟疫仍在蔓延，黑暗时代的寒冷时期不仅使得黄河流域的农民生活得更为艰难，对匈奴和羌人来说也是不小的考验。公元265—287年，25万中亚人口在西晋境内定居。有时候，西晋对移民带来的劳动力表示欢迎。但也有一些时候，政府无法很好地安置这些移民。

在这种背景下，一些不起眼的细节往往具有意想不到的影响力，例如皇帝的个人生活。晋武帝共生育了27名皇子，在他于290年去世后，一些皇子拉拢了他们能找到的最野蛮的游牧民族士兵，用于争夺权力和财富。而这些士兵也并不傻，他们很快意识到自己不必满足于已支付的酬劳，他们尽可以随心所欲地漫天要价。304年，其中一支匈奴势力的首领刘渊没有拿到理想的酬劳，于是在左国城称王，正式建立政权，导致矛盾进一步激化。之后，西晋没有满足他的全部要求，因此他的从子刘曜在311年将洛阳城付之一炬，挖西晋王室的祖坟，俘获晋怀帝，命令他在晚宴时倒酒。但匈奴仍然不满足于所获得的战利品，于是316年，刘曜将长安城夷为平地，抓住了晋愍帝，让这个阶下囚负责洗杯子和倒酒。几个月后，匈奴厌倦了这种游戏，于是杀死了晋愍帝及所有皇亲国戚。

西晋由此灭亡。匈奴和羌人的军团继续在华北地区肆意洗劫，西晋朝廷置百万百姓于不顾，逃至长江边的建康（今南京），放弃了华北地区这片世界上最先进的农业地区。然而，受到高死亡率（随着瘟疫袭击该地区）以及大规模移民的双重影响，许多北方土地已经退化成荒漠。这一现实正好符合了从草原地区迁入的游牧民族的需要，但是对留下来的农耕团体来说，这意味着再次的饥荒。如果是在以前景气的年代，当地乡绅或者朝廷可能已经介入并给予援助，但是现在没有人可以伸出援手。雪上加霜的是，蝗灾吞噬了村民们勉强生产出来的少数作物。随后，可能是草原移民带来的新型瘟疫给日渐困窘的农耕者带来了更为沉重的打击。可能是317年前后，也就是长安被焚后的一年，天花首次出现在中国境内。

在贫瘠荒芜的土地上，匈奴和羌人首领发起更多战争，但是这些战争更像是大规模的奴隶抢夺运动,而非高端统治国家之间的冲突。统治者们每次召集上万农民,集中在新的都城周围,命令他们开垦土地来供给专门的骑兵军队。同时,骑兵们从草原引进新式武器,例如合适的鞍具、马镫,以及高大的马匹,这些马可以披挂盔甲,驮着装甲骑兵冲锋,这实际上淘汰了步兵部队。那些没有逃往南方的士族只得迁往山区,他们的佃客纷纷涌入巨大的山寨之中,因为那里是躲避骑兵劫掠的唯一场所。

当时,中国处于极其不稳定的十六国时期。例如,后赵在350年采取了过激的种族清洗政策,导致汉人大肆杀害游牧民族,引发国家内乱。《晋书》记载:"死者二十余万,尸诸城外,悉为野犬豺狼所食。"[16]这场内乱最后留下了一片权力真空地区,导致其他国家的君主蜂拥而至。到383年时,前秦的苻坚似乎有能力统一中国。但是当他围攻建康时,前秦军本只是稍稍后撤,以待晋军渡淝水,却最终演变成惊慌失措的前秦军队大溃败。394年,他的国家也不复存在。

从长安逃出来的士民向南方迁徙,317年在建康建立了东晋★。与中国北方的十六国不同,东晋拥有奢华的宫廷,并保持皇族一贯的生活方式。它派遣使节前往日本和印度尼西亚,创造出卓越的文学和艺术成果。最值得关注的是,这个朝代存在了一个多世纪之久。

但在表面的光鲜背后,东晋和十六国一样四分五裂。北方士族逃亡南方后,无意遵从皇帝命令。一些逃难的贵族聚集在建康,成为趋炎附势的寄生虫,依附皇室为生。另一些拓殖长江流域,并在这片炎热湿润的土地上建立起他们的领地。他们将本土居民驱逐出去,砍伐森林,排干沼泽的水,让逃难的农民作为农奴在此定居。

冲突在社会各个层面酝酿蔓延。从北方逃至此地的新士族与南方旧士族长期不合,各个派别的士族共同打击中层富裕阶层,富裕的中

★ 称其为"东晋"是为了与西晋区别开来,后者在266—316年统治整个中国,都城为洛阳。

层精英阶层压榨农民阶层，各阶层的汉人将本土居民驱赶至山区和丛林，每个人都在与建康朝廷内斗。尽管写就了许多失去北方故土的悲戚诗歌，逃亡中国南方的士族并不急于交税或是寻求重新统一中国。晋朝天命已尽。

糟糕的革命

和公元前12世纪的危机不同，由东西方交流引发的危机影响范围遍及欧亚大陆，当时西方出现了第一部现代历史著作，即爱德华·吉本编写的《罗马帝国衰亡史》。吉本说，该书的主题是一场"糟糕的革命"[17]，"这场革命将永远被世人铭记，直至今日（18世纪70年代）仍然影响着地球上所有的国家"[18]。吉本是正确的：在他有生之年，西方社会发展才重新攀上了罗马帝国时期达到的高度。

罗马皇帝和汉朝皇帝曾经面对同样的问题，但是运用了不同的解决办法。中国的统治者恐惧内战，于是压制军队，导致统治者无力抵御强大的士族；相反，罗马帝国统治者接管了军队，并将他们的亲属任命为军队首领，并用平民补充军队。这种做法导致平民很难反抗皇帝的意志，但对士兵来说正好相反。

这种体系的管理需要高超的技巧，由于许多罗马统治者都有神志失常的倾向，周期性的崩溃是不可避免的。卡里古拉纵欲放荡，甚至让他的马成为执政官，这已经够荒唐了；而尼禄竟然强迫元老院元老当众唱歌，甚至杀害胆敢违抗他的人，这就太过分了。68—69年，三支不同的军队先后拥立各自的首领为皇帝，最终一场残酷的内战平息了事端。塔西佗记录说："现在，帝国的秘密被揭开——皇帝可以在罗马之外产生。"[19]哪里有士兵，哪里就有可能存在新皇帝。

不可否认的是，罗马采取的办法的确保卫了边境地区（图6.5）。在公元头几个世纪内，莱茵河和多瑙河以外的日耳曼人和中国西部边境地区的羌人一样迅速增长。此后，部落之间互相争斗，与罗马的城镇开展贸易,并悄然经由河道进入帝国内部。为了完成这些事情,他们必须组织起更大的团体,推选出强势的首领。为了应对边境日渐松懈的问题,罗马帝国和两汉一样建造起长城(最著名的是横贯大不列颠岛的哈德良长城),监督贸易,并且反击入侵活动。

161年,马可·奥勒留成为罗马皇帝,当时罗马似乎还处在健康发展的轨道上,而且马可·奥勒留对哲学充满热情。然而,他必须面对东西方交流带来的众多问题。在他即位当年,第一次严重的瘟疫在中国西北边境的军营爆发;来自叙利亚的帕提亚人入侵罗马,迫使马可·奥勒留纠集军队来应对威胁。拥挤不堪的军营为疫病传播提供了理想条件,于是在165年瘟疫暴发(可能是天花或麻疹,但是史上的记载都含糊不清),给他的军队带来了毁灭性打击。伴随着遥远北部和东部发生的人口变动,强大的日耳曼帝国越过多瑙河,瘟疫也在167年蔓延至罗马。

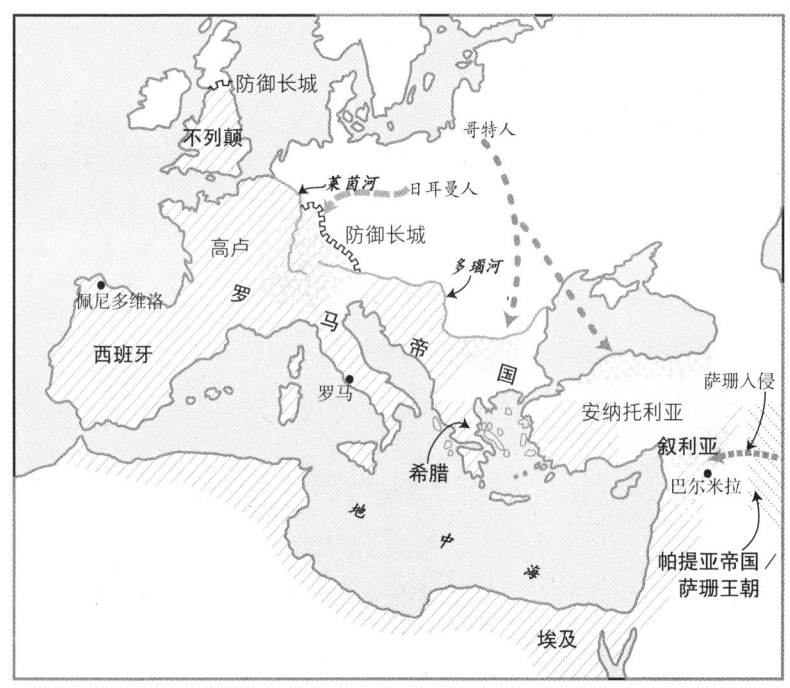

图6.5　3世纪时罗马的危机。圆点区域是当时日耳曼人、哥特人和波斯人频繁入侵的区域

马可·奥勒留用他的余生的13年时间与入侵者抗衡。★

和中国不同，罗马在2世纪取得了边境战争胜利，否则2世纪80年代的罗马就会像东汉一样陷入重重危机。尽管如此，马可·奥勒留的胜利仅仅延缓了变革的步伐，而非终止，这也意味着单独靠军队的力量无法阻止国家灭亡的命运。疫病引发了平民大规模死亡、国家经济崩溃，食品价格和农业工资飞涨。从这个角度看，瘟疫实际上为幸存下来的农民提供了获得财富的机遇，他们可以抛弃原本贫瘠低产的土地，聚集在肥沃多产的土地上。但随着农耕范围收缩，税收和租金也随之下降，经济状况一落千丈。公元200年后，地中海沉船残骸数量锐减。公元250年后冰芯、湖泊沉积物以及沼泽中的污染水平也大幅度减少（图6.6），所有人都可以切身感受到生活的艰苦与匮乏。发掘出来的公元200年后的牛、猪、羊骨骼明显变小、变少，这表明当时生活水平不断下降。到3世纪20年代左右，富有的城市居民所建造的宏伟建筑与雕塑数量也不断减少。

就在马可·奥勒留取得胜利的50年后，罗马失去了对边境地区的控制。公元前1世纪，虽然西汉战胜了匈奴，但对西汉皇帝来说，边境地区似乎变得更难驾驭。同样，当时罗马也接连取得胜利，重挫帕提亚军队，使得该政权在3世纪20年代波斯入侵前就已经灭亡。然而，新生的萨珊王国建立了更集权、统治更高端的国家，并在244年打败了罗马军队，杀死了领军的罗马皇帝。

大批军队和金钱被用于支撑坍塌的东部防线，导致罗马无力在多瑙河、莱茵河边界严密布防。入侵者没有以小团伙的形式偷越边境、抢夺牛羊，而是以数百人或数千人的强大军团冲破薄弱的防线，烧杀抢掠，抢夺奴隶。刚从波罗的海沿岸移民至巴尔干半岛的哥特人沿路掠夺直至希腊，甚至在251年打败并杀死另一位罗马皇帝。也许是人口流动的缘故，当时瘟疫暴发变得更为频繁。259年，罗马终于召集

★ 他还在晚年撰写了《沉思录》，这是一部斯多葛派哲学的经典著作。

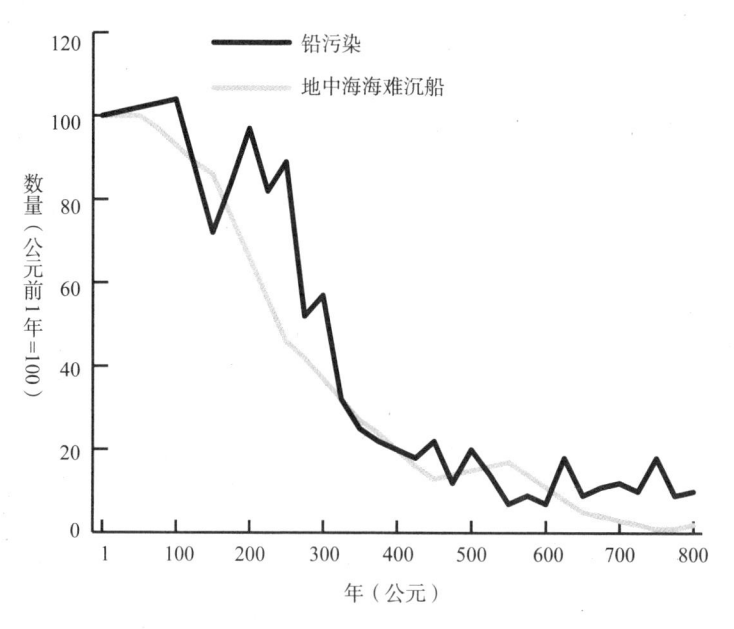

图6.6 衰减与衰亡：公元后第一个千年，地中海海难沉船数量与西班牙佩尼多维洛湖床的铅污染水平。下降曲线与图6.2中公元前第一个千年的上升曲线相对应。和图6.2中一样，已对沉船数量和铅含量进行标准化处理，因此能够在同一纵坐标上对两者进行比较

起一支军队对抗波斯入侵，可是结局更为悲惨：罗马皇帝瓦勒良不仅兵败被俘，被迫换上奴隶的破烂衣服，还被关进笼子长达一年，遭受极端可怕的折磨。罗马人坚称瓦勒良的刚毅不屈最终打动了捉拿者。但事实上，如同匈奴抓获西晋皇帝一样，波斯人最终对折磨瓦勒良失去了兴趣，于是将他的皮剥下来，挂上城墙。

东西方交流以及波斯萨珊王朝的崛起导致罗马帝国的地位一落千丈。在人口减少、经济停滞不前的紧要关头，罗马皇帝比以往任何时候都更需要金钱和军队。他们想到的第一个（但并不明智的）办法就是用贬值的货币来支付新的军队，结果导致货币一文不值，加速了经济崩溃。军队认识到中央政府的失败无能，于是决定自己掌握政权，以令人眼花缭乱的速度拥立新皇帝。这些新皇帝与之前的皇帝形成鲜

明对比，他们完全没有天赋君权的观念，其中多位都是强硬派军人，有些甚至是列兵出身的文盲，因此很少能够在王位上坚持两年以上，所有人最终都死于非命。

由于军队各派别之间忙于内乱而忽略了边境防御，罗马的地方贵族也和中国的地方士族走上了同样的道路，他们将农民变成附庸，并将他们组织成民兵。叙利亚的贸易城市巴尔米拉最终成功地将波斯人驱逐出去，它理论上是代表罗马出战，但是最终该国女王（亲自带领军队并且时常穿戴盔甲参加市民集会）入侵罗马，并占领埃及和安纳托利亚。在帝国另一端的莱茵河上，下日耳曼行省总督宣称独立的"高卢王国"诞生，将高卢（今法国）、上下不列颠和西班牙纳入自己的统治范围。

270年，罗马和220年的中国一样分裂成三个王国。尽管四处兵荒马乱，但罗马的情形并没有那么糟糕。3世纪60年代，巴尔米拉和高卢进攻波斯和日耳曼王国，这为罗马帝国赢得了喘息的机会，罗马帝国的财政支柱，即地中海周边的城市基本上安稳。只要保证商品能够经由海运送往各地，就会有源源不断的金钱流入帝国金库，这样一来，军人出身又注重实际的新皇帝就能够养精蓄锐，重建帝国。他们把此前皇帝的哲学家式的胡子、飘动的长发换作光滑的下巴和平头，他们在统治区增加赋税，围绕装甲步兵建立突击队，随后对敌人发动攻击。272年，这支军队粉碎了巴尔米拉的入侵；274年，覆灭高卢；到282年为止，基本铲除日耳曼战团的威胁；297年，罗马占领了波斯帝国后宫，为瓦勒良报了仇。

罗马皇帝戴克里先（284—305年在位）利用这个转机，迅速进行行政、财务和国防改革，旨在让罗马帝国更好地应对新世界的问题。这一举措使得罗马的军队规模差不多翻了一番。边境地区的动乱几乎从未真正平息，但是当时罗马帝国用纵深防御抵挡日耳曼人的侵袭，又用围困策略拖垮波斯帝国，因此战胜的概率远超过战败的概率。为了处理这些事务，戴克里先创立"四帝共治制"，他和副帝各设一位皇帝为副手，分别处理东西部事务。不出意料，这些皇帝引发了两场、三场或四场内战，这几乎和他们抵抗外敌的次数一样多。但如果把这些内战与3世纪90年代西晋爆发的27次内战相比，当时的罗马可以说是相当稳定。

一个新的罗马帝国初步成形。随着西部地区的决策机构向边境地区的前沿转移，而东部地区的决策机构向新兴大城市君士坦丁堡转移，罗马已经不再是都城。但最终，任何机构重组都无法解决罗马帝国潜在的根本问题，跨越数世纪的经济一体化进程已动摇。随着粮食、酒类和橄榄油的贸易开展，财富再次由上至下传播开来，东部在4世纪走上复兴之路，但是西部逐渐脱离这个轨道。西欧的大地主对自己在3世纪时获得的权力紧握不放，将"属于他们的"农民牢牢捆绑在土地上，并且与国家税收分离。随着他们日渐自给自足，周遭的城市开始缩小，贸易和工业发展更是大幅下滑。而最棘手的问题超出了皇帝的能力范围：无论统治者说什么或做什么，气温和降雨持续下降，瘟疫继续横行，草原移民也在持续增加。

350年前后，一群匈人横跨哈萨克斯坦，向西迁徙，引发了周围各国的一阵动荡（图6.7）。人们一直在争论匈人为何能够引发如此多的恐慌。古代文人认定匈人就是纯粹的可怕，而现代学者通常认为是他们使用了具有强大威力的弓弩。我们仍然只看到结果，而不知原因。为了逃避匈人的威胁，游牧民族纷纷逃入印度、伊朗，或向西撤退至今匈牙利。这使得哥特人的生活愈加艰难，因为他们在3世纪入侵今罗马尼亚之后就作为农民定居下来。经过一番激烈的内部辩论，哥特人决定向罗马人寻求庇护，要求迁入罗马帝国。

这在当时是很常见的。罗马制定了和汉朝类似的"以夷制夷"政策，例行接纳移民迁徙，并将他们分成小团体，随后征召入伍，或安排在农场定居，抑或作为奴隶买卖。这样不仅减轻了边境压力，提升了军队人数，而且增加了纳税人口。显然，移民们的想法与统治者截然不同，他们更喜欢作为小团体在帝国内部定居，并继续保持以前

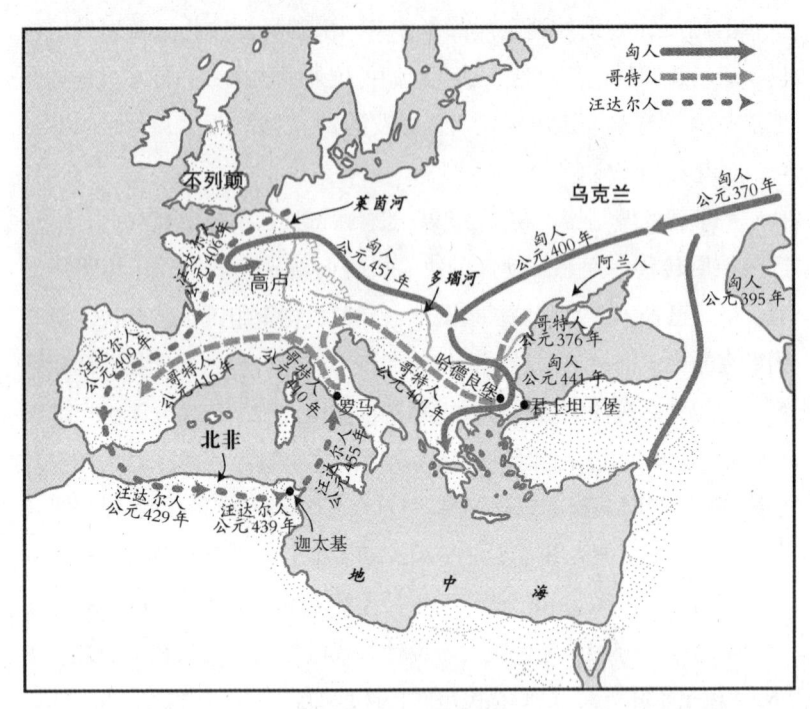

图6.7 上帝之鞭：匈人入侵与西罗马帝国的灭亡，公元376—476年。这张地图展示了三股入侵势力及其主要的活动年代。当时还有无数小规模迁徙

的生活方式。为防止这种现象发生，罗马需要时刻维持一支强大的军队，对移民产生威慑作用。

376年夏天，西哥特人抵达多瑙河岸边，这令定都君士坦丁堡、统治东部的皇帝瓦伦斯左右为难。一方面，迁居至此的西哥特人人数过多，带来诸多不便；另一方面，接纳如此多的移民将带来巨大的潜在利益，而且很难将他们拒之门外，尤其是在当时瓦伦斯最精锐的部队远在波斯作战的情况下。于是瓦伦斯决定允许西哥特人迁入，但是西哥特人刚一过河，罗马军队就失控了，因为比起分散安置移民，他们对压榨西哥特人而牟取暴利更有兴趣。食不果腹的西哥特人爆发了动乱，他们洗劫了今保加利亚，并要求在帝国内部建立自己的国家。对此，瓦伦斯采取强硬态度，拒绝谈判交涉。他让波斯前线的军队撤回并赶往巴尔干半

岛。他没有等待西罗马帝国皇帝支援，而是选择直接开战，这又是一个错误的决定。

378年8月，大约1.5万名罗马士兵（其中许多人是日耳曼移民）在哈德良堡与大约2万名西哥特人展开激战。结果，包括瓦伦斯在内的2/3罗马人兵败阵亡。回想奥古斯都时代，失去1万名士兵并不是重大损失，甚至不值得留下书面记录，因为当时的罗马有能力组织起更大规模的军团展开可怕的报复。然而，378年的罗马帝国已经日益衰微，这些死去士兵的空缺无人补充。于是西哥特人抓住这一时机，顺利入侵罗马帝国。

就这样，两者形成了一种独特的僵持局面。西哥特人不像游牧民族匈奴，他们不会伺机掠夺后就回到草原；他们也不是波斯人那样的帝国主义者，意图吞并其他地区。西哥特人想要在罗马帝国疆域之内建立自己的领土。但是他们没有攻城装备，无法对城镇发动进攻，也没有行政机构来管理国民，因此他们需要与罗马合作。当这种期望破灭之后，他们就在巴尔干半岛四处破坏，试图威胁东罗马帝国同意赐予他们国土。东罗马帝国皇帝没有足够兵力驱赶西哥特人，只得以国库空虚作为挡箭牌，收买西哥特人，又不时与之发生小冲突。直至401年，他说服西哥特人继续向更理想的西部迁徙，顺理成章地将西哥特人变成西罗马帝国皇帝的头等难题。

但是这个聪明的外交手段很快失效。405年，匈人继续向西推进。同时，越来越多的日耳曼部落逼近罗马边境，导致更多地区沦陷。主要由日耳曼移民组成的罗马军团在一名有一半日耳曼血统的将军带领下，进行着血腥的消耗战；外交官也施展外交手段，试图寻求更多外援。但在406年的新年前夜，数以千计的日耳曼人冲过了冰封的莱茵河，罗马最终沦陷。既然没有遭遇任何抵抗的军队，这些移民分散开来，到处抢掠。诗人西多尼乌斯原本是富裕贵族，他曾经描述了一群士兵冲进他的住宅并向他施加侮辱的情景。他与一位住在罗马的朋友通信时说："为什么要为维纳斯歌唱？当我置身于长发的暴民当中，被迫聆听日耳曼演说,卑鄙的勃艮第人将腐臭的黄油涂抹在头发上,而我还要赞美他们写的歌……你根本想象不到,有人每天清晨朝你打嗝,散发出累积十天的大蒜和洋葱的恶臭。"[20]尽管如此,还是有许多人嫉妒西多尼乌斯。另一个目击者用更加直白的文字写道:"整个高卢都弥漫着火葬柴堆散发出的浓烟。"[21]

不列颠的军队爆发了起义,开始掌管自己的防御部队。407年,莱茵河防线的剩余部队也加入了他们的行列。所有地区都处于四分五裂的状态。为了引起灾难缠身的西罗马帝国注意,西哥特人于408年入侵意大利,又在410年公开劫掠罗马城。416年,他们终于得偿夙愿,西罗马帝国的皇帝同意:如果西哥特人帮助他赶走日耳曼人并将篡位者从高卢、西班牙清除,他们就可以获得部分领土。

和中国边境的情况类似,罗马边境也曾经成为蛮夷(这些国家以此称呼外族人)的聚居地,之后这些人获取国家支付的酬劳,负责保护国家不受其他蛮族入侵。这对皇帝来说是双输的局面。429年,当日耳曼部落的西哥特人(代表罗马而战)在西班牙打败了日耳曼部落的汪达尔人(反对罗马)时,汪达尔人被迫退至北非。这似乎令人难以置信,但是现今的突尼斯沙漠在当时是罗马的粮食基地,拥有上万平方千米的灌溉耕地,每年向意大利出口50万吨粮食。失去此地供应的粮食,罗马城将会饿殍遍地;没有此地的税收收入,罗马根本无力支付受雇攻打汪达尔人的哥特雇佣军费用。

在接下来的十年中,杰出的罗马将领和外交家(通常都是日耳曼人出身)成功遏制了汪达尔人,并稳定了高卢、西班牙地区,但在439年,情况急转直下。汪达尔人占领了迦太基的农业腹地,对罗马来说噩梦成真。

东罗马帝国的统治者乐于看到他们在罗马的潜在竞争对手的种种惨状,但是西罗马帝国即将灭亡的悲惨前景也给东罗马帝国皇帝狄奥多西二世敲响了警钟,于是他集结起一支强大的军队,帮助解救今突尼斯地区。然而441年,当他的军队集结时,另一个打击从天而降。被称为"上帝之鞭"的匈人帝国皇帝阿提拉入侵巴尔干半岛,他不仅带领着最勇猛精干的骑兵,还拥有先进的攻城装备。(可能是来自君士坦丁堡的难民带来了此技术,狄奥多西二世的一名大使声称,449年时他曾在阿提拉的宫廷中见过这样一个流亡者。)

在匈人攻城槌的猛攻之下,狄奥多西二世的防御体系简直不堪一击,于是他放弃攻打汪达尔人。他仅来得及拯救君士坦丁堡,对罗马城来说,这是最黑暗的日子。400年,罗马城拥有大约80万居民。到了450年,人口仅存1/4。税收枯竭,军队解体,情况越糟,意图谋取王位的篡位者越多。阿提拉审时度势,在榨干巴尔干所有财富之后,决定继续西进。西罗马帝国军队的有一半哥特血统的指挥官成功地使哥特人相信阿提拉也是他们的敌人,他带领的是全部由日耳曼人组成的军队。他让阿提拉尝到了人生中唯一且最后一次失败。阿提拉还没来得及复仇就死了:在他第无数次的婚宴上,他因饮酒过量导致血管爆裂,"上帝之鞭"最终去和他的创造者见面了。

失去了阿提拉,松散的匈人帝国解体了,东罗马帝国皇帝暂时摆脱了危险的境地,于是试图再次收复西罗马帝国,但是直到467年,他们才将所有条件准备妥当,包括金钱、船只以及一位值得信赖的罗马铁腕人士。东罗马帝国皇帝倾尽国库所有,派遣海军上将巴斯里斯克斯带领1 000艘军舰重夺北非,试图解决西罗马帝国的财政危机。

最终,罗马帝国随风而逝。468年夏天,北非沿岸的风原本是向西吹的,推动巴斯里斯克斯的舰队逼近迦太基。但是就在登岸的最后关头,风向突然逆转,使得舰队无法靠岸。借此机会,汪达尔人放出火船攻击罗马密集排布的舰队,这正是1588年英国对抗西班牙无敌舰队时所采用的策略。罗马的旧式船只采用干燥易燃的绳子、木制甲板和布制风帆,顷刻间舰队就成了火海炼狱。惊慌失措的船员们互相踩踏,争相用长杆把火船推向远处,然而无处可逃的罗马军队已然方寸大乱。汪达尔人趁乱登船,展开杀戮,战争由此结束。

在第五章我已经讲过了历史的伟人理论,该理论认为创造事件的是独一无二的天才人物，例如亚述的提格拉-帕拉萨三世，而非强大的客观力量，例如东西方交流。伟人理论的对立面是历史的蠢货理论：我们必须问，如果巴斯里斯克斯足够机智，想出了逃脱困境的办法，会发生什么呢？★他可能已经重新占领迦太基，但是这能够修复意大利—北非财政轴心吗？也许能。汪达尔人在非洲只待了30年，罗马帝国也许能够很快重建其经济结构。又或者，不能。哥特国王奥多亚塞是当时西欧最铁腕的人物，他觊觎意大利已久。476年，他致信东罗马帝国皇帝芝诺说世界不再需要两个皇帝，因为芝诺的荣耀足以统治全世界，并提议让他以芝诺的名义统治意大利。芝诺深知奥多亚塞意在占领意大利，但他也明白自己已无权反对。

就这样，罗马的末日到来了。伴随罗马灭亡的并非惊天动地的一声巨响，而是一阵呜咽。如果当初巴斯里斯克斯收复了迦太基，那么比起476年的真实情况，芝诺在保卫意大利方面会做得更好吗？我对此持怀疑态度。那时已无人拥有足够实力掌控一个横跨地中海的帝国，而5世纪时疯狂的幕后操纵、政治活动和暗杀都无法改变经济下滑、政治崩溃和移民流动的现实。古典世界就此结束。

更小的世界

自此，东西方两大核心地区都分裂成两部分。在中国，东晋王朝统治着前朝的南部地区，但仍自视为整个中国的正当统治者。同样，西方的拜占庭帝国（这样称呼是因为其都城君士坦丁堡位于古代的希腊城市拜占庭的旧址）统治着古罗马帝国的东部，并宣称拥有对整个罗马帝国的统治权（图6.8）。

东晋和拜占庭帝国都是高端统治国家，拥有完备的官僚体系、税

★ 当然，这种说法假设巴斯里斯克斯是蠢货。罗马人更倾向于阴谋说，他们指控巴斯里斯克斯收受贿赂，并差点处死他。

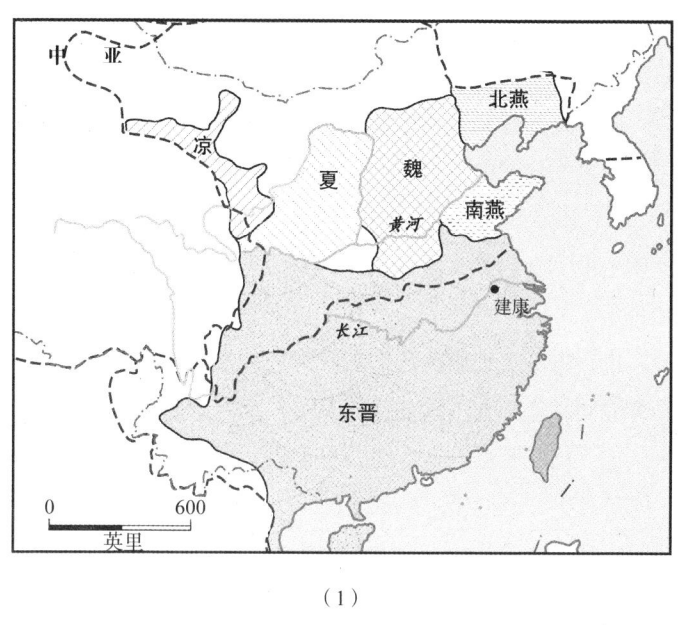

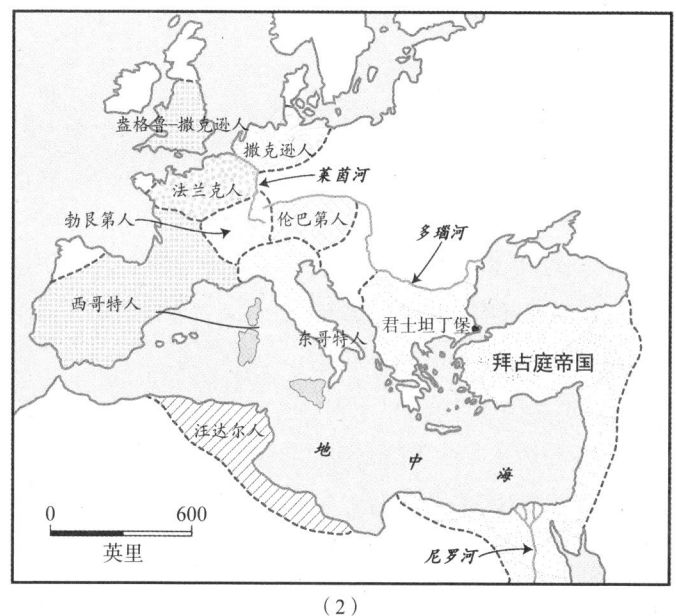

图6.8 分裂的东西方：(1)东晋和主要的移民国家（约公元400年），(2)拜占庭帝国和欧洲主要的移民国家（约公元500年）

311

收制度和职业军队。它们都拥有大城市和有学识的文人，而尼罗河流域、长江流域也前所未有的富饶多产。但二者都无法与鼎盛时期的罗马帝国或汉朝相提并论。随着中国北方和欧洲西部渐渐脱离核心地区，它们的统治范围也不断缩小。

管理者、商人和金钱组成的网络曾将东西方核心国家组成一个连贯的整体，但这些网络被疫病、移民和战争瓦解。4世纪的中国北方国家和5世纪的西欧国家一直处于低端统治阶段，它们的皇帝整日与将领们在抢夺来的大殿中饮酒作乐。这些皇帝乐于向被征服的农民征税，尽管他们实际上并不需要这些财富，因为他们不需要支付雇佣军的薪酬。他们极其富有，拥有强大的军事力量，试图对官僚机构进行管理，并从难以驾驭的手下那里征税，但这所带来的麻烦远超利益。

在西晋和西罗马帝国，有许多旧式的名门望族携带财产逃往建康和君士坦丁堡，但他们中的更多人选择留在旧国的废墟之中，也许像西多尼乌斯一样维持着贵族的骄傲姿态，但又与新统治者达成某种协议。他们适应了新的社会现实，用羊毛裤子换下丝绸袍子，消遣活动也从古典诗歌转向狩猎。

有些现实产生了积极的结果。之前，望族所拥有的地产遍布整个汉朝或罗马帝国，但现在那些超级富有的望族都消失了。尽管在4世纪和5世纪，地主的财产受到国家限制，但他们的富裕程度仍然令人咋舌。古罗马和汉朝的上层阶级都不约而同地选择与他们的征服者通婚，并从破败的城市搬到乡下的领地。

在4世纪的中国北方和5世纪的西欧，伴随着不断加速的向低端统治国家发展的趋势，皇帝们允许贵族向农民收取租金，而这原本是农民应当作为税金交给国家的盈余资金。随着人口减少，农民能够集中精力耕作最为肥沃多产的土地，盈余资金也不断增长。数世纪以来，农民非但没有忘记历代积累的农耕技术，反而自行创造了不少新技术。公元300年后，长江流域的排水系统以及尼罗河流域的灌溉系统得到长足的发展，牛拉犁在中国北方迅速推广，条播机、铧式犁以及水力磨坊也在西欧盛行。

尽管贵族们一再地粉饰太平,而农民不断地大胆创新,我们无法否认的是:汉朝和罗马曾经繁荣一时的官僚、商人以及管理者行列正在不断削弱,这就意味着欧亚大陆两端的经济大环境持续衰退。这些人通常腐败无能,但是他们确实完成了一项任务,那就是将商品运往各地,从而发掘了不同地区的竞争优势。如果没有这些中间人,经济会变得更为本土化,也更倾向于自给自足。

贸易通道收缩,城市也在收缩。中国南方民众对北方城市的衰败破落感到震惊,而在古罗马帝国的一些地区衰败程度极其严重,以至诗人开始产生这样的疑问:周围这些正在腐朽的巨石废墟究竟是不是人类建造的?700年前后的一首英文诗歌这样写道:"断裂的屋脊,摇晃的高塔,这是巨人的杰作,霉变在城楼和炮膛上蔓延。破碎的盾牌,倒塌的房顶。这都是岁月的痕迹。"[22]

1世纪,罗马皇帝奥古斯都曾经吹嘘说,他将罗马从一个砖瓦城市改造成大理石城市。但是到了5世纪,欧洲又倒退成木头世界。在古罗马城镇房屋的断壁残垣之间,开阔地上四处散布着简易棚屋。我们现在已经对这些简陋棚屋有了一定认识,但倒退到20世纪70年代我在英格兰开始挖掘工作时,发掘者仍试图运用新技术来谨慎发掘有关这些房屋的蛛丝马迹。

在这个更加简单的世界,货币、计算和文字纷纷失去它们的功用。再也没有人去开采铜矿,自然也无法铸币,因此十六国的皇帝首先尝试减少货币的金属含量(一些人声称货币轻得可以漂浮在水面上[23]),随后索性停止发行货币。财政记录及人口普查被取消,藏书楼被荒废。这是一个曲折的过程,持续了数个世纪。中国北部和西欧的人口大幅下降,荆棘和森林重新覆盖了农田,居民寿命变短,生活质量下降。

耐心与胆怯

这到底是怎么发生的？对大多数东方人和西方人来说，这个问题的答案显而易见：旧的方式和旧的神都失效了。

在中国，一旦疆域崩溃，批评者就会开始控诉朝廷天命已尽，千年来，士大夫尝试挽救。但是在受过教育的精英阶层中最具创造力的人开始质疑儒家哲学的权威性。"竹林七贤"是活跃于3世纪的七位名士，他们成了玄学的精神领袖。据说他们整日沉迷于谈玄、作诗、赏乐、饮酒和吸食五石散，却对研读经典、为国效力这类话题避而不谈。曾有故事记载，"竹林七贤"之一的阮籍被认为有悖礼数（在无年长妇女陪同的情况下，他独自一人与他的嫂子同行），阮籍却不以为然，反而大笑说："礼岂为我辈设也？"[24] 他还抒发了自己的看法：

> 独不见群虱之处裈中，逃乎深缝，匿乎坏絮，自以为吉宅也。行不敢离缝际，动不敢出裈裆，自以为得绳墨也。然炎丘火流，焦邑灭都，群虱处于裈中而不能出也。君子之处域内，何异夫虱之处裈中乎？[25]

在当时，汉朝宫廷诗人所具备的道德严肃性变得有些滑稽可笑，东晋诗人更加青睐抒情诗歌，擅长描写田园牧歌，或者索性归隐山林。而那些忙得无法退居远山的名士可以在自己府邸的花园里体验隐居感觉，也可以效仿东晋丞相王导，花钱雇人代表自己隐居。画家们开始尝试将山水野趣作为创作对象，到了4世纪，大师顾恺之更是将山水画提升为一种主要的艺术形式。"竹林七贤"和其他理论家主张形式大于内容，他们倾向于研究绘画和书法的技巧，而不是其内涵。

3世纪对传统文化的反叛是消极的，只是一味地嘲讽、拒绝传统，却没有提供积极有效的替代办法，但这种情况在世纪末有所改变。距当时800年前，中国本土的儒家学说和道家学说刚刚兴起，佛教也在南亚传播开来。随着东西方交流的不断推进，东亚和南亚的商人开始在中亚绿洲聚集汇合，最终将佛教带入了中国人的视野。65年，佛教首次出现在中国的书面史料中。尽管当时已经有一些地方的知识分子开始信奉佛教，但是在很长一段时间里，中国人只把佛教看作从草原传入的众多外来哲学之一。

3世纪晚期，这种局面开始逆转，这主要归功于来自中亚的译经家竺法护。他长期在长安与敦煌绿洲之间游历，致力于佛教经典的再译，并在印度文本中添加了能够被中国人接受的元素，获得了众多中国知识分子的追捧。和大多数轴心时代圣人一样，释迦牟尼并未留下任何手迹，关于如何解读释迦牟尼的启示，人们争论不休。佛教的早期形式强调严格的打坐和自我觉醒，但是竺法护推崇的是所谓的大乘佛教，这就使救赎的过程不再艰苦繁重。在竺法护的表述当中，释迦牟尼并非精神追寻者，而是永恒证悟的化身。竺法护坚持认为，原初的释迦牟尼只是在这个世界或其他世界中存在的众多佛祖中的第一位佛。这些佛被一群其他圣人所围绕，尤其是菩萨。菩萨原本是通往证悟的凡人，但推迟了自身的涅槃，旨在帮助渺小的凡人实现圆满，逃离轮回和痛苦。

大乘佛教有时会走向极端的方式。大多数佛教派别相信弥勒佛（也称未来佛）终有一天会引导众生走向极乐世界。但是401年，中国出现了一群狂热的佛教徒，他们自称是佛，事实上却与强盗、暴民及反叛的官吏为伍。他们打着救赎的旗号，却到处滥用暴力，大肆破坏，最后这场暴动在血腥杀戮中落下帷幕。

大乘佛教最重要的贡献就是简化了传统佛教的繁重教规，并为众生打开了救赎之门。6世纪，盛行的人天教只要求信徒围绕释迦牟尼和菩萨的塑像步行数圈，礼拜圣物（一般是佛牙、佛骨以及据说曾经属于佛祖的化缘钵），诵读佛经，胸怀慈悲之心，勇于自我牺牲，并遵从五戒（不杀生、不偷盗、不邪淫、不妄语、不饮酒）。讲经者坦言，这些行为并不会将信徒引向涅槃，但是至少会给他们带来健康、财富以及不断升华的重生之路。佛教中的净土宗更进一步，他们声称信徒去世之后,大慈大悲的菩萨和阿弥陀佛会中断其轮回,并引导他们去往西方极乐世界,在那里他们可以远离尘世的烦扰,寻求涅槃。

在印度,佛教徒为了寻求涅槃,通常会选择上路流浪,沿途乞讨。从中国传统的角度来看,这些神圣的流浪者(与富有的隐士相对立)无疑是异类,因此这种方式在中国并不盛行,但是印度信徒通往证悟的第二条道路(修行)却得到广泛传播。365年前后,道安(他并非中亚移民,而是一位被训练成儒家学者的中国佛教徒)起草了一份适应中国社会的佛教戒律,规定和尚必须削发剃度,僧尼均要节制欲念,学会顺从,通过自己的劳动谋生,并运用戒、定、慧来追寻自我救赎。和发展了千年的佛教一样,佛教徒在修行过程中也常常走入极端:许多僧尼对修行的认识相当狭隘片面,有些人不惜伤害自己,只为仿效菩萨舍身拯救世人;甚至有人在数千人面前自焚,以求洗涤自身犯下的罪孽。不论如何,道安为佛教的发展做出了巨大的贡献,他将佛教修行行为塑造成固定的宗教组织,在一定程度上填补了4世纪以来国家机构崩溃所引发的机构空白。佛教寺院建造水力磨坊,筹集资金,甚至组织起防御力量。富有的信徒把土地和佃户赠予佛教寺院,被驱逐的农民也纷纷前往寻求庇护,这些佛教寺院在作为虔诚信仰的核心的同时,还成为社会稳定的绿洲,甚至是财富聚集的岛屿。5世纪出现了数以千计的佛教寺院,《魏书》在509年记载:"今之僧寺,无处不有。"[26]

佛教在中国的传播行为取得了卓越的成果。65年,中国仅有数百名佛教徒。到6世纪,大多数中国人(大约3 000万人)成了佛教徒。这个数字令人震惊。但是在欧亚大陆另一端,还有一个名为基督教的新兴宗教,发展得更快。

西方古典传统的崩溃晚于东方,也许是罗马的疆界维持得更为持久的缘故。公元160年后,瘟疫同样在罗马大肆蔓延,导致治病神力崇拜不断出现,但是罗马并没有出现中国普遍采取的暴力革命方式。尽管如此,3世纪的骚乱确实动摇了西方的古老传统。那些遍布罗马帝国各处的雄伟塑像静静地见证了一种全新艺术审美的诞生:艺术家抛弃了古典艺术中庄严肃穆的原则,转而欣赏古怪的比例结构和那些巨大的、向上凝视的眼睛,这就形成了塑像似乎在凝视着另一个更好的地方的效果。另外,不断有新宗教从东部的边缘地区传入罗马帝国,例如来自埃及的伊西丝崇拜、来自叙利亚的不败之日、可能来自伊朗的密特拉教(其信徒会在地下洞穴里用神牛鲜血沐浴)和来自巴勒斯坦的基督教,它们都承诺生命永恒。受其影响,人们开始在烦扰动乱的现世中追寻救赎,忽略了对宗教的理性解释。

一些哲学家试图强调过去几世纪累积的学识仍然有用,以此回应价值观的危机。在他们的时代,波菲利和普罗提诺(可能是继亚里士多德之后最伟大的西方思想家)等学者为适应现代需求而重新解释柏拉图哲学,于是他们成为西方闻名遐迩的学者。但同时,也有越来越多的思想家开始寻找全新答案。

在这个动荡不安的年代,基督教给所有人带来了些许安慰。和大乘佛教一样,基督教是建立在旧轴心时代思想基础上的,提供了更符合现代需求的轴心思想。基督教取代了犹太教,宣称其创建者耶稣是预言中的弥赛亚。我们将大乘佛教与基督教称为"第二波"轴心宗教。与第一波轴心宗教先行者相比,第二波轴心宗教为更多人提供了新的救赎方式,并且让通往救赎的道路更加简单易行。同样关键的一点在于,这两个新兴宗教都是普世的。因此,耶稣和释迦牟尼都不属于任何一群"上帝的选民",他们的使命是拯救普罗大众。

耶稣和释迦牟尼一样,并未留下任何圣典。我们最早可以追溯到1世纪50年代,当时使徒保罗(他从未见过耶稣)试图让基督徒们就基督教到底是什么的核心问题达成一致。大多数追随者接受了一些观点,例如他们应该受洗、向上帝祈祷、只信仰上帝、周日聚餐、脚踏实地努力工作。然而,除了这些基本前提,各种说法纷至沓来。一些人坚持认为希伯来《圣经》中描述的上帝只不过是之前一系列神祇中最后降临(且最低微)的一位;有人认为世界是邪恶的,因此上帝作为创世者也一定是邪恶的。有人认为世界上有两个神,一个是恶毒的犹太神,另一个是神圣(但不可知)的耶稣之父;有人相信世上存在两个耶稣,一个以逃离受难的精神形式存在,另一个是被钉死在十字架上的肉体形式。有人暗示耶稣可能是女人,并且男女可能是平等的;有人认为新的启示或许可以否定旧的启示。有人推测耶稣即将重生,因此所有基督徒都要禁欲;有人说因为时间紧迫,基督徒必须自由恋爱;还有人认为升入天堂的唯一途径是以残忍可怖的方式完成殉道,因此性爱对他们来说无关紧要。

人们普遍认为,释迦牟尼对宗教上的超然是务实的,他建议人们选用任何一种有效的方法,摒弃其他方法。在寻求涅槃的过程中,佛教徒也有许多条道路可供选择。然而,基督教认为能否进入天堂取决于是否认识到上帝和耶稣是谁,并遵照他们的意愿行事。为了解释这些问题,基督徒陷入了疯狂的自我定义。2世纪晚期,多数信徒开始认同主教存在的必要性,主教应该被视为最初传道者的后裔,拥有判断耶稣意愿的权威。那些想法激进、近乎疯狂的传道者逐渐被世人遗忘,《新约》的内容变得更加明确具体,通往启示的窗户被关闭。除非得到主教的同意,否则没有人能够修改这本圣书,也没有人能够从圣灵那里得到启示。除非基督徒自己愿意,否则也没有必要恪守禁欲或成为殉道者。

到了200年,尽管人们仍然争论不休,但是基督教已经发展成一门有纪律的宗教,并对救赎做出了(合理的)明确规定。和大乘佛教一样,基督教的独特性引起了世人的广泛关注,它宣扬的思想通俗易懂,为身处乱世的世人提供了通往救赎的实用方法。博学的希腊人甚至暗示说,第二波轴心基督教与第一波轴心哲学之间并没有很大区别:柏拉图(有人称之为"雅典的摩西")用推理的方式找到了真理,基督教也已知晓真理,真理都是相同的。

当高端统治国家的机构开始瓦解时,主教们很好地填补了这一空缺。他们动员信徒重新筑造城墙,修补道路,并与日耳曼入侵者展开谈判。在乡村，像佛教徒一样超然世外的基督教的圣人成了当地的领袖人物。当时出现了一个举国闻名的苦行者，他身着刚毛衬衣，居住在埃及沙漠中的墓穴，不吃不喝，不断与心中的魔鬼斗争。他的追随者坚称："他从不用水沐浴身体，以祛除污垢，甚至从不洗脚。"[27]还有一位柱头修士，他在叙利亚一根约15米高的柱子的柱头上坐了40年。当时，还有一些隐退者穿着兽皮，吃素。简言之，他们成了"圣愚"，即为了基督变成愚妄的人。

所有这一切都让挑剔的罗马绅士感到奇怪，甚至连基督徒也对这些引发众人狂热仿效且只回应上帝旨意的极端分子表示忧虑。320年，埃及的帕科米乌想出了解决办法。他创办了第一所基督教修道院，并将当地隐士全部集中于此，使这些人处于他严格的纪律约束下，并通过辛勤劳作和虔诚祈祷追寻救赎。帕科米乌和道安并无任何交集，但是他们所提倡的修道院形式却惊人地相似，并且两者都引发了类似的社会后果：5世纪，基督教修道院和女修道院常常在社会大环境崩塌时支撑着当地经济；在古典学术衰落时，成为学习中心，并可以将信徒转化成民兵，用以维持当地的和平安定。

基督教的传播速度甚至超越了佛教。32年前后，耶稣去世，他当时只有大约几百名追随者；到了391年，当皇帝狄奥多西一世宣布基督教为唯一合法的宗教时，已经有超过3 000万罗马人改宗基督教，尽管"改宗"这个词过于笼统。当时尚有一些受过高水平教育者对此宗教保持怀疑，他们在接受新的信仰之前，仍试图用强大的逻辑性和严密性深刻探究教义内涵。然而只消一下午时间，基督教、佛教的能言善辩者就能使他们周围数以千计的人心悦诚服。由于相关的所有统计数据都很粗略，因此我们只能简单估算。我们现在且可能永远也不会知道改宗的步伐何时何地开始加速，又在何时何地开始减缓，我们唯一知道的是佛教和基督教在起步阶段只有数百名追随者，但最终都拥有了超过3 000万信徒，影响范围遍及整个中国和罗马帝国。图6.9清晰地显示出数世纪以来两个宗教的平均增长率：中国佛教徒平均每

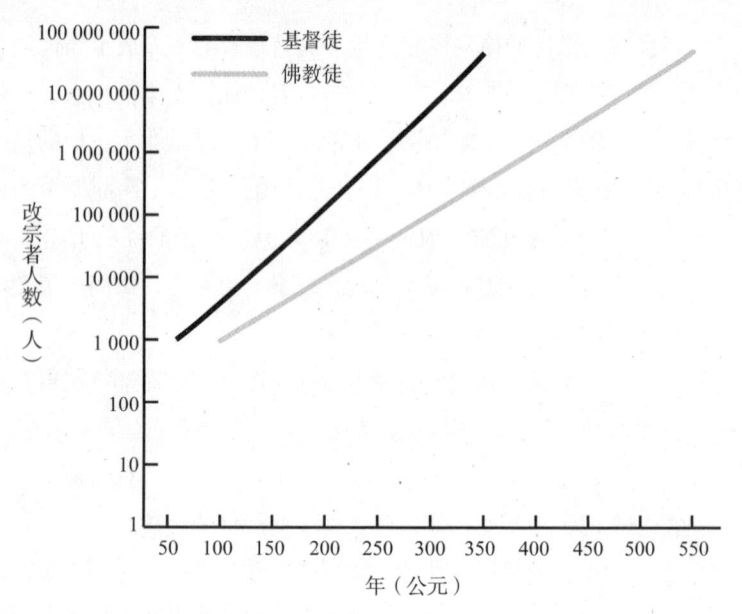

图6.9 统计人数：基督教和中国佛教的不断发展，假定发展速度恒定。纵坐标为对数，与图3.5和图3.6一致，因此发展的平均速度（基督教为平均每年增长3.4%，佛教为平均每年增长2.3%）导致图中出现直线

年增长2.3%，这意味着每30年就翻一番；而基督徒每年增长3.4%，每20年就可以翻一番。

在图6.9中，曲线呈上升趋势。然而在图6.1中，社会发展曲线却呈平稳下降态势。这两者到底有没有联系？其实这个问题早在1781年就由爱德华·吉本回答了。他说："毋庸置疑，基督教的传入对罗马帝国的衰亡起到了一定影响。"[28]但是吉本认为，基督教的影响并非基督徒本身所认为的那样。相反，他认为，基督教削弱了罗马帝国的活力：

> 教士们卓有成效地宣扬忍耐和顺从的学说，奋发图强的社会美德遭到了压制，最后一点残余的尚武精神也被埋葬在修道院中。对慈善事业和宗教活动无止境的需求耗费了绝大多数的公有、私有财富，成群碌碌无为的男女肆意挥霍着士兵的粮饷，他们只赞誉斋戒和禁欲。[29]

忍耐和退让同为基督教和佛教的美德。那么，我们能否将吉本的论点进一步延伸，从而得出这样的结论：各种宗教思想——神职者的谋略战胜政治，心灵的启示战胜理智——终结了古典世界，导致数世纪以来社会发展不断下滑，东西方差距不断缩小？

对于这个问题，我们无法轻易解答，但是我认为答案是否定的。和第一波轴心思想类似，第二波轴心宗教是社会发展变化的结果，而非根源。犹太教、希腊哲学、儒家、道教、佛教和耆那教都出现于公元前600—前300年，当时社会发展水平超越了公元前1200年西方核心崩溃时所达到的水平（大约24分）。实际上，这些教派和学说的相继出现回应了当时高端统治国家的重组以及世界的觉醒。第二波轴心宗教起到了某种镜像作用：随着东西方交流不断发展，高端统治国家的统治根基不断动摇，于是人们发现第一波轴心思想有所欠缺，而推崇救赎的宗教适时地填补了空白。

除非图6.9的数据完全不准确，否则基督教和中国佛教在东西方交流之前都只处于边缘地区。然而到了250年，当时有大约100万基督徒（大概占罗马人口的1/40），这个人数显然已经到达一个临界点。当时基督教已经开始成为皇帝的心腹大患，它在最艰难的时刻与国家争夺资金，而且基督教所信奉的上帝又否决了罗马帝国皇帝长期用以论证自己统治合理性的"死后成神"说法。250年，皇帝德西乌斯展开了大规模的迫害基督徒行动，但他不久之后就被哥特人杀死。257年，瓦勒良也着手进行迫害行动，但他也为波斯人所杀。

尽管有上述这些令人沮丧的事例，而且显而易见的事实是，运用武力威胁基督徒注定会失败，因为这些人将如耶稣那般痛苦死去视为人生最大的成就。在接下来的50年间，罗马皇帝仍不断地试图扫清基督教的影响，但是基督徒数量平均每年增长3.4%，4世纪第二个十年前后，在复利的推动下，基督徒猛增至1 000万人，几乎占罗马帝国人口总数的1/4。显然，基督教已经发展到第二个临界点。312年，当罗马皇帝康斯坦丁深陷内战时，他发现了上帝的用处。因此他没有动用武力镇压基督教，而是做出了妥协，如同500年前他的祖先对具有同等破坏力的第一波轴心思想做出妥协一样。康斯坦丁将大笔财富送往教会，免除教会赋税，并认可其等级体系。作为回报，教会也认可了康斯坦丁的统治权。

在接下来的80年间，罗马帝国剩下的所有人都转变为基督徒，贵族掌握了教会领导权，教会和国家合力洗劫了帝国内部其他异教场所——这也许是前所未有的最大规模的财富再分配。基督教的时代终于来临了。4世纪第二个十年前后，亚美尼亚国王皈依基督教。40年代左右，埃塞俄比亚的统治者也开始信奉基督教。波斯帝国的皇帝并没有，可能是因为伊朗的琐罗亚斯德教正沿着与基督教类似的路线发展。

在中国，佛教的发展似乎也经历了类似的临界点。图6.9表明，400年前后，佛教徒突破百万，但由于中国南北地区差异过大，佛教发展在这两个地区也有截然不同的结果。在战乱纷争不断的北方，佛教徒出于自身安全考虑，通常都在各国都城聚集，这就导致他们难以避免统治者的压迫。到了400年，诸国中最强的北魏专门设立了道人统（后更名沙门统）来主管佛教事务。到446年，道人统却开始对佛教徒施加迫害。中国南方则正好相反，那里的佛教徒们没有在都城建康聚集，而是沿长江流域散布开来，寻求当地权贵的庇护，以躲避朝廷迫害，并且逼迫皇帝让步。僧人甚至得到东晋几位皇帝的特许，恩准他们在觐见皇帝时无须跪拜。

图6.9表明，截至500年，中国大约有1 000万佛教徒。当佛教发展到第二个临界点时，（南北方）统治者做出了和康斯坦丁一样的决定：对寺庙大肆赏赐、免征税收、礼敬有加。南梁的梁武帝是一名虔诚的佛教徒，他极力推崇盛大的佛教节日，甚至下令宗庙祭祀皆不用牲畜（可以用牛羊形糕点代替），并派遣使节前往印度取经。作为回报，佛教统治集团认可梁武帝是菩萨，是其治下人民的救世主和救赎者。北魏皇帝的做法更为高明，他们获得了选择佛教团体领袖的权力，随后通过该领袖宣称自己是佛祖的化身。如果康斯坦丁知道的

话，一定会羡慕不已。

忍耐和顺从并未导致东西方的衰落和瓦解，社会发展的悖论才是罪魁祸首。这种衰落和瓦解在一定程度上遵照了公元前1200年西方的社会发展模式，当时正在扩张的核心地区引发了一连串无法控制的事件。然而到了160年，社会发展又在某种程度上打破了这种模式，通过中亚将东西方紧密联系起来，开创了细菌和移民不断流动的东西方交流，从而改变了整个东西方的地理版图。

到了160年，较之公元前1200年的西方核心国家，古典世界各国规模进一步扩大，势力日趋强盛，但同时这些国家的全球化进程所引发的破坏效果也愈演愈烈。面对自己释放出来的力量，古典国家显得手足无措。数个世纪过去了，社会发展进程每况愈下，文学、城市、税收和官僚机构失去了它们各自的价值。以往毋庸置疑的事情，当时已经变得无法确定，因此一亿人试图给中国的古老智慧带来全新的转折点，在这个扭曲变形的世界中寻求救赎。和第一波轴心思想一样，第二波轴心思想也很危险，不断挑战旧有观念，即挑战丈夫对妻子的权威、富人对穷人的权威、君主对臣民的权威。但尽管这一波思想看似来势汹汹，但强者与颠覆者再一次握手言和，在这个过程中重新分配权力和财富。到500年，这些国家日渐式微，宗教日益兴盛，生活依旧继续。

如果我是在500年时撰写这本书，那么我极有可能赞同长时段注定论。在每个千年中，都会再现社会发展的自我阻碍作用，每向前行走两三步，随后就会向后倒退一步，这种破坏程度日益严重，影响了东西方，但其模式显而易见。在向前发展的过程中，东西方差距不断拉大；在倒退过程中，这种鸿沟相应缩小。这一过程循环往复，一波高过一波。尽管西方对世界的主宰力不断变化，但仍然保有领导地位。

然而，如果我将写作时间向后推一个世纪，事情将会看起来完全不同。

第七章

东方时代

东方引领世界

根据图7.1所示,541年应该称得上是历史上最著名的年份之一。在那一年(考虑到一定的误差范围,也可以说是6世纪中叶),东方

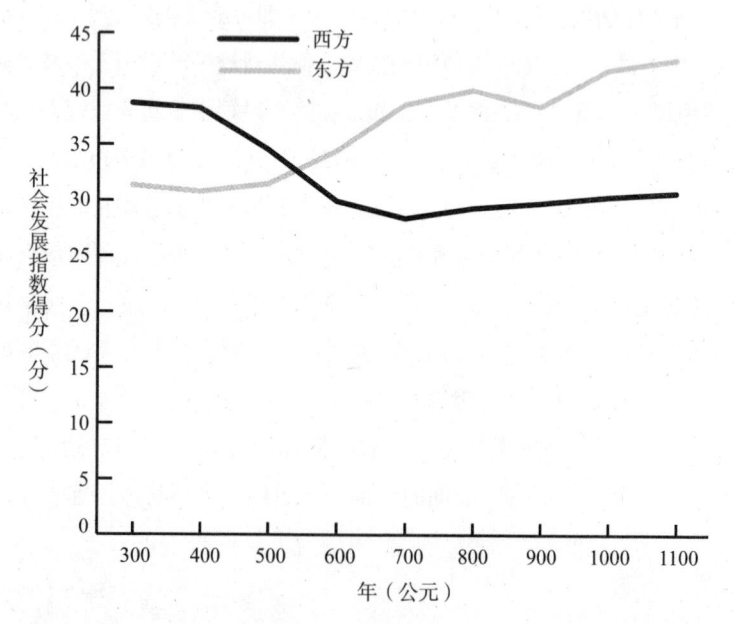

图7.1 巨大逆转:东方逆转了下降的颓势,并且史上首次赶超西方

的社会发展指数得分超越了西方，结束了长达14 000年的旧格局，并且一举否定了所有长时段注定论关于西方主宰世界的理论。截至700年，东方的社会发展指数得分比西方高了1/3。到1100年，东西方出现了将近40%的巨大差距，这一数字超过了西方占据发展优势的2 500年中最大的东西方差距。

为什么东方能够在6世纪的时候领先于西方？为什么在接下来的500年里东方的社会发展指数得分大幅提高，而西方发展持续性地落后？这些问题对于我们解释为什么西方能够主宰当今世界是至关重要的。另外，当我们试图在本章回答这些问题时，会涉及不少英雄人物与反面角色，他们或天资聪慧，或笨拙愚钝。但是在这些戏剧化场景背后，我们会发现一个简单的事实，也就是贯穿整个故事始终并且导致东西方差异的因素——地理。

战争和稻谷

在公元100年之前，东方的社会发展进程就开始趋缓，这种情况一直持续到了公元400年，当时东方的社会发展已经衰退到五个世纪以来的最低点。国家衰亡，城镇颓败，从亚洲内陆向中国北方地区以及从中国北方迁徙到南方的移民潮震荡着整个东方的统治核心。然而，也正是由于这些移民的出现，东方得以开始复兴。

从第四章到第六章，我们讲述了处于上升趋势的社会发展是如何改变地理地貌，如何发掘出后发优势，又是如何开辟了穿越海洋和草原的通途的。然而，3世纪以来的历史表明，这种关系也可以反向作用：衰落的社会进程同样改变着地理地貌。随着罗马和中国的各个城市不断萎缩，文化水平下降，军队士气萎靡，生活水平下降，核心地区在地理版图上不断收缩，而两者相同的萎缩现象背后的差异，在很大程度上解释了为什么东方的社会发展能够迅速恢复（图7.2），而西方的社会发展直到8世纪仍然处于颓势。

（1）

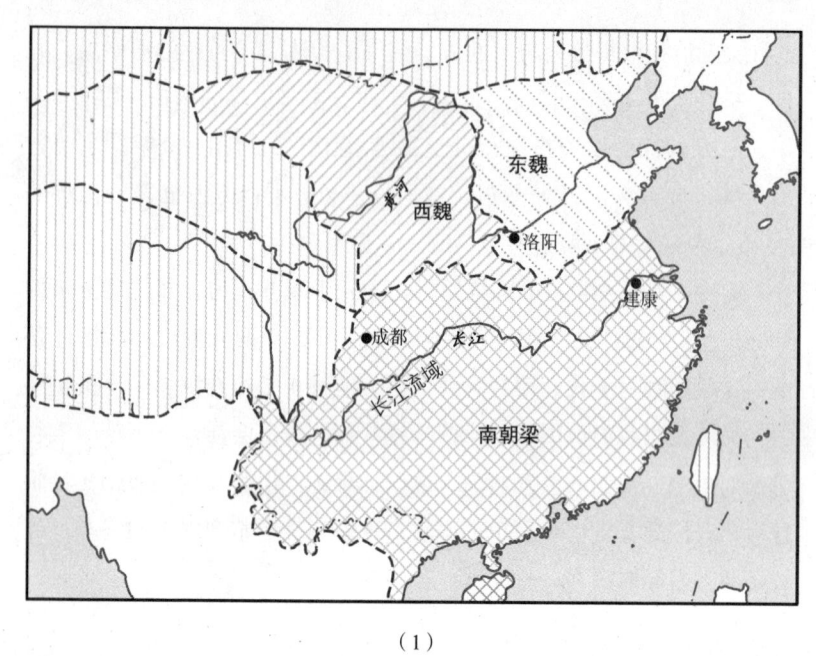

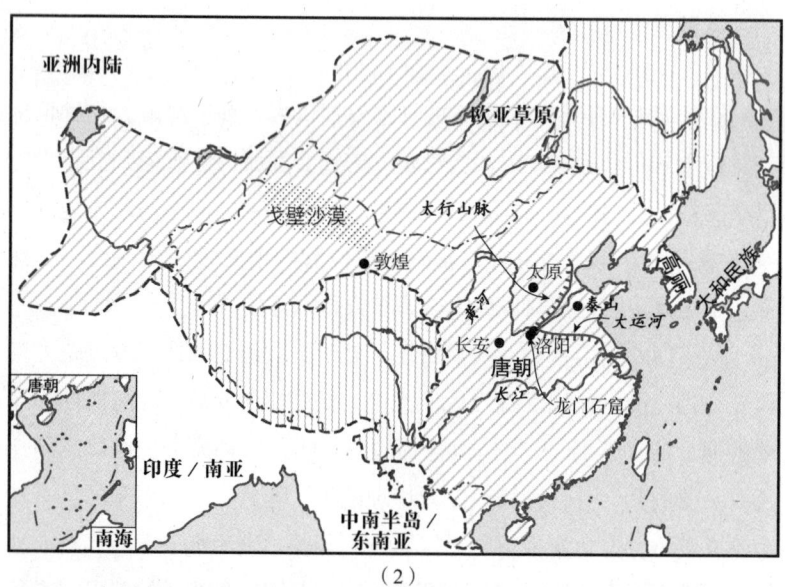

（2）

图7.2 东方的强势反弹，公元400—700年。（1）显示了541年各个国家的分布，分别是西魏、东魏以及南朝梁，隋朝于589年统一了这三国；（2）显示了669年唐朝全盛时期的版图

我们在第六章讲到，公元300年之后，地处黄河流域的古老的东方核心腹地分裂，争战不休，数以百万计的北方居民流亡南方。大批移民将长江流域以南的土地从汉代以来荒芜的边缘地区，转变成了焕然一新的边疆。这些避难者进入潮湿闷热的陌生南方，那里不适宜种植他们赖以生存的主食——小麦和粟米，但是水稻长势喜人。大多数土地人烟稀少，当地居民的风俗习惯和语言与北方移民大相径庭。在暴力和残酷的交易中（正是大多数土地掠夺的特征），移民数量以及更为严密的组织体系逐渐将早期居住者驱逐出去。

公元280—464年，长江流域南部的纳税人口数量增长了四倍，但是移民对南方的作用不只是带来了更多的人口，他们也带来了新技术。根据《齐民要术》记载，截至5世纪30年代，已经为人所知的水稻有30多种，而且移栽（在特殊的苗床栽培六周，而后移到水田中去）也变得相当普遍。这需要极其艰苦的劳作，但是确保了好收成。《齐民要术》解释了如何使用肥料，使农民能够持续地耕作土地，从而避免了休耕；还解释了水磨是怎样降低了碾谷、碾磨大米、榨油的成本，对那些建在湍急的山间溪流旁并且拥有大笔资金可用于投资的寺庙来说很适合。这一切使得整个新边疆地区的农业生产逐步发展，这和罗马人在公元前1世纪征服西欧时所创造的那样。经过几个世纪，南方的农业落后面貌逐渐转变成了后发优势。

低廉的交通运输成本导致粮食价格也趋低。尽管中国的河流无法像地中海为罗马一样提供便利的水运，但是人民的聪明才智逐步弥补了这一不足。虽然水下考古学家尚无法提供如同地中海沉船残骸那样的统计数据，但是有可靠的文字记录显示当时的船只尺寸越来越大，速度也越来越快。明轮船于5世纪90年代左右在长江上出现，并往返于成都和建康两地，船上所载的水稻为发展中的城市提供了口粮，而这些城市所拥有的市场促进了经济作物买卖，比如说茶叶。士族、商人和寺院都凭借长江流域行船的租金收入、船运事务和磨坊经营而变得富有。

然而，建康的统治阶层并未因此致富。这种情况更像公元前8世纪的亚述帝国而非罗马,在那里,官员和地主,而非国家,掠夺了飞速增长的人口和贸易带来的成果,直到提格拉-帕拉萨三世的出现才扭转了这种情况。然而,中国的南方从未出现过提格拉-帕拉萨三世。皇帝偶尔得以控制整个士族集团,甚至试图再次征服北方,但是这些努力随着内战的爆发而付诸东流。在317—589年,陆续有五个政权(在某种程度上)在建康进行统治。

《齐民要术》表明,直到6世纪30年代为止,北方一直保留着复杂的农耕体系。此后,随着骑匪猖獗,长途贸易行为乃至货币系统都逐渐消亡。这种衰败现象一开始造成了比南方更严重的政治骚乱,但新的统治者逐渐开始在北方恢复秩序,其中最主要的一支是来自欧亚草原边缘的鲜卑族。和六个世纪之前统治伊朗的帕提亚人一样,鲜卑人将游牧传统与农耕传统结合起来,世代凭借精湛的骑术征战四方,同时从农民那里收取保护费。

386年,鲜卑人在中国北方的断壁残垣之上建立了自己的政权,史称北魏。*他们没有洗劫汉族士族,而是和他们达成了某种协议,至少保存了一些原本的食禄官僚和旧时高端统治国家形式之下的税收制度。这种做法使得北魏相较于当时北方其他无序、暴力的国家,拥有了极大的竞争优势。事实上,北魏的优势使之在439年统一了北方。

据说,北魏与残余的汉族旧士族之间达成的合作始终处于岌岌可危的状态。对大多数鲜卑战士来说,他们宁愿去放牧也不愿意与文人交往。即使这些骑手真正定居下来,他们也一般会建造自己的孤堡,以避免和汉族农民接触。他们的国家一直处于低端统治状态,但足以击败北方其他游牧国家。但是在450年,当鲜卑骑兵到达建康的城郊时,他们才发现:尽管他们可以打赢战争,掠夺财富,但是他们无法

★ 令人困惑的术语再次出现。北魏的国名来自第五章提过的古代魏国(公元前403—前225年)。为了将北魏与之前的魏国区分开来,一些史学家将鲜卑人所建的这个国家称为拓跋魏国(名字源于统治国家的皇族姓氏),另一些史学家更倾向于称之为北魏,在此采用后一种说法。

威胁真正的城市。只有一小部分拥有大型船只、攻城战车以及强大军需供应的高端统治国家才能做到这一点。

由于缺少高端统治的军队体系，他们无法洗劫中国南方；由于他们已经统治了整个北方，他们也不能掠夺北方，因此北魏的统治者无法取得足够的资源来换取支持者的忠实跟随——这是低端统治国家潜在的致命缺陷。5世纪80年代，孝文帝认识到解决办法只有一个：向高端统治国家形态转化。他为此进行了颠覆性的改革：他将朝廷所有的土地重新分配给那些愿意履行纳税义务和国民义务的人。另外，为了使鲜卑人像高端统治国家的臣民一样思考和行动，孝文帝向传统发起了一场正面攻击：孝文帝以汉服代替鲜卑的传统服饰，用汉族的姓氏代替了鲜卑族的姓氏，要求所有30岁以下的朝廷官员说汉语，并且将几十万人口迁移至备受尊崇的圣地洛阳，定都于此。

一些鲜卑人放弃了他们祖辈的生活方式，开始像汉族士族一样安定下来，但是另一些鲜卑人拒绝这么做。由此，文化改革演化成了一场内战。534年，北魏分裂成东魏（现代派）和西魏（传统派）。传统派坚守着游牧民族的生活方式，不断地吸收来自大草原的骑兵。很快，他们的军事力量似乎足以压倒孝文帝施行的变革。绝望是变革的温床。虽然孝文帝试图将鲜卑的勇士转化为汉族的谦谦君子，他的继任者却反其道而行之：给予汉族士兵免税优惠，任命汉族士族为将军，并且允许汉族士兵使用鲜卑名字。因此，汉族农民和文人学会了打仗，在577年由西魏权臣之子建立的北周统一了北方。虽然这次变革历经了一个漫长而混乱的过程，但是孝文帝的远见卓识最终还是在一定程度上得以实现。

这一切造就了一个两极分化的中国。北方是一个高端统治国家（581年的军事政变之后，隋朝建立），拥有强大的军队，却经济凋敝；而南方陈朝朝政混乱，组织机构涣散，尽管一直在尝试利用繁荣的经济所积累下来的财富，但是几乎都失败了。

这种现象听起来完全是不正常的，但事实上这对于社会发展的起步是一个非常完美的机遇。589年，隋朝开国皇帝隋文帝打造了一支舰队，纵横驰骋于长江流域，并且将一大批军队（可能有50万人）派驻到建康。由于南北的军事实力相差甚大，建康在几周之内就被攻破。当他们意识到隋文帝实际上想要向他们征税，南方的汉族士族大规模地揭竿起义，据《资治通鉴》记载，他们对隋朝的官员们"或抽其肠，或脔其肉食之"，但他们在一年内就被打败了。隋文帝在没有破坏当地经济的情况下，就征服了中国南方，自此东方的复兴开始了。

武则天治下的唐朝

在重新构建起一个庞大的帝制国家的同时，隋朝立即着手两件事情：第一，立足北方，开始开拓南方的新经济疆域；第二，允许南方的经济繁荣扩展到全国。

这一切并不总是有意而为之的。当隋朝的帝王们修建那个时代最宏伟的纪念碑——1 747米长、约20米宽、连接长江和中国北方的京杭运河时，他们其实只是想要修建一条向全国各地运送军队的超级通道。然而在短短一代人的时间里，这条运河成了中国的经济大动脉，将南方的大米运送到北方城市，以满足当地人的需求。7世纪的学者皮日休在抱怨的同时也无法否认："则隋之疏淇汴，凿太行，在隋之民不胜其害也，在唐之民不胜其利也。今自九河外，复有淇汴，北通涿郡之渔商，南运江都之转输，其为利也博哉。"[1]

这条大运河就像人工地中海一般，它使得中国像罗马一样拥有了一条便捷的水道，进而改变了东方的地理面貌。价格低廉的南方大米被运送过来，使得北方城市急速膨胀。"百千家似围棋局，十二街如种菜畦。"[2]白居易这样描述占地近80平方千米的都城长安。数百万的人口熙熙攘攘，聚集于宽阔的林荫大道上，这些道路的宽度是纽约第五大道的五倍。这一繁荣景象并非长安所独有，洛阳拥有大约长安一半的人口，其他十几个城市也都拥有几十万的人口。

尽管如此,由于北方的国家政权运作与南方的水稻种植发展是两条全然不同的道路,中国的复兴成了一把双刃剑。一方面,新兴的官僚机构组织和管辖着城市的市场,使农民和商人富裕,推动了社会向前发展;另一方面,过度的行政管理管控着贸易活动的每一处细节,极大地束缚了农民和商人的自由,给社会发展带来了阻力。官员负责核定价格,规定买卖时间,甚至规定商人应该如何生活(例如,商人不允许骑马,因为小商小贩不配)。

当时的政府官员将政治因素放在经济因素之前。政府不允许自由买卖土地,而是延续了均田制,声称土地国有,国家只是将土地租给农民使用。这一政策迫使农民登记纳税,并且限制了豪强地主阶级,但导致繁文缛节。很多年以来,有历史学家猜测,这些土地法只是纸面规定,而非现实操作。当然,学者们是推断没有任何一个未完成现代化的国家能够处理如此多的文书工作。★然而,据在戈壁沙漠边缘的敦煌因干旱而保存下来的史料显示,8世纪的管理者们的确遵循了这些规则。

当然,农民、地主和投机者找到了规避法规的方法,但官吏队伍激增,以应对堆积如山的文件,由此引发了自身的一场变革。从理论上来说,汉代以来的入仕考试使得行政机构吸纳了整个中国最优秀聪慧的人才,但是从实践来说,士族经常试图将政府要职变成世袭的福利。然而在7世纪,考试成绩的确成了成功的唯一标准。如果(如大多数人)假定诗词歌赋和引经据典是考量行政人才素质的最佳准则,那么我们就可以说中国发明了有史以来最为公正合理的行政公职人员的选拔机制。†

★ "文书工作"这一词语的使用是恰当的。中国在汉代的时候发明了纸,真正的纸在7世纪开始普及。

† 当英国在19世纪80年代重新构建行政机构时,有意识地引用了类似的考试机制,用以测试年轻人对希腊和拉丁文经典的了解程度,之后再将那些聪慧的年轻人送去统治印度。直到现在,英国的政府公职人员仍被称为Mandarins(说普通话的人)。19世纪的保守派将考试视为将英国"中国化"阴谋的一部分。

随着旧士族对政府要职控制的逐渐松弛，行政任命开始成为士族追寻财富与权力的必经之路，进入行政机构的竞争也开始白热化。在相当一段时间内，考试通过率不到1%，而且不断出现考生一考数十年的悲喜剧。就像当今家长想让孩子通过名校选拔考试一样，那些野心勃勃的家族会雇用私塾教师，而新近发明的印刷术使数以千计的习题册得以问世。还有一些考生穿上了"作弊服"，将范文写进衣服内衬。由于分数很大程度上取决于诗赋，那些年轻考生都急于成为诗人。随着这些思维活跃的诗人不断涌现，中国文学史上的黄金时代来临了。

考试在受过良好教育的精英中间引发了前所未有的社会流动，新的开放观念延伸至两性关系，甚至有些历史学家称之为一种"原始女权主义"。但我们不应该将这种趋势夸大，《太公家教》在8世纪广为流行，书中对女性的某些建议，对1 000年前的人来说是很正常的：

  新妇事君，敬同于父，音声莫听，形影不睹；夫之父兄，不得对语。[3]（已婚妇女对待丈夫，要像敬重父亲一样，自己不发表意见，不随意出入；不与丈夫的父亲、兄长等男性交谈。）

另一方面，出现了新的嫁娶模式，以及佛教对女性能力的开明观念（相较于当时的儒家思想而言），给予最富有的女性无视"太公的家教"的自由。以武则天为例，她13岁时应唐太宗召，入宫为才人，唐太宗驾崩后入感业寺为尼，唐高宗即位后，又被召回宫中。武则天的能力远胜她那平庸软弱的皇帝丈夫，于是她垂帘听政，涉足国事。据称683年唐高宗驾崩之前，武则天毒死了名正言顺的继承人——太子李弘，在唐高宗驾崩后又罢黜了自己的两个亲生儿子（分别在6周后和6年后）。690年，武则天走到台前，成为中国历史上唯一凭借自身能力登上帝位的女皇帝。

从一些方面来看，武则天是不折不扣的女权主义者。她召集文人学士编修《列女传》，并率命妇随行泰山封禅，主持亚献（祭地），后一举动震惊了保守派人士。但是姐妹之情并非全部——之前当王皇后和其他宠妃成为她攀向权力顶峰的绊脚石时,武则天残忍地掐死了自己的亲生孩子,借以陷害王皇后,后又砍下其手脚,将其浸入酒坛之中。

武则天的佛教信仰就和她的女权主义一样充满矛盾。她绝对是一名虔诚的信徒,一度禁止屠宰,甚至亲自迎出洛阳城去,只为面见一位从印度取经归来的僧人。然而她又公然地利用宗教为政治目的服务。685年,她的幸臣薛怀义"寻得"一部《大云经》,其中提及"净光天女",其为女菩萨且将为女国王后。武则天加尊号"慈氏越古金轮圣神皇帝"。传说龙门石窟精美绝伦的卢舍那佛像就是仿照武则天形象雕刻的(图7.3)。

武则天与行政机关的关系同样错综复杂。她推动科举制,而不拘家族出身,儒家文人就此上位,而他们却对女性统治者恨之入骨,武则天以其人之道还治其人之身,在文人队伍中进行大清洗,这些人借着撰写官方史料的机会将她塑造成女性掌权后祸乱天下的反面形象。

但即便如此,这些文人也无法掩盖武则天统治的璀璨光辉。她号令百万雄师,调动庞大的人力、物力,深入大草原。当时的唐朝更像罗马而非汉朝,主要在国家内部进行招募,从士族中选拔军官。这样可以威慑内部对手,从而保持将士的忠诚度。任何官员在未获批准的情况下,即便只调遣了10个人,也要面临一年的牢狱之灾;如果调遣了一个团,那么就要被绞死。

这支军队将中国的统治范围扩展到了从未到过的东北亚、东南亚以及中亚地区,甚至在648年侵入了印度北部。因此,在武则天统治时期,中国的软实力不断提升。与作为文化中心的印度相比,2—5世纪的中国显得黯然失色,印度的传教士和商人将佛教思想向更远、更广阔的范围传播,新兴东南亚国家的上流人士都接受了印度的服饰、经卷和宗教传统。然而到了7世纪,中国的影响力与日俱增。一种具有显著特色的中印文化开始在东南亚盛行,中国的佛教学派将佛教思

图7.3 这反映了武则天的面容？这尊卢舍那佛塑像位于龙门石窟，雕刻于700年前后，传说它是以这位史上唯一以自己名义统治中国的女性为原型雕刻而成的

想重新塑造后传回印度，而朝鲜、日本等新兴国家的统治阶级则完全从中国学习佛教思想。他们仿照中国人的衣着服饰、城镇规划、法律准则和文字，并且通过声称获得了中国统治者的认可或与其有血缘关系来巩固自己的权力。

中国的文化吸引力很大程度上来自其对外来思想的开放程度以及将它们融合成新事物的能力。在武则天统治时期，许多有权有势者的祖先都可以追溯到大草原的游牧民族，而且他们与贯穿东西的草原通路保持着密切的联系。来自内亚的舞者和乐师在长安城风行一时，追逐时髦的人们穿着波斯风格的服饰：紧身上衣、褶裙和长面纱。在当时，真正的"潮人"们只选用东非的"鬼奴"作为看门人。"（食生物，採得时与火食饲之，累日洞泄，谓之换肠。）缘此或病死，若不死，即可蓄。久蓄能晓人言，而自不能言。"①4

即使冒着摔断骨头的危险，中国名门望族仍然热衷于游牧民族的独特游戏——马球；每个人都像中亚人一样坐在椅子上，而不再跪坐于席上；时髦女郎青睐异域宗教，例如琐罗亚斯德教和基督教，这些宗教由涌入中国城市的中亚、伊朗、印度和阿拉伯商人传播到东方。2007年的一项DNA测试显示，有一个名为虞弘的人，在592年时被葬于太原，而他实际上是欧洲人（虽然仍不能完全肯定这个人是自己万里迢迢地从西方移民至东方，还是他的祖先经历了更为漫长的移民历程）。

武则天统治下的世界是589年中国重新统一的结果，这次统一在南方建立了一个强大的国家，开拓了南方广阔的经济发展领域。这解释了为什么东方的社会发展如此迅速，但是对于为什么东西方的社会发展在541年产生了交叉这一问题只回答了一半。要想得到完整的答案，我们还需要了解西方社会发展持续下降的原因。

最后的荣光

从表面上来看，西方复苏的可能性至少在6世纪时还和东方一样大。在这两个核心地区，一个庞大的古国没落，出现了一个更小的帝国，声称对整个地区具有合法的管辖权，而另外一些"野蛮"国家无视这些宣言（图7.4）。在经历了5世纪的一系列灾难性事件之后，拜占庭帝国加强了边界防御体系，享有了相对和平。527年，一位名叫查士丁尼的君主即位。至此，一切迹象都在朝着好的方向发展。

---

① 此文出自《萍洲可谈》（宋朝宋彧著），记录的是其父朱服（宋朝人）于广州生活期间的见闻，并非唐朝时的事情。——编者注

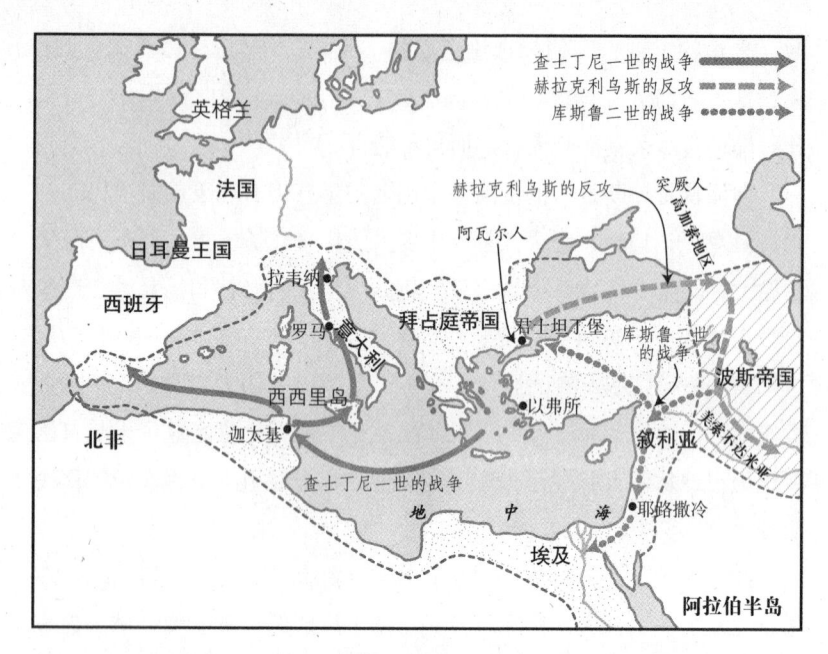

图7.4 最后的后裔？首先是拜占庭帝国的查士丁尼一世（公元483—565年），然后是波斯帝国的库斯鲁二世（？—628年），两者都试图重新统一西方的核心腹地；之后拜占庭帝国的赫拉克利乌斯反击了库斯鲁二世（公元624—628年）

史学家经常把查士丁尼称为"最后的罗马人"。他精力充沛，统治期间彻底整顿行政机构，加强税收，并且重建君士坦丁堡（雄伟壮观的圣索菲亚大教堂就是他留下的文化遗产的一部分）。他像魔鬼一样工作。一些反对者坚持认为他其实就是魔鬼——就像好莱坞电影里的吸血鬼一样，不吃，不喝，也不睡，尽管他性欲旺盛。另有一些人甚至说他们曾经看见查士丁尼的脑袋与身体分离，当他的身体在夜间于走廊徘徊时，他的脑袋就四处乱飞。

根据传言，查士丁尼的主要驱动力来自他的妻子狄奥多拉（图7.5），一个比武则天更声名狼藉的人。狄奥多拉在婚前曾经是一位女演员（在古罗马，这是对妓女的委婉说法）。有谣言说狄奥多拉的性欲比查士丁尼还要旺盛，说她曾经与晚宴上所有的来宾做爱，在他们都筋疲力尽后,又去勾引他们的30个仆从。这些传言也许有真实成分,但是狄奥多拉的表现就像一位真正的皇后,比如,532年,在反对查士丁尼的尼卡起义爆发时,狄奥多拉阻止了查士丁尼逃跑。她指出:"每个人都会死,但是如果有一天人们不再称我为'皇后',我也不会再苟活于世。如果您想逃,陛下,那祝您走运……但是我更欣赏一句老话——紫袍(紫色是皇家御用颜色)是最好的裹尸布。"[5] 于是,查士丁尼重新振作起来,调遣军队,并且再未重蹈覆辙。

就在第二年,查士丁尼派遣将军贝利撒留从汪达尔人手中强行夺取了北非。65年前,汪达尔人的火船使拜占庭帝国夺回迦太基的企图灰飞烟灭,但是如今轮到汪达尔人溃不成军了。贝利撒留横扫北非,之后穿过西西里,在那里击溃了哥特人。贝利撒留在罗马欢庆536年

图7.5 比武则天还要坏(更坏还是更好,这取决于你自身的角度)?意大利拉文那的一幅镶嵌图中描绘了皇后狄奥多拉的面容,这个镶嵌图是在公元547年制作完成的

资料来源:Scala/Art Resource,纽约

的圣诞节，一切看上去都很完美。然而，当查士丁尼在565年去世时，再征服行动已经停滞，帝国破败了，西方的社会发展已然落后于东方。到底哪里出了错？

根据贝利撒留的秘书普罗柯比留下的一本名为《秘史》的记录来看，这一切都是女人的过错。普罗柯比提供了一个复杂的阴谋论，与唐朝人给武则天捏造的一样令人费解。普罗柯比说，贝利撒留的妻子安东尼娜是皇后狄奥多拉最好的朋友和寻欢作乐的伙伴。为了使查士丁尼不再关注她与安东尼娜的传言，狄奥多拉故意在查士丁尼面前诋毁贝利撒留。结果查士丁尼真的相信贝利撒留正在密谋造反，于是将他召回，结果军队由于失去主帅，群龙无首而失败。查士丁尼又将贝利撒留派回去拯救危局，之后却再度陷入猜忌，（不止一次）掉入了愚蠢的循环。

没有人知道普罗柯比的记录中有多少可信的成分，但是对于再征服失利的真正解释似乎在于：6世纪，尽管东西方核心地区拥有众多的共同点，但是两者之间的区别起着更大的作用。从战略上来说，查士丁尼的地位与隋文帝统一中国时是完全相反的。在中国，577年，北周灭北齐后统一了北方，之后隋文帝在此基础上，征服了富裕但薄弱的南方。相反，查士丁尼依仗富有的拜占庭帝国企图征服众多的贫困却武力强大的"野蛮"国家。查士丁尼想要像589年时隋文帝一样一举统一核心地区，是不可能的。

查士丁尼还要处理波斯人的问题。一个世纪以来，拜占庭帝国与匈人的一系列战争、税收的争端以及宗教动乱使得波斯帝国的军事维持平静的状态，但是罗马帝国从废墟中崛起的前景迫使波斯人采取行动。在540年，一支波斯军队攻破了拜占庭帝国薄弱的防线，横扫叙利亚，迫使查士丁尼双线作战（这也许是贝利撒留从意大利被召回的真正原因，而非安东尼娜的私通丑闻）。

雪上加霜的是，在541年，据说有一种可怕的新型瘟疫在埃及肆虐。病人出现发烧症状，腹股沟和腋窝部位肿胀。大约一天过后，这些肿胀部位会发黑，随即病人陷入昏迷或者谵妄。在之后的一两天，大多数病人会在极度痛苦中死去。

这就是黑死病。一年之后，这种瘟疫传播到了君士坦丁堡，大约有10万人病死。由于黑死病的死亡率很高，以弗所主教约翰声称，"没人会不挂姓名牌就出门"[6]。

君士坦丁堡认定瘟疫来自埃塞俄比亚，大多数史学家也同意这一观点。黑死病的病菌可能早在公元541年很久之前就开始在非洲的大湖地区进化，并通过埃塞俄比亚高原上的黑鼠所携带的跳蚤四处传播。多年来，红海的商人一定将许多只埃塞俄比亚老鼠带到了埃及，但是由于携带病菌的跳蚤只有在15~20摄氏度才活跃，埃及的高温显然阻止了这种传染病的传播——直到6世纪30年代末。

之后发生了什么一直是人们争论不休的话题。树木年轮显示，之后经历了好几年严寒天气，拜占庭帝国和盎格鲁-撒克逊的天象观测者记录了一颗巨大彗星。有些史学家认为彗尾制造出了一个尘幔，从而降低了温度，使得瘟疫暴发；有些认为火山灰是温度降低的罪魁祸首；而另一些坚持认为瘟疫暴发与尘幔和火山都无关。

但在这一切背后，导致6世纪西方社会发展下滑的原因既不是彗星，也不是战略问题，甚至不是其自身道德标准的松懈。东西方之间的最终差别在于地理因素，而非人为因素，而这种差别决定了战争打击和疾病侵害如何影响社会发展。查士丁尼治下的帝国经济状况良好——埃及和叙利亚的农业比之前任何时候都要高产，商人仍然将谷物和橄榄油运送到君士坦丁堡，但西方没有东方那样的不断开拓的水稻田。当隋文帝征服中国南方地区时，他派遣了至少20万军队；而查士丁尼即使是在551年意大利战争的激烈时期，也只招募到2万人。隋文帝的胜利让其获得了中国南方巨大的财富，而查士丁尼仅仅赢得了更为贫穷、战乱纷飞的土地。如果再过几代时间，一个重新统一的罗马帝国有可能把地中海重新打造成商贸的高速通道，从而开拓新的经济前沿，扭转社会发展的落后局面，但是查士丁尼并没有这种机会。

在较量开始之前,地理因素就已经注定查士丁尼英勇又自负的再征服行动会以失败告终,而他的努力也许只是让早已注定的失败更为凄惨。查士丁尼的军队将意大利变为一片废墟,而供养其军队的商人们又将老鼠、跳蚤和死亡带到了地中海。★这场瘟疫在公元546年之后逐渐消退,但病菌已经扎根于此,因此直到公元750年,每年都有地方暴发瘟疫,其间人口锐减高达1/3左右。就如400年前东西方交流所引发的传染病,大规模的死亡最初给一些人带来了利益:劳动力减少,因此幸存者的工资增长,而让富人的日子更难过(与基督教精神明显不一致的是,以弗所主教约翰在544年抱怨大规模的死亡让洗衣服务贵得离谱),查士丁尼的应对措施就是将工资限定在瘟疫暴发之前的水平。这一做法显然无济于事。此后,土地荒芜,城市缩小,税收减少,机构瘫痪。很快每个人的处境都变得更悲惨。

在之后的两代人的时间里,拜占庭帝国内部发生动乱。5世纪时,英国和高卢大部分地区都已经不是西方核心地区;6世纪时,战争频发的意大利和西班牙部分地区也步其后尘;随后分崩离析的浪潮翻滚着,从西北一直向东南蔓延,最终吞噬了拜占庭帝国的腹地。君士坦丁堡的人口减少了3/4,农业、贸易和国家收入衰落,帝国末日近在咫尺。到600年时,只有一个人仍然幻想着重建西方核心:波斯帝国的国王库斯鲁二世。

毕竟,罗马不是西方帝国中唯一可以被重建的国家。早在公元前500年,当罗马仍停滞不前时,波斯帝国已统一了西方核心的大部分地区。现在拜占庭帝国奄奄一息,似乎又到了波斯帝国重振雄风的时刻。609年,库斯鲁二世冲破了拜占庭帝国衰败的边境防御工事,拜占庭的军队随即溃不成军。614年,库斯鲁二世占领了圣城耶路撒冷,

---

★ 其实瘟疫是由人类传播的,而非老鼠。在老鼠短短的两年生命内,平均每只老鼠走过的距离只有0.4千米。如果老鼠是罪魁祸首的话,那么每个世纪瘟疫传播的范围都只能前进不到20千米。

夺取了基督教最神圣的遗迹：钉死耶稣的真十字架碎片、戳穿耶稣身体的圣矛和喂耶稣喝水的圣海绵。五年后，库斯鲁二世夺取了埃及。626年，也就是查士丁尼掌权的99年后，库斯鲁二世的军队驻扎博斯普鲁斯海峡对岸，威慑君士坦丁堡。而他雇佣的来自西部草原的游牧民族同盟——阿瓦尔人横扫巴尔干半岛，等待着从对岸发动攻击。

但是库斯鲁二世梦想破灭的速度甚至比查士丁尼还要快。628年，在库斯鲁二世去世之后，他的帝国也随之四分五裂。拜占庭帝国皇帝希拉克略无视君士坦丁堡城墙外的军队，而是从教会那里"借来"了金银财宝，乘船前往高加索地区。在那里，他凭借着那些财宝，从突厥★部落中雇佣了游牧骑兵，因为他推断骑兵将会是战争的关键，既然拜占庭帝国的骑兵所剩无几，那么不如雇佣一些骑兵。结果他雇佣的这些突厥骑兵将阻击他们的波斯士兵打得溃不成军，并且摧毁了美索不达米亚。

这次战败导致了波斯帝国的崩溃浪潮，统治阶级分崩离析。库斯鲁二世被亲生儿子囚禁并被饿死，之后其儿子交出库斯鲁二世征服的土地，归还他夺取的圣物，甚至接受了基督教信仰。整个波斯帝国陷入了内战的泥淖，在5年之内更换了8位君主，而希拉克略则被称为当时最伟大的人。当时有人赞叹说："无边无际的愉悦感以及无法形容的幸福感充斥于天地之间。"[7] "让我们齐声高唱天使的赞歌吧！"另一个人写道："至高的荣耀归于神，让和平祥和落至人间，赐予人类幸福安宁。"[8]

公元533年之后的一个世纪里，西方古国的垂死挣扎引发剧烈动荡。由于缺少像中国那样的新经济领域，库斯鲁二世和查士丁尼一样无力扭转西方社会发展的颓势，他们越是努力尝试，结果就越糟糕。最后的罗马人和波斯人引发了长达一个世纪的暴力、瘟疫和经济衰

★ 有些西方史学家用"突厥人"这个词来描述现代土耳其人的草原游牧祖先，他们在11世纪才迁徙到现在的土耳其地区。

退，最终掏空了整个西方核心地区。630年，希拉克略攻下耶路撒冷，并归还真十字架碎片，仅仅十年之后，他们所有的荣耀和悲剧都退出了历史舞台，变得无关紧要了。

先知的预言

在不知不觉中，查士丁尼和库斯鲁二世的行为都遵循了某些古老模式。他们努力想要控制核心地区，结果却引起动乱，而且将更多边缘地区的人卷入僵局。库斯鲁二世把阿瓦尔人带到君士坦丁堡，而希拉克略将突厥人领入美索不达米亚。另外，两个帝国都雇佣了阿拉伯部落来守卫他们在沙漠地带的边境，因为这样做要比负担自己的卫戍部队成本更低。曾经将罗马的边陲日耳曼化、将中国的边境地区匈奴化的同一想法，如今又将拜占庭帝国和波斯帝国的共有边界阿拉伯化。在6世纪，两大帝国与阿拉伯地区的联系越发紧密，分别建立起阿拉伯藩属国：波斯帝国将阿拉伯南部纳入自己的版图，而拜占庭帝国的埃塞俄比亚同盟侵占了也门来制衡两国力量。阿拉伯地区被拉入统治核心，而阿拉伯人也在沙漠中创建了自己的国家，沿着商路构筑绿洲城镇，并且皈依基督教。

大规模的波斯—拜占庭战争强烈撼动着外围的阿拉伯地区。这两大帝国土崩瓦解后，阿拉伯强人仍然在争夺废墟。7世纪20年代，阿拉伯西部城市麦加和麦地那为了贸易航路而展开斗争（图7.6）。它们各自的军队在沙漠中散开，寻找盟友，伏击敌人的商队。古老的帝国边界对这场战争来说无关紧要，当先知穆罕默德在630年攻占麦加时，他的大军实际上已经攻入巴勒斯坦。在那里，忠于麦地那的阿拉伯人和忠于麦加的阿拉伯人发生了猛烈的冲突，而其他阿拉伯人则在君士坦丁堡的资助下与这两派交战。

对在同一片沙漠边缘生存的阿拉米部落成员来说，这一切大体上与公元前1200年埃及和巴比伦王国灭亡时的情景相似：这些都只是

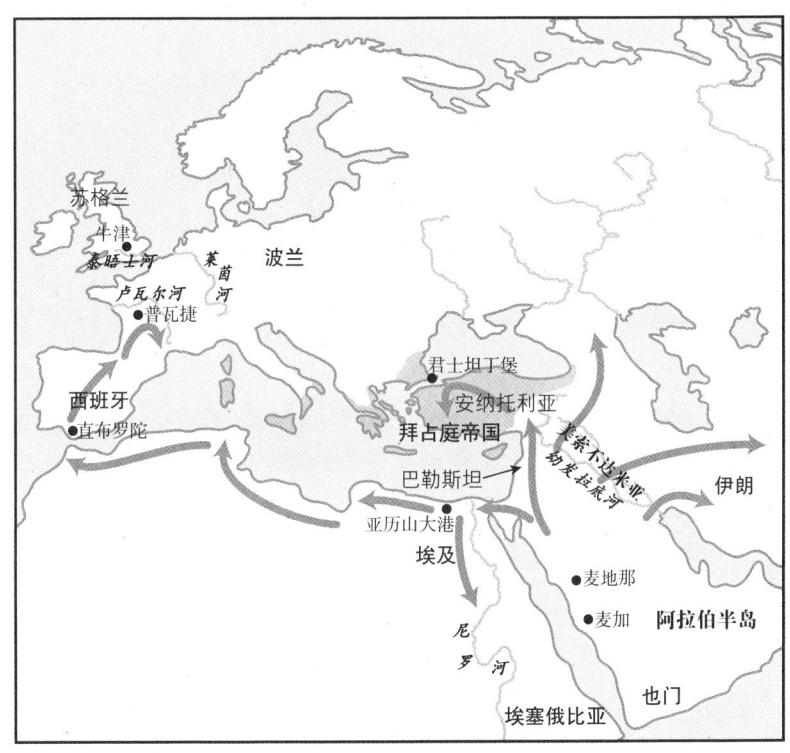

图7.6 神圣的战争：公元632—732年，阿拉伯人几乎重新统一了西方核心地区。图中的箭头显示了阿拉伯人主要的侵略路线

国家灭亡时边境地区所发生的事情。但对阿拉米人来说有一件事是他们不熟悉的，那就是麦地那的领袖——穆罕默德·伊本·阿卜杜拉。

当波斯于610年前后展开对拜占庭的灾难性战争时，穆罕默德就已经经历异象。吉卜利勒天仙现身并且命令道："宣读吧！"穆罕默德陷入了慌乱之中，他坚称自己并非宣读者，但是吉卜利勒天仙又接连两次发出了同样的命令。之后穆罕默德耳畔传来了这样一番话：

> 你应当奉你的创造主的名义而宣读，他曾用血块创造人。你应当宣读，你的主是最尊严的，他曾教人用笔写字，他曾教人知道自己所不知道的东西。[9]

343

穆罕默德认为自己一定是疯了或者是被恶魔附身了，但是他的妻子安抚了他的情绪。在之后的22年里，吉卜利勒天仙一次又一次地到来，使得穆罕默德浑身颤抖，大汗淋漓，几欲昏厥，并通过这位先知之口传达真主的旨意。这些话语诉说着人世的美丽和传统，在听到的那一瞬间人们就被转化了。最知名的拥护者之一欧麦尔说："我的心变得柔软，我流泪了。伊斯兰教进入了我的身体。"[10]

伊斯兰教遵从真主的意志，在很多方面都可以称为经典的第二波轴心宗教。其创始人来自精英团体的边缘（他是一个商人）和帝国的边缘，他相信真主是不可知的，他的思想是基于早期轴心时代思想的。他践行正义、平等、关爱弱者的行事准则，这与早期轴心时代思想家相似。但他又有一种全新的身份：一个轴心时代思想的捍卫者。

与佛教和基督教不同的是，伊斯兰教诞生于衰败帝国的边缘地区，当时正处在持续征战的混乱年代。伊斯兰教不是推崇暴力的宗教，但穆斯林无法置身事外。《古兰经》有言："你们当为主道而抵抗进攻你们的人，你们不要过分，因为真主必定不喜爱过分者。"[11]像20世纪的美国穆斯林马尔科姆·艾克斯所说的那样："我们要崇尚和平，待人有礼，遵守律法，尊重他人。但是如果有人侵犯了你，那就把他送去墓地。"[12]宗教传播过程中并没有出现强迫行为，但是穆斯林（"顺从"真主意志）在信仰受到威胁时应捍卫自己的信仰——由于伊斯兰教在传播中不断向衰败的帝国深入拓展，因此这种情形是极其常见的。

因此，阿拉伯移民找到了他们的后发优势：宗教救赎和军事力量的结合给了他们组织归属和人生目标，而这两者在现实世界中都弥足珍贵。

像其他想要在核心地区寻求一席之地的边缘地区的人们一样，阿拉伯人声称他们是亚伯拉罕的儿子以实玛利的后人，所以生来就拥有这样的权利。穆斯林宣称，亚伯拉罕和以实玛利亲手建造了麦加最神圣的"天房"克尔白，伊斯兰教源于"亚伯拉罕的宗教"[13]，犹太教是伊斯兰教的同源宗教。从亚伯拉罕到耶稣，所有先知都是正当的（虽然耶稣并非弥赛亚），而穆罕默德是最终的先知，传递真主的旨意，兑现犹太教和基督教的承诺。穆罕默德对犹太教徒和基督教徒坚称："我们的主和你们的主都是一个。"[14]这些宗教之间的争斗是无谓的：事实上，西方需要伊斯兰教。

穆罕默德写信给库斯鲁二世和希拉克略进行解释，但是并未得到任何回复。不论如何，这并不影响阿拉伯人持续不断地迁入巴勒斯坦和美索不达米亚。他们更多是作为战团进入这些地区，而非以军队的形式；他们的规模很小，很少超过5 000人，可能从未超过15 000人；他们较少进行激战，而是更多地打游击战。然而，寥寥几支敌军的规模也并不比他们大。在7世纪30年代，当时的国家都濒临破产，四分五裂，根本无力应对这一令人困惑的全新威胁。

事实上，西南亚的大多数人似乎并不特别在意阿拉伯的首领们是否会取代拜占庭帝国或者波斯帝国的官员。几个世纪以来，两个帝国都因教义争议迫害了许多基督徒。例如，自公元451年以来，拜占庭帝国认定"基督两性论"，即一为人性，一为神性。而埃及教会反驳说，耶稣其实只有一性（完全的神性）。截至7世纪30年代，因此丧命的人数众多，以至叙利亚和埃及地区有许多怀抱着一性论信仰的基督徒积极欢迎穆斯林到来。他们认为与其忍受那些实施宗教迫害的同一宗教信徒，还不如接受认为这个问题无关紧要的异教徒。

639年，4 000名穆斯林入侵埃及，亚历山大港不战而降。曾经强盛一时的萨珊王朝苟延残喘，在历经十年的内战之后，最终如纸牌屋一般倒塌。而拜占庭帝国则撤退至安纳托利亚，从而丧失了帝国3/4的税收来源。在随后的50年间，其高端统治灰飞烟灭，帝国要想存活下去只能寻求低端统治手段，也就是依靠当地显贵资助来供养军队，同时要求士兵自己种植粮食谋生，而非领取薪酬。到700年，只有五万人生活在君士坦丁堡，他们开垦郊区，种植谷物，不再进口，并且不使用货币，而是进行物物交换。

在一个世纪间,阿拉伯人侵吞了西方核心最富裕的地区。674年,他们的军队在君士坦丁堡的城墙之下扎营。40年后,他们在今巴基斯坦印度河河岸集结,越过边界向西班牙进发。732年,一个战团抵达法国中部普瓦捷。然而令人疑惑的是,这些来自沙漠并进入帝国核心的移民随后放慢了步伐。1 000年之后,吉本进行了这样的思索:

> (阿拉伯人)胜利的战线绵延1 600多千米,从直布罗陀的岩石延伸到卢瓦尔河沿岸;如果重复同等的距离,萨拉森(来自北非的穆斯林)可以进入波兰境内或者苏格兰高地。莱茵河并不比尼罗河或幼发拉底河更难以通过,阿拉伯人的舰队可以不经战斗就驶入泰晤士河河口。也许牛津的学校现在都在教授《古兰经》,而神职人员在向受割礼的信徒们揭示穆罕默德启示的圣洁和真理。[15]

吉本不无讽刺地补充说:"基督徒因此灾难得到了拯救。"18世纪的伦敦和7世纪的君士坦丁堡一样,当时的世俗认知将基督教精神视为西方的核心价值观,而将伊斯兰教视为其对立面。西方核心地区的统治者们可能经常将那些从边缘地区来的人看作野蛮族群,但是吉本非常清楚阿拉伯人其实是具有更大规模的西方核心地区第二次轴心转移的一部分,这场变革始于基督教精神的胜利。实际上,我们可以超越吉本,将阿拉伯人置于一个更为长久的传统之中,追溯到公元前2200年美索不达米亚的阿莫里特人时期,并且站在阿拉伯人的角度看待他们:他们曾经因为争端被卷入核心地区,现在向当权者追讨自己正当的权利。他们来此并非为了埋葬西方文明,而是试图完善它;不是为了挫败查士丁尼和库斯鲁二世的野心,而是为了将其实现。

就像18世纪吉本的批评家一样,我们这个世纪的许多政治专家发现,将伊斯兰文明想象成一种局外的、与"西方"(指西北欧及其海外殖民地)文明相对立的文明是很方便的。但是这忽视了历史的真相。到公元700年,伊斯兰世界或多或少已经成为西方的核心,而基督教国家只不过是这个核心的北部边缘地区。和罗马人一样,阿拉伯人带来了同样程度的西方核心文明。

与隋文帝的征服相比,阿拉伯人的征服花费了更长的时间,但是因为阿拉伯军队人数少,并且很少遇到大规模的抵抗,所以他们很少摧毁所征服的土地。8世纪,西方的社会发展最终停止了衰退。现在,也许这个大部分重新统一的西方核心地区能够强势反弹,就像6世纪时的东方核心地区一样,从而缩小东西方之间的差距。

核心不再

然而,图7.1清晰地表明这一切并未发生。尽管两个核心地区在公元700年都基本统一,并且在8—10世纪都经历了,或者说是遭受了类似的政治命运,东方的社会发展速度仍然快于西方。

事实证明,两个统一核心的政治统治都风雨飘摇。它们的统治者必须重新学习汉朝和罗马统治者已经熟悉的道理,那就是帝国/帝制国家的统治是凭借欺骗和妥协实现的,但是当时的隋朝人和阿拉伯人都不善此道。像汉朝一样,隋朝也要警惕游牧民族的入侵(当时是突厥人,而非匈奴人),但是由于东方核心的不断强大,他们也要提防来自新兴国家的威胁。当高丽王朝与突厥人开展秘密协商,讨论联合起来侵略隋朝的时候,隋炀帝决定采取行动。612年,他派遣一支庞大的军队攻打高丽王朝,但是由于恶劣的天气、糟糕的后勤保障以及胡乱的指挥,战争以失败告终。他在613年又派遣了另一支军队,在614年又派遣了第三支,正当他筹备第四支军队时,农民起义撕裂了他的王朝。

在一段时间里,天启骑士肆虐。诸侯们瓜分了整个中国,突厥首领则四下挑拨互斗,随意洗劫。饥荒和瘟疫不断蔓延,一种流行病来自欧亚草原,另一种从海上传来,似乎是可怕的黑死病。但如同统治者的蠢笨愚昧足以引发灾祸一样，具有领袖气质的人物出现足以结束灾祸。唐国公李渊获得了突厥的支持。当突厥人意识到自己犯下大错时，李渊已经称帝，并建立了一个新的王朝——唐朝。630年，唐太宗利用突厥的一次内乱，将唐朝的统治范围延伸到了从未涉及的草原地区［图7.2（2）］。国家掌控力得以恢复，人口流动减少，饥荒和瘟疫逐渐消失，这酝酿出了高速的社会发展，由此成就了之后的武氏天下。

唐朝需要比汉朝更为强硬的手段，以保证统治核心的统一，但是人毕竟是有血有肉的，这种手段并不见得总是奏效。事实上，正是人最基本的情感——爱瓦解了唐朝。根据白居易所著的《长恨歌》，740年时，"汉皇重色思倾国"[16]，唐玄宗疯狂地爱上了自己亲生儿子寿王的王妃，并且将她封为自己的妃子，也就是我们所熟悉的杨贵妃。这个故事听上去就像1 500年前周幽王和意图颠覆西周的蛇蝎美女褒姒之间的爱情一样令人生疑。但是尽管如此，传统观点认为唐玄宗为了取悦杨贵妃什么都愿意做，他的办法之一就是给杨贵妃所宠信的人加官晋爵，包括屡次加封安禄山。唐玄宗忽视了对兵权的限制，纵容安禄山集结起庞大的军队。

考虑到宫廷争斗的复杂程度，安禄山迟早会失宠。755年，当安禄山意识到这一点时，他举兵造反。唐玄宗和杨贵妃仓皇逃亡，但是途中愤怒的卫兵将内战的爆发归咎于杨贵妃，并要求唐玄宗处死她。唐玄宗为了防止自己的至爱落入士兵手中，只得啜泣着让高力士传诏，赐杨贵妃自缢。这就是白居易所描写的：

> 花钿委地无人收，翠翘金雀玉搔头。
> 君王掩面救不得，回看血泪相和流。[17]

根说，唐玄宗曾派一道人前往仙山追寻杨贵妃的灵魂。白居易在诗中以杨贵妃的口吻对玄宗说："但教心似金钿坚，天上人间会相见。"[18]

之后，唐玄宗的儿子唐肃宗平息了叛乱，但是他给予其他军事统帅和安禄山一样大的权力，并且雇佣草原上的突厥人，这为以后的灾祸留下了隐患。当时的唐朝边境松懈，税收锐减，在此后几代人的时间里，唐朝在重建秩序和新的动乱、入侵、叛变之间循环往复，风雨飘摇。907年，梁王朱温逼迫年仅15岁的唐哀帝禅位，终结了唐朝。之后的几十年里，中国处于五代十国时期。

唐玄宗的人生悲剧暴露了中国最根本的政治问题：强大的帝王权力过大，凌驾于其他制度之上。若君主贤明，这不会造成什么问题，但是考虑到皇帝的能力参差不齐以及面临的挑战之大，这意味着国家迟早要遭殃。

在这个意义上，西方核心地区有着与中国完全相反的问题：帝王领导力太薄弱。庞大的阿拉伯帝国没有君主。穆罕默德只是先知，而非君主，人们追随他是因为他们坚信穆罕默德知道真主的旨意。当穆罕默德在632年去世之后，很明显人们再也没有理由追随其他人了，穆罕默德的阿拉伯联盟也面临解体。为了防止这种情形发生，他的几个朋友彻夜未眠，选择了他们的成员之一作为哈里发，这个含糊不清的词语意为"（真主的）代理人"和"（穆罕默德的）继任者"。然而，哈里发唯一的统领权来自他与已故先知的亲密关系。

考虑到阿拉伯首领难以驾驭的特性（一些人想要洗劫波斯帝国和拜占庭帝国；有一些试图割占领土，以地主的身份定居；另一些仍然致力于任命新的先知），最初的几位哈里发做得相当出色。他们劝说大多数阿拉伯人尽可能少地侵扰拜占庭帝国和波斯帝国，将被征服的农民留在他们的土地上，把地主留在他们的领地上，把官僚留在账房内。他们做的主要改变就是将帝国的税收收入收归已用，以此向阿拉伯人支付报酬，使其成为真主忠诚的捍卫者，并让他们居住在阿拉伯人专属的要塞城市。

但是，哈里发无法解决的问题在于："哈里发"这个指代不明的词到底意味着什么。他们是集中财富、发布命令的国王？还是在新征服的领地为独立的族长提供建议的宗教领袖？他们是代表前伊斯兰部落的精英，是代表穆罕默德最初追随者的穆斯林候选人，还是信徒平等主义团体的领导者？没有哪一位哈里发能够让所有穆斯林都满意，当第三任哈里发在656年被谋杀之后，这种困境上升到了危机的程度。穆罕默德生前的好友没几位当时还活着的，因此穆斯林推选穆罕默德年轻的堂弟（兼女婿）阿里担任哈里发。

阿里想要还原他所认为的伊斯兰教的最初精神，捍卫穷人的利益，主张将税收收入分配给士兵，更加公平地分配战利品，这些政策激起了先前特权阶级的强烈不满。内战一触即发，但是穆斯林（在这个阶段）仍然不愿意互相杀戮。661年，他们从危机边缘退了回来：对阿里不满的支持者们没有使整个阿拉伯世界陷入战争，相反，他们刺杀了阿里。现在哈里发的头衔落到了阿拉伯规模最大的军队首领头上，他在大马士革建都，并试图建立一个拥有集权的税收和官僚制度的传统国家，但没有成功。

在中国，唐玄宗的爱情引发了政治灾难；在西方，兄弟情义，或者说缺少兄弟情义招来了祸事。750年，一个新的哈里发王朝将都城迁往巴格达，并且更加积极地追求集权主义。但是809年，兄弟之间的一系列争斗使得哈里发马蒙的权力即使以阿拉伯标准来衡量都异常衰弱。他大胆地决定深入问题的核心：真主。和基督教、佛教不同，伊斯兰教没有教会等级制度，哈里发虽然拥有巨大的现世权力，但无权声称自己比其他人更了解真主的旨意。马蒙决定撕开伊斯兰教的旧伤口，以改变这一状况。

回到680年，穆罕默德的堂弟（女婿）阿里被谋杀之后不到20年，阿里的亲生儿子侯赛因举起义旗，反对哈里发制度。当侯赛因被打败继而被杀死时，几乎所有人都袖手旁观。但是在之后的100年里，一个分支（什叶派）意识到现在的哈里发是依靠谋杀阿里而夺取职位的，因而是不合法的。什叶派争论说，侯赛因、阿里和穆罕默德的血统的确为我们提供了真主特别恩典的真理，因此只有伊玛目的后代才能够引导伊斯兰教。尽管大多数穆斯林（被称为逊尼派，即"遵循逊奈（圣训）者"）认为这个观点荒谬绝伦，但什叶派继续宣扬他们的理论。到了9世纪，一些什叶派教徒相信伊玛目这一支正将他们引向救世主（"马赫迪"），也就是在人间建立真主的王国的救星。

马蒙决定选择当时的第八任伊玛目（侯赛因的五世孙）作为自己的继承人，由此将什叶派变成他专属的派别。这一做法狡黠且工于心计，但是第八任伊玛目于当年去世，他的儿子对马蒙的策略完全不感兴趣，于是马蒙的谋略落空。马蒙大胆地展开了他的第二个计划：他在巴格达雇用了一些深受希腊哲学影响的宗教理论家，宣称《古兰经》是一本由人创造的书，而不是真主思想精髓的一部分。通过这种手段，《古兰经》以及所有阐释它的神职人员，都被置于真主在人间的代理人哈里发的权威之下。马蒙在伊拉克★建立了宗教裁判所，逼迫其他学者认同他的思想，但是少数不屈的神职人员无视他的威胁，坚持认为《古兰经》是真主自己的思想，胜过世间一切，包括马蒙。这场争斗一直延续到848年，直到哈里发承认失败。

马蒙的第一个计划和第二个计划中表现出来的愤世嫉俗削弱了哈里发的权威，而他的第三个计划则将之撕成碎片。虽然宗教权威仍然困扰他，但是马蒙决定不再小心翼翼，而是直接购买军事武力——购买突厥奴隶组成军队。然而，和之前的统治者一样，马蒙和他的继承人也认识到了游牧民族基本上是不受控制的。到了860年，哈里发其实已经成为他们自己的奴隶军队的人质。没有军事力量和宗教支持，他们再也无法获取税收收入，最终只能把领地卖给埃米尔（伊斯兰国家对其上层统治者的称号之一）。这些军队将领支付一大笔钱，就可以保留他们能够榨取的所有税收收入。945年，一位埃米尔攻占了巴

★ 针对穆斯林于7世纪征服的、位于底格里斯河和幼发拉底河之间的土地命名问题，史学家一般将它的希腊名"美索不达米亚"转换为阿拉伯名"伊拉克"。

格达,哈里发帝国分裂成十几个独立的酋长国。★

当时,东西方两大核心地区都分裂成十几个小国,尽管两个核心地区的崩溃存在相似之处,但是东方的社会发展持续上升且速度快于西方。对这个问题的再一次解释似乎是这样的:创造历史的既不是君主,又不是知识分子,而是数以百万计的懒惰、贪婪和恐惧的人民,他们在寻求更方便、更有利、更安全的做事方式的过程中,创造了历史。无论统治者使他们遭受了多少创伤,人民都要继续过下去,尽力做到最好。由于东西方的地理环境迥异,两个统治核心的政治危机也分别以不同的结局收场。

在东方,5世纪以来的内部迁徙在长江以外开辟了新疆域,并且成为东方社会发展背后的真正驱动力。6世纪时,国家统一加速了社会发展的上升进程,到8世纪时,这种上升趋势极其强劲,并安然度过了唐玄宗沉迷美色、荒废朝政的年代。政治动乱必然会产生消极影响。例如,公元900年东方社会发展指数得分的急剧下滑(图7.1)就是敌军将拥有百万人口的长安夷为平地的后果。但是多数战争都远离主要的粮食生产地、运河和城市,而且这些战争扫除了之前阻碍商贸行为的政府微观管理,可能实际上起到了加速发展的效果。在这种战乱年代,由于无法监管国有土地,行政人员开始从垄断者和贸易税收中敛财,也不再对商人指手画脚。此时权力从中国北方政治中心向南方商人转移,商人由此发现了更多加速商业发展的方法。

中国北方大多数的海外贸易都由国家主导,在中国和日本、高丽统治者之间通商。公元755年后,随着唐朝的倾覆,这些贸易联系随之丧失。有些结果是积极的,比如日本的精英文化开始脱离中国模式,向着更具独创性的方向发展,出现了一系列由女性创作的文学巨

★ 哈里发对巴格达的统治一直延续到1258年("影子哈里发"甚至后来在开罗继续统治),但是和公元前771年的周王一样,他们只是象征性的君主。埃米尔一般在周五的祈祷仪式上会提及哈里发,其他时候则无视其存在。

著，例如《源氏物语》《枕草子》。但是，大多数结果是消极的：在9世纪时，中国北方、朝鲜和日本同时出现了经济衰退和国家覆灭。

相反，在中国南方，独立商人利用了从国家权力中获得的新自由。自20世纪90年代以来，人们不断地在爪哇海发现10世纪时期的沉船，其上不仅有来自中国的奢侈品，还有来自南亚和伊斯兰世界的陶器和玻璃制品，这意味着当时的海外贸易市场已扩展到了这个区域。并且由于当地精英阶级对日益兴盛的商人征税，由此诞生了第一批强大的东南亚新兴国家，也就是位于今苏门答腊和柬埔寨的高棉帝国。

欧亚大陆西部拥有全然不同的地理条件，加上粮食产地的面积无法与东方相提并论，这意味着其政权解体也会导向全然不同的结果。7世纪，阿拉伯人的征服打破了曾经分隔罗马帝国与波斯帝国的旧边界（图7.7），开创了伊斯兰核心的新繁荣。哈里发扩大了伊拉克和埃及的灌溉工程，而移民将作物和技术从印度河带到了大西洋。水稻、糖和棉花遍布穆斯林聚居的地中海地区，通过填闲种植的方法，农民们可以在土地上一年两收，甚至一年三收。征服了西西里的穆斯林甚至发明了经典的西方食品，例如意大利面和冰激凌。

虽然打破罗马和波斯的旧边界带来了收益，但地中海地区出现的将伊斯兰国家与基督教国家分隔开来的新边界带来了损失，两者逐渐互相抵消。随着地中海南部和东部发展成为伊斯兰国家（截至750年时，阿拉伯人统治下的人民中只有不到1/10是穆斯林，而到了950年，这个比例超过了9/10），阿拉伯语成为通用语言，因此与基督教国家的联系减少了。之后，随着公元800年后哈里发王国分裂，埃米尔在国家内部也筑起了界限。一些伊斯兰核心的强盛地区，比如西班牙、埃及和伊朗，凭借内部需求得以延续，而其他地区则衰落了。9世纪的中国战争大多避开了经济腹地，而伊拉克脆弱的灌溉网则被与突厥奴隶军队作战和长达14年的巴士拉黑奴起义摧毁了，这场起义是非洲种植园的奴隶在一个自称诗人、先知和阿里后裔的领袖领导下发动的。

在东方，中国北方的统治核心遇到危机时，朝鲜和日本也走向了政权崩溃。同样的,在西方,随着伊斯兰核心的分崩离析,外围的基督教地区也开始了进一步的分裂。成千上万的拜占庭人在互相残杀中死亡,并且因为新的教义问题(尤其是关于上帝是否认可耶稣、玛利亚和其他圣人的圣像问题)从罗马教会分离出来。而日耳曼诸王国基本上与地中海地区隔断联系,开始创建自己的世界。

在遥远的西方边缘地区,有一些人期望凭借自己的能力将这片土地变成核心地区。从6世纪开始,法兰克人就成为一方霸主,北海周边相继出现了许多小的贸易城镇,以满足法兰克贵族对奢侈品永无止

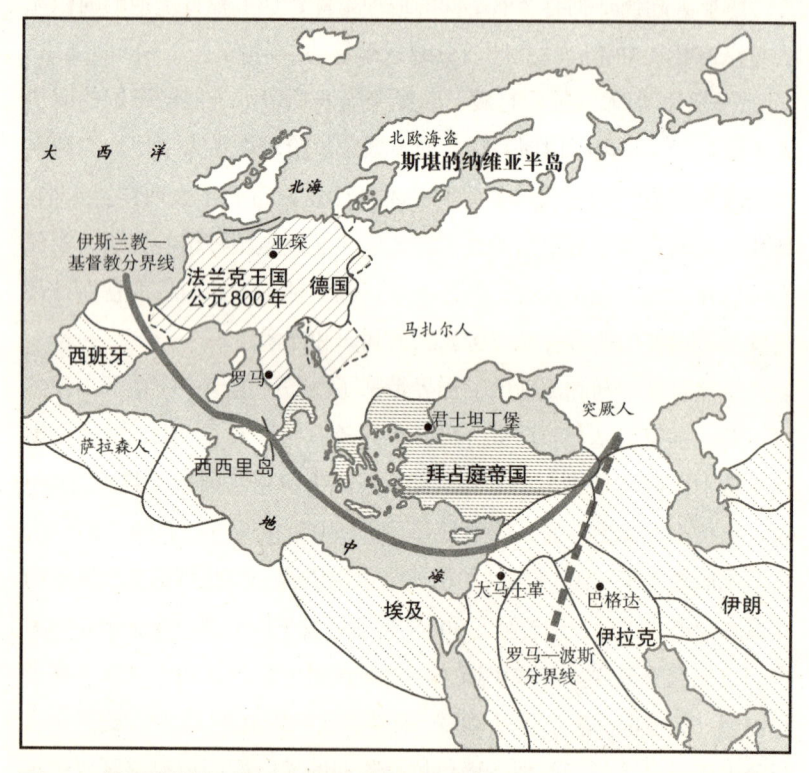

图7.7 断层线转换:图中的粗虚线表明公元前100年—公元600年分隔罗马与波斯的主要经济—政治—文化断层线;粗实线表明公元650年之后分隔伊斯兰教和基督教的主要断层线。位于西北方的是约公元800年正处于巅峰期的法兰克王国,位于南方的伊斯兰世界表明了约公元945年的政治分区情况

境的渴求。他们仍然实行着征税少、行政管理少的低端统治。那些善于在好斗贵族之间调解矛盾的帝王能够迅速统一包括西欧大部分地区在内的庞大而松散的领土，而在无能的君主领导之下，这些国家很快就灭亡了。如果一国的国王拥有太多子嗣，那么这个国家通常都是以众王子瓜分土地而告终，而这通常导致重新统一的战争。

8世纪末对法兰克人来说是很好的时机。8世纪50年代，罗马教皇向其寻求帮助，以抵抗当地暴民；800年的圣诞节早晨，法兰克国王查理曼★甚至让罗马教皇利奥三世在圣彼得大教堂向他下跪，并为他加冕为罗马皇帝。

查理曼励精图治，试图创建与他头衔相匹配的王国。他的军队把火药、利剑和基督教带到了东欧，将穆斯林赶回了西班牙；同时他的官僚机构集中征税，在亚琛（一个宫廷诗人称之为"待建的罗马"[19]）集结了一批学者，创制了稳定的货币体系，并监督贸易的复兴。这不禁让我们将查理曼与北魏孝文帝对比：三个世纪之前的孝文帝将位于中国贫瘠边疆的北魏推向了高端统治模式，启动了东方核心地区迈向重新统一的历程；而查理曼在罗马进行加冕礼，派遣使节去巴格达示好，同样表现出了如北魏孝文帝一般的雄心壮志。法兰克人的编年史还记载了，当时哈里发对查理曼很赞赏，还送了他一头大象。

然而在阿拉伯人的记载中，既没提到法兰克人，又没提到大象。查理曼并不像魏孝文帝，而且显然在哈里发政权中无足轻重。查理曼从未自称为罗马皇帝，也没有让拜占庭帝国的女皇伊琳娜†让位于他。事实上，法兰克王国从未向高端统治国家的方向深入发展。尽管查理曼雄心勃勃，但是他没有机会统一西方核心地区，甚至没有机会把这个基督教边缘地区转化为一个独立的国家。

★ 查理曼的真名是加洛林（Carolus），"查理曼"是加洛林·马格纳斯（Carolus Magnus）的法语化版本，意思是"查理大帝"。
† 伊琳娜可以说与狄奥多拉和武则天棋逢对手：她在797年把亲生儿子的眼睛挖了出来，使他失去成为统治者的资格，由此夺取王位。

不幸的是，查理曼的成就之一是提高了社会发展水平，吸引了来自基督教外围地区之外更荒芜地区的入侵者。814年他去世时，来自斯堪的纳维亚的维京长船沿河直入帝国心脏地区，马札尔人骑着强壮的草原矮种马洗劫日耳曼，而北非的萨拉森海盗正要独自劫掠罗马。亚琛备战不足，应对迟缓。当维京船只靠岸后开始焚毁村落时，皇家军队姗姗来迟，甚至索性踪影全无。渐渐的，村民们开始向当地有权势的人寻求庇护，城镇居民们则向他们的主教和市长求助。843年，查理曼的三个孙子将帝国分成三份，"国王"这个称号对他们的子民来说已经没有什么价值了。

重压之下

这些劫难似乎还远远不够，亚欧大陆在公元900年后处于一种新的压力之下——这个压力要按照字面意思理解，随着地球的轨道不断变更，大陆的大气压也在不断上升，减弱了由大西洋吹向欧洲的西风带和由印度洋吹向南亚的季风。在公元900—1300年，整个欧亚大陆平均温度大约上升了0.56~1.1摄氏度，降雨量平均减少了10%左右。

一直以来，气候变化迫使人类改变他们的生活方式，但是由人类自己决定如何改变。在寒冷潮湿的北欧，"中世纪暖期"非常受欢迎，当地人口在公元1000—1300年大约翻了一番。然而在更为炎热干旱的伊斯兰核心地区，它就不那么受欢迎了，当时伊斯兰世界的总人口大约下降了10%。而一些地区，尤其北非地区的人口却大幅增长。908年，伊非利基亚★（大约是突尼斯）（图7.8）脱离了巴格达的哈里发政权。某些激进的什叶派†正式建立了一个被称为"法蒂玛王朝"

★ "伊非利基亚"是非洲的阿拉伯化说法，是"突尼斯"的罗马名字。
† 就激进的意义而言，这里指的是那些经常动用武力，反对他们所认定的逊尼派非法政权的什叶派的伊斯玛仪派，而不是指那些以更平和的方式等待隐藏着的第十二伊玛目归来的十二伊玛目派。

（中国史籍称"绿衣大食"）的绝对正确的哈里发伊玛目政权，因为他们宣称是穆罕默德的女儿法蒂玛的后裔（和伊玛目）。969年，这些法蒂玛的后裔征服了埃及，在973年迁都开罗，兴修水利。到了1000年，埃及已经拥有了当时西方最高的社会发展水平，埃及商人的足迹遍布整个地中海地区。

1890年，如果开罗的犹太社区没有下定决心重塑拥有900年历史的本·依兹拉犹太会堂，那么我们将会对这群商人知之甚少。和许多犹太会堂一样，这里的会堂也有一个储藏室，里面保存着信徒们不再需要的文件资料，从而避免了因损毁印有上帝之名的资料而亵渎神明。一般来说，储藏室会定期清理，但是这里的储藏室却堆满了几个世纪以来累积的废纸。随着重建的开始，旧文件开始出现在开罗的古董市场。1896年，一对英国姐妹将一大捆资料带回了剑桥。她们把其中两张纸交给剑桥大学研究犹太教法典《塔木德》的学者所罗门·谢克特。谢克特一开始心存疑惑，随即大为惊叹：其中一片是《圣经·德训篇》的希伯来语残片，以前世人只知有希腊文版本。这位学识渊博的博士立刻于当年12月前往开罗，运回了14万份资料。

在这些资料中，有数百封1025—1250年从遥远的西班牙和印度寄到开罗贸易商行的信件。当时随着人口增长，市场和利润也不断扩大，于是阿拉伯的征服所形成的意识形态分歧日渐消弭。这对通信者来说显然是无关紧要的，他们更担心天气、家庭和如何赚到更多钱，而非宗教和政治问题。在这一点上，他们是典型的地中海商人。尽管文献记载很少，但在伊非利基亚以及西西里，商业显然同样国际化且利润丰厚，例如，伊斯兰地区的巴勒莫成为与意大利北部的基督教地区通商的新兴城镇。

就连蒙特帕里卓，这个近年来我一直在调查挖掘的西西里偏远山村，也参与其中。正如我在第五章提到的，我曾经前往调查公元前7—前6世纪的腓尼基人和希腊统治的影响，但是2000年挖掘工作开始的时

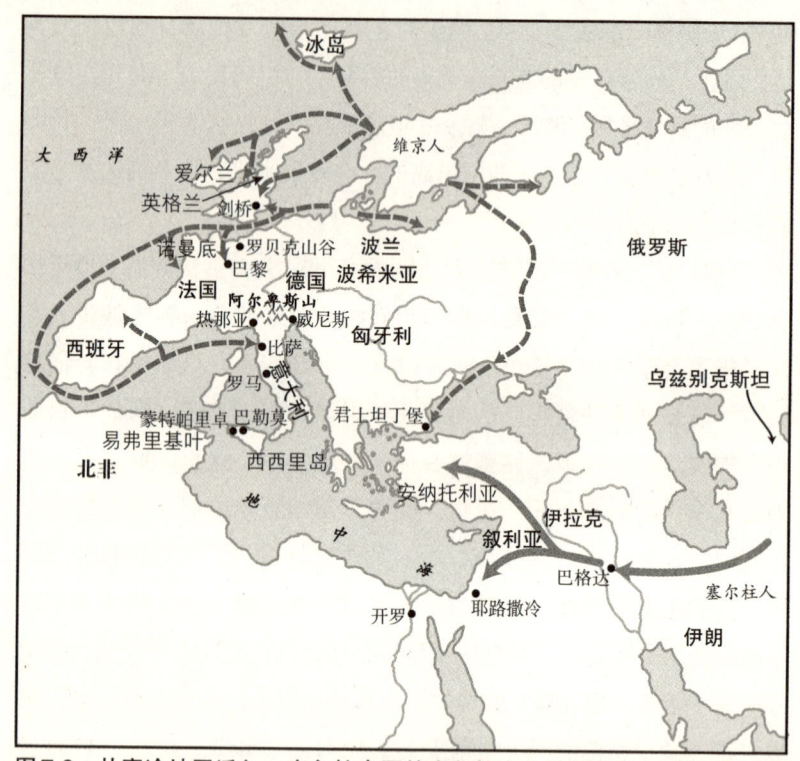

图 7.8 从寒冷地区迁入：塞尔柱帝国的塞尔柱人（实线箭头）以及维京人/诺曼人（虚线箭头）在 11 世纪时迁入西方核心地区

候，我们在古老的房屋之上又发现了第二层村庄。第二层村庄大约建于 1000 年前后，可能是由来自伊非利基亚的穆斯林移民所建，并且在 1125 年前后被焚毁。出乎意料的是，在对该遗迹出土的碳化植物种子进行仔细研究时，我们的植物学家发现了一间装满了被精心脱粒的小麦的储藏室，里面几乎没有一根杂草。* 这与我们找到的公元前 6 世纪的种子情形完全不一样，那时的种子总混杂着许多杂草、谷壳。用此制作出的面包口感不好，但对生活在简陋农村的村民来说，他们自给自足，并不介意食物吃起来不怎么样。但扬谷筛除去了 12 世纪小麦的杂质，当时的商

---

* 在这里，我要再一次感谢汉斯-彼得·斯蒂卡为这些研究发现所做的分析。

业化农民已经开始为挑剔的城镇居民生产食物。

如果连小小的蒙特帕里卓都与全世界商业网络联系在了一起，说明地中海的经济一定是在蒸蒸日上。但是在西南亚最古老的伊斯兰核心地区，经济发展并不理想。自从9世纪60年代起，情况变得非常糟糕，伊拉克的哈里发带来充当士兵的突厥奴隶已然发动政变，自封为苏丹，但是更糟糕的还在后头。7世纪以来，伊斯兰商人和传教士就一直向草原上的突厥部落传教；到了960年，位于今乌兹别克斯坦境内的葛逻禄部约20万户人家中的大部分人皈依了伊斯兰教。这是信仰的胜利，但是很快就演变成了政治家的梦魇。葛逻禄部与回鹘建立了黑汗王朝，而另一个突厥部落塞尔柱人也追随他们的信仰，进行了迁徙：他们一路洗劫，直入伊朗，并在1055年占领了巴格达。到1079年，他们已经将拜占庭人驱逐出安纳托利亚的大部分地区，又将法蒂玛人赶出叙利亚。

很快，西南亚的伊斯兰世界与日益兴盛的地中海伊斯兰世界渐行渐远。塞尔柱人建立起一个大国，但甚至比哈里发政权还要运转不良。1092年，在这个国家的强权君主去世之后，他的儿子们遵循草原传统，将国家分为九部分，彼此交战。在他们的战争中，骑兵起着决定性的作用，因此塞尔柱国王们将大片土地赏赐给那些能够为其提供大批骑兵的军队首领。这些游牧民族将领如预料的一样，导致政务荒废，商贸停滞，甚至连铸币活动也停止了，城市萎缩，灌溉渠淤塞，大量边缘村庄倾颓。在中世纪暖期炎热干燥的气候里，农民必须一刻不停地艰苦劳作，最多只能勉强保持原先的土地不退化成草原或者荒漠，但是塞尔柱政策又加重了他们的负担。许多征服者偏爱游牧生活多于城镇生活，对于农业的荒废并不担忧。随着12世纪逐渐过去，越来越多阿拉伯人离开他们的土地，加入突厥人，开始从事畜牧业。

伊朗东部的学者对于在动荡年代里激进的什叶派理论的传播感到震惊，于是开始建立学校，发展并传授连贯一致的逊尼派理论，这得到了塞尔柱贵族的支持，并在12世纪时大力推广。它的学术丰碑至今仍是逊尼派思想学说的基石，例如，安萨里的《宗教学科的复兴》，其中运用希腊逻辑学知识来调和伊斯兰法律体系、苏菲神秘主义和穆罕默德的启示。事实上，逊尼派的复兴非常成功，以至一些什叶派教徒坚信谋杀逊尼派领袖是当时唯一可行的方法。撤退到伊朗的山区后，他们组建了一个被称为"阿萨辛"的秘密组织（据说此名源自其成员借由吸食印度大麻哈希什进入刺杀状态）。

谋杀无法逆转逊尼派复兴的脚步，但这场成功的知识运动也无法维持一个塞尔柱国家的运作。缺少法蒂玛王朝为北非提供的那种政治组织，塞尔柱人的国家在中世纪暖期的重压之下崩溃。时运不济，因为同样的天气情况为西南亚制造了同样的挑战，却为伊斯兰核心地区的欧洲边缘的一些人，即那些难以驾驭的暴徒、商人和侵略者创造了机遇。同样关键的是，更加温暖的气候给北欧带来了更长的生长期和更好的收成，这使得原本边缘化的土地成了潜在的利润来源。等到中世纪暖期逐渐消退，农民已经将曾经的森林开垦成可耕种的广袤土地，大约砍伐了西欧一半的树木。

就像农业从侧翼丘陵区传播开来的扩张时期一样，两个过程结合在一起，将先进的农业技术从西欧带到东欧。其中一个过程是由教会领导的殖民统治，教会通常是边境地区唯一组织良好的机构。威尔士的杰拉尔德写道："给修道士一块荒野或者一片野林，然后等待几年，你不仅会发现美丽的教堂，而且旁边还有住所。"[20] 扩张是传教的结果：根据1108年开展的传教运动，"异教徒是最低劣的群体，但是他们的土地是最理想的，那里到处充斥着肉类、蜂蜜和面粉……在这里你不但能够拯救你的灵魂（通过强迫异教徒改变信仰），只要你愿意，还能够获得非常理想的用以定居的土地"。[21]

有些异教徒逃脱了；有些屈服了，其结局并不比奴隶好多少。但是就像几千年前狩猎-采集者遭遇了农业生产者、西西里岛人遭遇了希腊殖民者一样，有时异教徒会组织起来维护自己的信仰。随着法兰克王国和日耳曼王国的农民向东迁徙，砍伐树木，开垦牧场，一些波希米亚、波兰、匈牙利,甚至遥远的俄国村民开始模仿他们的农业生产技术,利用更加有利的天气条件展开更密集高效的耕作方式。皈依基督教的首领们劝说或强迫臣民纳税,并且与殖民者(及彼此)作战。

欧洲的国家、教堂以及密集型农业的不断扩展与5世纪以来中国长江以南地区的农业扩展很类似,但是有一个关键性的区别,那就是没有在新的农业区域和旧的城市核心之间构建主要的贸易通道。由于欧洲缺少像中国的大运河那样的水路运输方式,因此无法将波兰的粮食以成本低廉的方式运送到巴勒莫和开罗这样的大城市。西欧的城镇靠近这些农业区域,不断发展壮大,但是依旧数量不足、规模太小,无法提供足够的市场空间。这些西欧城镇没有从东欧进口粮食,而是提升当地生产水平、开拓新能源以实现增长。

水力磨坊原本常见于伊斯兰核心地区,现在也传播到了基督教边缘地区。以10—13世纪为例,法国罗贝克山谷的磨坊数量增长了四倍。根据1086年编著的《土地调查册》,当时的英格兰拥有5 624家磨坊。农民也认识到了马匹的优势,尽管它们吃得比牛多,但是拉犁速度快,并且工作时间更长。公元1000年之后,马的数量逐渐增加,欧洲开始采用穆斯林发明的、用以减少摩擦的金属马蹄铁(原因我将在第八章讲述),又用项圈马具代替了笨拙、令马窒息的绕脖马具,从而使马的牵引力提高了三倍。1086年时,英格兰贵族土地上仅有1/20的役畜是马;到了1300年,这一比例上升到了1/5,并且由于拥有多出的马力(更不用说多出的粪肥),农民有效地减少了荒废的土地数量,因而创造出更多财富。

欧洲的农场仍不如埃及和中国的高产,但也逐渐出现剩余产品可卖给城镇,并且这些发展中的城镇开始扮演起新的角色。许多西北欧人都是农奴,受法律束缚在领主的土地上劳作,领主保护农奴不受强盗(和其他领主)的掠夺。至少在理论上,这些领主是国王的附庸,作为装甲骑兵为国家而战以报效国王,而国王服从于传达上帝指令的教会。但是领主、国王和教会都想获取城镇里的更多财富,而城镇居民通常能够用一部分财产换取摆脱封建义务的自由。

就像亚述和周朝以来的低端统治者一样,欧洲的国王们实际上是在收取保护费,但是他们的管理甚至比多数前人更加混乱。城镇、贵族、君主和教会人员不断地互相干涉,并且由于缺少真正的中央权威组织,争端几乎不可避免。比如1075年,教皇格列高利七世宣称他拥有德意志所有主教的任命权。他的目的是改革教会领袖的道德操守,但是由于主教控制着德意志的大片土地,这个举措也起到了其他作用,它使格列高利七世掌控了德意志的许多资源。德意志国王亨利四世吓坏了,他宣称他是信仰的捍卫者,并且有权将格列高利七世免职。他坚称:"现在,你不再是教皇,只是假修士……我,亨利,蒙上帝的恩典,和所有的主教一起向你宣布:免职!免职!"[22]

然而,格列高利七世非但没有被免职,反而革除了亨利四世的教籍。从现实来说,这意味着德意志的封建领主可以不承认亨利四世的合法性。由于无法在自己的土地上做成任何事,亨利四世连一年时间都坚持不了,被迫赤足在阿尔卑斯修道院之外的雪地里等了三天三夜,以祈求教皇的宽恕。他如愿了,但随后又与教皇开战。这是一场没有赢家的战争。教皇格列高利七世无钱支持他的雇佣兵,于是雇佣兵洗劫了罗马,教皇大失人心;而国王在逃出亲生儿子的监禁后,在逃亡过程中去世。这个神学争议从未真正解决。

11世纪的欧洲充斥着这种错综复杂的斗争,但是随着这些争端被解决,组织机构的实力逐渐强大,责任范围也日渐清晰。国王越来越多地在领土上进行组织、调动和征税。一位史学家将这一过程称为"一个迫害社会的形成"[23]:官员们说服人民,视自己为国家明确界定的一部分(英国人、法国人等),而非国家反对的其他部分——流放者,诸如犹太人、同性恋、麻风病人和异教徒,这些群体首次被系统性地排除在国家保护之外,并且受到恐吓威胁。在这种不甚愉快的过程中,出现了越来越多的有效国家。

其他史学家对这个过程评价较高,称之为"大教堂时代"[24],因为令人心生敬畏的教堂于整个欧洲涌现。1180—1270年，仅法国就建造了80座大教堂、500座修道院以及数万座教区教堂。当时，从采石场采集了超过110万立方米的石料，远远超过了埃及金字塔所用的石料数量。

随着罗马帝国一起衰败的还有西欧的学术研究，而且只有在查理曼统治之下的法兰克得以部分恢复。然而公元1000年后，教师开始聚集在新建大教堂周围，并且像伊斯兰教穆夫提（教法说明官）一样建立学校。赴伊斯兰世界的西班牙学习的基督徒带回了阿拉伯宫廷学者珍藏了几个世纪之久的亚里士多德关于逻辑的译本。这一切充实了基督教的知识领域，帮助神学家以9世纪马蒙统治下的巴格达神学家那样复杂的方式看待上帝，但是这也在受过教育的精英团体中制造了新的矛盾。

在这一问题上，皮埃尔·阿伯拉尔比任何人都清楚。作为一个涉足新知识领域的聪慧的年轻人，阿伯拉尔在1100年前后开始在巴黎崭露头角。他四处游学，并且用亚里士多德逻辑学为难和羞辱他的那些迂腐学究派老师。像阿伯拉尔这样二十几岁的年轻人运用锐利的辩论技巧，将惯例习俗（可能是每个人灵魂的归宿）变成重重疑团，诚实正直但单调乏味的老师眼睁睁地看着自己的事业陷于崩溃。阿伯拉尔自我感觉极其良好，于是创立了自己的学校，引诱了自己的学生爱洛依丝，并使之怀孕。爱洛依丝的家族颜面尽失，对他进行了报复。阿伯拉尔羞耻地说："一天晚上，当我正在熟睡时，他们切下了我用来做那件事情、他们厌恶至极的器官。"[25]

阿伯拉尔和爱洛依丝羞愧难当，各自退居修道院，但他们在之后20年间一直保持通信，阿伯拉尔一方面投身于神学事业，一方面又炽热地爱恋着爱洛依丝。在被迫隐退的期间，阿伯拉尔撰写了《是与否》，一本将逻辑学应用于基督教矛盾的手册。阿伯拉尔的名字变成了学习新知的危险的代名词，尽管如此，他仍然迫使基督教神学家把卷宗权威性与亚里士多德理性主义互相融合。1270年，阿奎那在其著作《论基督教神学》中将其进一步升华时,基督教的学术和逊尼派复兴的学术同样错综复杂。

其他欧洲人的做法与阿伯拉尔完全背道而驰:他们没有从伊斯兰核心地区把思想和组织形式带回基督教边缘地区,而是自己搬到了伊斯兰核心地区。来自威尼斯、热那亚和比萨的商人与来自开罗、巴勒莫的商人争抢利润可观的地中海贸易,进行买卖、偷窃和战斗。在西班牙,那些来自日益拥挤的西北欧的移民帮助当地的基督徒,将穆斯林驱赶出去,而诺曼人(斯堪的纳维亚人)在整个地中海地区引发了一系列的掠夺和征服。

诺曼人是斯堪的纳维亚(半岛)的异教徒维京人的后代,9世纪时在欧洲西北偏远的边缘地区大肆掠夺,在10世纪发展为更大规模的掠夺。随着中世纪暖期到来,北美洲北大西洋的水域逐渐开放,他们搭乘长船来到冰岛、格陵兰岛甚至北美洲的文兰,大规模地在爱尔兰和英格兰定居。912年时,他们的首领罗洛在法国北部皈依基督教,成为一名正当的君主(统治今诺曼底地区)。

诺曼人在信仰的细节问题上一直都含糊不清,他们在931年的罗洛葬礼上献祭了100名俘虏,但是他们的野蛮骁勇使他们成为理想的雇佣军,声名远播至君士坦丁堡。1016年,他们受雇于作战双方,参与攻打意大利南部的无休止的战争,随后诺曼人建起自己的国家,在1061年逼近西西里,在那里他们对穆斯林发起了近乎种族灭绝的战争。如果你现在游览西西里,很难发现能证明伊斯兰教曾统治此地长达两个世纪之久的遗迹,这个岛屿曾是地中海地区的奇迹。

诺曼人对伊斯兰教并无特别的敌意,他们对待基督徒同胞也同样恶劣。一位意大利作家称他们为"一个无人性、野蛮、残暴且可怖的种族"[26]。拜占庭的公主安娜·科穆宁娜对此更为震惊,她写道:"只要有战役和战争发生,诺曼人的心中就会发出咆哮声,他们无法克制自己。不仅士兵,就连首领们也无法抗拒而扑向敌方。"[27]

拜占庭人经历了惨痛教训才认识到了诺曼人的特性。在9—10世纪，随着伊斯兰世界转向内战，拜占庭帝国在一定程度上恢复了元气。975年，一支拜占庭军队甚至攻入了耶路撒冷近郊（这支军队没能占领圣城，但是夺回了耶稣的便鞋和施洗者约翰的头发）。但是不到一个世纪，拜占庭变得极度依赖诺曼雇佣兵，而诺曼雇佣兵的言而无信（尽管他们很凶猛，但经常逃跑）造成了1071年拜占庭灾难性地惨败于塞尔柱人手下。20年后，君士坦丁堡受到塞尔柱人的围攻，拜占庭帝国皇帝写信给罗马教皇，希望教皇帮助他们雇佣更多雇佣兵。然而教皇并不这么想。教皇寻求的是巩固自身地位以和欧洲的君主们抗争，因此他在1095年召集了一次集会，提出了十字军东征，旨在将塞尔柱人赶出耶路撒冷。

这引发了极度狂热，事实上这种狂热超出了教皇和拜占庭帝国的预期。数万村民开始向东进发，洗劫中欧地区，沿途屠杀犹太人。只有少数人到达了安纳托利亚，也就是当年塞尔柱人屠杀他们的地方。但除了被俘虏后沦为奴隶的那些人，没有人到达圣城。

更有实际作用的是法兰克和诺曼骑士组成的三支军队，由热那亚商人资助，1099年时他们攻占了耶路撒冷。他们的时机近乎完美：塞尔柱人疲于内战，无暇抵抗，因此他们经过几轮惊心动魄的进攻之后，最终攻破了圣城的城墙。在随后长达12小时的烧杀抢掠中，他们将犹太人活活烧死，肢解穆斯林（据一名犹太妇女观察，这些基督徒至少没有像塞尔柱人那样首先强奸受害者），其残忍行径甚至让诺曼人都瞠目结舌。最终，到了黄昏时分，征服者们蹚过深及脚踝的血水，来到圣墓教堂，感谢上帝庇佑。

虽然东征规模浩大，但是这次针对核心地区的直接侵袭并未严重威胁伊斯兰统治。耶路撒冷的基督教国家步步退缩，直到1187年穆斯林重新占领圣城。之后还有多次十字军东征，但是多数以失败告终。1204年的第四次东征军由于无法承担船只费用，只得把军队租给威尼斯投资家，用以劫掠君士坦丁堡，而非耶路撒冷。东征和拜占庭帝国都再也没能从失败中复原。

西方迫于中世纪暖期的压力，做出了改变。伊斯兰地区继续作为核心存在，但是随着西南亚的社会发展停滞，伊斯兰教的重心开始向地中海地区转移，甚至在地中海地区也是各有成败。埃及成了伊斯兰统治皇冠上的宝石；拜占庭帝国，这个罗马帝国最后的遗迹，最终陨落；粗鄙落后的西北边缘地区在所有地区中扩张得最为迅速。

黑暗的作坊

东方核心地区的情况截然不同。907年，唐朝灭亡。960年，中国重新统一。宋朝的开国皇帝宋太祖原本只是一个将领，但他认识到：近几个世纪以来，中国各地区间的经济、文化联系不断加强，已使士族感到中国理应是统一的国家。只要时机恰当，他振臂一呼，人们就会响应，而非对抗他。当然，他也不惮运用武力。但与前人试图统一核心地区的情况不同，当时多数国家和平归顺，表示接受宋朝的统治。

宋太祖还认识到，军变是王朝灭亡的罪魁祸首，于是他设法消除这个威胁。官方史料记载，宋太祖邀请那些将他推上皇位的将领赴宴，随后"杯酒释兵权"。[28]表面上，他向这些将领敬酒，恭贺他们是时候解甲归田了（那些将领事先完全不知情）。实际上，他免除了这些将领的职务，解除了他们的兵权。就这样，宋太祖发动了一场出人意料的不流血的政变，此后皇帝直接掌握兵权。

北宋从军事政府向文官政府转变，从而极大顺应了人们对于和平统一的广泛愿望。但不足之处在于，中国当时仍有敌对势力，尤其是两个半游牧民族——契丹人和党项人，他们已经在中国北方边疆建立了自己的国家（图7.9）。这些威胁可不是酒能解决的，于是在丧失一支军队且皇帝险遭俘获①之后，北宋又走上了花钱求和的老路。

---

① 作者指的是宋朝军队在澶州城迎敌时，宋真宗御驾亲征。但当时宋朝军事占优，并未出现作者此处所述的险情。——编者注

在一定程度上，这个办法奏效了。和塞尔柱人颠覆西方核心不一样的是，契丹人和党项人没有颠覆东方统治核心。但和之前的几个朝代一样，北宋持续的岁币策略和军队驻扎边防并未真正起到维护和平的作用，反而使自己的国家濒临破产。到11世纪40年代，北宋朝廷维持的是百万之众的庞大军队，每月消耗数千套铠甲、数百万弩箭——这与宋太祖的设想背道而驰。

一些将领希望能够出现一些神秘武器，帮助中国免于再次陷入与草原民族的对峙僵持状态。850年前后，道家的炼丹术士发现了一种火药原材料（具有讽刺意味的是，这个材料是在寻找长生不老药的过程中寻得的）。到了950年，一些画作描绘了人们使用竹管互相喷射燃烧着的火药的情景。1044年，一本军事手册中描述了一种"火药"，包裹在纸或竹子之中，由弹弓发射。然而在当时，这种火药的杀伤力

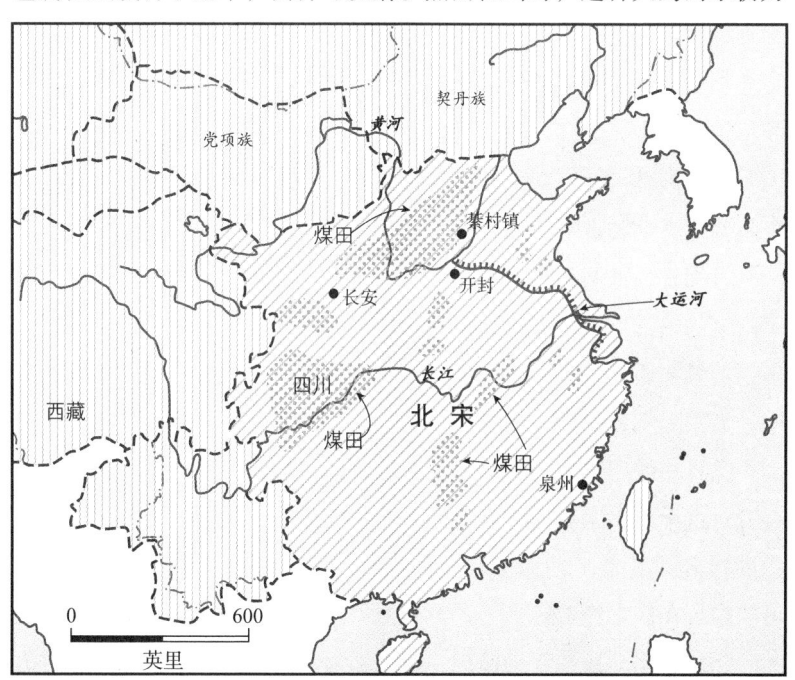

图7.9 渴望和平的国家：1000年前后的北宋、契丹族和党项族。中国的主要煤田在图中用圆点标注

不强，爆炸声只会使马匹受到惊吓，敌人却几乎毫发无损。

由于技术上缺少重大突破，北宋军事发展急需更多的金钱，可是援助来源却出乎意料。其中一个就是中国的知识分子。自755年安禄山发动叛乱使中国深陷动乱以来，许多学者开始质疑人们对外来事物的热衷，他们认为这种热衷带给中国的只有突厥人的入侵和社会混乱。自汉朝灭亡整整5个世纪以来，对那些幻想破灭的士族来说，这是一段野蛮的插曲，使得中国的传统文化腐坏堕落。他们认为，其中最有侵蚀性的外来入侵事物是佛教。

819年，韩愈写了《论佛骨表》呈给皇帝，以表达他对大众歇斯底里情绪的恐慌，这种情绪爆发是因为唐宪宗要将佛骨迎入宫中供养三日。韩愈称："伏以佛者，夷狄之一法耳。"对于早前佛教盛行于中国的时期，他宣称："当时群臣材识不远，不能深知先王之道，古今之宜，推阐圣明，以救斯弊，其事遂止，臣常恨焉。"[29]然而，当时的士大夫水平都极高。士大夫学着去思考、作画，并且最重要的是开始学习像古人一样写作，回归儒学道统，拥有了挽救这个国家的能力。韩愈倡导古文运动，重现了古典写作的清新隽永和高尚道德，并且强调"文以载道"。

对佛教的抵制是充满争议的，但也是合理的。佛教寺庙已经聚敛了巨大的财富。到了9世纪40年代，唐武宗开始灭佛——勒令僧尼还俗，拆毁寺庙，收归财富，他可能主要是基于财政压力的考虑，而非被士大夫对佛教的严厉谴责所打动。官方的态度使得像韩愈这样的士大夫的思想变得格外令人尊崇。佛教徒仍有数百万之众，但是还有数百万对这个外来宗教充满疑惑的人，他们认为佛祖关于人生的重大问题的答案，诸如，"'真我'是什么？我要如何适应这个宇宙？"有可能隐藏在儒家经典中。

新儒学运动横扫士绅阶层，在宋朝最危急的时刻，也就是契丹人和党项人入侵时，国家最优秀的思想家像孔子一样挺身而出，为统治者提出宝贵建议。他们坚持认为，人们必须忘却重生和不老，要明白此时此刻就是一切,满足感来源于人世的行动。范仲淹在《岳阳楼记》中写道:"其必曰:先天下之忧而忧,后天下之乐而乐乎!"[30]

新儒学将经典学说变成了完善社会的行动指南。他们宣称,拥有哲学和艺术技能,并且能够正确地理解古典文化的人,才能够运用古典道德,从而拯救当今天下。欧阳修就是一个例子,他在年少时偶然发现韩愈的文章,之后倡导古文运动,以诗人、历史学家和收藏家的身份而闻名天下,一路加官晋爵,倡导财政和军事改革。

众多同样才华横溢的士大夫为国家贡献了自己的力量,其中最为卓越出众的当数伟大的文学家、宰相王安石。王安石树敌众多(包括欧阳修在内),他们攻击他,说他粗鲁、邋遢,并最终导致王安石罢相退隐。然而,王安石推行的新政策相当于在11世纪将罗斯福新政与里根经济政策相结合,虽然激进,但真正起到了缓和矛盾的作用。王安石抨击税收制度,并实施了更为公正公平的方田均税法,从而增加了国家收入;他投资众多公共事业,推行青苗法(国家向农民和小商人提供借贷资金)刺激经济增长;他用更廉价的民兵替代昂贵的职业军人,由此平衡预算。当遇到保守官员的反对阻挠时,他就撤换官员。他还在行政人员考试中加入了经济学、地理学和法学内容,建立新书院教授知识,并为通过考试者增加薪俸。

尽管新儒学的成就非凡,但是与同时期盛行的第二波发展进程——一次可与古罗马媲美的经济繁荣相比,就有些逊色了。对中国的几乎所有地区来说,中世纪暖期无疑是上天的恩惠:湖泊沉积物、石笋和古籍记载都表明,半干旱的北方降雨量增加,潮湿的南方降雨量减少,都符合当地农民的期望。因此,到1100年时,中国人口大约上升至一亿人之多。

截至1100年,6世纪时的《齐民要术》中所提及的数十种水稻全部被高产的变种水稻所取代,水稻与小麦轮作,灌溉和施肥后可做到一年三收。不断延伸的道路网络(城市内部的道路通常由石料筑成,有时甚至乡间道路都使用砖石)使得粮食向港口运输的过程更为便捷,并且水路运输水平也得到了大幅提升。中国的造船工人借鉴了波斯、阿拉伯和东南亚地区船只的长处,建造出拥有水密舱室、4根甚至6根桅杆以及多达1 000个强壮船员的大型远洋航行船只。漕运费用大幅下降,商人们因为大规模贸易活动而聚集起来。根据12世纪思想家叶适所说:

> 江湖连接,无地不通,一舟出门,万里为意,靡有碍隔。民计每岁种食以外,余米尽以贸易。大商则聚小家之所有,小舟亦附大舰而同营,展转贩粜,以规厚利。[31]

和船只几乎一样重要的是航运中介,他们是购买、储存、贷款、船只安排的中间人。但是,这一切都要花钱,随着经济增长,政府试图铸造足够的铜币。结果,对新铜矿资源的挖掘(以及在铜币中掺杂铅的不甚光彩的行为)使铜币的产量由983年的3亿枚飙升至1007年的18.3亿枚,然而依旧供不应求。

人的懒惰和贪婪拯救了危局。9世纪,在茶叶贸易开始大行其道、国家商业监管松弛的情况下,四川的商人开始在长安设立分铺,在那里他们可以将买卖茶叶的所得兑换成交子,也就是当时的纸质存款凭证。回到四川之后,这些商人可以在交子铺总部将这些票据换成现钱。设想一下,带一张交子相当于带多袋铜币,这样一来交子的优势立现,随后商人们开始普遍使用这种票据。他们发明了信用货币,即价值依赖于使用者的信用而非自身金属含量的代币。1024年,北宋朝廷实施了合理的下一步计划——开始发行官交子。很快,发行的纸币数量超过了铜币。★

随着纸币和信用货币深入乡间,买卖变得更为简单,更多农民可

★ 北宋发行了大约10亿枚铜币以及价值12.5亿枚铜币的纸币。在国家3.6亿铜币储藏量的担保之下,这些纸币可以全部兑换成铜币。

以在自己的土地上种植收成最好的作物,将它们卖掉换钱,再购入他们自己无法轻易生产出来的物品。北宋僧人释道潜在偶入一个偏远村庄的小型集市后,这样描写道:

朝日未出海,杖藜适松门。老树暗绝壁,萧条闻哀猿。
迤逦转谷口,悠悠见前村。农夫争道来,聒聒更笑喧。
数辰竞一墟,邸店如云屯。或携布与楮,或驱鸡与豚。
纵横箕帚材,琐细难具论。老翁主贸易,俯仰众所尊。
区区较寻尺,一一手自翻。得无筋力疲,两鬓埋霜根。[32]

当然,城市的市场更为广阔,吸引了半个大陆的商贩。东南亚商人将泉州港与印度尼西亚的香料群岛、印度洋群岛连接起来,向中国城镇输送进口商品。为了支付其费用,家庭作坊生产出丝绸、瓷器、漆器和纸张,其中最成功的那些作坊进一步升级成工厂。甚至村民都可以购买到书籍这一类原本近乎奢侈的物品。到了11世纪40年代,雕版印刷生产出数百万册相对廉价的书籍,平民百姓也买得起。当时北宋识字率堪比1 000年前的罗马。

最重大的改变是在纺织业和煤炭行业,也就是推动了18世纪英国工业革命的行业。11世纪的纺织者发明了脚踏缫丝机。1313年,学者王祯在其著作《农书》中描述了一种大纺车,可以用畜力或水力带动。王祯批注说,此机"可代女工兼倍省",而且"中原麻布之乡皆用之"[33]。王祯大感震撼,在他的技术记录中多处附诗抒情:

车纺工多日百觔,更凭水力捷如神。
……
机随众檴方齐转,镟上长纤却自缠。[34]

把18世纪法国的纺织机设计图与14世纪王祯的设计对比之后,

371

经济史学家伊懋可不得不承认:"法国纺织机与王祯所设计机器的相似程度惊人,以致令人不可避免地产生这样的疑惑——纺织机其实始于中国。"³⁵ 尽管王祯的纺织机不如法国的高效,但是伊懋可总结道:"如果这部织机所代表的先进路线再往前走一点,那么中国将会比西方早400年进入真正的纺织生产领域的工业革命。"³⁶

由于缺少北宋纺织生产和价格的统计数据,我们无法检验该理论的真实性,但是我们获得了其他行业的相关信息。当时的计税收入表明,铁产量在800—1078年增长了6倍,高达12.5万吨——几乎和整个欧洲在1700年时的钢铁生产总量相当。★

铁厂开在拥有百万人口的汴京城周围,炼出的铁(除其他用途外)被制成军队所需的武器。汴京位于大运河畔,地理位置便利,因此被选为都城。尽管汴京历史并不悠久,没有绿树成荫的大道,没有以前都城那样雄伟恢宏的宫殿,也没有涌现传世诗歌,但是在11世纪时,汴京发展为一个繁华、喧闹且充满生机的大都市。从夜晚直到凌晨时分,吵闹的酒肆长时间供应酒水†,50家瓦舍各自吸引数千观众前往,商铺甚至占据了城市的一条主要大道。在城墙之外,铸造厂夜以继日地运转,黑暗的作坊喷射出火苗和浓烟,消耗数万棵树木,将矿石熔化成铁水——事实上,所需的树木数量极多,铁厂买下整座山后将树木砍伐殆尽,木炭价格因此被哄抬到普通家庭无法承受的程度。1012年,发生了一场抢购朝廷廉价木炭的骚乱,受寒冷侵袭的汴京百姓有数百人被踩踏至死。

显然,汴京进入了生态瓶颈阶段。在中国北方并没有足够多的树木,来同时供给数百万人吃饭、取暖以及维持炼铁厂数千吨铁的正常生产。眼下有两个选择:第一,汴京人和/或炼铁业逐渐搬离此地;

★ 11世纪的税务登记极难解读,一些史学家认为增长幅度没有这么大。然而,没有人否认当时的税收增幅巨大,以及其对能源领域的影响。

† 在1063年宵禁被解除之后。

第二，有人能够发明或找到新的燃料来源。

人类一直以开拓新植物和动物的方式，供给食物、衣服、燃料和居住地所需。随着时间的推移，人类已经成为更有能力的寄食者。在公元最初的几个世纪里，人均消耗的能量是其1.4万年前冰期先祖的七八倍之多。★汉朝人和罗马人还学会了利用风浪来发动船只，超越了利用动植物的能力，并且学会了将水力运用于磨坊。然而，1012年受寒冷之苦而暴动的汴京人基本上还处在一种仅靠其他生物供养的阶段，在能量链中的地位只比石器时代的狩猎-采集者高一点。

在几十年间，事情开始发生变化，在不知不觉间将汴京的铁匠变成了变革者。在约1 000年前的汉朝时期，已经有一些人开始研究煤炭和天然气，但并未开发出明显用途。只有当贪婪的炼铁厂与炉灶、家用能源消耗争夺能源时，炼铁产业才实现了从古代有机经济向矿石燃料新世界的跨越。汴京靠近中国两大煤矿储备地（图7.9），又临近黄河，拥有便捷的交通，因此它并不需要天才来解决用煤炭代替木炭来冶炼铁矿石的问题，只需要保持贪婪、绝望并反复尝试。资金和人力在定位、挖掘以及运输煤炭的过程中也极其关键，这可能解释了为什么（拥有资源的）商人引领时代潮流，而非（不拥有资源的）住户。

苏轼写于约1080年的《石炭》使我们对这次变革有了一定认识。

  君不见，前年雨雪行人断，城中居民风裂骭。
  湿薪半束抱衾裯，日暮敲门无处换。
  岂料山中有遗宝，磊落如磐万车炭。
  流膏迸液无人知，阵阵腥风自吹散。

★ 在东方，人均能量获取从公元前14000年前后的每人每天（各种用途）大约4 000千卡（社会发展指数得分为4.36分）上升至公元前1年时的27 000千卡（社会发展指数得分为29.42分）；在西方，人均能量获取从公元前14000年前后几乎相同的水平上升到公元前/公元1年时的大约31 000千卡（社会发展指数得分为33.78分）。

373

根苗一发洁无际，万人鼓舞千人看。
投泥泼水愈光明，烁玉流金见精悍。
南山栗林渐可息，北山顽矿何劳锻。
为君铸作百炼刀，要斩长鲸为万段。[37]

煤炭业和炼铁业同步发展。有充分证据表明，綦村镇（位于今河北邢台）雇用了3 000名工人，每年将35 000吨矿石和42 000吨煤炭铲入熔炉，炼出14 000吨生铁。到了1050年，煤矿挖掘总量增加，家家户户都开始使用煤炭。朝廷在1098年重新修订贫困救济准则时，煤炭是官方唯一提及的燃料。在1102—1106年，汴京开辟了20个新煤炭市场。

到那时候，东方的社会发展程度已经达到了1 000年以前古罗马时期的顶峰。而以伊斯兰教为核心、以基督教为外围的西方，远远落后于东方的发展进程，并且直到18世纪英国工业革命前夕才达到了东方这时的社会发展水平。事实上，所有的一切都暗示着中国的工业革命浪潮正在汴京被煤灰熏黑的城墙下酝酿着，并且将把东方在社会发展上的巨大领先优势转化成东方主宰世界的局面。历史的发展进程似乎是要将阿尔伯特亲王带到北京，而非将洛蒂带到巴尔莫勒尔堡。

第八章
走向世界

三件大事

马可·波罗对中国的一切都感到惊奇。中国的宫殿是世界上最好的，统治者是世界上最富有的。中国河流上的船只比基督教国家所有河流上的船只还要多，运载着比欧洲人所能想象的还要多的食物，这些食物精致得几乎令人无法相信。中国少女谦逊端庄，中国妻子善良美丽，临安（今杭州）青楼的热情也让外国人念念不忘。但最让人惊讶的还是中国的商业。"我可以诚实地告诉你，"马可·波罗说道，"中国的商业规模之大，若非亲眼所见，绝不会有人相信。"[1]

事实证明，这就是问题所在。1295年，当马可·波罗回到威尼斯时，那些等着听他故事的人，事实上并不相信他的话。★尽管有一些事情超乎常理，例如9斤重的梨，马可·波罗大部分的描述还是和我们在图8.1中所见的一致。马可·波罗去中国的时候，中国的社会发展正远远领先于西方的社会发展。

虽然马可·波罗惊叹于东方世界，但是有三件大事他并不知道。首先，东方的领先地位正在下降，东西方社会发展指数得分差距从

★ 时至今日，仍有少数历史学家怀疑马可·波罗是否真去了中国。

1100年的12分降至1500年的6分以内。其次，在第七章末尾预见的那个情形（东方的铁匠和磨坊主将开始工业革命，大量利用化石燃料）并没有发生。虽然马可·波罗对中国火炕燃烧用的煤炭感兴趣，但是他对中国的肥鱼和半透明的瓷器同样感兴趣。尽管他所描述的这片土地令人惊叹，但是它还保持着传统的经济模式。最后，马可·波罗的到来是对未来的一种预示——欧洲人就要来了。1492年，意大利人克里斯托弗·哥伦布登陆美洲，尽管他直到去世都坚信自己到达的是中国。1513年，哥伦布的外甥拉斐尔·佩雷斯特雷洛成了第一个有记载的从海上登陆中国大陆的欧洲人。

从哥伦布登陆到西方的社会发展水平超过东方，经历了三个世纪。这一章揭示的漫长时期并不是东方时代的结束，甚至不是东方衰败的开始，但毫无疑问，是东方时代结束的开始。

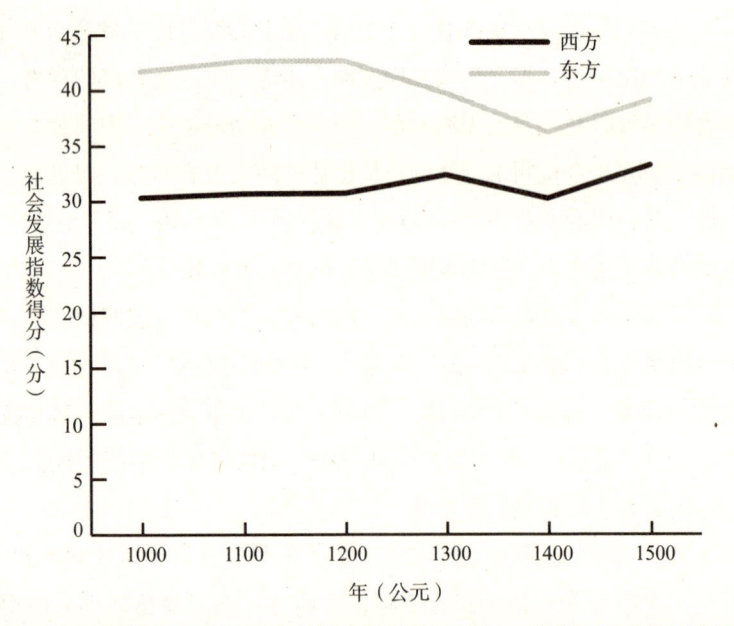

图8.1 在日益缩小的世界里日益缩小的差距：贸易、旅游以及动荡时期再一次将东西方连接在一起

蒙古的铁骑

1127年1月9日的汴京,这个城市的城墙在铁锤和炮弹的攻击下变得满目疮痍。没人知道在这场大风雪里,到底发生了什么,但是城墙上的北宋守军用床弩射出巨箭,不停地向黑暗中发射火药箭,试图击退向他们逼近的攻城塔。3 000名金军士兵最先受到攻击——有的被烧死了,有的被石头砸扁了,更多的被箭射穿了,但是进攻者踩在尸体上重整队伍,继续前进。金朝是北宋北部边界的最新威胁,他们习惯了面对糟糕的情况。在城墙内,尽管只有100个人倒下了,但四处遍布的尸体击溃了守军。将领逃跑了,谣言四起。没多久,传来了攻城塔的声音和箭矢的致命嘶鸣声,盖过了风雪声。我们不知道恐慌是如何开始的,只知道突然有成千上万的士兵惊慌失措地从城里跑出来,不顾一切地四处逃散。敌人攻入了城内,烧杀抢掠。后宫妃嫔宁可投水自尽,也不愿忍受将要发生的事,但宋徽宗、宋钦宗就这么束手被擒。

汴京的沦陷是意料之中的。尽管在11世纪,北宋经济繁荣,但是与北部边境的契丹人的无休止战争给其经济带来了巨大影响,并且历代皇帝只是不停地寻找新的方式进行赔款而已。因此,在1115年,当"野蛮的女真族"(后建立金朝)提出帮助攻打契丹人时,宋徽宗欣然接受了(图8.2)。宋徽宗本该担心这些女真族人在短短的20年里已经从落后地区的农民变成了令人闻风丧胆的骑兵,但宋徽宗精通的是音乐、绘画和书法,而不是政治,而且他的大臣醉心于政治斗争,并不理会铁一般的事实。对金朝的支持,使得宋徽宗创造出了一个怪物,这个怪物首先侵吞了契丹人,然后是宋徽宗自己。如果残存的北宋大臣没有渡江南逃的话,他们也会被这个怪物吃掉。直到1141年,金朝(当时控制中国北部)和一个被极度削弱了的南宋(定都临安)才隔江而治。

汴京的沦陷和随之而来的南北贸易中断,意味着在整个12世纪,社会基本没什么发展。虽然社会停滞不前,但是并没有崩溃。汴京从

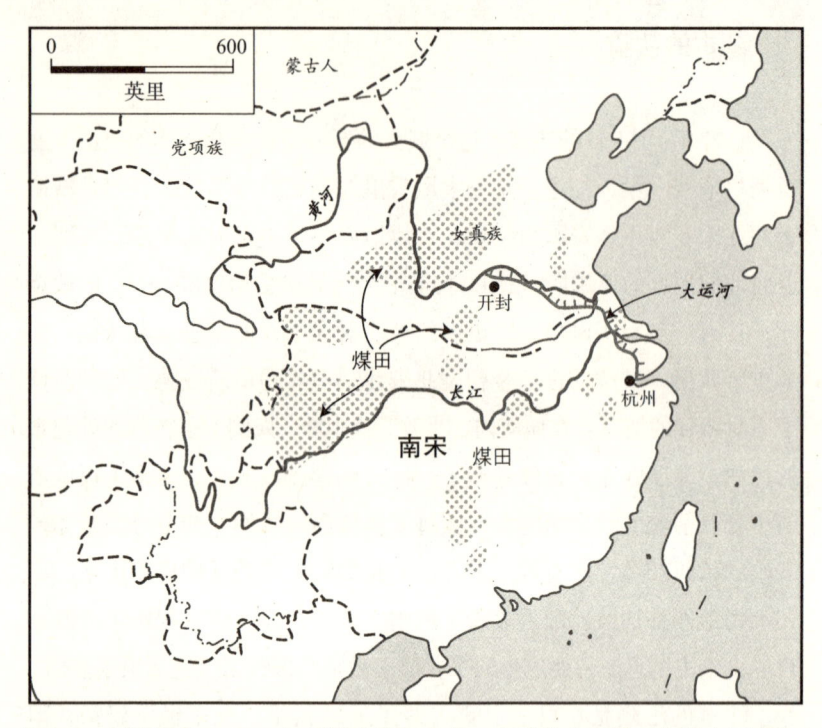

图8.2 创造怪物：1141年时的女真和南宋。中国的主要煤田在图中用圆点表示

这场浩劫中迅速恢复过来，甚至一度成为金朝的首都（后来更名为"南京"）；临安也发展成了一个大都市，给马可·波罗留下了深刻的印象。中国南部的煤田产量虽然没有北方煤田的产量大，但是依然非常可观。12世纪的工业家已经懂得如何在生产铁的过程中利用更加廉价、劣质的煤炭，甚至还懂得如何从铁加工过程所产生的污染副产品中提炼铜。贸易、纸币、化石燃料和商品生产不断发展，1200年，中国的工业起飞的可能性看起来仍和一个世纪前一样。

铁木真的出现改变了这一切。铁木真于1162年在苦寒的蒙古草原出生。他的父亲是乞颜部首领也速该，按"抢亲"习俗从蔑儿乞人手中夺走了诃额仑成亲。她生下了铁木真。铁木真出生时，也速该正好俘虏了塔塔儿部首领铁木真·兀格。为庆祝胜利，也速该给儿子取名"铁木真"。铁木真9岁时,也速该带他去求亲,在归途中被塔塔儿部毒杀。部众叛逃,诃额仑母子被撇下,艰难度日。铁木真捕猎以奉养诃额仑。他还杀害了异母兄弟,因为根据部落的规定,他的兄弟有权娶诃额仑为妻。[①]之后,在铁木真积蓄力量之时,未婚妻已经被抢了,并已怀孕。铁木真把抢夺她的人杀了,把她夺了回来。

铁木真是一个铁骨铮铮的男子汉,否则后来也不会被蒙古人称为"成吉思汗"(意为"强大"),不会成为历史上伟大的征服者。不借助心理学知识也能看出,他夺权的道路(杀死自己的结拜兄弟札木合★,轻亲属关系而改变了蒙古人的作战方式)与他早期的家庭经历不无关系。

在某些方面,蒙古草原在两千年里并没有发生太大的变化。和他之前的首领一样,成吉思汗一方面害怕南宋,一方面又觊觎它的财富。这些因素促使他突然袭击南宋北部的金朝,并且利用战利品赏赐其他蒙古领袖,让他们追随他。但是在其他方面,则发生了很大的变化,即使是成吉思汗本人也要遵守这个历史规律,即一个人不能两次踏进同一条河流。500年来,定居在这里的中国人、穆斯林和基督徒在草原上建立城镇,引进了灌溉技术和犁。农民从游牧民族那里获得土地,而游牧民族从农民这里学会了制造武器。

很显然,这样的交易有利于游牧民族。后发优势再一次显现。最了不起的蒙古首领成吉思汗知道如何将城里的技师和他的骑兵部队完美结合起来,使得他的部队所向披靡。在他于1227年去世之前,他已经从太平洋一路打到了伏尔加河(图8.3)。根据一个波斯人所见,成吉思汗就像"从纸上抹去字迹"[2]那样轻易地扫除障碍。蒙古所经之处"都变成了猫头鹰和乌鸦的栖息地,鸣叫的猫头鹰互相回应,废墟里只听得见呼呼的风声"。

---

① 此处所述原因与我国一般史实不一致,疑为作者错误。——编者注

★ 据传,铁木真之所以下手,是因札木合背叛在先,被捕后又求速死。

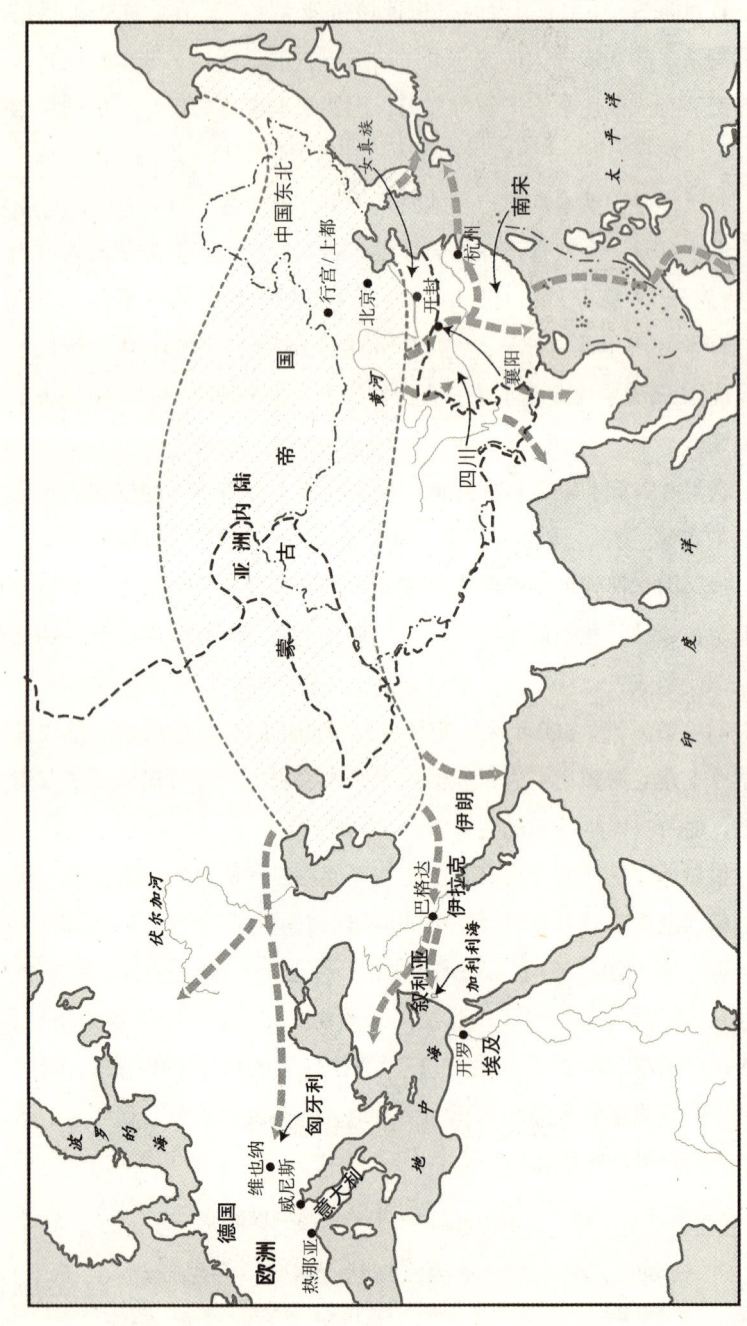

图 8.3 游牧民族所经之处：1227 年成吉思汗去世时蒙古帝国的大致边界，以及他的后代此后至 1294 年继续进发的路线

成吉思汗不需要社会发展指数来告诉他南宋是个适合抢掠的地方。我们所知道的，是他试图偷走一切，把农民从土地上赶走，将华北变成蒙古马驹的冬季牧场。1215年，他摧毁了90多座城市，中都（今北京）大火燃烧了足有月余。不过在他死后，统治者开始认为让农民种田并向他们征税，获得的回报更大。

不久就出现了一个机会实行这个新政策。宋徽宗与金朝联盟对抗契丹人，结果使得汴京沦陷，自己被俘虏。然而，宋理宗没有从中吸取教训，而是在1234年的时候和蒙古结成了类似的联盟与金朝对抗。结果更糟：蒙古人吞并了金朝，并且大败南宋军队。

蒙古政治的特殊性使得南宋在1230年时并没有灭亡。成吉思汗于1227年去世后，他的儿子窝阔台继承了汗位。但是成吉思汗的孙子立即开始争夺谁将继承窝阔台的汗位。有些人担心，如果窝阔台征服南宋的话，手中会有更大的权力，那么在汗位的继承战中，他的儿子会很有优势。因此，他们对蒙古诸部施加压力，迫使其西征。1237年，他们成功地令蒙古诸部突然改变计划，向西前进。

欧洲人完全不了解蒙古人。英国编年史学家马修·帕里斯认为，这些入侵者完全是一个谜。他说："直到如今，还没有任何方法接近他们，他们也从来不暴露自己，这使得我们必须通过与其他第三者的共同交往，才能了解一些关于他们的风俗习惯或其人民的情况。"马修误以为"鞑靼人"（宋元时期蒙古族的俗称）是指"塔耳塔洛斯"——希腊神话中的地狱深渊之神。他认为蒙古人就是"跟撒旦同属一类的、面目可憎的一个大部落"。又或者，他们是以色列人失落的一个部落，终于找到了归宗之路。虽然马修知道，蒙古人并不会说希伯来语，也似乎完全不知道摩西律法，但是马修坚信自己是正确的：这些犹太人在摩西得到十诫前，误入歧途，他们：

> 追随奇怪的神灵，有着不为人知的习俗，所以现在由于上帝的报复，他们以另一种更奇特的方式，不被其他民族所了解，他

们说着令人困惑的语言,变成了冷酷且没有理性的禽兽。[3]

一些基督徒就此得出了结论:对"失落的以色列部落"的防御就是屠杀当地犹太人。这自然荒诞至极。蒙古人征服了德意志和匈牙利的骑士,并远征至维也纳。但是就像放弃南宋一样,他们断然掉头离开了,将他们的战俘驱赶到亚洲腹地。蒙古人侵略欧洲的唯一目的就是为了影响可汗的继任者,所以当窝阔台在1241年12月11日去世的时候,欧洲突然失去了它的重要地位。

当蒙古人再一次把目光投向西方时,他们明智地选择了一个更加富裕的目标——伊斯兰核心地区。1258年,他们仅用两周左右的时间就攻破了巴格达的城墙。三天里,他们没有给最后一位哈里发任何吃的、喝的,然后把他扔到一堆金子上,叫他吃金子。他拒绝了,蒙古人把他和他的继承人用地毯裹起来,活活踩死了。★

1260年,一支埃及部队终于在加利利海岸边阻止了蒙古人的进攻,但那时蒙古人的四处征战已经使得伊朗、伊拉克和叙利亚这些伊斯兰核心地区的经济落后了两个世纪。不过,蒙古人对欧洲最大的影响,恰恰是他们没有做的那些事情。正因为他们没有洗劫开罗,所以开罗仍然是西方当时最大、最富有的城市;正因为他们没有入侵西欧,所以当时的威尼斯和热那亚仍然是西方国家最大的商业中心。古老的伊斯兰核心地区的发展受到严重影响,但是埃及和意大利的发展仍在继续,并且到了13世纪70年代,就是马可·波罗动身前往中国时,西方的核心地区决定性地转移到了蒙古人没有入侵的地中海地区。

在又一位可汗驾崩之后,忽必烈继承汗位,最终决定完全征服南宋,放弃西征。英国浪漫主义诗人S. T. 柯勒律治曾在梦境中创作了一首诗《忽必烈汗》,描绘了其在上都的宫殿("艳阳宫苑,冰凌洞

★ 蒙古人认为这种做法不会让皇室鲜血沾染战刀,是体面的死法。

府"[4])。这是蒙古有史以来打得最为艰难的战争,也是最具有毁灭性的。为了攻破南宋的抵抗,忽必烈花了五年围攻襄阳。到了1279年,当忽必烈把南宋最后一个小皇帝逼至投海殉国的时候,将中国带到工业革命边缘的经济结构正在崩溃。东方的社会发展直线下滑。

除此之外,还有自然灾害的影响。汴京从金朝的抢掠中恢复了过来,不过它真正衰退始于1194年,当时黄河决堤,摧毁了为其运粮、运煤、运货的运河。在此之前,黄河就已经泛滥过很多次,与之前相比,此次最大的不同就是蒙古的破坏放大了自然的残酷性。在蒙古军队入侵后,13世纪30年代的饥荒和瘟疫夺走了汴京附近百万人的生命,四川的死亡人数也许更多。70年代时,死亡人数更多。总的说来,13世纪的中国面临着四大天启骑士——迁徙、国家崩溃、饥荒和瘟疫,人口减少了1/4左右。尽管马可·波罗对中国十分赞叹,但到了1290年,中国的工业发展已经停滞了。事实上,东西方的差距正在缩小。

枪炮、病菌和钢铁

在1—4世纪,东方的社会发展曾经衰退过,是整个欧亚大陆悖论的一部分。在公元第一个千年中,东方社会发展迅速,有效地缩短了核心地区间的差距。少数旅行者、商人和掠夺者建立了重叠的贸易区,他们穿过欧亚草原,渡过印度洋。这种东西方交流是社会发展的结果,但同时也产生了破坏发展的因素。当西方的核心地区无法打破43分左右的社会发展指数得分硬天花板时,天启骑士把东西方的核心地区都拖垮了。

到了9世纪,东方的发展已经恢复到可以开始第二次东西方交流。商人、传教士和移民再一次穿过了欧亚草原和印度洋,建立起重叠的交流区(图8.4)。在成吉思汗小时候,商人已经不仅带着诸如香料、丝绸这样的奢侈品和各类食品穿越印度洋,其数量之多,甚至让

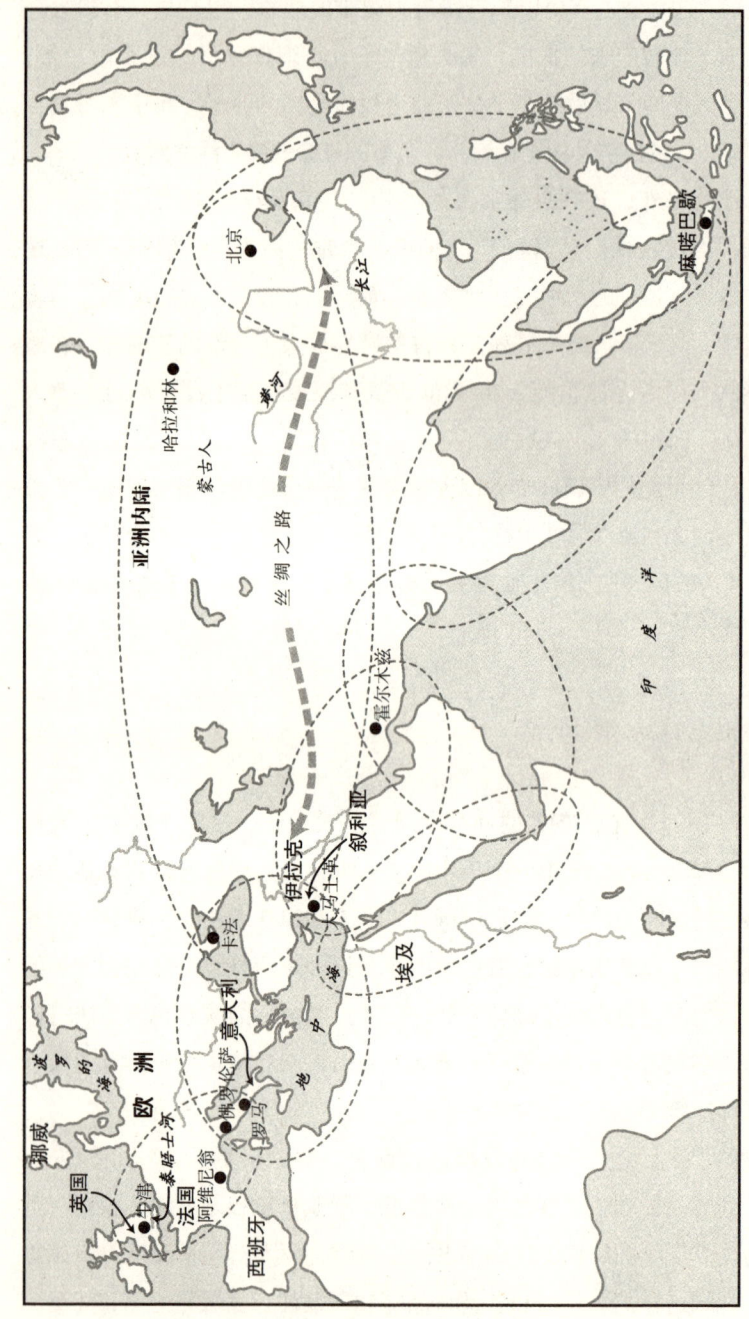

图 8.4 第二次东西方交流：8 个贸易和商旅的重叠区，将发展和灾难从欧亚大陆的一端带到另一端

罗马人羡慕不已。从波斯湾的霍尔木兹到爪哇的麻喏巴歇,国际化的商业城市正在兴起。

蒙古对草原的征服给第二条东西干线带来了稳定,窝阔台也急于把他在哈拉和林的新首都发展为一座宏伟的大都市。据说,为了吸引商人,无论对方要价多少,他都支付比要价高10%的价格。波斯学者拉希德丁写道:"每天吃完饭后,他会坐在宫殿外的一张凳子上,在那儿有堆积如山的来自世界各地的各色商品。"[5]

与商人一起到来的还有神职人员,这显示了蒙古对宗教的开放态度。"就像上天给了一只手不同的手指一样,他也给了人类不同的道路。"[6]蒙哥这么告诉一个基督徒。为了了解不同的信仰,1254年,蒙哥决定在佛教徒、穆斯林和基督徒间进行一场公开辩论。这种事也只有在哈拉和林才会发生。

很多人围观,但是辩论进行得并不成功。根据蒙古传统,在辩论中场休息的时候,要给辩论者端上马奶酒。于是慢慢地,他们的争论偏离了重点。酒精磨钝了他们的善辩之舌,基督徒唱起圣歌,穆斯林吟诵起了《古兰经》,佛教徒陷入了沉思之中。最后大家都醉得不能继续了。

虽然宗教对话不顺利,但是西方人不断前来。穆斯林将东方的货物带到克里米亚的卡法,然后卖给意大利人;意大利人不但把这些货物卖到北欧(中国丝绸于1257年首次出现在法国市场),还追踪这些货物的来源。马可·波罗的叔叔于1260年离开卡法,一路来到北京,1271年时又再次前往,这次带上了小马可·波罗。之后传教士就来了。1305年,一位刚刚到达元大都(今北京)的基督教修士炫耀,欧亚草原这条路线比海上贸易路线更迅速、更安全。

东西方交流只是在欧亚大陆之间牵起了几条线,但是第二次东西方交流却织起了一张真正的网,使得大量人口穿过欧亚大陆,使公元1100年之后的几个世纪成为技术迁移的时代。这对落后的西方国家非常有利。一些事物如独轮手推车,在1世纪左右就在中国被发明出来了,在1250年前后才传到了欧洲,5世纪在中国使用的马项圈也大约在同一时间传到了欧洲。

但是,那时最重要的技术迁移是廉价的铸铁技术。铸铁工具于公元前6世纪在中国出现,1世纪的时候已经变得很常见了。11世纪,阿拉伯人已经掌握了铸铁技术,直到1380年才传到欧洲。如果你曾经试着不用铁锹挖掘泥土的话,你就知道铸铁有多重要了。我在希腊读研究生的时候,有一次发掘现场的储藏室的钥匙丢了,我们不得不在没有任何铁制工具的情况下就开始挖掘。当你像1380年前的欧洲人那样徒手挖掘时,土壤似乎变得尤其坚硬。我可以肯定地说,第二次东西方交流彻底改变了欧洲的能量获取。

同样重要的还有信息技术。105年,中国工匠首次用桑树皮造纸,到700年的时候,纸张已经变得十分常见。阿拉伯人在750年前后学会了造纸(据说是因为在中亚俘虏了几个中国造纸工匠),意大利在公元1150年之后从阿拉伯买进纸张,直到1276年,才开始自己造纸。在那个时候,中国出版商使用雕版印刷术已有500年,使用活字印刷术已有200年。欧洲在1375年前后才引进或者说改造了雕版印刷,在1430年前后引进或者说改造了活字印刷术。12世纪末,中国和印度发明的索具和操舵装置,经由阿拉伯传到地中海地区。

除了诸如独轮手推车这样的古代发明,西方人也学习了最新的技术。1119年,中国《萍洲可谈》一书中首次提到指南针的运用,而到了1180年前后,指南针经阿拉伯人传到了欧洲。而火器传播得更快。在13世纪,蒙古军侵略南宋时,东方的工匠已经知道如何令火药迅速氧化从而发生爆炸,而不仅仅是燃烧,接着他们将这个新技术应用到竹筒中,助推箭头。迄今为止发现的最早的火器(也许要追溯到1288年)在黑龙江出土,是一根30多厘米长的铁管,能够发射铅弹。不到一代人的时间后,在1326年,佛罗伦萨的一份手稿描述了一门铜炮,并且第二年牛津的一位插图家在一幅手稿中画出了两门做工粗糙,但实实在在的火炮。阿拉伯首次使用火器是在1331年与西班牙的战争中。西欧很可能是从蒙古人那里直接学到火器技术的,然后传给了西班牙的穆斯林。又过了一代人的时间,直到1360年,这些新武器才传到了埃及。

在接下来的几个世纪,火器极大地改变了西方世界,即使如此,第二次东西方交流和第一次东西方交流一样,传播的最重要的"物品"是病菌。"东西方的文明都遭受了灾难性的瘟疫。瘟疫摧毁了国家,使人口急剧减少,"阿拉伯历史学家伊本·哈尔顿写道,"它吞噬了文明的很多美好事物,使它们彻底消失。"[7]这指的是黑死病(鼠疫)★。

黑死病在亚洲腹地演化而来,沿着丝绸之路扩散。一位阿拉伯学者(他自己就死于黑死病)认为黑死病暴发于1331年的欧亚草原。同年,黑死病沿着长江流域肆虐,据说每10个人中就有9个病死。我们无法得知,在接下来的20年内是不是同样的病菌摧毁了欧亚大陆,但几乎可以肯定的是在1338年和1339年蒙古人的墓碑上提到的瘟疫就是这个。到了1340年,黑死病平息了好几年,然后突然在各地暴发。1345年,中国东部沿岸黑死病肆虐。第二年,一支蒙古军队将黑死病带到了克里米亚的卡法[†]——一个世纪前,马可·波罗的叔叔正是从这个城市离开,动身前往元大都的。第二次东西方交流回到了原点。

1347年,商人们把黑死病带到了地中海的每一个港口。从英国到伊拉克都出现了黑死病——"腋窝或者腹股沟突然出现肿块,通常这两个地方都有肿块,"一位法国编年史家在1348年记载道,"必有一死。"[8]通过咳嗽传播的肺鼠疫,甚至更加致命。"人们身上有很多血点,身上布满了红斑,然后死亡。"[9]大马士革的一位诗人这样写道,他本人于1363年死于肺鼠疫。

★ "黑死病"这个说法始于1832年。14世纪的欧洲人称其为"the great mortality"(意即"极高死亡率"),中国和阿拉伯则有各种说法。

† 编年史学家加布里埃尔·德·穆西(当时在意大利)坚称,黑死病是因为蒙古人用抛石机将死尸投进了城。但大多数历史学家认为,原因应是更常见的老鼠把携带病菌的跳蚤从军营带进了城。

一个又一个作家描述了当时的情景:墓地都满了,无法安葬更多尸体,牧师正念着最后的经文就倒地身亡,整个村庄都空了。另一位大马士革诗人写道:"人类的灵魂变得非常廉价。每个灵魂只需一粒。"[10]——这是可怕的双关语,"一粒"指"谷粒"和"脓疱",后者正是黑死病的第一个症状。

到了1351年,已经有1/3甚至一半的西方人死于瘟疫,瘟疫从地中海地区扩散到莫斯科公国的边缘,然后又传播到中国。那一年,元顺帝从亚洲内陆征召了阿速人[11]与叛军作战,不料他们带来了病菌。黑死病杀死了一半的军人,之后中国每年都受到黑死病的袭击,直到1360年。我们无法计算死亡人数,但这数字肯定大得惊人。

黑死病无论何时都是巨大的灾难,但没有比14世纪40年代更糟的时候了。中世纪暖期接近尾声,进入了气候学家所说的小冰期。从挪威到中国,冰川开始扩大。位于格陵兰和冰岛之间的丹麦海峡,自1350年后经常结冰。挪威人放弃了他们在格陵兰的定居点,北极熊穿过冰桥前往冰岛,那儿对它们来说足够冷。在1303年和1306—1307年,波罗的海封冻过两次;1309—1310年,英国的泰晤士河也完全结冰了。1315—1317年,欧洲西北部降雨频繁,以至谷物都烂在地里了,并且令人惊讶的是,由于土地过于泥泞,骑士无法作战。

谷物歉收,亲人死亡,人们相信上天正发出某种信息。在中国,农民借宗教旗号发起了起义,意图推翻元朝统治者。在元顺帝沉迷酒色之时,有些起义军宣传弥勒佛将下生,匡扶乾坤,引导众生进入极乐世界。到1350年的时候,元朝已经开始瓦解了。

对于古代西方的核心地区之一伊拉克,我们知之甚少。那儿的蒙古统治者和中国的蒙古统治者一样无能,不过在埃及和叙利亚,瘟疫强化了伊斯兰教的地位。显然,不是所有人都相信瘟疫只是用来惩罚异教徒这个说法(对信徒来说,死于瘟疫是一种恩赐和殉道),例如,编年史学家阿里·瓦尔迪写道:"我们请求真主原谅我们灵魂里的罪恶,瘟疫就是他对我们的惩罚之一。"[12]那些贩卖护身符的商人也有了生意，但是最受欢迎的做法还是集体祈祷会，游行到圣人的墓穴前以及对醉酒和道德沦丧采取更加严厉的措施。

对很多基督徒来说，形势看起来更加严峻。因为不仅看起来上帝在惩罚他们（一位意大利人悲叹道："当我准备写上帝以其无限的仁慈对人类的神圣审判时，我感到心烦意乱。"[13]），而且教会本身看起来也快要瓦解了。1303年，法国国王派人殴打教皇，并把他关进监狱。之后不久，教廷迁到法国的阿维尼翁，继而成为腐败和堕落的代名词。一个教皇甚至宣布禁止说耶稣曾是穷人。最后，一些红衣主教转而支持罗马，选出了一位伪教皇，与阿维尼翁教皇在每件事上针锋相对。1409年后的几年内，实际上有三位对立的教皇，每一位都宣称自己才是上帝在人间的代表。

人们对教会失去信心后，开始依靠自己解决问题。最有创意的是鞭笞派：

> 该派教徒赤裸上半身，成群结队地穿过城市以及繁华小镇的十字路口和广场。他们在那儿围成圈，用皮鞭抽打自己的背，还一面唱圣诗，一面大声欢呼……必须指出的是，很多贵妇和虔诚的老妇人就像男人一样，用这种方式进行苦修，唱着圣诗穿过小镇和教堂。[14]

其他人选择更加传统的赎罪法，例如杀戮犹太人，尽管犹太人和基督徒一样大量死于黑死病（正如一位教皇于1348年指出的那样）。但是什么都无济于事，地中海周围那些西方核心地区在第二次东西方交流所引发的瘟疫中迅速崩溃，就如第一次一样。末日似乎就要来临。

不同的河流

历史似乎正在重演。1世纪，西方的社会发展指数得分达到了43

分左右的硬天花板,与之相抗衡,引发了长达几个世纪的旧世界范围的崩溃。1 100年之后,东方的社会发展达到了相同的水平,也面临着同样的灾难。如果冯·丹尼肯提到的外星人在1350年再一次来到地球的话,他们就会发现,人类的历史陷入了经济繁荣与衰退的循环,反复冲击牢不可破的硬天花板。

但是就像我所想象的所有太空人一样,他们可能也会犯错,因为另一条历史规律也在起作用。即使是天启骑士也不可能两次踏进同一条河流。在第二次东西方交流时,这些骑士所经过的核心地区与他们在第一次东西方交流时所摧毁的核心地区大不一样,这意味着两次东西方交流的结果差异巨大。

最为明显的是,1200年前后的第二次东西方交流中,东西方核心地区的地理面积都比第一次东西方交流时的大(图8.5),这个面积的差异非常重要。一方面,核心地区越大,产生的破坏也越大:我们很难量化灾难,但是始于13世纪的瘟疫、饥荒和迁徙确实看起来比始

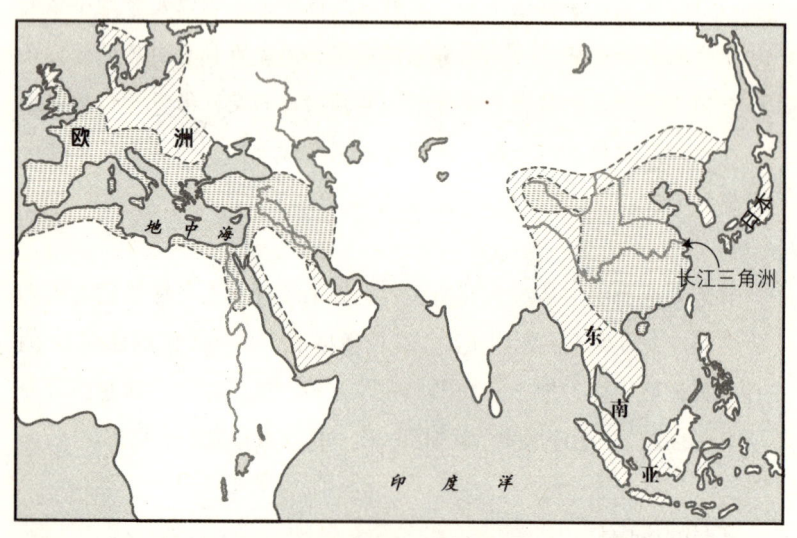

图8.5　面积也很重要:由水平线组成的区域表示约100年时,即第一次东方危机的前夕,东西方由国家统治的区域;由斜线组成的区域表示到了约1200年时,在第二次东方危机前夕,这些国家拓展的区域

390

于2世纪的要严重得多。但是另一方面，核心地区越大，也意味着越能承受冲击，越能迅速恢复发展。13世纪的日本、东南亚、地中海盆地以及欧洲大部分，都躲过了蒙古人的摧毁；14世纪，日本和东南亚还躲过了黑死病；中国的心脏地带——长江三角洲似乎也完好地度过了这些灾难。

经济地理也发生了改变。100年前后，西方核心地区比东方核心地区更加富裕且发达。但是到了1200年，则是另一种情形了：东方核心地区（而不是西方核心地区）在与硬天花板抗衡，并且西方的任何事物与东方的（尤其是那些连接中国南部、亚洲东南部和印度洋的）商业网络相比，都略逊一筹。

政治地理的变化巩固了经济。100年，每个核心地区的大部分贸易只是在一个大国内部进行；而到了1200年，贸易已经跨越了国界。在政治上，东西方的核心地区都比以前要混乱得多。并且，即使在黑死病之后，大国再一次巩固了原先的核心地区，政治关系也大不相同。每一个大国都必须和周围的一些小国打交道。在东方，这种关系主要是商业和外交上的；在西方，这种关系更多的是暴力上的。

把以上这些因素都放在一起考虑，这些变化意味着，在第二次东西方交流中，这些核心地区比第一次东西方交流时恢复得要快，恢复的方式也不相同。

14世纪，西方的奥斯曼土耳其人在原先的核心地区迅速重建了一个帝国。蒙古人摧毁了原先的伊斯兰王国后，几十个突厥部落于1300年前后定居在安纳托利亚，奥斯曼土耳其人只是其中的部落之一（图8.6）。但是在发生黑死病的几年后，他们已经占了上风，并建立起了一座欧洲桥头堡。到了14世纪80年代，他们就已开始欺凌拜占庭帝国的残余势力；到了1396年，他们令基督教世界十分恐惧，以至原先针锋相对的罗马教皇和阿维尼翁教皇暂时达成统一意见，联合派遣十字军讨伐他们。

这是一场灾难，但是当帖木儿对伊斯兰世界发动新的进攻时，基

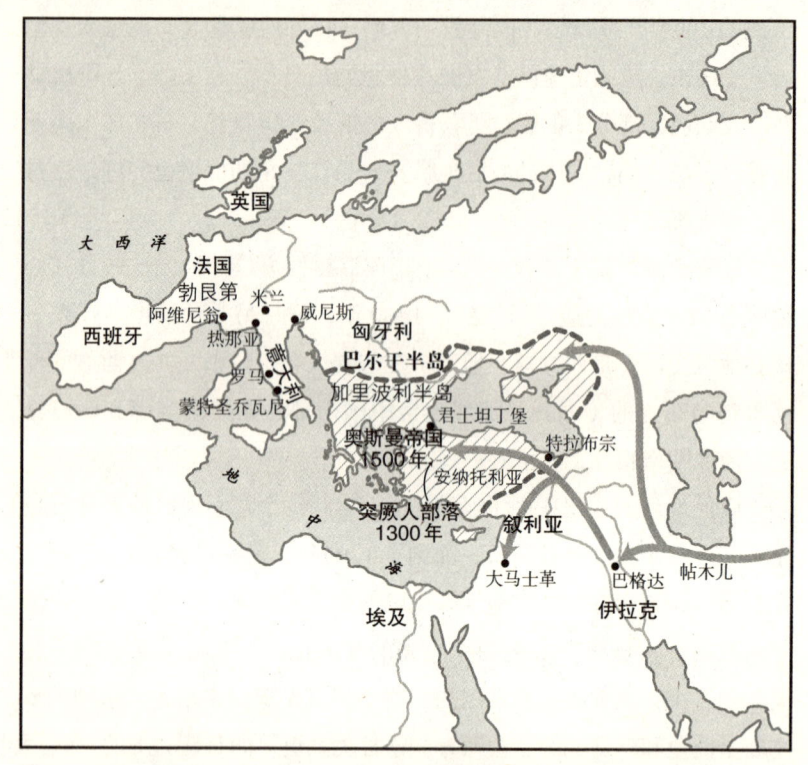

图8.6 西方的复兴，1350—1500。阴影部分表示奥斯曼帝国在1500年统治的区域，那时西方的核心地区正向北部和西部发展

督徒短暂燃起了希望。1400年，帖木儿率军摧毁了大马士革；1401年，他们抢掠了巴格达，据说当时用巴格达9万居民的人头在废墟周围建起一座座塔；1402年，帖木儿打败奥斯曼帝国，把苏丹关进笼子，使其郁郁而终。但是之后，基督徒的希望落空了。帖木儿没有留下来继续毁坏穆斯林的土地，而是杀回中国，因为他认为当时明成祖朱棣侮辱了他。然而，1405年，帖木儿却在攻打明朝的途中病逝了。

幸免于难的奥斯曼土耳其人在20年里迅速恢复了商业，但是他们在巴尔干遭遇了惨痛的经历。1402年，与帖木儿大军交战的时候，双方的作战方式仍是2 000年来的草原战斗方式：弓箭手包围并射杀行动不如他们敏捷的敌人。欧洲军队无法和成群的骑兵正面交手，但是他们已经大大改进了他们的武器。1444年，一支匈牙利军队给了奥斯曼土耳其人狠狠一击。匈牙利人将小炮装在马车上，用绳子绑在一起组成移动的堡垒，阻挡了奥斯曼土耳其骑兵的攻击。如果匈牙利国王那天没有身先士卒而战死的话，他也许就能取得胜利了。

奥斯曼土耳其人学得很快，马上就想到了最好的应对办法：购买欧洲人的武器。这个新技术很昂贵，但是即使是欧洲最富有的城邦，例如威尼斯和热那亚，也要比苏丹治下的地区贫穷得多。奥斯曼帝国雇佣意大利人作为军官和攻城技师，将被奴役的基督教男童训练成步兵精英，还招募欧洲枪手。不久之后，奥斯曼帝国又重新开始进攻了。1453年，他们对君士坦丁堡发动进攻时（当时的君士坦丁堡仍然是世界上最大的堡垒，也是奥斯曼帝国进攻的最大障碍）挖走了拜占庭的一流炮弹工程师——一个匈牙利人。这个人为奥斯曼制造了一门加农炮，可以发射400多千克重的石球，（根据编年史学家所说）它的声音大得会让孕妇流产。事实上，这门大炮在第二天就出现了裂缝，在第四天或者第五天的时候已经坏了。但在这门大炮坏了之后，这个匈牙利人改进设计，又制造了一门更小、更实用的加农炮。

有史以来第一次也是唯一一次，君士坦丁堡的城墙被攻破了。成千上万惊慌失措的拜占庭人涌入圣索菲亚大教堂（吉本称之为"人间的天堂、巨大的苍穹、天使的华盖、上帝的宝座"[15]），因为他们相信预言所说的，当异教徒攻击教堂的时候，会有天使出现，手握宝剑，恢复罗马帝国。但是没有天使出现，君士坦丁堡沦陷了。吉本指出，它的沦陷带来了罗马帝国的最终灭亡。★

随着奥斯曼土耳其人的逼近，欧洲国王更加残暴地互相对抗和镇压异教徒，爆发了真正的军备竞赛。法国和勃艮第早在15世纪70年

★ 有些人可能会争辩，说这并不是罗马帝国的终点，最后一个拜占庭前哨——特拉布宗坚持到了1461年；而由查理曼建立的神圣罗马帝国，理论上残存至1806年被拿破仑威逼解散。但大多数历史学家与吉本看法一致。

代就开始了。他们用更厚的炮管制造加农炮,在其中装填更易燃的粒状火药,并用铁炮弹替代了石头炮弹,这样便产生了更小型、更有威力和更易于携带的加农炮,原先的武器被废弃了。新型的火炮很轻,可以装在昂贵的新型战船中,这些战船靠风帆行驶而不靠船桨。炮门开得很低,铁炮弹正好可以击中敌军船只的吃水线。

除了国王,没有人能够负担得起这么昂贵的技术。慢慢地,西欧君主买入了大量新型武器用来震慑贵族、独立城市和主教,这些主教混乱、重叠的管辖范围使得早期的欧洲国家非常弱小。君主们在大西洋沿岸建立起了更加强大的国家——法国、西班牙和英国,国王而非贵族、教皇号令全国,并且第一次要求国民忠诚。一旦国王成功控制贵族,就可以建立官僚体制,直接向人民征税,购买更多枪支——当然这也会迫使邻国君主购买更多枪支,筹集更多钱。

后发优势再一次显现,军备竞赛慢慢地将西方的核心地区转移到了大西洋。意大利北部长久以来都是欧洲最为发达的地方,但是现在陷入了困境:诸如米兰和威尼斯这样的城邦国家太过富有、强大,很难让它们融入意大利民族国家,但如果让它们单独对抗诸如法国和西班牙这样真正的民族国家,又不够富有和强大。马基雅弗利这类作家对这种自由非常高兴,但是当1494年,法国军队入侵意大利时,这种自由的代价就显而易见了。正如马基雅弗利承认的那样,意大利的作战能力已衰落至"对其发动战争时毫无畏惧,继续战争时毫无危险,结束战争时毫发无损"[16]。12门最新的法国加农炮扫清了路上的一切障碍,法国军队只花了8个小时就把蒙特圣乔瓦尼城堡炸开了,杀死了700名意大利士兵,只牺牲了10名法国士兵。意大利城市的税收收入不能和诸如法国这样的大国的相比。到了1500年,西方核心地区正沿大西洋边缘重新排序,而战争是主要的因素。

相比之下,东方核心地区围绕其古老的中心中国而变化,商业和外交起着主要作用,虽然新国家的崛起也和西方一样,以残酷的流血事件为开端。明朝开国皇帝朱元璋重新统一了中国。朱元璋于1328

年出生在一个贫困家庭,当时元朝统治动荡不宁。朱元璋的父母带着全家四处逃荒。1344年的夏天,蝗灾和旱灾皆至,疾病(极有可能就是黑死病)夺走了朱元璋父母和大哥的性命。

年少的朱元璋剃度为僧,在寺院里打杂,但是寺院因荒年难以维持,方丈遣散众僧,朱元璋只得离乡为游方僧。在南边游历了三四年之后,朱元璋回到寺院,但几年后寺院毁于战火。元朝统治的崩溃造成内战不断。朱元璋没有其他地方可去,于是就和其他人一起,四方云游,时常饥肠辘辘。

朱元璋长相奇丑,身材高大,下巴突出,满脸麻子。但他很聪明、刚毅,能读书写字(这得归功于那些僧人),总之,他是任何帮派都想拉拢的人。后来朱元璋投奔了郭子兴的红巾军。郭子兴非常欣赏朱元璋,将养女许配给他为妻,最后让他接管了这支队伍。

历经十几年的艰苦战争,朱元璋把自己的手下从一帮残忍的匪徒转化成了一支训练有素的军队,并且打败了长江流域的其他叛乱者。同样重要的是,他并不相信红巾军的谵妄之言,而是组织了一个能够管理整个国家的官僚体系。1368年1月,40岁的朱元璋登上皇位,建国号大明,年号洪武。

朱元璋的所有诏令都好像与他糟糕、动荡和暴力的青年生活有关。他想把中国变成一个和平稳定的田园乡村,在这里,德高望重的老者监督着自给自足的农民,商人只经营本地无法生产的商品,并且没有人四处搬迁(不像朱元璋少年时)。朱元璋认为很少有人需要远游,规定"凡军民人等往来,但出百里即验文引"(任何人没有通行证而离家超过五十千米,就要被打八十大棍)。朱元璋担心商业和货币制度会腐蚀稳固的社会关系,曾三次颁布法令限制外国人和政府批准的商人进行贸易,甚至还禁止外国香料的流入,防止它们诱惑中国人进行非法交易。到1452年为止,明朝皇帝多次更新这些法令,同时由于害怕商人能轻易地进行商业活动,也多次禁止民间白银的流通。

朱元璋在自己的遗诏中写道:"朕膺天命三十有一年,忧危积心,日勤不怠，务有益于民。"[17]但我们必须想一想，朱元璋的奋斗有多少只是存在于他自己的头脑里。与元朝统治者相反，朱元璋渴望以理想化的儒家统治者的形象出现，但实际从未真正禁止对外贸易。他的儿子明成祖朱棣甚至还扩大了对外贸易，多次"征召"朝鲜贡女（他说，她们有利于自己的健康）。但是，明朝的君主的确坚持将贸易控制在官方手中。他们再三宣称这样（理论上）保护了社会的稳定，让外国人表达应有的尊重。明宣宗解释道："足见王之诚意……然朕所欲不在于此。"[18]"朝贡"（指那些在国土之外的交易）填满了皇帝的金库这个事实也不值得一提。

尽管如此，贸易还是蓬勃发展。1488年，一位遭遇海难的朝鲜人观察到，"杭州港里的外国船只就像梳齿那么密"[19]。沉船遗骸考古学家发现，商船变得更大了。皇帝不得不多次修订关于贸易的法令，这有力地反映了人们无视这些法令。

商业繁荣的影响非常深远。农民收入再一次增加，家庭人口增多，大批农民开垦了新土地或者去城里工作。遭受了几个世纪的风风雨雨后，当地士绅修复了道路、桥梁以及运河，商人贩卖食物，人们都奔向市场，出售自己能够生产的低成本产品，购买其他商品。到了1487年，礼部右侍郎丘濬写道，人们"变谷以为钱，又变钱以为服食日用之需……天下之民莫不皆然"[20]。

商业将扩大了的东方核心地区联系起来，就像战争将西方国家联系起来一样。14世纪的日本在人口、农业以及金融方面都迅速发展。虽然受到明朝的法令限制，但是日本和中国的贸易还是稳定增长。贸易对东南亚国家而言显得更加重要：从外贸中获得的税收为爪哇的麻喏巴歇等国的兴起提供了资金，麻喏巴歇控制着香料产业。许多当地的统治者为了保住自己的地位，向中国寻求帮助。

这些都不需要摧毁了西方国家的那种残酷的暴力。除了试图在安南（今越南）建立起一个友好的政权，早期明朝皇帝的战争仅限草原区域。蒙古人仍然是明朝唯一的威胁。假如帖木儿没有在1405年去世的话，他可能已经将明朝推翻了。1449年，蒙古瓦剌部俘虏了明英宗。但是，为了进行草原战争，明朝皇帝认为他们需要的不是先进的火炮，而是粮草充足的传统军队。例如，1422年，当朱棣袭击大草原时，他就动用了34万头驴、11.7万辆马车以及23.5万个车夫来运输37万石粮食。

朱棣恩威并重。1405年，朱棣宣布要派使臣到西洋（即印度洋）上的各国以"耀兵异域，示中国富强"[21]，将商业与外交联系起来。和使臣们一起去的，还有当时世界上最大的舰船。为了造这艘船，他召集了2.5万名工匠在首都应天府（今南京）建造了大造船厂。四川的伐木工人挑选出最好的杉树来制造船桅，榆树和雪松来制造船体，橡树来制造舵柄，并且砍下整棵树，让它们顺着长江而下，到达造船厂。工匠建起几十米长的巨大干船坞，用来建造大船。他们考虑了每一个细节，甚至给铁钉涂上了特制的防水材料。

这艘船并不是军舰，但是建造这艘船就是为了震慑他国，令他国敬畏。这是有史以来最大的木船，约有148米长，吃水2 000吨；船头站着历史上身形最庞大的海军将领——穆斯林宦官郑和★。据说郑和"身长七尺，腰大十围"（高2米多，腰粗1米多）。（在一些记录中，郑和高近3米，腰围2米多。）

200多艘船起航，载着27 800多名船员。此行的计划是在印度洋沿岸的一些富裕国家上岸。这些国家的国王发现，一夜之间，宫殿窗户外的大海上到处都是中国的船只。他们交出大量的贡品，通过官方渠道进行交易。但是这次航行也是一次大冒险：船员们觉得自己似乎来到了一个奇幻世界，在这儿，一切都有可能发生。在斯里兰卡的时候（图8.7），当地的穆斯林给他们看《圣经》上亚当的脚印；而在越南时，船员们认为他们必须躲过一些"尸只于"。

★ 郑和出生于云南。1381年，在明平云南之战中，年少的郑和为明军所掳，后净身入宫。

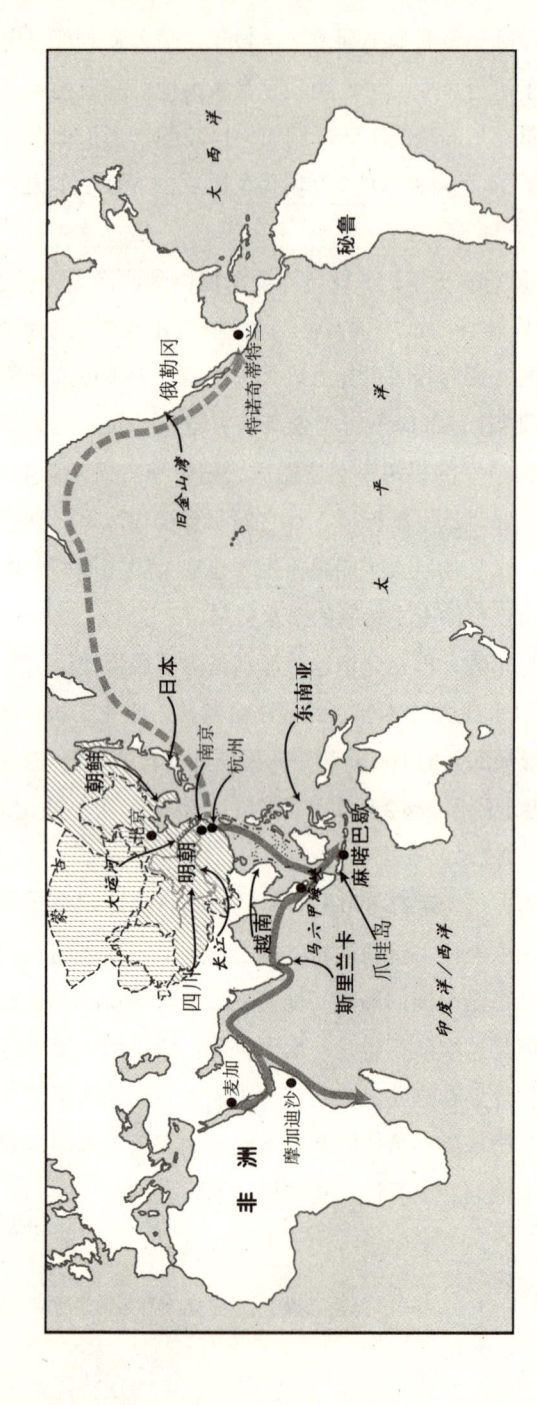

图 8.7 以中国的角度看 15 世纪时的世界，图中显示了明朝对印度洋的外交路线（实线）以及中国船只本可以到达新大陆的路线（虚线）

其国中有人家妇人，呼名尸只于者，惟以目无瞳人为异，夜寝时头能飞去，食人家小儿粪尖，则妖气入儿腹必死。其头复回本体，相合如旧。曾有人能以妇人之体移置他处，其妇亦死。[22]

不过，除了他们自己想象的威胁，船员们几乎没有遇到什么危险。1405—1433年派出的七支宝船舰队是有史以来最有力的国力展示。为了保卫马六甲（和现在一样，它那时是世界上最为繁忙的航道，而且时常有海盗侵袭），他们打了三次仗。除此之外，他们只在锡兰山国（今斯里兰卡）内战中保卫自己时使用了武力。木骨都束（今摩加迪沙）的街道并没有给中国船员留下深刻的印象（郑和的翻译官员写信道："山连地广，黄赤土石，不生草木，田瘠少收。"[23]）。不过，麦加倒是令他们印象深刻（虽然一位官员觉得伊斯兰教最神圣的神殿看起来就像一座塔）。

宝船舰队向南和向西行驶了约1.4万千米，但是一些研究学者认为，这只是个开始。郑和船队有指南针和地图，装有大量食物和饮用水，所以能去任何想去的地方。英国皇家海军潜艇编队前指挥官加文·孟席斯在他的畅销书《1421：中国发现世界》中指出，这支舰队到达过很多地方。孟席斯指出，郑和的副使周满率领船队穿过未知的太平洋，于1423年夏天登陆俄勒冈州，之后沿着美国的西海岸向下航行。孟席斯认为，虽然在旧金山湾丢了一艘船，但周满还是坚持沿着墨西哥湾海岸一路驶向秘鲁，最后才乘风穿过太平洋返回中国。1423年10月，经过了4个月的绕道之行后，周满安全地回到了应天府。

孟席斯认为，传统的历史学家忽略了周满的功绩（还忽略了更令人惊讶的航行——郑和的手下到过大西洋、北极、南极洲、澳大利亚和意大利），因为郑和的航海日志在15世纪时就丢失了。并且由于很少有历史学家像孟席斯那样具有航海实践知识，因此，他们也就未能发现隐藏在15世纪和16世纪地图中的线索。

但是历史学家仍然坚持自己的看法。他们承认，郑和的航海日志确实已经丢失，但是这些历史学家发出疑问：为什么现有的大量明朝文献，包括对郑和航行的两次现场目击记录，从来没有提到过这些发现？他们疑惑15世纪的船只如何能够达到孟席斯理论中要求的那种船速，郑和的船员如何像孟席斯声称的那样绘制世界的海岸线，为什么孟席斯收集的关于中国环球航行的证据经受不起学术检验。

我必须承认我站在质疑者这一边。我认为，孟席斯的《1421》与冯·丹尼肯的《众神的战车》不相上下。但是，就像冯·丹尼肯的猜想那样——或者像本书前言中提到的阿尔伯特在北京的情形一样，《1421》的优点在于，它让我们思考为什么事情没有如它所言那样发展。这是一个关键的问题，因为如果事情就像孟席斯所说的那样发生，西方现在很可能就不会处于主宰地位了。

郑和在特诺奇蒂特兰

1431年8月13日，特诺奇蒂特兰。郑和头痛不已。他年事已高，无力应对如此复杂的事件。他整天都在派遣信使到战火纷飞的城市，要求他的同盟停止屠杀阿兹特克人。但当太阳下山时，他放弃了。他告诉自己，没有人能因为这场屠杀责怪他。这些人野蛮、粗鄙而不敬天道，他们甚至不知道铜是什么。他们在乎的只是用玻璃般光滑的黑色石头劈开敌人的胸膛，扯出还跳动着的心脏。

郑和及其手下当然知道商朝的故事：几千年前残暴的商朝流行人殉，当时人们都认为在东洋之外是一个平行世界，这个世界比尸只于的国家还要奇特，时间是静止的，而且仍然由商王统治。郑和的手下猜想，上天一定给他们委派了和周朝一样的任务，郑和是新的周武王，是为了从这片土地的邪恶国王手中夺过天命，开创一个黄金时代。

当皇帝派他前往东洋时，郑和并没有预见到这些。据传，皇帝让他越东海去蓬莱仙岛。自秦始皇以来，人们一直在寻找蓬莱仙岛。"上有仙人宫室，皆以金玉为之，鸟兽尽白""珠玕之树皆丛生，华实皆有滋味，食之皆不老不死"。10年前，周满去过了那片神奇的地方，现在皇帝命令他带回长生不老药。

郑和见多识广，轻易不为所动。即使是碰见了传说中的龙和鲛，他也会镇定自如。但他还是什么都没有发现。郑和的船队沿着日本海岸线行驶，震慑室町幕府，接受足利义满的朝贡。之后他的船舰逆风行驶了两个月，驶向海天交融的地平线。在手下几乎就要叛变之际发现了一块新土地，这块土地上重峦叠嶂，蛮烟瘴雾，情形比在非洲的时候更糟。

他们沿着海岸线又航行了几个星期，终于发现了没有逃跑的当地人。事实上，这些当地人是出来迎接他们的，带着一些他们从来没有尝过的美食。这些好客、半裸的当地人并没有长生不老药，虽然他们吸食着会令人兴奋的药草。他们也没有金银宫阙，不过他们好像说金银都在内陆。所以，郑和只带了几百个人、几十匹马，在对当地语言一知半解的情况下，动身寻找仙人去了。

有时候他不得不动用武力，但燃烧弹起到了威慑的作用，这些野蛮人几乎闻风而逃。即使有时弹药耗尽，马匹和钢剑也一样有效。不过，他最好的武器却是当地人。这些当地人把郑和及其手下奉为神明，给他们运送物资，为他们上阵作战。郑和聪明地"以夷制夷"。郑和"手下"的这群野人自称是普雷佩查人。这些原住民与邻近的原住民阿兹特克人有世仇。虽然郑和并不知道究竟是什么仇恨，但这并不重要，慢慢地，原住民间的内战让他更加接近仙人。

直到他的同盟来到阿兹特克的首都特诺奇蒂特兰之外时，郑和才不得不承认，没有什么仙人。就特诺奇蒂特兰本身而言，它很气派：街道宽广、笔直，还有阶梯式的金字塔。但是，这儿没有白色动物，没有金银宫阙，当然也没有长生不老药。事实上，死亡无处不在。可怕的黄水疮和脓疱夺走了几千人的生命，甚至在他们死亡之前，其身体就已经发臭了。郑和见过很多瘟疫，但没有哪一个像这个一样可怕。不过他的手下中，100个人中只有一个得这种病，这显然是得到了上天的庇佑。

直到最后一刻，瘟疫的危险性才显露了出来——郑和手下的原住民已经虚弱得不能攻击阿兹特克人，阿兹特克人也虚弱得不能防御了。但是，上天又一次站在了郑和这一边。在最后的燃烧弹和弩箭的掩护下，郑和的骑兵率领大军冲过堤道，攻进了特诺奇蒂特兰。街上发生了一场胜负显而易见的恶战——阿兹特克人用石头和棉花对抗中国的铁短剑和锁子甲。阿兹特克人的抵抗失败了，普雷佩查人开始烧杀抢掠。当阿兹特克国王伊兹科阿图在宫殿门口抵抗时，普雷佩查人用飞镖把他刺穿了，然后把他扔进火里，在他死前挖出了他的心脏。最为恐怖的是，他们把他的肉割下，生吃了。

郑和的疑问有了答案。这些人并不是不死之身。他也不是开创了黄金时代的周武王。事实上，这时候唯一的难题就是，他怎么把自己的战利品带回应天府。

伟人和蠢货

当然，事实并不是这样，就像1848年的事情并不是我在前言中所描述的那样。阿兹特克人确实被洗劫了。它的邻居中部美洲人对其发动了多次进攻，还带来了使无数人丧命的瘟疫。不过洗劫发生在1521年，而不是1431年；领导者是荷南·科尔特斯，而不是郑和；致命的细菌来自欧洲，而非亚洲。如果周满真如孟席斯所说的那样发现了美洲，如果故事正如我刚才描述的那样展开，而且墨西哥成为明朝而不是西班牙的一部分的话，当今世界就完全是另一种情形了。美洲就有可能与太平洋的经济而不是大西洋的经济联系起来；它们的资源可能推动东方的工业革命，而不是西方的工业革命；阿尔伯特就可能在北京郁郁而终,而不是洛蒂去了巴尔莫勒尔堡。西方也不会占据主宰地位了。

那么为什么事情是这样发生的?

如果他们的船长愿意的话,明朝的船只完全可以航行到美洲。事实上,1955年,一艘仿制郑和时期的船只从中国航行到了加利福尼亚州(虽然没有返回中国);2009年,又一艘按明代原样复制的木帆船"太平公主"号从中国台湾启程,用了79天横跨太平洋,于10月9日抵达旧金山,可惜在回程距离中国台湾30多千米时被一艘货轮拦腰撞断。★如果它们可以做到,为什么郑和不行?

最普遍的观点是在15世纪的时候,中国皇帝对航海失去了兴趣,而欧洲的国王(不管怎么样,有一些)对此变得感兴趣了。就某个方面来说,这显然是正确的。明成祖在1424年驾崩,他的继承者明仁宗首先制定法令,永罢远洋航行。不出所料,印度洋上的国王停止了朝贡,于是明宣宗于1431年派遣郑和再次前往波斯湾,只是后来的明英宗又废除了这项法令。1436年,朝廷拒绝了南京船坞要求招收更多工匠的再三请求,在接下来的10年或20年里,大船都腐烂了。到了1500年,明朝无心且无力像明成祖那样,派船前往各国。

在欧亚大陆的另一端,皇室正做着截然相反的事情。葡萄牙的"航海者"亨利王子为探险投入了大量的资源。他的一部分动机是出于算计(例如觊觎非洲的黄金),一部分则是由于超自然的原因(例如,他相信在非洲的某个地方,有一位信仰基督教的约翰王。这位国王长生不死,守卫着天堂的大门,并且会将欧洲从伊斯兰教手中解救出来)。总之,亨利王子为探险提供资金,雇用绘图师,帮助设计能够航行至非洲西海岸的新型船只。

葡萄牙的探险当然并非都是一帆风顺的。1420年,一位船长

★ 全部船员都幸免于难,但在被救起前,他们在水中待了几个小时,最终因体温过低而入院治疗。

（克里斯托弗·哥伦布未来的岳父）发现了无人居住的马德拉群岛（图8.8），他在其中的圣港岛放生了一只母兔和它的孩子。兔子的繁殖速度很快，它们吃掉了所有的东西，迫使船员不得不迁移到茂盛的主岛马德拉（葡萄牙语中，意为"树林"）岛上。这些殖民者点燃了这个岛，迫使"所有男人、女人和小孩为了躲避这场大火，都逃到海里去。他们在齐脖深的大海里躲了两天两夜，没有吃的，也没有喝的"[24]，一位编年史学家这样说道。

但是在破坏了当地的生态系统之后，欧洲人发现这片烧焦了的土地非常适合种植甘蔗，亨利王子出资建立磨坊。在一代人的时间里，欧洲人购买非洲奴隶在种植园劳作，到了15世纪末，这些开拓者每年都出口600多吨的蔗糖。

航行到大西洋更深处时，葡萄牙的船员发现了亚速尔群岛。沿着非洲海岸，他们于1444年到达了塞内加尔河。1473年，他们首次穿过了赤道，并且在1482年抵达刚果河。有一段时间，逆风导致无法再继续南行。但在1487年，巴尔托洛梅乌·迪亚士想到了"从海上返回"。船队在大西洋上远航，乘风来到了非洲南端的"风暴角"（现在被称为"好望角"）。迪亚士本想继续，无奈疲惫不堪的船员哗变，迪亚士只好下令返航。虽然迪亚士并没有找到约翰王，但是他发现了一条可以通向东方的新航线。

与郑和的航海相比，葡萄牙人的探险规模既小得可笑（只有几十个船员，而不是几万人）又不体面（只有兔子、蔗糖和奴隶，甚至没有从其他王室那里获得礼物）。但事后看来，15世纪30年代是世界历史上的一个决定性时刻，或者说是唯一一个决定性时刻，就是在那个时候，西方才变得有可能主宰世界；就是在那个时候，海上技术的发展将几大洋变成了高速通道，连接起整个地球。亨利王子抓住了这个机遇，而明英宗将这个机遇拒之门外。从这里开始，历史上关于伟人和蠢货的理论似乎有了定论：这个地球的命运依赖于这两个男人所做的决定。

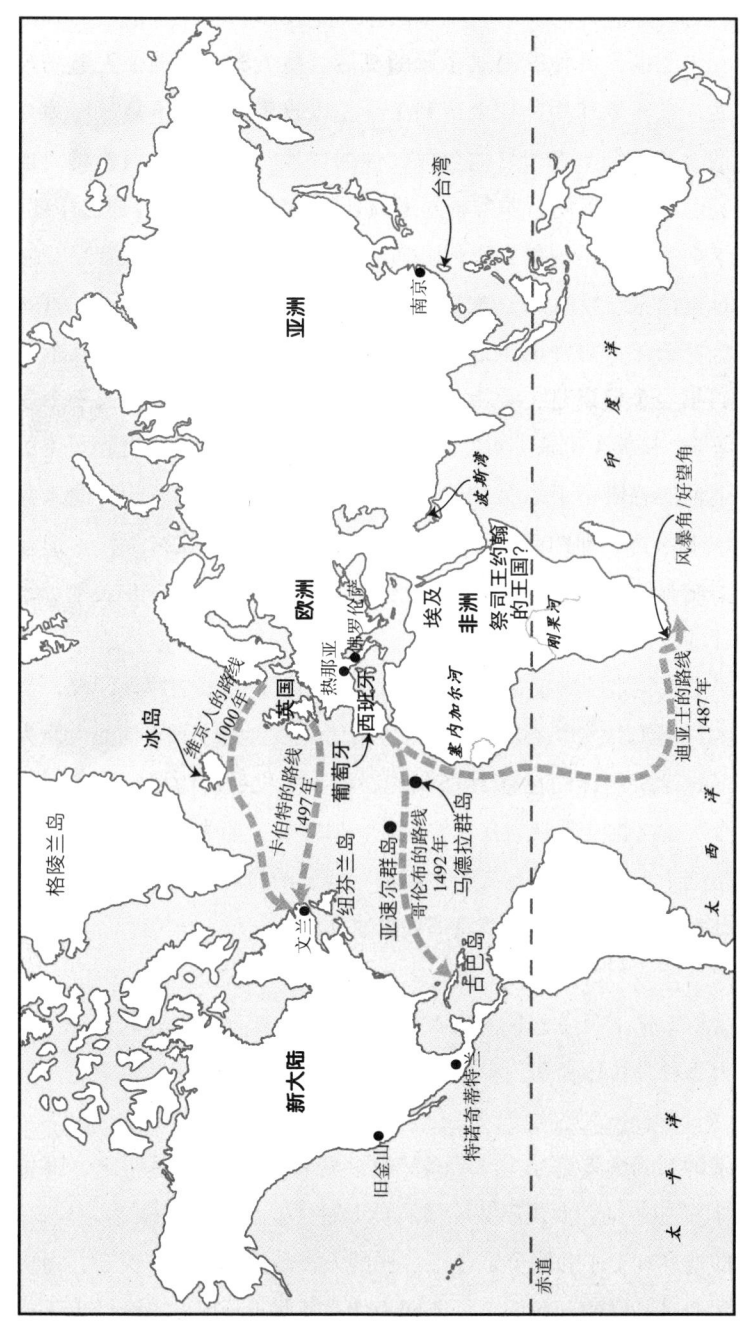

图8.8 以欧洲的角度看世界，以及15世纪欧洲探险家们的路线

但是，是这样吗？亨利王子的远见令人印象深刻，但显然并不是独一无二的。其他欧洲君主紧随其后，意大利无数的个人航海家同样发挥了重要作用。如果亨利王子是以收集钱币而不是航海为兴趣的话，其他统治者很可能会取代他的位置。当葡萄牙国若奥二世拒绝资助冒险家哥伦布那个听起来疯狂的想法（向西航行到达印度）时，卡斯蒂利亚王国的女王伊莎贝拉一世介入了（虽然在她点头同意前，哥伦布已经游说了她三次）。不到一年，哥伦布回来了，宣布他已经登上了大可汗的土地（他犯的第一个错误是，那里实际上是古巴；第二个错误是，蒙古人已经被中国中原王朝驱逐出去一个多世纪了）。卡斯蒂利亚王国发现了通往亚洲的新路线，这引起了英国亨利七世的恐惧。于是在1497年时，亨利七世派遣佛罗伦萨商人乔瓦尼·卡伯特（即约翰·卡伯特）前往北大西洋寻找对策。卡伯特到达了纽芬兰岛，但他和哥伦布一样，犯了糊涂，坚称这片土地也是大可汗的土地。

虽然明英宗的决定在今天看来大错特错，但是我们应该记住，当他于1436年"决定"不派造船工匠去南京时，他才9岁。他的大臣为他做了这个决定，而在整个15世纪，明英宗之后的历任皇帝都延续了这个决定。据《殊域周咨录》记载，1477年，当大臣重提派宝船舰队航行这个想法时，早有人暗中藏匿了郑和的航海日志，其中以车驾郎中刘大夏为首。他跟兵部尚书项忠这样说：

> 三保下西洋费钱粮数十万，军民死且万计。……此特一敝政，大臣所当劝谏者也。旧案虽存，亦当毁之以拔其根。[25]

了解到刘大夏是故意"丢掉"这些资料的，"忠竦然听之，降位曰：'君阴德不细，此位不久当属君矣。'"[26]

即使亨利王子和明英宗是不一样的人，做出不一样的决定，历史也仍然会是一样的。我们不需要问为什么某些王子或者皇帝做出了这样而不是那样的选择,而是要问为什么当中国越来越保守时,西欧人反而更愿意冒险。或许只是由于文化的原因,使科尔特斯而不是郑和到达特诺奇蒂特兰,无关伟人或者蠢货。

重来一次

"此刻,我希望自己能再年轻一次,"荷兰学者伊拉斯谟在1517年★给朋友的信中这样写道,"原因只有一个——我预见一个黄金时代就要到来了。"[27]这个"黄金时代",法国人称之为"复兴",意为"重生"[28]:如一些人认为的那样,这个复兴就是指突然而又不可逆转地使欧洲人与世界上其他人区分开来的文化力量,使哥伦布和卡伯特这样的航海家得以进行航海活动。意大利文化精英中那些富有创造力的天才——一位19世纪的历史学家称他们为"第一批现代欧洲之子"——使科尔特斯得以踏上特诺奇蒂特兰。

历史学家大都认为复兴源于12世纪,当时意大利北部的城市摆脱了德意志和教皇的统治,发展为一个新兴的经济地区。他们的领导者希望摆脱受制于外国统治者的历史,开始寻找使城市发展成独立的共和政体的办法。他们渐渐发现可以在古罗马文献中找到答案。到了14世纪,气候变化、饥荒和瘟疫破坏了很多旧的确定性,于是一些学者从阐释古代经典著作扩展到阐释社会重生的愿景。

这些学者声称,人们现在对古希腊、古罗马感到陌生了,其实古罗马是一片充满智慧和美德的土地,但是野蛮的"中世纪"介入古罗马时期与现代之间,腐蚀了一切。学者们建议,要发展意大利新的独立城市,就要往回看,他们必须建起一座通往古代的桥梁,这样就能复兴古代人的智慧,完善人性。

学术和艺术就是这座桥梁。学者们遍寻修道院寻找遗失的手稿,

★ 伊拉斯谟时年51岁,在16世纪已属高龄。

像罗马人那样深入学习拉丁语，从而以罗马人的思维来思考、说话。这样，这些真正的人文主义者（文艺复兴者★以此自称）就可以重新领悟古罗马的智慧。同时，通过四处寻访古罗马废墟，建筑家能够重建古代物质文明，建造代表最高美德的教堂和宫殿。画家和音乐家没有罗马的例子可供学习，只能尽力地猜测古罗马的典范。而统治者迫切地想让自己看起来正在努力完善世界。他们邀请人文主义者作为顾问，委托艺术家给他们画像，还收集了古罗马文物。

文艺复兴的怪异之处在于，这个表面上重修古文明的行为事实上却产生了极其非传统的发明和开放式求知的文化。当然，也有来自保守派的声音。他们驱逐激进的思想家（例如马基雅弗利），威胁他们（如伽利略）保持沉默。但是，他们阻止不了新思想的萌发。

回报是惊人的。通过将学术、艺术以及工艺的每个方面与其他事物联系起来，并以古代的标准对它们进行评价，诸如米开朗琪罗这样的"文艺复兴者"把它们一下子彻底改变了。在这些令人惊叹的人物中，有的像阿尔伯蒂这样创立了伟大的理论，也有像达·芬奇这样的伟大人物，从肖像画法到数学，无所不精。他们创造性的思维可以毫不费力地游走于工作室和权力走廊之间，从理论工作中抽出时间来指挥军队、担任公职，并为统治者提出建议（除了《君主论》，马基雅弗利还写出了他那个时代最好的喜剧）。游客和移民将新思想从文艺复兴的中心佛罗伦萨传播至葡萄牙、波兰和英国，于是具有当地特色的文艺复兴在这些地方发展起来。

毫无疑问，这是历史上最惊人的插曲之一。文艺复兴时期的意大利人并没有重建古罗马——即使在1500年，西方的社会发展指数得分仍然比1 500年前古罗马的发展顶峰低了整整10分。与罗马帝国的鼎盛时期相比，识字的意大利人更多了，但是欧洲最大的城市面积也只有古罗马的1/10；欧洲的士兵虽然配有枪支，但若与恺撒大帝的军

★ 有极少数的文艺复兴女性。

团作战的话,也未必有胜算;欧洲最富裕的国家也没有古罗马最富有的行政区那么高产。但是,如果意大利的文艺复兴者确实彻彻底底地变革了西方文化,使得欧洲与世界其他地方区分开来,并且在保守的东方人安于现状时鼓舞了西方的冒险家征服美洲,那么这些量上的差异也就显得不那么重要了。

我猜想,假如中国的士大夫听到这个想法,一定会大吃一惊。我可以想象得到,他们放下砚台和毛笔,耐心地向19世纪的欧洲历史学家解释的情形。那些提出这个理论的历史学家说道,12世纪的意大利人并不是第一个对自己的近代历史感到失望,并从古代寻求方法完善现代的民族。正如我们在第七章看到的那样,中国的思想家在400年前做着非常相似的事,就是回望过去的佛法来寻找汉朝文学和绘画中的智慧。意大利人在15世纪的时候通过过去寻求社会重新发展的道路,而中国人在11世纪就已经这么做了。1500年的佛罗伦萨人才辈出,这些人才精通医术、文学和政治,不过1100年时的汴京就已经如此了。那时有一个了不起的人物名为沈括,其著作涵盖了农业、考古、制图、气候变化、古典文学、人种论、地理、数学、医学、冶金学、气象学、音乐、绘画和动物学等,难道达·芬奇精通的领域会比沈括精通的领域还要宽,还要惊人吗?沈括和所有佛罗伦萨的发明家一样精通工匠技艺,而且还熟知运河水闸和活字印刷的工作原理,设计了新型的水闸,修建了能抽干沼泽的水轮机,"得上田七千顷"。沈括和马基雅弗利一样博学多才,而且还任职司天监,与辽朝谈判。假如达·芬奇知道的话,也会惊叹不已的。

如果中国在400年前经历过惊人相似的文艺复兴的话,那么19世纪的关于文艺复兴使得欧洲进入一个独特的发展方向,这个理论也就不那么有说服力了。或许更合理的结论是,中国和欧洲都有文艺复兴,与它们都有第一次和第二次轴心思想浪潮的原因相同:每一个时代都获得了它所需的思想。有识之士思考摆在他们面前的难题,并且如果他们面临类似问题的话,他们就会用类似方式解决,无论身处何时何地。*

11世纪的中国人和15世纪的欧洲人确实面临着类似的问题。他们都生活在社会发展上升的时代，他们都了解第二波轴心思想的结局很糟（东方的唐朝灭亡和灭佛，西方的气候变化、黑死病、教会危机）。他们都回溯"未开化"的过去，回顾第一次轴心思想的辉煌历史（东方的孔子和汉朝，西方的西塞罗和罗马帝国）。东西方采取的方式也是相似的：将先进的学术应用于古代的文学作品和艺术中，并利用研究结果以全新的方式解读世界。

为什么欧洲的文艺复兴促使冒险家前往特诺奇蒂特兰，而中国的保守主义者却安于现状、错失机遇这个问题，就像为什么西方的统治者都是伟人，而东方的统治者都是蠢货这个问题一样没有抓住要点。显然，我们需要重新表述问题。我们应该这么问：如果欧洲15世纪的文艺复兴真的激发了探险活动，那么为什么中国11世纪的文艺复兴没有同样的影响呢？为什么中国的探险家在北宋的时候没有发现美洲呢？北宋比孟席斯推断中国人去美洲的时间更早。

一个简单的答案是，如果北宋的船只无法到达美洲，再多的文艺复兴精神也不可能把北宋的冒险家送到美洲，而11世纪的中国船只很可能到不了美洲。一些历史学家并不赞同，他们指出，1000年前后，维京人就乘坐比中国大船简陋得多的船只到达了美洲。但我们看一下全球地图（图8.9）就能发现其中有很大不同。要到达美洲，这些维京人要穿过法罗群岛、冰岛和格陵兰岛，但不需要穿过800多千米的

---

* 并非所有人同意。加文·孟席斯在他另一本书《1434》中声称，1434年郑和船队部分船只访问了威尼斯，向阿尔伯蒂和其他人传授了早期中国文艺复兴的秘密，从而引发了意大利的文艺复兴。孟席斯认为，达·芬奇的发明与沈括的之所以如此相似，是因为意大利人依据的是中国的原型，尤其是我们在第七章提到的王祯的《农书》，这也解释了为什么18世纪的欧洲纺纱机看起来与中国早期的纺纱机如此相似。孟席斯的《1434》比《1421》更值得怀疑（最明显的一点是，我们从未在15世纪的意大利资料中找到关于中国宏大舰队的信息），我必须承认，这是我无法理解的。

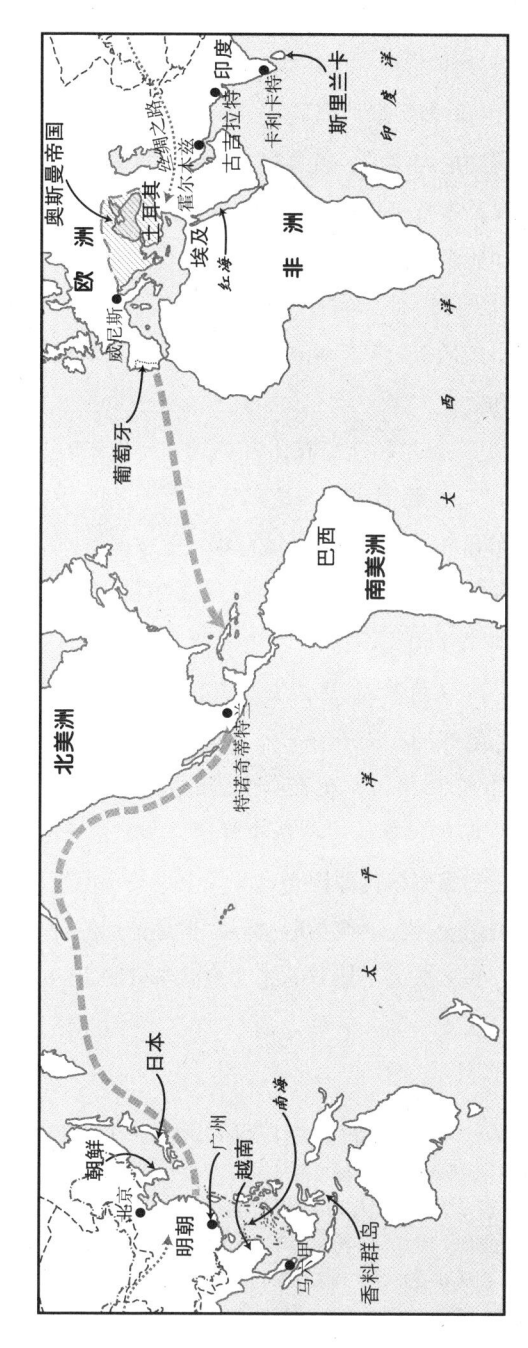

图 8.9 看世界的第三种方式：自然地理对西欧非常有利，因为西欧离美洲只有约 3 000 英里，而中国与新大陆之间却有其两倍的距离

411

开阔海域。这一里程听起来或许很可怕,但是将它与中国探险家穿过的海域相比,也就没什么了。中国的探险家必须从日本沿黑潮经过阿留申群岛,航行8 000多千米才能到达加利福尼亚的北部(如果顺着赤道逆流从菲律宾到尼加拉瓜,就要穿过两倍距离的开阔海域)。

自然地理(以及本章稍后将要谈到的其他形式的地理因素)使得西欧人穿过大西洋比东方人穿过太平洋要容易得多。即使风暴可能会将偶尔出现的中国船只吹到美洲★——可以想象得到,北赤道暖流也会将它们带回,11世纪的探险家即便被文艺复兴精神所激励,也不会找到美洲,然后告诉世人。

只有在12世纪,造船和航海技术提高到一定水平时,中国的船只才可能完成南京与加利福尼亚州之间近两万千米的往返航程。当然,那也比哥伦布和科尔特斯早了近400年。那么,为什么12世纪的中国没有出现发现新大陆的远洋航行者呢?

这可能是因为12世纪中国的"文艺复兴精神"在衰退,姑且不论如何界定"文艺复兴精神"。社会发展在13—14世纪停滞不前,之后暴跌。随着文艺复兴的先决条件消失,精英思想趋于保守。一些历史学家认为,11世纪70年代,王安石变法的失败使得新儒家知识分子拒绝接触更加广阔的世界,一些历史学家认为是由于1127年汴京陷落,另一些历史学家则认为原因与这些完全无关。但是几乎所有历史学家都同意,虽然士大夫继续放眼世界,但是他们的行动实际上带有很大的局限性。大多数人不愿冒着生命危险卷入国家的内部政治斗争中,于是选择了偏安一隅。一些人创办学院,并且虽然安排了讲课

★ 一些历史学家认为,秦始皇派去寻找长生不死药的徐福,在公元前3世纪第二个十年抵达了美国西海岸。但没有实际的证据证明。1993年,提姆·谢韦仑曾大胆尝试重现徐福的旅行,但结果并不让人欢欣:尽管拥有许多现代优势,他也不得不在距离美国数千千米处弃船。而托尔·海尔达尔著名的"太阳神"号木筏也只横渡了半个太平洋。从秘鲁到波利尼西亚,顺赤道暖流沿一个方向航行即可,而从亚洲到秘鲁的航程既长又难。

和阅读，却拒绝为科举考试培养学生；一些人为秩序良好的村庄和家庭仪式制定规则；还有一些人专注于自身，通过静坐和沉思完善自己，根据12世纪的理论家朱熹所说：

> 求立吾心于不疑之地，然后若决江河以利吾往。……今日只将尊德性而道学问为心，日自求于学问者有所背否？于德性有所懈否？……以此警策一年，安得不长？[29]

朱熹是那个时代的巨人。朱熹不求仕进，曾任满罢归，著书立说，传播自己的学说。1193年朱熹任职于湖南，不顾政务缠身，主持修复了南宋四大书院之一——岳麓书院，这成为朱熹讲学授徒、传播理学的场所。朱熹希望匡正君德来限制君权，被革职还乡，后被斥为"伪学魁首"。但是随着13世纪外在威胁的增加，以及大臣寻求与士绅捆绑在一起，朱熹的理学看起来非常有用。他的理学第一次得到平反，被列入科举考试范围，最后成为管理国家的唯一思想基础。朱熹的思想成为正统思想。1400年前后，思想家薛瑄欣然道："自考亭（朱熹）以还，斯道已大明，毋烦著作，直须躬行耳。"[30]

朱熹被称为中国历史上第二大有影响的思想家（仅次于孔子）。由于每个人的判断标准不同，有人认为朱熹完善了儒家思想，也有人认为他使中国处于停滞、自满和压迫的状态。但是这些褒奖或者指责都过分夸大了。和所有最优秀的理论家一样，朱熹只是提出了时代所需要的思想，人们按照适合自己的方式加以利用。

这一点在朱熹的家庭价值观上表现得最为明显。到了12世纪，佛教、原始女性主义和经济的发展已经改变了原先的性别角色。有钱人家开始让他们的女儿接受教育，给她们更多的嫁妆，这提高了女性在家庭中的地位。随着女性经济地位的提高，女儿和儿子一样能继承财产。甚至在一些贫穷人家，商业化的纺织生产使妇女的赚钱能力增强，也就使她们拥有更多的财产权。

12世纪男性富人开始打压女性，当时朱熹还是个小孩子。男性要求女性守贞操，妻子不能独立，并且女性只能待在家里（如果她们必须出去的话，就要蒙上面纱，或者坐在轿子里）。批评者尤其反对寡妇再嫁，认为她们把财产带入了其他家庭。当13世纪朱熹的理学得到平反时，他重建完美的儒家家庭的思想看起来就像给以上这些想法披上了哲学外衣。14世纪，那些官僚废除有利于妇女的财产法令时，他们宣称这些措施的基础就是朱熹理学。

朱熹的著作并没有给妇女的生活带来以上这些改变，它们只是一股更广泛的反动情绪的一部分，这股情绪对知识分子和很可能没有读过朱熹文章的人产生了影响。例如，在这些年，工匠眼中美丽女性的形象已经发生了巨大的改变。在8世纪，佛教和原始女性主义盛行，当时最流行的陶俑形象是被美术史学家戏谑地称为"丰满女性"的模样。据说受杨贵妃的启发——她的美貌引发了755年的安史之乱，工匠所展示的妇女都相当丰满，她们会跳舞、打马球等。相反，到了12世纪，画家笔下的妇女一般都很苍白，憔悴，服侍丈夫或者呆坐着等丈夫回来。

这些苗条的美人也许是一直坐着，因为站着很疼。臭名昭著的裹脚习俗（把女子的双脚用布帛缠裹起来，使其成为又小又尖的"三寸金莲"）可能始于约1100年，在朱熹出生前30年。该时期有一些诗指的就是裹脚这件事，在1148年后不久，张邦基在其《墨庄漫录》中记下："妇人之缠足，起于近世，前世书传，皆无所自。"[31]

关于裹脚的最早考古依据是在黄昇和周夫人的墓中发现的，她们分别死于1243年和1274年。她们的脚上都裹着约两米长的裹脚布，穿着丝绸鞋，鞋头向上翘（图8.10）。周夫人的骨骼保存完好，可以看到她那畸形的脚：她的8个小脚趾头扭曲在脚掌下，两个大脚趾头向前伸着，使得这双纤细的脚能够穿进她那又小又尖的鞋子。

12世纪的中国并没有要求女性裹脚，改善女性的走路姿势似乎

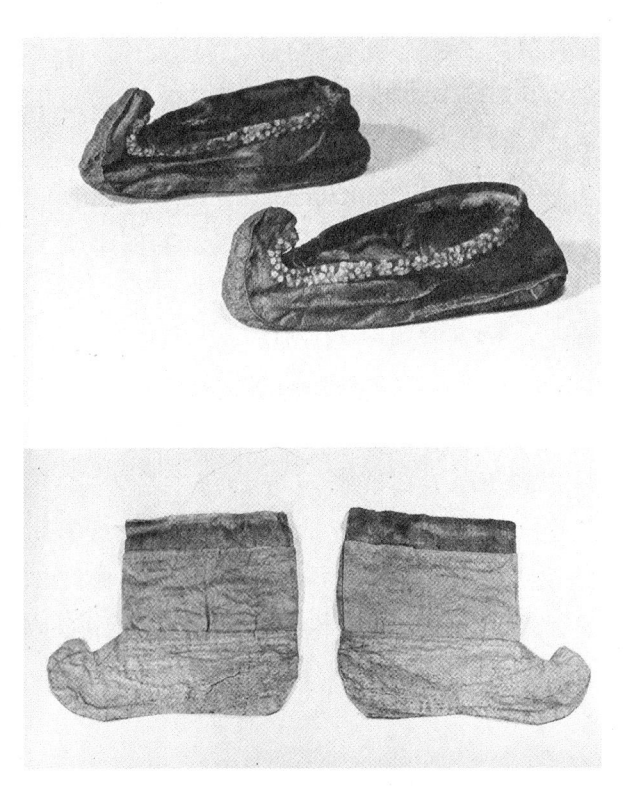

图8.10 小脚：黄昇墓中的丝绸鞋和袜子。黄昇死于1243年，是个年仅17岁的女孩。这是历史上关于裹脚的首个有力证据

资料来源：《福州南宋黄昇墓》，文物出版社1982年版

是一种普遍的痴迷（至少让男性着迷）。但是，黄昇和周夫人受到的折磨比其他国家的人们受到的折磨要大得多。穿细高跟鞋会让你脚趾起泡，裹脚则会使你坐在轮椅上。这个习俗带来的痛苦是（日复一日，从开始裹脚到死亡）难以想象的。就在周夫人被埋葬的那一年，理学家车若水在其《脚气集》中对裹脚进行了批判："妇人缠脚不知起于何时，小儿未四五岁，无罪无辜而使之受无限之苦，缠得小来不知何用。"[32]

确实，裹脚有什么用？但是裹脚变得越来越普遍，也越来越恐怖。13世纪的裹脚使双脚变得更瘦，而17世纪的裹脚却是使双脚变得更短，脚趾压到脚掌下，要裹成粽子状，成为"三寸金莲"。20世纪深受裹脚残害的妇女双脚的照片简直惨不忍睹。

把这些都归罪于朱熹就有点过分了。他的哲学思想并没有使中国的核心文化变得更加保守，是文化中的保守主义反过来使他的思想受到欢迎。朱熹的思想只是军事溃败、财政紧缩和社会发展下滑的最明显的反映。12世纪世界衰退时，古代与其说是复兴的来源，还不如说是避难的场所。在1274年时，也就是周夫人去世的那一年，全球探险的可能动力之一——文艺复兴精神已经极其缺乏了。

那么，公元1100年之后社会的停滞以及之后的衰退是否解释了为什么是科尔特斯而不是郑和到达了特诺奇蒂特兰呢？这只是部分原因而已。不过这倒可以解释为什么在12—13世纪没有伟大的探险航行。但是到了1405年，当郑和的第一支宝船舰队从南京出发时，东方的社会发展又一次加速。明成祖多次派郑和下西洋显示了他开放的思想。随着社会的再一次发展，15世纪的知识分子开始寻找可以替代朱熹思想的理论。

例如，王阳明就曾经非常努力地遵循朱熹的思想。1492年，像朱熹建议的那样，王阳明花了一周"格"竹子。但是这非但没有给他带来顿悟，反而"亦以劳思致疾"。后来，他顿悟了：他认识到每个人直觉上都知道事实，而不需要静坐几年或者学习孔子的言论。只要我们实践了，就能够获得智慧。这个顿悟非常适合发展中的社会。王阳明成为新的文艺复兴者，跻身时代一流的思想家、哲学家、文学家和军事家行列。王阳明的弟子甚至进一步反对朱熹的思想，认为街上都是圣人，每个人都可以自己判断对错，认为变得富有是件好事。他们甚至提倡男女平等。

结束郑和航海的这个决定，并不是基于保守主义的退缩，而是在充满扩张、创新和挑战的背景下做出的。没有证据显示，存在某种僵化、保守的思想阻碍了15世纪中国的探险活动，而朝气蓬勃的文艺复兴则推动了欧洲人漂洋过海。那么到底是什么导致了这样的结果呢？

隔离的好处

我们已经看到了答案：是地理，而不是人，使得中西方走向不同的道路。地理因素使得西方人比东方人更容易到达美洲（图8.9）。

欧洲人最显而易见的地理优势是自然地理：盛行风、岛屿的位置及大西洋和太平洋的面积差距都对他们非常有利。假以时日，东亚的探险家最后也一定会穿过太平洋。但在其他条件同等的情况下，维京人或者葡萄牙水手总是会比中国人或日本人更容易到达新大陆。

当然，在现实中，其他条件很难同等，在15世纪时，经济和政治地理使原本就有自然优势的西欧更具有优势。当时东方的社会发展远高于西方，多亏了马可·波罗这样的人，西方人知道了这一事实。这给了西方人经济上的刺激，促使他们前往东方，进入世界上最富裕的市场。相反，东方人却没有多大的动力前往西方。他们可以等着别人主动走过来。

阿拉伯人所处的地理位置优越，控制着丝绸之路以及印度洋的贸易路线的西段。几个世纪以来，位于东西交通路线一端的欧洲人落后闭塞，靠威尼斯人从阿拉伯人的桌子上收集来的面包屑勉强生存。不过，十字军东征和蒙古军的征战开始改变了政治地图，令欧洲人更容易进入东方。贪婪战胜了懒惰和恐惧，商人（尤其是威尼斯商人）从红海进入印度洋，或者就像马可·波罗那样，穿过欧亚草原。

当西欧国家开始在黑死病之后走向高端统治，并且频繁发动战争时，政治地理推动了经济发展。大西洋沿岸的统治者急于购买更多大炮，想尽各种办法获得更多财富（加强税收体制、抢劫犹太人、掠夺邻国等）。他们乐于与任何能够给他们提供新收入来源的人进行合作，甚至包括那些在港口附近出没的贪婪、阴暗的人。

大西洋沿岸的国家与红海和丝绸之路的距离非常遥远，但是所有船长都对自己了不起的新型船只有信心，以礼物、借款以及贸易垄断作为交换，把原先的地理隔离变成了一个优势。他们找到了从大西洋通向东方的路线。有一些人想要绕过非洲南端进入印度洋，避免与威尼斯人和穆斯林打交道的尴尬局面；一些人坚持他们会一直向西行，直到绕地球一周到达东方。★（还有一些人想从北极穿过，很显然不太吸引人。）

大多数欧洲人更喜欢向南行驶而不是向西行驶，因为他们正确地计算出，往西去东方的话，要航行非常长的时间。如果在这里要提到一个蠢货的话，那么非哥伦布莫属。他错误地估计了距离，并拒不承认，因此他开通了一条通向特诺奇蒂特兰的路。相反，如果要提到伟人的话，那就是明朝皇帝的那些大臣。在计算了成本和收益之后，他们在15世纪30年代终止了郑和不切实际的航行，并且在70年代"弄丢"了他的航海日志。

有时愚笨一点是一件好事，但是在实际生活中，愚笨和聪明并没有多大的差别，因为地理令历史这样发展。当明成祖在1403年继位的时候，他需要恢复中国在南亚的地位。派遣郑和的宝船舰队去卡利卡特和霍尔木兹花费巨大，但是起到了一定的作用；可是派遣郑和向东航行进入空荡荡的大洋是完全不可能的，无论那儿有多少长生不老药。15世纪的中国统治者最终可能会终止代价高昂的印度洋航行，但是无论如何，他们都不可能派船进入太平洋。经济地理使这类探险活动变得不合理。

同理，当欧洲水手为了寻找通向东方财富的路线而横跨大西洋时，几乎注定他们马上会发现美洲。哥伦布和他的船员需要非凡勇气来探索这片未知之地，指不定有去无回。但如果他们退缩了，在欧洲的港口还有很多勇敢的人会再一次尝试。并且即使伊莎贝拉一世拒绝了哥伦布的第三次提议，欧洲人也不会停止向西航行。要么哥伦布会再找一个支持者，要么就是会出现另一个航海家——卡伯特，或者是

★ 即使在落后的欧洲，自12世纪以来，有头脑的人也承认地球是圆的。（古希腊人早已知道这一点。）

1500年发现巴西的葡萄牙人佩德罗·阿尔瓦雷斯·卡布拉尔——发现那片新大陆。

地理使得一切事情的发生不可避免,就像农民取代狩猎-采集者或者国家取代村庄一样不可避免,大西洋沿岸大胆的水手会比中国南海同样大胆的水手更早发现美洲。

事情一旦那样发生了,结局在很大程度上也就预先确定了。欧洲的病菌、武器和制度比美洲原住民强大得多,原住民及其国家就这么崩溃了。如果蒙特祖马或科尔特斯做出另外的决定,征服者可能就会死在特诺奇蒂特兰沾满鲜血的祭坛上,他们的心脏也会在撕心裂肺的尖叫声中被挖出,然后敬奉给神灵。但在他们之后会有更多征服者,带来更多天花、大炮和种植园。美洲原住民不能阻挡欧洲帝国主义者,就像七八千年之前欧洲当地的狩猎-采集者不能阻挡农民一样。

当欧洲人绕过南非进入印度洋时,地理位置同样重要,只是方式不同而已。欧洲人进入的是一个社会发展程度更高的世界,有古老的帝国、创办已久的商行和致命的当地疾病。距离和成本(自然地理和经济地理)使得欧洲人入侵东方就像欧洲人入侵美洲一样自然。1498年,葡萄牙人第一次绕过非洲进入印度的航行只有四艘船,船长瓦斯科·达·伽马只是无名小卒,人们对这次航行并不抱什么希望。

达·伽马是一个了不起的船长。他顺着风在海上航行了近万千米,到达了非洲的南端。但他做事缺乏头脑。他所做的一切几乎验证了人们之前对他的看法。他绑架当地向导,鞭打他们,这在他离开非洲之前差点酿成了灾难。当被他虐待的向导把他带到印度的时候,他因把卡利卡特的印度教统治者误认为基督徒,而得罪了统治者。他奉上的廉价礼物进一步冒犯了他们。他最终装满了香料和宝石,然后不顾所有人的反对,逆风行驶。近一半的船员死在了印度洋上,而幸存者也因坏血病致残。

但是,因为亚洲香料的利润率超过100%,尽管达·伽马犯了这么多的错误,他还是为自己和国王谋取了大笔财富。在达·伽马之后,几十艘葡萄牙船只也穿过了印度洋，利用他们唯一的优势：火力。在进行交易、欺压、射击时，葡萄牙人发现没有什么能像枪支这么有效。他们把印度沿岸的海湾都当作贸易飞地（或者是强盗的巢穴，看说话的是谁），还把胡椒运回葡萄牙。

这么小的规模使得葡萄牙的船只看起来更像是围绕在印度洋国家周围嗡嗡叫的蚊子，而不是征服者。但是在它们叮咬近十年后，在威尼斯的怂恿下，土耳其、埃及、古吉拉特和卡利卡特的国王和苏丹准备发动反击。1509年，他们召集了100多艘船，在印度洋沿岸困住了18艘葡萄牙军舰，试图撞船并登船。葡萄牙人把他们炸成了碎片。

就像一个世纪前奥斯曼土耳其人进入巴尔干半岛那样，印度洋上所有统治者争先恐后地仿制欧洲人的大炮，却发现要打败葡萄牙人，仅仅依靠这些大炮是不够的。他们需要引进整个军事体系，变革社会秩序，培养新型士兵。这在16世纪的南亚很难做到，就像3 000年前西方核心地区的君主想让他的军队适应战车一样困难。那些行动缓慢的统治者不得不给凶猛的入侵者开放一个又一个的港口。1510年，葡萄牙人胁迫马六甲的苏丹，要求他把马六甲海峡的贸易权让给他们——马六甲海峡通向香料群岛。当苏丹筹划将他们赶走时，葡萄牙人占领了整座城市。马六甲的第一位葡萄牙总督托梅·皮雷斯写道："谁控制着马六甲，谁就扼住了威尼斯的喉咙。"

1521年

并且，不仅仅是威尼斯，还有中国。

中国是一个重要且非常富裕的大国。征服马六甲的总督并不很难，因为那里的人们非常软弱，因而也就很容易征服。经常去中国的船长宣称，只要有10艘船，占领马六甲的印度总督就能沿着海岸占领整个中国。[33]

公元1500年之后风起云涌的那些岁月里，对已经穿越大西洋和绕过非洲南部的冒险家来说，一切都有可能。既然他们已经到达东方，为什么不占领东方？所以在1517年，葡萄牙国王为了检验皮雷斯的理论，决定派他到广州与中国商谈并进行贸易。不幸的是，皮雷斯的外交能力和达·伽马的一样糟糕，皮雷斯坚持要见皇帝，但当地官员都予以拒绝。这样僵持三年后，皮雷斯终于在1521年得以进京晋见皇帝。也就是在这一年，科尔特斯抵达特诺奇蒂特兰。

不过，皮雷斯的结局和科尔特斯大不相同。到达北京后，皮雷斯还要再多等几周才能见到皇帝，但其间出了大问题。当皮雷斯正等待晋见时，马六甲苏丹寄来了一封信，谴责葡萄牙人偷了他的王位。皮雷斯在广州得罪的那些官员也纷纷上奏，指责他是个间谍。最糟糕的是，就在这个时候，明武宗驾崩了。在一片声讨和反对声中，皮雷斯一行人被戴上了镣铐。

皮雷斯后来怎么样了，至今还是个谜。和他囚禁在一起的船员在一封信中提到，皮雷斯死于狱中；但是另一份记录则写道，皮雷斯被流放到一个村庄，20年后，一位葡萄牙牧师在那里遇见了他的女儿。牧师坚称，这个女孩能用葡萄牙语背诵主祷文，以此可证实她的身份。这个女孩告诉他，皮雷斯和一位有钱的中国妇女相守到老，最近才去世。但皮雷斯的命运很可能和其他使节一样。他们被戴上了镣铐，被处决并分尸。每个男人的阴茎都被割了下来，塞进嘴巴里。之后，他们的尸体会在广州示众。

无论皮雷斯的命运如何，至少他尝到了苦头，知道即使他们有枪支在手，在这个真正的世界中心，欧洲人还是无足轻重。他们摧毁了阿兹特克人，用武力打进了东方市场，但是要给东方人留下深刻印象，却没有那么容易。东方的社会发展仍然大大领先于西方，并且尽管欧洲有文艺复兴、水手和火炮，1521年时，并没有多少证据显示西方将大大缩小差距。在我们看清楚科尔特斯而非郑和烧毁特诺奇蒂特兰究竟带来了多大的变化前，还需要三个世纪的时间。

第九章
西方的赶超

涨潮

美国总统约翰·F.肯尼迪曾说过,"水涨船高"[1]。这一论断在1500—1800年再正确不过了,因为此时东西方社会都连续三个多世纪呈现出上升的发展趋势(图9.1)。1700年,两者都把硬天花板推至43分左右;到了1750年,也都超过了这一分数。

在阿肯色州希伯斯普林斯,肯尼迪在一次庆祝新建大坝的演讲中发表了这一著名的论断。他的反对者认为这项计划是最糟糕的笼络民心的政治拨款:在他们看来,谚语中所说的涨潮确实能够托起所有的社会之舟,但一些社会之舟要比其他的上升得更快。同样,这一观点在1500—1800年再正确不过了。东方社会发展增速上升了25%,而西方社会发展的速度是其两倍。在1773年(或者,考虑到合理的误差范围,大约是1750—1800年),西方社会的发展赶超东方,结束了长达1 200年的东方时代。

关于世界发展潮流何以在公元1500年后上升得如此迅速,以及西方社会之舟何以上升得尤其快这两个问题,历史学家展开了激烈的争论。在本章的讨论中,我认为,这两个问题是相互关联的,一旦我们将其置于社会发展的长期背景下,就不难发现答案了。

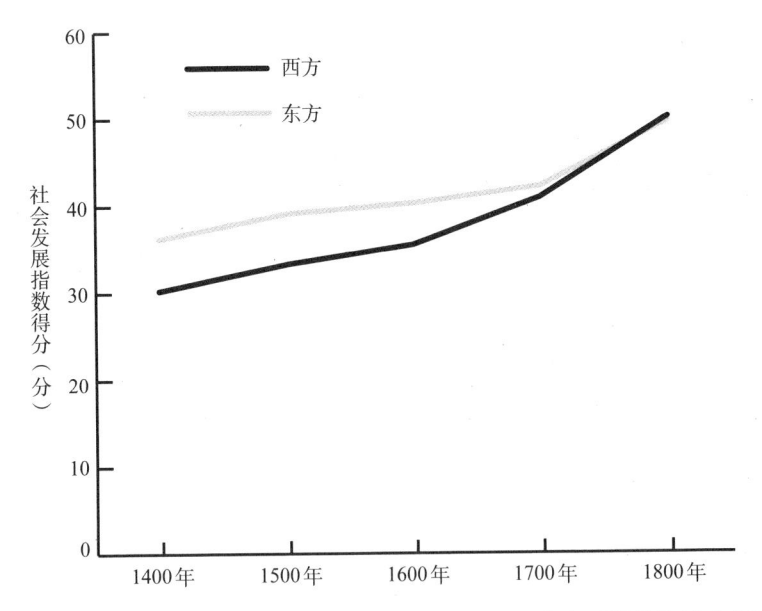

图9.1 一些地方的社会之舟上升得快：18世纪社会发展的浪潮推动东西方社会达到经济发展的硬天花板，但是这股浪潮推动西方发展得更好、更远、更快。根据图中的指数可以看出，西方社会在1773年再次占据了领先位置

谷仓里的老鼠

皮雷斯事件过了很久才在中国人心中淡去。直到1557年，中国官员才开始对定居澳门的葡萄牙商人不予理睬和干涉（图9.2）。尽管到1570年为止，其他葡萄牙人也已在远至日本长崎的沿海地区开设商店，但他们的人数仍然少得可怜。对于大多数西方人，东方大陆仍然只是一些神秘的地名，而大多数东方人根本没听说过葡萄牙。

16世纪，这些欧洲的冒险家对普通东方人的主要影响在于那些他们从美洲带来的神奇植物——玉米、土豆、甘薯、花生。这些植物在其他植物无法生长的地方生长，在恶劣的天气中存活下来，神奇地喂养了农民和他们的家畜。在整个16世纪，从爱尔兰到黄河流域，上万平方千米的土地都种满了这些植物。

图9.2 一个拥挤的世界：处于1500—1700年社会发展浪潮中的东方

  葡萄牙人来得恰逢其时。16世纪是东西方文化发展的黄金时期。在16世纪90年代（无可否认的一个尤其好的年代），伦敦市民能够看到最新上演的戏剧，如莎士比亚的《亨利五世》《尤利乌斯·恺撒》《哈姆雷特》，或阅读廉价的宗教小册子，如约翰·福克斯的那本血腥的《殉道史》，它被新出版商成千上万册地印制出来，里面有大量基督徒上火刑柱的木版插画。在欧亚大陆的另一头，北京人能够观看汤显祖长达20小时的《牡丹亭》，此剧直到今天仍是中国最受欢迎的传统戏曲之一。他们还可以读《西游记》。

但是在这些光辉灿烂的外表之下,一切并不是都真的那么美好。黑死病曾经夺去了东西方核心地区1/3甚至更多人的性命,而且在公元1350年后的近百年间反复暴发,使得人口一直保持在低位。但在1450—1600年,每个地区的人口反而都几乎成倍地增长了。1608年,博物学者谢肇淛在《五杂组》中这样说道:"生齿繁盛,盖亦从古所无之事。"[2]在遥远的法国,观察者也对这一观点表示赞同,正如一句民谚所讲的那样,人们繁衍之速就如"谷仓里的老鼠"。[3]

恐惧一直是推动社会进步的一大动力。更多孩童就意味着要将土地分割得更小,或有更多后代无着落,并且也总是意味着更多麻烦和争端。农民要更经常地除草和施肥,建造水坝,挖井灌溉,或者织布并努力卖出更多衣服。一些人到偏远的地方定居,努力在山间和沙石中维持生活,而这些贫瘠的地方是他们的祖先以前绝不会涉足的。一些人放弃了人口高度密集的核心地区,而选择到荒凉、人烟稀少的边境地区。但即使他们种植了新作物,食物似乎也永远不够吃。

人口稀少而土地充足的15世纪对人们来说越来越模糊:欢乐幸福的日子,西方的牛肉与啤酒,东方的猪肉与白酒。1609年中国南京歙县知县张涛在其编撰的《歙县志》中感叹如今景况大不如前:"(弘治)家给人足,居则有室,佃则有田,薪则有山,艺则有圃。"[4]但是现在,"贫者十人而九……贪婪罔极,骨肉相残"[5]曾在中国待过的一位德国旅行家在1550年前后的陈述更加直白:"在过去,农民家吃的和现在不一样。那时有肉有菜,非常丰富。"但是现在,"一切都彻底改变了……今天即使最为宽裕的农民家里吃的也比不上过去的短工和仆人"[6]。

在迪克·惠廷顿笔下的英国童话故事里(和许多同类故事一样,也追溯到16世纪),一个贫穷的小男孩和他的猫一起从乡下漂泊来到伦敦并过上了好生活。但是在现实世界中,数百万逃难来到伦敦的饥民中的大多数只不过是从油锅跳进了火坑里。图9.3展现了1350年后城市实际工资(即刨除通货膨胀后消费者购买基本生活用品的能力）所经历的变化，图中数据来源于经济历史学家数年间艰巨刻苦的挖掘工作。他们从各种不同历史人物口中得出支离破碎的片段并做出解读。直到14世纪欧洲的文献才有足以精确计算出不同时期的城市实际收入的数据，而在中国，直到18世纪以后我们才能获得这样的机会。尽管有数据上的缺口和大量的交叉线，至少欧洲的发展趋势是清晰的。基本上可以说，在所有我们可以证明的地方，在黑死病消失后的一个世纪内实际工资几乎都翻了一番，然后随着人口的恢复与增

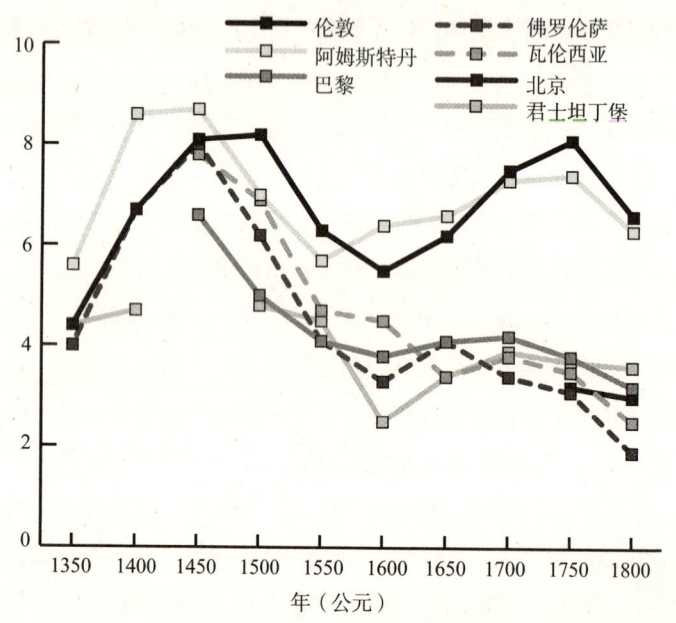

图9.3 富者越富，穷者越穷：1350—1800年北京和6个西方城市的非熟练工人的实际工资。虽然每个城市每种行业情况各有不同，但是通过测算，几乎每个地方都能发现这一趋势：在1350—1450年工人的工资水平几乎翻了一番，但之后就开始回落，到1550年或者1600年时工人的购买力已经下降到了1350年前的水平。1600年以后欧洲西北部的工资水平逐渐和欧洲其他地方拉开了差距，这一原因我们将在本章后面详细讨论（巴黎和瓦伦西亚的统计数据始于1450年前后，北京的统计数据始于1750年前后，而毫不奇怪的是，1453年前后君士坦丁堡的统计数据存在空缺，因为当时奥斯曼帝国的军队洗劫了该城市）

长，大部分地方的工资又回落到黑死病暴发以前的水平。在15世纪20年代，佛罗伦萨人将石块运至高处，建成了建筑师布鲁内莱斯基设计的佛罗伦萨大教堂那高耸的穹顶，这时他们以肉类、奶酪、橄榄油为食物。而到1504年，他们的后代运送安置米开朗琪罗的《大卫》雕像时却只能靠面包勉强过活。又过了一个世纪，他们的曾孙辈对能有面包吃就感到很满足了。

那个时候饥荒席卷了整个欧亚大陆。收成不好，政策不对，或者仅仅是坏运气都能使得贫穷的家庭沦落到四处觅食果腹的境地（在中国是米糠、豆荚、树皮和野草，在欧洲是甘蓝残茬和各种杂草）。一连串的灾难可能会使成千上万人沦落街头来寻找食物，最虚弱的人会饿死。在欧洲那些最古老的民间传说（如迪克·惠廷顿笔下的那些）的原始版本中，农民出身的说书人经常梦见的不是金蛋或者神奇的魔法豆茎，而是实实在在的鸡蛋与豆茎。很有可能这一切并不是巧合，这些农民想向仙女教母祈求的只是填饱自己的肚子。

不论是东方还是西方社会，中等阶层逐渐对流浪者和乞丐变得冷酷无情，将后者赶进救济院和监狱，或者送到边境地区，或者卖为奴隶。这些做法都很冷漠无情，但是显然那些富裕的人觉得自己的麻烦已经够多了，没有心思理会别人的事情。正如明朝官吏王文禄1545年在长江三角洲所发现的那样，当生活艰难的时候，"逼难蠲赈，税且促而产殖益贱"[7]。整个社会的下滑速度使得显贵阶层也感到了压力。

那些豪族子弟努力寻找新的方法，在这个艰难的世界中争夺财富与权力，这些人对传统的不屑一顾使得保守主义者非常恐惧。《邵武府志》曾这样警示说："衣帽渐鲜，亦有为商贾者矣。"[8]更糟糕的是，据《崇武所城志》记载，甚至以前的名门望族"然趋富贵而厌贫贱。喜告讦，则借势以逞，曲直至于不分，奢繁华，则曳缟而游，良贱几于莫辨"[9]。

中国的文官制度成了一个爆发点。士族阶层不断扩张，但是行政职务的数量并没有相应增长。随着科举中榜的门槛越来越高，富人发现谋生求财之道远比读书科举重要。歙县知县张涛曾经抱怨,寒窗苦读之士欲(在科举考场)得一方席位,却因穷困潦倒,被官员当作难民一样拒之门外。[10]

即使对位于社会阶层最顶端的皇帝来说,也是艰难之世。从理论上来说,不断增长的人口对于统治者大有益处——更多人上交赋税,更多士兵可以征募,但是实际情况没有那么简单。被逼到无以为继的时候,饥饿的农民可能就会起义,拒绝纳税,而积怨已久、争斗不休的显贵则会共举大旗。(长久以来古代中国形成了这样的特殊传统:官员若不能在仕途上功成名就,很可能会反叛。)

这些问题自从王权出现就一直存在,几乎和王权一样古老,而大部分16世纪的君主也选择以老办法来应对,那就是中央集权和对外扩张。日本可能是一个最为极端的例子。日本的政治权威在15世纪彻底崩溃,村庄、寺庙,甚至单个城市街区都建立了自己的政府,并雇用暴徒来保卫自己的政权或者抢夺相邻的地方。★到16世纪,人口的增长引发了对资源的激烈争夺,在众多的小领主中逐渐形成了一些大领主(大名)。1543年第一批葡萄牙生产的枪支被运送到日本(比葡萄牙人远渡重洋而来要早一代人的时间),而到16世纪60年代的时候,日本的手工业者已经可以制造出高级的滑膛枪,帮助有钱武装其追随武士的大名进行扩张。1582年,丰臣秀吉统一了几乎整个日本群岛,成为幕府将军。

丰臣秀吉成功说服了争论不休的同胞将武器统一上交,并承诺将会把这些武器熔铸成钉子与螺丝,以此来建造佛寺("刀狩")。他解释说,这"不仅有益今生,更能造福于身后"[11]。(一位基督教传教士却不为丰臣秀吉的话所动,在他看来,丰臣秀吉"诡诈狡猾难以想象","竟然以宗教献身为借口来剥夺人们的武装"。[12])

★ 这些是黑泽明的经典电影《七武士》(1954)和约翰·斯特奇斯的改编电影《豪勇七蛟龙》(也几近经典)的背景,后者修改了一些历史和地理设定。

不管丰臣秀吉的意图是什么，解除民众的武装确实是迈向中央集权政府的一大进步，这极大地减轻了清点人口、测量土地、征收赋税与分派兵役的工作量。1587年，在给妻子的一封信中，丰臣秀吉表示军事扩张是解决他所有难题的办法，并决定入侵中国。五年后他的军队——可能有25万人，全部武装最新的滑膛枪——在朝鲜登陆，横扫一切。

他所面对的是这样一个中国：历任统治者在扩张的优缺点上存在重大分歧。一些明朝皇帝，正如日本的丰臣秀吉一样，试图全面整顿国家摇摇欲坠的财政，并对外扩张。他们制定了新的人口普查制度，试图厘清每人应缴什么样的税，将复杂的徭役和田赋改为简单的银两赋税。但绝大多数政府官员并不赞成。他们指出，数百年的传统显示理想的君主应该安静地（而且要不那么奢侈地）坐在权力的中央，作为道德的典范来引领民众。理想的君主不会主动挑起战争，当然也不会从士绅阶层榨取钱财，因为这些正是官员出身的家庭。官员认为不必展开人口普查与税务登记（丰臣秀吉的骄傲所在）。如果长江流域的某个县城在1492年上报的人口数量和80年前所调查的一样，怎么办呢？士大夫坚持说，不管有没有对人口进行普查，都将国祚永延。

锐意进取的皇帝则陷在官僚体系的沼泽中艰难挣扎。有些时候结果颇具喜剧性，例如1517年，明武宗坚持要对蒙古发动战争，但守卫长城的官员拒绝打开城门让其通过，理由是皇帝应该待在皇城。有些时候，事情就没那么有趣了，如明武宗因为文武百官反对其南巡而杖责大臣，死于这一次廷杖的有十余人。

皇帝们很少有明武宗这样的精力来整治政府和土地赋税，大部分人只是任其成为一本糊涂账。因为国库空虚，他们停发军饷（1569年，当时的兵部侍郎承认他只能找到花名册上1/4的士兵）。毕竟，市赏蒙古人比和他们打仗要便宜得多。

皇帝们还停止了对海军军费的拨付，即使海军要承担打击沿海黑市贸易这样的重任。自从14世纪明太祖禁止私人海上贸易以后，地下黑市就逐渐发展起来。沿着中国海岸线从南向北，中国、日本、葡萄牙的走私者经营着利润丰厚的生意，购买最先进的滑膛枪，并逐渐变成海盗，而且他们在武器装备上已远远超过了那些拦截他们的巡哨船队。也许这些巡哨船队并没有真的试图拦截，因为来自走私者的回扣是他们主要的额外收益。

中国的海防越来越像《火线》这样的警匪电视剧中的场景，金钱交易的流动，逐渐模糊了暴力罪犯、地方名流和腐败官员间的界限。刚直的浙江巡抚兼福建海道提督军务朱纨曾经真的依法严惩走私团伙，被诬告擅自杀戮，于是被罢职待审，他一气之下服毒自尽。

在16世纪50年代，朝廷实际上丧失了对海岸防线的控制。走私者成了海盗头子，控制了20座城市，甚至扬言要抢掠位于南京的皇陵，最终一支纪律严明且廉洁奉公的队伍平定了倭患：由4 000名火枪手组成的戚家军。这支军队有时是由朝廷发放军饷，有时却有赖一位扬州长官向当地富户征收额外税款并暗地里提供给他们。① 戚继光领导的戚家军表明，只要有足够的决心，明朝还是可以消除威胁，而他们抗倭的成功也开启了一个（短暂的）改革时代。戚继光后来被调派戍守北方，在此期间，他改进了边防，建造了长城敌楼，在敌楼之间调派了训练有素的火枪手，像一个世纪前匈牙利人在与奥斯曼土耳其人的战争中所使用的马车堡那样将火炮架到马车上。

16世纪70年代，中国历史上能干但又颇具争议的首辅张居正改革了税收制度，收缴了税粮，并改革军队。他提拔了许多能干的年轻将领，比如戚继光，并亲自监督年幼的明神宗的课业。国库重新充盈了，军队也再一次振兴，但是在1582年张居正死后，官僚体系再一次反击。张居正死后被清算，他派系下的官员也都被罢免。值得尊敬的抗倭英雄戚继光在贫困交加中郁郁而终，就连他的妻子也抛弃了他。

自从能干的首辅张居正死后，明神宗多处受挫，最终失去了耐

---

① 此处记载与中国史学界研究不一致，疑为作者错误。——编者注

心，自1589年不再上朝理政。他退缩到一个自我放纵的世界中，在服装等方面大肆挥霍，变得大腹便便以至需要太监在旁搀扶才能站起来。三十年来他都拒绝上朝，让一帮大臣对着空空的宝座叩头。其间没有任何政策得到执行与实施，没有任何官员得到任用与提拔。1612年时朝廷中有一半的职位空缺，朝堂之上未办理的案件已经积压数年之久。

因此，当丰臣秀吉期望在1592年轻松取胜就毫不奇怪了。但是不知是因为丰臣秀吉犯了错误，还是因为朝鲜海军的改革，还是中国军队（尤其是戚继光创建的炮兵）表现得异常勇猛，日本军队陷入了苦战。一些历史学家认为，如果丰臣秀吉没有死于1598年，他可能还是会征服中国，但实际情况是，丰臣秀吉手下的将领们立刻重新考虑了扩张的计划，放弃了对朝鲜的征服，很快退回到日本国内处理更为严重的内部争斗问题。明神宗和他的官员们也恢复了无所作为的糟糕状态。

在公元1600年以后，东方核心地区的大国默认了官僚意见的正确性：中央集权和对外扩张并不能解决它们的问题。边境草原部落对中原来说仍然是一大挑战，欧洲海盗或者贸易者在东南亚地区仍然不断制造各种麻烦，但是日本受到的威胁却如此之少——单就世界的历史而言，以至它实际上完全停止了火药枪支的使用，那些熟练的制枪工匠又回到以前，开始制造刀剑（可惜的是，仍不是犁头）。但是，在西方没有国家有幸如此。

帝国的皇冠

在某些方面，16世纪的东西方社会非常相像。无论东方还是西方，都有一个强大的国家统治着传统意义上的中心地区（在东方，是统一中国的明朝，在西方是位于地中海东部地区的奥斯曼帝国），而且在它们的边缘地区都存在着商业发达的小国（在东方有日本和东南亚诸国，在西方有西欧诸国）。但相像之处也就这些了。相对于明朝内部的争执不休，奥斯曼帝国的苏丹及其臣属官僚都坚信对外扩张是解决问题的关键。经历过1453年奥斯曼军队的洗劫后，伊斯坦布尔（原君士坦丁堡）的人口一度降到仅仅五万人，但随着它再次成为一个强大帝国的首都，人口数量又很快地回升了。到1600年时这个城市共有40万人口，因此像数百年前的罗马人一样，他们需要整个地中海地区来供养自己。像古罗马时代的元老院元老一样，奥斯曼帝国的苏丹认为对外征服是保证这一切给养的最好办法。

苏丹艺高人胆大，他们一只脚踩在西方核心地区，一只脚横跨草原。这就是他们成功的秘诀。1527年，奥斯曼帝国苏丹苏莱曼粗略估算，他的军队共包括75 000名骑兵，其中大部分是来自传统游牧部落中的贵族射手，及28 000名近卫军、由基督教奴隶训练出的火枪手和辅助火枪手的炮兵。为了使骑兵高兴，苏丹将征服后的土地作为封地一一分派；为了使近卫军满意，也就是按时足额支付报酬，苏丹制定了连丰臣秀吉都会印象深刻的土地测量制度，并尽可能榨取钱财。

这些都需要良好的管理，而奥斯曼帝国逐渐膨胀的官僚制度确实吸引了帝国最优秀的人才，这时苏丹只需要灵巧地挑动各利益团体去互相争斗。在15世纪，苏丹通常比较偏向于支持近卫军、中央集权政府和世界性文化；在16世纪，苏丹倾向于支持贵族、权力下放和伊斯兰教。但比这些灵活的政策变动更重要的是对外掠夺，这才是一切的动力。奥斯曼帝国需要战争，而他们总是能够在战争中取胜。

最艰难的考验来自东部边境。多年来帝国一直忍受安纳托利亚地区的小规模叛乱（图9.4），这一地区的红头军★痛斥帝国君主为"腐败的逊尼派暴君"。当萨非王朝建立者伊斯梅尔一世于1501年宣称自己是阿里的后代时，这一冲突变得更严重。什叶派残害帝国内饥饿的、

★ 之所以这样称呼是因为他们头戴有着12道褶缝的高高的红帽子，这12道褶缝象征着在千年之时将会达到统治顶点的12位伊玛目。

被剥削和被压迫的大众，他们的极端做法甚至让久经沙场的士兵震惊不已。"他们杀掉了一切——男人，女人甚至孩童。"一位中士曾这样记录什叶派的叛乱，"他们甚至还要杀掉猫和鸡。"[13]苏丹向宗教学者施压，宣布什叶派为异教徒，在整个16世纪斗争从未停止过。

先进的武器使得奥斯曼帝国的军队更具优势，尽管他们从来没有彻底打败过波斯军队，但阻止了波斯人前进，然后后者挥师西南，在1517年拿下更大的战利品——埃及。自从900多年以前阿拉伯人征服以来，饥饿的伊斯坦布尔第一次得以进入尼罗河粮仓。

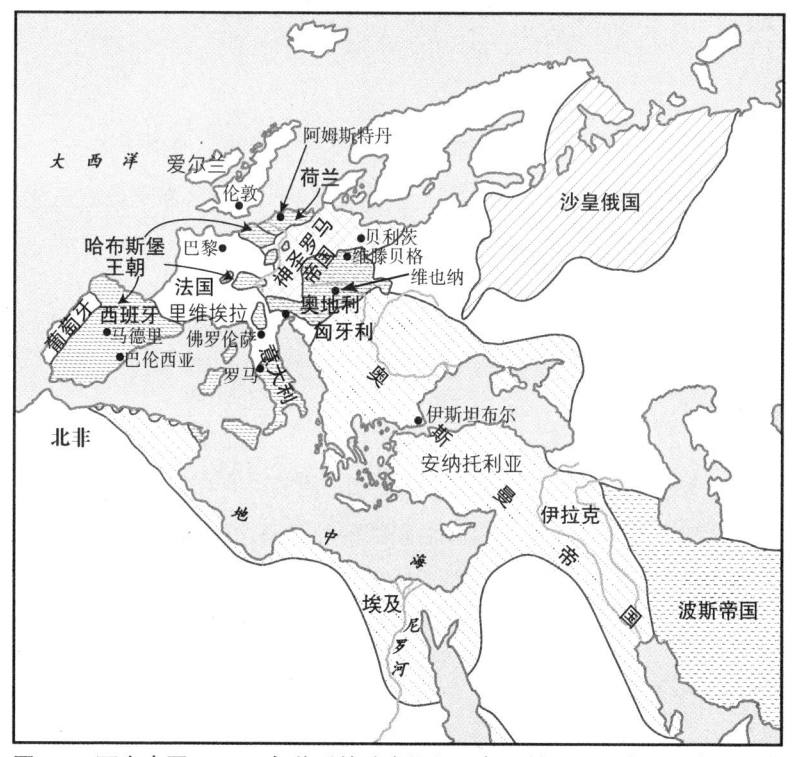

图9.4　西方帝国：1550年前后的哈布斯堡王朝、神圣罗马帝国、奥斯曼帝国和沙皇俄国

但正如亚述人以来的每次扩张一样，奥斯曼土耳其人发现一场战争的胜利只是另外一场战争的序幕。要想恢复埃及与伊斯坦布尔之间

的粮食贸易,他们必须建造一支强大的舰队来保护自己的船只,但是当他们打赢地中海地区凶狠的海盗(既有穆斯林又有基督徒)以后,他们的舰队向西航行得更远了。到16世纪60年代时,奥斯曼土耳其人控制了整个北非海岸,并和西欧海军开战。奥斯曼土耳其军队还向欧洲内陆推进,在1526年战胜了凶猛的匈牙利人,杀死了匈牙利人的国王以及大部分的贵族。

1529年,奥斯曼帝国苏丹苏莱曼在维也纳城外扎营。他暂时还攻不下这座城池,但是围城本身已经使得基督徒心惊胆战,害怕奥斯曼帝国很快就会吞并整个欧洲。"一想到(一场大战的)结果,我就忍不住颤抖,"驻奥斯曼帝国的一位大使曾这样写道。

> 奥斯曼帝国拥有无尽的财富、丰富的资源、战争方面的经验与训练、老练的士兵、一连串的胜利……我们只有空虚的国库、奢侈的习惯、枯竭的资源、低沉的士气……而且,最糟糕的是,敌人已经习惯于胜利,而我们则习惯于失败。战争的结果有任何悬念吗?[14]

但一些欧洲人确实仍对结果抱有怀疑,尤其是查理五世。他是哈布斯堡家族的族长,这个家族是黑死病暴发后一直在争夺中欧统治权的几个超级宗族之一。由于政治联姻精妙,而他们的姻亲也"适时"地去世了,哈布斯堡家族逐渐掌控了从多瑙河到大西洋一带的王权。在1516年,家族整个遗产——奥地利、德意志的大部分和今捷克共和国、意大利南部、西班牙以及今比利时与荷兰——都落入了查理五世的手中。在这诸多地区拥有的王位使他拥有整个欧洲最好的士兵、最富裕的城邦和最优秀的金融家。而且在1519年,选帝侯推选他为神圣罗马帝国皇帝。作为欧洲混乱的中世纪的一项奇怪遗风,这一称号可谓好坏参半。正如伏尔泰在18世纪50年代所说的,神圣罗马帝国"既不神圣,也非罗马,更非帝国"[15]。统领那些争吵不休的亲王并将他们聚到一起花费的力气远超过了皇位带来的价值,尽管如此,原则上,任何坐在神圣罗马帝国皇位上的人都是查理曼的继承人,在集结整个欧洲来对抗奥斯曼土耳其人时,这一点尤为重要。

许多观察家预想西欧只有两种可能:被伊斯兰世界征服,或者顺服于哈布斯堡王朝——唯一一个强大到可以抵抗奥斯曼土耳其人的。查理五世的大臣在1519年给这位皇帝的信中这样总结道:"上帝对您一直都是很仁慈的。他使您凌驾于基督教世界的所有君主之上,并使您享有着自从您的祖先查理曼以来任何君主都未享有过的至高权力。他促使您走向世界范围的君主制,走向在唯一上帝护佑下的整个基督教世界的统一。"[16]

如果这位大臣说得对的话,西欧会变得更像世界上其他核心地区,由一个庞大的大陆帝国/帝制国家所统治。但是被人统领这样的想法却使基督教世界的众多君主警惕起来,他们先发制人对查理五世发动了战争,想要使他下台。法兰西王国甚至和奥斯曼帝国签订了条约共同对抗哈布斯堡王朝,两国联合舰队甚至于1542年炮轰了法属里维埃拉(当时处于查理五世的统治下)——当然,所有这些都迫使查理五世更努力地尝试统领整个基督教世界。

查理五世与其儿子腓力二世在他们漫长的统治★中,大多数时候都在与其他基督徒开战,而不是穆斯林。但是他们的努力不但没有将西欧变成一个伟大的大陆帝国,反而进一步撕裂了欧洲,加深了旧的分歧,又造成了新的争端。举例来说,在1517年万圣节,修道士马丁·路德在维滕贝格城堡教堂门上钉上抨击基督教会做法的《九十五条论纲》的时候,他所做的并不出格,这只是公开神学辩论的一种传统方式(和黑死病以后许多关于教会的批评比较起来,路德温和多了)。但当时紧张的社会氛围使他的宗教抗议变成了一场政治上和社会上的大地震,这一社会震荡经常被他同时代的人拿来和奥斯曼土耳

★ 跳过各种复杂情况,他们的统治从1516年持续到1598年,长达82年。

其世界中的什叶派—逊尼派分裂相提并论。

路德本来希望查理五世会支持他,但是查理五世认为要想统领整个基督教世界,就需要一个统一的教会。"当一个修士与整个基督教世界的意见相左的时候,他一定是错误的,"查理五世曾这样对路德说,"我决意用我的所有属国与领土,我所有的朋友,我的身体、血液、生命、灵魂来与之对抗。"[17]他也确实如此做了,但是当整个欧洲武装起来支持或反抗哈布斯堡王朝的时候,否认基督教世界内存在的派系分歧就具有灾难性了。有时因为原则的问题,有时出于狭隘的利益,有时仅仅因为困惑,上百万基督徒拒绝承认罗马教廷。新教徒和天主教徒互相残杀,新教徒杀害其他新教徒,关于抗议的不同解读也成倍增加。一些新教徒宣扬基督再临、自由博爱,或者共产主义的思想。许多人的下场血腥凄惨。但总而言之,不管他们的抗议暴力还是温和,都使得哈布斯堡王朝的工作更加困难,而且代价更为高昂。

一旦认定他们的敌人是敌基督①的代理人,很少人会愿意和解,因此小冲突上升为大冲突,大冲突又拒绝终结,所以成本就这样螺旋增加。最终,哈布斯堡王朝的底线就是底线本身:他们根本无力统一整个西欧。

查理五世没能完成他统一西欧的事业,他在1555—1556年陆续从各个王位上退位,并将之分给了两个人:他的弟弟得到了奥地利和神圣罗马帝国,而腓力二世则继承了西班牙和其他西欧地区。这是很聪明的一项策略:将哈布斯堡王朝统治等同于西班牙统治,腓力二世能够提高行政管理效率,并集中精力解决真正的问题——钱的问题。

在40年的统治期间,腓力二世像希腊神话中的大力神赫拉克勒

---

① 敌基督,统治末世的基督的主要敌人,在《约翰书》里首次提到。在中世纪,当教皇和皇帝争权时,便互指对手为敌基督。在宗教改革时期,路德等新教领袖认为教皇制本身为敌基督。——译者注

斯一样辛苦工作,试图改革哈布斯堡王朝的财政状况。他是一个很奇怪的人,他花费大量时间在马德里郊外的办公室内工作,经常忙碌得没有时间去实地参观自己的领地。但是尽管他像丰臣秀吉一样满腔热情地统计人口,向民众征税,增加收入,并打败了法兰西与奥斯曼帝国,他所追求的统一西欧的终极胜利却从来没有实现。他的税官压榨得越严重,出现的问题就越多。腓力二世的臣民繁衍之快如谷仓里的老鼠一般,处在饥饿和国家税收的夹缝之间,而且看到自己上交的税收被用于和遥远的国家作战,而自己对那里的人民一无所知,于是反抗四起。

在16世纪60年代,腓力二世甚至试图将基督教会与征税相提并论。一向迟钝麻木的荷兰人,承受着哈布斯堡王朝对新教的迫害和苛税的重担,爆发了一场砸毁祭坛、亵渎教会的暴力行动。把富裕的荷兰拱手让给加尔文主义者,对腓力二世来说是不可想象的,因此他派兵镇压,而这只是促使荷兰人建立了自己的军队。腓力二世不断地赢得一场场战役的胜利,却总是不能赢得整场战争。荷兰民众再也不愿向哈布斯堡王朝缴纳新的赋税,而且当他们的宗教信仰受到威胁时,不管花费多少钱财、牺牲多少生命,他们都要捍卫自己的信仰。到16世纪80年代,腓力二世在战争上花费的钱财远远大于整个帝国的收入,无论胜负,他都无法承担,腓力二世向意大利金融家借的钱越来越多。当他既不能支付军队的开销,也不能向债权人还钱时,他就宣布破产,然后再如此反复重演。他的军队因为拿不到俸禄而哗变,四处抢掠为生,因而腓力二世的信用也一落千丈。直到1634年(在陆上)和1639年(在海上),西班牙才被彻底打败。但早当腓力二世于1598年去世时,整个帝国已经濒于毁灭,所负的债务是其年收入的15倍。

两个世纪后,才出现一个西欧大陆帝国,而到这时,其他西欧国家已经开始了一场变革整个世界的工业革命。如果哈布斯堡王朝或者奥斯曼帝国在16世纪统一了欧洲的话,可能这次工业革命永远都不会发生。或者说,在没能统一整个西欧的查理五世与腓力二世身上,在没能征服西欧的奥斯曼帝国苏丹苏莱曼身上,我们终于发现了改变历史进程的蠢货。

但这不能单单归罪于任何一个人。那位担忧奥斯曼土耳其人入侵的欧洲大使曾指出:"唯一的障碍是波斯人,他们处在奥斯曼帝国的后方,使得(奥斯曼帝国)侵略者不得不小心提防。"[18]奥斯曼土耳其人无力打败波斯人、什叶派和欧洲人。相类似的,查理五世和腓力二世之所以没能成为基督教世界的唯一统治者,不是因为他们输掉了一些决定性的战斗(实际上,在16世纪80年代以前他们几乎每战必胜)或者缺少一些决定性的资源(实际上,他们拥有的运气、才能和功劳远超他人),只是因为打败奥斯曼帝国、统一分裂的基督教世界和西欧的其他国家,超出了其组织能力与财力。既然哈布斯堡王朝拥有的众多优势都不能统一西欧,那么就真的没有人能做到了。西欧注定要和那些从奥斯曼帝国到中国之间的众多帝国/帝制国家区别开来。

硬天花板

尽管每个帝国/帝制国家的经历各不相同,但东西方核心地区的社会发展一直都在进步,而且在1598年丰臣秀吉和腓力二世去世后的数十年间,明显又可以看到社会发展的悖论再次出现。像以前的很多时候一样,气候变化导致了不断加剧的危机,虽然自从公元1300年后天气一直比较寒冷,但是现在越来越寒冷了。一些气候学家将之归因于1600年秘鲁境内的火山喷发,而其他人则将之归结于太阳黑子活动的减弱。但是多数人都同意旧大陆的大部分地区在1645—1715年非常寒冷。从英国伦敦到中国广东,书吏和行政官员都在抱怨冬天的冰雪天气和过于凉爽的夏天。

住在寒冷城市里的人们和贫瘠土地上的人们联合起来,使得17世纪对那些毫不设防的人来说无异于一场灾难,不管这些人生活在森林、湿地、野外还是别的什么地方。有时政府受到良心的谴责,于是制定法律想要维护这些受害者的利益，但是那些试图将核心地区的边界往外扩展的人很少理睬这些法律。在中国，所谓的棚民侵入了大山森林深处，在当地脆弱的生态系统中种植番薯和玉米，严重破坏了当地的生态。他们将苗族等原住民逼到了饥饿的边缘，但是当苗族人起来反抗的时候，朝廷又派遣军队来镇压他们。日本北部的阿依努人、英格兰最早殖民统治下的爱尔兰人和北美洲东部的原住民都有过这样悲惨的遭遇。

这些人之所以如此大举入侵，是因为他们本来所处的核心地区的资源正在逐渐枯竭。清代大臣张英在其《恒产琐言》中写道："有尺寸之壤，则必有锱铢之入。"[19]（有土地就有收入。）在欧亚大陆的东西两端，各国政府都在积极地与开发者合作，力图将灌木丛与湿地改造成牧场与耕地。另一位中国官员在17世纪20年代痛斥道：

> 勿逐芦苇之地和草场之蝇头小利！……某人因其惰性，不顾长远之将来，而仅追逐于芦苇之地之蝇头小利，拒田地之大利。他们不仅不愿复垦土地，更因别人如此做法而恶之……市集因而日渐荒凉，朝廷收入因此日益不敷。如此之境况孰能忍乎！[20]

荷兰和英国的企业家以同样饱满的热情对湿地进行拓荒开发。国家出资建设的大型排水工程带来了大片肥沃的土地，但是之前生活于此的当地人却在法庭上、大街上掀起了激烈的抗争。他们（大部分是匿名的）的抗议之歌让人心酸：

> 看哪，这些排水工人正在破坏着造物主的伟大设计，
> 这正在使我们身体越来越消瘦，并终成乌鸦与虫蠹的猎物；
> 因为这确实意味着所有沼泽都将枯竭，
> 一切都将干涸，我们也将死去，
> 而一切只是因为埃塞克斯的牛犊需要牧草。

439

> 鸟禽尚且有翅膀可以迁徙到其他的国度,
> 但是我们没有类似的工具来帮助我们移居;
> 除非我们团结起来,用战争将他们赶跑,
> 我们将不得不将自己的故土(啊!多让人伤心的事)
> 让给那些有角的野兽与牲畜。[21]

侵略者以及他们带来的同样具有侵略性的动植物,驱赶本地物种,或者将它们猎杀至灭绝,然后他们就可以开垦栖居地,毁掉森林。在17世纪60年代,一位学者曾抱怨说日本4/5的森林已经被砍伐殆尽。在16世纪50年代前后,英格兰和苏格兰地区只有10%的土地尚有森林覆盖,到18世纪50年代时,甚至又消失了一大半。对比之下,在1600年时爱尔兰仍有12%的森林覆盖率,但是到1700年时,殖民者已经砍伐掉了5/6的树木。

大城市附近木材的价格上升得非常快,人们开始寻找替代燃料。在日本江户附近地区,制盐工厂、制糖工厂、陶艺工人,最后甚至连普通家庭都开始用煤作为燃料,而在欧洲,人们用泥炭和煤来代替木炭。正如500多年前中国汴京的人们一样,伦敦人欣然接受了这些化石燃料,因为它们的市场价格要比木炭低。虽然大部分英国家庭还是可以使用木柴,但是到1550年时,平均每个伦敦人每年要用掉1/4吨煤炭,到1610年时这数字又增长了两倍,而到1650年,整个大不列颠的燃料有一半以上来自煤炭。"伦敦被海煤的重重烟雾包围",1659年一位伦敦人这样抱怨道,以至"如果这个世界上真有地狱的话,那就是大雾天气下火山一般的伦敦城"[22]。

令人悲哀的是,他错了,因为欧亚大陆的其他人正在为自己制造更糟糕的地狱。气候变化只是启示录中第一位冲破束缚的骑士,越来越严重的资源紧缺压力也导致了国家崩溃,政权在压力下分崩离析。如果君主试图削减开支,他们就会失去自己的大臣和将士;而如果他们试图从纳税者身上挤出更多的税收收入,他们就会失去商贩和

农民。自从国家政权出现以来，穷人的激烈抗争就一直是政治生活的一部分，但是现在这种抗争变得更加剧烈了，因为那些被剥夺财产的贵族、破产的商人、领不到军饷的士兵和怨恨的官员都加入了这一队伍。

随着时局变得越来越艰难，西方统治者更加坚定地重申他们是上帝意志的代表，以借此增加人们的叛乱成本。奥斯曼帝国的苏丹更积极地讨好宗教学者，西欧的知识分子则创立了专制主义理论。他们宣称，国王的权威完全来自上帝的恩典，任何议会、教会、个人的意志都不能削弱国王的权威。如法国的"一个王国，一部法律，一种信仰"。挑战这一权威的任何一部分都等同于挑战所有纯洁美好的事物。

但是恰恰有许多不满的民众想要挑战这一权威。1622年，身为穆罕默德的继承人和上帝在人间的代表，奥斯曼帝国的苏丹和哈里发奥斯曼二世试图削减开销日益庞大的近卫军，被近卫军从皇宫中拖出来勒死，并被肢解圣体。奥斯曼二世的弟弟穆拉德四世即位后想要解决这一困境，于是他和那些强硬派神职人员结成同盟，甚至通过严禁烟酒咖啡来取悦教会。但是在17世纪40年代，苏丹宣称其存在合理性的努力彻底失败了。1648年，近卫军和神职人员结成了同盟，处死了"无能之主"易卜拉欣（还不迟，这个绰号对他确实名副其实），由此拉开了持续50年的内战的序幕。

17世纪40年代对所有皇室来说都不啻一场梦魇。一场场反对专制统治的叛乱使整个法国陷入了混乱；而在英国，议会向一意孤行的国王宣战并最终将国王斩首。这一切就如打开魔瓶释放出妖怪一样，引发了一系列的混乱：如果连本来如神明一般权威的国王都能被审判并处决，还有什么是不可能的呢？自从古希腊文明以后，这可能是民主思想第一次开始萌芽。"在英国，最穷困的人和那些最伟大的人一样生活，"忠实于议会的一位上校军官曾这样说，"每一位生活在政府管理下的公民首先应该自己同意在这样的政府管理下生活。"[23]

这些在17世纪的背景下都是颇有冲击力的言论，但是英国激进派各个分支派系的言论甚至更为狂野。其中一个自称"平等派"的派系对所有的社会区分都持反对态度。"没有人是背着马鞍出生的,"他们指出,"也没有人带着马靴、马鞭出生。"[24] 而且,如果说社会等级是有悖于自然、不应该存在的,财富更是如此。在国王被处决的一年之内,一个自称"真正的平等派"的派别分裂出来,建立了十个公社。另外一支派系"浮嚣派"将上帝看作"伟大的平等主义者",并宣扬永久革命的思想——"推翻,推翻,推翻……定要确保天下公平公正,否则上帝带来的灾难将会腐蚀并吞噬你们拥有的一切。"[25]

平等主义思潮的时代已经来临。例如,1644年一份关于平等主义者的报告中曾这样写道:

(平等主义者)将他们的犁锄打造成了刀剑,并为自己取了"和国王平等"这样的称号。他们宣称他们正在消除主人与奴隶、富人与穷人、达官显贵与底层人民的区别和差异。佃户占有了地主最好的衣服……他们会命令地主跪下来为他们倒酒,他们会给地主扇上两记耳光,并且说:"大家都是平等的人。你们有什么权利称呼我们为'奴隶'?"[26]

然而,最极力宣扬平等的实际不是英国人,事实上,他们正在中国的东海岸活跃。不论在东方还是西方,都存在这样的情况:对既定社会等级制度的激进挑战,例如15世纪90年代王阳明对朱熹思想的批判,以及16世纪第二个十年马丁·路德对天主教会的挑战那样,这些挑战和国家的崩溃一起形成了关于人的平等的新观点。但是,我们接下来就会看到,这些不同的思想在18世纪的世界有着各不相同的命运。

在中国,明朝因为财政破产和东林党争而陷入瘫痪,而当瘟疫(启示录中的第三个骑士)在1628年暴发时,明朝的皇帝看起来已经丧失了天命。起义军日益觉得任何行动都不过分。在17世纪30年代,起义军雄踞各方，而1644年，北京最终也陷落了。明朝最后一位皇帝崇祯在万岁山的一棵孤零零的树上自缢。"朕凉德藐躬，上干天咎，然皆诸臣误朕。"他在衣袍上这样写道，"朕死无面目见祖宗，自去冠冕，以发覆面。任贼分裂，无伤百姓一人。"[27]

实际上崇祯帝这番遗言是白说了。这些起义军较之欧洲的国王、奥斯曼帝国的苏丹或者明朝皇帝本人没有什么不同，他们都没有财力来支撑膨胀的军队。因此他们只得放纵士兵四处抢掠，试图从民众身上搜刮钱财。自从战争出现以来，军队都免不了要劫掠无辜的民众，而且他们早已经设计了各式的残忍行为，在那以后的恐怖年代中，他们只是通过各种令人瞠目的行为来不断地重复他们的残忍行径。尽管如此，在残酷的17世纪，整个欧亚大陆上，愤怒、贪婪、恐惧的士兵似乎在残忍行为方面又开创了新的高度。文献中充斥着各种酷刑、大规模处决、轮奸等行径。当北京城陷落的时候：

> 归则用惨刑拷索银物，有夹至三四不止者。有牵引株连累及平民十百余家者，死亡相踵，京城骚然，人始无生趣矣。[28]

如果说有什么区别的话，就是在西方世界国家崩溃所引起的暴力则更为严重。在德国，欧洲的宗教战争在1618—1648年达到了可怕的顶点。在基督教世界的每个角落，我们都能找到庞大的军队，士兵的军饷就算有，也是时有时无，他们不能自己种田，于是尽可能地抢劫、勒索。现存的原始资料充斥着各种残忍野蛮的暴行。德国小镇贝利茨不幸地位于1637年神圣罗马帝国军队行进的路上，因此成为这样一个极好（或者说极坏）的例子。一位海关官员曾写道，在召集了当地人之后，

> 这些强盗和杀人犯找到一截树枝，插进那些可怜的人的喉咙里，任意搅拌并往里倒水，再加上沙子甚至人的粪便。这些人为

了索要钱财而折磨他人，令人憎恨。一个叫作大卫·奥特尔的贝利茨公民就是一例，他在被这样折磨后很快死掉了。[29]

另外一群士兵将一个贝利茨人吊起来烤，直到他供出自己的积蓄；而另外一群士兵，因为听说他们的同伴"烤"问出了钱财，又把这个人抓了回来，将他的脸按在火里，"这个人死了，皮肤如一只被屠宰的鹅那样掉落下来"[30]。

一直以来，历史学家都认为这样的故事只是一种宗教宣传，这些故事如此可怕，人们很难想象它们竟是真实发生的，但最近的研究表明情况恰恰相反。超过200万人死于暴力（直到20世纪的世界大战之前这一死亡人数都是无可匹敌的），而且死于紧随战争而来的饥荒和瘟疫（启示录中的第三个和第四个骑士）的人数是这个数字的十倍。不管是在中国还是在中欧地区，人口都减少了1/3之多，就像遭遇了一场人为的黑死病。

瘟疫本身则以更为凶猛的变种席卷而来。丹尼尔·笛福的《瘟疫年纪事》就是在疫情暴发50年之后写成的。他在书中生动地记叙了1665年横扫整个伦敦的谣言、恐慌与痛苦。中国医生的报告也几乎同样生动形象。在1642年的长江三角洲，著名医师吴有性撰写了《温疫论》，在其中记述道，"或时众人发颐；或时众人头面浮肿"，或者"或时众人疟痢；或为痹气，或为痘疮，或为斑疹，或为疮疥疔"[31]。

启示录五骑士中的四位都在争相角力，但是就像图9.1所显示的那样，并没有发生像17世纪那样的社会崩溃。社会发展继续往前推进，东方于1710年（根据指数的准确程度，可能要加减25年的时间），西方于1723年（也前后浮动25年）分别达到罗马帝国和北宋以前发展指数的顶点——43分。到1800年时，东西方社会发展指数得分都接近50分。这时我们不得不问：为什么社会发展会与历史潮流相悖呢？

关闭草原通道

1689年8月22日，尼布楚。西伯利亚的夏天虽然短暂却出奇的美丽。每年的这个时候，随着地面解冻，新发出的草芽如绿色的地毯一般铺满了整个徐缓起伏的山丘，其间又点缀着各种红色、黄色、蓝色的野花与蝴蝶。但是今年的夏天却有一点不同：在石勒喀河河岸附近（图9.5），出现了一个由帐篷组成的小镇，数百名清朝谈判官员及随同人员，由基督教传教士充当拉丁语译员，与灰头土脸的俄国人一起坐了下来，共商边界。★

这些俄国人此时距家乡万里之遥。在1500年时，莫斯科大公国还只是荒凉的东欧众多公国中的一个，挣扎着试图在从欧亚草原来袭的蒙古人和紧逼的波兰、德意志、立陶宛等骑兵的夹缝中找到自己的生存空间。莫斯科大公国凶狠的、未开化的王公自称沙皇（即独裁者），展示出拜占庭式的甚至罗马式的自命不凡，但他们似乎常常不能确定他们到底想成为欧洲式国王还是蒙古式可汗。直到16世纪50年代伊凡雷帝——即使以沙俄统治者残暴的标准来看，他也颇为暴虐——的时代，沙俄才开始有一定的分量，但是伊凡雷帝很快就补上了逝去的时间。冒险家背负着滑膛枪，越过乌拉尔山脉，在1598年打败了当地的蒙古可汗，开辟了通向西伯利亚之路。

西伯利亚最为人所知的是作家索尔仁尼琴关于古拉格（苏联前劳改集中营）的小说中冰天雪地的背景，但那个时候它在俄国人的印象中却是财富之地。对皮草的狂热紧紧攫住了他们：因为很久以前已经将自己境内的貂、紫貂、白鼬等捕猎灭绝，欧洲人现在很愿意为皮大衣支付高价。在四十年间，俄国的皮草商人在这片苔原上驰骋捕猎来供应这一利润丰厚的市场，他们最远甚至来到了太平洋岸边。他们在

★ 他们的谈判卓有成效，现在的两国边界仍然是在他们当初决定的黑龙江上。最近一次协商发生于2008年7月，重新划定了大乌苏里岛的归属。

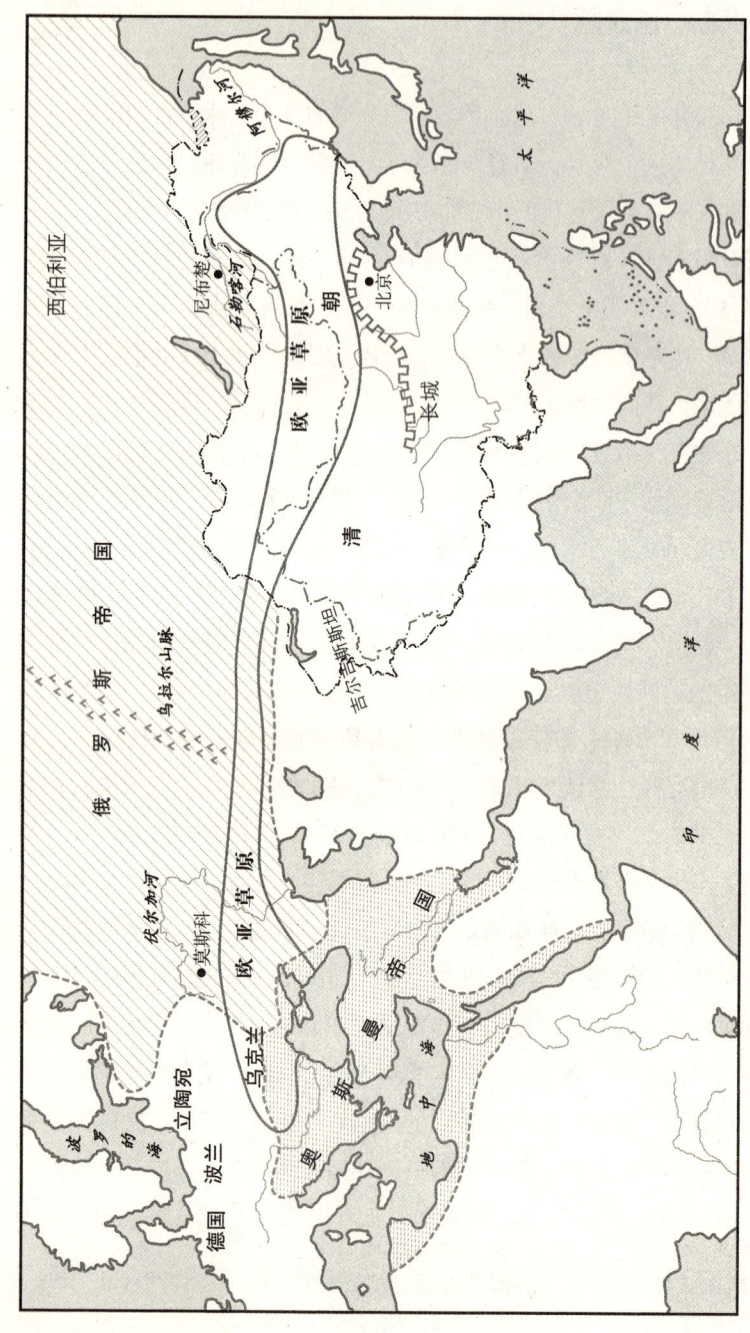

图 9.5 草原时代的结束：帝国/帝制国家奋起还击。到 1750 年时，俄罗斯帝国和清帝国已经共同关闭了东西方的草原通道

西伯利亚的寒冷森林的边缘上建起了一圈细细的栅栏，他们从这里出发冒险去诱捕水貂，或者从当地石器时代的猎人手里勒索毛皮。尽管以苏莱曼大帝或丰臣秀吉的标准来看，这些空旷的荒野称不上一个帝国，但是从毛皮生意中获取的税收曾不止一次地使沙皇免于灾难。

俄国的捕猎者和清朝的军队很快就在黑龙江边发生了冲突，但是到17世纪80年代时双方都准备好了开始谈判。每一方都害怕对方会像之前的许多决策失误的君主那样，邀请蒙古人作为同盟军，并因此释放天启录中的第五骑士——迁徙，于是，他们都来到了尼布楚协商谈判。

他们那一年夏天在西伯利亚达成的协定完成了世界史上的一大转变。2 000年来这片干草原一直是东西方之间的一大通道，基本不受那些强大农业帝国/帝制国家的控制。移民、微生物、思想和发明创造都随之涌来，将东西方捆绑到社会发展或崩溃的一致旋律上来。在极少数情况下，一些征伐进取的国王在花费极大的代价后将他们的意愿强加到这片草原上，如大流士大帝、汉武帝或者唐太宗，但这些毕竟只是少数。历史上的规则是：农业帝国/帝制国家按游牧民族的要求支付财物，以此来确保边疆的稳定。

但是火器的使用改变了这一切。游牧民族经常使用火器（人们所知道的最早的火器，是在中国黑龙江发现的1288年的手炮），而且很有可能是蒙古人将火器从中国传入了西方。但是随着枪支制造得越来越好（射击得更快且更远），帝国/帝制国家建设得越来越有组织，有些将军有足够的财力征召上万名步兵，用滑膛枪和加农炮来武装他们，并训练他们连续发射，逐渐开始击败那些游牧骑兵。在1500年前后，那些从草原来的马上的弓箭手还经常打败农业帝国/帝制国家的步兵。但是到1600年，他们就只能偶尔取胜了。而到1700年时，胜利对他们来说则再也不可能了。

俄国人在这一潮流中领先。在16世纪50年代，伊凡雷帝的炮兵将弱小的蒙古汗国赶出了伏尔加河流域，而且在接下来的100年间，俄国、奥斯曼帝国、英国和波兰逐渐用驻军、壕沟、栅栏等围住了干燥的乌克兰大草原。以滑膛枪为武装的村民开始限制游牧民族的活动方向，并最终将他们隔绝开来。在尼布楚，沙俄和清朝商定：难民、商人、逃兵，尤其是迁移的游牧民族都不可以在未经两国许可的情况下在这片大草原上自由迁移。现在所有的人都成了农业帝国/帝制国家的属民。

1644年发生在中亚的最后骚动向我们展示了改变之巨。那一年，李自成攻入北京，推翻明朝统治，而随着内战越来越失去控制，吴三桂认为引清兵入关反而更好。中国的统治者一直有这样一个传统，将亚洲内陆地区的游牧民族卷入国家的内战中来，而这通常都会带来灾难性的结果。但是和之前的情况不同，清军不是以游牧民族骑兵的形式而来，相反他们带来的是一支和明朝军队相差无几的军队，基本由步兵组成，装备有从葡萄牙人那里仿造而来的滑膛枪和火炮。

清军毫不费力地占领了北京城，宣布入主中原，一统中国，并用了将近40年的时间四处征战来巩固政权。清朝的这些努力和之前游牧民族战争的结果大相径庭。清军入关没有打开闸门，让更多的来自寒冷北方的游牧民族进来，长期征战与努力只是将清军磨炼得更为强大，并重新向中亚扩张。1697年，清军在蒙古草原深处击败了蒙古准噶尔部。1720年，清政府又将中央政府的管辖范围延伸到多山的西藏地区。18世纪50年代，针对游牧民族的问题，清政府又实行了最后一个解决方案，那就是将他们的武装力量逼至今吉尔吉斯斯坦边境，打败了最后的抵抗力量。

在17世纪和18世纪，农业帝国/帝制国家，尤其是沙俄和清朝，高效地消灭了天启四骑士之一。因为这个原因，社会发展对硬天花板的冲击力并没有像2世纪和12世纪那样引发草原移民的浪潮。而且，即使国家崩溃、饥荒、瘟疫和气候变化这些因素都加起来，也没有使这些核心地区彻底崩溃。草原高速通道已经被关闭了，旧世界历史的一个篇章也就此落幕了。

对游牧民族来说，这是十足的灾难。那些在战争中幸存的人被束缚得越来越紧。他们生活方式的根本所在是自由迁徙，却不得不依赖于遥远的皇帝的心情，而18世纪以降，那些曾经骄傲的草原勇士越来越多地沦落为雇佣兵，例如那些被用来讨伐暴民的哥萨克人。

尽管如此，对这些帝国/帝制国家来说，关闭草原通道却是一项胜利。中亚这个长久以来的危险之源，现在却已经成为帝国/帝制国家的新边境。随着来自游牧民族的袭击的减少，一两百万俄国人以及500万甚至多达1 000万的中国人从拥挤的核心地区迁徙而来，定居于草原边境上的这片新土地。吃苦耐劳的人们一定居就开始开发这片土地，他们有的种田，有的采矿，有的伐木，源源不断地将原材料和上缴的赋税送回国家的核心地区。草原通道的关闭不仅避免了帝国/帝制国家的崩溃，而且开辟了一个草原宝藏，突破了数千年来将社会发展指数得分限制在43分以下的硬天花板。

大航海时代的开端

当沙俄和中国忙于关闭旧的草原通道时，西欧国家正在试图打开一个全新的海洋通道，这一通道的开辟将更剧烈地改变整个世界的历史。

自从西欧人第一次穿越大西洋进入印度洋以后，100年来他们的海上帝国看起来也没有什么特别不同的。自从13世纪以后，威尼斯人就一直通过开展印度洋上的贸易而致富，葡萄牙的水手则绕过非洲南端，而不是为过境奥斯曼帝国而与其讨价还价，这样更为迅速，成本也更为低廉。西班牙人在美洲进入了一个完全的"新世界"，他们在那儿的所作所为和俄国人后来在西伯利亚的所作所为颇为相似。

无论是西班牙人还是俄国人都尽可能地将自己的这些附属地对外承包。伊凡雷帝让斯特罗加诺夫家族垄断在乌拉尔山脉以东所有的土地，条件是从收益中抽成；只要能保证哈布斯堡王朝享有20%的分成，西班牙国王基本上同意发现者保留其在美洲的所得。无论是西伯利亚还是美洲，都有小群的亡命之徒四散开来，在这片尚未探明的领土上四处设置栅栏（图9.6），占领了令人难以置信的广阔区域，而且经常写信回国索要更多的金钱和欧洲女人。

就像皮草热驱使着俄国人一样，对金银的狂热同样驱使着西班牙人。科尔特斯在1521年洗劫了特诺奇蒂特兰，首先将西班牙人领到了这条道路上，而弗朗西斯科·皮萨罗则加速了这一进程。他在1533年绑架了印加国王阿塔瓦尔帕，作为赎金，他要求国王的臣民将一间长近7米、宽5米多、高近3米的房子装满金银财宝。皮萨罗将这些印第安文明历史上积累的艺术宝藏都熔化成了金锭——约6 087千克的黄金和约11 793千克的白银，最后还是勒死了国王阿塔瓦尔帕。

到1535年，这些轻轻松松就能获得的不义之财逐渐耗尽了，但是对遍地都是宝藏的"黄金国"的幻想使得残忍的行为不断发生。"他们每天都无所事事，只是幻想着黄金、白银，还有秘鲁印第安人的那些宝藏，"一位史学家曾经这样感叹，"他们就像亡命之徒一样，疯狂着魔，因对金银财宝的贪欲而丧失理智。"[32]

这些人的疯狂在1555年找到了新的出口。这个时候先进的银矿开采技术使得美洲的采矿业成为一项利润丰厚的产业，产出非常惊人：1540—1700年大约有5万吨白银从美洲运到欧洲，其中有2/3来自今玻利维亚境内的波托西山脉，人们发现这一山脉蕴藏丰富。到16世纪80年代为止，欧洲的白银储备增长了一倍，而哈布斯堡王朝所拥有的份额则增长了10倍之多，可正如1638年一位从西班牙来到波托西的游客所注意到的那样，"在波托西所铸造的每一比索（中南美货币单位）硬币都是以10名印第安人的生命为代价的"[33]。另一方面，和俄国颇为相似的是，哈布斯堡王朝开始将其所征服的殖民地作为开创欧洲陆上帝国的战争的财政来源。"波托西银矿的存在只是为西班牙不断扩张的野心而服务，"一名参观者这样写道，"它的存在旨在叫奥斯曼土耳其人受罚，让摩尔人谦卑，使佛兰德人颤抖，令英格兰人

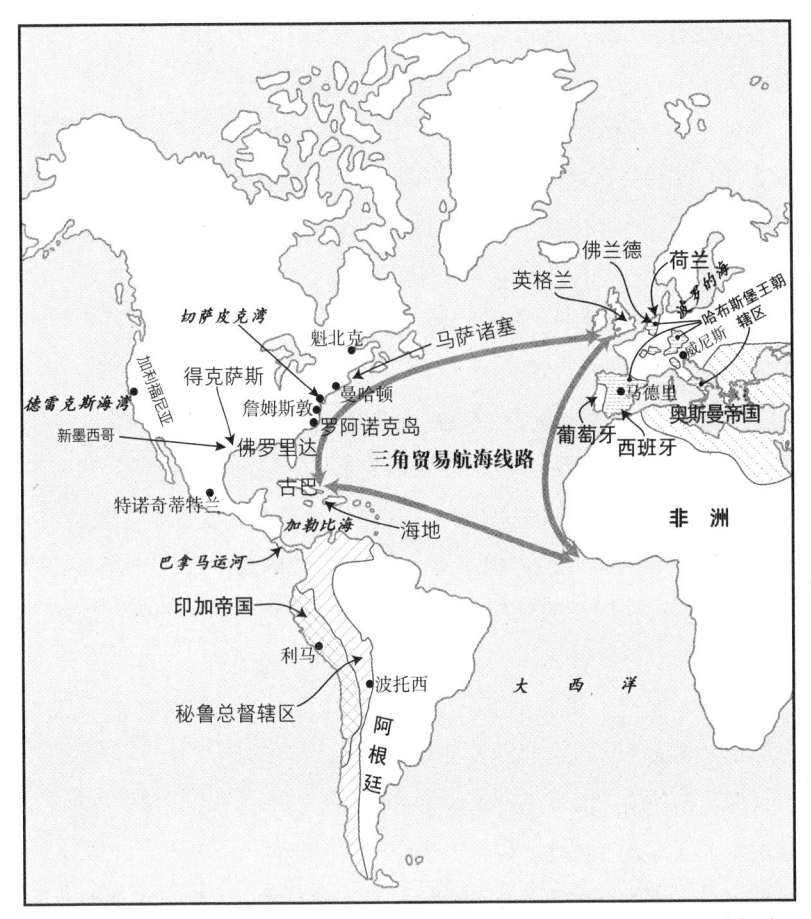

图9.6 1500—1750年的海上帝国。箭头显示了在大西洋周围进行的奴隶、糖、朗姆酒、食物、工业制成品的"三角贸易"

畏惧。"[34]

哈布斯堡王朝将其从美洲获得的绝大部分白银用于偿还意大利金融家的债务,而大部分白银经由这些意大利商人之手又流入了中国,因为中国需要银币来满足其蓬勃发展的经济需求。"中国的皇帝可以用从秘鲁运来的银条来建造一座宫殿。"[35]一位商人曾这样说。尽管哈布斯堡王朝一直在对外出口白银,而明朝一直在进口白银,它们在其他方面却有许多相似之处,它们更关注做大自己在经济蛋糕中的份

451

额,而非做大经济蛋糕本身。这两个国家都严格地将海上贸易限制在少数人手中,这些人掌管着容易征税、由国家支持的垄断企业。

理论上,西班牙每年只允许一艘满载白银的大型帆船横渡大西洋,而且(同样是理论上)对其他货物的贸易管制也同样严格。但实际上,结果正如中国骚乱的沿海地区一样,那些被排除在官方交易之外的人开创了一个巨大的贸易黑市。这些"闯入者"就如中国当时猖狂走私的海盗一样,无视官方的征税规定,任意杀害反抗者,低价销售货物来和官方贸易者竞争。

那些16世纪20—30年代在哈布斯堡王朝的欧洲战争中率先开战的法国人,最先加入了这场关于海盗的争斗。最早的有记录的海盗袭击发生于1536年,到16世纪50年代时海盗袭击就变得非常普遍了。1555年,一位官员曾这样抱怨道:"整个海地的海岸边,没有一座村庄没有遭受过法国人的洗劫。"[36] 16世纪60年代,英国走私者也开始进行奴隶贩卖,或者抓住机会就登岸劫掠那些运送白银的骡队。由此劫掠来的不义之财颇为丰厚,因而在20年内西欧地区最野蛮、最不顾一切的男人(还有一些女人)都涌入了这一行列。

像明朝一样,西班牙对此的反应缓慢而又漫不经心。通常情况下,这两个国家都认为忽略这些海盗要比打击他们的代价更小,直到16世纪60年代,西班牙才开始像明朝一样真正地反击。一场全球范围内持续数十年之久的打击海盗的战争就此爆发,从明朝到古巴(同样还有地中海地区的奥斯曼帝国)都有军队用短刀、火炮作战。1575年,明朝舰队和西班牙舰队甚至在菲律宾群岛附近联手打击海盗。

到这时为止,明朝与奥斯曼帝国基本都取得了打击海盗战争的胜利,但是西班牙仍然在与一种更加严重的私掠活动斗争——国家支持的海盗活动。私掠船船长一般都有自己国家统治者颁发的许可证,甚至国家给予的船只来掠夺西班牙人。这些人无法无天。16世纪50年代,凶残的法国私掠船船长"木腿"勒克莱尔将古巴的重要城镇洗劫一空。1575年,英国的约翰·奥克斯纳姆将船驶入加勒比海地区,停在巴拿马附近，并拖着两门大炮穿过地峡。行驶到太平洋一侧的时候，他下令砍伐树木，建造了一艘新船，招募了一群逃跑的奴隶作为船员，几周之内在秘鲁无人防守的海岸一带为非作歹。

奥克斯纳姆最后的结局是在利马城被吊死，但是四年以后他的老船友弗朗西斯·德雷克（同样是善于欺诈的盗贼，但有着远见卓识，总而言之，最完美高超的海盗）带着更野心勃勃的计划卷土重来：航行绕过南美洲的最南端，将秘鲁劫掠一空。在他所率领的由六艘海船组成的船队中，最终只有一艘成功地绕过了合恩角，不过这艘船火力强大，很快就确立了英国人在太平洋的优势。德雷克从一艘西班牙货船上抢夺了史上最大一批金银（超过25吨），之后意识到不能再原路返回，于是他镇静地满载着他的战利品环游世界。海盗的事业是有着丰厚的回报的：德雷克的赞助者们得到了4 700%的回报，而伊丽莎白女王仅用她所享有的战利品的3/4，就还清了英格兰所有的外债。

受到这些胜利的鼓舞，西班牙的竞争对手们分别将自己国家那些想要成为征服者的人派往新大陆，但屡屡受挫。无力判断当地资源，只是凭借期望，法国人于1541年在魁北克建立了殖民地，希望在此找到金矿和香料。但他们后来发现，魁北克并不出产黄金或香料，因此这个殖民地也就失败了。法国人接下来的努力也没有成功：他们模仿西班牙人，在佛罗里达几乎紧挨着西班牙要塞定居，结果迅速遭到了屠杀。

第一批英国的冒险家同样不切实际。在1579年威慑整个秘鲁以后，德雷克往北航行至美国西海岸，在加利福尼亚（也许是在旧金山附近风景如画的海湾，即今德雷克湾）登陆。在那儿，他将当地人召集到海滩上，然后宣布他们的家乡现在被更名为"新不列颠"，属于伊丽莎白女王。然后，他再次出发起航，再也没有回来。

1585年，德雷克的劲敌沃尔特·雷利（或者像其对手习惯称他的那样——沃尔特·拉雷）在今北卡罗来纳建立了自己的殖民地——

罗阿诺克。雷利比德雷克更加务实,至少给殖民地带来了真正的拓荒者,但是他想将罗阿诺克作为劫掠西班牙船只的海盗巢穴的计划却糟糕透顶。罗阿诺克岛的地理位置非常差,因此当第二年德雷克从岛边驶过的时候,饥饿的殖民者便搭载德雷克的船只回英国了。雷利的一个副手把第二批殖民者运到了罗阿诺克(他本应该把这些人带往切萨皮克湾一个更适宜的地方,但迷路了)。没有人知道发生了什么,当他们的统治者于1590年返回的时候,他发现所有人都不见了,只有一个名字——克罗坦,他们对罗阿诺克的称呼——刻在树上。

这些边境地区充满暴力,生命因而显得廉价,但无论何时美洲原住民的生命总是要比那些殖民者的廉价许多。西班牙人喜欢开玩笑,嘲弄在马德里的君王是如此的低效,以至"如果死亡来自西班牙,我们所有人都会永生"[37],但是美洲原住民可能不会觉得这玩笑有趣。对他们来说死亡确实来自西班牙。因为有大西洋和太平洋的屏障,他们进化得对于旧大陆的病毒没有丝毫的抵御能力,自从哥伦布登陆美洲的几个世代以来,他们的人口至少减少了3/4。这就是第六章中提到过的"哥伦布大交换":欧洲人得到了一片全新的大陆,而美洲原住民却染上了天花。虽然欧洲殖民者有时会残暴对待他们所遇到的原住民,但大部分情况下原住民死于看不见的空气或者体液中的微生物。而且这些病毒传播的速度要比欧洲人快得多,一旦从殖民者传播到原住民身上,只要被感染了的原住民接触其他健康的原住民,病毒就会随之传播。因此,当白种人露面时,他们轻易就赶走了数量锐减的原住民。

在任何土地肥沃的地方,殖民者都会创建历史学家与地理学家克罗斯比所称的"新欧洲"——移植他们家乡的翻版,包括他们熟悉的庄稼、杂草、动物。而在那些殖民者不想要的土地上,比如新墨西哥,正如西班牙总督宣称的那样,"除了裸体的原住民,假的珊瑚碎片,以及一些鹅卵石"[38],那里什么都没有,但这些殖民者的生态帝国主义(克罗斯比的另一妙语)仍然改变了这些土地的样貌。从阿根廷到得克萨斯的广大地区,牛群、猪群、羊群四处奔跑,变得更加野性,并繁殖了上百万的牲畜,占据了整片草原。

更妙的是,殖民者们还创造了"升级版欧洲",他们不用试图从粗暴的农民身上努力敛租,他们可以将幸存的原住民变成奴隶,或者如果没有原住民,就用船把非洲奴隶运过来(证据证明第一批运送而来的黑人奴隶是在1510年,到1650年,黑人奴隶的数量已经超过了西属美洲的欧洲人)。"即使你是穷人,你在这儿过得也要比在西班牙好得多,"一位在墨西哥的殖民者在家信中这样写道,"因为在这里你可以发号施令,不需要亲自工作,而且你可以骑在马背上监督他人。"[39]

通过建造"升级版欧洲",殖民者开始了地理学意义上的另一次革命。在16世纪,欧洲帝国主义者仅仅将新大陆作为劫掠的来源,用以资助欧洲大陆上的战争,因而对他们来说将美洲与旧大陆隔开的海洋就是一件麻烦事。但是到17世纪,地理上的分离开始变成一件好事了。殖民者可以利用新旧大陆的不同生态环境,生产欧洲所没有的,或者在美洲产出效益更高的商品,然后将之销往欧洲市场。于是,大西洋不再是一种屏障,而更像是一条高速通道,使得贸易者可以将两个不同的世界连接到一起。

1608年,法国殖民者又回到了魁北克,只不过这次是作为毛皮商人,而不是为了淘金,他们由此繁荣发达起来。如果没有在1612年发现烟草在弗吉尼亚生长得特别好,詹姆斯敦的英国殖民者几乎要饿死了。尽管这些烟草没有西班牙人在加勒比海地区种植的质量好,但成本非常低廉,很快英国人就开始大把赚钱。1613年,荷兰的毛皮贸易商在曼哈顿定居,之后买下了整座岛屿。17世纪20年代,为了逃离宗教迫害而从英格兰来到马萨诸塞的人们也加入了这一行列,将用来制造船桅杆的木材运回家乡。到50年代时,他们开始将牛群和鱼干送往加勒比海地区,在那里,糖就像白色的黄金一样,正掀起一轮新热潮。殖民者和奴隶开始细水长流般缓慢地,然后如洪水般大批地向西跨过大西洋来到新大陆,而奇异的商品与赋税则向东流回欧洲。

在一定程度上,移民总是做着类似的事。古希腊人将小麦从西地中海地区运回国内,长江三角洲的定居者将大米沿大运河运往北方,而大草原边上的殖民者则将木材、毛皮与矿产运回莫斯科与北京。但是大西洋周围生态位的多样性与海洋的广袤无垠——仍在复杂的现代航运的控制下——使得西欧人能够有所创造:一种由互相叠加的三角贸易体系连接起来的相互依赖的洲际经济(图9.6)。

贸易者不再是简单地将货物从 A 地运到 B 地,他们可以将西欧的工业制品(纺织品、枪械等)运到非洲西部,以此交换奴隶,获取利润,然后他们可以将奴隶运到加勒比海地区,并以之交换糖(同样,获取一定的利润),最终他们可以将糖带回欧洲出售,获取更多的利润,然后再购进一批新的制成品,再次出发去非洲交易。另外,定居于北美洲的欧洲人也可以将他们酿造的朗姆酒运到非洲来交换奴隶,然后将这些奴隶运至加勒比海地区以交换糖,然后再把糖带回北美洲以生产更多朗姆酒。其他人可能会将食物从北美洲运到加勒比海地区(那里用于生产糖的土地非常宝贵,不能浪费在为奴隶种植庄稼上),在那里买糖,然后将其运到西欧,最后带着北美洲所需要的各种制成品返回。

落后的政治体制也做出了贡献。作为16世纪欧洲的大帝国,西班牙拥有最发达完善的君主专制政体。这一政体通常将商人看作赚钱机器,威胁他们缴纳钱财,还将殖民地看作掠夺财富的来源。如果哈布斯堡王朝真的成功地打败他们的欧洲劲敌,将欧洲统一为大陆帝国的话,大西洋经济肯定会像这样一直保持到17世纪。但相反的是,那些来自欧洲相对落后的西北边缘地区的商人,因为他们国王的软弱,将情形推向了另一个方向。

一马当先的是荷兰人。在14世纪时荷兰还只是低洼的边缘地区,被分割成一个个小城邦。理论上来讲,荷兰受哈布斯堡王朝统治,但实际上那些遥远而忙碌的统治者发现,将他们的意志强加于欧洲西北地区太麻烦，很不值得，因此就将管理权留给了荷兰总督。为了生存，荷兰的这些城邦不得不改革创新。缺少木材，它们就开发泥炭作为能源；缺少食物，它们就在北海一带捕鱼，用来和波罗的海附近的国家交换粮食；由于没有国王和贵族的干涉，富裕的市民尽力使城邦成为商业友好之地。稳健的货币与更为稳健的政策帮助荷兰吸引了越来越多的资金，到16世纪后期，曾经落后的荷兰一跃成为欧洲的银行业中心。因为能以低利率对外借款，荷兰一直为旷日持久的"八十年战争"提供资金支持，这场消耗战慢慢瓦解了西班牙的国力。

英国稳步地朝着荷兰人的方向发展。黑死病暴发之前，英国已经是一个真正的王国，其蓬勃发展的羊毛贸易使得英国商人的影响力仅次于荷兰人。在17世纪，商人最先带头反对国王、挑起战争，甚至最终斩首势弱的查理一世，然后推动政府建立一支庞大的、最先进的舰队。当1688年，一场政变将一位荷兰王子推到英国王位的宝座上时，商人就是主要的受益人之一。

公元1600年以后西班牙王室的统治逐渐减弱，与此同时，荷兰和英国的商人积极地向大西洋推进。如图9.3所示，1350年在欧洲西北部边缘的英国和荷兰，普通民众的工资水平已经稍高于富裕但更拥挤的意大利。公元1600年以后，差距拉得越来越大。在世界的其他地方，饥饿的人们所带来的巨大压力使得工资退回到黑死病暴发之前的水平，但是在欧洲西北部，人们的工资却越来越接近15世纪黄金时代的水平。

这一切的出现并不是因为他们像西班牙人那样，简单粗暴地从美洲大陆榨取财富运回欧洲。虽然专家们对于欧洲西北部的新财富有多少直接来自殖民与贸易仍存争议，但即使是最高的估计也在15%以下（最低的仅为5%）。大西洋经济的革命性变化在于它改变了人们工作的方式。

在本书中，我曾好几次提到过历史发展的动力在于懒惰、贪婪和恐惧。恐惧一般会战胜懒惰，因此当公元1450年后人口急剧增长的时候，欧亚大陆的人们出于对失去地位、挨饿甚至饿死的恐惧而行动起来。公元1600年后，贪婪也逐渐开始战胜懒惰，因为大西洋经济系统的多样性生态、成本低廉的交通、开放的市场使得小奢侈品成为欧洲西北部普通民众负担得起的消费。到18世纪时，一个人只要口袋里有些余钱就可以做很多事，而不仅仅是买块面包。他可以买到进口茶叶、咖啡、香烟、糖或者自家制作的土烟管、雨伞、报纸一类的东西。大西洋经济体系不仅使商人获得慷慨的金钱回报，也使得人们愿意支付商人所需要的金钱，因为商人会不惜价钱购买一切他们所能买到的帽子、枪支、毛毯，并运往非洲或者美洲进行交易，因此制造商会付钱让人们来生产这些东西。一些农民在家纺纱织布，一些人则进了车间，一些人彻底放弃了耕种的生活方式，还有一些人发现为这些手工业者提供食物是一个更为稳定的市场，从而使圈地、排水、施肥的集约化管理和购买更多的牲畜成为可能。

具体的细节可能各有不同，但是欧洲西北部的人们确实越来越多地出卖他们的劳动力，工作时间也越来越长，因此能够购买更多的糖、茶叶和报纸等，这也意味着有更多奴隶被贩卖到美洲，更多土地被改成种植园，更多工厂和商店陆续开办。销售额逐渐增长，规模经济开始出现，物价下跌，这片遍地货物的新大陆面向更多的欧洲人。

不论是好是坏，到1750年为止世界上第一种消费文化已经在北大西洋沿岸成形，并改变上百万人的生活。这时的男人只有穿戴着体面的皮鞋和怀表，才会到咖啡馆去；他们不会告诉自己的妻子，当客人来访时不能在茶里加糖；这些人不会悠闲地把几十天的宗教圣日当作假期一样度过，也不太可能会遵守"圣周一"的习俗，用这天来睡觉以摆脱周日狂欢的宿醉。当有那么多商品要买的时候，时间就如同金钱一样珍贵了。英国小说家托马斯·哈代曾经惋惜道，"以时针就能很好地细分一整天时间"[40]的日子再也没有了。

世界就像钟表一样

事实上两个指针的时钟只是新时代对于人们的最低要求。西方人想要了解播种机和三角犁,想要知道真空吸尘器与锅炉的原理,想要了解那些不仅有两个指针,而且即使带到世界的尽头也能准确显示时间的时钟。有了这样的时钟,在海上航行的船长就能计算出经度。2 000年以来,事实上,是自从上次社会发展指数得分逼近43分的硬天花板以来,古人睿智的声音一直都在为人类生活中的紧迫问题提供指引。但是现在,人们越来越清楚,古人的经典不能为他们想了解的东西提供答案。

弗朗西斯·培根写于1620年的《新工具》一书的书名就说明了一切。"工具"是哲学家对亚里士多德的六本逻辑学著作的称谓,但是培根赋予它们以新的定义。培根坚持,"古代典籍所享有的荣誉和尊敬丝毫未减"[41]。他的目标是"仅仅指引未来的道路"[42]。尽管如此,培根也指出,一旦我们开始这项征程,我们会发现"只有一条道路……一定基础上,完全重构对科学、艺术和所有人类知识"[43]。

但是什么又能提供这一重构的基础呢?非常简单,培根(以及越来越多的他的同辈)说,那就是观察。哲学家应该从理论的故纸堆中抬起头来,认真审视他们周围的一切——星星与昆虫、火炮与船桨、掉落的苹果和摆动的吊灯。他们应该与铁匠、钟表匠和机械师这些真正懂得事物是如何运作的人们交流。

在培根、伽利略、笛卡儿以及许多名不见经传的学者看来,当他们这样做的时候,他们就会不约而同地得出相似的结论:和大部分古圣贤所说的相反,大自然并不是一个有着自己愿望和意图的活着的、呼吸着的有机体。它实际上是机械的。事实上,大自然和时钟非常相似。上帝就像一个钟表匠,他开启了啮合的齿轮使大自然运行,然后退到旁边观看。如果这一切都是真的,那么人类就应该可以像对待其他机械装置那样揭开大自然的运作机制。毕竟,笛卡儿说:"一个由必要数量的齿轮组合而成的时钟会显示时间，就像由一粒种子萌芽而生的植物会结出特定的果实一样自然。"[44]

关于自然的这一时钟模型，以及一些非常聪明的实验与推理所获得的收益非常惊人。自从人类诞生以来一直隐藏着的秘密被突然地、惊人地揭露出来。事实证明，空气实际上是一种物质，而非虚无；心脏的跳动将血液输送到身体各处，就如同一个水风箱；还有，最让人困惑的是，地球并不是宇宙的中心。

所有这些发现都和古圣贤甚至圣典相违背，因而引发了一场场批判的风暴。伽利略对于天空的缜密观测的回报是，他在1633年被拖到教皇法庭上，被恐吓威逼收回他所知道的真理。但恐吓威胁的最后结果是促进了新思想从地中海核心地区传播到欧洲的西北部。在那里，社会发展速度最快，古代思想的缺点也就最为显而易见，人们最不惧挑战古代权威。

欧洲北部的人们开始了全面的文艺复兴运动，拒绝古典的思想而不是像以前一样从中寻求答案。到17世纪90年代，社会发展离罗马帝国之前达到的顶峰只差一步时，巴黎的学者一本正经地就现代人是否正在超过古代人展开了辩论。到那时为止，对任何有眼睛的人来说答案都再明显不过了。1687年，牛顿出版了他的《自然哲学的数学原理》，使用他本人所创立的微积分*来表达他所构建的宇宙的机械模型。这本书之深奥难懂（即使对受过良好教育的读者而言）不亚于爱因斯坦于1915年发表的广义相对论。不过尽管如此，每个人都不得不同意（正如他们对于相对论那样），这本书标志着一个新的时代。

我们再夸张都不足以描述这些伟大科学家的功绩。当英格兰诗人

---

* 17世纪70年代致力于研究相似的数学方法的德国哲学家、数学家戈特弗里德·莱布尼茨声称自己首先创立了微积分，而牛顿只是剽窃了他的成果。最有可能的情形是，这两位大家独立地创立了微积分，但是互相指责对方剽窃最终使他们的关系破裂。

亚历山大·蒲伯被请求歌颂牛顿的时候，这位诗人这样颂扬道：

> 自然，以及自然的伟大法则隐藏于黑夜之中，
> 上帝说让牛顿出现吧！于是瞬间到处充满了光亮。[45]

但在现实中，从黑夜到白天的转变并不是那样瞬息而就的。牛顿的《自然哲学的数学原理》出版时，正值英格兰最后一桩绞死女巫的事件发生五年后，而五年后又发生了马萨诸塞的塞勒姆女巫审判。而牛顿本人对炼金术和地球引力同样充满热情，一直到最后都坚信他能将铅变成金子，这些因为1936年数千份他的私人信件被拍卖而为大众所熟知。在17世纪的科学家中，他不是唯一一位拥有在今天看来非常奇怪的观点的科学家。但是不管怎样，西方人对于世界的认识越来越清醒，逐渐用数学消解了神灵与魔鬼的传说，数字成为现实的衡量尺度。

根据伽利略的观点，

> 哲学就交织在宇宙这本宏大的书中，连绵不断，供我们仰望观瞻……它是以数学为语言写成的，组成它的文字有长方形、圆形以及其他几何图形。没有这些图形，人类不可能理解其中的任何一个字。如若没有数学以及这些数学图形，人类就如同在黑暗迷宫中徘徊一样。[46]

一些科学家推测，自然界的真理可能也同样适用于社会领域。在某种程度上，政府官员，尤其是金融家，非常欢迎这一观点。同样，国家也可以被看作一台机器，统计学家可以计算国家的财政收入与支出，部长也可以校准其内部复杂的齿轮。但是这种新的思考方式也非常令人担忧：自然科学通过揭露古代权威的专断而迎来了转机，社会科学会不会同样对国王与教会的权威加以颠覆呢？

如果这些科学家是正确的，观察与推理确实是理解上帝意愿的最

佳工具，那么说它们同样是管理政府的最佳工具也是合情合理的。英国理论家约翰·洛克主张，认为自创世之初，上帝就赋予了人类某些自然权利也是同样合乎情理的，他由此推断："人类从出生起就拥有一项权利……保护自己的财产，也就是他的生命、自由、资产不受其他人的损害与侵犯。"[47]因此，洛克总结道："人类结成联邦，置于政府的管理之下……最伟大、最主要的目标，就是保护他们的财产。"[48]如果事实如此的话，那么人类就是"生而自由、平等、独立的，未经个人同意，任何人的财产不得被剥夺，或置于别人的政治权力之下"[49]。

即使这些观点只限于那些在象牙塔里用拉丁语高声辩论的知识分子，也已经够麻烦的了。事实远非如此，先在巴黎，然后扩大到其他地方，富有的女性赞助成立了许多沙龙，在那里学者与权贵相互切磋，新思想不断涌现。业余爱好者创办了讨论俱乐部，邀请嘉宾解释新的观点，展示他们的实验成果。低廉的印刷费用、更好的发行制度、民众越来越高的文化水平促进了新闻报刊业的兴起，结合了社会批评与读者来信的新闻报道，将狂热与骚动传递给成千上万的读者。在星巴克出现的300年以前，有进取心的咖啡屋老板意识到，如果他们提供免费的报纸和舒适的椅子，顾客就会愿意在这儿待一整天，读书、辩论、喝咖啡。一种新的东西逐渐形成了：社会舆论。

舆论制造者喜欢宣称启蒙运动正在全欧洲范围内广泛传播，用智慧之光照亮了几个世纪以来被宗教迷信所蒙蔽的黑暗深处。但是到底何谓启蒙呢？德国思想家伊曼纽尔·康德曾经这样直率地描述启蒙运动："敢于去了解！有勇气运用自己的理智！"[50]

这一运动对既有权威的挑战是非常明显的，但是大部分18世纪的君主选择了妥协，而非与之抗争。他们坚持说他们一直就是开明的专制者，为了共同利益而理性地统治。"哲学家应该不仅是世界人民的老师，也是各国王公的老师，"普鲁士国王曾经这样写道，"他们必须有逻辑地思考，而我们必须有逻辑地行动。"[51]

但是，在实际中，王公通常会发觉臣民的逻辑非常让人恼火。在大不列颠★，国王不得不忍受；在西班牙，统治者可以将之肃清消灭；但是法国在"先锋派"（这个术语本身就来自法语）影响下，到处是受启蒙思想影响的各种批评家，以及足够多的专制主义者，后者将这些批评家投进监狱，并不时地将其著作列为禁书。历史学家托马斯·卡莱尔曾经认为，这是"一种被批评与讽刺缓和了的专制主义"[52]——这使得法国成为一个完美的温室花园，启蒙思想可以在这里兴旺发展。

在18世纪50年代使巴黎沸腾的书籍与格言中，没有什么能与激进开明的《百科全书，或科学、艺术与手工艺大词典》相提并论。"没有例外，也无须审慎，一个人必须认真审视并推动所有的事情，"那部书的一位编辑这样说道，"我们必须将所有过去的愚蠢浅见踩在脚下，推翻那些不合逻辑的障碍，还科学和艺术宝贵的自由。"[53]一个接一个的贵族"反叛者"坚持，奴隶制、殖民主义、女性与犹太人法律地位的低下有悖自然和理性。伟大的思想家伏尔泰在18世纪60年代流亡瑞士期间，甚至公然挑战他称为"臭名昭著的东西"——教会与国王的特权。

伏尔泰非常清楚欧洲应该到何处寻求更为开明的典范：中国。他坚持认为，人们在中国可以找到一个真正开明的专制者。统治者通过和理性的官僚队伍协商进行统治，竭力避免发动无意义的战争和宗教迫害。他们也能用儒家学说作为思想基础，儒家思想（和基督教教义不同）是一种理性的信念，不受任何迷信和愚蠢传说的影响。

伏尔泰并不完全是错误的，因为在他出生之前的一个世纪，中国的士大夫就已经开始向专制统治提出挑战了。印刷术的出现也使得中国产生了比欧洲西部更广泛的、乐于接受新思想的读者群体，私人的学术团体也兴盛起来。其中最负盛名的东林书院比伏尔泰更为直接地

★ 1707年的《联合法案》将英格兰、威尔士和苏格兰联合成一个大不列颠王国，1800年又有一部单独的法案将爱尔兰加了进来。

与那些"臭名昭著的东西"对峙。在17世纪30年代,东林书院倡导求真务实,鼓励士大夫通过自己的判断,而不是从古老文献中来寻求事情的答案。因为大肆批评明朝朝廷,一个又一个东林党人被监禁、上刑、处决。

清朝在1644年入关,士大夫的批判变得更加激烈了。数以百计的文人拒绝为清朝效力。其中一位就是顾炎武,曾任南明兵部司务等,从来没能通过殿试。顾炎武自我放逐到遥远的边境地区,不受专制统治者的干扰。在那里,他背弃了从12世纪以来就一直统治着士大夫思想的形而上学的吹毛求疵,而是像英国的培根一样,试图通过观察真实的人们所做的具体事情来理解世界。

顾炎武四处游历长达40年之久,详细记录了农耕、采矿、钱铺的情况。随着他名声越来越盛,人们竞相效仿他,尤其是医生。17世纪40年代瘟疫暴发,医生束手无策,震惊之下,这些医生收集病例,坚持要用实际结果来检验理论的正确性。到了90年代,连康熙皇帝本人都在宣扬"必搜其本原,复谘于众,然后行之"[54]的优点。

18世纪的学者将这一方法称为"考证"。它更看重事实而非推断,将有条不紊的、严谨的方法应用于数学、天文学、地理学、语言学和历史学等诸多领域,而且不断发展出评估证据的规则。在各个方面,考证都可以和西欧的科学革命相提并论,除了一点:它没有建立一个自然的机械模型。

和西方人一样,东方的学者经常对他们从上次社会发展的硬天花板,即社会发展指数得分为43分的时期(就他们而言,是11—12世纪,处在宋朝统治时期)所继承来的学问感到失望。东方人没有否定以气为主宰的宇宙观,或者幻想一个像机械一样转动的世界,他们大多选择回溯到更受尊敬的权威——汉朝的经典文本。连顾炎武本人对古代碑文的热情都不亚于对采矿业或者农业,而很多收集病例的医生在用其证明汉代医学典籍的正确性时的兴奋也不亚于治病救人时的。中国的知识分子没有改变文艺复兴的形式,而是选择了第二次文艺复兴。其中涌现了很多伟大的学者,但是这一选择也导致了中国没有出现伽利略和牛顿这样的人物。

这正是伏尔泰出错的地方。他将中国树立为一种典范,恰好是在中国要结束这种典范的时候。而恰恰在那个时候,在欧洲的学术沙龙里,伏尔泰的对手们正开始对中国做出完全相反的结论。尽管他们没有社会发展指数来证明西方的社会发展已经削弱了东方的领先地位,这些人还是得出结论,中国绝不是理想的开明帝制国家。相反,中国是欧洲一切事物的对立面。欧洲从古希腊文明中学习到了活力、理性和创造力,而且正在超过他们的老师,但在中国这片土地上,时间却像是静止的。

关于西方优越性的长时段注定论就此出现。孟德斯鸠认为气候是最终的解释:凉爽宜人的天气给予欧洲人(尤其是法国人)"一种身体和精神上的活力,使得他们富有耐心而又勇敢无畏,能够成就艰巨的事业",然而"生活在炎热气候中的人们的软弱性使得他们经常沦为奴隶……在亚洲普遍有这样一种奴性的精神,是他们一直都无法摆脱的"。[55]

其他一些欧洲人在这一理论上发展得更为深远。他们认为,中国人不仅天生具有奴性,而且是一种截然不同的人类。"生物分类之父"卡罗鲁斯·林奈曾宣称,人类有四大种族——欧洲的白色人种、亚洲的黄色人种、美洲的红色人种以及非洲的黑色人种。18世纪70年代,哲学家大卫·休谟认为只有白种人才有能力构建真正的文明。康德甚至怀疑黄种人是不是一个真正的种族。他曾经这样认为,可能黄种人是印度人与蒙古人的后代。

很明显,欧洲白人才拥有敢于发问的精神。

望远镜的审判

1937年,三位年轻的科学家从中国的首都南京坐船来到了英国。

无论在什么情况下，从他们热闹、混乱的家乡（因其炎热闷湿的气候而被称为中国的"四大火炉"之一）来到有着安静的修道院、淅沥小雨和刺骨寒风的剑桥都是非常艰难的，那年夏天的境况尤其艰难，这三个人不知道他们以后还能不能再见到他们的亲人和朋友。日军正在向南京逼近——那一年12月他们将屠杀多达30万的南京市民，其残忍程度连被卷入这场灾难的一位德国纳粹军官都感到震撼。

这三人不可能指望他们到达的时候会受到多少欢迎。时至今日，剑桥的科学实验室里到处是中国学生的身影，但是在1937年的时候休谟和康德的影响仍然很大。这三人引起了不小的骚动，而李约瑟，生物化学研究所的后起之秀，比任何人受到的触动都要大。这三名学生之一的鲁桂珍写道："他越是了解我们，越是发现我们在对科学知识的掌握和见解方面和他自己一模一样，这一切促使他好奇，为什么现代科学只在西方世界兴起？"[56]

李约瑟在中文或者历史方面没有受过任何正规教育，但是在以语言和历史闻名的这所大学里，他确实有着最为敏锐、最为怪异的思维。鲁桂珍成了他的启蒙老师，后来成为他的第二任妻子，帮助他掌握中国的语言以及历史。李约瑟倾心热爱着鲁桂珍的祖国，1942年他放弃了剑桥大学安全舒适的生活，接受了英国外交部驻重庆办事处的一个职位，帮助中国的大学在日本侵华战争中生存发展。英国广播公司曾写信给他，请他记录自己在中国旅居的印象，但是李约瑟做的远不止如此。在信的空白处，他随手写下了一句将改变他一生的疑问："中国的科学技术为什么没有向前发展？"[57]

为什么在中国的古代科技领先于世界那么多个世纪以后，反而是西欧于17世纪开创了现代科学技术？这个问题现在一般被称为"李约瑟难题"[58]。40年后当我结识他的时候（当时我的妻子正在鲁桂珍所在的剑桥大学学习人类学，我们租住了鲁桂珍博士家的楼上），李约瑟仍然在研究这一问题。他一直没能解决这一问题，但是得益于他数十年来将中国的科学成就分类编目的辛勤工作，我们现在能够比20

世纪30年代的时候更好地理解发生了什么。

正如我们在第七章讨论过的,中国在11世纪社会发展触到硬天花板的时候取得了快速的科学技术进步,但是随着社会发展的崩溃,这些进步随之转向。真正的问题是,在17—18世纪,当社会发展再次遭遇硬天花板的时候,为什么中国的知识分子没有像欧洲人那样创造出自然的机械模型,揭开自然界的奥秘。

知识分子只会提出社会发展推至他们面前的问题:每个时代得到其所需要的思想。西欧人在大洋彼岸开拓了殖民地,当他们需要对空间、金钱、时间进行标准化的精确测算,而且人们普遍用两个指针的时钟来计量时间时,欧洲人当然能看出自然的机械模型。同样,西方的统治阶级也当然看出科学思维的优势,从而冒险给古怪的、无法预测的科学家一点空间。就像轴心思想的第一波和第二波浪潮与之前的文艺复兴一样,科技革命和启蒙运动是西方社会发展上升的结果,而非原因。

当然,东方人也在大草原上开辟了新的疆域,但是较之大西洋沿岸,那是一种更为传统的疆域,因而对新思想的需求也不那么迫切。东方的自然和社会哲学家也确实提出了一些和西欧人同样的问题,但是用自然的机械模型来重塑思想的需求却不那么迫切,而且对于急于把知识分子笼络到新政权下的清朝政府来说,放纵激进思想的危险大大地超过了可能具有的优点。

清廷想尽了一切办法,试图将知识分子从私人学院和实地考证中拉回,聚拢到为朝廷效力上来。清朝延续科考,不吝奖赏。年轻的康熙皇帝以身作则,刻苦钻研儒家学说,特别召集了一群学者学习经典,并且于1670年颁布《圣谕十六条》,以彰显他对待教化的严肃与郑重。他大规模组织编纂了百科全书(《古今图书集成》★一书,在他去世后不久出版,厚达80万页),但是这些书并没有像同时期法国的

★ 之后又于1783年编纂完成《四库全书》,多达79 300余卷。

《百科全书，或科学、艺术与手工艺大词典》那样在社会上造成触动，他们编纂的目的本身就是什么也不触动，只为忠实地保存古代文献，为忠于统治者的知识分子提供一些闲职。

这项策略取得了惊人的成功，随着知识分子逐渐回归到朝堂之上，他们将考证本身变成了官场的敲门砖。参加科举的考生必须展示实证研究，但是只有那些能够获取文献资源的学者才能真正掌握考证这一学问，因此也就阻碍了少数精英阶层的考生之外的多数考生取得高分。入仕为官的激励推动了对传统思想的推崇。

我会将一个最重要的问题留到第十章再来仔细讨论——假设有更多时间的话，中国的知识分子能否开创出自己的科学革命？但实际的情况是，西方人并没有给予他们这样的时间。自16世纪70年代以来，耶稣会士就在通过澳门向中国内地渗透，虽然他们远渡重洋是前来解救人们的灵魂而不是推销他们的科技，但他们非常明白好礼物能够使客人更加受欢迎。西方的钟表在中国异常受欢迎，眼镜也是如此。长期以来视力一直在下降的诗人孔尚任曾经满怀欣喜地描述道：

    西洋白眼镜，市自香山墺。
    制镜大如钱，秋水涵双窍。
    蔽目目转明，能察毫末妙。
    暗窗细读书，犹如在年少。[59]

不过，耶稣会士带来的最大的礼物还要属天文学。传教士知道历法在中国是相当重要的，在错误的日子庆祝冬至可以使整个宇宙陷入混乱，情况之糟糕不亚于基督教世界的人们搞错了复活节的日期。中国的官员将这件事情看得如此重要，他们甚至聘请外国人在钦天监任职，只要这个外国人（主要是阿拉伯人和波斯人）对于星象天文比中国人懂得更多。

耶稣会士明智地将此作为他们接近中国统治者的最好途径。16

世纪80年代，耶稣会士出身的数学家曾经深入参与天主教历法的改革，尽管他们的天文学（顽固地坚持地球中心论的宇宙观）以西北欧的标准来看已经过时了，但还是要比中国当时的历法好得多。

开始的时候一切都进行得很顺利。到1610年时，好几个朝廷要员基于对耶稣会所传授的数学的深刻印象，秘密地改信了基督教。他们公开宣扬欧洲的学术要优于中国，并且翻译欧洲的教材。一些较传统的学者有时不禁对这种不爱国的态度感到反感，于是在17世纪30年代耶稣会的主要支持者之一徐光启开始采取一种更微妙的策略。他向他的同胞保证："熔彼方之材质，入大统之型模。"[60]他甚至暗示，可能西方学术只是早期中国智慧的衍生品。

当清朝于1644年定都北京的时候，耶稣会士成功地预测了日食。他们的声望因此达到了顶点，而且在1656年的几个月中似乎皇帝本人也要改信基督教了。胜利好像已经在望，但结果并非如此。传统主义者于是开始了反击，指责耶稣会的首领是间谍。

1664年又举行了另一场关于天文望远镜的竞赛，耶稣会士汤若望等、钦天监以及伊斯兰天文学家分别预测日食的准确时间。钦天监说，2点15分；穆斯林说，2点30分；耶稣会士说，3点。望远镜被架设起来，以便将太阳的影像投射到一间漆黑的屋子里。2点15分到了，日食没有出现。2点30分，仍然什么也没有出现。几乎刚好就在3点的时候，一片阴影开始慢慢笼罩了这个火红的圆盘。

裁判们裁决道，不够好，就此禁止基督教。①

事实既成，只剩下中国历法仍然是错误的这一让人烦心的事实。因此，当康熙皇帝亲政后，于1668年，他立即重新安排了一场比赛。耶稣会士再一次获胜。

康熙皇帝因此完全信服了耶稣会士拥有更为先进的科学技术，全

---

① 实际清廷当时赞叹"神奇"，并以此为基础制订历法，但顺治帝驾崩后，在鳌拜授意下，部分官员构陷汤若望，才全面废除新历法。——编者注

心全意投身于他们的教学中，和耶稣会士数小时地坐在一起讨论，学习他们的算术、几何与机械学。他甚至学起了大键琴。这位帝王这样写道："朕明白西法算术亦有可观之处。……嗣后，朕于巡游途中，依西洋算法，谕知监修河工主事计数确凿之法。"[61]

康熙意识到"新法推算，必无舛错之理"，而且"西洋历，大端不误"，但是他仍然抵触耶稣会士宣扬他们的科学和上帝的主张。"西洋之法虽与中士殊异，容或有精进可观之处，亦了无新意。夫算法之理，皆出于《易经》，即西洋算法亦善，原系中国算法。"[62]

1704年，教皇因为担心耶稣会士对天文学的推广传播远甚于基督教义，派遣使团到北京来监视他们。而康熙皇帝因为担心他们煽动叛乱，就此冷落了这些传教士。他后创建了新的学术机构——蒙养斋算学馆（类似于法国巴黎的科学院），在那里，中国的科学家可以不受耶稣会士的影响，自由地研究天文学和数学。当时耶稣会士所教授的数学，几乎不涉及代数和微积分，已经落后北欧好几十年了，在康熙将与西方科学的联系毅然切断后，东西方的学术差距很快变成了鸿沟。

人们一般很容易将康熙大帝（图9.7）作为李约瑟难题的答案，谴责他是一个蠢货，本来可以将中国的科学带入先进的18世纪，却没有这么做。但是在中国历朝历代皇帝中，康熙绝对是最不应该获得这一称号的。他宣称耶稣会士知道的只是他所知道的一小部分，虽然很不谦虚，但并不是完全错误的。康熙学识渊博、雄才大略、敦本务实（包括养育了55个子女）。他是在一个更大的背景下看待西方人的。2 000年以来，中国的帝王意识到游牧民族的作战能力比他们更为优越，而且通常情况下收买这些草原牧民要比与他们作战风险更小。当这种情况发生变化时，康熙第一个意识到了这一点，并且亲自在17世纪90年代关闭了草原通道。但是对于西方人，情形正好相反。从17世纪60年代以来，康熙一直和西方人密切接触，但是在1704年以后忽视他们反而看起来风险更小。一些东南亚的统治者在16世纪得出了同样的结论，而到1613年时日本的幕府将军紧随其后。日本

图9.7 伟大的蠢笨的统治者？康熙，由意大利艺术家乔瓦尼·盖拉尔迪于1700年前后绘成

资料来源：Scala/Ministero per i Beni e le Attivita culturali/Art Resource, NY

于1637年爆发的一场剧烈的、受基督教影响的起义只是证实了切断与西方的联系是明智的。在这种大环境下，康熙的决定看起来并不愚蠢。

无论如何，还有一个问题是我们必须问的。假设康熙预见到了西方科学的走向并推动东方科学的发展，他能够使东方社会发展在18世纪领先于西方吗？

答案几乎毫无疑问是否定的。中国确实和西北欧面临着一些相同的问题，一些中国的思想家也确实朝着相似的方向发展。例如，在18世纪50年代，戴震（像顾炎武一样，只是一个低级别的官员，从未通过会试）提出了类似于西方的思想，即认为自然是机械化的，它不以任何意图或者目的而运行，可以经受实证的分析和检验。但是作为一名杰出的经学家，戴震总是将他的论点建立在古代典籍的基础上。归根结底，在中国，保存过去的辉煌与荣光似乎比解决全球扩张迫使西方人关注的那类问题要重要得多。

大西洋沿岸的挑战使得西方人大声疾呼，寻求关于新问题的答案。那些像牛顿和莱布尼茨那样做出解答的科学家赢得了前所未有的巨大荣誉与财富，而像洛克和伏尔泰这样的新理论家，则积极探寻这些科学进展对社会秩序的影响。而对比之下，中国的新草原边疆所构成的挑战温和得多。士大夫享受着数目可观的俸禄，感到没有任何必要去发明微积分，或者弄清楚地球是不是围着太阳公转，像医学一样将数学变成典籍研究的一个分支，好像对他们更为有益。

东西方各自得到了它们所需要的思想。

铁律

当康熙大帝于1722年去世的时候，社会发展达到了前所未有的高度。1世纪左右的罗马帝国和1 000年之后的宋朝，其社会发展指数得分曾经达到了43分，但是灾难随之而来，将社会发展再次带入低谷。尽管如此，到1722年草原通道已经被关闭了，天启四骑士之一已经死掉了，社会发展在遇到硬天花板的时候没有崩溃。相反的是，沿着草原的新疆域使得东方社会发展继续上升，而与此同时，西北欧在中国和俄国的庇护下而免于草原民族迁徙的威胁，在大西洋上开辟了新的边境。西方社会发展比东方更为迅速，并且在1773年（或者在那前后）赶超了东方。在欧亚大陆的两端都可谓一个新的时代。

真是这样吗？如果罗马帝国时代或者宋朝时期的人们被放置到18世纪的伦敦或者北京的话，他们肯定会对许多事情都感到惊奇。比如说枪支，或者美洲新大陆，或者烟草、咖啡和巧克力。至于流行时尚方面——假发？满洲人的大辫子？紧身胸衣？小脚？"啊，什么样的时代！啊，什么样的习俗！"[63]他们会不禁发出这样的感叹，就像西塞罗过去喜欢说的那样。

但是更多方面，多得多的方面，应该都看起来非常熟悉。现代世界以火器为装备的军队肯定比古代的要强大很多,而且现代有更多的人可以识文断字,但是不管东方还是西方都没有像古罗马或者中世纪的汴京那样有着数百万人口的城市。★尽管如此,最重要的是,来自过去的人们会发现尽管社会发展比过去更快,人们推动社会发展的方式却与罗马人和宋朝人无异。农民在使用更多肥料,开挖更多沟渠,轮作农作物,减少休耕。工匠在燃烧更多木材以铸造金属,当木材变得稀缺的时候,又转而使用煤炭。人们饲养更多、更大的动物来拉车、提拉重物,或者在更平坦的道路上拖动更好的马车。风能和水能被更高效地利用起来,用来粉碎矿石,碾磨谷物,在改造的河流与人工运河上拖曳船只。尽管宋朝人和罗马人很可能会承认18世纪的很多事物比11世纪或者1世纪时要更大、更好,但他们可能不会承认事情有什么根本性的不同。

这就是问题所在。对大草原和海洋的征服并没有突破罗马人和宋朝人在43分左右所经历的硬天花板,只是将其推得更高一些,而到1750年时已经出现了令人担忧的信号,显示社会发展再次遭遇重压。图9.3的右侧显示的是实际工资,情况不是很乐观。到1750年时,各个地方的生活水平都在下降,即使在欧洲经济最为活跃的西北部地区也不例外。随着东西方核心地区极力想将硬天花板往上推,时局变得越来越艰难。

接下来应该做什么呢?北京的官员、巴黎沙龙的常客和每位有自尊的知识分子都抛出了理论。一些人认为所有财富都来自农业,因此开始劝说统治者为那些抽干沼泽或者在山坡上开垦梯田的农民减免税收。从中国的云南到北美的田纳西,棚户和小木屋延伸到越来越远的、未开化民族狩猎的森林地区。其他理论家则坚持认为,所有财富都来自贸易,因此统治者(经常是同样的那几个)将越来越多的资源

★ 在东方,1722年的北京大约有65万居民,而江户(今日本东京)很可能人口稍微多一些;在西方,伦敦可能有60万居民,而伊斯坦布尔的人口可能为70万。

用于窃取邻国的商业资源，使邻国变穷。

虽然存在巨大的差异，总体来说，西方的统治者（自从15世纪以来就一直在进行激烈的战争）认为战争可以解决他们的问题，但是东方的统治者（通常战争打得不那么激烈）认为战争无法解决问题。日本就是这样一个极端的例子。在1598年从朝鲜撤军后，日本的统治者就此认定对外征服无法带来任何利益，而到17世纪30年代时，他们甚至得出结论，认为对外贸易只会使他们流失诸如银和铜之类的贵重货物。中国和荷兰（1640年之前唯一被准许进入日本的欧洲国家）的商人被限制在日本长崎狭小的贫民区里，而妓女是唯一被允许进入这个地方的日本女性，因此对外贸易的减少就毫不奇怪了。

辽阔蔚蓝的海洋保护了日本不受侵略，因而直到1720年日本社会一直繁荣兴旺。日本的人口数量翻了一倍，江户甚至一度成为世界上最大的城市。米饭、鱼和豆子代替了廉价的食物，出现在大多数人的食谱中。和平主导着这片土地：普通日本民众自从在1587年将他们的枪支上缴给丰臣秀吉以后，再也没有重新武装自己。即使是脾气暴躁易怒的武士也同意通过剑术来解决他们的争端，这一点使19世纪50年代侵略日本的西方人士惊讶不已。"这里的人们好像几乎不知道如何使用火枪，"一位西方人这样回忆道，"这给一位从幼时就见惯孩童开枪的美国人留下了深刻的印象，他认为对武器的无知是一种反常，象征着原始的纯真和田园式的单纯。"[64]

但是，1720年后情形就逐渐不容乐观了。日本人满为患，没有技术上的革新与突破，想要在这片拥挤的土地上挤出更多食物、燃料以及住房是不可能的了，而且没有对外贸易，日本人也无法从外面获得更多的物资。日本农民展示了令人吃惊的独创性，日本的官员也意识到燃料危机对他们的森林植被造成的损害，并开始积极地保护森林，日本的精英文化因此转向一种朴素、美丽、旨在保护资源的极简主义。尽管如此，食物价格仍然不断上升，饥荒加重，饥饿的暴民走上街头抗议。日本不再是世外桃源。

日本之所以选择了这一极端的道路，唯一的原因是中国也选择了同样的道路。中国广阔的、开放的疆域意味着中国的人口在整个18世纪可一直持续增长，但是清朝还是不断地将大洋之外的危险世界拒之门外。1760年，中国所有的对外贸易只限于广州这一通商口岸，而当英国东印度公司于1793年派遣马戛尔尼勋爵向清政府抱怨贸易的限制时，乾隆皇帝断然回复道："天朝物产丰盈，无所不有，原不借外夷货物以通有无。"对于更多的接触，他总结道，"于天朝体制既属不合，而于尔国亦殊觉无益"[65]。

西方的统治者很少会赞成乾隆皇帝闭关锁国的观点。他们所生活的世界并不像清朝那样由单一的帝制国家主宰，相反，这是一个充满了争吵与权力不断转换的世界。正如大多数西方统治者所观察到的那样，即使整个世界的财富是固定的，一个国家也总是可以争抢到这个蛋糕中最大的一块。用于战争的每一个弗洛林（英国旧货币单位）、法郎或者英镑都会得到相应的回报。而只要有一些统治者这样想，所有统治者就不得不做好打仗的准备。西欧国家的军备竞赛从来没有停止过。

欧洲的军火商不断地改进他们的贸易工具（更好的刺刀、预先包装好的弹药盒、更快的发射装置），但是真正的突破还是来自更科学地组织暴力。纪律——诸如制服、约定俗成的军衔、为那些随心所欲的军官而建立的行刑队（普通士兵与之相反，总是受到残忍的惩罚）——取得了奇迹般的效果，而全年制训练的增加更是创造了能够进行复杂的军事演习和稳定射击的战争机器。

这些井然有序且训练有素的战争机器为了掠夺更多的荷兰盾（荷兰及荷属殖民地的货币单位）而发动战争，造成了更多的伤亡。之前荷兰与它的敌对国家常常与私人签订合同，雇佣大群的暴民杀手，却不定期甚至从不付给杀手雇佣金，让这群泼皮从普通老百姓那里勒索。但是后来它们都相继摒弃这一廉价而肮脏的传统。虽然战争仍然可怕，但至少受到了一些限制。

在海上也出现了类似的情况。在那个年代，海盗横行，杀人越货，埋藏宝藏。于是英国发起打击海盗的新战争，这场战争与中国在16世纪发起的那场战争一样，打着反对贪腐的旗号，但也只不过是虚张声势罢了。1671年，臭名昭著的摩根船长无视英国与西班牙签订的和平条约，对西属加勒比海殖民地进行大肆掠夺。但是在他的那些身居高位的支持者的帮助下，他居然被授予爵位，甚至爬上了牙买加总督的位置。然而到了1701年，同样臭名昭著的基德船长却因此前抢劫了一艘英国船只被强行拖到伦敦。在伦敦，当他获知那些身居高位的支持者（包括当时的国王）不能或不愿意帮助他时，他用最后一先令买了一瓶朗姆酒，随后就被送上了绞刑架。在绞刑架前，他大声高呼"我是这个世界上最无辜的人"[66]，结果绞索断了。在从前这也许可以救了他，但在那时却是不可能的，人们不得不用第二根绞索来结束他的性命。1718年，英国海军包围了"黑胡子"爱德华·蒂奇，当时没有人愿意去救他。当时人们花了比处决基德更大的力气来对付他——对着他开了5枪，并且捅了25刀，最后还是水手结果了他的性命。那一年，在加勒比海发生了50次海盗掠夺，但到了1726年，只有6次。海盗横行的年代结束了。

打击海盗是要花钱的。只有财政上有了更大的发展，组织领导上才能提高。事实上没有一个政府能够承担士兵和水手每年的饮食、工资和补给。但是荷兰政府再一次找到了解决方法——信贷。俗话说，只有钱才能生钱。荷兰有稳定的商业收入，有可靠的银行处理现金，商业大亨就能够更快地以较低的利率借来更多的钱，可以用比那些爱挥霍的敌人更长的时间来还清债务。

英国再次效仿荷兰。到1700年时，两国都拥有自己的国家银行，并且通过证券交易所发行的长期债券来管理公共债务。为了消除放贷者的顾虑，政府通过征税来偿付债券的利息，其结果让人称道。正如丹尼尔·笛福（关于新海洋航道的史诗巨著《鲁滨孙漂流记》的作者）所解释的那样：

信贷创造战争，也创造和平，组建了军队，装备了海军，发起了战争，包围了城镇。总的来说，与其把它叫作金钱，还不如把它叫作"战争之源"更为合适……信贷迫使士兵无薪战斗，让海军无粮草……前进，但是只要有必要，它就能随意给英国财政部与银行注入数百万的资金。[67]

无穷无尽的信贷意味着无休止的战争。英国与荷兰打了二十年的仗，才从后者手中抢来了最大的贸易份额。然而这个胜利只是为接下来的一场更大的争夺铺平了道路。法国的统治者似乎一心建立一个哈布斯堡王朝未能实现的大陆帝国。英国的政治家担心"一旦法国在陆地上无所畏惧，他们一定会在海上干掉我们"[68]。当时英国的首相老威廉·皮特坚持认为唯一的办法是"通过德国来征服美洲"[69]，同时为大陆联盟提供资金，使法国被束缚在欧洲，这样英国就可以侵吞其海外殖民地了。

在1689—1815年的一半时间里，英法始终处于交战状态。1689年，法国第一次侵略英国失败。1815年，威灵顿最终在滑铁卢打败了拿破仑。这场具有划时代意义的争夺不亚于一场西方内战，是为了争夺欧洲核心位置的战争。大批的军队在德国拦击战斗，并在佛兰德挖掘战壕。在暴风雨肆虐的法国海岸，在地中海波光粼粼的海水中，士兵互相轰击和厮杀。在加拿大和俄亥俄州的森林里，在加勒比海的种植园里，在西非与孟加拉地区的丛林中，这些欧洲人，特别是当地的联军展开了更为艰苦、独立的小规模战斗。这些战役使这场西方内战演变成了一场世界范围内的战争。战争中不乏胆大妄为与背信弃义的事例，这些足以写出好几本书来。但是真正的故事是围绕英镑、先令和便士展开的。信贷持续不断地为英国陆军和海军提供补给，但是法国人无力支付军费。1759年，曾有一位地位显赫的英国人自夸说："胜利的钟声频频在我们国家响起，我们的钟因而被敲碎了。"[70]到了1763年，精疲力竭的法国别无选择，只好签字放弃他们大部分的海外领土

477

(图9.8)。

尽管如此,西方社会的战争只进行了一半。即使是英国人也感觉到了财政压力,因而不得不试图让英属北美殖民地为英法战争埋单。而当这一不高明的主意于1776年引发后者反抗的时候,法国人用金钱与舰船来资助起义者,这改变了局势。即使是英国的信贷,也不能制服近5 000千米之外的坚定不移的起义者和另外一个超级强国。

尽管如此,财政上的利益还是可以减轻失败的刺痛。在任何合理的世界里,将美国输给那些受法国启蒙运动启迪的革命者本会使英国的大西洋经济破产,并在欧洲迎来一个法兰西帝国。老皮特也曾经同样担心,如果英国输掉战争,他预计英国的每一位绅士都要变卖家产远渡重洋到美洲去,但是贸易与信贷再一次拯救了英国。英国逐渐还清了债务,保证它的舰队一直在海上巡航,继续运送美国人需要的各种物品。到1789年时,英美贸易又回到了革命前的水平。

然而,对法国人来说,1789年是一场灾难。为了赢得美国独立战争的胜利,路易十六积欠了大笔无力归还的债务,因此不得不召集贵族、僧侣和富裕的平民,请求增加新的赋税,结果却是平民将启蒙运动的矛头转向他。富裕的平民大声宣扬着天赋人权(两年之后,还有女性权利),他们发动了这一反抗和内战,却又试图置身事外。"让恐怖成为这个时代的秩序!"[71]激进分子声嘶力竭,然后处决了他们的国王、国王的家属和成千上万的革命同胞。

再一次地,合情合理的预期被历史的现实打乱了。美国独立战争没有使英国顺利成为西方的主宰,而是创造了新的大规模战争的形式,在其中令人兴奋的几年中,法国的天才将军拿破仑似乎将会最终开创一个欧洲大陆帝国。1805年,他召集大军,发动自1689年来第四次对英国的入侵。"让我们坚持六个小时,渡过英吉利海峡,"他告诉自己的军队,"我们就会成为世界的主宰!"[72]

拿破仑没有实现那六个小时,尽管他将英国商人拒于欧洲的所有港口之外,使之成为英国商人的最大梦魇,但无法摧毁英国的经济实

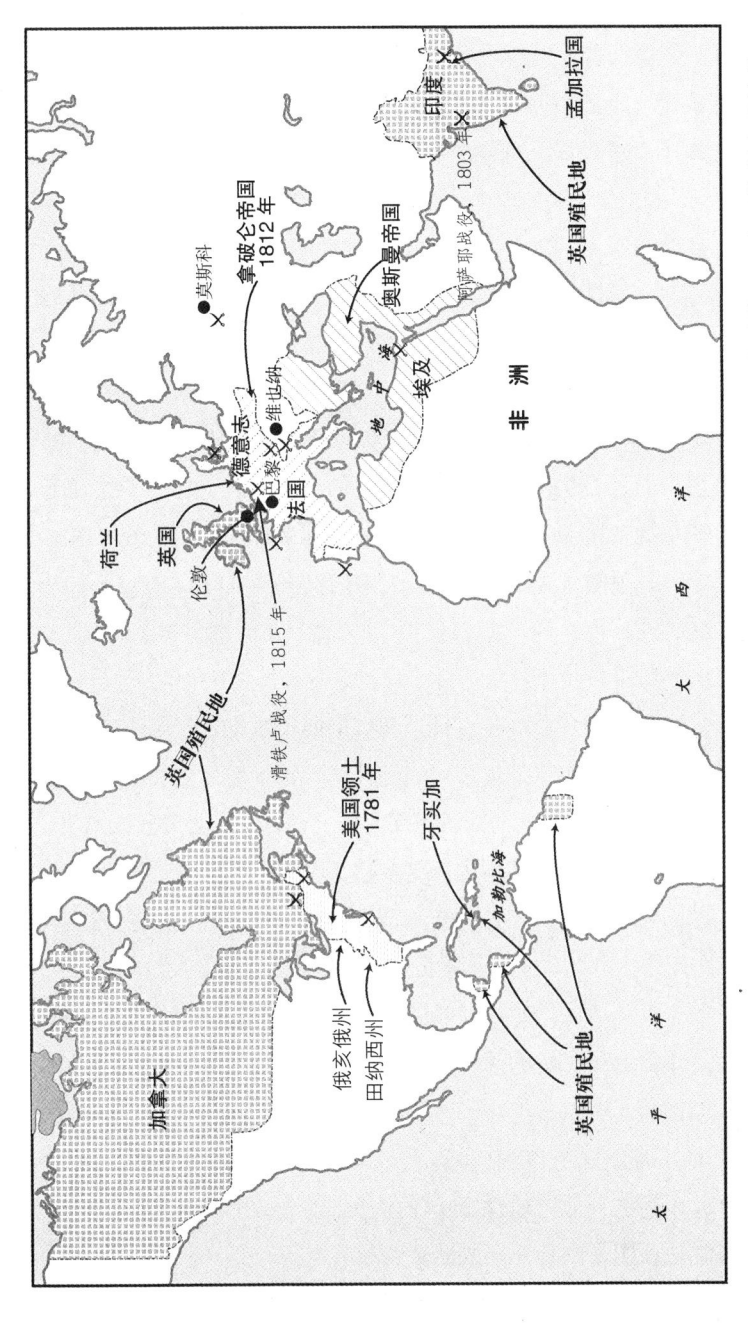

图9.8 整个世界是一个舞台：1689—1815年，西方战争中英国与其盟国和法国之间的全球战场。交叉的剑表示的是一些重大战役，小方点表示的是英国在1815年时的领土

力。1812年，拿破仑控制了欧洲1/4的人口，并且一支法国军队最远打到了俄国的莫斯科。两年之后，他下台了，而一支俄国军队（由英国人出钱资助）却进驻了法国巴黎。1815年，维也纳大会上的外交官磋商达成了一些条款，而这些条款将在接下来的99年中削弱西方战争。

这些战争最后是否产生了很大的影响？在某种程度上，确实是的。1683年，在英法冲突前夕，维也纳再次被奥斯曼军队围攻，但是当英法两国于1815年在此集会的时候，西方战争却已经将西欧的火力、军纪和经济推至世界领先的水平，奥斯曼军队也再未光临过。当拿破仑于1798年入侵埃及的时候，奥斯曼帝国不得不依靠英国才能将其赶出去。而在1803年，不到5 000人的英国军队（有一半的人还是在当地征召的，接受了欧洲射击训练）在阿萨耶击溃了人数十倍于自己的南亚人。很明显，军事实力的天平已经向西欧倾斜。

但是在另外一些方面，情况却又并非如此。尽管战争和轰炸频发，实际工资水平却在1750年以后持续下降。自18世纪70年代以后，一群自称政治经济学家的学者将所有科学和启蒙的工具都用于解决这个问题。他们得出的结论却不是很好：他们宣称，铁一般的规律支配着人类。首先，虽然帝国的兴起与对外征服可能会提高生产力和收入水平，但人们总是会将额外的财富转化为更多孩子，而喂饱孩子们则会消耗掉所有额外的财富。其次，更糟糕的是，当这些孩子长大后参加工作时，他们之间的竞争又会使工资降低到饥饿边缘的水平。

似乎没有办法可以摆脱这种残酷的循环。如果这些政治经济学家对社会发展指数有所了解的话，他们很可能会指出，尽管发展的硬天花板被稍微推高了一点，但它仍然和以前一样难以撼动。他们很可能会兴奋于西方的分数在1773年赶超了东方，但肯定会说这些实际上无关紧要，因为铁一般的规律禁止任何一方的分数上升得更高。政治经济学科学地证明了没有任何情形会真的改变。

但是，接下来情形真的改变了。

第十章
西方时代

众望所归

有时只需一年的时间就可以改变脚下的土地。在西方，1776年恰是这种情形。在美国，一场抗税起义演变成了一次革命；在格拉斯哥，亚当·斯密完成了政治经济学领域首部鸿篇巨制《国富论》；在伦敦，爱德华·吉本的著作《罗马帝国衰亡史》出版发行，一夜之内震撼全城。此时，伟人们正成就着不凡的事业。但在这一年的3月22日，奥金莱克第九任领主詹姆斯·博斯韦尔，身为受挫的文人、富人和名流身边野心勃勃的随从，并没有参加智者云集的沙龙，而是沿着泥泞的土地，乘马车驶往英格兰中部伯明翰外的索霍区（图10.1）。

从远处看，索霍区的钟塔、车道、帕拉第奥式的建筑外表恰似博斯韦尔想去喝茶和寒暄的乡野别墅。可是走近一瞧，锤子撞击声、车床嘶鸣声、劳工咒骂声立即驱散了任何美好幻想。这并非简·奥斯汀小说中的场景，此处是一个工厂。虽然博斯韦尔特权在握，自命不凡，但是仍想一睹为快，因为索霍区在世界上独一无二。

索霍区展现的一切正如博斯韦尔所料——成百上千的工人、"高大宏伟、设计精巧的机器"。更重要的是，此地的主人是马修·博尔

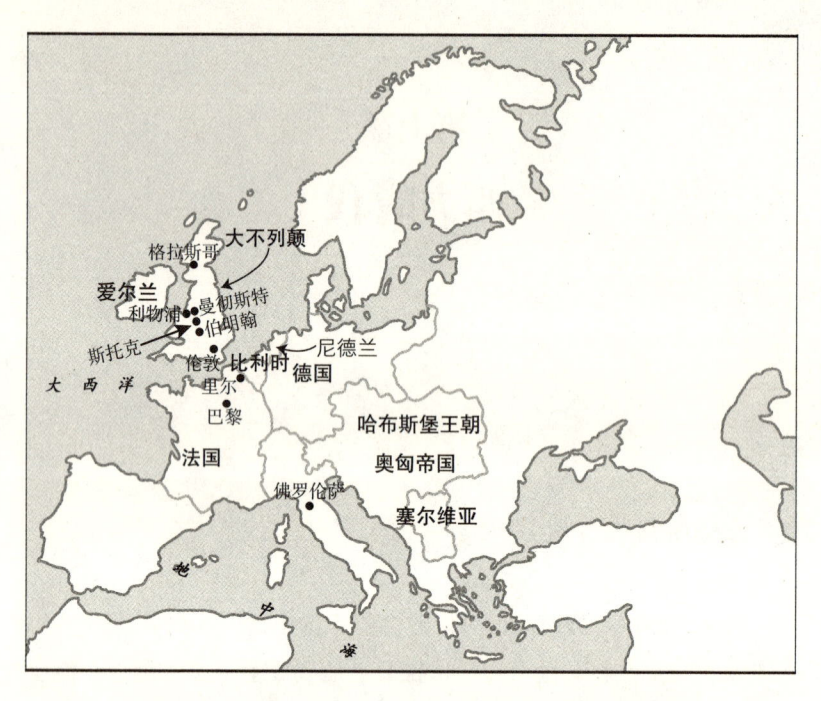

图10.1 力量（能源）销售：19世纪工业革命的摇篮

顿（博斯韦尔称他为"铁酋长"）。博斯韦尔在他的日记中写道："我永远不会忘记博尔顿先生对我说的话：'先生，我在这里出售的是全世界都渴望的东西——力量（Power）。'"[1]

正是博尔顿这类人让政治经济学家的悲观预言落空。从狩猎-采集者巡游苔原觅食的冰期至博斯韦尔和博尔顿相识的1776年，西方社会发展缓慢，社会发展指数得分仅提高了45分。可是在随后的100年里，却飙升了100分。进步之快令人难以置信，世界来了个180度大转变。1776年东西方的实力仍然不相上下，都只勉强超过43分的硬天花板。一个世纪之后，能源交易将西方领先变成西方主宰。"此乃真理"，诗人华兹华斯于1805年如是说：

世界在躁动，最温和的人都被激发了；

骚动、激情与观点的碰撞
充满了貌似平静的屋子。
普通的生活中却激荡着思想观点的碰撞。
我常说:"历史真是讽刺啊,
过去就是现实生活的镜子!"[2]

  的确,历史是讽刺的,至少过去是这样。但事实上,未来并非如此。其实,世界的躁动才刚刚开始,在下个世纪,西方将迎来非同寻常的发展。任何在纵轴显示出当代西方社会发展指数得分冲到906分的图表(图10.2),都会将本书前九章描述的上下沉浮、领先落后、胜败得失的社会变化变得微不足道。而这些变化都是博尔顿出售的力量所导致的。

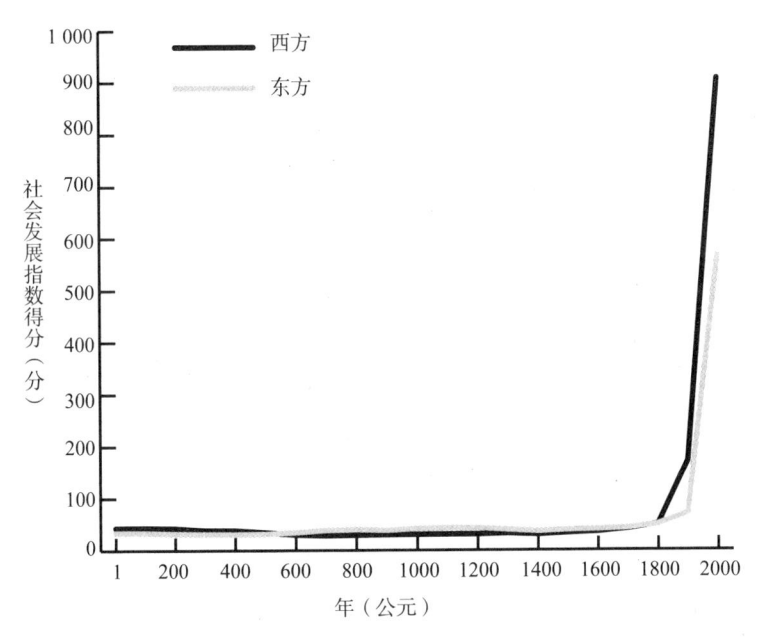

图10.2 世界躁动:过去2 000年的社会发展状况。此图展示了自公元1800年以来西方引领的发展腾飞,这让世界早期历史中的所有事件变得无足轻重

蒸汽的魅力

其实,早在博尔顿之前,世界就有了力量(能源),而他所出售的是更先进的力量(能源)。几百万年来,几乎所有驱动力都来自人力和畜力,虽然人力、畜力非常惊人——可以兴建金字塔、开凿大运河、描画西斯廷大教堂,但终究有局限性。最明显的就是,人力、畜力来自动物,动物有衣食住行的需求。而所有这一切都来源于植物和其他同样需要吃、睡等活动的动物。并且,在这条相互依存的关系链上,所有东西都需要土地的支持。因此,当土地在18世纪中叶越来越紧缺时,人力、畜力也变得昂贵起来。

几个世纪以来,风能和水能推动轮船和磨石运转,助人力、畜力一臂之力。但风能和水能也有弊端,它们只能在某些地方使用。河流冬天结冰,夏天干涸;而空气一旦凝重,风车的叶片就一动不动。

人们需要的是随时随地都能方便使用的能源,这样人们可以在工作中使用能源,而不是将工作迁移到能源所在的地方完成。此外,这种能源来源要可靠,不会因天气的变化而改变供给;它占地适中,不会侵占百万顷树木和农田。11世纪中国汴京的冶铁厂主发现,煤是种不错的能源,但它也有局限性,煤只能提供热能。

将热能转化为动力的突破始于18世纪,地点就在煤矿中。当时,煤矿水害一直困扰着人们。虽然可以用人力、畜力和铲斗排干矿井(比如,有个聪明的矿主给500匹马套上轭,让它们来拉一条铲斗链),不过非常昂贵。事后看来,解决方法非常简单:可以用发动机(以矿井中的煤为动力)代替需要进食的人畜来排水。不过,说起来容易做起来难。

在18世纪,东西方文明的核心地区都需要煤,都面临着矿井被淹的情况,但英国的发动机制造者想出了解决方法。如我在第九章所讲的,英国处于欧洲西北部的最边缘,依靠大西洋的国家鼓励具有某些科学性的"补锅"工作。"补锅匠"将商业的敏锐、实际操作金属的经验与一些基本物理知识相结合,来解决能源紧缺问题,他们的出现正是时候。这些人在中国和日本也存在,不过凤毛麟角。而据我们所知,他们中甚至没有一个人试着摆弄过燃烧煤炭的发动机。

"矿工之友"是西方使用的第一台蒸汽抽水机,于1698年在英格兰获得专利权。这台机器燃烧煤来煮沸水,然后将蒸汽在真空中冷凝。随后,操作人员打开阀门,在真空的作用下把水从矿井中吸上来。然后,关上阀门,重新打火,再将水煮沸,产生蒸汽,不断重复煮沸、冷凝这一有违万有引力的过程。

"矿工之友"运行缓慢,且只能将水提升十几米。此外,它的明显不足之处就是易爆炸。不过,它仍比喂养上百匹马要便宜。这台机器也经历多次改进,但改进后的发动机依旧十分耗能,因为它们要用同一汽缸煮沸水,然后冷却形成真空。工人每次启动活塞的时候都得重新加热汽缸。即使是最好的发动机也只能将煤产生的不到1%的能量转化为抽水的动力。

几十年来,这种低效率的转化限制了蒸汽动力的使用范围,仅在矿井中用于抽水工作。即使这样,一个矿主还抱怨说:"这些发动机使用了大量的燃料,严重损害了我们矿井的利润……与禁止采矿无异。"[3]对任何需要将煤炭从矿井运输到工厂的企业而言,蒸汽发动机真是太贵了。

但是,教授们对发动机颇有兴趣。格拉斯哥大学购买了一个微型发动机样品,却没有哪一个学者能将其发动起来。直到1765年,该校数学仪器制造师詹姆斯·瓦特在工厂里成功将其发动。发动机的效率之低,让瓦特难以忍受。瓦特每时每刻都在思索蒸发、冷凝水的更好办法。直到有一天,他终于想出来了:

> 在一个美好的周日下午,我出门散步……正在此时,一个想法从脑中蹦出。蒸汽具有伸缩性,会冲进真空中。若能在(加热的)汽缸和耗尽的容器中间建立连接,蒸汽就会冲进去,这样可

以不冷却汽缸而冷凝蒸汽……当整个过程在脑海中构建妥当时，我发现我还没走到高尔夫球场呢。[4]

那是个周日，对主虔诚的瓦特不能动手，但是周一早上他以现有材料迅速组建了一个新模型，将冷凝器和蒸汽缸分开。这样，汽缸保持高温，冷凝器保持低温，而不是加热冷却交替进行。这种方法可以减少近八成用煤。

此时，一系列新问题接连产生，但瓦特年复一年地继续探索。他的妻子去世了，支持者也破产了，可发动机仍旧不能稳定地运转。1774年，就在瓦特准备放弃研究，寻求更稳定的职业时，"铁酋长"马修·博尔顿出手相救。他收购了瓦特负债累累的支持者的全部股份，将发动机制造厂迁到伯明翰。为了解决瓦特的困境，博尔顿既投入了资金，又投入了人力，派遣才华出众的金属制造工"铁疯子"威尔金森前来助阵。（威尔金森认为，万事万物都应该用铁来制造，包括自己的棺材。）

就在六个月后，瓦特给父亲写了封信。我认为这是有史以来第二轻描淡写的信（之后我将谈到最轻描淡写的信）。在信中，瓦特写道，他的发动机现在"相当成功"[5]。1776年3月，在盛大的公开展览会上，瓦特和博尔顿的发动机只用60分钟就将水从近20米深的矿井中抽了上来，而消耗的煤仅为旧机器的1/4。

怪不得在博斯韦尔访问索霍区时，博尔顿表现得自信十足。现在发动机在矿井外性价比很高，局限性很小。"如果我有……100个小发动机……外加20个大的共同运作，我们就能够把全部问题成功解决，"博尔顿给瓦特写道，"晒草要趁太阳好，我们要抓紧有利时机。"[6]

他们的确抓住了有利时机，虽然一些顾客的光临让他们感到惊讶。第一批利用蒸汽动力的制造商是棉布制作商。西欧并不产棉花，直至17世纪，英国人一年四季都穿着令人发痒又出汗的毛料衣物，一般不穿内衣。可以想象，当商人开始从印度进口轻便、色泽明丽的棉布衣物时，有多么轰动。1708年，丹尼尔·笛福回忆道："棉布悄悄来到我们的屋子，进入壁橱、卧室。窗帘、靠垫、椅子，连床上用品都是棉布或印度货。"[7]

进口商发了大财，不过人们把钱花在了印度棉布上，就不会花在英国羊毛上了。因此，毛纺织业巨头游说国会禁止买卖棉布衣物。于是，其他英国人进口原生棉（这仍是合法的），自己织布。然而，这些棉布织物没有印度货的质量好。到了18世纪60年代，英国棉布市场的规模只有其羊毛市场的1/30。

但是，棉花的确有个好处，即将棉花纤维纺成纱线的繁重工作非常适合机械化。一万年来，纺织品的生产需要心灵手巧的女工（极少使用男工）将一小缕羊毛或纤维绕在纺锤上。我们在第七章看到，公元1300年，中国的纺纱工人用以水能或畜力为能源的机器来提高生产率。在随后的几个世纪中，这种机器使用得越来越普遍，产量也稳步提高。但英国突然开始机械化，使古代的一切技术相形见绌。1700年，一个纺纱工人用脚踏式纺纱轮要花200小时才能纺出1磅（约454克）纱线★；到了1800年，性能卓越的机器可以在3小时内完成相同的工作量。这些机器的名称轰动一时——哈格里夫斯的珍妮纺纱机、阿克赖特的水力纺纱机和克朗普顿的走锭细纱机（罗伯茨的自动走锭细纱机诞生于1825年，只需要80分钟就可以完成上述任务）。机器不断进步，蒸汽动力日趋完善，织机在大工厂里聚集织布。第一个完全由蒸汽发动机供能的纺织工厂于1785年开张（当然，这里的发动机是博尔顿和瓦特提供的）。

织机使得英国棉布比印度的价格更低、质地更为纤细结实、粗细均匀。1760—1815年，英国出口的布匹数量增长了100倍。棉纺织业从不起眼的产业，转变为占国民收入1/12的重要行业。十万男男女女

★ 纺纱轮于12世纪传入欧洲。如果没有这个设备，一个纺纱工人需要500小时才能纺出1磅纱。

（尤其是童工）6×12小时奋战在工厂，生产出大量棉布，因此纱线的价格从1786年的每磅38先令跌至1807年的每磅7先令。虽然价格下降，但销量增加，利润持续上升。

地理位置的优势促使棉纺织业成为英国最理想的行业。棉花的原材料产于海外，因而不需要占用英国土地。相反，美国人渴望得到英国的钞票，他们将百万顷土地变成棉花种植园，让数十万奴隶在此劳动。美国的棉花产量从1790年的3 000包陡升至1810年的17.8万包，到1860年更是飙升至450万包。英国在纺织技术上的创新促使美国在种植园生产上产生了新创意。例如，伊莱·惠特尼的轧棉机可以把棉花纤维从种子上分离，这比雇用奴隶用手来分还便宜。美国棉花供给增加，满足了英国的需求，使棉纺织品价格仍保持在低价位。工厂和种植园园主富裕起来，棉花生产给大西洋两岸创造出庞大的劳动力新军。

回看英国，先进技术从一个产业传播到另一个产业，促进了更多新技术的产生。最重要的飞跃出现在制造材料以供其他新兴产业使用的制铁业。英国的制铁工人在1709年已经知道如何用焦炭熔炼铁（这比中国的冶金学家晚了7个世纪），但是一直不知道如何让熔炉保持恒定高温以冶炼焦炭。1776年后，博尔顿和瓦特的发动机通过提供稳定气流解决了这一难题。在随后几年中，英国钢铁冶金学家H.科特的搅炼法（这和棉纺业其他名称一样让人叫绝）成功解决了剩余的技术问题。和棉纺织业一样，制铁业的劳动力成本下降了，同时就业率、产值及利润陡升。

博尔顿和其竞争者揭示了力量（能源）的真面目。虽然他们的革命用了几十年的时间（1800年，英国制造商使用水车产生的能量仍是蒸汽发动机的三倍），然而这是全球历史上规模最大、进展最快的变革了。在三代人的时间里，技术变革打破了社会发展指数得分的硬天花板。1870年，英国蒸汽发动机产生了400万匹马力的动力，与4 000万人力相当。假如工业继续依靠人力，这些人所需的小麦将是英国小麦总产量的三倍多。化石燃料让不可能的事成为可能。

大分流

当地人喜欢称我的家乡——英格兰中部地区的斯托克为"工业革命的摇篮"。它之所以出名是因为此地是陶艺业的中心。18世纪60年代,乔赛亚·韦奇伍德将机械化用于制作花瓶。斯托克遍布颇具工业规模的制陶场。甚至在两百年之后,我少年时的考古经历都烙上了韦奇伍德的印迹。那时,我正在研究从威尔登工厂后面那大垃圾堆中挖出的一个破罐子,而韦奇伍德当年就在威尔登工厂学手艺。

斯托克是个建立在煤炭、钢铁和黏土之上的城市。在我小的时候,大部分工人天没亮就起床,奔向矿坑、钢厂、制陶场。我的外祖父是钢厂工人,我父亲未满14岁就辍学下矿井了。在我念书的时候,不断有人告诉我,我们的祖先凭借勇气、坚毅和聪明才智,让英国变得伟大,并且改变了世界。但没有人告诉我们为什么是这片土地上的山川峡谷成了工业兴起之处,而不是其他什么地方。

这个问题是讨论东西方巨大差距之源所要解决的首要问题。工业革命发生在英国(具体说来是在斯托克及其周边地区)而不是在西方的其他地方,有什么必然的原因吗?如果没有必然关联,那么工业革命发生在西方而不是世界其他地方,存在某种必然吗?或者说,工业革命必然会发生吗?

我在本书前言说过,即使这些问题的确与西方的主宰地位是否形成于遥远的过去有关,对这些问题作答的专家最多也就往前推四五百年来寻找答案。我认为,应把工业革命放到更长远的历史中进行考察,如本书前九章所阐述的。

工业革命在推动社会发展的速度和深度方面是无可比拟的。但在其他方面,工业革命与早期历史的其他增长方式无异。与早期其他迅速(或相对迅速)发展起来的运动一样,工业革命产生于历史上一个今人看来并非特别重要的区域。自农业起源以来,主要的核心地区已经通过组合使用殖民和模仿等方式扩大了,边缘地区的人采用了核心地区的人们的生产、生活方式，有时改造它以适应边缘地区截然不同的环境。这一过程时而显示出后发优势：公元前第五个千年，农民们发现在美索不达米亚平原谋生的唯一方式是灌溉，就此将这片平原变成一片新的核心地区；公元前第一个千年，当城市和国家扩展到地中海时，产生了一种新的海上贸易形式；公元400年后，中国北方的农民向南逃亡，将长江以南地区变成了鱼米之乡。

在公元第二个千年，当西方核心地区从地中海沿岸向北、向西扩展时，西欧国家终于发现新的海上技术可以将它们在地理上独居一隅这点变成优势，而这长期以来本是其落后之源。与其说是有意为之，倒不如说是得益于机遇的垂青，西欧建造了一个新兴的海上帝国。此外，崭新的大西洋经济促进了社会发展，同时也带来了一种全新的挑战。

没有谁可以保证欧洲会战胜这些挑战。罗马（1世纪）或宋朝（11世纪）也没有找到突破社会发展指数得分硬天花板的方法。所有迹象表明，人力和畜力是力量的最终来源，识字的人不超过10%~15%，城市和军队的人数永远不会超过100万，社会发展指数得分永远都不会超过43分。但在18世纪，西方人却无视这些限制，他们出售力量（能源），使以前发生的一切变得不值一提。

在罗马和宋朝失败的地方，西欧却取得了成功，这是因为那时产生了三个变化。第一，技术不断积累。每次社会发展衰退的时候，一部分技术就会消失，不过大部分技术不会，几个世纪过后，一些新的技术又会加入其中。因此，同一条河踏进两次、同样的技术有新发展的原则继续起作用。任何一个在1—8世纪逼近社会发展指数得分硬天花板的社会都和它之前的社会不同，现在的人们都知道得更多，且做得更好。

第二，很大程度上是因为技术积累，农业帝国/帝制国家现在已拥有高效的武器，这让俄国和清朝得以关闭欧亚草原通道。最终，当17世纪的社会发展指数得分逼近硬天花板时，第五个天启骑士——迁徙——并没有到来。核心地区也设法成功地应对了其他四大天启骑士,避免了社会崩溃。假如没有这一变化,18世纪可能会和3世纪、13世纪一样成为一场灾难。

第三,还是因为技术的积累,船可以将人们载到任何想去的地方。这样,欧洲人就可以创造出史无前例的大西洋经济了。罗马和宋朝都没能建成一个如此巨大的商业增长引擎,因此,它们都不需要面对17—18世纪欧洲国家关注的那些问题。牛顿、瓦特等人并不比西塞罗、沈括等人聪明,只是他们要考虑的事不同而已。

在突破社会发展指数得分硬天花板方面,18世纪的西欧比以前任何社会都更有可能。在西欧,由于西北部区域的国王统治力量更为薄弱,商人力量则更为强大,因而西北部发展得比西南部好。而在西北部,英国发展得最好。1770年,英国不仅薪水更高、煤资源更多、金融实力更强,而且那里实行了比其他地方更开放的制度(不管怎么说,对于中上阶层的男性是这样的)。另外,由于英国在对荷兰和法国的战争都取得了胜利,它同时拥有了更多的殖民地、贸易机会和战舰。

英国是工业革命最容易发生的地方,不过并非必然发生在这里。如果1759年是法国赢得了战争的胜利,而不是英国(这种情况很有可能发生),如果法国夺去了英国的海军、殖民地和贸易机会,而不是相反的情况,那么我的长辈就不会用斯托克是如何成为工业革命摇篮的故事教育我了。可能是法国那些和英国同样烟尘密布的工业城市(如里尔)的人们在纺纱线。毕竟,法国有许许多多的发明家和企业家,只要国家的要素禀赋或国王和将军的决策中有什么小小的改动,就会产生巨大的影响。

无论是伟人、蠢货,还是坏运气都与工业革命为什么在英国而不是在法国发生有关,但是它们和工业革命为什么首先在西方展开的关系却不甚清楚。为了解释这一现象,我们需要考察一些更强大的力量,因为一旦技术积累达到一定程度,一旦欧亚草原通道关闭,一旦海洋公路开放——比如说在1650年或1700年,我们就很难想象有什么力量能阻止工业革命在西欧的某个地方发生。如果法国或一些低地国家而不是英国成为世界工厂，那么工业革命的进展就没有现在这么迅速了，它或许会在19世纪70年代发生，而不是18世纪70年代。今天我们生活的这个世界也会有所不同，不过西欧仍会成为工业革命的发源地，西方仍会主宰世界，这本书仍然可以继续写下去，只是我可能会用法语来写，而不是英语。

也就是说，除非东方率先独立地进行工业化，否则主宰世界的就是西方。如果西方工业化进展变慢了，东方可以独立发展工业化吗？当然这里我列举的是假设加假设，但是我想答案是非常明显的：不太可能。即使到1800年东西方社会发展实力不相上下，也鲜有迹象说明如果独立发展，东方可以快速进行工业化，并于19世纪开始腾飞。

东方国家有广阔的市场和繁荣的贸易，但是它们和大西洋经济的发展模式不同。虽然东方居民不像亚当·斯密在《国富论》中说的（"中国最下层人民的贫困远远超过了欧洲最穷的国家"）[8]那样穷，图10.3表明他们也并不富裕。北京人★并不比佛罗伦萨人穷，但比伦敦人穷不少。中国、日本（及南欧国家）的劳动力价格低廉，无法激发这些国家和博尔顿一样用同样的激情去投资机器。在1880年，开一个雇用600名中国工人的矿厂的成本预计为4 272美元，和一台蒸汽泵的价格差不多。即使在他们有其他动力可供选择的时候，精明的中国投资商通常仍会乐意雇用便宜的劳动力，而不会购买昂贵的蒸汽机。

由于改进的收益太低，东方商人、士大夫都没有对锅炉、冷凝器产生足够的兴趣，更别提珍妮纺纱机、水力纺纱机和搅炼机了。要产生自己的工业革命，东方需要创造出一些与大西洋经济相当的经济模式。在这种模式下，东方国家也可以产生更高的工资和新的挑战，促进科学思想、机械修理及廉价能源的整体发展。

★ 在18—19世纪的大部分时间里，东京、苏州、上海、广州的工人比北京的工人收入还低。

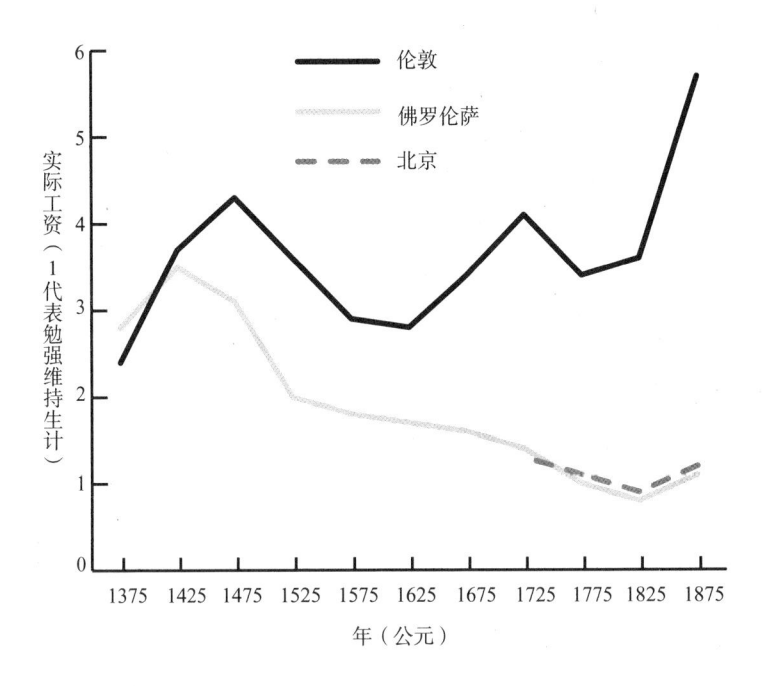

图10.3 世界各地的工人工资不同：虽然陷入困境，但是在1780—1830年，英国工人的工资仍比其他国家工人的高得多，在1830年后甚至更高。本图对比了伦敦、佛罗伦萨（代表南欧低收入群体）和北京（代表中国、日本劳工的收入水平）非熟练工人的实际工资

假以时日，这种情况是有可能发生的。18世纪，东南亚的中国侨民就蓬勃发展起来。如果其他条件相同，大西洋经济特有的相互依存的地理关系可能会在19世纪出现。可是其他条件不会相同。从英国在美洲建立的第一个殖民地詹姆斯敦到詹姆斯·瓦特改良蒸汽机，西方人用了200年的时间。如果东方处于与世隔绝状态，如果东方在19—20世纪与西方一样，也在构建地理上多元化的经济，如果东方的发展速度与西方大致相同，那么中国的瓦特或日本的博尔顿将会在这一时期出现，并在上海或东京展示自己的首部蒸汽机。然而，这些如果一个都不会发生，因为西方的工业革命一旦开始，它就主导了整个世界。

493

葛擂硬

直到1750年，东西方核心地区间的相似性还是很明显的。两者都是发达的农业经济体，劳动分工复杂、贸易网络密集、制造业不断增长。在欧亚大陆的两端，富有的地主坚信自己的社会地位、传统习惯和财富价值不会改变，是一切的主人。社会上层人士都用精心制定的服从和礼仪规则来捍卫自己的地位，消费和创造了非常微妙和精致的文化。除了在文体和叙述上的明显差异，我们不难发现18世纪出版的小说存在着某种相似性，比如塞缪尔·理查森的小说《克拉丽莎》和曹雪芹的小说《红楼梦》。

到1850年，一个显著的不同点将所有这些相似性驱散得无影无踪，这个不同之处就是：在西方，一个新兴的以蒸汽作为能源的"铁酋长"崛起。按照其最著名的批评者的话，"资产阶级在它已经取得了统治的地方把一切封建的、宗法的和田园诗般的关系都破坏了。它无情地斩断了把人们束缚于天然尊长的形形色色的封建羁绊"。马克思和恩格斯继续说："它把宗教虔诚、骑士热忱、小市民伤感这些情感的神圣发作，淹没在利己主义打算的冰水之中。"[9]

关于这个新兴的阶层正在做什么，众说纷纭，但是大多数人都赞同无论他们在做什么，都改变了一切。对一些人来说，那些利用能源、出售能源的百万富翁是英雄。他们的"精力和毅力受到判断力的明确指引，但（只是）获得了寻常的奖赏"[10]。因此，塞缪尔·斯迈尔斯在其维多利亚时期的经典作品《自己拯救自己》中解释道，"在早期，技术工业的产品主要是为少数人准备的奢侈品，而现在，最精致的工具和发动机都用于生产面向社会大众的普通消费品了"[11]，这多亏了工业巨头。

但是，对其他人而言，工厂主是一群毫无人情味儿的衣冠禽兽，他们就像狄更斯小说《艰难时世》中的葛擂硬先生一样。葛擂硬一直认为"生活中只需要事实。没有别的东西要种植了，把其他一切东西都根除掉吧"[12]。狄更斯探索工业革命的方法苦不堪言。他在一家鞋油厂当童工,其父亲被关在债务人监狱里受尽折磨。就像狄更斯所看到的,工人无法在生活中发现美好,他们被驱赶到摧残灵魂的城市,比如小说中虚构的"焦炭城","胜利实质上就是……一个机器密布和烟囱高耸的城市,烟尘冗长的尾巴不断地伸展着,伸展着"[13]。

当然,现实生活中确实存在着不少葛擂硬一样的人。恩格斯在年轻时描述19世纪40年代曼彻斯特的情况,并对一位工人讲述了这个"焦炭城"的工人的困境。恩格斯说:"一个资产者静静地听完这一切,在走到拐角上和我告别的时候,他说:'但是在这里到底可以赚很多钱。再见,先生!'"[14]

这个资产者说得没错:通过利用化石燃料中的能量,博尔顿和瓦特的蒸汽机创造了巨大的财富。但恩格斯也没错:那些创造财富的工人只分享了其中很少的一部分。1780—1830年,每个工人的产量增幅超过25%,但是薪水仅仅上涨了5%,剩余的这些产值都被当成利润剥削走了。在贫民窟里,愤怒呼声迭起。工人们组织了工会,要求执行《人民宪章》。激进分子则密谋推翻政府。1830年,雇农的生计受到打谷机的威胁,他们砸碎机器,烧毁柴垛,联名签署写给乡绅的恐吓信,署名"斯温船长",听上去像个海盗头子的名字。在每个地方,地方官员和神职人员都嗅到了雅各宾主义的气息,这是他们对法国式起义的说法,有资产者倾举国之力镇压雅各宾主义者。骑兵踩踏示威者,工会会员被捕,砸坏机器的工人被流放到大英帝国最远的殖民地。

对马克思和恩格斯来说,这一过程显得分外清楚:西方的工业化正以前所未有的速度促进社会的发展,但同时用一种反常的节奏演绎着发展的悖论★。资本家把劳动者变成"手",变成磨坊厂和工厂里有血有肉的齿轮。同时,资本家也赋予了他们共同的使命,将其变成了革

★ 当然,马克思、恩格斯使用了另一种不同的术语,从封建生产方式到资本主义生产方式的转变,增加了对剩余劳动的榨取,也加剧了经济基础和上层建筑之间的矛盾。

命者。马克思、恩格斯总结道:"所以,它首先生产的是它自身的掘墓人。""让那些统治阶级在共产主义革命面前颤抖吧。无产者在这个革命中失去的只是自己头上的锁链。而他们所能获得的却是整个世界。全世界无产者,联合起来!"[15]

马克思、恩格斯认为资本家把农村围起来,将无产者驱逐进城市成为雇佣奴隶,但是我认为,将农民驱逐出土地的不是富有的地主,而是性。实际上,19世纪的密集型农业需要更多劳动力,而不是更少,人们抛弃农场来到城市的真正原因是繁衍后代的需要。1750—1850年,人们的预期寿命增长了三岁。但历史学家未能就原因达成一致。(是因为瘟疫减少了?营养食品更多了?水质更好,下水道变干净了?育儿方式更科学了?是棉质内衣造成的,还是其他什么导致的呢?)人们多活的那些年可以用来养儿育女。这就意味着除非女性晚婚,或者用不同的方式进行性行为,或是流产、饿死孩子,否则她们可以养育更多子女。女性确实改变了她们的行为,但这抵消不了她们增长的寿命。1780—1830年,英国的人口几乎增长了一倍,达到1 400万。约有100万多出来的人口在田间地头工作,600万人在城市寻觅工作。

这些关于人类繁衍的确凿事实说明工业革命的杯子是半满的,而不是半空的:工业化带来创伤,但是其他选择会更糟。16世纪人口增长之时,整个西方的工资大幅下降。但实际上,公元1775年后英国的工资开始增长,把其他国家抛在身后(图10.3)。英国人在19世纪40年代的爱尔兰饥荒中挨饿,主要与贪婪的地主和笨拙的政治家有关,而和工业无关(爱尔兰的工业企业数量极少)。

具有讽刺意味的是,正是在马克思、恩格斯形成他们的学说的那几年,潮流转向了对工人有利的方向。自1780年以来,资本家将很多利润用于购置庄园、贵族爵位和新贵的服饰上,但把更多资金投资于新机器和工厂。大约到了1830年,这些在机械上的投资提高了每个脏兮兮、营养不良且未受过良好教育的工人的生产率,为工厂主带来了丰厚利润。工厂主往往更乐于与罢工者达成协议，而非将其解雇，并和其他工厂主展开竞争以寻找新的劳力。在随后的50年里，工资和利润一同增长。1848年，在马克思、恩格斯发表《共产党宣言》时，英国工人的收入终于恢复到了黑死病之后工人的工资水平。

和其他年代一样，19世纪30年代得到了这个时代所需的思想。随着工人身价的提高，中产阶层对被压迫群体有了一点儿同情心。一方面，失业似乎必然成为一种不道德的行为，穷人被驱赶至济贫院（中产阶层说这是为穷人好）；另一方面，狄更斯对这些济贫院的真实描述使得《雾都孤儿》成为畅销书，一时间"改革"一词成为口号。政府谴责城市的肮脏环境，议会禁止工厂雇用9岁以下的童工，并将13岁以下童工的每周工时限制在48小时以内。此外，他们面临的第一个难题就是推广全民教育。

在今天看来，这些维多利亚时期的改革家似乎是伪善的，但是采取切实的措施提升贫困人口的生活水平具有革命性。这与东方核心社会的差别非常明显：在中国，工厂雇员数量仍然很少，士大夫按照传承了几百年的传统，将亲手写的关于社会改革构想的奏折交至朝廷官员的手中，这些官员则一贯对此不理不睬。有志于改革的人大部分从地主阶层中分化而来。洪亮吉（因批判朝政弊端，以"大不敬罪"被判处斩立决，后改判流放伊犁）和龚自珍（他是一个怪人，衣着古怪，草书狂野，沉迷赌博）被证明是最具建设性的社会批判家，但两个人几次参加科举考试均落第，且在改革上都没有取得什么成果。即使是非同寻常的实用改革方案也无人问津：比如19世纪20年代，为避免河运时间过长导致食物变质，而计划用船经海路调运粮食至北京。

但在西方，一个崭新的以煤和铁为主的世界就要诞生了。这是人类历史上第一次，我们能如此接近梦想。英国《经济学人》杂志在1851年发表评论："在本世纪前50年，我们有望实现美好的憧憬，这是一种幸福和荣幸。在过去的50年中……见证了比历史上任何一个时期都更为迅速和惊人的进步。就文明的欧洲来看，18世纪和19世纪在几个重要方面的差异，比1世纪和18世纪之间的差异还要大。"[16] 西方世界迅速发展，把世界其他地方抛在了身后。

同一个世界

1872年10月2日晚上7点45分，伦敦。著名的一幕上演了："先生们，我在这儿呢！"[17] 菲利斯·福格叫嚷着，大步流星地跨进俱乐部。虽然他在埃及被误认为银行抢劫犯，在内布拉斯加受到苏族人的攻击，在印度营救一个被迫自杀的漂亮寡妇（图10.4），但福格还是做到了自己承诺的事：他在80天里环游了地球，未耽误一分一秒。

以上是作家虚构的场景，但是和儒勒·凡尔纳的所有小说一样，《80天环游地球》也是有原型的。1870年，一个名叫乔治·特雷恩（George Train）的人在80天内环游了地球。Train在英语中意为"火车"，这个姓氏真是恰到好处。当科学技术不能为他所用的时候，小说中的福格会转而依靠大象、雪橇和帆船★以寻求帮助。但是如果没有崭新的工程项目的胜利完工——苏伊士运河（1869年开通）、旧金山—纽约铁路（同年建成）、孟买—加尔各答铁路（1870年完工），福格和特雷恩都不可能顺利完成他们的旅行。正如福格出发前说的那样，世界没有以前那么大了。

由于殖民主义者将新的生活方式带到周边世界，边缘地区的人们相互效仿、抵制抑或逃离这些生活方式，在提升社会发展水平的同时，核心地区总在不断地扩张。19世纪与前几个世纪的不同仅仅体现在规模和速度上，但是这些不同改变了世界历史的进程。在19世纪以前，伟大的帝国/帝制国家统治着世界的这个或那个地区，使其屈从于自己的意愿，但是新技术消除了所有限制。社会发展领先的国家

★ 但并没有热气球。这一细节在1956年才被添加到由大卫·尼文主演的精彩电影中。

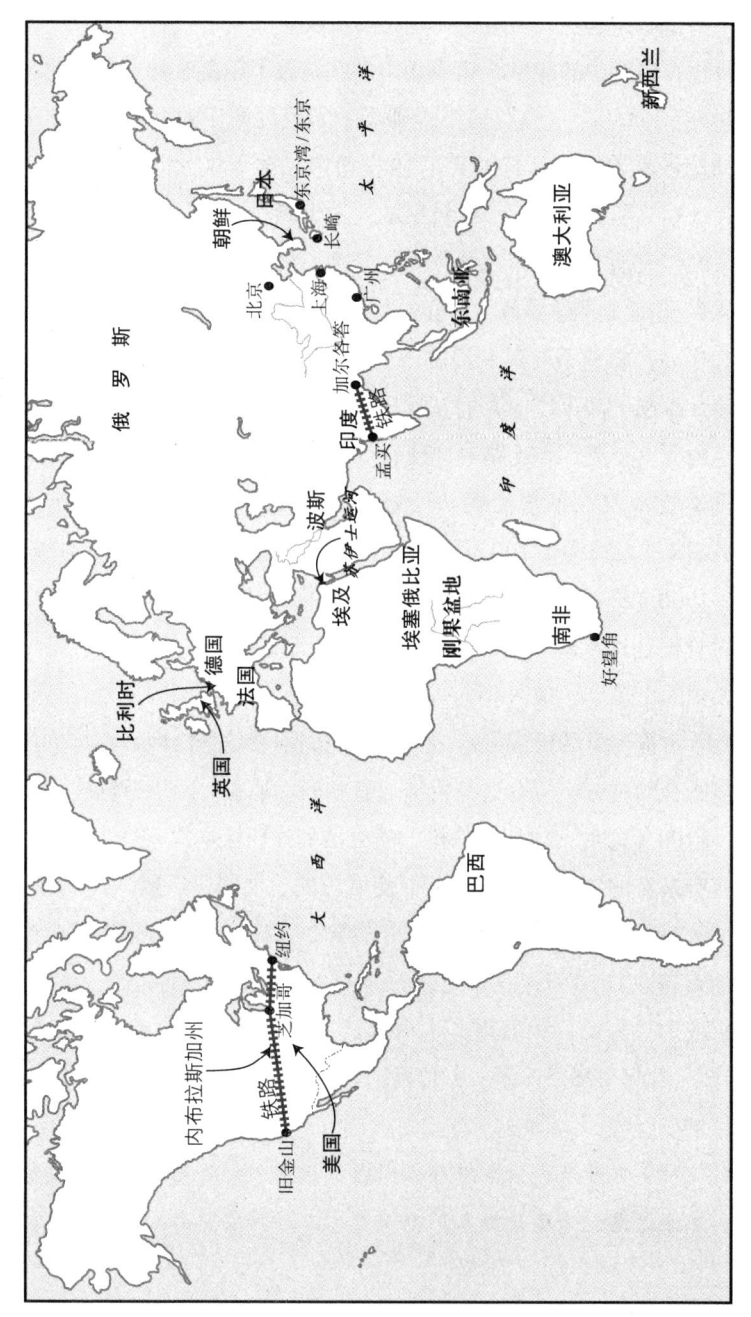

图 10.4 环游世界：西方的发展缩小了世界的距离

可以主宰全球，这在人类历史上还是第一次。

将化石燃料中的能量转化成动力彻底打破了距离对社会发展的制约。早在1804年，一位英国工程师展示了轻型高压的发动机，它可以推动车厢沿着铁路运行。到了19世纪第二个十年，类似的发动机可以开动划桨船。在又一代有灵感的人的大胆尝试后，乔治·斯蒂芬森著名的"火箭"号机车在利物浦—曼彻斯特的铁轨上运行，时速达47千米★。轮船则能够跨越大西洋航行。社会发展比以往都更快地改变了地理格局：轮船不受风和浪的限制，不仅可以想去哪儿就去哪儿，而且什么时候去都可以。人们在哪里铺设了铁路，货物就可以通过陆路运送到哪里，成本和水路一样便宜。

科学技术改变了殖民现状。1851—1880年，500多万英国人（当时英国总人口为2 700万）移居国外，大部分迁至北美洲边境。1850—1900年，被历史学家尼尔·弗格森称为"白色祸害"[18]的这次白人大规模迁徙砍伐了美洲近68万平方千米的森林，是英国可耕种土地面积的十多倍。1799年，一位旅行者曾记录，美国的拓荒者"对树木有着不可容忍的极端厌恶之情……他们不带丝毫怜悯之心，砍伐了眼前所有的树……所有这些树遭遇着相同的厄运，经历着同样的浩劫"[19]。100年之后，树桩清除机、喷火器和炸药让这伙人更为嚣张。

前所未有的农业发展高峰期促使城市的发展同样迅猛。1800年，纽约城区只有7.9万人，而在1890年达到250万。此时，芝加哥成为世界的奇迹。1850年，芝加哥还是只有3万人口的草原小镇。1890年，它成为世界第六大城市，人口超过100万。因为芝加哥的发展，"焦炭城"看起来都很体面。一位评论家惊叹道：

> 对芝加哥来说，在中部各州内，在整个大西北地区中，交通和工业设施咆哮着，锯木厂嘶鸣着。工厂的浓烟染黑了天空，机

★ 这是火车空驶时可达到的时速，但是当其载重13吨时，时速就会下降至20千米。

器相互碰撞，火焰迸发。车轮转动，活塞推进汽缸。齿轮咬紧齿轮。传动带勾住巨大的鼓轮。转炉将熔铸钢铁的烟雾喷向浓烟密布的天空。

此乃帝国。[20]

在将工业化向东扩展至整个欧洲的过程中，模仿发挥的作用比殖民要大。1860年，英国仍然是世界上唯一一个完全工业化的经济体，生产的铁和纺织品占世界总量的一半，但先是在比利时（这里有上等的煤和铁），沿着法国北部—德国—奥地利这条弧线，蒸汽和煤炭时代开始了。到1910年，德国和美国等边缘国家发挥了后发优势，逐步超过了领先于它们的国家。虽然德国的煤炭资源没有英国丰富，但它的利用率比英国高。而且由于该国工人普遍缺乏通过在职培训培养出的什么时候关闭阀门、什么时候收紧线轴的本能直觉，德国后来推行了技术教育。

美国虽缺少能够聚集资本的家族企业，但发现了另一个优势：出售股份来为现代大公司募集资本，从而有效地将资产所有者和职业经理人区分开来。这些职业经理人能够探索最有效率的工作方法，自由地对生产流水线和新的管理科学进行实验。所有这些从书本上学来的知识，在英国人看来是如此荒谬，但是在新的高科技产业，诸如光学和化学工业中，知道一点关于科学和管理理论知识能比只凭感觉更好。到了1900年，信奉即兴发挥、得过且过、业余人士的灵光一现的英国，开始显得可笑起来。

德国和美国引领了历史学家所说的第二次工业革命，将科学更系统地应用于技术。这一切迅速使菲利斯·福格的壮举显得过时了，将20世纪变成石油、汽车和飞机的时代。1885年，戈特利布·戴姆勒和卡尔·本茨两人明白了如何在内燃机中有效地燃烧汽油（当时汽油是用于照明的煤油的低价副产品）。同年，英国的机械师改良了自行车。此外，人们将轻便的新型发动机和稳固的新型底盘相结合，设计出了汽车和飞机。1896年,汽车的运行速度依然很慢,在美国首届汽车赛上,一些人起哄道:"找匹马来!"[21]但是到了1913年,美国工厂生产了100万辆汽车。早在1903年,来自北卡罗来纳州的自行车修理工莱特兄弟给汽油发动机装上了两翼,并让它飞上了天。

  石油改变了地理格局。一位英国石油商在1911年兴奋地说:"内燃机是世界上最伟大的发明。它将代替蒸汽,速度之快让蒸汽机顿时黯然失色。"[22]因为石油比煤炭轻便,产能更高,并且可以让机器运行得更快,因此那些坚持使用蒸汽机的人必然会被投资新发动机的人超越。英国首席海军顾问在1911年坚持认为:"速度是重中之重!"[23]英国年轻的第一海军大臣温斯顿·丘吉尔也被先进的技术折服,将皇家海军的动力来源从煤炭更新为石油。相对于俄国、波斯(今伊朗)、东南亚各国,尤其是美国的石油资源来说,英国无穷无尽的煤炭储备显得不值一提。

  同样,通信手段也在快速发展。1800年,传递信息最快的方式就是通过船只运送信件,但是到了1851年,英国人和法国人可以通过海底电缆用电子信号传递信息。1858年,英国女王和美国总统发起了越洋电报。在《80天环游地球》中,我们多次发现很多事都取决于及时的电报。1866—1911年,跨大西洋电报成本下降了99.5%,但当时这方面成本的降低被认为是理所当然的。凡尔纳科幻小说中曾畅想电话的诞生,仅仅三年后,第一部电话便于1876年问世。1895年,无线电报诞生。1906年,无线电应运而生。

  更快的交通和通信技术极大地促进了市场的发展。早在18世纪70年代,亚当·斯密已经意识到财富取决于市场的规模和劳动的分工。如果市场大,每个人都可以生产出自己最物美价廉的东西,再用卖东西赚来的利润购买自己所需的其他东西。斯密推断,这种经营方式要比每个人自给自足的生产利润更高。他还认为,产生这个结果的重要原因是自由化:经济逻辑要求推翻阻碍人们沟通的那堵墙,让人们沉浸在"互通有无、物物交换、互相交易的活动中"[24]。

不过，说起来容易做起来难。那些生产世界上最便宜商品的人（如英国实业家）都支持自由市场，而那些生产毫无竞争力的高价产品的人（如英国农民），通常认为游说议会对效率更高的竞争者征收关税比自己转至新的生产线更好。为了说服英国统治者废除保护主义政策，流血冲突发生了，政府垮台了，饥荒不断。所幸，保护主义终于废除了（并且对进口商征收的平均关税从1825年前后的超过50%到50年后降至不足10%），全球市场蓬勃发展。

对一些人而言，对自由市场的迷恋可以用疯狂来形容。英国制造商出口火车、轮船和机器，英国金融家借给外国人资金让他们去购买这些产品。英国建立起来的外国产业实际上挑战了自己的经济主导地位。但是，对自由贸易者来说，他们的狂热中蕴含着策略。通过在世界各地销售产品、借出资金，甚至向竞争对手销售和出资，英国创造出了一个巨大的市场，它可以集中经营那些利润最丰厚的工业（以及正在不断增长的金融）技术。而英国所做的不仅仅是这些。英国的机器帮助美国和欧洲大陆生产出英国本土需要的食物，而其他国家的人向英国出售食物获得利润后，又可以购买更多的英国商品。

据自由贸易者分析，人人都是赢家——至少，愿意接受这严厉的、葛擂硬式的自由主义逻辑的人会受益。鲜有像英国这样富有热情的国家（德国和美国格外保护其新兴工业不受英国竞争的影响），但是到19世纪70年代，西方核心国家都迅速和单一的金融体系联系了起来。西方的各种货币与黄金挂钩，这让商品交易更具有可预测性，政府通过市场规则为贸易服务。

但这仅仅是开始。自由化会跨国界起作用，它可以清除国与国之间的贸易壁垒，但原封不动地将国家内部的贸易障碍保存了下来。自由化是一个一揽子协议，正如马克思、恩格斯明确表述的那样：

> 生产中经常不断的变革，一切社会关系的接连不断的震荡，恒久的不安定和变动——这就是资产阶级时代不同于过去各个时

代的地方。一切陈旧生锈的关系以及与之相适应的素被尊崇的见解和观念都垮了；而一切新产生的关系，也都等不到固定下来就变为陈旧了。一切等级制的和停滞的东西都消散了，一切神圣的东西都被亵渎了，于是人们最后也就只好用冷静的眼光来看待自己的生活处境和自己的相互关系了。[25]

如果传统中关于人该如何穿着、谁值得崇拜、什么样的工作可以去做的规定阻碍了生产和市场的壮大，那么这些传统必须消失。自由主义理论家约翰·斯图亚特·穆勒总结道："无论个人还是集体，人类只有出于自卫这一目的，才能去干涉他人的行动自由。"[26] "对于自己，对于自己的身心这两个方面，个人都具有独立的支配权。"[27] 而其他一切，人人都可以争取。

奴隶、行会和其他对行动和职业的法律限制崩溃了。1865年，一场战争结束了美国的奴隶制度，在一代人的时间内，西方其他保有奴隶制的国家通过立法和平地（通常有利可图）结束了这一古老的制度。越来越多的雇主和劳工相处融洽，公元1870年后，大部分国家将工会和社会主义政党合法化，赋予男性选举权，提供小学义务教育。随着工资的上涨，一些政府提供退休储蓄计划、公共医疗计划，发放失业保险金。国民对政府的回馈就是愿意在陆军和海军中为国家服役。毕竟，有这么多需要保护的东西，谁不愿意战斗呢？

自由化甚至消除了最古老的偏见。近2 000年来，基督徒迫害犹太人和不恰当地跟随耶稣的人，但是突然间其他人的信仰似乎是那些人自己的事，于是自然就没有理由剥夺这些异教徒的财产和投票权。实际上，对越来越多的人来说，信仰似乎并不是什么大问题了，诸如社会主义、进化论、民族主义等新的信条挤入了宗教长期把持的地盘。似乎将上帝废黜还不够，男尊女卑这一最为根深蒂固的偏见同样受到了抨击。穆勒写道："规范两性之间现存社会关系的原则——一个性别从属于另一个性别，本身就是错误的，现已成为人类进步的主要障碍之一。没有一个奴隶遭受如此漫长而彻底的奴役,只有'妻子'。"[28]

电影和小说常常将维多利亚时代描绘为一派安逸的景象,那里烛光闪闪、炉火熊熊,人们各司其职。不过,同时代的人可能对此有完全不同的感受。马克思、恩格斯认为,19世纪的西方"现在像一个魔法师一样不能再支配自己用法术呼唤出来的魔鬼了"[29]。艺术家和知识分子在此狂欢,保守主义者试图阻止这一切的发生。教会表明立场(有的用粗鲁的方式,有的用灵活的方法),反对社会主义、唯物主义和科学。拥有土地的贵族捍卫他们在阶级秩序中的特权。反犹主义和奴隶制又冒了出来,戴上了新的面具。各类冲突变得激烈。实际上,马克思和恩格斯于1848年发表《共产党宣言》,是因为在那一年,革命几乎席卷了每一个欧洲国家的首都,似乎世界末日就在眼前。

西方社会很快剥离了截至1750年让它和东方社会极为相似的特征。通常,这种改变在小说中最能体现。你不会在19世纪早期中国的小说中发现性格果断的女主人公形象,而这种形象在同时期的欧洲小说中随处可见。最能体现反对妇女受压迫的小说应当是李汝珍的传奇讽刺小说《镜花缘》,书中一名男商人被女性化,甚至被逼至裹小脚的地步。(李汝珍在书中写道:"不知不觉,那足上腐烂的血肉都已变成脓水,业已流尽,只剩几根枯骨,两足甚觉瘦小。"[30])在当时的中国小说中,狄更斯笔下向上奋进的英雄形象难以寻觅,塞缪尔·斯迈尔斯笔下白手起家的男性形象更是毫无踪迹。沈复令人伤感的《浮生六记》虽说浪漫感人,但其生活被严格的等级制度所摧毁,更体现了这一特征。

但是实际上,西方的新特点正是:它越是高速发展,跑步行进在和其他国家完全不同的发展道路上,就越是使得其他国家跟随其路线,紧追其快速前进的步伐。市场不会沉睡,它必须扩张,整合前所未有的活力,否则贪婪的工业猛兽就会死去。西方具有腐蚀性的、自由的酸液侵蚀了社会内部及社会之间的壁垒,再多的习俗、传统或救令都无法保留令沈复如此压抑的古代秩序。不管人们是否准备就绪，全球是同一个世界。

"复仇女神"号

全球化展示了这个时代的秘密——在这个新世界中，说西方仅仅在社会发展方面领先他国是无稽之谈。在几千年的发展历程中，原先的农业核心在世界上的几个地区独立扩张，但是社会的发展稳步改变地理格局，将世界核心地区联系在了一起。

早在16世纪，新型船舶就可以让欧洲人征服阿兹特克人和印加人，将新大陆上以前独立的核心地区转变成西方的外围区域。欧洲人在18世纪就开始将南亚的核心地区变成另一个类似的外围区域。到了19世纪，蒸汽船、铁路和电报将西方的触角伸向世界，再一次改变了地理格局。英国是西方最强大的国家，可以将自己的意愿投射到地球上任何一个地方。随着西方人从环境中获取越来越多的能源，其中用于战争的比例陡升。1800—1900年，西方能源获取量只增长了2.5倍，但其军事力量增长了10倍。工业革命将西方在社会发展中的领先地位转为主宰地位。

因此，东方大国对此不予理睬，把西方的贸易商限制在广州和长崎等几个极小的区域内，是让人极度恼怒的。如我在第九章中所提到的，当英国的马戛尔尼勋爵于1793年来到北京要求开放市场的时候，乾隆皇帝坚决回绝了他——尽管如此，正如马戛尔尼在其私人日志中回忆的那样，普通中国人"都是做非法买卖的。在我们所停泊的几个中国海港里，我发现没有什么能比看见我们的船经常驶入这些港口更让他们感到惬意的了"。[31]

在19世纪30年代，事情到达了拐点。三个世纪以来，西方商人一直都是乘船来到广州，用白银来买茶叶和丝绸，白银似乎是唯一一件他们拥有而中国官员也需要的东西了。18世纪80年代，每年有将近700吨的白银从西方流入广州。但是，英国的东印度公司发现，不论官员怎么说，许多中国人喜欢吸食鸦片。西方商人（尤其是英国人）极力推动鸦片交易。单1832年这一年，他们就运送了两万多箱鸦片到广州，足以供100万~200万瘾君子全年吸食（图10.5）。鸦片交易将中国由白银流入国变成白银净流出约400吨的国家。这可是一大堆毒品，一大笔钱啊！

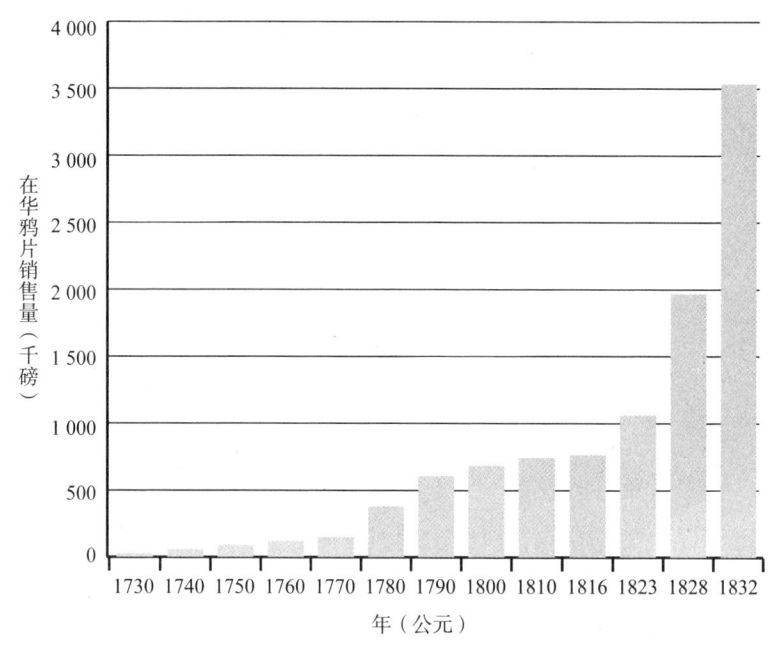

图10.5　1730—1832年，英国东印度公司在广州的鸦片销售量飙升
注：1磅≈454克

商人坚称鸦片"对中国上层社会的作用，就像白兰地和香槟对英国上层社会的作用一样"[32]。但实情并非如此，他们也心知肚明。如今天一样，鸦片使许多人陷入悲惨境遇。同样，这甚至让从未见过鸦片烟枪的农民心碎，因为白银流入毒枭手中，增加了金属的价值，这就迫使农民销售更多农作物以换得更多白银，缴纳赋税。到1832年，税收实际上增长到了50年前的两倍。

道光皇帝的太常寺少卿许乃济提出了一个剑走偏锋的市场解决方案：将鸦片合法化，鸦片在本土种植后将会减少从英国进口的数量，以此遏止白银外流，增加税收收入。但是道光皇帝深受儒家思想的影响，他希望从毒品中拯救臣民。1839年，道光皇帝宣布禁烟。

我在前言里谈到了鸦片战争。起初，禁烟运动很成功。禁烟大臣林则徐没收了数吨鸦片，并将其浸化而销溶，流入大海中（之后他写了一篇堪称经典的祭文祭告海神，对污染其领域致歉）。但是随后，禁烟运动进展得并不顺利。英国驻华商务监督义律发现，在市场的神奇力量无法奏效的地方，枪炮却可以做得更好，于是他将英国拖进了和中国的战争中。

随后，就到了工业革命展现其优势的时候了。英国的秘密武器就是崭新的全铁制军舰"复仇女神"号。不过，甚至连皇家海军都对这个巨大的武器持怀疑态度。就像其船长坦言的那样，"木头的漂浮性质让其成为建造船只最天然的材料，无论木头的形状或式样如何。而铁的下沉性质却使其一眼看上去并不能像木头那样漂浮在水面上"[33]。

这一担忧似乎是有道理的。船的铁制外壳扰乱了指南针的正常运行。甚至还未驶离英国，"复仇女神"号就撞上了礁石，它在好望角附近还险些撞成两半。在狂风呼啸的时候，船长把几块木头和铁块拴在船侧，才使船体漂浮于水面。但是，到了广州，它就一扫往日的阴霾。"复仇女神"号不负其名，它依靠蒸汽驶入了木船无法经过的浅水道，将所有对手炸成碎片。

1842年，英国船队封锁了京杭大运河，将北京逼到了饥饿的边缘。清朝钦差大臣耆英握有与外国人和平谈判的权力，向皇上提出"不若略小节而就大谋"[34]，实际上他应允了英国开放港口的要求，随后应允了美国、法国及其他西方国家的要求。当中国人对这些"洋鬼子"（图10.6）充满敌意，使得这些特权未能如预期那般有利可图时，西方人就进一步威逼。

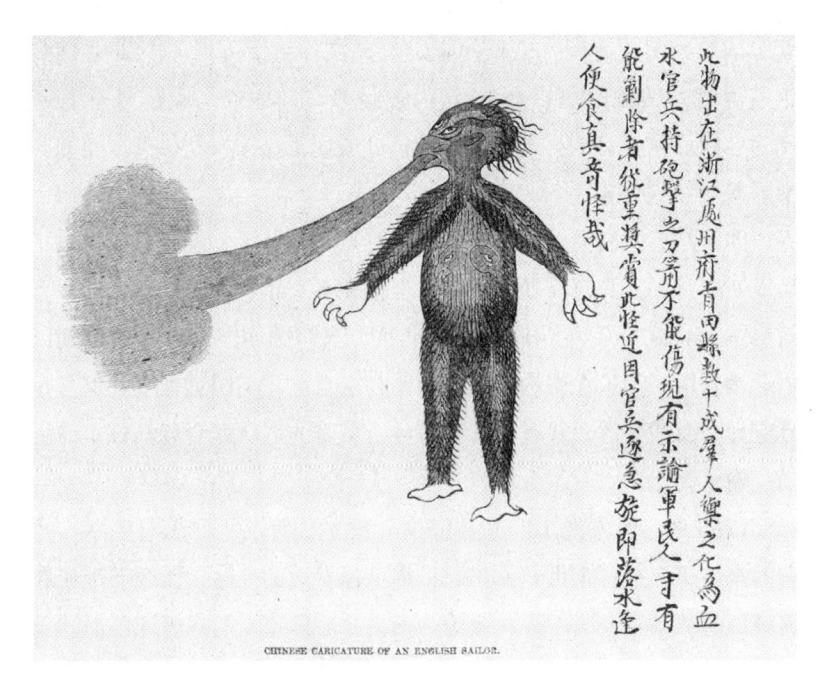

图10.6 文化失调：中国的一幅素描——喷火的英国水手（1839年）

资料来源：Corbis

西方人之间也相互"推搡"，担心商业对手会获得更多特权，把自己的贸易商挡在新市场之外。1853年，英国与他国的贸易竞争扩展到日本。海军准将马修·佩里乘汽船来到东京湾，要求允许美国驶往中国的船只在那里加油。虽然他只带了四艘现代船只，但是这些船只所装备的军事火力比日本所有枪支火力加起来还要大。他的舰队是"在水面上自由移动的城堡"[35]。当时有人目睹这一切后惊奇地说："一团黑烟从烟囱里冒出来，我们还以为海上起火了呢。"最后，日本向美国开放两个港口通商。立刻，英国和俄国要求同样的待遇，日本也一一让步。

地位之争并未就此停止。1842年，在中英《南京条约》附件中，英国律师创造了一个关于法律地位的新名词，即"最惠国"，这意味着中国给其他西方国家的任何权利也要同样给予英国。中美于1843年签署的条约规定可以在12年后进行修订,因此,英国外交官于1854年也要求享有同样的权利。但清朝驳回了这项权利,英国随即向中国宣战。

即使是英国议会,也觉得这么做有点儿过分了。议会严厉指责了帕麦斯顿首相,其政府随之下台,但他在下一年选举中以更大优势重新当选。1860年,英法联军占领北京,火烧圆明园,将洛蒂抢到巴尔莫勒尔堡。为了在修约时不让他国超过自己,美国总领事威逼日本答应另一个新条约,并威胁若不答应,英国的船队就会轰开日本的大门,输入鸦片。

1860年,西方像个巨人一样横扫世界,所及之处无边无际。古老的东方核心在一个世纪前仍是世界上最发达的地区,而今与南亚和美洲以前的核心地区一样,已沦为西方核心国家新的边缘地区。北美洲的大部分人口来自欧洲,他们依靠自己的力量挤进了世界的核心地区。对于此次地理格局的巨大调整,欧洲人继续开拓新的疆域。他们驾驶着汽船将"白色祸害"大批大批地运送至南非、澳大利亚及新西兰,再满载着谷物和绵羊归来。直至1870年,非洲在西方人绘制的地图上还是空白。到1900年,它已几乎全部掌握在欧洲人的手里了。

回首这些年,经济学家约翰·梅纳德·凯恩斯在1919年将其称为"黄金年代",此时:

> 对(西方)中产阶级和上层阶级来说,生活成本低,麻烦事少,服务便利,身心舒适,消遣娱乐随手可及。这比以前社会上最富有的人或有权有势的君主生活得还要好。伦敦的市民在床上喝着早茶,打个电话就可以订购全球产品……而且这些订单很可能提前送达!他还可以在同一时刻,以同样的方式将自己的财富投资于自然资源和世界各地新兴的企业……如果愿意的话,他可以立刻便宜又舒适地乘车前往世界各地,而且不用护照,也不需

要任何正式手续……接着，他可以继续出访他国，无须了解那里的宗教信仰、语言风俗。他新创造的财富都是他自己的，如果他人对此有任何一点干涉，他都会觉得自己的权利受到极大的损害，从而震惊万分。[36]

但是，对1890年在刚果盆地度过大部分时光的小说家约瑟夫·康拉德来说，事情迥然不同。他在自己的反殖民主义经典著作《黑暗的心》中评论道："征服全球大体意味着，从那些和我们有着不同肤色或比我们的鼻子稍微大一点的人手中夺去所有。当我们深入探究后就会发现，征服全球并不是件好事。"[37]

刚果无疑是一个极端的实例：比利时利奥波德国王夺取刚果〔今刚果（金）〕，并将它占为"私人采地"。他折磨、伤害和残杀了500多万刚果人，用这种方式逼迫其他人向他进贡橡胶和象牙，利奥波德国王借此成了亿万富翁。但这绝不是个例。在北美洲和澳大利亚，白人几乎将原住民赶尽杀绝。一些历史学家谴责欧洲帝国主义，因为这些帝国主义者几乎将1876—1879年和1896—1902年的弱季风变成了灾难。尽管农作物歉收，地主仍在向西方出口粮食，从中国到印度，从埃塞俄比亚到巴西，当地的饥饿已经扩展成饥荒。痢疾、天花、霍乱、黑死病接踵而至，夺去了将近5 000万条生命。一些西方人为缓解饥荒状况筹集善款，一些人则假装什么事都没有发生，还有一些，如《经济学人》杂志则抱怨道，饥荒救济款只是告诉饥饿的人"政府有让人民存活的义务"[38]。难怪康拉德创作的在丛林中建立自己王国的恶棍库尔茨先生临死前的低语成了欧洲帝国主义的墓志铭——"恐怖！恐怖！"★[39]

东方世界没有出现像刚果那样糟糕的情况，但是仍然遭受了西方

★ 现在人们很可能是从马龙·白兰度出演的电影《现代启示录》中知道这句话的。这是20世纪60年代，导演弗朗西斯·福特·科波拉在越南对《黑暗的心》的改编。

国家的军事打击、羞辱和剥削。由于社会各界人士——爱国志士、持异议者和犯罪分子谴责政府的无能，发动了武装起义，中国和日本已经四分五裂了。宗教狂热分子和民兵杀害离开保护地的西方人和纵容这些侵略者的官员。西方海军轰炸沿海城市进行打击报复，敌对派别在西方国家间挑拨离间。欧洲的武器大量涌进日本。1868年，英国支持的日本天皇结束了德川幕府的政权把持。中国太平天国运动夺去了2 000万人的生命。随后，西方金融学家断定政权更迭会损害投资回报。于是，在由美英军官和炮舰组成的"常胜军"的帮助下，清朝镇压了太平天国运动，保住了自己的统治地位。

西方指挥东方该做些什么，吞没东方的资产，在其朝廷安插顾问。毫无悬念，这将压低西方商品的进口关税，并且降低那些西方需要的商品的价格。有时，这些举措甚至连西方人都感到不舒服。1879年，尤利西斯·S.格兰特告诉日本天皇："看到欧洲列强试图侮辱亚洲国家，我怒火中烧。"[40]

但是，大多数西方人总结道，事情本该如此。看看东方国家一个个崩溃，西方优势的长时段注定论变得更加确定了。在东方国家里，君王腐败，士大夫卑躬屈膝，十几亿苦力忍饥挨饿。似乎这些国家注定要屈从于欣欣向荣的西方。世界似乎正在成为它早已注定的最终形态。

东方的战争

傲慢自大的西方人沉浸在19世纪长时段注定论的成功应用中，却忽视了一件大事，即以市场为导向的帝国主义理念的逻辑。正如市场曾经引导英国的资本家在其最强悍的竞争对手德国和美国进行工业基础建设一样，现在市场也奖励将资金、技术、经验投资于东方的西方人。西方人尽可能地往有利于自己的方向加码，但是资本对新利润的不断追求也给准备利用投资机遇的东方人提供了契机。

东方人抓住机遇进行投资的速度快得惊人。19世纪60年代，中国的洋务运动和日本的明治维新开始效仿西方。他们将西方在科学、政府、法律和医学方面的书籍翻译成中文、日文，派代表团去西方进行实地调查。西方人争先恐后向东方人出售他们最新的小玩意。中国和日本的"葛摇硬"在农村开设工厂。

从某种意义上说，这并不出人意料。东方人争先恐后地尝试促使西方社会迅速发展的工具，其实，西方人600年前也是这么对待东方传来的先进技术的，如指南针、铸铁技术，还有各式枪炮。但从另一方面来看，这也很令人惊讶。以前美洲、南亚的核心地区在过去300年间已经沦落成西方的边缘地区。这些地区对西方主宰地位的反应与中日等东方国家对此的反应截然不同。

美洲原住民从未发展过本土工业，南亚在这方面做得比东亚各国慢很多。一些历史学家觉得文化可以解释这一现象，他们（或露骨或含蓄地）说，西方文化十分鼓励努力工作、理性思考，而东亚文化在这方面却很少强调，南亚文化提及得更少，其他地区的文化则几乎从未涉及。但这种殖民主义思维定式下的想法不可能是正确的。

当我们在更长的时间框架内观察各地对西方主宰地位的反应时，其实可以发现两种显著的相关性。第一，那些在西方主宰之前社会发展水平相对较高的地区（如东方的核心地区），其工业化的速度往往快于社会发展水平相对较低的核心地区；第二，那些避免了欧洲直接殖民的地区，其工业化速度往往快于沦落成殖民地的地区。日本在1853年前已经取得了较好的发展，并且没有成为西方的殖民地。在19世纪70年代，日本已经开始了现代化。中国高度发展，被半殖民地化，现代化始于20世纪50年代。而印度的社会发展较为一般，并且沦为西方列强的完全殖民地，直到20世纪90年代，印度的现代化才开始。撒哈拉以南非洲发展水平很低，也沦为西方的完全殖民地。直至今日，那里才开始追赶其他国家的发展脚步。

由于19世纪的东方（按照工业化前的标准来看）是个农业高度发展的社会，城镇发达、文化普及、军事力量强大，不少居民变通西方的方法，将其应用到新的社会环境中。甚至有些东方人接纳了西方关于工业化的观点。对每一个东方企业家来说，他们的头脑中都有一个老者在抱怨："旧生活接纳无用但美好的东西，但是新生活只要有用却丑陋的玩意。"[41]虽然1900年城市实际工资上涨，但是中日两国的革命者还是积极组建社会主义政党。1920年，年轻的毛泽东也加入其中。

东方各个国家对工业化的看法各不相同。就像在西方，一旦时机成熟，不管是伟人、蠢货、文明人还是倒霉鬼，基本上都无法阻挠工业革命的开展。但是，和西方一样，这些力量却可以决定哪个国家处于领先地位。

当W. S. 吉尔伯特和亚瑟·沙利文于1885年表演轻歌剧《日本天皇》时，他们将日本看成东方异域国家的典型代表，在那里小鸟会为爱殉情，精英切腹时会被介错。但实际上，日本的工业化速度比历史上任何一个社会都要快。1868年内战后，他们将年少的新天皇扶上宝座。在东京，聪明的掌权人成功地使日本免于和西方列强开战。他们主张主要利用本土资本投资工业，劝阻愤怒的民众对外国人下手。与此相反，清朝容忍甚至鼓励当地人对传教士使用暴力，于1884年和法国开战（在一小时内，中国昂贵的新型战舰大部分被摧毁），并大规模借贷和贪污。

日本的政府中坚分子接受了自由化是个一揽子交易。他们戴上了西方的高帽子，穿上了西方的衬裙。一些人建议采用拉丁文，其他人主张日本人学说英语。他们开始思考任何可能奏效的方法。而清朝的做法与此形成反差。清朝官员考虑的是各自集团的利益。46年来，垂帘听政的慈禧太后反对任何危及清朝统治稳定性的现代化方案。她对西方思想的一次嘲弄是挪用海军军费修建颐和园。当光绪皇帝于1898年试图进行维新运动（精简政府机构、改革科举制度、创立新式学校、创办大学、调节茶叶和丝绸出口生产、发展采矿、兴修铁路、西化陆军和海军）时，慈禧太后发布训政诏书，再次摄政，随后将光绪帝幽禁于瀛台，处决了变法分子。1908年，慈禧太后去世，传闻她在去世前用砒霜将立意改革的光绪帝毒死。

当中国的现代化进程裹足不前之时,日本正在赶超。1889年,日本颁布了一部宪法,给予富有的男性选举权,允许组建西式政党,创建现代政府部门。中国仅在慈禧太后掌权末期制定了一部宪法大纲,于1909年给予男性有限的选举权。日本将普及全民教育列为重中之重。到了1890年,2/3的日本男孩和1/3的日本女孩接受了免费的小学教育,而中国最终并没有进行全民教育。两国都于1876年铺设了第一条铁路,但是清政府于1877年拆毁了铁轨,因为担心叛民会利用铁路进行不法活动。1896年,日本有3 700多千米的铁路,而中国仅有400多千米。同样的故事还发生在钢铁、煤炭、蒸汽机及电报线路上。

纵观历史,核心地区的扩张通常会引发边缘地区的激烈战争,这将决定边缘地区的哪一部分会领导对大国的抵制(或同化)。在公元前1000年,雅典、斯巴达和马其顿在波斯帝国的边缘地区进行了长达一个半世纪之久的战争。在中国,随着核心地区在黄河流域的扩张,楚、吴、越三国在南方同样展开了争夺战。19世纪,当东方成为西方的边缘地区时,争夺战再次上演。

16世纪90年代,日本侵略中国未果。自此以后,东方大国认为国与国之间战争的代价大于所获得的利益,但是西方的入侵推翻了东方人此前的想法。无论哪一个东方国家,只要它尽快进行工业化,重组经济,重装军备,它不仅会拒西方帝国主义者于国门之外,还会压制其余东方国家的发展。

最后,带给中国重创的是日本的工业化,而非英国的战舰。日本缺少自然资源,而中国地大物博。日本需要市场,而中国市场广阔。在日本,关于国家发展战略的争论很是激烈,甚至发展到暴力的程度,但经过两代人的努力,日本逐渐变得倾向于强行霸占中国的原材料和市场。到20世纪30年代,日本的好战分子已经下定决心征服整个东方世界的核心地区,将中国和东南亚变成其殖民地,赶走西方帝国主义国家。一场东方大战打响了。

但是，这场东方战争和18世纪的西方战争的最大不同就在于，东方战争发生时，西方已经占据了全球的主宰地位，这将一切都变得复杂了。因此1895年，当日本无视中国对其侵占朝鲜的抵制时，德国皇帝威廉二世送给其表弟俄国沙皇尼古拉二世一幅令他十分害怕的画《黄祸》（图10.7），敦促他"要教育亚洲人，要保护欧洲免受黄种人的袭击"[42]。因此，尼古拉二世夺取了日本从中国侵占的大片土地。

图10.7 《黄祸》：这幅画是根据德皇威廉二世于1895年创作的素描而绘制的。威廉二世解释说，此图的创作意图在于鼓励欧洲人"联合抵制佛教、异教和蛮族的侵袭，保卫基督教"[43]

资料来源：AKG Images，伦敦

但是，其他西方国家发现了与日本合作的好处，它们想利用日本的新兴力量来为它们维持东方的秩序。1900年，第一个机会来了。义和团发动起义（他们宣称，练习中国武术百天就能刀枪不入）。两万外国军队镇压了这场运动，其中参与镇压的大部分士兵来自日本，西方不会对此进行记录，1963年上映的好莱坞大片《北京55日》也只字未提。英国对此十分满意，在1902年与日本签订了海军同盟协定，认可了日本在东方的大国地位。日本坚信英国的中立立场，于1904年对俄国展开复仇战，击沉了俄国的远东舰队，与俄国进行了一场前所未有的大规模陆地战，击垮了俄国军队。沙皇尼古拉二世派遣自己的主力舰队航行三万多千米来到日本，意图扭转局势，却同样被日本战舰击沉。

洛蒂被抢到伦敦还不到50年，但是古老的东方核心已经做出了如此剧烈的反应，似乎都可以颠覆西方帝国了。颜面尽失的俄国司令官阿列克谢·尼古拉耶维奇·库罗帕特金总结道："发生了什么……1904—1905年发生的事不过是和先遣部队进行的一场小规模冲突……只有认识到维护亚洲和平对全欧洲都很重要……我们才能遏制'黄祸'。"[44]但是，欧洲无视他的建议。

世界大战

1914—1991年，西方大国进行了历史上最大规模的战争。其一是1914—1918年的一战，这决定了德国能否建立欧洲大陆帝国。其二是1939—1945年的二战，为的是同样的问题。其三是1947—1991年的冷战，目的是决定美国和苏联如何分割世界。这一系列战争加起来形成了西方世界新的战争，使18世纪的西方战争相形见绌。它包含夺去上亿人性命、威胁人类生存的东方战争。1991年，西方仍然主宰着世界，但是在很多人看来，似乎库罗帕特金的担心真的快要来了：东方蓄势准备夺去世界霸权。

人们常常说到新的西方战争是如何开始的——奥斯曼帝国的长期衰败是如何导致巴尔干地区滋生恐怖主义分子或自由斗士的；一个名叫"黑手"的团伙是如何成功地于1914年6月刺杀了奥匈帝国皇储的（第一个刺客扔的炸弹没有扔到斐迪南大公的车上，仅仅让司机拐错了方向，倒了车。车恰好停在第二个刺客的面前，这位刺客行刺成功）；以及旨在维护欧洲和平的一系列条约是如何把所有人拖到悬崖边的。

随后的事情也同样众所周知——欧洲现代化城市如何征召数量庞大的年轻人参军，为他们装备上最新式的武器，并将其巨大的能量投入这场历史上闻所未闻的屠杀中。1914年前，一些学者认为，大国之间的战争是不可能的，因为世界经济联系得太紧密。如果战争发生，所有国家都会崩溃，因此它们会阻止冲突发生。但在1918年，他们得到的教训是：只有那些有效利用广阔而多元的经济的国家，才能在20世纪全面战争的压力下生存下来。

战争似乎展示了自由、民主国家的优势，这些国家的人们全身心投入这场争斗中。公元前1000年，东西方人都明白，帝国/帝制国家是发动战争最有效的组织形式。历史上，帝国/帝制国家是长期存在的政府管理形式，有从亚述、波斯、秦朝等帝国/帝制国家延续下来的传统。而在短短10年中，人们明白了这些帝国/帝制国家与战争格格不入。

最先走向灭亡的帝制国家是清朝。清朝陷入债务、战争的泥潭中，小皇帝溥仪的大臣早在1911年就失去了对军队的控制。不过，当袁世凯在1916年称帝的时候，他发现自己同样不能掌控国家的局势。1917年，张勋拥溥仪重新即位，但也无力回天。一架飞机在北京紫禁城上方投下炸弹，溥仪再次宣告退位，国家陷入无政府状态。几天之后中国的帝制结束。

随后灭亡的是俄国的罗曼诺夫王朝。1905年，俄国在日俄战争中战败，尼古拉二世的沙皇政府差点儿被推翻，而后一战将其王朝彻底颠覆。1917年，尼古拉二世退位，并于1918年被处决。德国的霍亨索伦家族和奥地利的哈布斯堡家族仓皇逃离自己的祖国，从而避免了像罗曼诺夫王室一样的命运。奥斯曼帝国苟延残喘，到1922年终于灭亡。

虽然一战带来了破坏，但是也清除了欧洲古老的王朝帝国，加重了中国的危弱，强化了西方的主宰地位。一战最大的赢家似乎是英国，然后是法国。英法不仅侵吞了德国的殖民地，将海洋帝国延伸至更远的非洲、太平洋和原奥斯曼帝国的油田，此外还迫使其东方盟国日本交出其在战争中夺取的大部分德国殖民地。1919年，世界上超过1/3的大陆面积和约1/3的人口在英法的掌控之下。

在我上学的时候，旧地图上仍然用不同的颜色区分这些帝国/帝制国家，这其实是一种误导。战争在增强西方力量的同时，也重新分配了它们之间的权力。欧洲进行战争的花费超出了其本身的财力，开销甚至超过了英国的信贷数额。1920年，通货膨胀率上涨至22%；1921年，失业率超过11%。罢工导致8 600万劳动日作废。英国仍然是日不落帝国，不过日薄西山。

为了还清债务，英国耗费了大量资金，其中大部分资金流向了大洋彼岸。战争就是地狱，而美国经历了这么一场战争，却成了世界工厂和银行。早在15世纪，西方的核心地区就从地中海转移至西欧；到了17世纪，核心地区又转至欧洲西北部的海洋帝国；到了20世纪，随着海洋帝国的崩溃，北美帝国崛起，西方的核心地区再次发生转移。

美国将自己转变成了一种新的组织，我们可以称其为"次大陆帝国"。和传统的王朝帝国不同，美国没有压迫农民的古老贵族统治阶级。和欧洲各海洋帝国不同的是，这个帝国并没有以工业化的小面积本土"掌管棕榈和松树"①。相反，在几乎消灭了原住民，进行了血腥内战，将上百万奴隶变成实质的农奴身份后，"从东海岸到西海岸"的全体美国人变为民主公民。富裕的农民养活了东北部和中西部偏北地带广阔的工业化腹地，购买商品。1914年，这个次大陆的美洲帝国已经可以和欧洲的海洋帝国相抗衡了。1918年后，美国的贸易走向了

---

① 语出吉卜林《礼拜后的退场曲》，暗喻大英帝国的广袤疆土。——编者注

全世界。

欧洲财富涌入美国,这让当时的人大为吃惊。一位美国国务卿评论道:"世界金融中心从幼发拉底河河岸转至泰晤士河及塞纳河河岸需要上千年的时间,但是转移至哈得孙河河岸似乎只用了一朝一夕。"[45] 1929年,美国持有超过150亿美元的外资,和英国1913年拥有的数量差不多。此外,美国的全球贸易量增长约50%。

在美国的领导下,全球资本主义发展的黄金时代似乎已经复活,但有个明显的不同之处。1914年以前,凯恩斯说,"伦敦对全球信贷行业有显著的影响,英格兰银行几乎可以声称自己是世界管弦乐队的指挥"[46],但是1918年后,美国极不情愿担当这一指挥。1918年以后,为逃避欧洲的竞争及战争,美国的政治家把指挥台空了出来,撤到政治孤立中,和18世纪的中国及日本情况相似。当形势好的时候,管弦乐队即兴表演,还可以应付过去。但是当形势不好的时候,演出的音乐就变成了刺耳的杂音。

1929年10月,出现了一个小失误,运气不太好,加上没有乐队指挥,美国的股市泡沫演变为全球金融灾难。危机火速蔓延至整个资本主义世界:银行倒闭,信贷蒸发,货币崩溃。虽然没多少人挨饿,但是到1932年圣诞节时,25%的美国劳动者失业。在德国,失业率接近50%。脸色灰白的失业者大排长龙,"像落入陷阱的动物一样呆望着自己的命运",英国记者乔治·奥威尔认为,"根本无法理解发生在自己身上的事"。[47]

至少到20世纪30年代中期,西方自由民主国家所做的一切只是让事情变得更糟糕。似乎不仅是发展的悖论降低了西方核心地区的发展水平,而且后发优势在其他地方也显现功效了。几百年来,俄罗斯都是一个落后的边缘国家,重组后它形成了苏联。和美国一样,它将新兴工业和广阔的农业腹地联系起来。但是和美国不同的是,苏联鼓励国有企业、集体农业及中央计划模式。苏联采用现代西方国家的方法来动员人民,而非古老王朝帝国的方式。

苏联是一个次大陆国家。斯大林发动大规模"肃反"运动，错捕、错杀大批党政军干部和无辜公民，建立高度集中的管理模式。与失败的资本主义经济体不同，苏联发展成功了，不过其人民生活水平却很低。无可置疑的是，斯大林的确采取了一些正确的措施。因为当资本主义工业在1928—1937年崩盘的时候，苏联生产总值增长了三倍。美国记者林肯·斯蒂芬斯访问苏联回国后，曾对美国人说过一句很著名的话："我看到了未来，它行得通。"★[48]

1930年，对许多人而言，一战真正的教训并不是告诉人们自由的民主制度是未来的社会形态，而是尽管英法美联盟实行自由主义却获得了胜利。其实，获胜的真正原因是次大陆帝国，它越是不自由、不开明，就越容易获胜。日本跟随主张自由的国家获益匪浅，但是当全球市场和以贸易为导向的经济走下坡路的时候，日本放弃了自由主义模式。由于失业率飙升，民主制度步履维艰，共产主义浪潮增长，军国主义介入，叫嚣着要建立日本帝国，让日本人生存下去。军人，尤其是激进的低阶军官失去控制，利用西方民主政治的混乱态势和中国内战吞并了中国东三省，直指北京。一名日本中佐解释说："只有通过日本—满洲的合作和日中友谊，日本人才可以成为亚洲的统治者，进而发动对各类白人的最后的决定性战争。"[49]

从某种程度而言，军国主义发挥了作用。在20世纪30年代，日本经济增长了72%，钢铁产量增长了18倍。但是代价仍然很高。"合作"和"友谊"常常意味着奴役和屠杀。即使是以保守且具有欺骗性的20世纪30年代的标准来衡量，日本人的暴行依旧骇人听闻。此外，时至1940年，征服显然没有解决日本的问题，因为战争消耗资源的速度比获得资源的速度还要快。战舰和轰炸机使用的每5加仑（约合18.39升）石油中，有4加仑（约合15.14升）是从西方购买的。军队

★ 斯蒂芬斯于1919年出访苏联，但是很显然，在出行之前他就说了这句话。20世纪30年代的欧美共产主义者不关心这类细节，他们把这句话当作口头禅。

的计划（继续征服）并没有奏效。随着中国的局势变得日益困难，日本提出了一个惊人的海上计划：即使意味着和美国开战，也要打入东南亚，从西方帝国主义国家手里抢走石油和橡胶。

最令人毛骨悚然的计划来自德国。战败、失业、金融危机给歌德和康德的后人留下创伤。这伤痛是如此之深，以至他们乐意听一个疯子谴责犹太人，兜售征服万能说。阿道夫·希特勒虐待、驱赶德国的犹太商人，将行业工会成员打入监狱。他向自己的财政部长保证："集中营是保持我们货币稳定的首要原因。"[50]希特勒的疯狂起效了：赤字支出、国有化、重整军队消除了失业，并在20世纪30年代带动工业产值增长了一倍。

希特勒公开鼓吹自己的计划，他想通过击败海洋帝国以确保德国西翼的安全，并将东欧的斯拉夫人和犹太人赶走，代之以强健的雅利安农民。希特勒有以德国为中心建立次大陆帝国的野心，这种野心偏执狭隘，发展到了种族屠杀的地步。几乎没有多少西方人会相信他是认真的。这种自欺心理带来了他们最想避免的事——又一次世界大战。在黑暗的那几个月中，自1812年第一次出现了一个大陆帝国似乎即将统一欧洲的情况。但是，在拿破仑的神秘回声中，希特勒在英吉利海峡、莫斯科的雪地和埃及的沙漠被击退。希特勒还试图将日本的东方战争归入自己的西方战争中，但这并没有将英国击败，反而将美国卷了进来。战争使美国和苏联结成同盟，虽然德国和日本抢夺了欧洲和东方的矿产资源和劳动力，但是它们无法遏制美苏联合起来所带来的资金、人力和制造业的优势。

1945年4月，美军和苏军在德国会师，他们相互拥抱、喝酒、跳舞、狂欢。几天之后，希特勒饮弹自尽，德国投降。8月，天降烈火，原子弹在日本广岛和长崎爆炸，将其夷为平地。日本天皇一反常规，直接向国民发表演说。他告诉臣民："世界大势亦不利于我。"[51]这是我认为史上最轻描淡写的一句话，但即使在那时，有部分顽固的日本官兵仍企图发动政变，以期继续战争。同年9月2日，日本最终签署

522

无条件投降书。

1945年，日本赢得东方战争、赶走西方帝国的计划和德国建立欧洲次大陆帝国的计划双双破产，西欧的海上帝国也被消灭。这些国家受到战争影响而无法对民族主义者进行反击，在一代人的时间内就灭亡了。欧洲被击碎了。一位美国官员于1945年沉思自问："排除罗马帝国的倒台，欧洲经济、社会和政治的崩溃似乎是史无前例的。"[52]

但是，西方的社会发展并没有在1945年崩溃，这是因为西方的核心地区如今已经很强大了，即使是有史以来最大规模的战争也不能将其全部毁灭。苏联已经重建了工业，这是德国所不及的，美国本土几乎未遭战火波及★。与此相反的是，日本对中国开战所造成的破坏与美国对日本的破坏却将东方的核心地区破坏了。其结果是，二战和一战一样，巩固了西方的主宰地位。毋庸置疑的是，西方的主宰地位仍旧存在，不过问题在于谁是领导者——苏联还是美国。

这两大国将过去欧洲的核心地区分割开来，把德国一分为二。随后，美国金融家给资本主义制定出一个国际金融新体系，并精心设计了马歇尔计划，这或许是有记录以来最开明的利己计划了。美国人认为，如果欧洲人的口袋里有钱，可以用这些钱来购买美国的食品，进口美国机器，重建他们的工业。而且最重要的是，这笔钱可以让欧洲各国不去支持共产主义。鉴于此，美国给了欧洲135亿美元，占美国1948年总产值的1/20。

西欧人拿了美国的金钱。他们接受了美国的军事领导，加入了推行民主、主张贸易的欧盟†（讽刺的是，美国劝说欧洲人建立由联邦德国工业化领导的陆上帝国）。东欧人接受了苏联的军事领导，此外还

★ 除去日本袭击珍珠港，对美国领土的唯一一次进攻是在1942年。当时，一架日本飞机（从潜水艇上发射出来的）轰炸了俄勒冈州的布鲁金斯。

† 最初是建于1952年的欧洲煤钢共同体、建于1958年的欧洲经济共同体和欧洲原子能共同体统一成立了欧洲经济共同体，之后通过1993年生效的《马斯特里赫特条约》改组成欧盟。

接受了推行共产主义且转而向内发展的经济互助委员会，以此来支持经济发展。苏联没有将资源输入东欧，而是将资源从东欧撤离，监禁或枪杀了反对者，即便这样，东欧的产值在1949年还是恢复到了战前水平。在美国控制的区域中，情况还更好一些，而且这里的监禁和枪杀数量很少，产值在1948—1964年增长了一倍。

美苏并不是第一对分割西方核心的国家，但是原子武器使它们和此前此类国家有所不同。苏联于1949年试验了原子弹，到1954年，美苏双方都有了氢弹，这比炸毁广岛的原子弹威力大了1 000倍。丘吉尔在日记中写道："英国现在离原子弹时代还远得很，就像原子弹离弓箭时代那么远。"[53]而克里姆林宫的报告总结道，战争可能"使全球都不适宜生存"[54]。

但是，仍有一线希望。丘吉尔对英国议会说："虽然这看上去有点儿奇怪，但是我认为，我们要带着希望甚至信心看待潜在毁灭的普遍性。"[55]"相互保证毁灭"原则诞生，虽有一系列可怕的失误，世界数次处于世界末日的边缘，但是西方最终并未上演第三次世界大战。

西方在第三世界的西欧和日本的废墟上进行了一场战争。战争主要是通过委托代理人的方式发动的（对苏联来说，代理人通常是农村革命者，而对美国来说是血腥的独裁者）。从表面来看，对美国而言这本应该是个走过场的比赛。现在美国在全球的影响力比一个世纪前的英国还要大。尤其是在东方，美国显然掌握着整个局势。美国将五亿美元注入日本，建立了一个忠实的、经济繁荣的盟国。在美国慷慨的经济援助下，国民党似乎就要战胜共产党，最终结束中国内战。

1949年，中国国民党的垮台改变了局势。东方变成了当时西方冷战的兵家必争之地。1953年，朝鲜战争结束，400万人丧生（毛泽东的儿子毛岸英也牺牲于此）。游击战在菲律宾、马来西亚、中南半岛打响（美国代理人赢了前两场，及印度尼西亚的一场）。1968年，50万美国人投身越南战场，最终却以失败告终。

这些战争是美苏西方战争和民族解放战争的前沿阵地，但它们绝不是东方战争的重复。中国和日本这两个东方大国认为1945年后的领土扩张没什么好处。中国国内问题丛生，而日本正忙于和平实现许多它在1941年以暴力寻求的目标，这和联邦德国在欧洲的成功一样讽刺。日本聪明地赢得了美国的支持，它利用旧工业被摧毁的机会，重组工业，并对其进行机械化，找到了致富之道。1969年，日本的经济规模超过了联邦德国。20世纪70年代，日本稳步逼近美国。

此时，美国感觉到了冷战全方位竞争带来的压力。虽然美国在越南投下的炸弹比在德国多，却遭遇了战争的重创。在国内，美国民众对此褒贬不一，也损害了美国的国际影响力。苏联的战争代理人在非洲、亚洲和拉丁美洲的战争取得胜利，这将美国此前的胜利变得一文不值。美国苦心建立的东方盟国现在发展得很好，甚至占领了美国的市场，而美国花大价钱保护的欧洲盟国正考虑精简武装力量，形成不结盟国家。美国把以色列归为其盟国，导致阿拉伯国家投奔苏联。1973年，在"十月战争"期间，阿拉伯国家禁运石油，油价飙升，可怕的经济滞胀（即经济停滞和通货膨胀同时产生）一触即发。

20世纪70年代，我还是个十几岁的英国孩子。当时我和朋友穿着美国的牛仔裤，看着美国的电影，弹着美国的吉他，漫不经心地聊着即将到来的美国崩溃。我记得，我们当中没有一个人注意到其中的矛盾。此外，我非常确定，我们根本就没有想过我们不仅没有见证美帝国的灭亡，而且我们实际上在为美国赢得西方战争贡献自己的力量。大家很快就明白，具有决定意义的前线并不在越南或安哥拉，而是在商场。

万物生长的年代

1957年，英国首相对选民说："坦白说吧，我们许多人民的生活从来没有这样美好过！"[56]英国可能失去了帝国的位置，也没找到新的角色，但是和世界上日益增加的人口一样，不管怎么说，他们拥有了很多东西。到20世纪60年代，100年前还不存在的奢侈品，如收音机、电视机、唱片机、汽车、电冰箱、电话、电灯（还有，深深印入我脑海中的塑料玩具），都成为西方核心国家日常生活的必需品（图10.8）。

图10.8　生活从未如此美好：我和我的玩具（Noel Morris摄于1964年圣诞节）

这让有些人恍然意识到这是个粗俗的物质时代。一位诗人曾经这么写道，在这个世界中：

>……从新房里走出来的居民，推着手推车
>沿着笔直的道路，
>推开玻璃旋转门里，通向自己的欲望——
>廉价的外套、温馨的厨具、新潮的鞋子、冰冻的棒冰，
>电动搅拌器、烤面包机、洗衣机、甩干机——
>一个买便宜货的队伍，生活在城市，但是活得简单，

那儿只有售货员和客户。[57]

从美国的莱维敦到英国的特尔福德，郊区和卫星城围着高速公路出口和绕行公路发展起来，其单调呆板的造型在美学家看来是大煞风景。但是，这些新兴的城区带来了人们想要的东西——小小的空间、室内管道设备，还有供闪亮的福特车停放的车库。

20世纪是什么都不缺乏的时代，物质之丰富是前人做梦都想不到的。用便宜的煤炭和石油生产出的电力为所有人所用，只需一按开关，发动机就开始运作，房屋就亮起来。2 000多年前，亚里士多德曾说过，奴隶不会从我们身边消失，我们始终需要他们帮我们做事，除非我们拥有能够自动运转的机器。如今，他的设想实现了，电力满足我们（甚至是我们当中最微不足道的人）关于娱乐、温暖，尤其是食物的一切需求，而同样的工作量以前需要几十个奴隶才能完成。

能源革命将16世纪关于无尽盛宴的童话变成了现实。1500—1900年，由于农事活动组织更为有效，牲畜更多，肥料质量也更好，西方国家的小麦产量几乎增长了一倍。可是在19世纪90年代，即使使出了浑身解数，他们也无法突破以前的农业产值。至此，增加畜力的使用可以提高产量，因而到1900年，北美1/4的农田被用来喂养马匹。随后，汽油的使用对美国农业的发展起到了重要作用。美国的第一家拖拉机厂于1905年开业。到1927年，美国农场上拖拉机提供的能量和马匹提供的能量一样多。

不劳而获成真了。1875年，半数美国人在田地里干活，而100年后只剩下2%的人。机器将人从农事活动中解放出来，整个社区都无须耕种。只需雇几个帮手，点燃柴油发动机就行了，农活的利润反而提高了。小说家约翰·斯坦贝克称这些拖拉机为"塌鼻子怪物"。他写道："这些怪物扬起灰尘，将鼻子伸进去，横行农村，越过栅栏，穿越庭院，笔直地进出于溪谷中。"[58]

斯坦贝克预料世界上受压迫的农民会发动革命，但在剥夺土地的大潮将俄克拉何马州的农民向西驱赶,将摘棉花的黑人向北驱赶后,许多移民都在城市找到了工作,这比他们所抛弃的农村工作薪酬更高。曾让他们流离失所的农业商人现在向他们出售低价食品,并将利润投资于化肥和除草剂,抽水灌溉农田的电动马达,以及几乎可以抵挡任何侵害的转基因农作物。到2000年,美国农田每英亩(约4 046平方米)消耗的能源量是1900年的80倍,产值是1900年的4倍。

今天美国走到哪儿,世界明天跟到哪儿。1950—2000年的"绿色革命"使全球粮食产量增长了三倍。物价稳定下降,饮食中肉类占比上升。除去疾病、战争、暴乱等非常时刻,世界摆脱了饥荒。

和所有生物一样,人类将过多的能量转化为后代。20世纪,随着食品供应的增加,世界人口几乎增长了三倍。但另一方面,人类却偏离了正轨。人类没有将全部能量用于哺育新生儿,而是将其中一些能量储存于自己的身体中。2000年,成人平均体型比1900年大了50%。人类的身高增加了约10厘米,工作起来也更有精力了。人们的器官更具活力,身体中的脂肪更多(在发达国家,肥胖更严重),这些大块头能够抵御更多疾病和创伤。很明显,现代美国人和欧洲人比他们的曾祖父辈能多活30年,他们的眼睛、耳朵及其他器官的衰弱时间、关节炎发病的时间均向后推迟了一二十年。在余下世界的大部分地区,包括中国和日本,人们的寿命延长了近40岁。甚至在艾滋病和疟疾肆虐的非洲,2009年的人均寿命也比1900年增加了20岁。

在过去100年中,人类身体发生的变化比过去5万年要大得多。尤其是在富裕国家,人们学会了纠正缺陷。自1300年起,欧洲人就开始使用眼镜,而今眼镜已在全球普及。新的医学技术来拯救听觉,让心脏起跳,断肢再接,甚至干预细胞的生长。公共卫生计划消灭了天花和麻疹,它们不再是威胁人类生命的主要杀手了。垃圾收集和清洁饮用水计划在呵护人类健康方面贡献更多。

图10.9显示的是美国退伍军人受哪些慢性疾病的困扰,从中可以看出人们的健康状况改善了多少。考虑到其工作具有暴力性,退伍

军人可能不是研究人类健康的理想样本。但是由于军队保留了大量记录，因而退伍军人这个集合成为研究的最佳子集，从中可以发现人们的健康状况得到了惊人的改善。

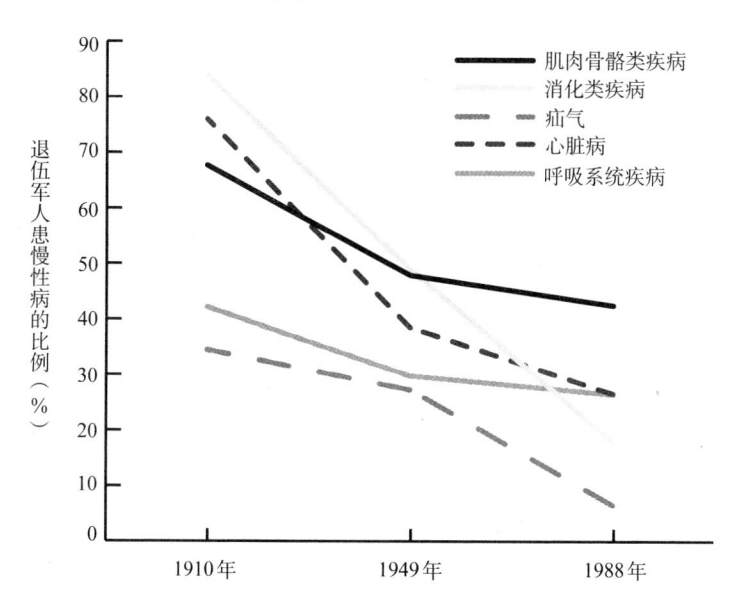

图10.9　尽己所能：美国退伍军人的健康状况（1910—1988年）

这些退伍军人以男性为主，但是女性的身体状况改变得更多。纵观历史，女性曾经是生养孩子的机器。由于半数孩子在一岁前就会夭折（实际上，大多数在第一周），而能够平安度过儿童期的孩子中又只有一半能活到40岁。为了保持稳定的人口数（抚养两个后代至成年，以弥补女性及其配偶的人口空缺），女性一生中平均需要生育5次，也就是说她们成人生命中的大部分时光都在怀孕和抚养后代。但是在20世纪，这一高死亡率、低科技化的时代终结了。

在公元1900年以前，身材更高大、吃得更好、更壮实的女性所生育的后代更强健，她们喂养的食物更多，对孩子的照顾也更周到。这类女性的后代很少会夭折，因而人口迅速增长，直到女性开始控制生育。人们总是有避孕的方法（传说，18世纪风流浪子卡萨诺瓦将柠檬一分为二，自制避孕套），因而到1900年，发达国家的出生率有所下降。20世纪，美国的科学技术解决了这一问题。1920年，乳胶避孕套问世；1960年，口服避孕药出现。在富裕国家，出生率降到人口更替水平（即一对夫妇平均只生两个孩子）以下。

孩子健康状况的提高和避孕药将女性从需要辛劳一生的哺育工作中解脱出来。同时，用于熨斗和烤面包机的廉价电子线圈、装在洗衣机和吸尘器上的小型电机也将她们从繁重的家务劳动中解放出来。以前需要好几个小时的乏味工作，现在只需按一下按钮就可以轻松解决。女性的工作仍然做不完，但是到1960年，她们可以驾驶汽车（基本上美国每个家庭都拥有一辆汽车）前往超市（这里出售的食品量占全美的2/3）购物，把买的东西存在冰箱里（98%的家庭有电冰箱），在孩子们放学回家前启动洗衣机洗好衣服，然后安安稳稳地坐下来看电视。

经济正快速从制造业向服务业转移，蓝领工人的人数减少了，对粉领员工的需求陡增。从家务活中解脱出来的女性离开家门出去工作。1960年后，在富裕的国家中，拥有工作和高学历的女性占比稳步上升。和前面几个时代一样，这一时代也拥有其所需的思想。诸如《女性的奥秘》《性政治》等书籍促使美国中产阶级女性跳出其传统角色，找到人生的成就感。1968年，100名抗议者制止了在大西洋城举行的美国小姐选美比赛。到了20世纪90年代，男性开始分担家务劳动和抚养子女的任务（当然，女性通常做得比男性多）。

早在1951年，美国社会学家戴维·里斯曼就看到了事情发展的走向。"尼龙战争"这个故事在赞扬的同时也嘲讽了美国的消费主义。他假设战略家向总统建议，"如果允许苏联人体验美国富人的生活，他们将不再容忍继续给他们坦克和间谍，却不给他们吸尘器的主人"[59]。如果美国在苏联市场中投下袜子和香烟，苏联立刻就会分崩离析。

现实和小说一样荒诞。苏联和美国都相信自己可以用工业化的力量威慑对方。1958年，这两个国家同意在对方国家举办工业博览会。

在纽约的第一次博览会上,苏联运来了拖拉机、卡车、火箭模型,让资本家明白抵抗是徒劳的。1959年,美国对其进行了漂亮的反击,派遣时任美国副总统理查德·尼克松去莫斯科主持占地4 600多平方米的美国国家博览会,其中包括按实物大小建造的长岛新住宅样板。虽然莫斯科民众还在迷惑地观望,但是尼克松和赫鲁晓夫已经在西屋洗衣机前摆好了舌战架势。

尼克松发话道:"任何能减少女性工作的东西都是好的。"[60]赫鲁晓夫反驳说:"你想把女性关在厨房里,我们可不是这么想的,我们认为她们能做得更好。"[61]此话或许有理,苏联女性外出工作的人数比美国多。另一方面,此时距半数苏联家庭拥有洗衣机的年代还有十多年。坐公交车从工厂回来后,典型的苏联女性每周还需做28小时的家务活。八间公寓里只有一间有吸尘器。

尼克松用对自由企业的赞歌来回应。他解释说:"我们不是由一个政府高层官员来做出什么决定,我们有许多不同的制造商,许多不同种类的洗衣机,所以家庭主妇可以自由选择……竞争哪台洗衣机性能更优岂不是比竞争火箭的威力要好得多?"[62]尼克松总结道:"我们不会把这(我们的生活方式)强加给你们,但是你们的后代将看出这一点。"[63]

尼克松说得没错。1959年,赫鲁晓夫不承认美国工人居住在这样的房子里,但是到20世纪80年代,他的后代发现自己被骗了。在某种程度上,发展的悖论是祸首:大多数苏联人现在有了洗衣机、吸尘器,但他们之前就有收音机、电视、黑市上的摇滚唱片。他们可以亲眼看见,美国的发展更快。一个笑话在当时广为流传。据说,有一天,一列火车正载着苏联的领导人穿越西伯利亚大草原。突然火车停了下来。和往常一样,斯大林跳起来叫着:"把司机打一顿!"司机挨打了,可是火车还是没有动。随后赫鲁晓夫下令:"还司机清白!"但是火车依然一动不动。然后,勃列日涅夫微笑着建议道:"让我们假装火车在开吧。"[64]

苏联的民众可以打开电视机，看到像我一样的人们弹着吉他、穿着牛仔裤，但是更糟糕的是他们会看到工业革命的崭新时代即将开始，这次是由信息技术推动的，它给铁幕一侧的国家带来了更多的好处。美国的第一台计算机——电子数字积分计算机（ENIAC）于1964年问世。它重达30吨，耗电量巨大，启动这台计算机时，费城所有电灯都变暗了。在随后的30年中，IBM（国际商用机器公司）向西方企业出售体积稍小但仍然庞大的计算机。1971年，在微处理器发明后，真正的转型开始了。

和以前一样，革新者是精英里面的边缘人物——在优化计算机上，这个人不是来自在信息时代大放光彩的IBM，而是如史蒂芬·沃兹尼亚克一样，来自诸如加利福尼亚州门洛帕克郊区的车库。沃兹尼亚克及其商业伙伴史蒂夫·乔布斯带领一帮极客朋友，用仅有的91 000美元启动资金，在1976年推出了他们的Apple I计算机。到1982年，苹果公司的销售额达到5.83亿美元，随后，IBM发明了个人计算机与之竞争。那时，哈佛大学的辍学生比尔·盖茨和保罗·艾伦创立了微软，搬到了西海岸。计算机进入了每一个办公室、每一户家庭，一年比一年便宜、方便，而且功能也变得更有趣了。

计算机不仅改变了西方人娱乐、做生意的方式，也改变了战争发动的方式。截至1985年，计算机进入了西方生活中的方方面面——苏联除外。假装火车在开已经不行了。

人民的天堂

东方也必须改变。美国的东方盟友迅速动作。日本迅速向产业链的上游移动，从20世纪60年代的塑料玩具转向重工业和电子产业，紧随其后的是中国台湾和韩国。在这些经济体进行经济转型后，其他东方经济体（新加坡、马来西亚、泰国）接替了它们的位置。东方经济体的工资普遍上涨，人均寿命延长，新生儿更加强壮。新的住宅小区配有各式电器。

19世纪40年代至20世纪40年代持续一个世纪的战争使中国工业化的脚步落后于日本。但是1949年中华人民共和国成立之后，和平带来了巨大红利。正如6世纪隋朝统一中国，10世纪宋朝大一统和14世纪明朝一统中国一样，如今的和平环境也使中国经济得到了复苏。1953年，中国推行了五年计划，中国的工业产值提高了一倍多，实际工资上涨超过三成，人均寿命从1949年的35岁提高至1957年的57岁。

有充分理由相信，中国的经济会在20世纪六七十年代继续增长。但是，1966年，"破四旧"（旧思想、旧文化、旧风俗、旧习惯）运动开始了。《中国青年》杂志撰文写道："爹亲娘亲不如毛主席亲。"[65] 1958年，中国开展"大跃进"运动，以赶超西方国家。同时，农村掀起人民公社化运动高潮，入社农户占农户总数的99%以上。在有些地方，发生了闹剧：

> 1958年10月中旬的一天，跑马乡的党委书记在大会上宣布：11月7日是社会主义结束之日，11月8日是共产主义开始之日。会一开完，大家就上街去拿商店的东西。商店的东西拿完后，就去拿别人家的：你的鸡，我可以抓来吃；这个队种的菜，别个队可以随便跑来挖。小孩子也不分你的我的了，只保留一条：老婆还是自己的。这位乡党委书记说：不过这一条，还得请示上级。[66]

在有些地方，有些人称之为"全部吃光"的时代：由于失去了工作和储蓄的动力，许多人什么活也不干了。

虽然产量下降了，但是上级下达指令必须汇报增产。时任河南信阳地委书记路宪文坚持认为："不是没有粮食，而是粮食很多，90%的人是因为思想问题。"[67]

更糟糕的是，中国和苏联的关系恶化了。虽然失去了苏联的援助，中国仍然想赶上西方的钢铁产量。9 000多万人上山，建造小土高炉、小土焦炉，只要找到矿石就拿去熔炼，甚至连百姓自家烧菜用的铁锅、铁盘都用来炼钢。他们所生产出来的钢铁只有很少一部分可以使用，却没有人敢说出这一实情。

农村变得越来越浮夸。据一名记者报道："空气中弥漫着喇叭里发出的地方戏剧的高亢旋律，周边回荡着鼓风机的嗡嗡声、汽油发动机的轰隆隆声、载重卡车的喇叭声以及老牛拉矿石和煤发出的咆哮声。"[68]

农民唱着"共产主义是天堂，人民公社是桥梁"[69]。但不唱歌的时候，他们在饿肚子。

1960年前后，中国重新引进了一些私人资本。到1965年，农业产值已经恢复到了1957年的水平。

中国和西方世界一样经历了战后的婴儿潮，繁育出了一大群缺少持之以恒精神的青少年。西方社会的富裕年轻人利用手中的购买力调节了他们在音乐、服装和性习惯上的理念，但是在中国，领导者错误发动了"文化大革命"，被反革命集体利用。

百万青少年离开了学校，放弃了学业成为红卫兵。西方的青年歌颂革命，而中国的青年亲历革命。阶级仇恨让大众普遍变得狂躁。

1969年，事情明显朝病态方向发展。"亚洲四小龙"迅速发展，不断将中国大陆抛在身后。中国和苏联的关系恶化，发生了苏军多次侵入中国黑龙江省珍宝岛地区的边境武装冲突事件。中国开始寻求改变不利局面。

1972年，在进行了一系列秘密外交后，美国总统尼克松飞到北京，和中国谈判建立外交关系。尼克松高兴地称这一周"是改变世界的一周"[70]。在某种程度上，他说得没错。中美这一举动让勃列日涅夫大为惊恐。尼克松访问中国不到三个月，就来到莫斯科和苏联进行谈判。

当时有件事一时轰动全国。一个学生在考试的时候交了白卷，却获得了著名大学的录取通知书。他在试卷背面写了一封信，声称自己

"对那些多年来不务正业、逍遥浪荡的书呆子"[71]不服气。

1977年，邓小平恢复了其在1976年被撤销的全部职务。他展示了自己卓越的执政能力。邓小平将毛泽东说的"实事求是"作为自己的格言，直面对中国最为不利的事实：人口增速快于经济增速。为了养活每年进入社会求职的人，中国的经济需要保持每年7%的增幅，且至少持续二三十年。

实践经验表明，若有和平、统一的政府，中国也可以在西方占主宰地位的世界经济中求得繁荣，但是邓小平走得更远。为了减少人口对资源的压力，中国施行计划生育政策。中国进入了全球经济。中国恢复了在世界银行和国际货币基金组织的合法席位，开放经济特区以吸引外资，甚至允许可口可乐公司在上海设厂。

到1983年，人民公社体制被废除。农民推行副业，农民的个人收入增加了，商人的部分利润得以保存。虽然土地仍然是集体所有，但是家庭可以承包土地30年，进行自主经营。在城市，房地产甚至可以作为抵押进行贷款。农业产量陡增，虽然保守主义者担心资产阶级自由化，但是自由化并没有让社会倒退。邓小平说：

> 关于共产主义，"文化大革命"中有一种观点，宁要穷的共产主义，不要富的资本主义。我在一九七四年、一九七五年重新回到中央工作时就批驳了这种观点。……社会主义时期的主要任务是发展生产力，使社会物质财富不断增长，人民生活一天天好起来，为进入共产主义创造物质条件。……致富不是罪过。[72]

类似的想法也在6 000多千米以外质问着苏联领导人。在尼克松访问中国后，苏联于20世纪70年代发展很好。在阿拉伯国家提高油价的时候，石油出口大国苏联也从中受益了。随着资金滚滚流入苏联，莫斯科资助并打赢了一系列代理人战争，并于1978年在核武器方面超过美国。但是这一系列的发展是苏联的高潮。一场支持阿富汗盟友政权的干预演变成一场延绵整个20世纪80年代的持久战。油价下降了2/3，美国军事开支迅猛增加，尤其是在高新技术武器方面。

苏联中央政治局开始担心普通民众会发现他们的经济火车一动不动。它可以生产出大量的坦克和卡拉什尼科夫冲锋枪，却无法造出电脑和汽车。（还有一个苏联笑话是这样说的。问：如何才能让拉达汽车的价值增长一倍？答曰：装在坦克里。[73]）持不同政见者的不满一触即发。一场新的军备竞赛似乎即将爆发，这让苏联领导人大为惊恐。

1985年，米哈伊尔·戈尔巴乔夫和妻子在花园中散步的时候，他对妻子坦言："我们不能这样生活下去。"[74]在随后数小时内，戈尔巴乔夫即被任命为苏共总书记，可是花园是他唯一一处可以躲避苏联间谍的地方。和邓小平一样，他也明白自己必须面对现实。1986年，位于切尔诺贝利核电站的反应堆发生爆炸，这表明苏联不仅落后了，而且实际上在崩溃。随后，戈尔巴乔夫在苏联实行改革和公开性政策——其实这只是重新认识到了他人150年前早已知晓的道理：自由化将所有固定的、快速冻结的关系全部消除，而不单单是我们不喜欢的那部分。

戈尔巴乔夫认识到，经济改革一定会转向政治改革。1989年春，戈尔巴乔夫同意苏联人民代表公开选举。匈牙利、波兰也宣布进行多党选举，戈尔巴乔夫并无动作。新当选的波兰总理震惊异常，甚至在自己的就职典礼上晕了过去。为了试探极限，匈牙利卷起了匈奥边界的铁丝网，大批在匈牙利"度假"的民主德国人放弃了自己的汽车，步行穿过边境，进入奥地利。

戈尔巴乔夫还是什么也没有做。1989年10月，他访问柏林的时候，很多人再次欢迎他，让他留下。在随后的几周里，民主德国人开始在柏林墙上跳舞，用铁锤和凿子砸墙，上千人越过墙进入联邦德国。混乱、无能的民主德国政权解体了。几个月后，苏联开始解体。直到新的俄罗斯联邦总统宣布退出苏联时，戈尔巴乔夫成为一个已不存在的国家的总书记。1991年的圣诞节，他终于迫于压力，签署法令，宣布苏联解体。签署法令时，戈尔巴乔夫的苏联钢笔写不出字来，他不得不借用CNN（美国有线电视新闻网）摄影记者的笔。

就这样，美国赢得了西方战争的胜利。

东风，西风

当帝国无法应对所有战争的时候，它们在1917—1922年几乎全部消失，美国本不欲表现自己是庞然大国，但是当共产主义在1989—1991年遭遇挫折时，美国准备填补这一空白。每两年，美国国防部在《国防规划导引》中修订其宏大战略。报告的初稿于1992年3月出炉，恰在苏联解体的三个月之后。这篇报告提出了大胆的新设想：

> 我们的首要目标是防止新对手出现，不管这个对手是原苏联领土上的国家还是其他国家，它会制造与苏联同等的威胁。这……要求我们努力防止任何敌对势力控制一个资源在统一控制下足以产生影响全球的力量的地区。这些地区包括西欧、东亚、原苏联国家和西南亚。[75]

当"一位认为这个冷战后策略之辩应该在公开范围内展开的官员"[76]（就像《纽约时报》说的那样）泄露这个计划的时候，政府很快缓和了自己的语气，但是一个和以前世界一样、美国作为唯一超级大国的世界格局再次出现。

原苏联国家争抢资源而混乱不堪。崩溃并没有像罗曼诺夫王朝倒台的内战那么可怕，但是俄罗斯作为苏联主要的继承者，其产值在20世纪90年代下降了40%，实际工资下降45%。1970年，苏联人平均寿命为68岁，只比西欧人的平均寿命少4岁；但到了2000年，俄罗斯人平均寿命为66岁，比欧盟居民少了12岁。俄罗斯仍然是幅员辽阔、资源丰富的国家,也是世界上最大的核武器国家。但是正如《国防规划导引》所预期的那样,俄罗斯没能产生和苏联一样的威慑力。

欧盟也没能挑战美国对西方世界的主宰地位。对一些人来说,欧洲蹒跚走向(后来又远离)经济政治一体化,看上去像要建立一个次大陆帝国,并和平实现哈布斯堡王朝、波旁王朝、拿破仑和希特勒通过暴力没有实现的目标。但是实际上,欧洲持续分裂,经济增长放缓,人口老龄化和军事力量的衰弱使得欧洲离超级大国的差距还很大。

规划者在1992年注意到西南亚,主要是因为他们担心出现敌对势力夺走该地区的油田,就像1990年伊拉克的所为。他们忽视了自20世纪70年代以来不断滋长的宗教极端主义,并且(几乎和其他人一样)对2001年"9·11"恐怖袭击事件感到措手不及。但是规划者的推断最荒谬的是在东方。在《国防规划导引》公布于世的几周内,美国主要的东方盟国日本陷入经济危机,而其主要东方对手中国经济开始腾飞。

自西方开始将以前的东方核心国家变成边缘地区以来已经有150年了,明眼人都知道我们应该吸取什么样的经验教训。如果有一个和平且负责任的政府,并且接受西方在世界上占主导地位的现实,东方人可以使资本主义世界的经济为自己所用,将19世纪西方人认为的落后根源——庞大的人口、学识渊博的精英转化为经济增长的引擎。自19世纪40年代以来,中国几乎没有和平、责任或灵活性,在20世纪90年代,中国开始在全球秩序中占据其应有的位置。

在深圳中国民俗文化村,邓小平宣布:"改革开放胆子要大一些,敢于试验,不能像小脚女人一样。看准了的,就大胆地试,大胆地闯。……没有一点闯的精神,没有一点'冒'的精神,没有一股气呀、劲呀,就走不出一条好路,走不出一条新路,就干不出新的事业。"[77]当毛泽东和尼克松在20世纪70年代初会面的时候,美国的生产力约是中国的20倍,中国资本尚不充足。美国创造了全世界商品总量的22%,而中国仅占5%。在随后的30年里,美国的生产力继续增长,而在投资的推动下,中国的生产力增速是美国的三倍。到了2000年,美国的生产力还不到中国的7倍。美国占世界产量的份额为21%,基本上没有变化,而中国的占有率约增长两倍,为14%。

但中国的经济增长付出了可怕的代价。很多不受监管的工厂随意倾倒废弃垃圾,污染主要河流。在部分地区,水道附近区域的癌症患病率比全国平均水平高出一倍。农业毫无节制地利用河流的水能,致使很多河流干涸了。伐木业疯狂地发展,与20世纪70年代相比,沙化速度加快了一倍。

但是,经济发展对社会是有回报的。邓小平的发展规划消除了饥荒现象,并带来收入的巨大增长。占中国人口2/3的农村人口的实际收入年平均增长6%。但是这些收益集中于中国的东部沿海地区,在贫穷的内陆农村,教育和医疗保健服务仍然很落后。这导致了历史上最大规模的迁徙:自20世纪90年代以来,1.5亿人迁至城市,每年都创造出和美国芝加哥一样大的新城。来到城市显然可以使农民的收入增加50%,同时还给制造业带来劳动力,而其劳动力价格只是发达国家的一小部分。

1992—2007年,中国出口额增加了十几倍,与美国之间的贸易顺差从180亿美元飙升至2 330亿美元。2008年,在美国诸如沃尔玛之类的店里,中国商品通常占总货物量的90%。很多美国人身上的衣服至少有一件是中国制造的。《商业周刊》杂志评论道,"中国价格"已经成为"美国工业最害怕的四个字了"[78]。那些不能与中国商品相抗衡的企业纷纷破产倒闭。

和19世纪的英国、20世纪的美国一样,中国成了世界工厂。金融记者詹姆斯·金奇描述了在意大利偶然听到的两位中国商人的谈话,听上去特别像是狄更斯笔下葛擂硬们的对话:

> 老板说他们"已经走了一个半小时了,但几乎没有看到一间厂房"。另一位年轻的男士说:"外国人喜欢看风景。"老板停

下来想了想,问道:"风景和产量,哪个更重要呢?"……老板的好奇心涵盖了好几个方面……为什么外国人这么懒?在欧洲工业消亡殆尽的时候,它该怎么办呢?真的能仅仅依靠服务业带动经济的发展吗?欧洲的奶牛每天真的需要消耗两美元的农业津贴吗?[79]

半个多世纪前,毛泽东曾经说过:"现在世界正在大变,不是东风压倒西风,就是西风压倒东风。"[80] 20世纪50年代,东方就在西方羽翼的控制下,只是在美国和苏联之间划分成了不同的派别而已。但是到了2000年,毛泽东的话变成了现实。西方的社会发展远在东方之前,其社会发展指数得分超过东方300多分,比任何时候的差距都大。不过,西方和东方分值的比在1900年几乎达到2.5∶1,而在2000年,仅略高于1.6∶1。20世纪不仅是西方时代发展到极致的时期,也是这一时代走向终结的开始(图10.10)。

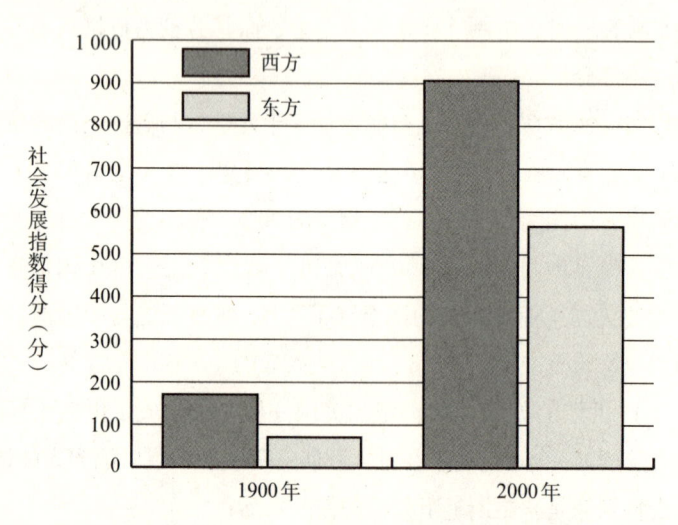

图10.10 知道风往哪个方向吹:20世纪既是西方主宰的高峰,也是其主宰的终结吗?西方社会发展指数得分从1900年的领先东方约100分上涨至2000年的领先东方约340分,但是东西方之间的分值比从1900年的2.5∶1下降至2000年的1.6∶1,差距缩减了约2/3

WHY THE WEST RULES—FOR NOW
The Patterns of History, and What They Reveal About the Future

第三部分

未来将如何

第十一章
为什么是西方主宰世界

为什么是西方主宰世界

西方得以主宰世界是因为地理。生物学告诉我们，人类为什么要推动社会的发展；社会学告诉我们，人类是如何做到的（除非人类没有做到）；地理学告诉我们，为什么是西方，而不是其他地方在过去的200年里主宰全球。生物学和社会学提供了普遍规律，适用于任何时期、任何地点的任何人，而地理学则告诉我们其间的差异。

生物学告诉我们，我们是动物，像所有生物一样，我们之所以能够生存是因为我们从周围环境获取能量。当能量不足时，我们就变得迟钝，最终死亡；当能量充足时，我们就繁衍、扩散。像其他动物一样，我们充满好奇，但是也很懒惰、贪婪和恐惧。我们与其他动物唯一不同之处就在于我们有能够控制这些情绪的工具——进化给予我们更加聪明的大脑、更适宜发声的喉咙以及对生的拇指。正因为这样，我们能够以与其他动物不同的方式将自己的意志施加于环境，能够储存更多的能量，从而在全球建立起村庄、城市、国家和帝国/帝制国家。

在19世纪以及20世纪早期，很多西方人认为是生物学因素使西方得以主宰世界。他们坚持认为欧洲白人比其他种族进化得更好。他们错了。首先，我在第一章已经讨论过，基因和骨骼方面的证据是非常明确的：大约10万年前，有一支人类在非洲慢慢进化，然后扩散到全球，使得更古老的原始人类灭绝。全球各地，现代人的基因差别微不足道。

其次，如果西方人在基因上真的比其他人优越，那么社会发展历程就不会是我们所看到的那样了。在早期领先了一段时间后，西方应当继续领先下去。但是，事实并非如此（图11.1）。在冰期末期的时候，西方确实领先于东方，但是它的领先优势时而扩大，时而缩小。公元550年前后，西方的领先优势完全消失，并且在接下来的1 200年里，东方的社会发展领先世界。

现在几乎没有学者宣扬西方人基因比东方人优越的种族论，但是

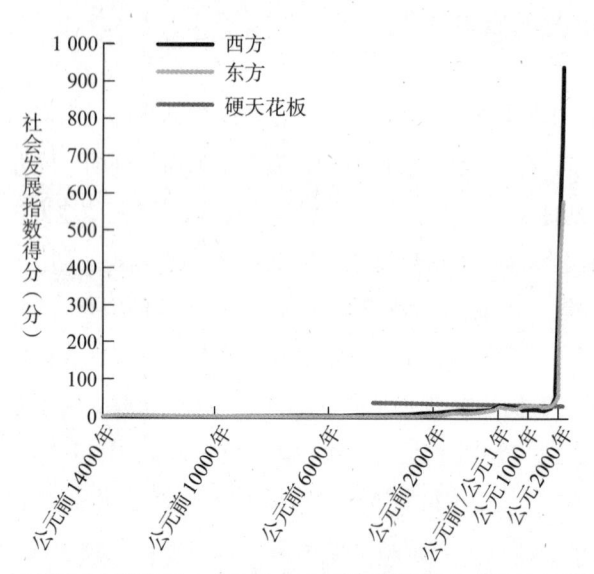

图11.1 重审历史的发展：东西方社会发展指数得分以及硬天花板（公元前14000—公元2000年）

任何想要支持这一说法的学者，都要证明西方人在6世纪的时候并没有基因优势，而在18世纪的时候又具有基因优势了，或者说东方人在6世纪的时候更加优越，而18世纪的时候则失去了这种优越性。说得委婉些，这将是一项艰巨的工作。一切都显示，无论我们看哪里的

人们，整体而言，他们看起来都差不多。

我们无法解释为什么西方主宰世界不是出于生物学方面的原因，虽然生物学解释了为什么社会发展保持前进，但是生物学并不是唯一的原因。下一步要讲到社会学，它告诉我们社会是如何迅速发展的。

如图11.1所示，社会发展过程并不是一帆风顺的。在前言部分，我提到了"莫里斯定理"（由伟大的科幻小说家罗伯特·海因莱因的一个想法推演而来），以此来解释整个历史的进程——变化是因为懒惰、贪婪和恐惧的人们（他们往往不知道自己在做什么）寻求更方便、更有利和更安全的生活而产生的。我希望第二章至第十章的证据已经证明了这一点。

我们已经看到，人们在不停地改进生产方式，把自己的生活变得更舒适、更富裕，或者当环境发生变化时，想紧紧抓住自己已有的东西。一般来说，在这个过程中，他们渐渐地推动了社会发展。但是在社会发展中的这些巨大变化——农业的兴起，城市和国家的出现，不同类型的帝国/帝制国家的创立以及工业革命的爆发，没有一个是因为简简单单的改进而出现的，每一个变化都是在危急时刻孤注一掷产生的。冰期末期，狩猎-采集者发展迅速，这给资源带来了巨大的压力。为了获得资源，他们对所捕获的动物和所采集的植物进行驯养，一些狩猎-采集者就此变成了农民。其中一些农民适应得很好，于是又对资源造成了新的压力，为了生存——特别是遇到恶劣天气的时候，他们把村庄转变为城市和国家。一些城市和国家运转得很好，然后它们也遇到了资源问题，于是就把国家转变为帝国/帝制国家（首先是征服陆地，然后是草原和海洋）。一些帝国/帝制国家又重复了这个过程，它们变得非常强大，也给资源带来了巨大压力，于是就开始发展工业经济。

历史并不是一件事接着一件事发生。事实上，历史是不断重复的。世界总是不断产生新的问题，需要进一步的适应，而历史就是人们不断适应伟大而无情的世界变化的过程。在这本书中，我把这个过程称为发展的悖论：社会的发展创造了削弱社会发展的因素。

人们每天都面临和解决这样的悖论，但是有的时候，悖论会创造出天花板，因此就会产生急剧的变革。面对这种情况，我们往往不知道要做什么，更不用说怎么做了。并且，随着社会接近悖论的天花板，发展和崩溃之间就开始了竞赛。社会很少会止步于天花板，停滞不前，几个世纪都没有变化。相反，如果它们不知道如何打破这个极限，它们所面临的问题就会变得难以控制。我所说的五个天启骑士中，就会有一些或者全部失去控制，饥荒、瘟疫、迁徙和国家崩溃，尤其是遇上气候变化时，会使社会发展放缓，有时长达几个世纪，甚至会将社会带入黑暗时期。

其中一个天花板是24分左右。公元前1200年后，西方的社会发展就是在这个水平停滞然后崩溃的。不过，最重要的一个天花板，被我称为"硬天花板"，是在43分左右。1世纪的时候，西方的发展达到了这个水平，然后就崩溃了；大约1 000年之后，东方的社会发展也遇到了同样的问题。这个硬天花板严格限制了农业帝国/帝制国家的发展。突破这个硬天花板的唯一办法就是开发化石燃料中储存的能量，就像公元1750年后的西方人那样。

将社会因素和生物因素联系起来，能解释很多历史进程，告诉我们人类是如何推动社会发展的，并且为什么在某一时刻发展迅速，而其他时候却发展缓慢，甚至倒退。但即便如此，还是无法解释清楚为什么是西方主宰世界。要解释这个问题，我们还需要借助地理因素。

我已经强调过地理因素和社会发展的相互关系：一方面，自然环境影响了社会发展的进程；另一方面，社会发展的变化改变了自然环境的意义。2 000年前，生活在煤田之上并没有多大意义，但是从200年前起，这开始变得意义非凡。通过利用煤炭资源，社会比以往任何时候发展得都要迅速，以至在公元1900年后不久就有新的能源开始替代煤炭资源。一切都发生了变化，包括地理因素对人类的意义。

以上就是我的理论。在本章,我会花大部分篇幅阐述一些最明显的反对理由。但是在这之前,我要先概述一下第二章至第十章中提到的主要事件。

在15 000年前左右的冰期末期,全球变暖划出了幸运纬度带(在旧大陆约是北纬20~35度,在新大陆约是南纬15度至北纬20度),在这里,大量可驯化的动植物得以进化。在这一广阔的地带中,亚洲西南部一个名为侧翼丘陵区的地区是最为幸运的。因为那儿有着最多适合驯化的动植物,所以那儿的人们也就比其他地方的人们更容易变成农民。由于人类(整体而言)都差不多,因此从公元前9000年开始,侧翼丘陵区的人们率先建起村庄,开始驯化动植物。西方社会由这第一批农民演变而来。大约2 000年后,在现在的中国所在地——这里适合驯化的动植物虽然没有侧翼丘陵区丰富,但种类也非常多,人们也是这样做的,他们衍生出了东方社会。在接下来的几千年里,世界上其他六个地区的人们开始驯化动植物,每一次都开创了新的区域传统。

因为西方人是首先从事农业的,也因为人类(整体而言)大致相同,所以西方人先感受到了社会发展的悖论,先掌握了我所说的后发优势。社会的发展意味着有更多的人口、更加精致的生活方式、更多的财富以及更强的军事力量。通过殖民扩张和模仿,社会发展程度较高的社会以牺牲那些社会发展程度相对较低的社会为代价来推动自己的发展,农业也传播得更远、更广。为了使农业在新的土地上发展,例如美索不达米亚的河谷,人们不得不重新改造农业。在创造灌溉农业的过程中,找到了一些后发优势,那些落后区域的农业甚至比侧翼丘陵区的核心农业更加高产。公元前4000年后的某段时间,当侧翼丘陵区最大的农业村庄还在努力维持着农业时,美索不达米亚的人们已经懂得如何建立城市和国家。大约2 000年后,东方也经历了同样的过程,发展的悖论使得黄河流域的村庄具有了类似的后发优势。

新的国家要以新的方式与周围的地区打交道,这在其边境上创造了更具破坏力的发展的悖论。它们不得不试着应对,当它们把事情弄糟时——或许就像公元前3100年前后美索不达米亚的乌鲁克、公元前2300年前后中国的陶寺以及公元前2200年和公元前1750年之后的西方,它们就在混乱中崩溃了。每一次崩溃都与气候变化吻合,我认为,可以将气候变化这个天启骑士加入另外四个天启骑士中了。

社会的发展带来了更糟糕的破坏和崩溃,但同时也产生了更大的弹性和更强的恢复力。公元前1550年后,西方的城市和国家从灾难中恢复过来,并向地中海东岸发展。接着,东西方间第二大地理差异开始发挥作用:东方没有像地中海的内海,能够提供廉价、便捷的运输。但和其他地方一样,地中海本身就是一个悖论,既带来了机遇,又带来了挑战。当社会发展指数得分达到24分的时候,它产生的破坏力就无法控制了。在公元前1200年前后,天启骑士再次降临。西方核心地区受到比以往任何时候都更为严重的重创,进入了长达几个世纪的黑暗时代。

由于发展的悖论,在冰期末期,地理因素使得西方在社会发展方面长期领先,但这并不是固定不变的。崩溃无法预测。有的时候,一些不同的决定或者一点小运气就可以延迟、减缓甚至阻止灾难,我们的选择相当重要。要突破24分的硬天花板,国家要重新进行组织,发展一种全新的思维来研判世界,从而创造所谓的第一波轴心思想。公元前1200年前后,西方人没有做到这一点,因此他们的社会发展领先优势被缩小了;在公元前的第一个千年,西方人和东方人都根据社会的发展做出了必要的调整,因此在接下来的1 000年里,他们并驾齐驱。

东西方都建立起了进一步中央集权的国家,然后发展成为成熟的帝国/帝制国家。公元前200年后,帝国/帝制国家达到了一定规模,地理的意义又发生了变化。在西方,罗马帝国控制了地中海地区,社会发展指数得分超过了40分。到1世纪,社会发展又达到了硬天花板。不过同时,罗马帝国和汉朝的兴起改变了东西方之间广阔空间的意义。欧亚大陆两端有大量的财富,商人和游牧民也就有了新的理由进行迁移。他们尝试着连接起核心地区,于是开始了第一次东西方交流。交流进一步推动了东西方的社会发展,但同时也引发了前所未有的破坏。天启五骑士首次同时出现在核心地区,在带来货物和思想的同时,也带来了病菌。罗马帝国和汉朝非但没有突破这个硬天花板,反而在约公元150年时都崩溃了。

东西方都进入了新的黑暗时代,在此期间,第二波轴心思想(基督教、伊斯兰教和大乘佛教)替代了第一波轴心思想,但在其他方面,它们崩溃的方式并不相同。在西方,日耳曼入侵者攻入了罗马帝国在地中海西岸相对落后的地区,核心地区则退回更古老、更发达的地中海东岸。在东方,亚洲腹地的侵略者摧毁了黄河流域较为发达的地区,核心地区转移到长江以南欠发达的地区。

地理上的差异带来了巨大的差别。450年,长江流域兴起了发展稻作农业的区域;到了600年,中国又重新统一;在接下来的一个世纪里,连接长江和黄河的大运河成为中国漕运的重要通道,它对于中国的意义就如同地中海对于古罗马的意义。不过在西方,阿拉伯人虽然强大得可以摧毁地中海的核心地区,却不足以重建这些核心地区,社会发展一路下跌,直到700年。

541年前后,东方的社会发展领先于西方(这证明了西方的主宰并不是注定的)。到了1100年,东方的社会发展达到硬天花板。由于经济的发展超过了资源的再生速度,制铁工人开始利用化石燃料,发明者创造出新的机器,宋朝的士大夫努力寻求真正的中国文化复兴。但是就像1 000年前的罗马帝国那样,宋朝也无法打破这个硬天花板。

从某种程度上说,公元前第二个千年早期发生的事件和发生在第一个千年的事件是相似的,只不过要将东西方对调而已。社会的发展带来了第二次东西方交流,并且再一次释放了五个天启骑士。东西方的核心地区都衰退了,只不过东方衰退的时间更长、程度更深。在西方，地中海东岸社会发展程度更高的伊斯兰核心地区受到的影响最大。到了1400年，一个新的核心地区在西欧形成了，并且开始了文艺复兴。

这些四分五裂的、原先处于边缘的欧洲地区发挥了后发优势。西欧人利用在第二次东西方交流中从东方学到的造船、火药技术，把大西洋变成了一条交通要道，再一次改变了地理的意义。为了得到东方的财富，四处探索的欧洲水手误打误撞地登陆了美洲，这令他们自己都感到惊讶。

东方人本可以在15世纪发现美洲（一些人认为东方人确实发现了美洲），但是由于地理方面的原因，西方人总会比东方人更快到达美洲。对东方人来说，航行到富饶的印度洋比航行到空旷的太平洋和向内陆推进到欧亚草原的收获要大得多，2 000年来，欧亚草原对他们的安全构成了最大威胁。

17世纪，核心地区的扩张使地理的意义发生了前所未有的变化。中央集权的帝国/帝制国家用火枪和火炮阻断了连接东西方的交通要道——亚洲腹地的草原，结束了游牧民族的迁徙，有效地扼杀了天启五骑士之一。相反，在大西洋，西欧商人开辟的这条海上通道推动了新兴的市场发展，并就这个物质世界如何运转提出全新的疑问。到了1700年，社会发展再一次达到了硬天花板，但是这一次，天启五骑士并没有降临，并且在很长一段时间里都没有发生灾难，而西欧受海上路线的刺激，开始利用煤炭和蒸汽的惊人力量。

如果有足够的时间，东方人也可能会有同样的发现，也会有自己的工业革命，但是由于地理的原因，西方人更容易发现美洲——这意味着，因为人类（整体而言）都差不多，西方人会首先开始工业革命。正是地理把洛蒂带到了巴尔莫勒尔堡，而不是把阿尔伯特带到了北京。

西方主宰的必然性

你可能会问，人起到了什么作用呢？这本书高谈阔论了伟人和蠢货，他们的信念以及他们不断的冲突，难道这些最终都不重要吗？

答案既是肯定也是否定的。我们都有自由意志，正如我反复强调的那样，我们的选择确实能改变世界。只是我们大部分的选择并不能使世界发生多大的改变。例如，我现在就可以马上停笔，辞掉工作，成为一名狩猎-采集者。这当然会产生很大的变化。我会失去我的家，并且由于我对狩猎和采集知之甚少，我很可能会被毒死或者饿死。我周围的人会受到很大的影响，但是更多的人并不会受到多大影响。例如，你就会找点儿其他书来读。但是，世界还会继续运转。我所做的任何决定都不能改变西方对世界的主宰。

当然，如果上百万美国人决定辞掉朝九晚五的工作，变成狩猎-采集者，那么我的决定就会由一个疯狂的个人异常行为转变为一场大规模（但仍很奇怪）的运动的一部分，这场运动确实会产生很大的不同。有很多例子可以说明这样的群体决定。例如，二战后，约有5亿妇女比自己的母亲结婚年龄要小，生育的孩子更多，于是人口激增。30年后，她们的女儿则做出截然相反的决定，于是人口增长变慢。这些选择共同改变了现代历史的进程。

但是这些并不是一时的心血来潮。一个半世纪前，马克思直接说道："人们自己创造自己的历史，但是他们并不是随心所欲地创造，并不是在他们自己选定的条件下创造，而是在直接碰到的、既定的、从过去承继下来的条件下创造。"[1] 20世纪，妇女有充分的理由决定生更多的孩子（之后决定少生），于是她们常常觉得在这件事情上其实她们别无选择——就像一万年前，那些决定从事农业的人，或者5 000年前搬到城市的人，又或者200年前在工厂工作的人，他们也一定常常觉得自己实际上别无选择。

我们都面临巨大的压力，要做出符合现实的决定。我们都知道有人离经叛道，特立独行。我们往往崇拜激进分子、叛乱者和浪漫主义者，却很少会追随他们。我们大都非常清楚循规蹈矩的人往往比安娜·卡列尼娜过得更好（更容易得到食物、住处和配偶）。进化决定了我们所谓的常识。

即便如此，奇怪的决定很显然也会有不同寻常的后果。以穆罕默德为例，或许这个例子比较极端。公元610年前后，这位不起眼的阿拉伯商人本可能将与吉卜利勒天仙的相遇归咎于胃痛或者其他一切合理的理由。但是他选择了听从妻子的话——他的妻子坚持认为天使的造访是真实的。多年来，穆罕默德和大多数先知一样，被嘲笑、被蔑视、被遗忘。但是后来，他团结了阿拉伯人。他的继承者哈里发摧毁了波斯，粉碎了拜占庭，把西方分成了两半。

所有人都认同穆罕默德是一个伟人。很少有人能够像他那样对历史产生巨大的影响。但是即便如此，7世纪以及之后的西方核心地区的变化并不能归结于穆罕默德个人。在吉卜利勒天仙造访穆罕默德前，阿拉伯人就已经开始创造新的一神论，并且已经在沙漠上建立起自己的城邦了。早在伊斯兰军队越过边境时，拜占庭和波斯就面临着严重的危机了，而且地中海地区在3世纪的时候就已经开始瓦解了。

如果穆罕默德做出不一样的决定，那么7世纪的基督徒可能会彼此交战，而不是与穆斯林作战。如果没有穆罕默德的话，西方的社会发展在公元750年之后也许会恢复得更加迅速，也许不会，但是西方仍然需要几个世纪才能赶上东方。无论穆罕默德做了什么，西方核心地区仍然是在地中海东岸；奥斯曼土耳其人也依然会在11世纪的时候入侵，然后蒙古人在13世纪的时候入侵（在1400年前后再一次入侵）；核心地区也仍然会向西转移到意大利，然后在15世纪和之后的几个世纪转移到大西洋。如果穆罕默德是普通人的话，那么现在就可能是基督教而不是伊斯兰教影响从摩洛哥到马来西亚这些地区的信仰——这是一件大事。但是毫无疑问，仍然会是欧洲人征服美洲，西方现在也仍然会主宰世界。

适用于穆罕默德的情况也适用于其他我们所知道的伟人。亚述国王提格拉-帕拉萨三世和秦始皇都建立起了可怕的、中央集权的、实施高端统治的古代帝国/帝制国家；16世纪时，欧洲的哈布斯堡王朝和日本的丰臣秀吉都没能建立大陆帝国；1688年英国的光荣革命和1976年"文化大革命"结束，使改革派得以行动。但是大部分的伟人或者蠢货所做的就是加快或者延缓正在发生的历史进程。没有一个人能够改变历史发展的方向。如果我们能像做实验那样回到过去重新开始，只把伟人替换成蠢货（或把蠢货替换成伟人），其他保持不变，事情的结果也会基本保持不变，即使事情发展的轨迹可能有所不同。显然，有些伟人通常认为仅仅凭借自己的意愿就能够改变世界，但是他们错了。

这个道理适用于政界和非政界。例如，马修·博尔顿和詹姆斯·瓦特都是伟人，后者制造出改变整个世界的蒸汽机，而前者提供了支持和推广。但是他们并不是独一无二的伟人，正如亚历山大·格雷厄姆·贝尔于1876年2月14日为自己新发明的电话申请了专利——就在同一天，伊莱沙·格雷也为自己新发明的电话申请了专利。博尔顿和瓦特并不比他们的熟人约瑟夫·普里斯特利更独特。普里斯特利在1774年发现了氧气，而一年前瑞典化学家C.W.舍勒就已经发现了氧气。同样，他们也不会比1611年各自发现太阳黑子的四位欧洲科学家更独特。

历史学家常常惊叹几个独立的个体总是会想到一块儿去，几个人的脑子里突然同时灵光一现。与其说伟大的思想是出于一个人的智慧，还不如说是一群有着相同疑问和解决方法的思考者的逻辑结果。17世纪早期的欧洲学者也是如此，一旦有人发明了望远镜（9个人宣称自己发明了望远镜），如果没有多个天文学家很快发现太阳黑子，那才令人惊讶。

很多了不起的现代发明不止被发明一次。统计学家史蒂芬·斯蒂格勒甚至提出一条定律，他认为没有哪一项发现是以其真正的发现者命名的（斯蒂格勒定律实际上是由社会学家罗伯特·默顿在1968年提出的）。博尔顿和瓦特领先了，但如果瓦特没有在18世纪70年代发明出具备实用价值的蒸汽机，其他人以后肯定也会发明出来的。事实上，如果瓦特没有去申请专利，从而把其他人从这个领域排挤出去的话，蒸汽机会改进得更快。

伟人和蠢货都是时代的产物。那么，我们能否认为，是这个时代的某种精神，而不是某些特定人物，通过时而创造有利于成就伟大事业的氛围，时而产生拙劣的文化，来决定历史的形态？有的历史学家是这样认为的，例如，在他们看来，西方得以主宰世界的真正原因是，14世纪的时候，中国的文化变得保守，放弃了整个世界，而此时欧洲的文化变得开放，促使探险家漂洋过海，直到到达美洲。

我在第八章花了一些篇幅阐述了这个想法，认为这个想法与现实并不符合。与其说文化是我们脑海中的一个声音，告诉我们该做什么，还不如说文化是一个市政厅，能让我们讨论我们的选择。每一个时代都有自己需要的思想，是由地理和社会发展强加给它的问题所决定的。

这能够解释为什么东西方思潮在过去的5 000年里是如此相似。在东西方的核心地区，第一批国家的兴起（西方是在公元前3500年前后，东方是在公元前2000年后）引起了关于神圣王权的本质和限制王权的讨论。随着东西方核心地区的国家变得越来越官僚化（西方是在公元前750年后，东方是在公元前500年后），这些讨论产生了第一波轴心思想，思考个人成就的本质及其与世俗权威的关系。到了大约公元200年前后，随着汉朝和罗马帝国的瓦解，这些问题让位于第二波轴心思想，即有组织的教会如何能够在一个混乱而又危险的世界中拯救它的信徒。当公元1000年的中国和公元1400年的意大利开始社会发展复兴时，如何跳过令人失望的过去，重新获得第一个轴心时代所失去的智慧，这个文艺复兴时期的问题，越来越吸引人们的兴趣。

我认为，长久以来，东西方的思潮发展得如此相像的原因在于，社会要保持发展只有一条途径。社会发展指数得分要突破24分的硬天花板，东西方都要加强国家的中央集权，最终将不可避免地把知识分子引向第一波轴心思想。而这些国家的衰退又促使人们转向第二波轴心思想，它们的复兴几乎不可避免地带来文艺复兴。每一次巨大的变化都促使人们思考时代所需的思想。

但是，公元1600年前后的大分歧又如何解释呢？当时，西欧人迈向科技思潮，而东方人（包括那些生活在大西洋沿岸核心地区外的西方人）故步自封。这种思想方面划时代的转变是否反映了东西方巨大的文化差异，而不仅仅是时代获得了它所需要的思想？

一些（西方的）社会学家认为，当心理学家把人们绑在功能磁共振成像上，叫他们回答问题时，如果这些问题需要放在一个广泛的背景下而不是孤立看待的话，西方被试大脑中的额叶和顶叶会更加活跃（意味着他们更努力地保持注意力）。东方人正好相反。

这些差异意味着什么？脱离背景孤立地看待事实是现代科学的特点（就像常见的描述方式："在其他条件都相同的情况下……"），也许有一个理论能够解释，大脑功能上的差异意味着西方人在逻辑和科学方面强于东方人。

但是也许不是这样。这些实验并没有表明东方人不能将事实和背景区分开来，或者说西方人无法正确地看待问题，只是他们不大适应用对方的方式思考问题，要付出更多的努力才能想明白。东西方人都能够且经常执行两种类型的任务。

在每个时代的每块土地上，我们总会发现理性主义者和神秘主义者。前者将具体的事物抽象化，后者着迷于错综复杂的事物，甚至有一些人既是理性主义者，又是神秘主义者。变化的只是他们所面临的挑战。1600年前后，当欧洲人开始发展大西洋经济的时候，他们也给自己带来了问题。机械模型和科学模型成为解决这些问题最有效的手段。在接下来的400年里，这些思考方式融入了西方教育中，并渐渐成为默认的思考模式。在东方，大西洋经济所带来的挑战直到19世纪才显得紧迫，但这一进程并没有走太远。

20世纪60年代，一些西方社会学家认为，东方文化（尤其是儒家思想）使信仰者无法产生经济成功所必需的竞争和创新的企业家精神。20世纪80年代，一群新的社会学家从日本经济的成功案例中得出结论，认为儒家思想中对权威的尊敬和为集体自我牺牲的精神并没有抑制资本主义的发展，相反，儒家思想解释了日本经济的成功。一个更合理的结论可能是，人们会促使文化适应社会发展的需求，因此在20世纪末期，产生了自由资本主义者。

每个时代都会产生这个时代所需要的思想，这个结论也许能够解释另一个奇怪的现象，心理学家称之为"弗林效应"。自从有了智商测试，测试的平均分稳步上升（大约每10年提高3分）。一想到我们变得越来越聪明了，这真是令人兴奋，但是这很可能是因为我们越来越擅长以现代的分析方式思考问题，而这正是这些测试所要测量的。看书比听故事更能让我们变得现代化，而且令很多教育家恐惧的是，玩电脑游戏能让我们在此基础上变得更加现代化。

毫无疑问，并非所有文化对变化的环境都会做出一样的反应。例如，在伊斯兰国家，就没有获得诺贝尔奖的科学家或者多样化的现代经济。一些人认为，伊斯兰教的教条令人深陷迷信的深潭中。但如果真的是这样的话，我们就难以解释，为什么1 000年前，世界上最好的科学家、哲学家和工程师都是穆斯林，以及为什么直到16世纪，伊斯兰天文学家都无人能够超越。

我认为，真正的原因是自公元1700年后有些穆斯林在历经军事和政治上的失败后都采取了保守的态度，正如13—14世纪的中国儒家思想家一样。一个极端的例子是土耳其。土耳其现在已经非常现代化，足以成为加入欧盟的候选国家。另一个例子是极端组织塔利班，会杀死在公开场合不佩戴面纱的女性。不过，总的说来，随着伊斯兰世界从西方国家的核心滑向被剥削的边缘，它的社会发展停滞了。要结束这种局面，对伊斯兰教来说，任重而道远，但伊斯兰世界也有可能发挥后发优势。

文化和自由意志这两个因素，使莫里斯定理变得更加复杂——莫里斯定理认为变化是因为懒惰、贪婪和恐惧的人们（他们往往不知道自己在做什么）寻求更方便、更有利和更安全的生活而产生的。文化和自由意志会加快或者延缓我们对环境变化的反应。他们歪曲和混淆了任何简单的理论。但是第一章至第十章的叙述已经表达得非常清楚了——文化和自由意志从来不会长期凌驾于生物学、社会学和地理因素之上。

回到未来

西方得以主宰世界既有长期原因，也有短期原因，依赖于地理因素和社会发展之间不断变化的相互影响。但是西方主宰本身既不是注定的，也不是偶然的，将之称为可能发生的事件更加准确。在大部分历史时期，地理因素对西方都非常有利。我们不妨认为，西方主宰往往看起来可能性更大。

为了解释这些相当晦涩的说法，我想借用一下罗伯特·泽米克斯在1985年的喜剧《回到未来》中所使用的方法。电影的开头是一个疯狂的教授将巨大的吉他扩音器、偷来的钚和一辆德罗宁汽车组装起来，发明了一部时光机器。当恐怖分子杀死教授后，年轻人马蒂（由迈克尔·福克斯扮演）开始追击，然后时光机器把他带回了1955年。在那儿，他遇见了他未来的父母，当时他们还只有他现在的年纪。然后灾难降临了——马蒂未来的母亲没有爱上马蒂未来的父亲，反而爱上了马蒂。这在整个历史中，或许毫不起眼，但是对马蒂来说，却非常重要：如果他不能在电影结束前让过去恢复原样，那么他就无法出生。

我在这里与其按照历史学家常用的方法，即从开始讲到我们这个时代，不妨像马蒂一样，回到过去，然后就像电影那样，想想可能会发生什么，才能阻止未来像现在这样发生。

我会从两个多世纪前的1800年开始。在简·奥斯汀的时代，我们会发现，西方看起来就已经很有可能在2000年的时候主宰世界。英国的工业革命正在进行，科学蓬勃发展，欧洲的军事力量比其他任何国家都要强大。当然，没有什么是一成不变的。只要运气好一点，拿破仑就有可能赢得战争，或者说只要运气差一点，英国的统治者就无法解决工业化带来的挑战。无论怎样，英国的发展都有可能变得缓慢，或者正如我在第十章提到的那样，工业革命有可能转移到法国北部。总是有各种各样的可能性。不过，我们很难想象，公元1800年之后有什么事情能够完全阻止西方的工业革命。而一旦工业化开始，我们同样也难以想象，有什么可以阻止它那贪婪的市场走向世界。1793年，当清政府拒绝马戛尔尼勋爵的贸易使命时，马戛尔尼勋爵气急败坏地说："企图阻止人类知识取得的进步是徒劳的。"²虽然这句话有点夸张，但是有一定道理的。

无论我们假设何种对西方不利的情形，例如想象它的工业化延缓了100年，或者说直到20世纪欧洲才进行帝国主义扩张，仍没有任何证据显示，东方能够在西方之前开始工业革命。东方的发展或许需要像西方在大西洋沿岸那样建立起多样化的区域经济，而这需要花上几个世纪的时间。1800年的时候，我们不能完全肯定，西方会在2000年主宰世界，但是我认为有95%的可能性。

如果我们再倒退150年，回到1650年，当时的牛顿还是一个小男孩，那么西方的主宰看起来就没那么确定，但是仍然是可能的。火炮关闭了欧亚草原，船只开拓了大西洋经济。工业化看起来仍然遥不可及，但是在西欧有了产生工业化的先决条件。如果17世纪50年代，荷兰在与英国作战时赢了英国；如果1688年，荷兰支持的英国政变失败；或者说如果1689年，法国成功入侵英国，那么有利于博尔顿和瓦特的特定机制就不会形成。如果这样的话，正如我之前提到的那样，工业革命就会延迟几十年或者会发生在西欧其他地方。

但是我们还是很难看到，1650年之后发生了什么事能完全阻止工业革命。或许如果西方的工业化进程变慢，清朝的统治者也有不一样的表现，那么17世纪和18世纪的中国可能会更快地跟上欧洲的科技发展。但是正如我们在第九章看到的那样，东方人需要更多才能首先实现工业化。1650年时，我们还不能像1800年那样肯定西方会在2000年主宰世界，但是这看起来仍然是最为可信的结果——也许有80%的可能性？

不妨再往回倒退150年，退到1500年，前景看起来更不明朗。当时的西欧已经有能够航行到新大陆的船只，但是他们的第一反应就是对新大陆进行抢掠。如果哈布斯堡王朝更幸运一点儿的话（或者如果路德从未出生过，或者查理五世笼络了他，又或者如果1588年西班牙的无敌舰队取得胜利，然后镇压了荷兰的独立运动），或许他们真的能成为基督教世界的领导者——这样的话，西班牙宗教裁判所或许就会消灭诸如牛顿和笛卡儿这样激进的声音，而且任意征税就有可能像历史上破坏西班牙商业那样破坏荷兰、英国和法国的贸易。不过，这些只是假设，尽管我们知道哈布斯堡王朝可能带来完全不一样的结果，促使更多的清教徒穿过大西洋，在山上建立城市，开始开拓大西洋经济和科学改革。

或许哈布斯堡王朝会面临比现实更加糟糕的情况。如果奥斯曼帝国更彻底地击败了波斯什叶派，那么就有可能在1529年占领维也纳，就有可能入侵英国，并且正如吉本所说的那样，牛津的学校现在就有可能教授《古兰经》。奥斯曼帝国的胜利也许会使西方的重心留在地中海，从而把大西洋经济扼杀在摇篮中，但是另一方面，就像我之前假设的哈布斯堡王朝的胜利一样，这也许会刺激一个更加强大的大西洋世界的形成。还有另一种可能性：如果在17世纪，奥斯曼帝国和沙皇俄国厮杀得更为激烈，它们也许就无力向游牧民族关闭草原通道。如果这样的话，17—18世纪的时候，清朝的胜利也许就会把蒙古部落驱逐到欧洲，使17世纪西方的危机转变为与罗马帝国末日一样严重。一方面，西方面临着新的黑暗时代；另一方面，在经历了足够长的几个世纪后，中国在其社会发展达到硬天花板时，就有可能发生科学和社会变革。谁知道呢？不过，有一件事非常清楚：1500年时，可以看出西方将在2000年主宰世界的可能性比1650年要低得多，最多50%。

再往回退150年，退到1350年。这个时期黑死病肆虐，西方在2000年主宰世界的可能性看起来非常渺茫。最不可思议的一点是，过不了多少年，帖木儿从中亚一路摧毁了印度和波斯，然后在1402年粉碎了奥斯曼帝国。就在那个时候，帖木儿决定掉头向东，报复明朝皇帝对他的侮辱。但是帖木儿在到达明朝疆域前就去世了。如果1402年后，他继续往西进军，那么他就有可能摧毁意大利，阻止文艺复兴，使西方的发展倒退几个世纪。另一方面，如果他不是于1405年在东征的途中去世，而是多活几年的话，就有可能像忽必烈那样征服中原，使东方而不是西方的发展倒退几个世纪。

事情完全可能朝不同的方向发展。明朝开国皇帝朱元璋在内战后有可能无法重新统一中国，那么中国在15世纪的时候，就会出现地方割据的局面，内战频繁，而不是成为一个伟大的帝制国家，成为东方的核心。那么谁又能说结局会是怎样的呢？可能会造成混乱，但是如果没有明朝专制的高压统治，可能会刺激出活跃的海上贸易。我在第八章说过，明朝永远也不可能创造一个西方后期大西洋经济的东方版本——地理是一个极为不利的因素。但是，如果没有明朝的话，东方的殖民者和商人有可能会在东南亚和香料群岛开拓小型的大西洋模式经济。不过，最重要的是，1350年的选择要比1500年的更开放。从那时的情况来看，2000年时西方主宰世界，只是众多可能性中的一种，最多只有25%。

我可以继续假设下去，做出各种假设是一件有趣的事。但是关键点很明确。西方能否在2000年的时候主宰世界，只是一种可能，而不是一种注定或意外。我们追溯得越远，可能的结局就越多。1800

年，不同的决定、文化趋势或者意外几乎不可能阻止西方在2000年时主宰世界；1350年，这个结果仍然非常可信。但是，我们很难想象，1350年之后发生的什么事会使东方在西方之前发生工业革命，或者说这些事会完全阻挡工业革命。

如果要找到东方可能在2000年主宰世界的迹象的话，我们就要倒退整整9个世纪，回到1100年。如果当时宋徽宗能够更好地对付金朝人，避免1127年汴京的沦陷，或者如果铁木真不幸幼年夭折，而不是长大成为成吉思汗，那么谁知道未来又会发生怎样的变化呢？距离和航海技术使得东方不能像18世纪的欧洲那样通过开拓大西洋经济开始工业革命，不过可以通过其他途径开拓类似的经济。如果宋朝没有受到金朝人和蒙古人的破坏，那么中国的复兴文化就有可能发展为科学变革，而不是演变为自满和裹脚。上亿中国人的内需、南方农业区域和北方工业区域之间的贸易，以及亚洲东南部的殖民化都有可能扭转局势。当然也可能不会这样，要知道，在枪炮和军队足以封锁辽阔的草原之前，中国一直对大规模移民持开放态度。但也可能是我们对中国同时应对诸多复杂问题的能力过于乐观。我想，东方在12世纪崛起的可能性非常小。

如果我们利用时光机器做最后一次旅行，从宋朝再往回退1 000年，则是另一番景象。现在，我们要问的，不是为什么东方不能在2000年时主宰世界，而是要问罗马帝国能否早1 700年突破硬天花板。坦白地说，我认为这完全不可能发生。像宋朝一样，罗马帝国不仅需要在没有大西洋经济的背景下，找到突破途径，还要有足够的运气来躲过天启五骑士。当汉朝在3世纪结束时，罗马帝国国力衰微了，在5世纪的时候也崩溃了。当然，罗马人有可能战胜哥特人，在国内混乱的情况下继续支撑下去，但是罗马帝国能够摆脱7世纪的危机吗？即使可以，它又怎么能够逃脱西方社会发展的衰退？公元100年后罗马发生工业革命的可能性甚至比公元1100年后的宋朝还要小。

以上所有的这些都说明，西方在公元2000年前得以主宰世界，既不是长期以来注定如此，也不是一个短期的偶然。它更多的是长期的可能性。即使在1100年，东方也不太可能首先发生工业革命，从而在全球施加它的影响，然后像现在的西方这样主宰世界。不过，这些看起来总是可能出现的：火炮和有能力关闭草原通道的国家，船只和能够开辟海洋通道的市场。并且一旦事情这样发生了，新的地理因素会使得西方更可能在东方之前发生工业革命。我想，唯一可能阻止这些发生的就是艾萨克·阿西莫夫在《日暮》中提到的"夜幕降临时"：毁灭一切的大灾难摧毁了文明，使得人类又回归原点。

日暮

但这也不大可能。在西方主宰的时代之前，世界最接近日暮的时候是在公元前10800年前后，当时阿加西湖排入了北大西洋，温度降低使墨西哥湾暖流转向。之后是长达1 200年的小冰期，被称为"新仙女木事件"。它阻碍了社会发展，使得稳定的农村生活和侧翼丘陵区的早期农业受到破坏。新仙女木事件是末次冰期的最后一次寒冷时期，自那之后的每一次全球变冷都不值得穿上毛衣。

在过去的几千年里，假如发生像新仙女木事件这样规模的气候变化，结果会非常恐怖：世界各地年年都将颗粒无收；数以亿计的人会饿死；大量的移民将会使欧洲、北美洲和中亚的大部分地区变为空城；随之而来的战争、国家崩溃和瘟疫带来的巨大灾难将是前所未有的，就像是天启骑士将自己的坐骑变成了坦克。萎缩、颤抖的人口将聚集在赤道附近的村落，人们祈祷下雨，在干旱的土地上勉强度日。社会发展将会因此倒退几千年。

其他日暮式灾难也是可以想象得到的。天文学家曾计算出，假如有一个直径约1.6千米的小行星撞击了地球，威力就相当于1 000亿吨TNT当量。人们对此产生的后果看法并不一致，但这肯定会导致高层大气充满尘埃，遮蔽阳光，导致几百万人饿死，还有可能产生大量的氮氧化物，破坏臭氧层，使幸存者暴露在致命的太阳辐射中。相比之下，我们更容易对一个直径约3.2千米的行星撞击进行模拟。它的威力相当于两万亿吨TNT当量，能消灭地球上的所有人。

很显然，庆幸的是，在我们的历史中并没有发生这样的事情，所以我们不用沮丧地想象事情会变得多糟糕。行星撞击和冰期并不像战争或者文化：它们现在（或者应该说直到最近）是人类无法控制的。蠢货、文化趋势或者意外都不能产生另一个足以使得墨西哥湾暖流转向的冰湖，这意味着不可能形成新的新仙女木事件。即使是最悲观的天文学家都认为直径1.6千米的行星撞击地球几十万年才会发生一次。

事实上，蠢货在历史上所做的任何事都不会使"夜幕降临"。即使是最为血腥的战争，如20世纪的世界大战，也只是证实了正在发生的趋势。1900年，美国这个新兴的次大陆帝国已拥有一个工业核心，挑战着西欧的海洋帝国。总的来说，两次世界大战就是为了决定谁将代替西欧。是美国？是在20世纪30年前迅速工业化的苏联？还是在20世纪40年代试图征服次大陆帝国的德国？在东方，20世纪三四十年代，日本试图征服中国并推行工业化，然后驱逐西方势力。日本失败之后，中国开始工业化：20世纪五六十年代的时候，中国经济萧条，而自80年代以来，中国飞速发展。我们难以想象欧洲的海洋帝国如何能够在这样的竞争中存活，尤其是当我们考虑到从非洲到中南半岛的民族主义浪潮、西欧的人口和工业相对于其挑战者的持续下降。

如果欧洲的大国没有在1914年和1939年参与世界大战的话，它们的海洋帝国肯定能够持续更长的时间；如果美国没有在1919年逃避它的全球责任的话，这些海洋帝国也许会崩溃得更快；如果希特勒打败了丘吉尔和斯大林，情况就会完全不一样了；又或许，情况不会发生改变。在罗伯特·哈里斯的小说《祖国》中有一段精彩的描述。故事中的谋杀之谜发生在1964年的德国，但是事情很快就明朗了：这个德国是赢得了二战的德国。每一件事都似乎出奇的不同。希特勒杀害了欧洲所有犹太人，而不仅仅是大部分。他手下的建筑师阿尔伯特·施佩尔将希特勒的想法变为现实，重建了柏林。柏林的胜利大道有巴黎香榭丽舍大街两倍那么长，通向世界上最大的建筑，元首在一个高得可以形成雨云的穹顶下发表演讲。随着故事的展开，场景开始呈现出一种更加可怕的熟悉感。美国和苏联开始了冷战。两国各自都有核导弹撑腰，彼此虎视眈眈，打着代理人战争，争相操纵第三世界国家。它们正慢慢走向缓和。在某些方面，事件和现实并没有多大的差异。

20世纪的两次世界大战可能有的唯一不同的结果就是演变为核战争。如果希特勒制造出了核武器，那么他肯定会使用，但是因为他在1942年取消了核研究，所以假设的情况是完全不可能发生的。于是美国得以肆无忌惮地在日本扔下两颗原子弹。但是当苏联在1949年测试它的第一枚核武器时，"夜幕降临"变得愈加可能。即使在1986年最顶峰的时候，世界上所有导弹的弹头加起来造成的破坏力也只有直径3.2千米的行星撞击地球的破坏力的1/8，但是这也足够毁灭现代文明了。

幸运的是，20世纪50年代，苏联和美国的领导人意识到只有通过"相互保证毁灭"才能解决核武器的问题，这是没有中间立场的理论，一个错误举动意味着所有人都完蛋。这个游戏该怎么玩仍很模糊，并发生过险情。1962年秋，约翰·肯尼迪和赫鲁晓夫试图制定美苏竞争规则。赫鲁晓夫由于害怕美国的武力威胁，在古巴部署了核导弹，肯尼迪出于担忧，武装封锁了古巴。苏联的战舰开到距离美国海域几千米的地方，肯尼迪则派了一艘航空母舰阻拦它们。肯尼迪认为此时发生战争的可能性达到了1/3甚至1/2。接着在10月24日星期三上午10点左右，情况急转直下。肯尼迪和他最核心的智囊团紧张得一言不发，此时手下报告说，苏联的潜艇挡住了美国航空母舰的路。如果苏联不是在准备发动进攻的话，那么它这么做的目的又是什么？肯尼迪的弟弟回想当时的情况：肯尼迪"将手抬了起来，捂着自己的嘴。他不停地攥紧拳头，然后又松开。他的表情看上去很疲惫，眼里透出痛苦"[3]。他的下一步行动有可能是发射4 000枚导弹，但是苏联潜艇并没有开火。时间一分一秒地过去了，在10点25分的时候，苏联潜艇慢了下来，然后掉头走了。夜幕并没有降临。

30年来，边缘政策和荒谬的错误产生了一连串的灾难，让我们屡次窥见黑夜，但是最糟的情况并没有发生。自1986年以来，世界核导弹的数量已经减少了2/3，还有可能继续大幅减少。美国和俄罗斯现有的庞大武器数量仍然能够在杀死地球上的每一个人之后，还剩下数百万吨，但是依照现在的局势，"夜幕降临"的可能性比40年前"相互保证毁灭"时小得多。生物因素、社会因素以及地理因素继续编织着各自的网，历史还在继续。

基地

至少到目前为止，艾萨克·阿西莫夫的《日暮》还不能很好地解释历史的发展，不过也许他的"基地系列"能够更好地做出解释。阿西莫夫在书中写道，在遥远的未来，一个名叫哈里·谢顿的年轻数学家乘坐太空船去川陀星——已经存在了12 000年的银河帝国的首都。谢顿在那儿的"十年数学会议"上发表了他的学术论文，解释了"心理历史学"这门新科学的理论基础。谢顿认为，大体来说，如果我们将常规历史、大众心理以及先进的统计学结合起来，就可以理解驱动人性的力量，然后将其用于预测未来。

谢顿在川陀星最大的大学当上主任之后，研究出了心理历史学的方法。他预见银河帝国即将灭亡，在第二帝国崛起前，将会经历长达三万年的黑暗时期。皇帝提升谢顿为第一部长。在担任了这个了不起的职务后，谢顿计划组建一个名为"基地"的智囊团。这些学者一边把所有的知识收录到《银河百科全书》中，一边密谋1 000年后重建帝国。

半个世纪以来,"基地系列"小说在科幻迷中掀起了一股热潮,但是对那些听说过哈里·谢顿的专业历史学家来说,谢顿只是一个滑稽人物。历史学家坚称,只有在阿西莫夫疯狂的想象中,才有可能利用已经发生的事预知未来将会发生什么。很多历史学家否认从历史中能发掘出什么模式,而那些认为历史中确实存在这些模式的历史学家则认为我们无力发掘。例如,剑桥大学近代史教授杰弗里·埃尔顿,对历史上的一切事物都有强硬的看法。他对此事的态度也许能代表大多数人的观点。他认为:"有记载的历史,最多也就追溯到两百代人以前。即使在历史上有更大的目的,可以肯定的是,我们目前为止还不能真正地从手头那一点历史记录中了解这个目的。"[4]

在这本书里,我曾经提到过历史学家往往低估自己。我们不一定要把目光局限于有历史记录的这两百代人的时间。如果我们把视野扩展到考古学、遗传学和语言学(本书前面几章中主要的证据),我们就会更加了解历史。事实上,足够让我们追溯至五百代人以前的时间。我认为,这么充足的时间,足以让我们从中得出事物发展的趋势。现在就像谢顿那样,我想说,一旦我们这么做了,我们就可以利用过去预见未来。

第十二章
世界的未来

在历史的坟场里

在第三章末尾,埃比尼泽·斯克鲁奇恐惧地盯着自己那块无人照管的墓碑。他紧紧地抓着圣诞未来之灵的手,大喊道:"这些是表示未来一定会这么发生,还是说未来可能会这么发生?"[1]

我想,我们不妨对图12.1提出同样的问题。图12.1显示,如果现在东西方社会的发展速度和20世纪时的一样,那么东方就会在2103年的时候再一次超过西方。但是,由于17世纪以来,社会发展的速度一直在加快,所以图12.1只是一个保守估计。对这个图最好的解释就是到2103年之前,西方主宰的时代就可能已经结束。

东方现在的城市规模已经和西方一样大了,并且中国和美国经济总量(这也许是进行预测时最简单的变量)的差距正在迅速缩小。美国国家情报委员会的战略家认为,中国的经济总量在2036年将会赶上美国;高盛集团的银行家认为这会发生在2027年;普华永道会计师事务所的会计师认为是2025年;一些经济学家,如经济合作与发展组织的安格斯·麦迪逊以及诺贝尔经济学奖得主罗伯特·福格尔,甚至预测这会发生得更早(他们分别认为是2020年和2016年)。[2]东方要在战争能力、信息技术和人均能量获取方面赶超西方,需要更多

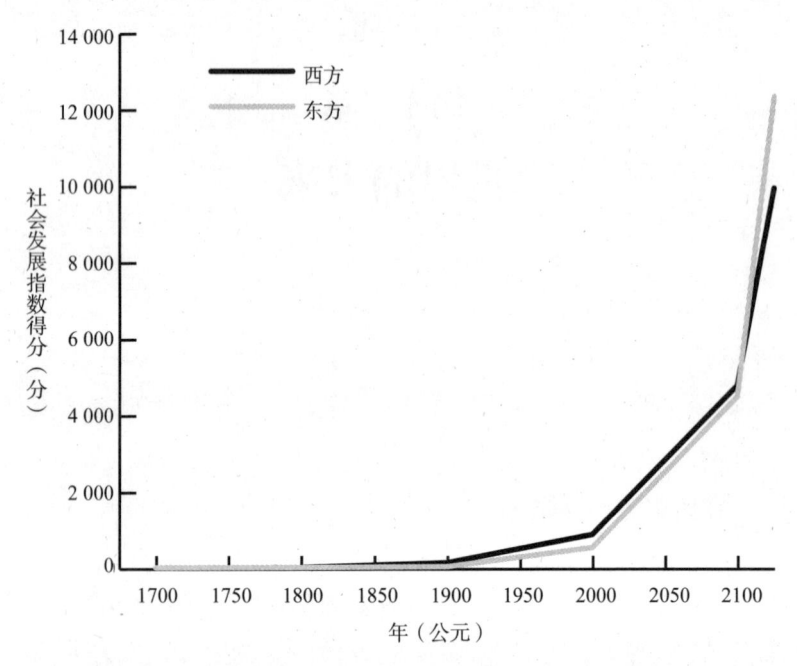

图12.1 亘古不变？如果现在东西方社会的发展速度和20世纪时的一样，那么西方就会在2103年结束主宰地位

时间，但是我们完全可以认为2050年后，东方的社会发展会迅速地赶上西方。

不过，还是有人心存怀疑。以上所有专家的预测都是在2006—2007年做出的，对于马上要发生的金融危机，这些银行家、会计师和经济学家无一人预测到。我们应该知道，《圣诞颂歌》最关键的一点是，斯克鲁奇的命运并不是板上钉钉的。斯克鲁奇向圣诞未来之灵保证道："如果路线改变了，那么结局也会改变的。"然后，斯克鲁奇果然在圣诞节早晨起床的时候，变了一个人。狄更斯说："他成了这个美好的古老城市所知道的，或者这个美好的古老世界中任何一个美好的古老城市、城镇、自治区所知道的再好不过的朋友、老板、好人。"[3]

和斯克鲁奇一样的西方是否能够在21世纪重新改造自己，继续保持领先？在本章中，我会给出一个令人惊讶的回答。

我在这本书中提到,大多数试图解释西方得以主宰世界的原因以及预测未来会发生什么的努力,最大的缺陷在于他们看得不够远。他们在向我们解释历史的时候,只是回顾了几百年前的事情,这就像斯克鲁奇单单通过与圣诞现在之灵对话来吸取教训。

如果我们与斯克鲁奇一样,牢记圣诞过去之灵的话,就能做得更好。或者我们可以模仿哈里·谢顿,在研究银河帝国的未来时,先了解它的数千年历史。像斯克鲁奇和谢顿那样,我们不仅仅要了解现有的趋势将如何发展,还要了解这些趋势是否会产生削弱它们自身的力量。我们需要考虑社会发展的悖论,了解后发优势,并且预测地理因素将如何影响社会发展以及社会发展将如何改变地理的意义。当我们这样做时,我们就会发现,事情没有那么简单。

中美关系衰退之后

我们生活在有趣的时代,这是一种诅咒。

自2000年以来,作为世界核心的西方和边缘的东方之间产生了一种非常奇怪的关系。在19世纪40年代,西方的核心地区就已经扩展到世界范围,把它的影响力投射到世界的各个角落,并将原先独立的东方核心地区变为西方的新边缘地区。它们之间的关系就像历史上所有核心地区与边缘地区之间的关系一样,只不过规模更大一些。东方用自己廉价的劳动力和丰富的自然资源与富裕的西方进行贸易。就像史上众多边缘地区一样,有些人发现了后发优势,日本进行了重建。到了20世纪60年代,东亚的一些经济体跟随日本进入了以美国为主导的国际市场,开始繁荣发展起来。1978年之后,中国等国家进入了新的发展时期,更为灵活。早期西方学者认为东方大量的贫困人口和固执的知识分子是东方落后的因素,而现在这些看起来却像是巨大的优势。整个东方最终都开始了工业革命,东方的企业家们开始建造工厂,向西方(尤其是美国)销售廉价的商品。

以上这些都不是特别新鲜的事，并且十多年以来一直发展得很好（除了那些试图与廉价的亚洲商品进行竞争的西方人）。但到了20世纪90年代，就像之前其他边缘地区的人们一样，中国生产商发现，即使是最富有的核心地区也不能统购边缘地区所能出口的一切商品。

东西方关系变得不寻常的原因是在2000年后出现的新的解决办法。虽然美国的人均收入几乎是中国人均收入的10倍，中国还是能够借钱给西方，让他们持续买进东方的商品。中国常常把大量的经常账户盈余投资于诸如美国长期国债这样以美元标价的证券。中国购进几千亿美元，保持人民币相对于美元廉价，从而令中国的商品更便宜。

经济学家意识到，这种关系相当于在一场婚姻中，一方负责存钱和投资，另一方则负责花钱，但是双方谁也离不开谁。一方面，如果中国停止买入美元的话，美元就有可能崩溃，那么中国持有的8 000多亿美国国债就会贬值。另一方面，如果美国人停止购买中国商品，那么他们的生活水平就会下降，宽松信贷将会枯竭。一旦美国人发起抵制活动，中国的企业就会陷入混乱之中，但是中国可以通过抛售美元致使美国经济崩溃来应对。

美国历史学家尼尔·弗格森和经济学家舒拉里克将这个奇怪的关系称为"中美国"[4]，认为中美已经走入共生时代。但是，美国不能永远通过向中国借钱来购买中国的商品。中美大量的低息贷款使美国的资产都出现了通货膨胀，从赛马到房地产行业都是如此，并且在2007年的时候，泡沫经济开始崩溃。2008年，西方经济直线下滑，拖累其他地区。到了2009年，13万亿美元的消费者财富化为乌有，中美关系也出现了衰退局面。

2010年年初，政府的迅速干预似乎避免了重蹈20世纪30年代经济大萧条的覆辙，但是中美关系的衰退还是带来了巨大的影响。在东方，失业人口剧增，股票市场崩溃，2009年中国的经济增长速度比2007年低了2.7个百分点。即便如此，中国在2009年8.7%的增长速度还是远远高于西方核心地区在最好时期的增长速度。中国需要4万亿元来刺激经济，不过它至少还有足够的储备金来解决这个问题。

西方面临的情况则严重得多。美国在其现有债务堆积如山的基础上又动用了7 870亿美元来刺激经济，但是2009年，它的经济还是下滑了2%。2009年夏季，国际货币基金组织宣布，2010年，中国的经济增长会反弹到8.5%，而美国只有0.8%。[5]最令人恐惧的是，美国国会预算办公室预测，要到2019年，美国才能还清它为刺激计划的借款，到那个时候，美国的老龄人口福利将使美国经济进一步衰退。[6]

2009年4月，二十国集团召开领导人峰会，商讨解决危机的办法，一句俏皮话开始流传起来："2009年，中国拯救了资本主义。"[7]这句话很有道理。1918年，权力和财富都从原先的核心地区欧洲流到新兴的核心地区美国。2009年，也有可能发生同样的转向——从破产的美国到繁荣发展的中国。中美目前的关系有可能只是通往东方主宰道路上的一个中转站而已。

毫无疑问，并不是所有人都同意这个预测。一些专家指出，就像斯克鲁奇一样，美国已经多次彻底地改造了自己。关于美国在20世纪30年代所经历的大萧条以及20世纪70年代的通货膨胀，有太多评论家认为美国已经失败，但美国的经济最终得以反弹，在20世纪40年代和80年代的时候先后胜过了纳粹和苏联。乐观主义者坚称，美国的企业家和科学家总能想出办法，并且即使美国在21世纪第二个十年确实陷入了危机，它也能在下一个十年超过中国。

其他一些专家则强调中国自身也存在问题。最明显的是，由于经济的发展推高了人们的工资水平，中国正在失去一些后发优势。在20世纪90年代，一些低端的制造工作开始从中国沿海转移到内陆，现在正集体转移到越南等工资更低的国家。很多经济学家认为这是中国融入全球经济的自然过程，但是有一些人认为，这意味着中国开始失去它的优势了。

一些学者认为，中国的人口问题是一个更大的挑战。由于低出生率和低移民率，中国人口的平均年龄上升得比美国快，到2040年，中国经济面临的老龄化问题要比美国严峻得多。中国自然资源的短缺也有可能减缓经济的增长，城乡之间的差距有可能进一步加大。只要发生其中任何一件事情，都有可能出现经济动荡。

西方一群有影响力的学者认为，或许所有这些猜测都不重要，因为最后都会好的。尽管在20世纪的时候，大西洋西岸的财富和权力都经历了衰退，但是2000年，西欧人还是比他们在欧洲帝国主义鼎盛时期的先辈富有得多，因为上升的资本主义浪潮推动了西方各国的发展。在21世纪，太平洋的国家有可能会取得进一步的发展。我们在前面就提到了安格斯·麦迪逊，他曾认为中国的GDP在2020年的时候会超过美国，并且预测在2003—2030年，中国的人均收入会增长两倍（人均收入达18 991美元）。他认为，美国的人均收入只会上升50%，但是因为他们的起点很高，所以到2030年，美国人均收入将为58 722美元，是中国的3倍多。罗伯特·福格尔则更加乐观，他认为中国的经济会在2016年超过美国。他说，到2040年，中国的人均收入会达到令人惊讶的85 000美元——但是到那个时候，美国人均收入将达到107 000美元。（以上美元均以2000年购买力平价计算。）[8]

其中，最乐观的看法是记者孟捷慕所说的"平稳版本"[9]，即东方的繁荣发展将使得东方西方化。到那时，询问是否还是由西方继续主宰这个问题已毫无意义，因为整个世界都已变成了西方。1999年时，小布什这样说道："与中国进行自由贸易，时机对我们非常有利。"[10]

一些人认为，在现代全球经济中繁荣的唯一方式，就是要实施西方式自由和民主，也就是说，要更像西方的核心地区。不过，那些花了很多时间研究东方的西方学者却不认同东方在有能力主宰全球的时候，其文化也会变得西方化这一观点。毕竟，美国取代欧洲成为西方核心国家的时候，并没有如欧洲人那般做事。相反，欧洲人开始抱怨本国文化被美国化。

当中国的城市精英在20世纪80年代进入美国主宰的全球经济时，他们喜欢上了西方文化中的很多事物。他们脱下了中山装，创办了英语学校，甚至（短暂地）在故宫的星巴克里喝着拿铁。像纽约或伦敦一样，北京后海的昂贵酒吧里挤满了二十几岁的年轻人，他们拿着手机，关注股票行情。不过，问题是，当权力和财富继续在太平洋彼岸流失的时候，西方化进程是否还会继续？

马丁·雅克认为不会。在他看来，随着东方改造了19世纪西方核心地区的工业主义、资本主义和自由主义，以符合自身需要，我们也就已经看到了他所谓的"争鸣的现代性"[11]的发展。雅克认为，在21世纪上半叶，碎片化的全球秩序将会代替西方的主宰地位，使得多种货币（美元、欧元以及人民币）和经济/军事影响范围（就像美国对欧洲、亚洲西南部和南亚的影响，以及中国对东亚和非洲的影响）都会受到各自文化传统（欧美文化、儒家思想等）的主导。但是他预测，在21世纪下半叶，具体的数字将证明一切：中国将主宰世界，世界将被东方化。

雅克通过总结中国自20世纪90年代以来对权力运用的方式推断得出，21世纪末，以中国为中心的世界将与19—20世纪以西方为核心的世界有巨大的差异。这个世界将会变得更加等级化，认为外国人就应该向东方进贡，而不是像西方理论那样，觉得每一个国家和机构名义上都是平等的。这个世界也会变得非常偏执，会摒弃西方人主张的人类普适价值理论，中央集权论者也不能忍受人们对政治统治者权力的任何反对。在整个世界，人们会忘记过去欧美统治的辉煌成就。他们会学说普通话，而不是英语，他们会纪念郑和，而不是哥伦布；他们会学习儒家思想而不是柏拉图理论，并且他们会对中国的文艺复兴人物惊叹不已，如沈括，而不是对达·芬奇感到赞叹。

一些战略学家认为中国的全球策略会遵循儒家思想中的和平治国，不像西方那样具有军事侵略性。其他战略家却不这么认为。不过，我们无法从中国的历史中得到明确的答案。在中国历史上，确实有一些统治者反对将战争作为政策工具（尤其是在士大夫和官僚中），但是有更多人崇尚武力，例如除宋朝以外的几乎每个朝代的前几任皇帝。那些自称"现实主义者"的国家关系理论家普遍认为，自朝鲜战争以来，中国的谨慎与其说是由于儒家思想，还不如说是受自身限制所致。自2006年以来，中国的军费开支连年增长，在21世纪20年代可能赶上美国。或许可以说，东方要在21世纪主宰世界，其过程可能会比19—20世纪的西方更加激烈。

这就是我们的未来。也许会有伟人帮助美国，帮助西方多主宰几代；也许会有一群蠢货暂时阻挠中国的崛起；也许东方会被西方化，或者西方将被东方化；也许我们会共同生活在地球村里，或者我们会陷入文明的冲突里；也许每一个人都会变得更加富有，也许我们会在第三次世界大战中灰飞烟灭。

这种自相矛盾的预测只会让人想起我在第四章提到的盲人摸象的故事，故事中的每一个人都认为自己摸到的是完全不同的东西。我在本书中提到，唯一可以解释西方主宰地位的方式是利用社会发展指数进行说明。我现在想要指出，用同一种方法也能帮助我们了解100年后的世界是什么样子的。

2103年

我们再来看看图12.1，尤其注意2103年，东西方交汇的这个点。到那个时候，社会发展指数得分会超过5 000分。

这是一个惊人的数字。在冰期末期到2000年间的14 000年里，社会发展指数得分上升了900分。根据图12.1，在2000—2100年这段时间里社会发展指数得分还将上升4 000分。900分把我们从阿尔塔米拉岩窟的石洞壁画带到了原子弹时期，那么另外4 000分会把我们带到哪里？在我看来，这才是真正的问题。只有了解当社会发展指数得分达到5 000分时世界会是怎样的，我们才能了解中美关系衰退之后将会发生什么。

经济学家杰里米·里夫金在2000年的一次访谈中提道:"在接下来的几十年里,我们的生活方式将比过去的几千年面临更为根本性的变革。"[12]或许,这听起来有点极端,但是如果图12.1确实显示了未来的轮廓,那么里夫金的预测实际上过于保守了。根据图12.1,在2000—2050年,社会发展速度将是过去14 000年的发展速度的两倍;到2103年,发展速度还将翻番。这真是对历史的极大讽刺!

之前提到的所有预言在此刻全部破灭。根据现在对未来的所有推断,我们得出意料之中的结果,即未来和现在基本一样,除了中国会变得更加富有。如果我们把整个历史都置于这个问题之上,也就是说,如果我们和圣诞过去之灵对话的话,我们将不得不承认接下来的社会发展增速将史无前例。

5 000分的社会发展指数得分所蕴含的意义令人瞠目结舌。如果我们假设能量获取、社会组织能力、信息技术和战争能力到2103年在社会发展指数得分中占的比例和2000年大致相同★,那么一个世纪后,就会出现拥有1.4亿人口的大城市(相当于将东京、墨西哥城、纽约、圣保罗、孟买、德里和上海合并为一个城市),每天的人均能量消耗将会达到130万千卡。

战争能力的五倍增长则更加难以想象。我们有大量的武器,足以毁灭这个世界好几次。21世纪,我们不再是简单地增加核导弹、炸弹和枪支的数量,21世纪的科技可能会使20世纪的武器过时,就像坦克使得骑兵失去作用一样。美国科学家自20世纪80年代以来就致力于开发反弹道导弹防御系统,诸如《星球大战》里的情形肯定会变为现实。机器人将为我们作战,计算机战争将会变得极其重要。纳米技术会把日常材料变为坚硬的盾牌和极具杀伤力的武器,并且每一种新

★ 如果我们假设比例有变动,那么某个方面的变化不大的话,就意味着有的方面的变化会更加令人难以置信。

的进攻形式都会带来同样高端的防御形式。

不过,最令人难以置信的,还是图12.1暗示的信息技术的变化。20世纪把我们从录音机和电话的时代带到了网络时代,21世纪使发达国家的人们更容易即时访问世界上的所有信息,人们的大脑就像(或者说变成了)一台大型的计算机,其计算能力远远超过了我们这个时代所有大脑和机器的计算能力。

当然,所有的这些听起来都不大可能。拥有1.4亿人口的城市根本无法运作。这个世界也没有足够的石油、煤炭、天然气和铀来满足人均能量消耗达130万千卡的几十亿人口。纳米战争、计算机战争和机器人战争会把我们全都消灭。我们的大脑会与计算机结合——我们将不再是人类。

我想,这就是图12.1最为重要且最令人担忧的暗示。

在本书中,我主要提到了两个观点:第一,生物因素、社会因素和地理因素共同解释了社会发展的历史,其中生物因素推动了社会的发展,社会因素显示了社会如何发展(或倒退),地理因素则决定了哪里的社会发展(或者倒退)得最快;第二,虽然地理因素决定了哪里的社会发展或者倒退,但社会发展也决定了地理因素的意义。我准备进一步阐释。21世纪的社会发展指数得分上升得如此之快也将改变生物因素和社会因素的意义。我们正接近历史上最大的断层。

发明家、未来学者雷·库兹韦尔将此称为"奇点"——"在未来时代,科技将会迅速发生变化,产生的影响也极其深远……科技以近乎无限的速度发展着"[13]。其观点的基础之一就是摩尔定律。摩尔定律是由工程师、英特尔创始人之一戈登·摩尔在1965年提出来的。其内容为:集成电路上可容纳的晶体管数目,约每隔18个月便会增加一倍,性能将提升一倍,而价格将降低一半。50年前,庞大的计算机每秒运行几十万次运算,要花几百万美元,而我现在使用的笔记本电脑,只需要花费几千美元,每秒能够运行几十亿次运算——这在性价比方面提高了1 000亿倍,或者说每18个月就翻一番,就像摩尔预测的那样。

库兹韦尔认为,如果这种趋势继续的话,到2030年前后,计算机就能够运行可以复制1万万亿电子信号的程序,即人类大脑220亿个神经细胞每秒发出的信号数量。它们能够存储一般大脑所能存储的10万亿个记忆。到那个时候,扫描技术将能够精确地描绘出人脑中的每一个神经元——技术拥护者们认为,这意味着我们能够将真实的人类思想上传到机器中。库兹韦尔认为,到2045年前后,计算机就能够解析世界上的所有思想,从而有效地将碳基智能和硅基智能融合成一个单一的全球意识。这就是奇点——我们将超越生物,进化成一个比人类更为先进的全新物种。这就像现代人领先于合成他/她身体的单个细胞一样。

人们对库兹韦尔充满激情的想法褒贬不一,有人觉得他的想法非常可笑(有人称之为"书呆子的狂喜"[14]),有人则对他的想法充满了敬佩之情。就像在他之前的所有预言家一样,他所犯的错误可能远远大于他做对的事。但是,库兹韦尔的所谓"来自怀疑的批判"[15],即不相信这么奇怪的事居然会发生,毫无疑问是正确的。正如诺贝尔化学奖得主理查德·斯莫利常说的那样:"当科学家说某件事是可能的时候,他们很可能低估了事情发生所需的时间;但是,当他们说不可能的时候,他们很可能错了。"[16]人类正跟跟跄跄地迈向某种奇点,政府和军队也正认真对待奇点,并为此制订计划。

也许,我们已经看到了变化。我曾在第十章中指出,工业革命使人类的意义发生了比农业革命时更大的变化。纵观世界的大部分地区,饮食的改善使得人们的寿命变为高祖的两倍,身高也增加了15厘米左右。现在妇女花在生育和抚养孩子上的时间也更少了,而且与之前相比,很少有婴儿夭折。在一些最富裕的国家,医生们似乎能够创造奇迹——他们能让我们保持年轻(2008年,在美国有500万例肉毒杆菌手术),可以控制我们的情绪(每10个美国人中就有1个服用百优解),并可加强从软骨到阴茎的一切功能(2005年,美国医生开出了1 700万份万艾可、希爱力和艾力达等处方）。我想，古代那些年老的皇帝会认为这些紫色的小药丸和库兹韦尔的奇点一样奇妙。

21世纪的基因研究有望进一步改造人类，纠正我们细胞中的复制错误，并且在我们的器官出现问题时培育出新的器官。一些科学家认为我们正接近"部分的永生"：就像亚伯拉罕·林肯那把著名的斧头（那把斧头换了三次手柄、两次刀刃）那样，我们身上的每一个部分都可以被更新，从而获得永生。

那么为什么要止步于修复已经坏掉的东西呢？你也许记得20世纪70年代的电视连续剧《无敌金刚》。该剧开头出现了一位名为史蒂夫·奥斯汀（由李·迈杰斯扮演）的飞行员。他在一次空难中失去了一条胳膊、一只眼睛和两条腿。这时响起了旁白，说道："我们可以改造他，因为我们有科技。"[17]奥斯汀马上就变成了一个仿生人，他跑得比汽车快，手臂上戴着盖革计数器，眼里装着变焦透镜，最后还有了一个仿生女友（由林赛·瓦格纳扮演）。

过了30年，运动员都变成仿生的了。2005年，高尔夫球手老虎·伍兹做了眼科手术后，把自己视力提升到了近乎完美的20/15；2008年，国际田径联合会一度禁止短跑运动员奥斯卡·皮斯托瑞斯参加残奥会，因为他的假腿似乎比那些真腿更有优势。★

到了21世纪20年代，发达核心地区的中年人可能会比他们年轻时看得更远，跑得更快，样貌更好看。但是他们没有下一代那样犀利的眼神、敏捷的身手和漂亮的外表。基因测试使得人们能够选择打掉有缺陷的胎儿，并且由于我们能够更好地控制特定基因，父母可以根据自己的喜好设计婴儿。一些人可能要问，如果你可以得到自己想要的孩子，那么为什么还要去碰运气呢？

有人对此做出回答：无论是受到像希特勒这样的种族狂热者还是消费者的驱动，优生学都是不道德的。同时，优生学也是危险的。生

★ 最终他以十分之七秒的差距输掉了比赛。

物学家喜欢说"进化比你聪明",有一天我们或许要付出沉重的代价,因为我们试图通过去除自己的愚蠢、丑陋、肥胖和懒惰等特质来超越自然。批评者们认为,所有这些关于超越生物学的想法,只是因为我们想扮演上帝的角色——据说,最早完成人类基因组测序的科学家之一克雷格·文特尔给出了这样的回答:"我们不是在扮演上帝。"[18]

争论还在继续,但我认为我们的时代正如我们之前的那些时代一样,最后会得到它所需要的思想。一万年前,一些人可能会担忧驯化小麦、驯养羊群是不符合自然规律的;200年前,肯定有人对蒸汽机抱有同样的想法。那些压制了不安的人生生不息,其他人则没有。将治疗性克隆、全民美容和延长寿命宣布为不合法的做法听起来不太可行,而禁止对自然界的军事利用听起来更加不可行。

美国国防部高级研究计划局是人类基因改造研究的最大赞助者之一。20世纪70年代的时候,正是该机构给我们带来了互联网(当时被称为阿帕网)。现在其大脑接口项目正在研究分子计算机,该计算机由酶和DNA分子制成,而不是硅,可以植入士兵的大脑。2002年诞生了第一台分子计算机,2004年产生了更加先进的计算机帮助对抗癌症。不过,美国国防部高级研究计划局希望通过加快突触连接速度、增加记忆容量,甚至提供无线网络连接,让士兵也具备计算机的一些优点。同时,该机构用类似的方法开展"无声通话项目"[19]。在人脑中植入设备,可以解码前言语电信号,并通过互联网发送,使士兵在没有无线电或电邮的战场上实现无声通信。美国国家科学基金会的一份报告指出,这样的"网络传心术"将在21世纪20年代成为现实。

库兹韦尔奇点理论的最后一部分——能够复制生物大脑运转的计算机,发展得越来越快。2007年4月,IBM的研究人员将一台蓝色基因/L超级计算机变成了一个巨大的平行皮质模拟器,这个模拟器能够运行一个模拟老鼠大脑功能的程序。这个程序只有老鼠大脑的一半那么复杂,运行速度也只有老鼠的1/10,但是同年11月,这个实验室已经能够模拟更大、更复杂的老鼠大脑。

当然，慢速的老鼠的一半大脑远远不能与全速运转的人脑相比。实际上，实验团队估计，如果要模拟人脑，需要比现在强大400倍的电脑，而凭借2007年的科技水平是无法达到能源、冷却和空间方面的要求的。不过在2008年，计算机的成本已经大幅下降了。IBM当时预测，蓝色基因/Q超级计算机将在2011年得以运行，并且至少能够实现1/4的目标。更加野心勃勃的"小鹰项目"连接起上千台蓝色基因超级电脑，能够在21世纪20年代的时候更加接近目标。

如果有人坚持认为这表示到2045年就到了库兹韦尔的奇点，那就轻率了。不过，要是否认我们正在接近一个巨大的断层，则会显得更加鲁莽。无论我们把目光投向哪里，科学家们都正在打破生物的界限。克雷格·文特尔的实验室已经利用化学物合成了一种简单细菌的染色体。在2010年下半年，他们已经准备将人工染色体移植到细胞壁中，产生地球上第一个合成的自我繁殖的有机体。基因学甚至有着自己的摩尔定律——卡尔森曲线（以遗传学家罗伯特·卡尔森命名）：1995—2009年，合成DNA的成本从每个碱基对1美元降到了不足0.1美分。一些遗传学家认为，到2020年，创造出全新的有机体将变得非常普遍。虽然我们很难接受这个想法，但是最近几个世纪的发展趋势使人类存在的意义发生了变化，有可能实现社会发展指数得分达到5 000分所要求的因素：大规模城市、巨大的能量储备、具有杀伤力的武器和科幻式的信息技术。

本书充满了社会迅猛发展的剧变，许多主宰早期人类生活的问题变得无关紧要。智人的进化消灭了早期猿人，农业的出现使狩猎-采集者的棘手问题变得不再重要，城市和国家的兴起同样使史前人类担忧的问题变得不再重要。草原通道的关闭以及海洋路线的开通结束了限制东西方2 000年发展的不利因素，工业革命更使得以前所有的问题都显得无足轻重。

这些变革不断加快步伐，推动社会发展得更深、更快。如果21

世纪的社会发展正如图12.1预测的那样，确实上升了4 000分，那么这次正在进行的革命将是有史以来规模最大、速度最快的一次。很多未来学家都认为，这次变革的核心在于将遗传学、机器人技术、纳米技术和计算机科学的变革都结合起来，它所产生的影响将会推翻我们已知的大部分东西。

但是，虽然图12.1清楚地显示了东方的社会发展指数得分正在追赶西方，但你可能已经注意到了我在这个部分引用的每一个例子（美国国防部高级研究计划局、IBM、《无敌金刚》）都是发生在美国人身上的。东方的科学家对新技术的研发做出了很大的贡献（例如，日本和韩国的机器人技术都很先进），但是目前为止，这些变革主要还是发生在西方。这意味着那些认为美国将会经历衰退而中国将会崛起的专家是错误的：如果美国对新科技的主导像两个世纪前英国对工业技术的主导一样，那么基因/纳米/机器人革命将会比工业革命产生更加重大的影响，将更多的财富和权力转移到西方。

另外，财富从西方到东方的潜在转移意味着美国现在的主宰地位只是20世纪末遗留下来的，到21世纪20年代，这些巨大进步将会发生在东方的实验室里。中国正投入大量的资金吸引最好的科学家回国，也许在21世纪40年代，将是联想而不是IBM的主机承载全球意识，因此图12.1或多或少都具有一定的真实性。

或许，这个奇点会使"东方"和"西方"这两个存在了一万年的概念变得毫无意义。它不是改变了地理因素，而是废除了地理因素。人类和机器的结合意味着出现了新的获取和使用能源的方式、新的共处方式、新的作战方式和新的沟通方式。这意味着新的工作方式、思考方式、关爱方式和微笑方式，也意味着新的出生方式、衰老方式和死亡方式，这甚至还意味着这些事情的终止与我们的生物大脑所不能想象的新世界的诞生。

这些事情都有可能成为现实。

当然，除非有什么事阻止了它们的发生。

最糟糕的情形

2006年年末,我和妻子受邀参加斯坦福大学的一个会议,主题是"危机中的世界"。这次会议明星荟萃,其中一些还是世界上一流的决策者。明媚的阳光暖洋洋地洒在我们身上。股票市场、房价、就业和消费者信心指数都接近或处于历史最高点。美国朝气蓬勃。

在吃早饭时,我们从前国务卿和前国防部长那里得知了我们所面临的各种威胁,包括核威胁、生物威胁和恐怖分子的威胁。吃午餐前,我们了解到了现在环境恶化的惊人程度以及国际安全面临的巨大风险。到午餐时,我们还知道了全球性的瘟疫几乎不可避免。所有事情都在恶化。我们听到越来越多令人沮丧的消息,听着专家们报告一个个正在逼近的灾难。等到晚餐结束后,当主讲人宣布我们将要输掉反恐战争的时候,听众几近麻木。

那天在听到那么多令人绝望的消息后,我开始思考(说得委婉些)。在1世纪以及1 000年后,社会发展达到了硬天花板,并且社会发展本身产生了使东西方崩溃的破坏力。我们现在是否面临一个新的硬天花板,大约在1 000分左右?在我写下这些文字的时候,天启骑士们是否正在比我们更快地接近奇点?

那五个熟悉的因素——气候变化、饥荒、国家崩溃、迁徙和瘟疫——似乎全都回来了。首先,全球变暖或许最能够说明社会发展的悖论,从1800年起推动社会向前发展的化石燃料排放了大量二氧化碳,从而令大气层吸收了大量热量。我们的塑料玩具和冰箱将整个世界变成了一个温室。自1850年来,平均气温已经上升了约1.7摄氏度,其中最近30年上升得最为明显,温度计里的水银不断上升。

过去,较高的温度往往意味着农业收成更好,社会发展更快(如罗马时期和中世纪暖期),但这一次的情况不同。联合国政府间气候变化专门委员会在2007年表示"极端气候的变化频率和强度,加上海平面的上升,大多都对自然界和人类产生了负面的影响……全球变暖会产生突然且不可逆转的影响"[20]。这些说法已经比较委婉了，这份报告中的注释更令人惊慌。

冰盖中的气泡表明，在过去的65万年里，二氧化碳的浓度一直在提高，从冰期的180ppm（百万分比浓度）上升到温暖的间冰期时期的290ppm。到了1958年，二氧化碳的浓度突破了300ppm。到了2009年夏天，这个数字达到了387ppm。联合国政府间气候变化专门委员会预计，如果目前的趋势没有得到遏制的话，到2050年，这个数字将会达到550ppm——比过去的2 400万年中的任何时刻都要高，平均温度将会上升约2.78摄氏度。如果能量获取正如图12.1显示的那样保持持续增长的话，整个世界就会变得更热，而且变热的速度会更快。

即使我们停止排放温室气体，空气中已经包含大量的二氧化碳，所以气温还将继续上升。我们已经使大气层的化学成分发生了改变。无论我们现在采取什么措施，北极都将融化。根据一些保守估计，例如联合国政府间气候变化专门委员会的估计，到2100年，冰盖将全部融化。最激进的学者认为，到2013年，两极在夏天时，冰盖将全部融化，但大多数科学家认为这将发生在2040年前后。

随着两极融化，海平面将上升。现在的海平面已经比1900年时足足高了约13厘米。联合国政府间气候变化专门委员会预计，到2100年，海平面将继续上升约0.6米。关于两极融化最为恐怖的预测是，届时海平面将上升约15米，淹没地球上数百万平方千米最好的农田和最富裕的城市。世界在以超乎我们想象的速度迅速缩小。

但是，即使冰块融化成冰冷的水，由于海洋从大气层中吸收热量，温度仍然会变得越来越高，并且由于现在的海洋在冬天的温度没有以前那么低，飓风和气旋持续的时间将会更长，也将更加猛烈；潮湿的地方会变得更加潮湿，也会发生更加猛烈的风暴和洪灾；干燥的地方会变得更加干燥，也会发生更多的森林火灾和沙尘暴。

全球变暖对我们中的很多人产生了影响，给我们敲响了警钟。我个人在2008年的时候就受到了全球变暖的影响。早在加利福尼亚州火灾季节前,我们家附近的森林就在燃烧,空气中弥漫着厚重的灰烬。天空变成了不祥的橘红色,消防直升机的旋翼发出的声音淹没了我们的声音。我们沿着房子四周挖了一条防火带,后来在大雨降临前只发生过一次险情。或许,我应该说,终于下雨了。在21世纪第一个十年内,美国西部的火灾季节持续的时间比20世纪70年代持续的时间要长78天,每场火灾持续的时间是30年前的5倍。消防队员认为,以后还会更糟。

这些都属于记者托马斯·弗里德曼所说的"我们已知的可怕事物"[21]。不过,他认为,"更可怕的,是我们所不知道的事"[22]。弗里德曼解释道,这是因为,我们所面临的并不是全球变暖,而是"全球气候变化"[23]。气候变化是非线性的:一切事物都与其他事物紧密相关,以异常复杂的方式进行反馈,难以建模。当地球环境发生突然且不可逆的变化时,就会出现临界点,但是我们不知道这些临界点在哪里,或者说当我们达到这些临界点时,会发生什么。

最恐怖的事情是,我们不知道人类会如何应对。就像过去发生的所有气候变化一样,这次的气候变化不会直接导致地球崩溃。2006年,英国的《斯特恩报告》估计,如果我们在2100年前,继续像现在这样破坏环境的话,气候变化将会使全球经济产量下降20%——这个前景令人沮丧,但是我们知道这并不代表着世界末日。并且即使最可怕的预测真的实现了,即温度上升了约5.56摄氏度,人类也能够应对。我们真正应该担忧的不是天气本身,而是公元2100年前人类对气候变化的反应将会造成更多灾难。

最明显的灾难就是饥荒。绿色革命也许是20世纪最伟大的成就,它使粮食产量增加的速度比人口增加的速度更快。在公元2000年前,似乎只要我们能够遏制独裁者和军阀的邪恶和愚蠢,就能消灭饥荒。但是10年后,这看起来不太可能。社会发展的悖论再一次发挥了作用。随着人们财富的增加,农民们用越来越廉价的谷物饲养动物,这样我们能够吃到昂贵的肉食；越来越多农田开始产出生物燃料，这样我们开车的时候就不用汽油了。结果是：在2006—2008年，主食的价格上升了1~2倍，非洲和亚洲饥饿的人群发生了暴动。2009年，史无前例的谷物大丰收（23亿吨）和金融危机使得粮食价格下降，但是到2050年，世界人口将会达到90亿，联合国粮食及农业组织预测，价格会波动得更加剧烈，食物也会变得更加紧缺。

21世纪，地理因素将继续对东西方产生不同的影响。全球变暖将提高农作物在寒冷地区的产量，如俄罗斯和加拿大等大国，但是将会对非洲和亚洲的国家产生相当大的负面影响。美国国家情报委员会将从非洲延伸到亚洲的一片带状区域称为"不稳定弧形带"[24]，世界上大部分的贫困人口都生活在这条弧形带上，而农作物产量下降可能会释放三大天启骑士。

美国国家情报委员会估计，在2008—2025年，面临食物或者水资源短缺的人口数量将由6亿上升到14亿，并且其中大部分生活在不稳定弧形带上。《斯特恩报告》总结道，到2050年，饥荒和干旱将产生两亿"气候移民"[25]——这是2008年全球难民总和的5倍。

西方核心地区的大部分人已经将移民视为威胁，虽然自三个世纪前关闭草原通道以来，移民在很大程度上成了社会发展的动力，而不是社会发展的威胁。★2006年，盖洛普民意调查显示，美国人认为移民是美国的第二大严重问题（仅次于伊拉克战争）。[26]对很多人来说，墨西哥人走私毒品、争抢工作岗位所带来的威胁超过了他们带来的好处。对欧洲人来说，他们对恐怖分子的恐惧也同样巨大。在美国和欧洲，本土主义者认为新来的定居者难以同化。

全球变暖甚至可能使反对移民的激进主义者的恐惧在21世纪20年代成为现实。成百上千万的最饥饿、最愤怒以及最绝望的人都将逃

★ 最有代表性的例子是美国的崛起。这有赖于数百万欧洲人和被奴役的非洲人跨越大西洋，以及规模较小但数量仍很可观的中国人和日本人横穿太平洋。

离故土，前往欧洲和美国。人口迁移的影响将使得历史上的一切事物都相形见绌，再次产生过去草原通道上的那种问题。

作为第四位天启骑士，瘟疫可能成为这些问题之一。在2世纪和14世纪，移民者在穿过草原的同时也传播了瘟疫。20世纪最严重的流行病——1918年的H1N1流感，在美国和欧洲的士兵间传播。H1N1在一年内杀死的人可能有5 000万，比黑死病一个世纪内杀死的人还要多，是过去30年艾滋病导致死亡人数的2~3倍。

空中旅行使得疾病更加难以控制。艾滋病毒至少自1959年就在非洲潜藏，20世纪80年代在四大洲暴发；2003年，严重急性呼吸综合征（SARS）在中国南方暴发后，数周内就传播到了37个国家。遗传学家在31天内对其DNA进行测序（给艾滋病毒测序则花了15年），国际上的迅速反应将其扼杀在了摇篮中。但到了2009年，当流行病学家辨别出所谓的猪流感时（被称为"新型H1N1"，从而与1918年的流感进行区分），它已经传播得太广而难以控制了。

世界卫生组织预测，如果猪流感或者任何其他类似的禽流感像1957年杀死了100万~200万人的H2N2病毒那样具有杀伤力的话，猪流感将杀死200万~740万人；如果其致命性像1918年的流感那样，那么将会导致2亿人死亡。当今世界比1918年时做了更好的准备，但是即使死亡人数只是当时的1/10，也会产生短期的经济衰退，这将大大盖过2007—2009年的经济危机。世界银行估计，一场大瘟疫将会使世界经济产量减少5%。在世界卫生组织的官网上，"流感：你需要知道的10件事"中列出的一些预测更令人恐惧：

- 世界可能马上就会发生另一场流行病；
- 所有国家都会受到波及；
- 医疗用品将出现短缺；
- 将会发生大规模的死亡事件；
- 经济和社会将会遭到巨大破坏。[27]

当四大天启骑士——气候变化、饥荒、迁徙和瘟疫相继发生时，它们就会互相作用，从而释放第五大天启骑士：国家崩溃。世界上一些最不稳定的政权正好位于不稳定弧形带上。并且，随着压力的增加，一些政权有可能像阿富汗或者索马里那样完全崩溃，增加人民的痛苦，为恐怖分子提供更多庇护所。如果这些不稳定拖累核心地区的话，这些国家的经济就会完全与弧形带的资源纠缠在一起，那么我们就有可能陷入最糟糕的情形。

早在1943年，当美国军队进入波斯湾时，他们就发现了这个核心问题。报告指出："这个地区的石油是有史以来最了不起的奖品。"[28]西方核心地区的发达国家不久就围绕海湾石油调整了自己的宏观战略。20世纪50年代，当西欧的力量衰退的时候，美国开始介入，秘密或者公开地帮助盟国，对抗敌国，保持自己能够自由进入弧形带的权利。苏联虽然没有那么依赖海湾石油，但也一样积极地进行干涉，目的是不让美国从中获利。20世纪90年代，当苏联解体的时候，中国对石油的依赖（自2000年以来，中国对石油的需求占了全球石油需求的40%）使其不得不也加入这场大博弈中。

中国对资源（大豆、铁、铜、钴、木材、天然气和石油）的渴望，意味着在21世纪第二个十年它与西方在不稳定弧形带将会不断产生冲突。中国的外交官强调中国寻求"和平发展"[29]，但是西方对此产生的焦虑自20世纪90年代起就逐步增加。2005年的一份民意调查显示，54%的美国人认为中国的发展是"对世界和平的一种威胁"[30]；2007年的一项民意调查显示，美国人认为中国是全球稳定的第二大威胁，仅次于伊朗。[31]

1999年，以美国为首的北约轰炸了中国驻南斯拉夫联盟共和国大使馆，造成中国两名记者及一名家属死亡。愤怒的中国人到北京、成都的美国使领馆抗议。《中国日报》刊登抗议文章。[32]

1914年，当欧洲的大国们还在为巴尔干半岛上的奥斯曼帝国的废墟而对峙时，塞尔维亚的"黑手"只需要一把手枪就能引发一战。

2008年，美国的一个委员会总结道："2013年年底前，恐怖分子很有可能会将大规模杀伤性武器用于世界的某个角落。"[33]随着大国们在不稳定弧形带围绕欧洲帝国的废墟对峙，我们无法想象拥有大规模杀伤性武器的恐怖组织将会做出怎样的举动。

这条弧形带上存在的问题比一个世纪前巴尔干半岛的问题还要可怕得多，因为这些问题随时有可能引发核战争。自1970年前后，以色列已经建立起庞大的核武库；1998年，印度和巴基斯坦都进行了核试验；自2005年以来，欧盟和美国就一直谴责伊朗试图制造原子弹的做法。大多数国际观察员认为，在21世纪第二个十年的某个时刻，伊朗就能够制造核武器了。这将促使多达六个伊斯兰国家★寻求核威慑力量。以色列当时预测伊朗在2011年的时候已能够用核武器武装自己，但是以色列不会让伊朗实现。以色列的战机已经摧毁了伊拉克和叙利亚的核反应堆，如果伊朗不停止制造原子弹的话，以色列就会对其发动进攻。

在不稳定弧形带上，美国在其最亲密的盟友和最厌恶的敌人之间，无法就核冲突问题保持中立。也许，俄罗斯和中国也不能保持中立。俄罗斯和中国都对伊朗制造核武器的野心予以谴责，但伊朗也加入了上海合作组织。

当然，如果东西方爆发全面战争的话，将是人类的浩劫。对中国来说，这可能会导致自我毁灭：美国的核弹头数量是中国的十几倍，美国能到达中国的核弹头数量也许大大多于中国能到达美国的核弹头数量。中国在2010年1月进行了反弹道导弹试验，但是当时水平还是远远落后于美国。美国有11艘航空母舰，而中国只有3艘，并且美国的军事科技力量远远领先中国。

即便如此，就算美国赢得战争，它所面临的情况也一样糟糕。即使是小规模的冲突，也有可能导致可怕的代价。如果中美关系突然衰

★ 埃及、利比亚、沙特阿拉伯、叙利亚、土耳其和阿拉伯联合酋长国都很可能这么做。

退,这对双方来说都意味着金融灾难。核战争的结果更加可怕,它将把美国西海岸和中国的大部分地区变成一片放射性废墟,杀死上亿人口,使全球经济陷入混乱。最糟糕的是,中美战争很容易就会把俄罗斯牵扯其中,而俄罗斯现在仍然拥有世界上最大的核武库。

不管我们站在什么角度,发动全面战争都是疯狂的举动。幸运的是,一大批专业文献向我们说明了在全球化的今天,这种疯狂是不可能的。一位专家说道:"没有什么物质力量能够忽视信贷的力量。"[34] 另一位专家认为:"国际资金流动是全球和平的最大保证。"[35] 还有一位专家则认为战争"需要投入大量的金钱,严重阻碍了贸易,所以战争之后,将是信贷和工业的全面崩溃"[36],这意味着"彻底的枯竭和贫困,工业和贸易将被摧毁,资本的力量也将被摧毁"[37]。

这令人欣慰——除了这些专家没有谈及21世纪第二个十年中美可能会发生冲突。以上言论都发表于1910—1914年,当时所有专家都认为现代国家在贸易和金融上联系紧密,因此欧洲完全不可能发生大国之间的战争。但我们都知道之后发生了什么。

也许各国的政治家们能将我们从一个个悬崖边上拉回,也许我们能在30年或者50年内避免核战争,但是我们要认真想想,我们是否能够保证恐怖分子和图谋不轨的国家永远都得不到核武器?或者我们能否遏制每一个统治者不顾国家利益而发动核战争的念头?即使我们把核武器增长速度限制在现有的速度上,到2060年,也将会有接近20个核大国,其中一些还处在不稳定弧形带上。

每一年我们都避免了末日,但天启骑士带来的威胁在不断加大。资源压力将会增加,新的疾病将会进化,核武器将会扩散,最为严重的是,世界气候变化难以预测。那些认为我们永远可以成功应对各种危机的想法未免过于乐观了。

我们似乎在接近一个新的硬天花板。在1世纪,当罗马人达到硬天花板的时候,他们面临着两种可能的结果:一种情况是他们找到出路,在这种情况下,社会将会向前发展;另一种情况是他们找不到出路，天启骑士令社会崩溃。罗马的崩溃带来了长达六个世纪的衰退，使西方社会发展下降了1/3以上。11世纪，中国的宋朝也达到同样的硬天花板，它也没能找到解决办法，于是东方的社会发展水平在1200—1400年下降了近1/6。

在21世纪，我们达到了新的硬天花板。我们面临着相同的选择，但是情况更加严峻。当罗马和宋朝无法找到解决办法时，它们在崩溃前至少还有几个世纪的缓慢衰退，但是我们就没那么幸运了。我们的未来充满了各种可能性，但是大多数可能似乎都将把我们带向同一个情形：夜幕降临。

奇点对西方主宰地位来说意味着什么尚有争议，不过夜幕降临带来的后果则更加明确。1949年，爱因斯坦告诉一名记者："我不清楚第三次世界大战将使用何种武器，但是我知道在第四次世界大战中他们的武器——石头。"[38] 夜幕降临之后，无人将主宰全球。

大赛

通过与圣诞过去之灵对话，我们得到了令人惊恐的结论：21世纪将有一场激烈的赛跑。在一条跑道上，是奇点；在另一条跑道上，则是夜幕降临。二者必将决出输赢。我们要么马上（也许在2050年前）就会开始一场比工业革命影响还要深远的变革——这场变革使我们现在面临的一切问题都无足轻重，要么就会踉跄地走向前所未有的崩溃。很难看到有什么中间道路，即每一个人都变得更富有，中国渐渐地超过西方，事情就像过去那样发展着。

这意味着接下来的40年是历史上最重要的时期。

我们应该采取什么行动来阻止夜幕降临，其实并不难说。首先，我们要避免全面的核战争。要做到这一点，就需要大国削减它们的核武库。矛盾的是，追求全面裁军可能更加危险，因为核武器已经被发明出来了。大国随时可能迅速地制造核弹，并且那些真正的破坏者（恐怖分子和图谋不轨的国家统治者）会无视任何协议。在未来的30~40年，核武器激增将会增加爆发核战争的风险。最稳定的局势是，大国有足够的核武器阻止进攻，却没有足够的武器毁灭所有人。

老牌核大国（美国、俄罗斯、英国、法国和中国）自20世纪80年代以来正朝着这个方向发展。在二战期间，集数学家、和平主义者和气象学家（他后来意识到天气研究对空军的重要性后，就不再研究气象了）身份为一身的刘易斯·弗赖伊·理查森得出一个著名的结论，即公元2000年前，爆发核战争的可能性有15%~20%。[39]但在2008年，能源科学家瓦茨拉夫·斯米尔做出了乐观的预测：2050年前，发生像二战那样规模的战争的可能性远低于1%。[40] 2010年1月，《原子科学家公报》将它的"末日之钟"从午夜前5分钟拨后至6分钟。

其次，我们要减缓世界气候变化的速度。在这点上，事情进展得没有那么顺利。1997年，世界多个国家和地区的代表齐聚京都，试图找出解决办法。他们达成协议，到2012年，37个工业化国家和转型经济体以及欧洲联盟温室气体的排放要在其1990年的排放水平上平均减排5%。但这个减排责任主要落在了西方发达国家身上，而20世纪90年代世界最大的环境污染国美国拒绝批准《京都议定书》。在很多评论家看来（正如一位印度官员所说的那样），这就像是"身材肥胖的人要求那些体型瘦弱的人节食"[41]。但是，美国的决策者提出，只有印度和中国（中国在2006年的时候超越美国成为世界最大的二氧化碳排放国）也减排，温室气体的排放才能得到控制。

2008年之前，美国和中国都在努力减少二氧化碳的排放，但是还缺少达成广泛协议所需的政治意愿。《斯特恩报告》的作者们预测，在2050年前，将二氧化碳浓度控制在450ppm以内从而避免灾难所需要的科学技术、森林保护和能源效率等需要花费一万亿美元。与什么措施都不采取所导致的后果相比，这显得微不足道。然而，2007—2009年的经济危机后，很多国家的金融体系受到重创，因此它们对昂贵的减排方案的支持也就大打折扣。2009年12月的哥本哈根气候变化峰会并没有取得实质性的进展。

虽然核战争和全球气候变化之间有着明显的差异，但是实际上，它们都会带来相同的问题。5 000年以来，国家和帝国/帝制国家是地球上最有效的机构，但是随着社会发展改变了地理的意义，这些组织已经变得不那么有效了。托马斯·弗里德曼对此做出精辟的总结，"全球化的第一个时期（大约1870—1914年）将一个'大'世界变成了一个'中'世界"[42]，他在1999年说，"但是这次的全球化（自1989年以来）则将一个'中'世界变成了一个'小'世界"[43]。六年之后，世界变化的程度之深使得弗里德曼又总结了一个全新的阶段。这次，他认为："全球化的第三阶段，正将'小'世界变成一个'迷你'世界，同时还使得地球变平。"[44]

在这个迷你、扁平的世界里，我们没有藏身之处。核武器和气候变化（更不用提恐怖主义、瘟疫、迁徙、金融、食物和水资源等）是全球性的问题，需要各国共同努力解决。国家和帝国只在本国内拥有主权，并不能独自有效地解决这些问题。

1945年，当美国在日本的广岛和长崎投下两颗原子弹后不到一个月，爱因斯坦就在《纽约时报》上提出了最显而易见的解决方法："要拯救文明和人类，需要创立世界政府。"[45]爱因斯坦被人们讥笑为一个涉足自己完全不懂的领域的幼稚科学家。爱因斯坦直言不讳地说明了自己的观点："如果无法成立一个世界政府，那么我们的未来只有一条出路，那就是人类对自己的完全毁灭。"[46]

回首过去的15 000年，爱因斯坦似乎对历史的发展方向做出了正确的判断。从石器时代的村庄到乌鲁克和商朝这样的早期国家，再到亚述和秦国这样的早期帝国/帝制国家以及诸如英国这样的海洋帝国，有明显的趋势表明政治单位越来越大。据此产生的逻辑结果是在21世纪早期，美国将作为全球帝国崛起，或者随着经济天平越来越向东方倾斜，21世纪中期或者末期，中国将作为全球国家崛起。

不过，这个逻辑存在一个问题，那就是这些越来越大的政治单位几乎毫无例外都是通过战争建立的,而这正是爱因斯坦所说的世界政府要加以阻止的。如果阻止核战争的唯一方式是建立一个世界政府,如果建立世界政府的唯一途径是通过中美核战争,那么我们的前景将十分暗淡。

不过,这两个前提事实上并不是完全正确的。自1945年以来,非政府组织开始承担起越来越多的职能。这些组织包括在国家保护伞下运作的慈善团体和跨国私人企业,以及诸如欧盟、联合国和世界贸易组织等联盟。毫无疑问,国家依然是安全(联合国在停止战争方面,和国际联盟一样无所作为)和金融(2008—2009年,需要政府救助来拯救资本主义)的保障者,并且不会马上消失。但是接下来的40年里,阻止夜幕降临的最有效的方式可能就是让国家政府和非政府组织进行更为紧密的合作,让政府用某些方面的国家主权换取它们不能单独实现的解决方法。

这将是一个难以处理的局面。就像过去的很多情况一样,新的挑战需要新的思想。但是,即使我们在接下来的50年里能够建立可以解决全球性问题的机构,要使奇点赢得这场比赛,这也只是一个必要非充分条件。

我们可以将我们的情形与1世纪、11世纪以及17世纪的情形相比较,当时的社会发展指数得分达到了43分这个硬天花板。我在第十一章中提到,罗马或者宋朝能够突破这个硬天花板的唯一方法就是像17世纪的欧洲和中国那样,通过关闭草原通道以及打通海上通道来改变地理格局。只有那样,它们才能重新获得安全,才能提出需要用科学方法解决的各种问题,并且建立有利于工业革命出现的种种激励条件。当然,无论是罗马还是宋朝,它们都没能做到这一点。在几代人的时间里,迁徙、瘟疫、饥荒、国家崩溃以及气候变化共同导致了欧亚大陆的崩溃。

17世纪,欧洲和中国确实改变了地理格局,它们推高了硬天花板,虽然我们在第九章中看到,它们并没有突破这个硬天花板。到了

1750年，社会再一次面临越来越多的问题，但是那个时候，英国的企业家利用已经改变的地理格局开始了能量获取的革命。

在21世纪，我们需要遵循相同的方法。首先，我们必须改变政治地理结构，为能够减缓战争以及全球气候变化步伐的全球机构腾出空间；其次，我们必须好好利用争取到的时间发动一场能量方面的新革命，降低我们对化石燃料的依赖。如果我们像20世纪那样继续使用石油和煤炭，那么我们可能在碳氢化合物耗尽之前就已经灭亡了。

一些环境保护主义者则提供了新的建议，希望人类能够回归更为简单的生活方式，从而大量减少能源的使用并阻止全球气候变化，但是这很难实现。在达到2050年的90亿人口峰值前，世界人口很可能将继续增加30亿，其中的数亿人很可能会摆脱极端贫困，消耗更多能源。美国太阳微系统公司首席可持续发展官戴维·道格拉斯指出，如果每个人拥有一个功率为60瓦的白炽灯，每天使用4小时，那么整个世界还需要近60个500兆瓦的发电站。国际能源署预测石油的需求量到2030年时将从2007年的每天8 600万桶增加到1.16亿桶。但即使到那时，仍然会有14亿人口要面临电力缺乏的情况。[47]

世界贫富差距的加大使得未来50年里能源需求不可能降低。如果我们使用更少的能源种植或运输食物，那么上亿贫民就会挨饿，这将使我们更快地面临"夜幕降临"。但是如果人们没有挨饿的话，他们就会需要越来越多的能源。单单在中国，每天就有六七万辆新汽车注册登记；2000—2030年，约有4亿人口（比美国的人口总数还要多）将从低耗能的农村迁往高耗能的城市；越洋度假、乘坐飞机以及住宿旅馆的旅游者数量由2006年的3 400万上升到2020年的1.15亿。

除非灾难迫使我们减少能源需求，否则的话，我们不可能这么做——这意味着，要避免资源耗竭和地球污染，唯一的方法就是开发新的可持续的清洁能源。

原子能将是重要的组成部分。自20世纪70年代以来，人们对放射性物质的恐惧使得核计划一度搁浅，但是随着新的时代产生新的观念，人们的恐惧也许会消失。或者太阳能会变得更加重要，太阳能只有二十亿分之一到达地球大气层上界，其中还有大约1/3被反射回去。即便如此，如果我们可以有效利用太阳能，地球每小时接收的太阳能足以满足人们一年的需求。或者，纳米技术以及遗传学能够开发出全新的能源。当然，这些大部分听上去就像是科幻小说，并且要开启一个利用清洁能源的新时代，我们需要科学技术的飞跃。但是如果我们不能提高科技水平的话，夜幕马上就会降临。

要使奇点赢得这场比赛，我们需要控制战争的爆发、应对全球气候变化并进行能源革命。我们要确保每一件事的发展方向都是正确的。只要其中一件事出现错误，夜幕就会降临。情形很不乐观。

未来的模样

一些科学家认为，他们已经知道谁将赢得这场比赛，因为答案写在了行星上。1950年的某一天（没有人知道确切时间），物理学家恩利克·费米和他的三位同事在新墨西哥州洛斯阿拉莫斯国家实验室一起吃午餐。他们谈论着《纽约客》杂志上的一幅飞碟漫画，于是谈到了外星人。突然费米问道："这些外星人在哪里？"[48]

三位同事过了好一会儿才意识到，费米仍然在思考着外星人。费米一边吃午饭，脑海中一边闪过一些数字。他突然想到，虽然银河系几千亿颗恒星中只有很少的一部分有适合居住的行星，但外太空仍然可能有大量的外星人。我们的地球还很年轻，还不到50亿年，所以其中一些外星人应比人类的历史更加久远，也更加先进。即使他们的太空船速度和我们的一样慢，他们最多只需要花上5 000万年的时间来探索整个银河系。所以，他们在哪里？为什么他们没有和我们联系？

1967年，天文学家约瑟夫·什克洛夫斯基和卡尔·萨根对费米的问题做出了回答。他们计算出，如果每25万颗恒星中有一颗恒星被一颗适合居住的行星环绕着,那么在整个银河系中,就有100万个潜在的外星文明。约瑟夫·什克洛夫斯基和卡尔·萨根认为,目前为止,我们并没有得到来自他们的任何信息★,这一定意味着先进的文化总是会自我摧毁。他们甚至认为,这些外星人在发明核武器的一个世纪内自我毁灭了,不然的话,宇宙中一定有来自他们的各种信息,而我们也能得到这些信息。所有这些证据都表明在2045年,我们将走向毁灭。这正是广岛和长崎被投下原子弹的100年后(令人不安的是,2045年正好也是库兹韦尔指出发生奇点的年份)。

这是个非常聪明的观点,但一如往常,要计算出某些数字,还有很多方式。100万个文明都灭亡只是一种猜想,并且德雷克方程[†](由法兰克·德雷克于1961年提出,可以计算出宇宙中有几个星球有生命存在)的大部分解答事实上得出的是更低的数字。根据德雷克自己的运算,我们的银河系在它的整个历史中只产生了10个先进的文明,所以我们没机会联系上外星人。

总之,费米的观点并没有太大意义,因为这场比赛的最终结果不仅依赖于行星,还依赖于我们的过去。即使历史不能给我们准确的预测工具(像阿西莫夫在"基地三部曲"中想象的那样),但是给我们提供了相当可靠的线索。这些线索正是我们未来唯一的真正基础。

从短期来看,过去建立的各种模型表明了财富和权力从西方转移到东方是不可阻挡的。19世纪,原先的东方核心地区变成了西方的边缘地区,使得东方获得了后发优势。而且,中国现在大量的廉价劳动

★ 这里当然不是指冯·丹尼肯的外星人、报纸上那些飞碟目击事件、飞碟绑架案等不现实的信息。

† $N = R^* \times f_p \times n_e \times f_l \times f_c \times L$,其中$N$=银河系内可能与我们通信的文明数量,$R^*$=银河系形成行星的平均速率,$f_p$=恒星拥有行星的比例,$n_e$=每颗有行星的恒星系中可居住行星的平均数量,$f_l$=可进化出生命的可居住行星的比例,$f_i$=进化出智能生命(拥有文明)的行星的比例,$f_c$=能够进行太空通信的文明的比例,$L$=这些文明向太空释放可探测信号的长度。

力与全球的资本主义经济结合依然还在进行。过不了多久——也许是2030年之前,但几乎可以肯定是在2040年前,中国GDP将会超过美国。21世纪的某个时刻,中国会用尽自己的后发优势,但是到那个时候,世界的经济中心仍然还在东方,并将延伸到南亚和东南亚。21世纪,财富和权力将不可避免地从西方转向东方,正如19世纪,财富和权力从东方转向西方那样。

毫无疑问,财富和权力从西方转向东方的速度比以往任何时候都要快,但是目前为止,原先的西方核心地区在人均能量获取、科技以及军事实力方面还具有极大的优势,并且很有可能在21世纪上半叶继续以某种方式保持它的主宰地位。只要美国还有足够实力充当世界警察,那么世界大战爆发的可能性就和英国作为世界警察时期的概率一样小。但是在2025—2050年的某个时刻,美国的全球领先优势将削弱,正如1870年后的英国所遭遇的,新的世界大战爆发的可能性也将增加。

科学技术水平的提高也将增加不稳定因素,因为科技使得我们更容易制造出高端武器。美国陆军战争学院教授史蒂文·梅斯认为:"我们将看到,如果美国以外的国家没有相同的技术,那么它们就会发展与之类似的科技,尤其是现在的技术都是现成的。一些破坏分子完全不需要去发展技术,他们只需要买下技术就行了。"[49] 2001年,兰德公司的一份报告指出:"美国必须考虑到可能的军事冲突,包括到2020年后,中国可能在技术上和军事上更为先进。"[50]

美国也许将率先研制出功能性反弹道导弹防御系统、机器人和纳米武器(无须人类战斗人员)、计算机技术(能够弄瘫或控制敌人的计算机和机器人)以及卫星(将太空军事化)。可能的风险之一是美国会在2040年之前部署部分或全部尖端武器,也有可能为了扭转长期的战略下滑而利用暂时具有巨大优势的科技。不过,我觉得这不大可能发生。即使是在20世纪50年代初的紧张局势下,美国也没有在苏联建立起核武库之前去攻打它。真正的风险是,其他国家害怕美国的军事实力在未来几十年会产生突破，而可能会选择先发制人而不是坐以待毙。德国在1914年发动世界大战，很大一部分原因是出于这种想法。

21世纪要维持和平的话，需要很强的政治手腕。在这本书中，我已经讨论过，伟人或者蠢货从来没有决定历史的发展方向。我认为，这些人所能做的，最多只是加快或者延缓历史的进程。即使是最糟糕的决定，例如530—630年拜占庭查士丁尼国王与波斯库斯鲁国王开战的决定，也只是加快了崩溃的速度。假如查士丁尼和库斯鲁没有发动战争的话，西方的社会发展也许能恢复得更快，不过就算他们发动了战争，社会发展最终也会恢复。

但是，自从1945年以来，领导者却真的有能力改变历史。赫鲁晓夫和肯尼迪在1962年的时候就差点改变了历史。核武器容不得我们犯一点错误，也没有机会重来。过去我们犯错的结果是导致社会衰退或者崩溃，而现在这些错误将直接导致我们的灭亡。领导者有史以来第一次起着决定性作用。我们只能希望，我们的时代像之前的大部分时代那样，可以获得它所需要的思想。

在第十一章我提到，西方得以主宰世界只是一种可能性，而不是一种确定性，对21世纪的大竞赛而言更是如此。现在，我们的胜算看起来并不大，但是我认为，如果我们的时代能够得到它所需要的思想，那么奇点将很有可能取得胜利。

如果在接下来的50年里，可再生的清洁能源能够替代碳氢化合物，那么它们就会降低（很显然不是消除）大国在不稳定弧形带里为资源而争斗不休的风险。它们也将减缓全球气候变化，减少不稳定弧形带里的压力，并且可能比工业革命更大幅度地提高粮食产量。如果机器人技术像很多科学家预测的那样有很大进展，那么智能机器就有可能使发达的欧洲国家和日本避免人口灾难，为其老龄化人口提供廉价的照顾服务。如果纳米技术也像宣传的那样，我们甚至在21世纪40年代前就可以开始净化空气和海洋了。

但是最后，我们只能依赖一个预测，那就是无论是"夜幕"还是奇点都不可能真正赢得这场比赛，因为这场比赛没有终点线。即使到了2045年（库兹韦尔认为奇点到来的时间，约瑟夫·什克洛夫斯基和卡尔·萨根认为夜幕最早降临的时间，广岛和长崎被原子弹袭击后的一个世纪），我们也不能宣布历史终结了、哪一方赢得了比赛。如果——我认为这有可能发生——在21世纪中期，夜幕降临的可能性还是很低，社会发展指数得分也超过了2 000分，奇点与其说是结束比赛，不如说是改变比赛，最重要的是改变人类。

我们不妨以长远的眼光看待今天我们所面临的威胁。这些令我们感到害怕的威胁似乎和过去那些不断推动变化的力量有很多相似之处。相对突然的多次环境变化创造了物种变异条件，改变了基因库。180万年前，非洲东部森林的干旱产生了比能人更为先进的物种。10万年前，冰期的一个残酷阶段给了智人一个同样的机会。现在21世纪，类似的事情也许又一次发生了。

大规模的物种灭绝正在发生，每20分钟左右就有一种植物或者陆地动物消失。2004年的一份研究预测，最乐观的结果就是，2050年之前，世界上的1 000万种动植物的9%面临灭绝，不过大多数生物学家预测生物的多样性将减少1/3~1/2。一些生物学家甚至提到了第六次大灭绝★，认为到2100年，世界上2/3的物种都会灭绝。人类可能是其中之一，但是21世纪的残酷情况不仅仅是将人类从地球上抹去那样简单，而有可能像180万年或者10万年之前那样，为具有新型大脑的生物体创造条件——在这种情况下，这个大脑融合了人脑和机器，从而替代了人类。这时的天启骑士没有蹂躏我们，而是加快了我们步入奇点的步伐。

★ 前五次分别发生于奥陶纪（约4.4亿年前）、泥盆纪（约3.72亿年前）、二叠纪（约2.52亿年前）、三叠纪（约2.1亿年前）、白垩纪（约6500万年前）。每次都至少消灭了当时65%的物种。

但是这个奇点也许和夜幕一样可怕。在库兹韦尔想象的世界里，随着人脑和机器智能在21世纪40年代融合，奇点的发展也会达到高潮，并且我们当中有幸活到那个时候的人事实上就会长生不死。但是那些最有经验的人——美国军队的技术专家——认为事情并不会那样发展。例如，美国前上校托马斯·亚当斯就认为战争已经超过了"人类空间"。因为武器变得"更快、更小、更多了，并且创造了人类难以控制的复杂环境"。他还认为，技术"正迅速地将我们带向我们不想去但又不能不去的地方"[51]。人类和计算机的结合也许只是人工智能彻底代替人类的一个短暂的过渡阶段，正如人类代替了早期的猿人一样。

如果这就是21世纪末奇点要带我们去的地方，那么这将意味着人类的结束，同时结束的还有人类的懒惰、贪婪和恐惧。在这种情况下，我所谓的莫里斯定理——变化是因为懒惰、贪婪和恐惧的人们（他们往往不知道自己在做什么）为了获得更方便、更有利和更安全的生活而产生的——最后也将被证伪。

社会学也将走上同样的道路，虽然我们还不知道哪一种形式将主导机器人社会，但奇点肯定会彻底毁灭原先的地理格局。东西方之间原先存在的差异对机器人来说也毫无意义。

当2103年的历史学家（如果到时还有历史学家的话）回望从碳基智能到硅基智能的转变时，他们将惊讶地发现这是不可避免的——事实上，正如我之前提到的，这就像从狩猎-采集者到农民的转化、从村庄到城市的转化、从农业到工业的转化一样不可避免。同样显而易见的是，自冰期末期以来，从原先的农业核心地区发展出来的地区传统注定要融合成一个单一的后人类世界文化。现在看来，21世纪早期，人们对西方的主宰以及这种主宰是否会继续的担忧有一点滑稽。

再无东西方之分

这听起来有些讽刺意味。在这本书的开头，我就做了一个假设，假设1848年中国皇帝将阿尔伯特带到北京做人质，然后在接下来的十一章里我解释了为什么事情没有这样发生。对于本书的主要问题，我认为答案是地理因素：是地理而不是人类，将洛蒂带到了巴尔莫勒尔堡，而不是把阿尔伯特带到了北京。

在本章，我将进一步阐述这个观点，因为解释西方主宰世界的原因也能在很大程度上解答未来将会发生什么。就像地理决定了西方得以主宰世界那样，它也决定了东方会利用后发优势赶上西方，直到它的社会发展超过西方。但是这里，我们又遇到了另一个具有讽刺意味的情况。社会的不断发展总是改变地理的意义，并且到了21世纪，当社会发展达到一定程度时，地理就会变得毫无意义。到时真正有意义的就是奇点和夜幕之间的竞争。为了防止夜幕降临，我们需要越来越多地关注全球性问题，而关于世界上的哪个国家具有最高的社会发展水平的问题，将变得越来越不重要。

这就是具有讽刺意味的情况：回答本书的第一个问题（为什么西方得以主宰世界）在很大程度上也回答了第二个问题（未来将发生什么），但是回答了第二个问题将使得第一个问题失去重要性。我们预测未来会发生什么，会使事情变得明朗。或许事情一直都很明朗，即真正有重要意义的历史不是关于西方，不是关于东方，也不是关于人类的其他分支。真正重要的历史是关于进化和全球化，它展示了我们是如何从单细胞生物走向奇点的。

在本书中，我提到了长时段注定论和短时段偶然论都不能很好地解释历史，但是现在，我要做出进一步的阐释。从长远来看，在进化史的时标上，无论是长时段注定论还是短时段偶然论都无足轻重。15 000年前，在冰期结束前，东方和西方的区分并没有多大意义。从现在起的一个世纪后，东西方的区分再一次变得没意义。在这个中间时代，东西方的重要性只是地理意义的副作用，从第一批农民将社会发展指数得分推到6分，到第一批机器强化的后生物将社会发展指数得分推到5 000分。我认为到2045—2103年，地理的意义将不再那么重要。东西方时期只是我们经历的一个阶段。

即使这个时期的每一件事情都与现实不同——如果郑和真的到达了特诺奇蒂特兰，如果出现的是新型的太平洋经济而不是大西洋经济，如果是中国而不是英国发生工业革命，如果是阿尔伯特到达北京而不是洛蒂到达巴尔莫勒尔堡——生物因素、社会因素以及地理因素的强大力量仍然会推动历史像现在这样发展。美洲（或者我们现在可以将其称为"郑和之地"）本将成为东方的一部分，而不是西方的核心地区；东方本可以主宰世界，而不是像现在这样由西方主宰世界，但是世界依旧会越变越小，变成现在的"迷你"规模。无论中美关系是否衰退，21世纪早期的世界仍有可能继续被中美共同主导，夜幕和奇点之间的竞赛仍将继续。东方和西方也将慢慢地失去它们的重要性。

这个结论并不令人惊讶。早在1889年，当时世界正从"大"世界变为"中"世界，一个名叫拉迪亚德·吉卜林的年轻诗人就已经能看清楚部分真相了。从前线回到伦敦不久，吉卜林就凭借《东西谣曲》★而名声大噪。它讲述了一个名为卡迈勒的边境袭击者偷了一个英国上将的驴的故事。上将的儿子跳上自己的马，穿过沙漠追逐卡迈勒（"月亮低垂，马蹄声招来了黄昏，债主像一只受伤的公牛，而这头驴却像一只初醒的小鹿"）。不过，故事的最后，这个英国人没追上。卡迈勒进行了反击，他举起了来复枪。但是故事的结局皆大欢喜：这两个人"在对方的眼睛中望见自己，他们冰释前嫌，立誓结为血盟兄弟"。

★ 吉卜林的东方实际指的是"印度"。对他而言，南亚和东亚没有明确的区别，因为这两片地区都在英国的东边。

诗的开头是这样的:"啊,东方就是东方,西方就是西方,它们永不交汇。"人们常用这个开头来说明19世纪西方那令人难以忍受的自满。当然,这并不是吉卜林真正想要表达的。事实上他写的是:

> 啊,东方就是东方,西方就是西方,它们永不交汇,
> 直到大地和天空都站在了上帝的审判席上;
> 没有东方和西方之分,也没有边界、种族和生命,
> 两个巨人面对面站在一起,
> 虽然他们来自地球的两端! [52]

正如吉卜林看到的那样,人们(真正的人类)是完全一样的,是地理模糊了真相,要求我们走到世界的两端去了解事情。但是在21世纪,社会的急速发展和世界的缩小使得我们无须这么做。当我们超越了生物界限的时候,既没有东西方之分,也没有边界、种族和生命的区别。如果我们能够长久地推迟世界末日的来临,那么东西方就可以交汇了。

我们可以做到吗?我想答案是肯定的。我们今天面临的挑战与1 000多年前宋朝面对的挑战以及2 000多年前罗马帝国所面临的挑战,最大的区别在于,我们现在对所涉及的问题有了更多的了解。不像罗马和宋朝,我们的时代可能还没有得到它所需要的思想。

贾雷德·戴蒙德在他的著作《崩溃》的最后一页提到,有两种力量能够解救地球于灾难之中:考古学家(他们发现早期社会的错误)和电视节目(传播考古学家的发现)。[53] 作为一个经常看电视节目的考古学家,我非常赞同他的观点,不过我还想增加一个救世主,那就是历史。只有历史学家能够勾勒出社会发展的宏大叙事,只有历史学家能够解释人类之间的差别以及如何防止这些差别毁灭我们。

我希望这本书能在这一进程中有所帮助。

附 录
社会发展指数

社会发展指数作为连接考古学家和历史学家的研究发现的桥梁，是本书的重点。社会发展指数本身并不能解释为何西方能够主宰世界，但能够告诉我们历史的基本轮廓。如有读者对书中的方法和详尽的证据感兴趣，可阅读另一本拙作《文明的度量》。本附录仅对主要术语和基本结论做出简要总结。

社会发展指数的四大异议

关于社会发展指数，主要有四大异议。

第一，对社会发展进行量化，并且对不同时期和不同地点的社会发展做出比较，忽略了人性。因此，我们不该设计社会发展指数。

第二，对不同的社会进行量化和比较是合理的，但是书中所定义的"社会发展"（社会达成目标的能力）是不正确的。

第三，书中所定义的社会发展能够有效地将东西方进行对比，但是我用来度量社会发展的四大参数（即能量获取、社会组织能力、战争能力和信息技术）并不适宜。

第四，这四大参数能够很好地度量社会发展，但是我所列举的事实有误，因此度量并不准确。

我在第三章中已对第一个异议做出解释。对很多历史学和人类学问题来说，对社会发展进行量化和比较并没有多大帮助，但是"为什么由西方主宰全球"这个问题本质上就是一个量化和比较的问题。要对此做出回答，我们必须量化社会发展并做出比较。

在第三章中，我也对第二个异议做出过一些回答。或许有比社会发展指数更为有效的方式，但我还未想出。这个问题就留给其他历史学家和人类学家吧。

至于第三个异议，我们可以有三种不同的理解方式：一是，我们可以在四大参数的基础上增加更多的参数；二是，我们应该使用不同的参数；三是，我们应当减少所使用的参数。在我撰写本书时，我确实还考虑了一些其他参数（例如，最大的政治单位面积、生活标准、交通速度或者最大纪念性建筑的面积），但是，所有的这些参数要么缺乏事实依据，要么缺乏相互独立性。在任何情况下，大多数参数在历史中都不断反复出现。对这些参数进行任何合理的组合都将得出极其相似的结果。

对这个反复出现的规律而言，主要有两大特例。我们将一个特例称为"反常的游牧民族"，即大草原社会通常在能量获取、社会组织能力和信息技术上得分较低，但是在战争能力方面的得分很高。这种反常现象解释了为什么真正的游牧民族能够打败其他帝国/帝制国家，却不善于管理帝国/帝制国家★。虽然这值得我们仔细研究，但是它并不会直接影响本书对定居的、以农业为基础的东西方核心地区之间的比较。

关于第三个异议的另一个说法则是只需要考虑能量获取，而不考虑社会组织能力、战争能力和信息技术等因素，原因是这三者只是利用能量的不同方式而已。图附1显示的是如果只考虑能量指数，历

★ 诸如帕提亚人、鲜卑人、满洲人等半游牧民族最终发展为帝国/帝制国家统治者，但是像匈奴这样的游牧民族却没能发展成帝国/帝制国家统治者。最例外的要数蒙古人，不过关于他们作为帝国/帝制国家统治者的记录相较少些。

史看起来将会如何。该图与图3.3有所区别，但是差异并不大。在只有能量获取情况的这张图中，在90%的历史时期，西方仍然领先于东方，在大约550—1750年，东方还是赶超了西方；在100—1100年，社会发展遭遇硬天花板（人均每天获取30 000千卡能量），后工业革命依然使得早期分数相形见绌，在2000年还是由西方主宰世界。

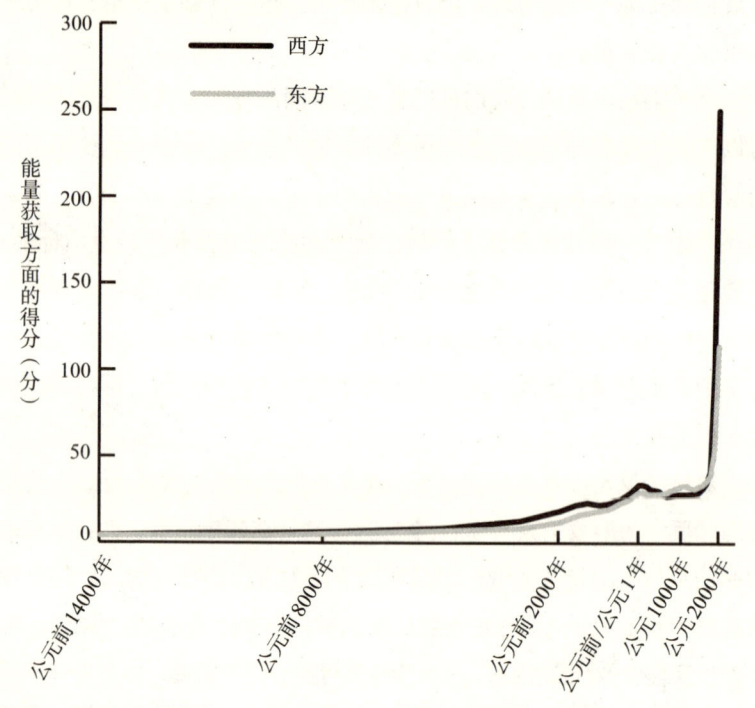

图附1　仅有能量指数：如果我们只从人均能量获取方面来看，东西方之间的对比是怎样的

如果我们只考虑能量，那么相比四个参数而言，确实更加简便，但是也存在着一个巨大的缺陷，这就是我接下来要提到的第二个特例：自工业革命以来，各大因素之间的关系变得非线性。由于新技术的出现，在整个20世纪，城市的面积增加了3倍，战争能力增加了50倍，信息技术增加了80倍，而人均能量获取仅仅增长了1倍。假如我

们仅仅分析能量的话,就未免过于简单了,而且也扭曲了历史。

第四个异议则提出了完全不同的问题,因为要判断我是否误解了事实或者使用了不恰当的方法,唯一的办法就是重新检验我用来计算东西方分值的过往16 000年的所有信息来源。要在这个附录中对此进行检验显然不太可能,这只会使得这部作品更加冗长,所以我已将相关信息放到《文明的度量》中。有时间和兴趣的读者可以在那本书中找到信息来源和我对证据模糊性的看法。

接下来我将总结数据,阐述自己是如何计算出这些分值的,并对误差做出解释。

能量获取

我将首先阐述能量获取,因为这是四大参数中最重要的参数。如果我们回溯足够久远的历史,就会发现,社会组织能力、战争能力以及信息技术这三大参数的分值均为零,这是因为那时人类活动的规模非常小,因此获得的分数还不到0.01。相反,能量获取的得分从未降到零,这是因为人类如果没有获取能量的话,就会面临死亡。为了生存,每人平均每天就要消耗约2 000千卡的能量。现代西方人均每天获取的能量约为228 000千卡(=250分),因此在理论上,最低的分值应为2.19。在实际中,自冰期末期以来,能量获取的分值一直在4分以上,这是因为人类使用的大部分能量是非食用形式的(例如衣服、房子、人工制品和燃料等)。直到工业革命前,能量获取分值大约占社会发展指数得分的75%~90%。在2000年,能量获取在东西方的社会发展指数得分中依然分别占据20%和28%。

有关能量获取的依据既有来自现代的统计,又有关于农业、工业和生活方式的文学记载,还有关于饮食、手工艺和生活品质的考古学发现。如何将这些方面结合起来是一个巨大的挑战,但和其他方面一样,我借鉴了先前研究者的成果。正如我在第三章中解释的那样,厄尔·库克在1971年关于能量流的研究提供了一个简便的基点，能够用来检验其他估计。所有这些汇集起来就形成了西方核心地区的当代水平，即每人每天获取230 000千卡。库克将此大致分成了四类：食物（提供给人类和动物）、家庭/商业、农业/工业和交通。

瓦茨拉夫·斯米尔有效地将非食物消耗分解为生物质和化石燃料，并绘制它们在西方核心地区随时间发展的图表。要将他的数据转换为能量获取分值，需要几个步骤，但得出的数据是在1900年时人均每天获取92 000千卡；在1800年时，人均每天获取38 000千卡，正好与库克的估计（即工业化后的欧洲将在1860年人均每天获取77 000千卡）相吻合（表附1）。

表附1　人均每日能量获取

年代（年）	西方（千千卡）	东方（千千卡）
公元2000	230	104
1900	92	49
1800	38	36
1700	32	33
1600	29	31
1500	27	30
1400	26	29
1200	26	30.5
1000	26	29.5
800	25	28
600	26	27
400	28	26
200	30	26
公元前/公元1	31	27
公元前200	27	24
前400	24	22
前600	22	20
前800	21	18

(续表)

年代（年）	西方（千千卡）	东方（千千卡）
前1000	20	17
前1200	21	16
前1500	20.5	15
前2000	17	11
前2500	14	9.5
前3000	12	8
前3500	11	7.5
前4000	10	7
前5000	8	6.5
前6000	7	6
前8000	6	5
前10000	5	4
前12000	4.5	4
前14000	4	4

假如我们回溯到公元1800年以前，回顾的年代越久远，越难以得到官方数据。但是经济越依赖生物燃料，我们就越可能用经济史学家和人类学家得出的对比信息代替官方文件。1700年，西方核心地区人均每天获取30 000~35 000千卡。我们得到的关于西方社会的数据清楚地显示，我们回顾的历史越久远，数字下降得越多★。对比数据显示，西方人均每日获取的能量从未低于30 000千卡。虽然这存在争议，不过我认为，即使是在8世纪，人均每日能量获取也从未降到25 000千卡以下。我将在后文给出解释，不过我认为这些猜测与实际的差距不超过5%~10%。

罗马时期令人印象深刻的房屋和遗址、沉船数量、生产货物的

★ 研究中世纪的学者可能会惊讶于表附1中，在1000—1400年，西方核心地区人均每日能量获取均保持在26 000千卡。众所周知，当时西欧社会正在迅速扩张，但此时的西方核心地区实际上指的是地中海东部伊斯兰核心地区，当时这个核心地区停滞不前（详见第七章）。在这几个世纪中，西欧人均每天能量获取均低于25 000千卡，直到15世纪才赶上地中海地区。

总量、冰芯显示出的工业污染程度以及聚居地惊人的动物骨骼数量,这些都表明1世纪西方的能量获取高于其在8世纪甚至13世纪时的水平,但是具体高多少呢?经济史学家给出了一个答案。罗伯特·艾伦认为,300年时,西方核心地区的实际工资(对前现代时期的大多数穷人来说,实际工资与能量消耗密切相关)与18世纪欧洲南部人们的实际工资相当;沃尔特·沙伊德尔则认为,罗马时期的工资远高于中世纪欧洲的大部分地区;杰夫·克朗、尼古拉·克普克和约尔格·巴滕收集的数据显示,1世纪和18世纪人们的身高几乎没什么变化;克普克指出,古代房屋比18世纪欧洲最富裕地方的房屋都要结实。我估计1世纪人均每日获取能量31 000千卡,在公元500年前缓慢下降,之后加速发展,一直到公元700年。

公元前1000年,西方核心地区的能量获取不仅低于罗马时期的水平,甚至低于其在8世纪的水平。公元前300年后,能量获取剧增,这是因为地中海地区融合成了一个更大的经济政治单位,以及罗马暖期增加了产出,不过大量的考古数据表明,早在公元前600年,能量获取就已经加速发展。公元前1000年,能量获取可能为人均每天20 000千卡,与公元前第二个千年相比略有下降,但是高于公元前第三个千年的水平。

史前早期的分值更低。在新仙女木事件末期,觅食者大约人均每日获取能量5 000千卡,但是随着气候变暖,人均每日获取能量剧增(相比之前的水平而言)。人们通过种植植物和驯养动物来获得食物,同时还利用动物进行劳作。到了公元前5000年,在侧翼丘陵区建立村庄的人们每日消耗12 000千卡,用于衣服、燃料、农畜、房屋、日常用品和纪念碑,虽然他们的饮食相比4 000年前并没有多大改善。

计算东方的分值难度更大,部分原因是诸如库克和斯米尔这样的学者只关注世界上能量获取最多的地区,并没有对地区之间进行对比。不过,我们可以从联合国2006年的一份统计入手。联合国统计,在2000年,日本人均每日获取能量104 000千卡(还不到西方水平的一半）。在1900年，东方的大部分核心地区还是以农业为主，其中日本的石油利用和以煤为动力的产业才刚刚起步。日本的人均每日能量获取约为49 000千卡（依旧不到西方的一半）。在过去5个世纪，煤炭利用和农业产出稳步增长。在1600年，长江三角洲的产量比西方任何地方的产量都要高，但是到了1750年，荷兰和英国的农业迎头赶上，并且东方的实际工资只能与南欧相比，而不能与富裕的北欧相提并论。我估计在1400年和1800年，东方核心地区的人均每日能量获取分别为29 000千卡和36 000千卡，大部分增长发生在18世纪。

关于公元1200年后的危机给中国的能量使用造成了多么严重的影响，人们看法不一，不过很可能自宋朝鼎盛时期后，能量使用有所下降，当时的人均每日能量获取很有可能超过了30 000千卡。

和西方一样，考古证据表明，在公元后第一个千年的中期，能量获取经历了低谷，但下降了多少，我们难以给出答案。我在第五章中提出，汉朝的能量获取比东方之前的任何一个朝代都要高，但是低于同时代的罗马或者之后的宋朝；1世纪的人均每日能量获取为27 000千卡，之后略有下降，在公元700年时又恢复到了之前的水平。

仍和西方一样，东方的能量获取在公元前第一个千年稳步增长，约在公元前500年后加速发展，并且由于运河的开通、贸易的发展以及金属工具的传播，能量获取在公元前300年后发展更为迅速。公元前1000年，人均每日能量获取约为17 000千卡；到了秦朝，这个数字很可能达到了26 000千卡。

在史前时期，东方的能量获取似乎和西方跨过了同样的门槛，但是之后上升较晚，通常落后了西方一两千年。

社会组织能力

在工业化之前的历史中，社会组织能力在社会发展指数中始终是第二大重要参数。我在第三章对这个参数做了详细介绍，解释了我选择最大的城市规模作为社会组织代表的理由。由于所引用数据的模糊性、定义的灵活性，专家对各个时期的城市规模见解不一。我在《文明的度量》中做出了解释。在表附2中，我总结了我的一些主要计算。

表附2 东西方核心地区最大定居点的人口数量

年代（年）	西方（千人）	东方（千人）
公元2000	16 700（纽约）	26 400（东京）
1900	6 600（伦敦）	1 750（东京）
1800	900（伦敦）	1 100（北京）
1700	600（伦敦、伊斯坦布尔）	650（北京）
1600	400（伊斯坦布尔）	700（北京）
1500	400（开罗）	678（北京）
1400	125（开罗）	500（南京）
1200	250（巴格达、开罗、君士坦丁堡）	1 000（杭州）
1000	200（科尔多瓦）	1 000（汴京）
800	175（巴格达）	1 000（长安）
600	150（君士坦丁堡）	600（大兴城）
400	800（罗马）	200（平城）
200	1 000（罗马）	120（长安）
公元前/公元1	1 000（罗马）	500（长安）
公元前200	300（亚历山大）	250（长安）
前500	150（巴比伦）	80（临淄）
前1000	5（底比斯）	35（洛邑、丰京）
前1200	80（巴比伦、底比斯）	50（殷）
前1500	75（乌鲁克、底比斯）	35（二里冈）
前2000	60（孟菲斯、乌尔）	11（丰城-南水）
前3000	45+（乌鲁克）	5（大地湾）
前4000	5（乌鲁克、布拉克丘）	<1（姜寨、贾湖）
前6500	3（恰塔霍裕克）	
前7500	1（贝达、巴斯塔、恰塔霍裕克）	

战争能力

自有文字以来，人们就开始记载战争，并且自史前早期开始，人们就常常将武器作为陪葬品。因此我们能够了解到大量的甚至是前现代的战事。在给战争能力打分时，最主要的挑战不在于经验，而在于概念，即我们如何对比性质完全不同的战争体系，而且这些战争体系是以前的体系无法比拟的。最著名的是，当英国于1905年制造出"无畏"号战舰时，就是基于这么一个想法：它的超大型火炮和重型装甲意味着，多少19世纪90年代的船只加起来都比不上一艘1905年后的战舰。

不过，实际情况是，事情从来不会这么简单。在恰当的环境中，简易爆炸装置能够给高科技军队重重一击。理论上，我们可以将同一指数分值分配给完全不同的军事系统，虽然专家可能对这些分值看法不一。

在2000年，西方的军事力量前所未有地达到了250分，显然比东方高了许多。东方的一些军队也很庞大，但是武器系统的重要性远超过单纯的人数。据西方资料推算，美国与中国的军事开销比例为10∶1；在航空母舰和核弹头数量方面，中美之间的比例分别约为3∶11和1∶15；中国的陆军装备与美国的M1主战坦克和精确武器之间也存在差距。因此，东西方的比例应在1∶10到1∶50之间。我选择了1∶20，即在2000年，西方达到250分的时候，东方仅有12.5分。

将2000年的分值与早期的分值相比，难度更大。但是如果我们观察军队规模、移动速度、后勤能力、攻击能力、装甲和防御工事等方面的变化，就能做出估计。据估计，大炮的火力在1900—2000年增加了20倍，反坦克火力增加了60倍。考虑到20世纪的其他变化，1900—2000年，西方战争能力增强了50倍，即1900年时，西方的分值为5分，而2000年时，其分值为250分。

1900年时，西方的军事力量远远强于东方，虽然差距没有2000

年时大。1902年，英国海军的吨位几乎是日本海军的6倍，而且欧洲任何一个大国的军队规模都比日本大。我将1900年东西方的比例设为1∶5，即1900年，东方分数仅为1分（1900年西方的得分为5分；2000年，东方的得分为12.5分）。

显然，不是每个人都能接受这种主观性的计算。但这里的重点是，2000年，西方的军事力量如此强大，显得其他分值（包括1900年西方的分值，甚至2000年东方的分值）都无足轻重。也正因为如此，这个估计中的错误也就显得不那么重要了。我们可以把1900年之前的战争能力分值全都翻倍或者减去一半，仍不会对总体社会发展指数得分造成多大的影响。

西方的战争能力在1800—1900年的变化虽没有1900—2000年的变化那么大，但其影响也非常深远。它将我们从航海骑兵、火枪时代带到了炮弹、装甲船、机枪时代，同时也即将带来坦克与飞机。19世纪，西方的战争能力很可能有了大幅度增强，我将1800年西方的战争能力设定为0.5分。当时的西方战争能力远远高于东方，因此当时东方的战争能力可能仅为约0.1分。

1500—1800年，欧洲经历了历史学家称之为"军事革命"的时期，使得其战争能力增强了三倍。而在1700—1800年（1700年时，康熙开始征服大草原），东方的战争能力却倒退了。由于缺乏外部威胁，中国的统治者为了寻求和平红利，往往减少本国的军备，忽视科技进步。1800年时，东方的作战水平并不比其1500年的水平高出多少，因此在19世纪40年代的时候，英国军队能轻而易举地入侵中国。

14世纪，火药的出现增强了东西方的战争能力，虽然其影响比不上19—20世纪的发明所带来的影响。1500年前后，欧洲最好的军队比其五个世纪前的军队强大了一倍左右。这些军队的强大依赖于军队规模、后勤能力以及火药技术。

我们难以计算出1500年前后的西方与国土辽阔、组织严密但还未使用火药的罗马帝国在战争能力方面的比值。据一项研究，2000年前后，一架轰炸机的破坏能力是一个罗马军团的50万倍。[1]我们不妨由此推断，公元前/公元1年时，西方的分值是0.000 5分。但是显然，罗马军团士兵的人数远多于美国轰炸机的数量，因此，我将现代西方与罗马的战争能力的比例估计为2 000∶1，因此公元前/公元1年的西方分值为0.12分。在罗马帝国的鼎盛时期，其军队是15世纪时欧洲陆军和海军的一大威胁，但军事革命时期的军队并没有这么强大。这也意味着，在罗马帝国的鼎盛时期，其战争能力可与蒙古人的战争能力相当，并优于唐朝的战争能力。

表附3 战争能力

年代（年）	西方（分）	东方（分）
公元2000	250.00	12.50
1900	5.00	1.00
1800	0.50	0.12
1700	0.33	0.15
1600	0.17	0.12
1500	0.11	0.10
1400	0.11	0.12
1200	0.08	0.09
1000	0.06	0.08
800	0.04	0.07
600	0.04	0.09
400	0.09	0.07
200	0.11	0.07
公元前/公元1	0.12	0.08
公元前200	0.10	0.07
前400	0.09	0.05
前600	0.07	0.03
前800	0.05	0.02
前1000	0.03	0.03

(续表)

年代（年）	西方（分）	东方（分）
前1200	0.04	0.02
前1500	0.02	0.01
前2000	0.01	0
前2500	0.01	0
前3000	0.01	0

在东方，到了公元前200年，青铜武器依然是主要的工具。汉朝的军事力量似乎没有罗马强大，虽然在第一次东西方交流后，中国的军事力量没有西方下降得厉害。6世纪，隋朝统一了中国。隋朝的军队比当时西方的任何军队都要强大。在700年前后，武则天在位期间，这个差距进一步扩大了。

公元前几个世纪东方的军事实力比罗马帝国时期和汉朝都要弱得多。在公元前1900年前后，东方没有哪支军队能够达到0.01分；在公元前3000年前后，西方的埃及和美索不达米亚军队很可能达到了0.01分。

信息技术

考古发现和文字记录展示了各个时期出现的各种信息技术，而我们也很容易估计这些媒介能够以怎样的速度传输多少信息，以及传输多远的距离。真正的困难在于估计不同技术的使用情况，在大部分的历史时期，这就意味着有多少人能够读写，以及水平如何。

摩尔定律似乎暗示着2000年的分值应该比1900年的分值高出数千亿倍。因此，有人认为1900年时，西方的分数最多为0.000 000 002 5分。但是，如果这样的话，就忽视了诸如书籍（现在受到了数码媒介的挑战）等传统信息储备形式的灵活性以及随时间变化的先进技术。

现代信息技术与早期信息技术之间差距巨大,应该不到十亿比一。1900年之前的分值(甚至1900年之前的误差)应该比战争能力更低。另外,关于多少人能够读写和计算,以及水平如何,这方面的证据比战争方面的证据更模糊,我的猜想也就更加主观。

在表附4中,我采用了多步骤方法来量化信息技术。首先,按照历史学家常用的方法,我将人们的水平分为高级、中级和初级。每一个级别的范围按照读写能力划分如下:初级(能够读和写一个名字)、中级(能够读和写一个简单的句子)、高级(能够读和写结构紧凑的文章)。这与中国在1950年的扫盲运动中的定义(达到识字教育标准:能够认识1 000个常用字;半文盲:能够识得500字以上,但未达到扫盲标准的;文盲:不识字或识字数在500字以下)颇为相近。

其次,利用现有的知识,我将不同时期的成年男性划分为三种类别。在高级水平中,每1%的男性就获得0.5分;在中级水平中,这个数字为0.25分;在初级水平中,则为0.15分。之后,我将同样的分值标准用于女性。关于女性文化程度方面的证据比男性的少,在20世纪之前,能读书写字的女性显然比男性少(往往少很多)。尽管我对近代之前的数据基本靠猜测,但是我尝试对女性和男性使用信息技术的百分比做出估计。之后,我将基于信息技术的数量和水平为每一个时期计算出分数。

2000年,东西方核心地区所有男性和女性的水平均为高级★,因此东西方的信息技术的分值均为100分。1900年,在西方核心地区,几乎所有的男性都至少认识一些字(50%为高级水平,40%为中级水平,7%为初级水平),并且女性得到了几乎与男性同样良好的教育,这使西方核心地区在信息技术的"读写分数"方面获得了63.75分。在东

★ 我需要再一次强调,我所划分的等级,即初级、中级和高级,其标准远比21世纪的标准低。任何能够填写现代工作申请表或纳税申报单的人都被认为是具有高级水平的。

表附 4 信息技术分值

(单位：分)

西方核心地区

年代（年）	高级 @0.5 pts	中级 @0.25 pts	初级 @0.15 pts	男性得分	女性（%男性）=50.00	读写分数	乘数	总得分
公元2000	100 (50)	0	0	50.00	100%=50.00	100.00	×2.50	250.00
1900	40 (20)	50 (12.5)	7 (1.05)	33.55	90%=30.20	63.75	×0.05	3.19
1800	20 (10)	25 (6.25)	20 (3)	19.25	50%=9.63	28.88	×0.01	0.29
1700	10 (5)	15 (3.75)	25 (3.75)	12.50	10%=1.25	13.75	×0.01	0.14
1600	5 (2.5)	10 (2.5)	10 (1.5)	6.50	2%=0.13	6.63	×0.01	0.07
1500	4 (2)	8 (2)	6 (0.9)	4.90	2%=0.10	5.00	×0.01	0.05
1400	3 (1.5)	6 (1.5)	4 (0.6)	3.60	1%=0.04	3.64	×0.01	0.04
1300	3 (1.5)	6 (1.5)	4 (0.6)	3.60	1%=0.04	3.64	×0.01	0.04
1200	3 (1.5)	6 (1.5)	4 (0.6)	3.60	1%=0.04	3.64	×0.01	0.04
1100	2 (1)	4 (1)	2 (0.3)	2.30	1%=0.02	2.32	×0.01	0.02
1000	2 (1)	4 (1)	2 (0.3)	2.30	1%=0.02	2.32	×0.01	0.02
600—900	2 (1)	2 (0.5)	1 (0.15)	1.65	1%=0.02	1.67	×0.01	0.02
300—500	3 (1.5)	4 (1)	3 (0.45)	2.95	1%=0.03	2.98	×0.01	0.03
公元前100—公元200	4 (2)	6 (1.5)	5 (0.75)	4.25	1%=0.04	4.29	×0.01	0.04
前500—前200	2 (1)	3 (0.75)	2 (0.3)	2.05	1%=0.02	2.07	×0.01	0.02
前900—前600	1 (1)	2 (0.5)	1 (0.15)	1.65	1%=0.02	1.67	×0.01	0.02
前1100—前1000	1 (1)	1 (0.25)	1 (0.15)	1.40	1%=0.01	1.41	×0.01	0.01
前2200—前1200	1 (1)	2 (0.5)	1 (0.15)	1.65	1%=0.02	1.67	×0.01	0.02
前2700—前2300	1 (1)	1 (0.25)	1 (0.15)	1.41	1%=0.01	1.41	×0.01	0.01
前3300—前2800	0 (1)	1 (0.25)	2 (0.3)	0.55	1%=0.01	0.56	×0.01	0.01
前6000—前3400	0	0	1 (0.15)	0.15	1%=0.00	0.15	×0.01	0.00
前9000—前6100	0	0	0	0.00	0.00	0.00	×0.01	0.00
前9300—前9000	0	0	1 (0.15)	0.15	1%=0.00	0.15	×0.01	0.00

（续表）

东方核心地区

年代（年）	高级 (@0.5 pts)	类别（百分比） 中级 (@0.25 pts)	初级 (@0.15 pts)	男性得分	女性 (%男性)	读写分数	乘数	总得分
公元2000	100 (50)	0	0	50.00	100%=50.00	100.00	×1.89	189.00
1900	15 (7.5)	60 (15)	10 (1.5)	24.00	25%=6.00	30.00	×0.01	0.30
1800	5 (2.5)	35 (8.75)	10 (1.5)	12.75	5%=0.64	13.39	×0.01	0.13
1700	5 (2.5)	20 (5)	10 (1.5)	9.00	2%=0.18	9.18	×0.01	0.09
1600	4 (2)	15 (3.75)	10 (1.5)	7.25	2%=0.15	7.40	×0.01	0.07
1500	3 (1.5)	10 (2.5)	10 (1.5)	5.50	2%=0.11	5.61	×0.01	0.06
1400	3 (1.5)	10 (2.5)	10 (1.5)	5.50	2%=0.11	5.61	×0.01	0.06
1300	3 (1.5)	5 (1.25)	5 (0.75)	3.50	1%=0.04	3.54	×0.01	0.04
1200	3 (1.5)	5 (1.25)	5 (0.75)	3.50	1%=0.04	3.54	×0.01	0.04
1100	2 (1)	2 (0.5)	3 (0.45)	1.95	1%=0.02	1.97	×0.01	0.02
公元前600—公元1000	2 (1)	2 (0.5)	2 (0.3)	1.80	1%=0.02	1.82	×0.01	0.02
前1000—前700	2 (1)	1 (0.25)	1 (0.15)	1.40	1%=0.01	1.41	×0.01	0.01
前1300—前1100	1 (0.5)	1 (0.25)	1 (0.15)	0.90	1%=0.01	0.91	×0.01	0.01
前7000—前1400	0	0	1 (0.15)	0.15	1%=0.00	0.15	×0.01	0.00

方，男性也普遍识字，虽然水平并不高（我估计有15%为高级水平，60%为中级水平，10%为初级水平），而且有文化的女性可能只有男性的1/4。这样，1800年时东方核心地区在信息技术的"读写分数"方面只有13.39分。随着我深入计算更古老时期的识字情况，我猜想中的误差也就逐渐增加，虽然这些误差的影响并不大。

最后是根据通信科技的变化速度和覆盖范围计算出乘数。我将用来处理信息的高级工具分为三大类：电子科技（到2000年，东西方均使用）、电气技术（西方在公元1900年前就已经使用）和非电气技术（在西方可能已经使用了11 000年，而在东方可能使用了9 000年）。

与大多数历史学家不同，我不准备严格区分印刷术发明前后的时代。印刷术最主要的贡献就是产生了越来越多且越来越廉价的资料，而不是像电报或者互联网那样改变了通信方式。这些量的变化也已被考虑在内。至于电子科技，东西方的乘数应分别为1.89和2.50，这反映了2000年东西方分别可利用的计算机和宽带数量。电气技术在公元1900年前就对西方有所影响，因此我用了0.05的乘数；非电气技术在其他时期均有使用，所以我在东西方都使用了0.01这个乘数。因此，在2000年，西方信息技术参数的社会发展指数最高分很可能达到了250分，而东方则达到了189分；在1900年，西方达到了3.19分，而东方达到了0.30分；在公元前3300年前后，西方的分值就达到了社会发展指数的最低要求，即0.01分，而东方则在公元前1300年前后才达到这一数值。

误差

在上一节，我反复提到估计和猜想这两个词，这是因为要建立社会发展指数就不得不提到它们。这产生的结果之一就是没有任何指数是"正确"的，无论我们如何正确定义指数。因此，要问我在计算社会发展指数时所得出的分值是否有误,这是毫无意义的,因为肯定有错误。真正的问题是:这些错误是大还是小?这些错误是否严重到扭曲了基本的历史,使得第四章至第十章的内容完全误导读者,因此这一整本书也就有致命的错误?或者这些错误实际上非常小?

理论上,我们很容易对这些问题做出解答。我们只要问以下两个问题:(1)如果我们要使过去看起来与本书中提到的完全不一样,以致本书论点完全不成立的话,我们需要对分值做出多大的改变?(2)这些改变是否可信?

要解决这些问题,唯一的办法就是检查所列举的所有证据,检验我所做出的每一个计算。但是这里,我要简要说明一下,有可能会有系统性的错误影响了我对整个历史发展的看法。根据我设计的社会发展指数,在公元前14000年之后,西方得以领先。东方慢慢地追赶上来,并且在公元前第一个千年里,西方在大部分时间里的领先优势很小。公元前100年前后,西方进一步领先。但是在公元541年,东方领先西方,直到1773年。之后西方重新领先,如果20世纪的趋势继续的话,西方的领先优势将会持续到2103年。自冰期末期以来,在92.5%的时间里,西方的社会发展情况都领先于东方。

我曾在第三章指出,我的整体分值最多会有10%的浮动,但不会影响基本模式。图附2a显示,如果我将西方社会发展指数得分整体提高10%,将东方社会发展指数得分降低10%,结果会是怎样;图附2b显示如果我将东方社会发展指数得分提高10%,而将西方社会发展指数得分降低10%,结果又是如何。

首先要注意的一点是,这些分数都十分不可信。图附2a中,西方的分值被提高了10%,东方的分值则被降低了10%,我们在图中看到,1400年时,西方比东方更加先进,此时正是郑和下西洋的前夕;它还意味着公元前218年,当汉尼拔率领他的大象进攻罗马时,西方的发展已经高于东方。如果以上这些都不够诡异的话,这个图还告诉我们,当公元前44年恺撒大帝被谋杀时,西方比1793年的东方更加

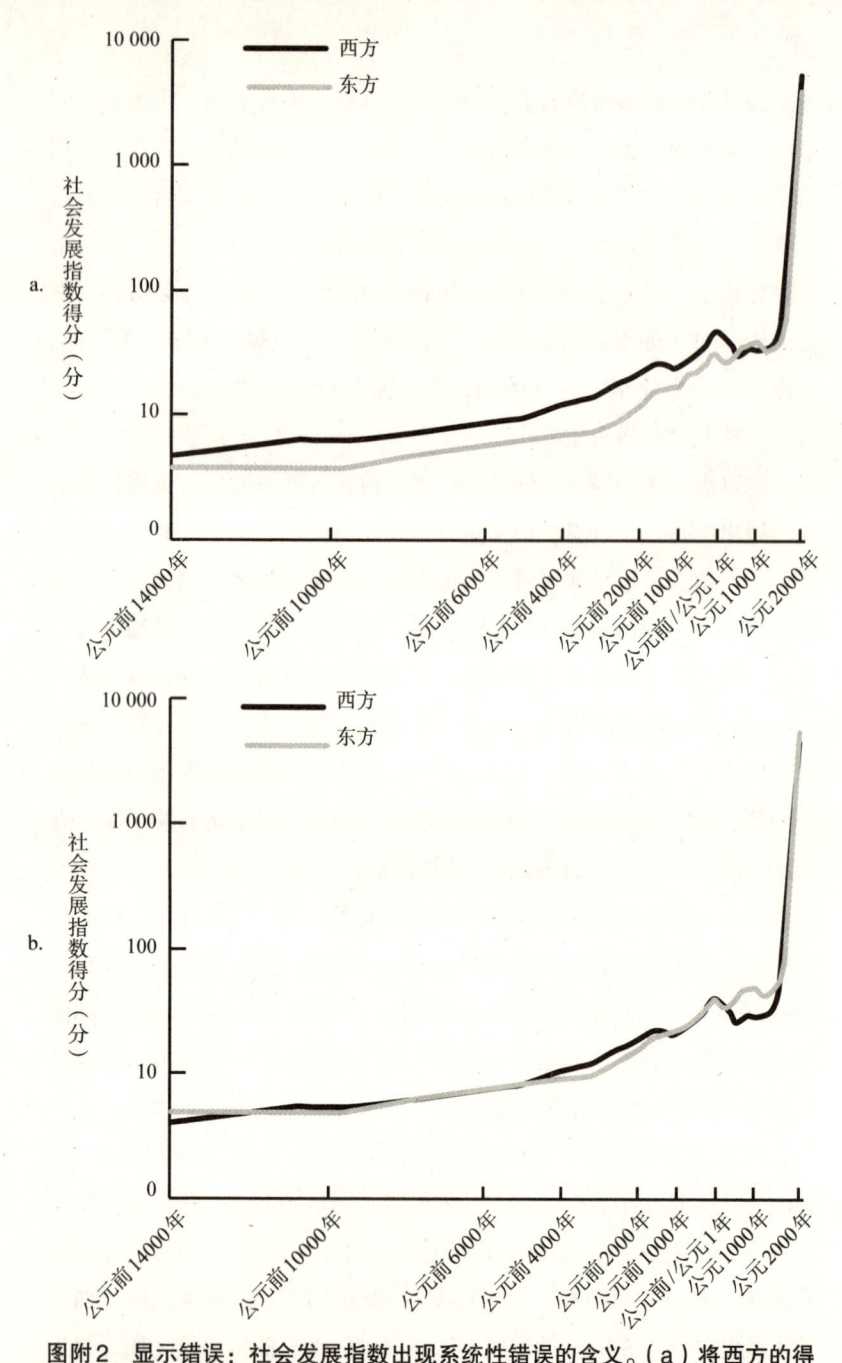

图附2 显示错误：社会发展指数出现系统性错误的含义。(a)将西方的得分提高10%，将东方的得分降低10%；(b)将东方的得分提高10%，将西方的得分降低10%

先进，此时中国的乾隆皇帝拒绝了马戛尔尼勋爵的贸易要求。

图附2b也许更加奇特。在图中，700年时的西方，阿拉伯人在大马士革统治着庞大的帝国，其社会发展指数得分却低于东方孔子时期的社会，这显然不对。1800年已开始工业革命的西方社会，其社会发展指数得分低于1000—1200年处于宋朝统治下的东方核心地区，这更不可能。

即使历史学家能够接受这些奇怪的结论，图附2中所显示的历史发展轨迹与图3.7中的差异也没有大到足以改变基本的模式。短时段偶然论依然证据不足，因为即使在图附2b中，在大部分的历史时期，西方的分值依然高于东方（虽然此时的"大部分"只有56%，而不是92.5%）；长时段注定论也是如此，因为即使在图附2a中，东方也曾领先7个世纪。对不断向前却受到干扰的发展而言，生物学和社会学依旧是最合理的解释，而地理因素也仍然最能够解释为什么西方得以主宰世界。

要改变基本模式，我的估计就要做出20%的改动。图附3a显示，如果我将西方的社会发展指数得分整体提高20%，将东方的社会发展指数得分降低20%，结果会是怎样；图附3b显示如果我将西方的社会发展指数得分降低20%，而将东方的社会发展指数得分提高20%，结果又会如何。

这一次的模式非常不同。在图附3a中，西方的分值始终高于东方，使得长时段注定论看起来非常可信，同时也让我的观点，即"社会发展改变了地理的意义"变得不成立。图附3b中的东西方对比有效推翻了我的实际指数所得出的理论，使得东方自冰期以来有90%的时间都领先于西方。

如果图附3a或图附3b中有任何一个是正确的话，那么你在本书中所读到的一切均是错误的。不过，我有足够的理由相信，这两张图的数据都是错误的。在图附3a中，西方的社会发展指数得分被提高了20%，而东方的得分则被降低了20%，我们看到，在公元前/公元1年

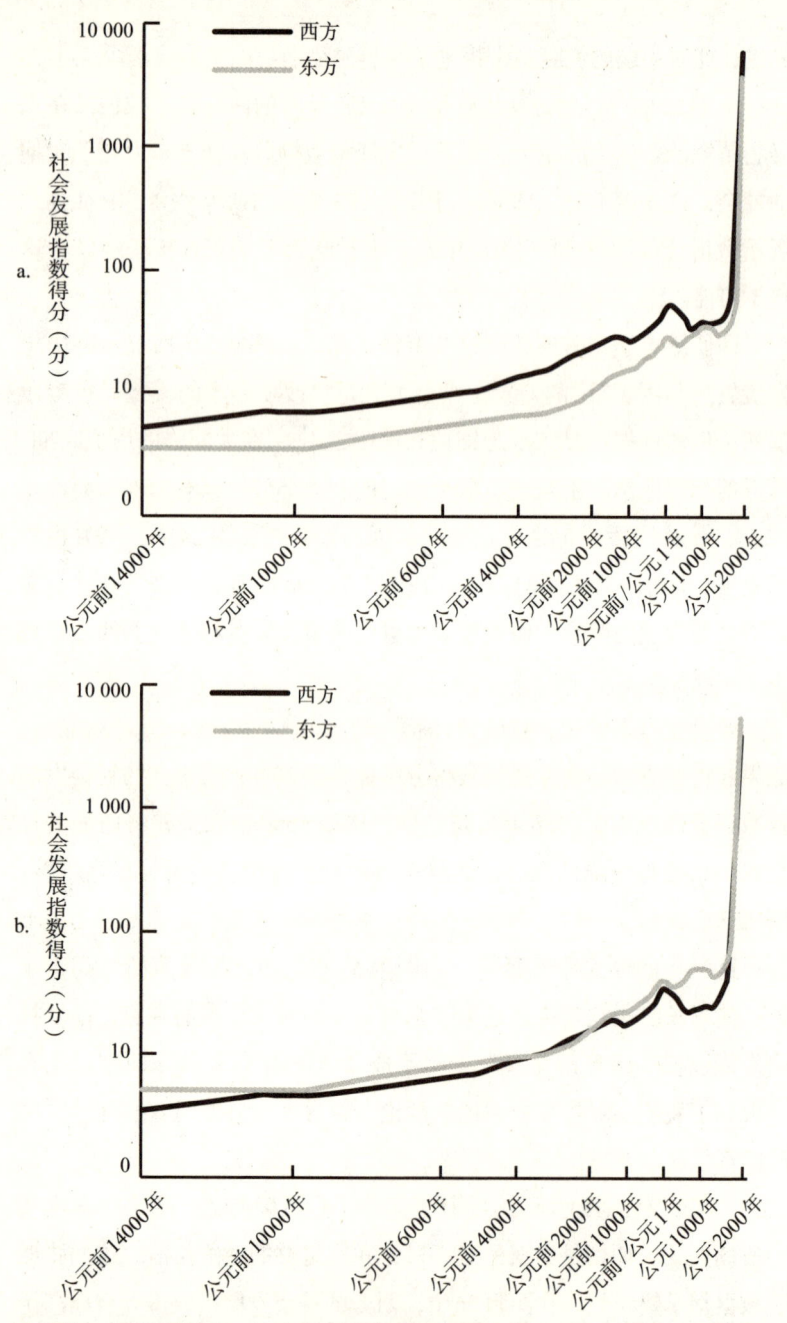

图附3 更大的错误：(a) 将西方的得分提高20%，将东方的得分降低20%；(b) 将东方的得分提高20%，将西方的得分降低20%

的时候，罗马帝国仅比1900年工业化的日本低5分，这显然是不可能的。在图附3b中，东方的社会发展指数得分被提高了20%，而西方的得分则被降低20%，这意味着，在商朝之前的东方社会比波斯帝国统治下的西方社会的发展程度要高，也就是说西方在1828年，即鸦片战争的前夕才赶上东方；同时还意味着，西方的主宰在2003年已经结束了。以上这些都不可信。

因此，我在第三章中提出：（1）我的估计出现的误差很可能低于10%，绝对不可能超过20%；（2）即使误差达到了10%，我所阐述的历史基本框架依然成立。

结论

我在第三章中不止一次地指出，制定社会发展指数是一种电锯艺术。在最好的情况下，一个指数能够给出一个大概、足够好的估计，清楚地体现指数设计者的设计。我已说过，长久以来我们无法解释西方为何主宰世界的原因是，学者用不同的方式定义术语，并关注问题的不同方面。只要建立指数，我们就能向前跨出一大步。那些提出附录开头第一个异议的人，应去寻找另一种方式来解释为什么是西方主宰世界，或表明为什么我们不该问这个问题；提出其他异议的人则应提出他们自己的更好的指数。也许到那个时候，我们能够看到一些真正的进步。

致 谢

和大多数书一样，如果没有很多其他人的付出，这本书不可能问世。要不是在斯坦福大学人文与科学学院开放的思想氛围中度过了这么长的时间，我可能不会想到要写这样一本书，因为在这儿，我们不用受到传统学术界限的束缚。在此，我要感谢史蒂夫·哈珀、伊恩·霍德、阿德里安娜·梅厄、乔希·奥伯、理查德·萨勒、沃尔特·沙伊德尔，尤其是凯西·圣约翰，感谢他们这么多年的支持、交流、鼓励和耐心。

在我写作的过程中，贾雷德·戴蒙德、尼尔·弗格森、康斯坦丁·法佐尔特、杰克·戈德斯通、约翰·哈尔东、伊恩·霍德、阿格尼丝·许、马克·刘易斯、巴纳比·马什、尼尔·罗伯茨和理查德·萨勒帮我审阅了部分章节。在我完成本书后，埃里克·钦斯基、丹尼尔·克鲁、阿尔·迪安、多拉·迪安、马丁·刘易斯、阿德里安娜·梅厄、乔希·奥伯、迈克尔·皮特、吉姆·罗宾逊、凯西·圣约翰和沃尔特·沙伊德尔帮我审阅了全书。感谢他们提出的宝贵建议，在此也为我未能正确理解或因太固执而无法接受的地方道歉。

感谢鲍勃·贝拉、弗兰切斯卡·布雷、伊懋可、伊恩·霍德、理查德·克莱因、马克·刘易斯、刘力、汤姆·麦克莱伦、道格拉斯·诺思、沃尔特·沙伊德尔、内森·希文、亚当·斯密、理查德·施特拉斯伯格、唐纳德·瓦格纳、巴里·温加斯特和张雪莲,由于他们的帮助,我有幸读到许多未曾发表或者新近发表的文章。除了以上诸位,还有奇普·布莱克、戴维·克里斯琴、保罗·戴维、兰斯·戴维斯、保罗·埃利希、彼得·加恩西、戴维·格拉夫、戴维·肯尼迪、克里斯蒂安·克里斯蒂安森、戴维·莱廷、杰弗里·劳埃德、史蒂夫·米森、科林·伦福儒、马歇尔·萨林斯、吉姆·希恩、史蒂夫·申南、彼得·特明、洛塔尔·冯·法尔肯豪森、克丽丝·威克姆、王国斌、加文·赖特、维克多·熊、杨晓能、赵鼎新、周逸群,与他们的交谈极大地启发了我。在斯坦福大学"古地中海和帝制中国"和"第一次大分流"会议以及在阿布扎比、阿纳海姆、雅典、奥斯汀、大天空市、剑桥(美英两地)、洛杉矶、梅德福、蒙特利尔、纽黑文、西雅图、斯坦福、维多利亚(加拿大)等地举行的会议,与会者也提出了很多建设性的意见。

感谢斯坦福大学人文与科学学院对我的资金支持,使我得以完成本书。感谢米歇尔·安吉尔为本书中的地图、图表做了最后的修改,感谢帕特·鲍威尔为了让我合法使用他人的成果所付出的努力。

最后,我要感谢桑迪·迪杰斯特拉和 Sandra Dijkstra 代理公司团队,本书英文版的编辑、Farrar, Straus and Giroux 出版社的埃里克·钦斯基和尤金妮娅,以及 Profile Books 出版社的丹尼尔·克鲁。要不是他们的鼓励,我也不可能完成本书。

再一次向他们表示衷心的感谢。

注　释

本节提供了正文中提到的引文和作品的出处。我以引文作品的作者或编辑的姓氏、出版日期来标明来源，完整细节可见参考文献。对近百年的作品，我提供所用引文的确切页码，对于有多个版本的古老作品，列出作品全称，并注明所用引文的章节或分册。除另有说明外，英文翻译皆由我自己完成。

前言

1. Shad Kafuri (August 1994), cited in Jacques 2009, p. 113.
2. Hilaire Belloc, *The Modern Traveler* (1898), part 6.
3. Winston Churchill, cited from http://quotationsbook.com/quote/40770/.
4. Frank 1998, pp. 2, 116, 37.
5. William III of England 1690, cited from Goldstone 2006, p. 171.
6. Crosby 2004, p. 42; italics in original.
7. Bierce 1911, p. 51.
8. Heinlein 1973, p. 53.
9. Bentley 1905, p. 1.
10. Herodotus, *History* 9.122.
11. E. Huntington 1915, p. 134.
12. Samuel Johnson, *Lives of the Most Eminent English Poets* (1780), section on Milton.
13. Gerschrenkon 1962.

第一章

1. Samuel Johnson, in James Boswell, *Life of Johnson* (1791), volume 3, entry for September 20, 1777.

2. Arthur Young (1761), quoted in Briggs 1994, p. 196.

3. Adam Smith, *The Wealth of Nations* (1776), Book I, Chapter 8.

4. Davies 1994, p. 25.

5. Gould 2007. 这一说法追溯至 Gould published with Niles Eldredge in 1972。

6. Richard Klein, quoted in "Scientists in Germany Draft Neanderthal Genome," *New York Times*, February 12, 2009. (http://www.nytimes.com/2009/02/13/science/13neanderthal.html?_r=1&partner=rss&emc=rss).

7. William Shakespeare, *Hamlet*, Act 2, scene 2.

8. A. C. Clarke 1968, pp. 16, 17.

9. Cann et al. 1987.

10. "Stirring Find in Xuchang," *China Daily*, January 28, 2008 (http://www.chinadaily.com/cn/opinion/2008-01/28/content_6424452.htm).

11. Ke et al. 2001, p. 1151.

12. Herbert Kühn's 1923 interview with Maria Sanz de Sautuola, in Kühn 1955, pp. 45–46.

13. Kühn 1955, p. 46.

第二章

1. Pinker 1997, p. 193 (Pinker himself does not subscribe to this theory).

2. Fuller 2007.

3. None of the original works of Heraclitus (flourished c. 500 BCE) survive; Plato quoted this passage in *Cratylus* 402A in the early fourth century BCE.

4. Sahlins 2005, p. 209.

5. quoted in Quattroc-chi and Nairn 1968, pp. 17, 30.

6. Marshall Sahlins, "The Original Affluent Society," 法文初版出版于1968年。文中引文出自英文版 Sahlins 1972, pp. 39 and 37 and reprinted in Sahlins 2005, pp. 134 and 133。

7. Barker 2006, p. 414.

8. Leo Tolstoy, *War and Peace* (1869), Epilogue, part II, chapter 11. Translation modified slightly from http://www.gutenberg.org.

第三章

1. Spencer 1857, p. 465.

2. Max Weber, cited in Gerth and Mills 1946, p. 66, note.

3. Charles Darwin, *The Voyage of the Beagle* (1882), Chapter 10.

4. Carneiro 2003, pp. 167–68.

5. Sahlins 2005, pp. 22–23.

6. Shanks and Tilley 1987, p. 164.

7. Ortner 1984, p. 126.

8. Lord Robert Jocelyn, cited from Waley 1958, p. 109.

9. Armine Mountain, cited from Fay 1997, p. 222.

10. 人们通常认为此句及类似言论出自爱因斯坦，却无一人能给出确凿来源。我见过最有力的证据来自 the One Degree website (http://www.onedegree.ca/2005/04/08/making-einstein-simple)，表明该说法实际源自《读者》杂志对广义相对论的总结。这可能是爱因斯坦没说过（但应该说）的最重要的事。

11. Arthur Eddington, quoted in Isaacson 2007, p. 262.

12. United Nations Development Programme, 2009, Table H, pp. 171, 174 (available at http://hdr.undp.org/en/).

13. L. White 1949, p. 368.

14. 毛泽东. 毛泽东选集：第二卷 [M]. 北京：人民出版社，1969.

16. Popper 1963, p. 43.

17. Albert Einstein, quoted in ibid., p. 42.

18. Attributed to Benjamin Disraeli by Mark Twain (Twain 1924, p. 246).

19. Charles Dickens, *A Christmas Carol in Prose* (1843), Stave 4.

第四章

1. Plutarch, *Life of Alexander* 64.

2. Genesis 47.27, as translated in *The New Oxford Annotated Bible* (1994), p. 63 OT.

3. *Sumerian King List*, translated in Kramer 1963, p. 330.

4. *The Lamentation over Ur*, lines 390–94, translated in Michalowski 1989.

5. treaty between the Hittites and Amurru, late thirteenth century BCE, translated in Beckman 1999, p. 107.

6. Ramses II's victory inscription, translated in Lichtheim 1973–80, vol. II, p. 62.

7. Lü Buwei, *Springs and Autumns of Mr. Lü* 3.5, translated in de Bary and Bloom 1999, p. 239.

8. *Zuozhuan Commentary*, Duke Zhao Year 1, translated in Legge 1872, p. 578.

9. Chang 1989, p. 42.

10. Lü Buwei, *The Springs and Autumns of Mr. Lü*, p. 239.

11. *Classic of Odes*, translated in Waley 1937, no. 240.

12. *Jiaguwen heji* 6,664 front, translated in de Bary and Bloom 1999, p. 12.

13. Pylos tablet An 657, translated in Chadwick 1987, pp. 40–42.

14–15. Ugarit tablets RS 20.212 and 18.147, translated in Astour 1965, p. 255.

16–17. Ramses III, Medinet Habu inscription, translated in Pritchard 1969, pp. 262–63.

18. Mursili II, Prayer to the Sun Goddess (*CTH* 376), translated in Pritchard 1969, p. 396.

19. Merneptah, Poetical Stela, translated in Lichtheim 1973–80, vol. II, p. 77.

20. Judges 21.25, translated in *New Oxford Annotated Bible*, p. 331 OT.

21. "Great brightness," *Classic of Odes*, translated in Waley 1937, no. 246.

22. G. E. Smith 1915.

第五章

1. *Mencius* 7B/4, translated in Lau 2003, p. 158.

2. *Mai zun* inscription, translated in Shaughnessy 1991, p. 207.

3. *Bamboo Annals* 4.4.5, translated in Legge 1865, Prolegomena p. 149.

4. Childe 1942, p. 183.

5. Ashur-dan II, translated in Grayson 1991, pp. 134–35.

6. Ashurnasirpal II, translated in Luckenbill 1926, aragraphs 433, 445, 455, 472.

7. Bradley 1999, p. 15.

8. Homer, *Odyssey* 15.415–16.

9. Sima Qian, *Basic Annals* 4.148, from the translation in Nienhauser 1994, p. 74.

10. paraphrased from Lord Byron, "The Destruction of Sennacherib" (1815), stanza 1.

11. Isaiah 44.28–45.1, translated in *New Oxford Annotated Bible*, p. 927 OT.

12. Herodotus 3.89.

13. *Zuozhuan*, Duke Xuan 2nd year, translated in Watson 1989, p. 76.

14. Hesiod, *Works and Days*, lines 174–76, 197–201.

15. Jaspers 1953, p. 1.

16–17. Confucius, *Analects* 9.11 and 12.3, translated in R. Dawson 1993, pp. 32, 44.

18. Plato, *Republic* 506e.

19. Laozi, *Daodejing* 1, translated in de Bary and Bloom 1999, pp. 79–80.

20–21. Confucius, *Analects* 7.1, 12.1, 7.30, translated in R. Dawson 1993, pp. 24, 44, 26.

22–23. *Mozi* 39.2 and 15.11–15, translated in Bloodworth and Bloodworth 2004,

p. 31.

24–29. *Zhuangzi* 7, 26, 33, translated in Palmer et al. 2006,pp. 63–64, 239, 299–300.

30–32. *Book of Lord Shang* 8.8 and 20, translated in Duyvendak 1928.

33. *Stratagems of the Warring States* (*Zhanguo ce*) ch. 24, p. 869, translated in M. Lewis 2007, p. 40.

34. Polybius 1.1.

35. Sima Qian, *Shi ji* 68, p. 2230, translated in M. Lewis 2007, p. 30.

36. Winston Churchill, speech at the White House, June 26, 1954, published in *The New York Times*, June 27, 1954, p. 1.

37. *Stratagems of the Warring States* (*Zhanguo ce*) ch. 24, p. 869, translated in M. Lewis 2007, p. 40.

38. cited from Paludan 1998, p. 17.

39. Tertullian, *Apology* 33; Jerome, *Letters* 39.2.8 (with discussion in Beard 2007, pp. 85–92).

40. Polybius 10.15.

41. Fan Ye, *History of the Later Han*, cited from Leslie and Gardiner 1996, p. 43.

42–44. Wheeler 1955, pp. 170–73.

45. Ammianus Marcellinus, *Histories* 31.2.

46. Herodotus 1.106.

47. Herodotus 1.212.

第六章

1. Voltaire, *Candide* (1759), Chapter 1 and passim.

2. Han dynasty poet, cited from Lovell 2006, p. 83.

3. Aelius Aristides, *To Rome* 29, 109.

4. Sima Qian, *Shiji* 48, translated in Watson 1993, pp. 2–3.

5. Leo Tolstoy, *Anna Karenina* (1875) Part I, Chapter 1, translation from http://www.gutenberg.org.

6. Suetonius, *Life of Vespasian* 23.

7. *Monty Python's Life of Brian* (1979).

8. Chuci, cited from Paludan 1998, p. 49.

9. Crosby 1972.

10. cited in Crosby 2004, p. 215.

11. He Gong, cited from McNeill 1976, p. 118.

12. Wang Fu, *Discourses of a Hidden Man*, p. 258, translated in M. Lewis 2007, p. 259.

13. Fan Ye, *History of the Later Han* 71, p. 2299, cited from Twitchett and Loewe 1986, p. 338.

14. Fan Ye, *History of the Later Han* 72, p. 2322, cited from M. Lewis 2007, p. 262.

15. Cao Cao, cited from M. Lewis 2007, p. 28.

16. *History of the Jin Dynasty*, ch. 107, pp. 2791–92, translated in Graff 2002, p. 63.

17. Edward Gibbon, *The History of the Decline and Fall of the Roman Empire*, volume 3 (1781), subchapter "General Observations on the Fall of the Roman Empire in the West."

18. Gibbon, *Decline and Fall*, volume 1 (1776), chapter 1.

19. Tacitus, *Histories* 1.4.

20. Sidonius Apollinaris, *Poems* 12.

21. Orientus, *Commonitorium* 2.184.

22. *The Ruin* (anon.), cited from Dixon 1992, p. 146.

23. cited from Dien 2007, p. 217.

24–25. Ruan Ji, "Biography of Mr. Greatman," translated in Balazs 1964, p. 238.

26. *History of Wei* 114.3,045, translated in Gernet 1995, p. 7.

27. Athanasius, *Life of Saint Antony* 27.

28–29. Gibbon, *Decline and Fall of the Roman Empire*, volume 3 (1781), subchapter "General Observations on the Fall of the Roman Empire in the West."

第七章

1. Pi Rixiu, *Quan Tang wen* 797.8363b, translated in Xiong 2006, p. 93.

2. Bai Juyi, translated in Waley 1961, p. 161. The poem dates to 827.

3. *Family Instructions of the Grandfather*, translated in Ebrey 1996, p. 127.

4. Zhu Yu, *Conversations in Pingzhou* 1,119, translated in Duyvendak 1949, p. 24.

5. Procopius, *History of the Wars* 1.24. 关于查士丁尼和狄奥多拉的流言也出自同一位作者的 *Secret History* 12.20 和 9.18。

6. John of Ephesus, *Chronicle of Pseudo-Dionysus* XXX, trans-lated in Witakowski 1997, p. XXX.

7. Anonymous treatise, "Return of the Relics of the Holy Martyr Anastasius the Persian from Persia to His Monastery" 1.99, translated in Kaegi 2003, p. 206.

8. Sebeos of Armenia, *History* 36, translated in Thomson 1999, p. 73.

9. Koran 96.1–5. 少数学者认为第一次宣读的内容实际是第 74 节。

10. Umar, cited in Ibn Ishaq, *Sira* 228, translated in Guillaume 1971, p. 158.

11. Koran 2.190.

12. Malcolm X, "Message to the Grassroots," November 1963, cited from DeGroot 2008, p. 117.

13–14. Koran 2.130 and 29.46.

15. Edward Gibbon, *The History of the Decline and Fall of the Roman Empire*, volume 5 (1788), chapter 52.

16–18. Bai Juyi, *Everlasting Wrong*, translated by Witter Bynner in Birch 1965, pp. 266, 269.

19. Anon., *Karolus Magnus et Leo Papa*, line 97, translated in Godman 1985, p. 202.

20. Gerald of Wales, cited from Fagan 2008, p. 36.

21. Anonymous document, cited in Bartlett 1993, pp. 136–37.

22. Henry IV, letter to Gregory VII, January 24, 1076. Translated in Mommsen and Morrison 1962, pp. 151–52.

23. R. Moore 1987.

24. Duby 1981.

25. Peter Abelard, *Story of My Misfortunes*, translated in Muckle 1964, p. 38.

26 William of Apulia, *La geste de Robert Guiscard* II.427–28, translated in Bartlett 1993, p. 86.

27 Anna Comnena, *Alexiad* 11.6.3, translated in Bartlett 1993, p. 86.

28. Bi Yuan, *Continuation of the Comprehensive Mirror for Aid in Government* (1797), year 2, translated in Mote 1999, p. 103.

29. Han Yu, "Memorial on the Bone of the Buddha" (819), translated in de Bary and Bloom 1999, pp. 583–84.

30. Fan Zhongyan, *On Yueyang Tower*, translated in Hucker 1975, p. 364.

31. Ye Shi, translated in Shiba and Elvin 1970, p. 76.

32. Daoqian, "On the Way to Guizong Monastery," translated in Shiba and Elvin 1970, p. 357.

33–34. Wang Zhen, *Treatise on Agriculture* 19.13a, 22.4a, translated in Elvin 1973, pp. 195, 198.

35–36. Elvin 1973, p. 198.

37. Su Shi, "Stone Coal" (c. 1080), translated in Wagner 2001b, pp. 51–52. 感谢Wagner教授和Nathan Sivin教授与我讨论这部分内容。

第八章

1. Marco Polo, *The Travels*, translated in Latham 1958, p. 223. On palaces, see

pp. 125–26; riches, p. 149; the Yangzi, p. 209; bridges, p. 163; food, p. 215; young ladies, p. 196; wives, p. 217; courtesans, p. 216; pears, p. 215; black stone, p. 156; fat fish, p. 215; porcelain, p. 238.

2. Yaqut al-Hamawi, translated in Browne 1902, vol. 2, p. 437.

3. Matthew Paris, *English History*, translated in Giles 1852, volume 1, p. 314.

4. Samuel Taylor Coleridge, *Kubla Khan* (1797), line 47.

5. Rashid al-Din, *Assembly of Histories*, translated in Boyle 1971, p. 84.

6. Mongke Khan, audience with William of Rübruck (1254), translated in C. Dawson 1955, p. 195.

7. Ibn Khaldun, *The Muqaddimah*, volume 1, page 64, cited from Dols 1976, p. 67.

8. Jean de Venette, *Chronicle*, 1348, translated in Kirchner and Morrison 1986, p. 455.

9. as-Safadi, cited in Dols 1976, p. 80.

10. Ibn Nubatah, as quoted by al-Maqrizi, *as-Suluk li-ma'rifat duwal al-muluk*, Part II, Volume 3, page 790, cited from Dols 1976, p. 174.

11. Chuan Heng, *Unofficial History of the Last Yuan Emperor* 23a–b, cited in Dardess 1973, p. 105.

12. Ibn al-Wardi, *Risalat an'naba'*, cited from Dols 1976, p. 114.

13. Matteo Villani, *Chronicles*, 1348, translated in Kirchner and Morrison 1986, pp. 448–49.

14. Jean de Venette, *Chronicle*, 1349, translated in Kirchner and Morrison 1986, pp. 457–58.

15. Edward Gibbon, *History of the Decline and Fall of the Roman Empire*, volume 6 (1788), chapter 68.

16. Niccolò Machiavelli, *Florentine Histories* (1520–25), Book 5, Chapter 1, translation from http://www.gutenberg.org.

17. Hongwu, translated in Carrington-Goodrich 1976.

18. Emperor Xuande, *Xuanzong shi lu* (1438) 105, cited in Levathes 1994, p. 173.

19. Ch'oe Pu, *Diary*, translated in Meskill 1965, p. 135.

20. Qiu Jun, *Supplement to "Expositions on the Great Learning"* (1487) 25.19b, cited from Brook 1998, p. 103.

21. Proclamation by Yongle, 1405, quoted by Ma Huan, *Overall Survey of the Ocean's Shores* (1416), Foreword, translated in Mills 1970, p. 69.

22. Ma Huan, *Overall Survey*, pp. 5–6, translated in Mills 1970, p. 84. Fei Xin, 他从1409年起加入船队, 也讲述了类似的故事 (translated in Mills and Ptak 1996, pp. 35–36).

23. Fei Xin, *Overall Survey of the Star Raft* (1436), cited from Duyvendak 1949, p. 31. On the ka'ba, see Mills and Ptak 1996, p. 105.

24. Gomes Eannes de Azurara, *The Chronicle of the Discovery and Conquest of Guinea* II.99, cited from Crosby 2004, p. 76.

25–26. Gu Qiyuan, *Idle Talk with Guests* (1617), p. 1, cited from Levathes 1994, pp. 179–80.

27. Erasmus, Letter 522, translated in Nichols 1901.

28. Burckhardt 1958 [1860], p. 143.

29. Zhu Xi, *Reflections on Things at Hand* (1176), cited from Hucker 1975, p. 371.

30 Xuexuan, translated in Hucker 1975, p. 373.

31. Zhang Bangji, *Mozhuang manlu* 8.5a–b, cited from Ko 2007, p. 111.

32. Che Ruoshui, *Jiaoqi ji* 1.221, cited from Ebrey 1993, p. 40.

33. Tomé Pires, *Suma Oriental*, translated in Cortesão 1944, volume 2, pp. 28X, 123.

第九章

1. John F. Kennedy, speech at Heber Springs, Arkansas, October 3, 1963 (available at http://www.presidency.ucsb.edu/ws/index.php?pid=9455)

2. Xie Zhaozhe, *Wuza zu* 4.34a (1608), cited from Ho 1959, p. 262.

3. Languedoc expression, cited from Le Roy Ladurie 1972, p. 53.

4–5. Zhang Tao, *Gazetteer of She County* (1609) 6.10b–12a, cited from Brook 1998, pp. 1, 4.

6. Heinrich Müller (1560), cited in Braudel 1981–84, vol. 1, pp. 194–95.

7. Wang Wenlu, "Letter to Master Wei of Chengsong" (1545), cited from Brook 1998, p. 106.

8. *Gazetteer of Shaowu Prefecture* (1543) 2.43b, cited from Brook 1998, p. 144.

9. *Gazetteer of Chongwusuo citadel* (1542) pp. 39–40, cited from Brook 1998, p. 149.

10. Zhang Tao, *Gazetteer of She County* (1609) 3.9a, cited from Brook 1998, p. 258.

11. Toyotomi Hideyoshi, "Sword Collection Edict" (1588) 2, translated in Tsunoda et al. 1964, p. 320.

12. Jesuit Annual Letter (1588), cited from Perrin 1979, p. 27.

13. Sergeant Iskender (1511), cited from Finkel 2005, p. 99.

14. Ogier Ghiselin de Busbecq, Letter 3 (1560), cited from Ross and McLaughlin 1953, p. 255.

15. Voltaire, *Essay on General History and on the Manners and Spirit of the Nations* (1756), chapter 70.

16. Mercurino Gattinara, letter to Charles V, July 12, 1519, cited from Brandi 1939, p. 112.

17. Charles V, Edict of Worms, April 19, 1521, cited from Brandi 1939, p. 132.

18. Ogier Ghiselin de Busbecq, Letter 3 (1560), cited from Ross and McLaughlin 1953, p. 255.

19. Chang Ying, "Remarks on Real Estate" (published around 1697), cited from John Richards 2003, p. 119.

20. Official proclamation, seventeenth century, cited from John Richards 2003, p. 120.

21. Anonymous song (published 1661), cited from Wiesner-Hanks 2006, p. 409.

22. John Evelyn, *A Character of England* (1659), cited from John Richards 2003, p. 235.

23. Colonel Thomas Rainsborough, spoken at Putney church, October 29, 1647, cited from Woodhouse 1938 (available at http://oll.libertyfund.org/?option=com_staticxt&staticfile=show.php%3Ftitle=2183).

24. Richard Rumbold, spoken at his own execution, London, 1685, cited from Hill 1984, p. 37.

25. Abiezer Coppe, *A Fiery Flying Roll* I (1649), pp. 1–5, cited from Hill 1984, p. 43.

26. cited from Elvin 1973, p. 246.

27 Emperor Chongzhen, suicide note (1644), cited from Paludan 1998, p. 187.

28. Liu Shangyou, *A Short Record to Settle My Thoughts* (1644 or 1645), translated in Struve 1993, p. 15.

29–30. Peter Thiele, *Account of the Town of Beelitz in the Thirty Years' War*, cited from C. Clark 2006, pp. 32–34.

31. cited from Spence 1990, pp. 23–24.

32. Felipe Guaman Poma, *New Chronicle and Good Government* (1614), cited from Kamen 2003, p. 117.

33. Antonio de la Calancha (1638), cited from Hemming 2004, p. 356.

34. cited from Kamen 2003, p. 286.

35. ibid., p. 292.

36 cited from Lane 1998, p. 18.

37. 此话有多个出处，但红衣主教 Antoine PERRENOT Granvelle 在 1573 年 5 月 11 日的信中说过类似的话, cited in Kamen 1999, p. 252。

38. letter to Juan de Oñate (1605), cited from Kamen 2003, p. 253.

39. settler's letter home to Spain, cited from Kamen 2003, p. 131.

40. Thomas Hardy, *Tess of the D'Urbervilles* (1891), Phase the First, Chapter 3.

41–43. Francis Bacon, *Novum Organum* (1620), preface.

44. Rene Descartes, *Principles of Philosophy* (1644), Chapter 203.

45. Alexander Pope, "Epitaph: intended for Sir Isaac Newton" (1730). 机智的人后来会再加两行：

但没有多久，魔鬼嘶吼："嗬!

让爱因斯坦去吧!"于是一切如常。

(J. C. Squire, "In Continuation of Pope on Newton" [1926])

46. Galileo Galilei (1605), translated in Drake 1957, pp. 237–38.

47–49. John Locke, *Second Treatise of Civil Government* (1690), Chapter 7, Section 87; Chapter 9, Section 124; and Chapter 8, Section 95.

50. Immanuel Kant, "An Answer to the Question: What is Enlightenment?" (1784), available at http://www.english.upenn.edu/~mgamer/ Etexts/kant.html.

51 Frederick II, letter to Christian Wolff (1740), cited from Upton 2001, p. 307.

52. Thomas Carlyle, *History of the French Revolution* (1837), volume 3, book 7, chapter 7.

53. Denis Diderot, "Encyclopedia [Philosophy]" (1751), translated by Philip Stewart at http://www.hti.umich.edu/d/did.

54. Emperor Kangxi, *Kangxi's Conversations with His Sons* 71b–72 (published 1730), translated in Spence 1974, p. 72.

55. Baron de Montesquieu, *The Spirit of the Laws* (1748), Book 17, translated in http://www.constitution.org/cm/sol_11_17.htm#002.

56. Lu Gwei-djen, cited from Winchester 2008, p. 37.

57. Joseph Needham (1942), cited from Winchester 2008, p. 57.

58. Boulding 1976, p. 9.

59. Kong Shangren, *Trying On Glasses* (c. 1690), cited from Strassberg 1997, p. 204.

60. Xu Guangqi (1631), cited from Elman 2006, p. 30.

61–62. Emperor Kangxi, various texts, translated in Spence 1974, pp. 72–75.

63. Cicero, *Against Catiline* (63 BCE) 1.1.

64. Commander John Rodgers, report to the Secretary of the Navy (1865), cited from Perrin 1979, p. 4.

65. Emperor Qianlong, letter to George III of Britain (1793), cited from Cranmer-Byng 1963, p. 340.

66. William Kidd (1701), cited from Herman 2004, p. 247.

67. Daniel Defoe, *The Complete English Tradesman* (1725), vol. 1, chapter 27.

68. The Duke of Newcastle (1742), cited from P.Kennedy 1987, p. 98.

69. William Pitt the Elder (1757), cited from Herman 2004, p. 279.

70. Horace Walpole, letter to George Montagu, October 21, 1759, cited from W. S. Lewis 1941, pp. 250–51.

71. M. Barère, speech to the National Convention, September 5, 1793, translated in Baker 1987, p. 351.

72. Napoleon Bonaparte, speech at Boulogne (1805), cited from J. R. Green 1879, p. 171.

第十章

1. James Boswell, *Life of Samuel Johnson* (1791), volume 2. Entry for March 22nd, 1776. Emphasis in original.

2. William Wordsworth, *The Prelude* (1805), Book 9, lines 161–69.

3. *Mineralogia Cornubiensis* (1778), cited from Landes 2003, pp. 99–100.

4. James Watt, as told to Robert Hart, 1817 (the walk took place in 1765), cited from Uglow 2002, p. 101.

5. James Watt, letter to James Watt, Sr., December 11, 1774 (James Watt Papers, Birmingham City Archives, 4/60), cited from Uglow 2002, p. 248.

6. Matthew Boulton, letter to James Watt, summer 1776, cited from Uglow 2002, p. 256.

7. Daniel Defoe, *Weekly Review*, January 31, 1708, cited from Ferguson 2003, p. 17.

8. Adam Smith, *The Wealth of Nations* (1776), Book 1, Chapter 8.

9. Karl Marx and Friedrich Engels, *The Communist Manifesto*(1848), Chapter 1.

10–11. Samuel Smiles, *Industrial Biography* (1863), pp. 325, 332.

12. Charles Dickens, *Hard Times* (1854), Chapter 1.

13. ibid., Chapter 5.

14. Friedrich Engels, *The Condition of the Working Class in England* (1844), Chapter 12.

15. Marx and Engels, *Communist Manifesto*, Chapters 1, 4.

16. Anonymous, "The First Half of the Nineteenth Century," *The Economist* 9 (1851), p. 57.

17. Jules Verne, *Around the World in Eighty Days* (1873), Chapter 37.

18. Ferguson 2003, p. 59.

19. Isaac Weld, *Travels Through the States of North America and Provinces of Upper and Lower Canada During the Years 1795, 1796, and 1797*, vol. 1 (1799), pp. 232–33, cited from Williams 2003, p. 310.

20. Frank Norris, *The Pit* (1903), p. 57.

21. cited from Yergin 1992, p. 79.

22. Marcus Samuel, letter to Admiral John Fisher, November 1911, cited from Yergin 1992, pp. 154–55.

23. Admiral John Fisher, letter to Winston Churchill, 1911, cited from Yergin 1992, p. 155.

24. Smith, *Wealth of Nations* (1776), Chapter 2.

25. Marx and Engels, *Communist Manifesto*, Chapter 1.

26–27. John Stuart Mill, *On Liberty* (1859), Chapter 1.

28. John Stuart Mill, *The Subjection of Women* (1869), Chapter 1.

29. Marx and Engels, *Communist Manifesto*, Chapter 1.

30. Li Ruzhen, *Flowers in the Mirror* (published 1810s), translated in T. Lin 1965, p. 113.

31. Lord Macartney (1793), from Cranmer-Byng 1963, p. 153.

32. paraphrase of a letter from James Matheson to J. A. Smith (September 24, 1839), cited from Fay 1997, p. 191.

33. Bernard and Hall 1844, p. 6.

34. Governor-General Qiying (1842), cited from Spence 1990, p. 164.

35. Japanese observers (1853), cited from Feifer 2006, p. 5.

36. John Maynard Keynes, *The Economic Consequences of the Peace* (1919), Chapter 1.

37. Joseph Conrad, *Heart of Darkness* (1902), Chapter 1.

38. *The Economist* 32 (July 1874), p. 802, cited from Davis 2001, p. 37.

39. Conrad, *Heart of Darkness*, Chapter 3.

40. President Ulysses S. Grant (1879), cited from Feifer 2006, p. 322.

41. Sugimoto Etsu Inagaki, recalling a conversation from the 1870s, cited from Feifer 2006, p. 310.

42. Kaiser Wilhelm II (1895), cited from Ferguson 2007, p. 44.

43. Wilhelm II, letter to Czar Nicholas II (September 26, 1895), available at http://wwi.lib.byu.edu/index.php/VI_Jagdhaus_Rominten_26/IX/95.

44. Commander Aleksei Nikolaevich Kuropatkin (1905), cited from Ferguson 2007, p. 53.

45. Secretary of State John Hay, cited from Frieden 2006, p. 141.

46. Keynes 1930, volume 2, pp. 306–307.

47. George Orwell, *The Road to Wigan Pier* (1937), pp. 85–86.

48. Lincoln Steffens (1919), cited from Steffens 1938, p. 463.

49. Lieutenant-Colonel Ishiwara Kanji (1932), cited from Totman 2000, p. 424.

50. Adolf Hitler to Hjalmar Schacht (1936), cited from Frieden 2006, p. 204.

51. Emperor Hirohito (August 15, 1954), cited from R. Frank 1999, p. 320.

52. John J. McCloy (1945), cited from Judt 2005, p. 39.

53. Churchill, cited from Reynolds 2000, p. 36.

54. Internal Kremlin report (1953), cited from Holloway 1994, p. 337.

55. Churchill, speech to the House of Commons (1955), cited from Gaddis 2005, p. 65.

56. Prime Minister Harold Macmillan, speech at Bedford (July 20, 1957), cited from Sandbrook 2005, p. 80.

57. Philip Larkin, "Here" (1964), reprinted in Larkin 2004, p. 79.

58. John Steinbeck, *The Grapes of Wrath* (1939), Chapter 5.

59. Riesman 1964 (first published 1951), p. 64.

60–63. Richard Nixon and Leonid Brezhnev, the "Kitchen Debate" (Moscow, July 24, 1959), cited from http://teachingamericanhistory.org/library/index.asp?document=176.

64. Joke cited from Reynolds 2000, p. 541n.

65. *China Youth Journal* (September 27, 1958), cited from Becker 1996, p. 106.

66. Bo Yibo, *Retrospective of Several Big Decisions and Incidents* (1993), cited from Becker 1996, pp. 107–108.

67. Lu Xianwen (autumn 1959), cited from Becker 1996, p. 113.

68. Report from Jiangxi (autumn 1958), cited from Spence 1990, p. 580.

69. Song by Kang Sheng (1958), cited from Becker 1996, p. 104.

70. President Richard Nixon, toast at a dinner in Shanghai (February 27, 1972), cited from Reynolds 2000, p. 329.

71. Zhang Tiesheng (1973), cited from Spence 1990, p. 638.

72. 邓小平. 邓小平文选：第三卷 [M]. 北京：人民出版社，1993.

73. Cited from "Soviet Cars: Spluttering to a Halt," *The Economist*, July 10, 2008.

74. Mikhail Gorbachev, private conversation (1985), cited from Gorbachev 1995, p. 165.

75. Zalmay Khalilzad, *Defense Planning Guidance, FY 1994—1999*, Section IB, cited from http://www.gwu.edu/~nsarchiv/nukevault/ebb245/index.htm, accessed October 17, 2008.

76. Patrick Tyler, *New York Times* (March 8, 1992), p. 11, cited from J. Mann 2004, p. 210.

77. 邓小平. 邓小平文选：第三卷 [M]. 北京：人民出版社，1993.

78. *Business Week* (December 6, 2004), p. 104.

79. Kynge 2006, pp. 89–90.

80. Www.mod.gov.cn/gfbw/gfjy_index/xjdx/4887523.html.

第十一章

1. Marx, *The Eighteenth Brumaire of Louis Napoleon* (1852).

2. Lord Macartney (1793), from Cranmer-Byng 1963, p. 191.

3. R. F. Kennedy 1969, p. 71.

4. Elton 1967, p. 62.

第十二章

1. Dickens, *Christmas Carol* (1843), Stave 4.

2. National Intelligence Council 2008, p. 6; Wilson and Stupnytska 2007; Hawksworth and Cookson 2008; Maddison 2006; Fogel 2007.

3. Dickens, *Christmas Carol*, Staves 4 and 5.

4. Ferguson and Shularick 2007; Ferguson 2009.

5. International Monetary Fund 2009, Table 1.1.

6. Douglas Elmendorf, cited from "Falls the Shadow: The Deficit and Health Care," *The Economist*, July 25, 2009, p. 25 (available at http://www.economist.com).

7. cited from "May the Good China Preserve Us," *The Economist*, May 23, 2009, p. 47 (available at http://www.economist.com).

8. 2030 and 2040 incomes calculated from Maddison 2006, Table 5, and Fogel 2007, Tables 1, 2. Maddison expresses GDP in 1990 US$; I have converted these to 2000 US$ using Bureau of Labor Statistics values (http://stats.bls.gov/).

9. J. Mann 2007, p. 1.

10. George W. Bush, speech at the Ronald Reagan Library, Simi Valley, California (November 19, 1999), cited in Dietrich 2005, p. 29.

11. Jacques 2009, p. 100.

12. Jeremy Rifkin, from an interview conducted in 2000, cited from Singer 2009, p. 105.

13. Kurzweil 2005, pp. 5, 24.

14. an expression coined by the science fiction novelist Ken MacLeod in his novel *The Cassini Division* (1998).

15. Kurzweil 2005, p. 432.

16. Richard Smalley, cited from Nicholas Thompson, "Downsizing: Nanotechnology—Why You Should Sweat the Small Stuff," *Washington Monthly*, October 21000 (http://washingtonmonthly.com/features/2000/0010 .thompson.html).

17. *The Six Million Dollar Man*, ABC Television, 1974–78.

18. Craig Venter, cited from Carr 2008.

19. Roco and Bainbridge 2002, p. 19.

20. Intergovernmental Panel on Climate Change 2007, pp. 12–13.

21–23. T. Friedman 2008, pp. 117, 122, 133. Friedman attributes the third expression to Hunter Lovins, cofounder of the Rocky Mountain Institute.

24. National Intelligence Council 2008, p. 61.

25. Stern 2006.

26. 2006 Gallup poll: "Don't Drink the Water and Don't Breathe the Air," *The Economist*, January 26, 2008, pp. 41–42 (available at http://www.economist.com).

27. World Health Organization, "Ten Things You Need to Know About Pandemic Influenza," http://www.who.int/csr/disease/influenza/pandemic10things/en/index.html (accessed November 29, 2008).

28. *Summary of Report on Near Eastern Oil*, 800.6363/1511–1512 (National Archives, State Department, Washington, DC), February 3, 1943, cited from Yergin 1992, p. 393.

29. B. Zheng 2005.

30. Ipsos-Reid poll (April 2005), cited from "Balancing Act: A Survey of China," *The Economist*, Special Report, March 25, 2006, p. 20 (available at http://www.economist.com/specialreports).

31. Gallup poll (October 2007), cited from "After Bush: A Special Report on America and the World," *The Economist*, March 29, 2008, p. 9 (available at http://www.economist.com/specialreports).

32. *China Daily* headline (May 1999), cited from Hessler 2006, p. 20.

33. Graham and Talent 2008, p. xv.

34. Norman Angell, *The Great Illusion* (1910), cited from Ferguson 1998, p. 190.

35. Jean Jaurès, cited from Ferguson 1998, p. 190.

36. Prime Minister Edward Grey in conversation with the Austrian ambassador to Britain, July 1914, cited from Ferguson 1998, p. 191.

37. Grey, letter to the German ambassador to Britain, July 24, 1914, cited from Ferguson 1998, p. 191.

38. Albert Einstein, interview with Alfred Werner, *Liberal Judaism* (April–

May 1949), cited from Isaacson 2007, p. 494.

39–40. Richardson 1960; Smil 2008, p. 245.

41. Anonymous official in the Indian Foreign Ministry, cited from "Melting Asia," *The Economist*, June 7, 2008, p. 30 (available at http:// www.economist.com).

42. T. Friedman 1999, p. xix.

43-44. T. Friedman 2005, p. 10.

45. Albert Einstein, *New York Times*, September 15, 1945, cited from Isaacson 2007, pp. 487–88.

46. Albert Einstein, comment on the film *Where Will You Hide?* (May 1948), Albert Einstein Archives (Hebrew University, Jerusalem) 28-817, cited from Isaacson 2007, p. 494.

47. David Douglas, International Energy Agency: statistics in this and the following paragraph cited from T. Friedman 2008, pp. 31, 73, 59–60.

48. Enrico Fermi, Los Alamos, circa 1950, cited from Jones 1985.

49. Steven Metz, interview with Peter Singer, September 19, 2006, cited from Singer 2009, p. 240.

50. Roger Cliff, *The Military Potential of China's Commercial Technology* (2001), quoted in Singer 2009, p. 246.

51. Adams 2001.

52. Rudyard Kipling, "The Ballad of East and West," *MacMillan's Magazine*, December 1889.

53. Diamond 2005, p. 525.

附录

1. Sean Edwards, "Swarming and the Future of Warfare," unpublished PhD dissertation, Pardee Rand Graduate School, 2005, p. 136, cited from Singer 2009, p. 100.

延伸阅读

"延伸阅读"列出了我认为对本书写作极有帮助的书籍和文章。

在写这本书的过程中,我借鉴了几代学者的辛勤工作,他们收集、分析和解释了大量的数据。关于东西方历史的学术文献实际上是无穷无尽的,而且争论极大,这意味着在任何重大问题上发表声明几乎不可能不受到一些专家的质疑。由于篇幅有限,我无法为所有争议提供详尽的参考书目,但在本节中,我列出了对我的思想影响最大的作品。

我列出的作品结合了针对一般读者的介绍性研究、大量的学术概述,以及我发现特别有用的详细研究。只要有可能,我会采用最新的作品,包括其本身所带的详细参考书目。最新的书籍可以在书店买到,许多期刊文章可以在网上找到,但目前这些研究大多只能在研究型图书馆找到。我的参考文献仅限于以英文出版的作品。

除了杂志上的短文,我以各作品的作者或编辑的姓氏和出版日期来列出作品。完整的细节收录在之后的参考文献中。

像在我之前的无数历史学家一样,我非常依赖剑桥大学出版社出版的涵盖世界各地的多卷历史著作。这些通常是找到基本事实的最佳文献。与其反复列出,我将简单地列出我使用最多的系列:

The Cambridge Ancient History (2nd ed., 14 volumes, 1975–2001)

The Cambridge History of China (10 volumes, 1979–)

The Cambridge History of Egypt (2 volumes, 1980–99)

The Cambridge History of Iran (8 volumes, 1968–91)

The Cambridge History of Islam (2 volumes, 1970)

The Cambridge History of Japan (6 volumes, 1988–99)

The New Cambridge Medieval History (7 volumes, 1995–2006)

The New Cambridge Modern History (12 volumes, 1957–90)

The Cambridge History of Southeast Asia (2 volumes,1993)

除了这些系列，还有几部宝贵的单卷本剑桥历史文献，我在随后按照该作品的编辑的名字和出版日期列出。

前言

关于"耆英"号抵达英国的主要资料是："The Chinese Junk, 'Keying,' " *Illustrated London News* 12, no. 340, April 1, 1848, pp. 220, 222。19世纪30—40年代的中英关系：Fay 1997, Waley 1958。洪秀全：Spence 1996。

西方主宰的性质：Mandelbaum 2005。中国经济腾飞：Jacques 2009。

16世纪的中国—欧洲关系：Spence 1983。东方的西方统治理论：Fukuzawa 1966（最初出版于 1899 年）; Y. Lin1979。

自 18 世纪以来，西方人已经产生了数百种长时段注定论。Diamond 1997, S. Huntington 1996 和 Landes 1998 是现代观点的杰出例子。

托尔（1951）收集了卡尔·马克思的中文版著作。

关于郑和、哥伦布，见第八章。Menzies 2002 提出了郑和环球航行的理由。（更引人注目的是）Chiasson 2006 声称在加拿大新斯科舍省布雷顿角发现了一个中国殖民地。关于 1763/1418 年的地图，见 http://news.nationalgeographic.com/news/2006/01/0123_060123_chinese_map.html。15 世纪的中国地图：R. Smith 1996。

Goldstone 2009, Lee and Wang 1999, Pomeranz 2000, and Wong 1997 是经典的奥兰治县/短时段偶然论作品。Arrighi 2007 探讨了他们论点的含义。A. G. Frank 1998 是激进理论中最有影响力的；Goody 2004 and Hobson 2004 可能是最极端的。Allen et al. 2005 and Bengtsson et al. 2005 提供了定量证据。

关于加州学派的争议：the essays collected in *Journal of Asian Studies* 61, 2002, pp. 501–662, and *Canadian Journal of Sociology* 33, 2008, pp. 119–67, 提供了很好的例子。

生物学、社会学和地理学：对我的观点影响最大的研究有，Conway Morris 2003, Coyne 2009, Dawkins 2009, Ehrlich and Ehrlich 2008, and Maynard-Smith（生物学）; Boserup 1965, Gerring 2001, North et al. 2009, Smelser and Swedberg 2005, and J. Wood 1998（社会科学/社会学）; Konner 2002, Vermeij 2004, and E. O. Wilson 1975（跨生物学和社会科学的交叉学科）; and Castree et al. 2005, de Blij 2005, Martin 2005, and Matthews and Herbert 2004（地理学）。Acemoglu et al. 2002 对地理学作为西方主宰世界原因的解释提出了最严峻的挑战。感谢 Jim Robinson 与我进行相关讨论。

第一章

定义西方：Pomeranz 2000, pp. 3–10。宇宙的历史：Steinhardt and Turok 2007。

人类在其中的地位：Christian 2004, Morowitz 2002。

Klein 2009 是关于人类进化的权威调查，涵盖了本章的所有主题，而 Wrangham 2009 则是最易读的简要叙述。进化的普遍原理：Goyne 2009。

大脑的工作原理：Zeman 2008。语言和 FOXP2 基因：P. Lieberman 2007。

莫维斯线：Norton and Bae 2008；Petraglia and Shipton 2008。德马尼西：Lordkipanidze et al. 2007。

周口店：Boaz and Ciochon 2004。弗洛勒斯岛：Morwood and van Oostersee 2007, Tocheri et al. 2007。黑猩猩的智力：Savage-Rumbaugh and Lewin 1994。

尼安德特人：Mithen 2005。分布情况：Krause et al. 2007a。骨碎裂和职业骑手：Berger and Trinkaus 1995。FOXP2 基因：Krause et al. 2007b。*Clan of the Cave Bear*: Auel 1980。直布罗陀：Finlayson et al. 2006。精神生活：Renfrew and Morley 2009。

智人：Mithen 1996, Fleagle and Gilbert 2008。非洲夏娃：Cann et al. 1987, Ingman et al. 2000。非洲亚当：P. Underhill et al. 2001。

体虱：Kittler et al. 2003。

小步向前：McBrearty and Brooks 2000, Bouzouggar et al. 2007, Morean et al. 2007, Morgan and Renne 2008, and Vanaeren et al. 2006 等提出了新证据。人口学和完全现代文化：Powell et al. 2009。

反对智人/尼安德特人的杂交：Krings et al. 1997; Caramelli et al. 2003。赞成智人/尼安德特人的杂交：Zilhao 2006。持续的人类进化：Cochran and Harpending 2009, Jakobsson et al. 2008, Voight et al. 2006, E. Wang et al. 2007。走出非洲：Gunz et al. 2009。迁徙的日期：Endicott et al. 2009, O'Connell and Allen 2004。中国的第一代现代人类：Shen et al. 2002, 2007, Shang et al. 2007。

多区域模型：Wolpoff 1996, Wolpoff and Caspari 2002, Cochran and Harpending 2009。周口店的新发现：Shang et al. 2007。许昌的新发现：http://www.chinadaily.com/cn/opinion/2008-01/28/content_6424452.htm, with comments http://afp.google.com/article/ALeqM5inq53Ltnn7sNiN7 mspQ6tDxCqQOA。骨骼的统计分析：Manica et al. 2007。

美洲的第一批人类：Dillehay et al. 2008, Gilbert et al. 2008, Goebel et al.2008。

古代气候：N. Roberts 1998。冰芯数据：EPICA 2004。

Lewis-Williams 2002 对冰期的洞穴艺术进行了生动的解释。Bahn and Vertut 1997 提供了精美的插图证据。阿尔塔米拉日期：http://www.timesonline.co.uk/tol/travel/specials/artistic_ spain/article5904206.ece。小雕像：Conrad 2009。许昌鸟：http://news.xinhuanet.com/english/2009-04/28/content_11274877.htm。

第二章

关于农业起源有大量的文献。好消息是考古学家最近做了几项出色的全球调查。Mithen 2003, Bellwood 2005, Barker 2006, Fuller 2007, and Cohen et al. 2009, 讨论了我在本章中提到的大多数遗址。坏消息（从某种意义上来说）是，这个领域的发展如此之快，以至这些作品都已经过时了。我在下面引用了更多细节的、更新了的其他作品。

黑海洪水：Major et al. 2006; Yanko-Hombach et al. 2007。

能量和历史：Smil 1994 仍然是经典之作。植物和光合作用：Morton 2007。

失落的文明：Hancock 2003。

最早的陶器：Boaretto et al. 2009, Kuzmin 2006。

彗星和新仙女木事件：Kennett et al. 2009.。

夜幕降临：Asimov 1941。

侧翼丘陵区：除了已经提到的调查，还有 Cappers and Bottema, eds. 2002; Akkermans and Schwartz 2003; Bar-Yosef 2004。

狗的驯养：Savolainen et al. 2002。垃圾和定居：Hardy-Smith and Edwards 2004。东方定居：Liu 2010。

阿布胡赖拉遗址：A. Moore et al. 2000; Rye and the Younger Dryas, Hillman et al. 2001, Willcox et al. 2008。

宗教的考古发现：Renfrew 1985。宗教的进化心理学：Boyer 1999, Dennett 2007。

侧翼丘陵区的早期宗教遗址：Baumgarten 2005。龙王辿：X. Wang 2008。

无花果树：Kislev et al. 2006。最早的粮仓：Kuijt and Finlayson 2009。

耕作和生育间隔：Bocquet-Appel and Bar Yosef 2008。

恰塔霍裕克：Hodder 2006; http://www.catalhoyuk.com。人们自我驯化：Hodder 1990。

婚姻、继承和耕作：Goody 1976 至今仍是经典之作。

史前的暴力：LeBlanc and Register 2003, Otterbein 2004。杰里科的防御工事：McClellan 2006。对原始富足社会的怀疑：D. Kaplan 2000。

整个欧洲的农业散布：强调殖民化，Renfrew 1987; Cavalli-Sforza et al. 1994; Bellwood 2005。Renfrew and Boyle 2000 and Bellwood and Renfrew 2003 的有些文章持近似的观点。

农业的不可避免性：Richerson et al. 2001。

驯化：Diamond 1997 是经典之作，而 Fuller 2007 是最新作品。秘鲁：Dillehay et al. 2007。瓦哈卡：Pohl et al. 2007。印度河流域：Fuller 2006。新几内亚：Denham et al. 2005。撒哈拉：Marshall and Hildebrand 2002。葫芦：Erickson et al. 2005。

东亚：除了全球调查，L. Liu 2004; Chang and Xu 2005, pp. 27–83; Stark 2006, pp. 77–148。Chang's *Archaeology of Ancient China* 1986 长期以来一直是唯一的详细概述，但 Liu and Chen 2010 现在更为详细。日本：Habu 2004。韩国：Nelson 1993。Barnes 1999 涵盖了中国、韩国和日本。Bryan Gordon of Carleton College

有一个关于大米起源的网站 (http://http-server.carleton.ca/~bgordon/Rice/paper_database.htm)。

长江三角洲遗址：Jiang and Liu 2006; Jiang 2008。猪：Yuan and Flad 2002, Yuan 2008。渭河流域的农业工具：Chang and Xu 2005, pp. 60–64。在中国驯化的问题上，我主要遵循 Fuller 2007 and Fuller et al. 2007。尽管 G. Lee et al. 2007 and Liu et al. 2007 对这些论点提出了挑战（辩论在 2008 年 *Antiquity* 杂志的网络版上继续）。

水稻田：Zong et al. 2007。

贾湖：J. Zhang et al. 2004; X. Li et al. 2003。早期中国文字：Keightley 2006。遗址：Schmandt-Besserat 1998。萨满：Chang 1983。塔里木盆地的干尸：Barber 1999。祖先崇拜：Liu 2000。

东亚农业扩张：Bellwood 2005, pp. 128–145; Barker 2006, pp.199–230; Stark 2006, pp. 77–118; Sanchez-Mazan2008。

早期农民的骨架：C. Larsen 1995, 2006; Armelagos and Harper 2005。精英的饮食：Goody 1982。

Malinowksi 的 *A Diary in the Strict Sense of the Term*（1976）描述了他在特罗布里恩群岛的生活，Kuper 1983 解释了他在人类学历史上的地位。

第三章

赫伯特-斯宾塞：Francis 2007。Trigger 1995 是对考古学历史的最好描述。关于考古学和更广泛的社会进化：Sanderson 2007; Trigger 1998。Pluciennek 2005 提出了反对进化论的理由。

Talcott Parson's Societies: Evolutionary and Comparative Perspectives (1966) 是最重要的新进化论研究，但考古学家更多参考的是 Service 1962 and Fried 1967。社会发展指数：Naroll 1956 and Carneiro 1962, 1968, and 1970。

爱丁顿的实验：Isaacson 2007, pp. 256–62。

评估特征和参数的标准：Naroll 1956, Gerring 2001。

联合国人类发展指数年度报告可从 http://hdr.undp.org/ 下载。Ray 1998, pp. 27–29 巧妙地总结了这些批评意见。

当代统计数据：United Nations Organization 2006; Food and Agriculture Organization 2006; Institute for International Strategic Studies 2009。早期的能源统计的数据非常分散，但 Maddison 2003, Allen 2006b, and Allen et al. 2005 and 2007 的研究很有价值。关于农业，Perkins 1969 and Slicher van Bath 1963 是不可或缺的。早期工业：Crafts 1985; Mokyr 1999; Morris-Suzuki 1994。Smil 1991 and 1994 做出了出色的概述。

罗马的污染：De Callataÿ 2005 总结了当时的证据；最近的研究包括 Boutron

et al. 2004, Kylander et al. 2005, 和 Schettler and Romer 2006, 涵盖了各种证据来源。

Robert Hartwell 在 20 世纪 60 年代发表的论文至今仍然是关于中国铁和煤历史研究的标杆, 特别是 Hartwell 1967。 Donald Wagner 2001a, 2001b, 2008 批评了 Hartwell 的假设和对证据的运用, 但总体上接受了他的结果。感谢瓦格纳教授与我讨论这些问题。

罗马人的消费: Jongman 2007a。

第四章

不少优秀的概述类作品出版。美索不达米亚: van de Mieroop 2007; Snell 2007。埃及: Kemp 2005。Kuhrt 1995 对这两个核心地区进行了研究。中国: Liu 2004, Chang 1986, 和 Chang and Xu 2005 极有价值。

更多专注其中个别领域的作品: 西方—早期美索不达米亚: Postgate 1993。苏萨和埃利都: Potts 1999, Pollock 1999。乌鲁克: Liverani 2006; Rothman 2001。布拉克丘: Ur et al. 2007。早期埃及: Wilkinson 2003, Wengrow 2006。金字塔: Lehner 1997。阿卡得: Liverani 1993。叙利亚: Akkermans and Schwartz 2003。赫梯人: Bryce 1998, 2002。爱琴海: Shelmerdine 2008。特洛伊战争: Latacz 2004, Strauss 2006。国际时代: Liverani 2001。欧洲周边地区: Kristiansen and Larsson 2005。

东方: 夏商周断代工程: Y. K. Lee 2002; X. Zhang et al. 2008。山东调查: A. Underhill et al. 2002。中国音乐: von Falkenhausen 1993a。萨满: Chang 1983, 1989, 1994。陶寺遗址: He 2005。关于夏的争论: von Falkenhausen 1993b, Liu and Xu 2007。二里头和商朝早期: Liu and Chen 2003。环境变化: Qiao 2007, A. Rosen 2007。商朝: Thorp 2006。安阳青铜冶炼地: Yinxu Team 2008。甲骨文: Keightley 2000 (参考了该作者的许多重要研究), Flad 2008; A. Smith 2008。Peter Hessler's *Oracle Bones* 2006 是一部精彩的中国个人作品, 将历史分析 (尤其是关于甲骨文本身) 与尖锐的报道交织在一起。商朝的王权: Puett 2002, Chapter 1, 讨论了不同的理论。关于战车, 有很大争议, 我一般采用 Shaughnessy 1988 的说法。

Chariots of the Gods?: von Däniken 1968.

马的驯化: A. Outram et al. 2009。

普遍破坏: Diamond 2005。McAnany and Yoffee 2010 提出了相反的观点。G. Schwartz 2006 回顾了公元前 2200—前 1200 年的几次中断。Sing 2007 指出西方的所有中断都有生态原因。

对西方破坏的研究多于东方。Liu 2004, 第 2 章重新审视了中国的气候记录, 第 6 章和第 7 章考察了案例研究。关于公元前 2200—前 2000 年的西方中断, 见 Dalfes et al. 1997。Weiss et al. 1993 对 Tell Leilan 进行了讨论; Cooper 2006 淡化了气候变化。公元前 1750—前 1550 年: Drews 1988。胡里安人: Wilhelm 1989。喜克索人: Redford 1992。公元前 1200—前 1000 年: Drews 1993 是关于军事因

素的；Nur and Cline 2000 是关于地震的；Fagan 2004a, Chapter 9, and Sing 2007, pp. 84–89，参考了大量关于气候的讨论。

第五章

关于早期国家有大量的文献。我特别借鉴了 North 1981; Tilly 1992; Turchin 2009; Scheidel, forthcoming。

关于东方的概述：M. Lewis 2007; F. Li 2006, 2009; von Falkenhausen 2006; Zhao, forthcoming。西方概览：*Cambridge Ancient History*, volumes III–IX, 提供了大量细节：with volume 2 of Kuhrt 1995 是关于西亚的。

以下更有针对性的研究也很有价值。

东方：Hsu and Linduff 1988, X. Li 1985, and Z. Wang 1982 研究很透彻，但过时了；X. Yang 2004 对部分做了更新。周朝青铜器：Rawson 1990, J. So 1995。周朝的社会组织：F. Li 2003; Chu, Cook and Major 1999. *Zuozhuan*: Pines 2002。铁：Wagner 1993, 2001c, 2008。战争：Kiser and Cai 2003, 2004; M. Lewis 1990; Yates et al. 2009, Zhao 2004。文字：M. Lewis 1999。秦律：Hulsewé 1985。遗址：Wu 1995。秦和汉：M. Lewis 2007, Loewe 2006, Portal 2007。Hui 2005 对秦国和早期现代欧洲国家的形成进行了精彩的比较。

西方——铁：Wertime and Muhly 1980 不可超越。围绕着与早期以色列有关的所有事情都存在巨大争议；Provan et al. 2003 普遍支持《圣经》的说法，而 Finkelstein and Silberman 2001, 2006, and Liverani 2005 则更具批评性。没有很好的关于亚述的总体研究，Yamada 2000 是关于 9 世纪的，Mattila 2000 是关于贵族的；Oded 1979 是关于驱逐出境的，Bedford 2009, M. Larsen 1979, Liverani 1995, 和 Parpola 1997 是关于帝国的。乌拉尔图：Zimansky 1985。腓尼基人：Aubet 2001。希腊：Morris and Powell 2009。地中海的殖民化：Hodos 2006, Dietler 2010。蒙特帕里卓：Morris and Tusa 2004, Mühlenbock 2008。波斯：Bedford 2007, Briant 2002。亚历山大：Bosworth 1988。罗马：Eich and Eich 2005; Eckstein 2007。识字：W. Harris 1989。早期文字：B. Powell 2009。西方帝国的比较：Morris and Scheidel 2009。

合法性是黑手党和国家之间的区别：Gambetta 1994。

气候变化：Bao et al. 2004, Garcia et al. 2007, Issar 2003, Issar and Zahor 2005, Kvavadze and Connor 2005, P. Zheng et al. 2008。季节性死亡：Shaw 1996, Scheidel 2001。

大国的崛起与衰落：P. Kennedy 1987。

轴心时代：Jaspers 1949 的研究是基础性的。B. Schwartz 1975 是最清晰的介绍，Armstrong 2006 是最易读的调查，但 Bellah 2005 是最有洞察力的比较研究。一些学者，如 Hall and Ames (1995a, 1995b) 强调中国和西方思想之间的长期差异，而不是相似性；另一些学者，如 B. Schwartz 1985 and Roetz 1993, 看到更多的统一性。我认为第二种方法（尤其是 Puett 2002 所发展的）更有说服力。孔子的背景：Shaughnessy 1997, von Falk-enhausen 2006。法家：Fu 1996。早期希腊哲学：Graham2006。希腊民主和它的批评者：Ober 1998。有几个关于希腊和中国思想的出色比较（例如，Lloyd 2002, Lloyd and Sivin 2002, Shankman and Durant 2000, and Sim 2007）。埃赫那顿和摩西：Freud 1955, Assmann 2008。

罗马—中国的联系：Leslie and Gardiner 1996。埃及的发现：Cappers 1999。在阿里卡梅杜（本地治里）的发现：Begley 1996。*Voyageon the Red Sea*: Casson 1989。丝绸之路：F. Wood 2002。巴克特里亚：Holt 1999。草原公路：Beckwith 2009, Christian 1998, Kohl 2007, Koryakova and Epimakhov 2007。提格拉—帕拉萨三世：Curtis and Stew-art 2007。游牧民族与中国：Barfield 1989, Di Cosmo 2002, Lovell 2006, pp. 66–116。

第六章

关于东方的概述：M. Lewis 2007, 2009a。西方：Garnsey and Saller 1987 仍然是对早期罗马帝国的最佳研究，Cameron 1993a, 1993b 是对后期罗马帝国的最佳研究，自 20 世纪 60 年代以来，许多罗马历史学家拒绝接受罗马晚期历史的"衰落和堕落"理论（尤其见 Brown 1971, 1978），但最近的历史学家和考古学家（例如，Goldsworthy 2009, Heather 2005, Jongman 2007b, McCormick 2001, WardPerkins 2005）坚称罗马帝国在公元 200 年之后衰亡，我也持同样观点。

汉朝和罗马的君权神授：Puett 2002 and Price 1984。罗马的胜利：Beard 2007。儒家的道德修养：Ivanhoe 2000。

Adshead 2000, pp. 4–21，对汉朝和罗马帝国进行了有趣的比较。Mutschler and Mittag 2009 and Scheidel 2009a 是首次系统化的英文研究文献。

东方经济增长：Bray 1984, Hsu 1980, Peng 1999, Wagner 2001c。西方增长：Bowman and Wilson 2009, de Callataÿ 2005, Manning and Morris 2005, Scheidel et al. 2007, Scheidel 2009, A. Wilson 2009, 和正在进行的牛津罗马经济项目 (http://oxrep.classics.ox.ac.uk/index.php)。罗马和汉朝的经济增长比较：Scheidel 2009b。希腊和罗马的生活标准：Morris 2004, Saller 2002。罗马和汉朝住房比较：Razeto 2008。

图 6.2 和图 6.6 的来源：A. Parker 1992, Kylander et al. 2005。

泰斯塔西奥山：http://ceipac.gh.ub.es/MOSTRA/u_expo.htm (consulted December 4, 2007)。西方黄金时代：Scheidel 2007, Jongman 2007a。

哥伦布大交换：Crosby 1972。关于疾病史的最佳书籍仍然是 McNeill 1976。罗马瘟疫：Scheidel 2002, Sallares 2007。公元前 430 年的雅典瘟疫：Papagrigorakis et al. 2006。

气候变化：见第五章中引用的作品，plus Bao et al. 2004, Garcia et al.2007, Ge et al. 2003, and B. Yang et al. 2002。

羌人：M. Wang 1999。中国边疆：Lattimore 1940 仍然是经典作品。罗马边疆：Whittaker 1994。

汉朝之后的中国：De Crespigny 1984; A. Dien 1990, 2007; Eberhard 1965; M. Lewis 2009a; S. Pearce et al. 2001; L. Yang 1961。马镫：A. Dien 1986。

罗马动物骨骼：Jongman 2007b, Ikeguchi 2007。西方经济普遍衰退：McCormick 2001, pp. 25–119; MacMullen 1988, pp. 1–57。

波斯萨珊王朝：Daryaee 2009。罗马与波斯：Dignas and Winter 2007。罗马的哥特人战争：Kulikowski 2006。5 世纪的高卢：Drinkwater and Elton 1992。西罗马帝国的衰落：Goldsworthy 2009, Heather 2005, Kelly 2009, Ward-Perkins 2005。后罗马时期的西欧：Cameron 1993b, McCormick 2001, McKitterick 2001, Wickham 2005。

3 世纪的中国文化：Balazs 1964, pp. 173–254; Holcombe 1994。中国佛教：Gernet 1995, X. Liu 1988, Zürcher 2007。基督教的到来：Brown 1971, 1978, Lane Fox 1986。Johnson and Johnson 2007 对佛教和基督教（加上伊斯兰教）进行了比较。晚期罗马艺术：Elsner 1999, Trimble 2009。修道院：Bechert and Gombrich 1984, Dunn 2000。改宗：MacMullen 1984, Morrison 1992。图 6.9 建立在 Hopkins 1998 的研究之上。帝国对基督教的适应：Brown 1992, Fowden 1993。

第七章

隋朝之前的东方概况：A. Dien, 1990, 2007, Eisenberg 2008, Gernet1995, Graff 2002, M. Lewis 2009a, Pearceetal.2001。隋朝：Wright 1978, Xiong 2006。唐朝：Adshead 2004, M. Lewis 2009b, Perry and Smith 1976, Rozman 1973, Wright and Twitchett 1973, Xiong 2000。"五代十国"时期：G. Wang 2007。北宋：Haeger 1975, Hymes and Schirokauer 1993, D. Kuhn 2009。900—1100 年的概述：Mote 1999。

基本方法：Bray 2001。东方历史中的水稻的概况：Bray 1984, 1986。

武则天：Guisso 1978, D. Dien 2003, Barrett 2008。

虞弘的 DNA 研究：Xie et al. 2007。

中国船只：Needham 1971; McGrail 2001, pp. 346–93。

科考和官僚制度：Chaffee 1985, Kracke 1968, McMullen 1988。

东方扩张：Abramson 2007, Holcombe 2001, Piggott 1997, von Glahn 1987,von Verschuer 2006。

7 世纪中国的瘟疫：Twitchett 1979。

爪哇沉船：Flecker 2002, V. Lieberman 2003。

Elvin 1973, Hartwell 1967 and 1982, 和 Shiba and Elvin 1970 对 11 世纪中国的快速经济增长提出了理由。Golas 1988, P. Smith 1994, 和 Smith and von Glahn 2003 对

这一立场的某些部分提出疑问。财政：von Glahn 1996, 2004。煤和铁：Golas 1999, Wagner 2001a, 2008。贸易：P. Smith 1991。纺织品：Bray 1997, Chao 1977, Mokyr 1990, pp. 209–38。11 世纪的"新儒学"思想：Bol 1992, 2009, X. Ji 2005, D. Kuhn 2009, T. Lee 2004。

公元 900 年之前的西方社会和经济趋势：McCormick 2001, Wickham 2005, 2009。

查士丁尼：Maas 2005, O'Donnell 2008。拜占庭帝国经济（特别是埃及）：Banaji 2001, Hickey 2007, Laiou and Morrison 2007, Sarris 2006。Robert Graves 1938年的小说 *Count Belisarius* 仍然非常值得一读。瘟疫：Keys 2000, Little 2007, S. Rosen 2007, Sarris 2002, Stathakopoulos 2004。库斯鲁二世：Dignas and Winter 2007, Haldon 1997, Kaegi 2003, Whittow 1996。

关于阿拉伯历史的概述：Hourani 2003, Lapidus 2002。伊斯兰教前的阿拉伯：Hoyland 2001。穆罕默德：M. Cook 1983, Mattson 2007, Peters 1994。穆斯林的征服：Donner 1981, Kaegi 1992, Pourshariati 2008。哈里发国：Crone and Hinds 1986, H. Kennedy 2004a, 2004b, 2007, Madelung 1997, Walmsley 2007。马蒙：Cooperson 2005.

埃及：Walker 2002。开罗贸易文件：Goitein 1967–88。Ghosh 1992 写就了读来令人愉快的作品。

9 世纪的土耳其奴隶军：M. Gordon 2001。塞尔柱人：D. Morgan 1988。

伊斯兰经济：A. Watson 1982。

查理曼：Barbero 2004, Hodges and Whitehouse 1983, Verhulst 2002。Sypeck 2006 是一个有趣的比较性叙述。8 世纪西方的概况：Hansen and Wickham 2000。

欧洲的夸张：Bartlett 1993, Jordan 2001, McKitterick 2001, R. Moore 2000。亨利四世和格列高利七世：Blumenthal 1988。迫害社会：R. Moore 1987。大教堂时代：Duby 1981。基督教的学术研究：Colish 1997。维京人：Christiansen 2006。意大利的诺曼人：Matthew 1992, Loud 2000, and Norwich 1992。意大利城邦：D. Waley 1988。十字军东征：Maalouf 1984, Tyerman 2006。旧世界移民的概况：A. Lewis 1988。

中世纪暖期：Fagan 2008 值得一读。Kerr et al. 2005 讨论了原因。气温：Oppo et al. 2009。中国：Chu et al. 2002, J. Ji et al. 2005, Qian and Zhu 2002, D. Zhang 1994, P. Zheng et al. 2008。

第八章

马可·波罗：Haw 2006, Jackson 1998。开封的沦陷：Lorge 2005, pp. 51–54。女真族：Tillman and West 1995。宋徽宗：Ebrey and Bickford 2006。

蒙古人：Allsen 2004, Amitai-Rice and Morgan 2001, di Cosmo et al. 2009, Rossabi 1988。蒙古人征服下的中原：Langlois 1981, Smith and von Glahn 2003, and Brook 2010。最近关

于蒙古人的描述倾向于强调他们开放东西方交流的积极成果,而不是他们对亚洲大部分地区的破坏的消极后果。

跨越丝绸之路和印度洋的迁移:Abu-Lughod 1989, Chaudhuri 1985, 1990, Wood 2002. S. Gordon 2006 描述了一些个人旅行者。

Joseph Needham et al.'s *Science and Civilisation in China*,自 1954 年出版,至今仍在修订中,是一部关于中国科学技术的大型(事实上是压倒性的)汇编,明确讨论了西方和东方之间的借鉴。Hobson(2004)更简要地描述了主要的技术转移,也许夸大了西方对东方的影响。伊斯兰技术:Hassan and Hill 1986。枪支和船只:Lorge 2005, McNeill 1982, Needham et al. 1986。

关于欧洲黑死病,有大量的参考书目。Benedictow 2004 讨论了死亡率,Herlihy 1997 考虑了后果,Ziegler 1969 和 Hatcher 2008 都值得一读。但关于伊斯兰世界(Dols 1976 是经典之作)或东方的资料要少得多。McNeill 1976 仍然是最好的比较性讨论。

小冰期的开始:Bond et al. 2001, X. Liu et al. 2007, Mangini et al. 2005, 2007, Qian and Zhu 2002, E. Zhang et al. 2004, P. Zheng et al. 2008。Fagan 2004b 概括了全局。Jordan 1996 侧重西欧。

基督教会的危机:Oakley 1979。Tuchmann 1978 生动地描述了 14 世纪的欧洲。

帖木儿:Manz 1989。

早期奥斯曼帝国:Barkey 1997, Finkel 2005, Imber 2004, Inalcik and Quataert 1994。君士坦丁堡的陷落:Nicolle et al. 2007, Runciman 1990。

东南亚的增长:Christie 1998, V. Lieberman 2003。

明朝的崛起:Dreyer 1982。郑和:Levathes 1994, Dreyer 2006。船只:McGrail 2002, pp. 380–81, 390–92。

15 世纪的墨西哥:Pollard 1993, M. Smith 2003。

加文·孟席斯的观点:Menzies 2002, 2008, and www.1421.tv and www.gavinmenzies.net。历史学家的回应:Finlay 2004。在网上可以找到很多讨论 (for example, http://en.wikipedia.org/wiki/1421_hypothesis and http://www.dightonrock.com/commentsandrebuttalsconcering142.htm)。

"太平公主"号:http://www.chinesevoyage.com。沉船事件:http://www.chinapost.com.tw/taiwan/national/national-news/2009/04/27/205767/ Princess-Taiping.htm。

"航海家"亨利王子:Russell 2000。

明太祖:Farmer 1995。明成祖:Tsai 2001。

"新儒家"思想:Bol 1992, Hymes and Schirokauer 1993, Ivanhoe 2009, Mote 1999, T. Lee 2004。

中国的性别关系和裹脚布:Birge 2002, Ebrey 1993, Ko 2007。裹脚照片:al-Akl 1932。

葡萄牙的航行：Fernandez-Armesto 2006。关于葡萄牙在16世纪初对印度洋的影响有多大，存在很大争议。比较 Bethencourt and Curto 2007 和 Subrahmanyam 2007。

第九章

一般背景概述：Brook 1998 and 2010, Mote 1999, Rowe 2009, Spence 1990 的早期章节，和 Struve 2004 的中国部分；V. Lieberman 2003 的东南亚部分；Cullen 2003 和 Totman 1993 的日本部分；Braudel 1972 and 1981–84 和 Wiesner-Hanks 2006 关于欧洲的部分值得一读。Barkey 2008 和 Finkel 2006 回顾了奥斯曼帝国。这一时期的历史学家出版了优秀的东西方比较文献（例如，Brook 2008, Darwin 2008, A.G. Frank 1998, Goldstone 2009, V. Lieberman 1999, Maddison 2005, Pomeranz 2000, Robinson 2010, Wong 1997）。Wills 2002 回顾了1688年的全球状况。

实际工资：Allen 2001, 2003a, Angeles 2008, Broadberry and Gupta 2006, Pamuk 2007。

人口增长：Ho 1959, Le Roy Ladurie 1972。

欧洲民间故事：Darnton 1984, pp. 9–72。

丰臣秀吉：Berry 1989, Swope 2005。

明神宗与张居正：R. Huang 1981。

全球打击海盗：Earle 2003, Lane 1998, K. So 1975。

哈布斯堡王朝：Ingrau 2000, Kamen 1999, Kann 1980, G. Parker 2001。

新教改革：Fasolt 2008, MacCullagh 2003。Elton 1963 仍然是最好读的简短叙述。

荷兰共和国：Israel 1995, Tracy 2008, van Bavel and van Zanden 2004, van Zanden 2002。

生态学：Allen 2003b, Marks 1998, John Richards 2003。

17世纪的危机：G. Parker 2009。平等主义者：Hill 1984, Mendle 2001。

三十年战争：G. Parker 1997, and P. Wilson 2009。

明／清过渡：Struve 1993。

关闭欧亚草原通道：Perdue 2005, Stevens 1995。伊凡雷帝：de Madriaga 2008。

西班牙征服美洲：Elliott 2006, Kamen 2003。白银：D. Flynn 1996, Flynn et al. 2003, von Glahn 1996。哥伦布大交换：Crosby 1972。生态帝国主义：Crosby 2004。詹姆斯敦和早期奴隶制：E. Morgan 1975 很出色。大西洋的奴隶制概况：Blackburn 1997, Inikori 2002, 2007, Mintz 1985。

工业革命：de Vries 2008, Mazumdar 1998, Voth 2001。消费：Brewer and Porter 1993, Clunas 1991。

钟表：Landes 1983。

科学革命：Dear 2001 and Shapin 1994 and 1996 是很好的调查。Kuhn 1962 仍然是经典作品。Saliba 2007 就伊斯兰科学对欧洲的影响有所争论。Crosby 1997 和 Huff 2003 强调了 12 世纪以来欧洲的发展。咖啡馆和科学：Stewart 1992。

启蒙运动：D. Outram 2005 和 Youlton 1992 是可靠、清晰的介绍；Gay 1966–69 是经典作品。

东林书院：Dardess 2002。清朝的学术和科学：Elman 2001, 2006, Sivin 1982。

李约瑟和鲁桂珍：Winchester 2008。

耶稣会士：Brockey 2007。

康熙：Spence 1974。18 世纪中国社会：Naquin and Rawski 1987。中国闭关：Johnston 1995。乾隆：Elliott and Stearns 2009.

欧洲军事革命：Black 2006, P. Kennedy 1987, McNeill 1982, G. Parker 1996, Rogers 1995。奥斯曼帝国的战争：Murphey 1999。中国的战争：Lorge 2005, Yates et al. 2009。日本和枪支：Perrin1979.

金融危机和财政革命：Bonney 1999, Goldstone 1991。

英国和荷兰的商业和机构：Brenner 2003, H. Cook 2008, de Vries and van der Woude 1997, Jardine 2008, and Pincus 2009。

英法贸易和战争：Findlay and O'Rourke 2007, Simms 2008。商贸主义：Tracy 1990, 1991。

政治经济学：经典作品是 Adam Smith's *Wealth of Nations*(1776),Thomas Malthus's *Essay on the Principle of Population* (1st ed., 1798) 和 David Ricardo's *Principles of Political Economy and Taxation* (1817)，以上图书都多次再版。

第十章

Bayly 2004 和 Darwin 2008 and 2009 是最近对全球情况的杰出调查，但 Eric Hobsbawm 的四卷本（1964，1975，1987，1994）重新成为我的最爱。对经济增长的估计：Maddison 1995, 2001。西方的军事-财政趋势：P. Kennedy 1987。中国的概况：Rowe 2009, Spence 1990。日本：Cullen 2003, Jansen 2000。东南亚：Owen et al. 2005。

18 世纪的科学和工业：Jacob 1997, Jacob and Stewart 2004, Mokyr 2002, R. Porter 2003。科技：Mokyr 1990, Smil 2005, 2006。Uglow 2002 生动地讲述关于博尔顿、瓦特和他们周围人的故事。

西方工业革命仍有争议：compare Acemoglu et al. 2005, Landes 2003 [1969], Mokyr 1999, and Allen 2009。Floud and McCloskey 1994 是最好的参考文献。渐进主义的观点：Wrigley 2000, Bayly 2004。

实际工资：Allen 2001, 2007b, 2007c, Allen et al. 2007。

棉花的价格：Harley 1998。

对工业化的抵制：经典的论述是 Thompson 1963, 1993, and (on Captain Swing) Hobsbawm and Rudé 1969，尽管它们应该与上述较新的作品一起阅读。

文化和后发优势：Weber 1905 是经典理论。 Landes 1998 和 G. Clark 2007 提供了更复杂的版本。Acemoglu et al. 2002 强调了制度的作用。

关于东方在 1800 年前后是否接近于独立的工业革命，存在多种说法：Goldstone 2009, Maddison 2005, Pomeranz 2000, Sivin 1982, Tetlock et al. 2006, and Wong 1997。东方赶超的必然性：Sugihara 2003。

1880 年中国矿厂的成本：Golas 1999, p. 170。

19 世纪的美国扩张：Howe 2007, R. White 1993。环境影响：Williams 2003。

石油：Yergin 1992。自由贸易：Irwin 1996。现代主义和加速的世界：Kern 1983, Gay 2008。

关于 19 世纪末帝国主义的理论千差万别。Cain and Hopkins 2000, Darwin 2009, Davis 2001, Ferguson 2003, and A. Porter 2001 给出了一定范围。Hochschild 1998 对刚果的叙述读来令人毛骨悚然。1876—1879 年和 1896—1902 年的饥荒：Davis 2001, Cane 2010。

鸦片战争：见前言所列书籍。

日本的开放：Feifer 2006 值得一读。日本 19 世纪的转型：Duus 1976, Jansen 2000。明治天皇：Keene 2002。日本帝国主义：Beasley 1987。中日战争：Paine 2003。光绪之死：http://www.cnn.com/2008/WORLD/asiapcf/11/04/china.emperor/index.html。

义和团起义：Preston 1999 值得一读。

将 1914—1991 年的冲突归为一类：Ferguson 2007。20 世纪经济的概况：Frieden 2006。一战：Ferguson 1998, Stevenson 2004, Strachan 2005。战后结算：MacMillan 2002。大萧条：Eichengreen 1992, Shlaes 2007。苏联的反应：Conquest 1986, Figes 1996, Fitzpatrick 1999, Applebaum 2003。日本：Harries and Harries 1991, Iriye 1987。纳粹德国：R. Evans 2005, Tooze 2006。二战：Dower 1986, Ferguson 2007, Overy 1995, A. Roberts 2009, Weinberg 2005。冷战：Behrman 2008, Eichengreen 2007, Gaddis 2005, Judt 2005, Reynolds 2000, Sheehan 2008, Westad 2005。相互保证毁灭：Krepon 2008。非殖民化：Abernethy 2000, Brendon 2008, P. Clarke 2008, and Darwin 2009。欧盟：Gillingham 1991, 2003。物质丰富：de Grazia 2005, Fogel 2004, Grigg 1992, Sandbrook 2005。预期寿命的延长：Riley 2001. *Feminine Mystique*: Friedan 1963. *Sexual Politics*: Millett 1970。美国郊区：Hayden 2002。20 世纪 80 年代的经济复兴：Yergin and Stanislaw 2002。

The *Oxford History of the United States* series (D. Kennedy 1999, Patterson 1997, 2005) 是对 20 世纪美国历史的细致研究成果。

20 世纪 70—80 年代的计算机和西方的核心：Castells 1996–98, Saxenian 1994, 以及生动有趣的 Wozniak and Smith 2007。

战后的日本：Dower 2000, D. Smith 1995。尼克松和中国：Nixon 1967, MacMillan 2008。

苏联解体和之后的俄罗斯：Gaidar 2008, Goldman 2008。20世纪90年代的日本：Amyx 2004, Hutchison and Westermann 2006。1992年《国防规划导引》和随后的美国政策：J. Mann 2004。

20世纪90年代以来中国经济繁荣的代价：Chen and Wu 2006, Chen 2009, Economy 2004, Goldman 2005, Shapiro 2001。在众多关于中国成长为贸易超级大国的书籍中，Kynge 2006 and Fishman 2006是最好的。

第十一章

遗传优势：一些经济学家确实认为，欧洲工业革命是自然选择的结果。Galor and Moav 2002是最明确的；G. Clark 2007几乎是明说了英国受益于此。

科学发明：Merton 1957, Stigler 1980, and Malcolm Gladwell's highly readable "In the Air," *The New Yorker*, May 12, 2008, pp. 50–60 (available at http://www.newyorker.com/archive)。

东西方思想差异：Hedden et al. 2008。东方的非逻辑性：compare Nisbett 2003, Ho and Yan 2007, and McGilchrist 2009。Lloyd 2007就认知差异，公平地进行了讨论。我想感谢Nisbett教授与我讨论这个问题。

弗林效应：Neisser 1998, J. Flynn 2007, and Malcolm Gladwell, "None of the Above: What IQ Doesn't Tell You About Race," *The New Yorker*, December 17, 2007 (available at http://www.newyorker.com/archive)。

儒家思想与日本的失败：J. Hall 1966。儒家思想与日本的成功：Morishima 1982。

假设：Tetlock et al. 2006，特别是Goldstone, Pestana, Pomeranz, and Mokyr。反事实分析的原则：Ferguson 1997, Tetlock and Belkin 1996。我更全面地解释了我自己的方法（见2005年作品）。

蠢货：Tuchmann 1984必读。

夜幕降临：新仙女木事件见第二章。小行星：Brown et al. 2002, Toon et al. 1997, Ward and Asphaug 2000。全面的灾难：Smil 2008。1980年的弹头：Sakharov 1983。

希特勒赢得了二战：Rosenfeld 2005。*Fatherland*: R. Harris 1992. 核武器：Gaddis et al. 1999。古巴：Fursenko and Naftali 1997。

Foundation：1942年5月至1950年1月，阿西莫夫在*Astounding Magazine*杂志上发表了8篇短篇小说，然后将它们集结成三本书，在1951—1953年出版。到了20世纪80—90年代，他写了两部续集和两部前传。他对心理史学的全面评论见*Foundation* (1951) 和 *Prelude to Foundation* (1988)。

第十二章

21世纪的中国力量：Jacques 2009。

中美国：Ferguson and Schularick 2007, Ferguson 2009; "A Wary Respect: A Special Report on China and America," *The Economist*, October 24, 2009 (available at http://www.economist.com/specialreports)。

美国重塑自己：Jack Welch, "Who Will Rule the 21st Century?" *Business Week*, July 2, 2007 (http://www.kurzweilai.net/meme/frame.html?main=memelist.html?m=7%23713)。

中国的问题：Goldman 2005, Shirk 2007。

涨潮时所有船都上升了：Fogel 2007, Maddison 2006, 2007。

平稳版本：J. Mann 2007。中国和民主：Y. Zheng 2004。

西方的东方化：Kurlantzick 2007。

国际关系的现实主义者：Johnston 1995。

能源：Smil 2006。

奇点：Kurzweil 2005, with http://www.singularity.com, http://www.kurzweilAI.net, and http://www.singularitysummit.com。批评意见：Lanier 2000, Richards et al. 2002, McKibben 2003。摩尔定律：G. Moore 1965, 1999, 2003。脑图：http://www.loni.ucla/ICBM/ and http://www.brainmapping.org, constantly updated。

老虎·伍兹和奥斯卡·皮斯托瑞斯：http://www.slate.com/id/2116858/; http://www.slate.com/id/2191801/。

优生学辩论：关于增强的身体和大脑的著作往往要么非常乐观（例如，Naam 2005, R. Green 2007），要么非常担心身份的保护（例如，Fukuyama 2002, S. Rose 2006）。Rifkin 1998的观点虽然现在有点过时，但比较中立。

大脑接口项目：http://www.wired.com/dangerroom/2009/05/pentagon-preps-soldier-telepathy-push); Singer 2009, pp. 72–74。分子计算：Benenson et al. 2004。

IBM蓝色基因计算机：http://www.research.ibm.com/journal/rd49-23.html。

小鼠和大鼠模拟：Frye et al. 2007, Ananthanarayanan and Modha 2007; http://p9.hostingprod.com/@modha.org/blog/2007/11/faq_anatomy_of_a_cortical_simu.html。能源和冷却要求：*The Economist Technology Quarterly*, December 6, 2008, pp. 6–8 (available at http://www.economist.com/ specialreports)。小鹰项目：Appavoo et al. 2008。

卡尔森曲线：Robert Carlson, "Open Source Biology and its Impact on Industry," *IEEE Spectrum*, May 2001 (available at http://synthesis.cc/Biol_Tech_2050.pdf); Carlson 2010。

Freeman Spogli国际研究所"危机中的世界"会议：http://fsi.stanford.edu/events/2006_fsi_international_conference_a_world_at_risk/。

最坏情况的概况：Diamond 2005, Smil 2008, Sunstein 2007。

气候变化：Intergovernmental Panel on Climate Change 2007, Smil 2008。极地融化的原因：http://news.bbc.co.uk/2/hi/science/nature/7139797.stm。全球性的怪事：T. Friedman 2008。突然的变化：Pearce 2008。《斯特恩报告》：Stern 2006。

气候和食物：Easterling 2007, Battisti and Naylor 2009。食物：http://www.fao.org/worldfoodsituation/en/, http://www.fao.org/docrep/011/ai474e/ai474e13.htm, and http://en.wikipedia.org/wiki/Food_crisis。区域影响：Bättig et al. 2007。水：Pearce 2007。

关于进入美国和西欧的移民有大量的文献，其中大部分有所偏袒。Swain 2007, *The Economist's* survey of migration ("Open Up: A Special Report on Immigration," *The Economist*, January 5, 2008; available at http://www.economist.com/specialreports), 和 Caldwell 2009 努力涵盖问题的所有方面。2008年后的趋势：Papademetriou and Terrazas 2009。

移民和疾病：http://www.cdc.gov/ncidod/dq/。流感：Barry 2005, MacKellar 2007, Davis 2006, http://www.flutrackers.com/forum/index.php and http://www.who.int/en/。

大国参与"不稳定弧形带"：G. Friedman 2004, Oren 2007。中国和资源：Zweig and Bi 2005。和平发展：B. Zheng 2005。恐怖主义风险：Graham and Talent 2008。以色列和伊朗："The Gathering Storm," The Economist, January 7, 2010 (available at http://www.econmist.com)。21世纪的冲突：G. Friedman 2009, Fukuyama 2008, Khanna 2008, Krep-inevich 2009, and Zakaria 2008。中国和美国的军事实力：R. Kaplan 2005。中国导弹试验：http://news.xinhuanet.com/english/2010-01/11/content_12792329.htm。中国航母：http://www.cbsnews.com/stories/2009/04/22/world/main4960774.shtml?source=RSSattr=HOME_4960774。

核武器数量削减：George Schultz et al., "A World Free of Nuclear Weapons," *Wall Street Journal*, January 4, 2007, p. A15 (available at http://www.fcnl.org/issues/item.php?item_id=2252&issue_id=54; "Toward a Nuclear-Free World," *Wall Street Journal*, January 15, 2008 (available at http://online.wsj.com/public/article_print/SB120036422673589947.html); Perkovich and Zaum 2008。军火库的去向：Norris and Kristensen 2008, 2009a, b, 2010。末日之钟：http://www.thebulletin.org/content/media-center/announcements/2010/01/14/it-6-minutes-to-midnight。

《京都议定书》: text at http://unfccc.int/kyoto-protocol/items/2830.php。1990年以来的排放数据：http://unfccc.int/files/inc/graphics/image/gif/total_excluding_2008.gif; http://co2now.org/。预估费用：Juliette Jowit and Patrick Wintour. "Cost of Tackling Global Climate Change Has Doubled, Warns Stern," *The Guardian*, June 26, 2008 (http://www.guardian.co.uk/environment/2008/jun/26/climatechange.scienceofclimatechange)。一些经济学家（例如，Nordhaus 2007）提出了批评，但澳大利亚的一份报告（Garnaut 2008）得出了与斯特恩类似的结论。

非国家组织：T. Friedman 1999, van Creveld 1999。

能源议题：Smil 2006。

费米悖论：E. Jones 1985, Webb 2002。寻找外星生物：Impey 2007。百万个文明：Shklovskii and Sagan 1968, p. 448。德雷克方程：http://en.wikipedia.org/wiki/Drake_equation。

高科技武器：Adams 2008, Singer 2009。

灭绝：Thomas et al. 2004。第六次大灭绝：Leakey and Lewin 1995。

参考文献

Abernethy, David. *The Dynamics of Global Dominance: European Overseas Empires, 1415–1980*. New Haven, CT: Yale University Press, 2000.

Abramson, Marc. *Ethnic Identity in Tang China*. Philadelphia: University of Pennsylvania Press, 2007.

Abu-Lughod, Janet. *Before European Hegemony. The World System AD 1250–1350*. New York: Oxford University Press, 1989.

Acemoglu, Daron, Simon Johnson, and James Robinson. "Reversal of Fortune: Geography and Institutions in the Making of the Modern World Income Distribution." *Quarterly Journal of Economics* 118 (2002), pp. 1231–94.

——. "The Rise of Europe: Atlantic Trade, Institutional Change, and Economic Growth." *American Economic Review* 95 (2005), pp. 546–79.

Adams, Thomas. "Future Warfare and the Decline of Human Decision-making."*Parameters: Journal of the US Army War College* 31.4 (2001), p. 57 (15).

——. *The Army After Next: The First Postindustrial Army*. Stanford: Stanford University Press, 2008.

Adshead, Samuel. *China in World History*. 3rd ed. London: Longmans, 2000.

——. *Tang China*. London: Longmans, 2004.

Akkermans, Peter, and Glenn Schwartz. *The Archaeology of Syria*. Cambridge, UK: Cambridge University Press, 2003.

al-Akl, F. M. "Bound Feet in China." *American Journal of Surgery* 18 (1932), pp. 545–50.

Allen, Robert. "The Great Divergence in European Wages and Prices from the Middle Ages to the First World War." *Explorations in Economic History* 38 (2001), pp. 411–48.

———. "Poverty and Progress in Early Modern Europe." *Economic History Review* 56 (2003a), pp. 403–43.

———. "Was There a Timber Crisis in Early Modern Europe?" In *Economia e energia secc. xiii–xviii, Serie II–Atti delle "Settimane di Studi" e altri Convegni*, pp. 469–82. Prato: 34 Istituto Internazionale di Storia Economica "F. Datini," 2003b.

———. "The British Industrial Revolution in Global Perspective: How Commerce Created the Industrial Revolution and Modern Economic Growth," 2006a. http://www.nuffield.ox.ac.uk/General/Members/allen.aspx.

———. "Agricultural Productivity and Rural Incomes in England and the Yangtze Delta, c. 1620–c. 1820," 2006b. http://www.nuffield.ox.ac.uk/General/Members/allen.aspx.

———. "How Prosperous Were the Romans? The Evidence of Diocletian's Price Edict (301 AD)." Oxford University Department of Economics Working Papers 363, 2007a. http://www.nuffield.ox.ac.uk/General/Members/allen.aspx.

———. "Pessimism Preserved: Real Wages in the British Industrial Revolution." Oxford University Department of Economics Working Papers 314, 2007b. http://www.nuffield.ox.ac.uk/General/Members/allen.aspx.

———. "Engels' Pause: A Pessimist's Guide to the British Industrial Revolution." Oxford University Department of Economics Working Papers 315, 2007c. http:// www.nuffield.ox.ac.uk/General/Members/allen.aspx.

———. *The British Industrial Revolution in Global Perspective*. Cambridge, UK: Cambridge University Press, 2009.

Allen, Robert, et al. "Wages, Prices, and Living Standards in China, Japan, and Europe, 1738–1925," 2007. http://www.nuffield.ox.ac.uk/General/Members/allen.aspx.

Allen, Robert, Tommy Bengtsson, and Martin Dribe, eds. *Living Standards in the Past: New Perspectives on Well-Being in Asia and Europe*. Oxford: Oxford University Press, 2005.

Allsen, Thomas. *Culture and Conquest in Mongol Eurasia*. Cambridge, UK: Cambridge University Press, 2004.

Amitai-Rice, Reuven, and David Morgan. *The Mongol Empire and its Legacy*. Leiden: E. J. Brill, 2001.

Amyx, Jennifer. *Japan's Financial Crisis*. Princeton: Princeton University Press, 2004.

Ananthanarayanan, Rajagopal, and Dharmendra Modha. "Anatomy of a Cortical

Simulator." Paper given at the International Conference for High Performance Computing, Networking, Storage, and Analysis, Reno, NV (November 11, 2007). Available at http://sc07.supercomp.org/schedule/event_detail.php?evid=11063.

Angeles, Luis. "GDP Per Capita or Real Wages? Making Sense of Conflicting Views on Pre-Industrial Europe." *Explorations in Economic History* 45 (2008), pp. 147–63.

Appavoo, Jonathan, Volkmar Uhlig, and Amos Waterland. "Project Kittyhawk: Building a Global-Scale Computer. Blue Gene/P as a Generic Computing Platform." *ACM Sigops Operating System Review*, January 2008. Available at http://domino.research.ibm.com/comm/research_projects.nsf/pages/kittyhawk.index.html.

Applebaum, Anne. *Gulag: A History of the Soviet Camps*. New York: Penguin, 2003.

Armelagos, George, and Kristin Harper. "Genomics at the Origins of Agriculture." *Evolutionary Anthropology* 14 (2005), pp. 68–77, 109–121.

Armstrong, Karen. *The Great Transformation: The Beginning of Our Religious Traditions*. New York: Knopf, 2006.

Arrighi, Giovanni. *Adam Smith in Beijing: Lineages of the Twenty-First Century*. London: Verso, 2007.

Asimov, Isaac. "Nightfall." *Astounding Science Fiction*, September 1941 issue. Cited from Isaac Asimov, *The Complete Short Stories* I, New York: Bantam, 1990, pp. 330–62.

———. *Foundation*. New York: Bantam, 1951.

———. *Prelude to Foundation*. New York: Bantam, 1988.

Assmann, Jan. *Of God and Gods: Egypt, Israel, and the Rise of Monotheism*. Madison: University of Wisconsin Press, 2008.

Astour, Michael. "New Evidence on the Last Days of Ugarit." *American Journal of Archaeology* 69 (1965), pp. 253–58.

Aubet, Maria Eugenia. *The Phoenicians in the West*. 2nd ed. Cambridge, UK: Cambridge University Press, 2001.

Auel, Jean. *The Clan of the Cave Bear*. New York: Crown, 1980.

Bagnall, Roger. *Egypt in Late Antiquity*. Berkeley: University of California Press, 1993.

Bahn, Paul, and Jean Vertut. *Journey Through the Ice Age*. Berkeley: University of California Press, 1997.

Baker, Keith, ed. *The Old Regime and the French Revolution*. Chicago: University of Chicago Press, 1987.

Balazs, Etienne. *Chinese Civilization and Bureaucracy*. New Haven, CT: Yale University Press, 1964.

Banaji, Jairus. *Agrarian Change in Late Antiquity: Gold, Labour, and Aristocratic Dominance*. Oxford: Oxford University Press, 2001.

Bao, Yang, et al. "Evidence for a Late Holocene Warm and Humid Climate Period and Environmental Characteristics in the Arid Zones of Northwest China During 2.2~ 1.8 kyr BP." *Journal of Geophysical Research* 109 (2004), 10.1029/2003JD003787.

Bar-Yosef, Ofer, ed. *East to West—Agricultural Origins and Dispersal into Europe*. Special section of *Current Anthropology* volume 45, 2004.

Barber, Elizabeth. *The Mummies of Ürümchi*. New York: Norton, 1999.

Barbero, Alessandro. *Charlemagne: Father of a Continent*. Berkeley: University of California Press, 2004.

Barfield, Thomas. *The Perilous Frontier: Nomadic Empires and China, 221 BC–AD 1757*. Oxford: Blackwell, 1989.

Barker, Graeme. *The Agricultural Revolution in Prehistory: Why did Foragers Become Farmers?* Oxford: Oxford University Press, 2006.

Barkey, Karen. *Bandits and Bureaucrats: The Ottoman Route to State Centraliza-tion*. Ithaca, NY: Cornell University Press, 1997.

———. *Empire of Difference: The Ottomans in Comparative Perspective*. Cambridge, UK: Cambridge University Press, 2008.

Barnes, Gina. *The Rise of Civilization in East Asia*. London: Thames and Hudson, 1999.

Barrett, T. H. *The Woman Who Discovered Printing*. New Haven, CT: Yale University Press, 2008.

Bartlett, Robert. *The Making of Europe: Conquest, Colonization and Cultural Change 950–1350*. Princeton: Princeton University Press, 1993.

Barry, John. *The Great Influenza*. New York, Penguin, 2005.

Bättig, Michèle, et al. "A Climate Change Index: Where Climate Change May Be Most Prominent in the 21st Century." *Geophysical Research Letters* 34 (2007), 201705.

Battisti, David, and Rosamund Naylor. "Historical Warnings of Future Food Insecurity with Unprecedented Seasonal Heat." *Science* 32 (2009), pp. 240–44.

Baumgarten, Jürgen, ed. *The Early Neolithic Origin of Ritual Centers*. Special issue of *Neo-Lithics* 2/05, 2005.

Bayly, Christopher. *The Birth of the Modern World 1780–1914*. Oxford: Blackwell, 2004.

Beard, Mary. *The Roman Triumph*. Cambridge, MA: Harvard University Press, 2007.

Beasley, William. *Japanese Imperialism, 1894–1945*. Oxford: Oxford University Press, 1987.

Bechert, Heinz, and Richard Gombrich, eds. *The World of Buddhism: Buddhist Monks and Nuns in Society and Culture*. New York: Facts on File, 1984.

Beckman, Gary. *Hittite Diplomatic Texts*. 2nd ed. Atlanta: Scholars Press, 1999.

Beckwith, Christopher. *Empires of the Silk Road: A History of Central Eurasia from the Bronze Age to the Present*. Princeton: Princeton University Press, 2009.

Bedford, Peter. "The Persian Near East." In Walter Scheidel et al., eds., *The Cambridge Economic History of the Greco-Roman World*, pp. 302–329. Cambridge, UK: Cambridge University Press, 2007.

——. "The Neo-Assyrian Empire." In Ian Morris and Walter Scheidel, eds., *The Dynamics of Ancient Empires*, pp. 30–65. New York: Oxford University Press, 2009.

Begley, Vimala. *The Ancient Ports of Arikamedu*. Pondicherry/Arikamedu: École française de l'extrême orient, 1996.

Behrman, Greg. *The Most Noble Adventure: The Marshall Plan and How America Helped Rebuild Europe*. New York: Free Press, 2008.

Bellah, Robert. "What Is Axial About the Axial Age?" *Archives européenes de sociologie* 46 (2005), pp. 69–87.

Bellwood, Peter. *First Farmers: The Origins of Agricultural Societies*. Oxford: Blackwell, 2005.

Bellwood, Peter, and Colin Renfrew, eds. *Examining the Farming/Language Dispersal Hypothesis*. Cambridge, UK: Cambridge University Press, 2003.

Benedictow, Ole. *The Black Death 1346–1353: The Complete History*. Rochester, NY: Boydell Press, 2004.

Benenson, Yaakov, et al. "An Autonomous Molecular Computer for Logical Control of Gene Expression." *Nature* 429 (2004), pp. 423–29.

Bengtsson, Tommy, C. Campbell, and James Lee, eds. *Life Under Pressure: Mortality and Living Standards in Europe and Asia, 1700–1900*. Cambridge, MA: Harvard University Press, 2005.

Bentley, Edmund. *Biography for Beginners*. London: T. W. Laurie, 1905.

Berger, Thomas, and Erik Trinkaus. "Patterns of Trauma Among the Neandertals." *Journal of Archaeological Science* 22 (1995), pp. 841–52.

Bernard, W. D., and W. H. Hall. *Narrative of the Voyages and Services of the Nemesis, 1840 to 1843*, vol. 1. London: H. Colburn, 1844.

Berry, Mary. *Hideyoshi*. Cambridge, MA: Harvard University Press, 1989.

Bethencourt, Francisco, and Diogo Ramada Curto, eds. *Portuguese Oceanic Expansion, 1400–1800*. Cambridge, UK: Cambridge University Press, 2007.

Bierce, Ambrose. *The Devil's Dictionary*. New York: Neale Publishing, 1911. Reissued by Dover, 1993.

Birch, Cyril, ed. *Anthology of Chinese Literature I: From Early Times to the Fourteenth Century*. New York: Columbia University Press, 1965.

Birge, Bettina. *Women, Property, and Confucian Reaction in Sung and Yüan China*. Cambridge, UK: Cambridge University Press, 2002.

Black, Jeremy. *Warfare in the Eighteenth Century*. London: Cassell, 2006.

Blackburn, Robin. *The Making of New World Slavery, from the Baroque to the Modern, 1492–1800*. London: Verso, 1997.

Bloodworth, Dennis, and Ching Ping Bloodworth. *The Chinese Machiavelli: 3000 Years of Chinese Statecraft*. 2nd ed. New Brunswick, NJ: Transaction Books, 2004.

Blumenthal, Uta-Renate. *The Investiture Conflict: Church and Monarchy from the Ninth to the Twelfth Century*. Philadelphia: University of Pennsylvania Press, 1988.

Boaretto, Elisabetta, et al. "Radiocarbon Dating of Charcoal and Bone Collagen Associated with Early Pottery at Yuchanyan Cave, Hunan Province, China." *Proceedings of the National Academy of Sciences* 106 (2009), doi: 10.1073/pnas.0900539106.

Boaz, Noel, and Russell Ciochon. *Dragon Bone Hill: An Ice-Age Saga of Homo erectus*. New York: Oxford University Press, 2004.

Bocquet-Appel, Jean-Pierre, and Ofer Bar Yosef, eds. *The Neolithic Demographic Transition and its Consequences*. Amsterdam: Springer, 2008.

Bol, Peter. *"This Culture of Ours": Intellectual Transitions in T'ang and Sung China*. Stanford: Stanford University Press, 1992.

———. *Neo-Confucianism in History*. Cambridge, MA: Harvard University Press, 2009.

Bond, Gerard, et al. "Persistent Solar Influence on North Atlantic Climate during the Holocene." *Science* 294 (2001), pp. 2130–36.

Bonney, Richard. *The Rise of the Fiscal State in Europe, c. 1200–1815*. Oxford: Oxford University Press, 1999.

Boserup, Esther. *Conditions of Agricultural Growth*. Chicago: Aldine, 1965.

Bosworth, Alan. *Conquest and Empire: The Reign of Alexander the Great*. Cambridge, UK: Cambridge University Press, 1988.

Boulding, Kenneth. "Great Laws of Change." In Anthony Tang, Fred Westfield, and James Worley, eds., *Evolution, Welfare, and Time in Economics*. Lexington, MA: Lexington Books, 1976.

Boutron, C., et al. "Anthropogenic Lead in Polar Snow and Ice Archives." *Comptes*

Rendue Geoscience 336 (2004), pp. 847–67.

Bouzouggar, Abdeljalil, et al. "82,000-Year-Old Shell Beads from North Africa." *Proceedings of the National Academy of Sciences* 104 (2007), pp. 9964–69.

Bowman, Alan, and Andrew Wilson, eds. *Quantifying the Roman Economy: Methods and Problems*. Oxford: Oxford University Press, 2009.

Boyer, Pascal. *Religion Explained*. New York: Basic Books, 1999.

Boyle, John, trans. *The Successors of Genghis Khan*. New York: Columbia University Press, 1971.

Bradley, Raymond. *Paleoclimatology*. New York: Academic Press, 1999.

Brandi, Karl. *The Emperor Charles V*. Trans. C. V. Wedgwood. New York: Knopf, 1939.

Braudel, Fernand. *The Mediterranean and the Mediterranean World in the Age of Philip II*. 2 vols. Trans. Siân Reynolds. London: Fontana, 1972.

———. *Civilization and Capitalism, 15th–18th Century*. 3 vols. Trans. Siân Reynolds. New York: Harper and Row, 1981–84.

Bray, Francesca. *Science and Civilization in China VI: Biology and Biological Technology*. Part 2: *Agriculture*. Cambridge, UK: Cambridge University Press, 1984.

———. *The Rice Economies: Technology and Development in Asian Societies*. Oxford: Oxford University Press, 1986.

———. *Technology and Gender: Fabrics of Power in Late Imperial China*. Berkeley: University of California Press, 1997.

———. "The *Qimin yaoshu* (*Essential Techniques for the Common People*)." Unpublished paper, 2001.

Brendon, Piers. *The Decline and Fall of the British Empire*. New York: Vintage, 2008.

Brenner, Robert. *Merchants and Revolution: Commercial Change, Political Conflict, and London's Overseas Traders, 1550–1653*. London: Verso, 2003.

Brewer, John, and Roy Porter, eds. *Consumption and the World of Goods*. London: Routledge, 1993.

Briant, Pierre. *From Cyrus to Alexander: A History of the Persian Empire*. Winona Lake, IN: Eisenbrauns, 2002.

Briggs, Asa. *A Social History of England*. London: Penguin, 1994.

Broadberry, Stephen, and Bishnupriya Gupta. "The Early Modern Great Divergence: Wages, Prices and Development in Europe and Asia, 1500–1800." *Economic History Review* 59 (2006), pp. 2–31.

Brockey, Liam. *Journey to the East: The Jesuit Mission to China, 1579–1724*. Cambridge, MA: Harvard University Press, 2007.

Brook, Timothy. *The Confusions of Pleasure: Commerce and Culture in Ming China*. Berkeley: University of California Press, 1998.

——. *Vermeer's Hat: The Seventeenth Century and the Dawn of the Global World*. New York: Vintage, 2008.

——. *The Troubled Empire: China in the Yuan and Ming Dynasties*. Cambridge, MA: Harvard University Press, 2010.

Brown, P., et al. "The Flux of Small Near-Earth Objects Colliding with the Earth."*Nature* 420 (2002), pp. 294–96.

Brown, Peter. *The World of Late Antiquity*. London: Thames and Hudson, 1971.

——. *The Making of Late Antiquity*. Berkeley: University of California Press, 1978.

——. *Power and Persuasion in Late Antiquity*. Madison: University of Wisconsin Press, 1992.

Browne, Edward. *The Literary History of Persia*. 2 vols. London: Unwin, 1902.

Bryce, Trevor. *The Kingdom of the Hittites*. Oxford: Oxford University Press, 1998.

——. *Life and Society in the Hittite World*. Oxford: Oxford University Press, 2002.

Burckhardt, Jacob. 1958. *The Civilization of the Renaissance in Italy*. New York. 2 vols. First published in German, 1852.

Cain, P. J., and A. G. Hopkins. *British Imperialism, 1688–2000*. New York: Longmans, 2002.

Caldwell, Christopher. *Reflections on the Revolution in Europe: Immigration, Islam, and the West*. New York: Doubleday, 2009.

Cameron, Averil. *The Later Roman Empire*. London: Routledge, 1993a.

——. *The Mediterranean World in Late Antiquity, AD 395–600*. London: Routledge, 1993b.

Cane, Mark. 2010. "Climate in the Currents of History." In Robinson, ed., 2010.

Cann, Rebecca, et al. "Mitochondrial DNA and Human Evolution." *Nature* 325 (1987), pp. 31–36.

Cappers, René. "Archaeobotanical Evidence of Roman Trade with India." In Himanshu Prabha Ray, ed., *Archaeology of Seafaring*, pp. 51–69. New Delhi: Pragati Publications, 1999.

Cappers, René, and Sytze Bottema, eds. *The Dawn of Farming in the Near East*. Leiden: Brill, 2002.

Caramelli, D., et al. "Evidence for a Genetic Discontinuity between Neandertals and 24,000-Year-Old Anatomically Modern Humans." *Proceedings of the National*

Academy of Sciences 100 (2003), pp. 6593–97.

Carlson, Robert. *Biology Is Technology: The Promise, Peril, and Business of Engineering Life*. Cambridge, MA: Harvard University Press, 2010.

Carneiro, Robert. "Scale Analysis as an Instrument for the Study of Cultural Evolution." *Southwestern Journal of Anthropology* 18 (1962), pp. 149–69.

——. "Ascertaining, Testing, and Interpreting Sequences of Cultural Development." *Southwestern Journal of Anthropology* 24 (1968), pp. 354–74.

——. "Scale Analysis, Evolutionary Sequences, and the Rating of Cultures." In Raoul Naroll et al., eds., *A Handbook of Method in Cultural Anthropology*, pp. 834–71. New York: Natural History Press, 1970.

——. *Evolutionism in Cultural Anthropology*. Boulder, CO: Westview Press, 2003.

Carr, Geoffrey. "Shocking Science." In *The World in 2009*, p. 26. London: *The Economist* special publication, 2008.

Carrington-Goodrich, L., ed. *Dictionary of Ming Biography* I. New York: Columbia University Press, 1976.

Casson, Lionel. *The Periplus Maris Erythraei*. Princeton: Princeton University Press, 1989.

Castells, Manuel. *The Information Age: Economy, Society, and Culture*. 3 vols. Oxford: Blackwell, 1996–98.

Castree, N., A. Rogers, and D. Sherman, eds. *Questioning Geography: Fundamental Debates*. Oxford: Blackwell, 2005.

Cavalli-Sforza, Luigi, Paolo Menozzi, and Alberto Piazza. *History and Geography of Human Genes*. Princeton: Princeton University Press, 1994.

Chadwick, John. *Linear B and Related Scripts*. London: British Museum, 1987.

Chaffee, John. *The Thorny Gates of Learning in Sung China: A Social History* of *Examinations*. 2nd ed. Albany: State University of New York Press, 1995.

Chang, Kwang-chih. *Art, Myth, and Ritual*. Cambridge, MA: Harvard University Press, 1983.

——. *The Archaeology of Ancient China*. 4th ed. New Haven, CT: Yale University Press, 1986.

——. "An Essay on *Cong*." *Orientations* 20 (1989), pp. 37–43.

——. "Shang Shamans." In Willard Peterson et al., *The Power of Culture*, pp. 10–36. Hong Kong: Chinese University Press, 1994.

Chang, Kwang-chih, and Xu Pingfang, eds. *The Formation of Chinese Civilization*. New Haven, CT: Yale University Press, 2005.

Chao, Kang. 1977. *The Development of Cotton Textile Production in China*. Cambridge,

MA: Harvard University Press, 1977.

Chaudhuri, K. N. *Trade and Civilisation in the Indian Ocean*. Cambridge, UK: Cambridge University Press, 1985.

——. *Asia Before Europe*. Cambridge, UK: Cambridge University Press, 1990.

Chen, Gang. *Politics of China's Environmental Protection: Problems and Progress*. Beijing: World Scientific Publishing Company, 2009.

Chen, Guidi, and Wu Chuntao. *Will the Boat Sink the Water? The Life of China's Peasants*. New York: PublicAffairs, 2006.

Chiasson, Paul. *The Island of Seven Cities: Where the Chinese Settled When They Discovered America*. New York: St Martin's, 2006.

Childe, V. Gordon. *What Happened in History*. London: Penguin, 1942.

Christian, David. *A History of Russia, Central Asia, and Mongolia* I: *Inner Eurasia from Prehistory to the Mongol Empire*. Oxford: Blackwell, 1998.

——. *Maps of Time: An Introduction to Big History*. Berkeley: University of California Press, 2004.

Christiansen, Eric. *Norsemen in the Viking Age*. Oxford: Blackwell, 2006.

Christie, Jan. "Javanese Markets and the Asian Sea Trade Boom of the 10th to 13th Centuries AD." *Journal of Economic and Social History of the Orient* 41 (1998), pp. 344–81.

Chu, Guoqing, et al. "The 'Medieval Warm Period' Drought Recorded in Lake Huguagyan, Tropical South China." *The Holocene* 15 (2002), pp. 511–16.

Clark, Christopher. *Iron Kingdom: The Rise and Downfall of Prussia, 1600–1947*. Cambridge, MA: Harvard University Press, 2006.

Clark, Gregory. *A Farewell to Alms: A Brief Economic History of the World*. Princeton: Princeton University Press, 2007.

Clark, Paul. *The Chinese Cultural Revolution*. Cambridge, UK: Cambridge University Press, 2008.

Clarke, Arthur C. *2001: A Space Odyssey*. New York: New American Library, 1968.

Clarke, Peter. *The Last Thousand Days of the British Empire: The Demise of a Superpower, 1944–47*. New York: Allen Lane, 2008.

Clunas, Craig. *Superfluous Things: Material Culture and Social Status in Early Modern China*. Cambridge, UK: Cambridge University Press, 1991.

Cochran, Gregory, and Henry Harpending. *The 10,000 Year Explosion: How Civilization Accelerated Human Evolution*. New York: Basic Books, 2009.

Cohen, Mark Nathan, ed. *Rethinking the Origins of Agriculture*. Special section of *Current Anthropology* volume 50, 2009.

Colish, Marcia. *Medieval Foundations of the Western Intellectual Tradition, 400–1400.* New Haven, CT: Yale University Press, 1997.

Conquest, Robert. *Harvest of Sorrow: Soviet Collectivization and the Terror-Famine.* New York: Oxford University Press, 1986.

Conrad, Nicholas. "A New Figurine from the Basal Aurignacian of Hohle Fels Cave in Southwestern Germany." *Nature* 459 (2009), pp. 248–52 (doi: 10.1038/nature07995).

Conway Morris, Simon. *Life's Solution: Inevitable Humans in a Lonely Universe.* Cambridge, UK: Cambridge University Press, 2003.

Cook, Constance, and John Major, eds. *Defining Chu: Image and Reality in Ancient China.* Honolulu: University of Hawaii Press, 1999.

Cook, Earl. "The Flow of Energy in an Industrial Society." *Scientific American* 225 (1971), pp. 135–44.

Cook, Harold. *Matters of Exchange: Commerce, Medicine, and Science in the Dutch Golden Age.* New Haven, CT: Yale University Press, 2007.

Cook, Michael. *Muhammad.* Oxford: Oxford University Press, 1983.

Cooper, Lisa. *Early Urbanism on the Syrian Euphrates.* London: Routledge, 2006.

Cooperson, Michael. *Al Ma'mun.* Oxford: Oneworld, 2005.

Cortesão, Armando. *The Suma Oriental of Tomé Pires.* 2 vols. London: Hakluyt Society, 1944.

Coyne, Jerry. *Why Evolution Is True.* New York: Viking, 2009.

Crafts, Nicholas. *British Economic Growth During the Industrial Revolution.* London: Clarendon Press, 1985.

Cranmer-Byng, J. L., ed. *An Embassy to China: Lord Macartney's Journal, 1793–1794.* London: Longmans, 1963.

Crone, Patricia, and G. Hinds. *God's Caliph: Religious Authority in the First Centuries of Islam.* Cambridge, UK: Cambridge University Press, 1986.

Crosby, Alfred. *The Columbian Exchange: Biological and Cultural Consequences of 1492.* Westport, CT: Westview Press, 1972.

——. *The Measure of Reality: Quantification and Western Society, 1250–1600.* Cambridge, UK: Cambridge University Press, 1997.

——. *Ecological Imperialism: The Biological Expansion of Europe, 900–1900.* 2nd ed. Cambridge, UK: Cambridge University Press, 2004.

Cullen, L. M. *A History of Japan, 1582–1941. Internal and External Worlds.* Cambridge, UK: Cambridge University Press, 2003.

Curtis, Vesta Sarkhosh, and Sarah Stewart, eds. *The Age of the Parthians.* London:

Tauris, 2007.

Dalfes, Nüzhet, et al., eds. *Third Millennium BC Climate Change and Old World Collapse*. Berlin and New York: Springer, 1997.

Dardess, John. *Conquerors and Confucians: Aspects of Political Change in Late Yüan China*. New York: Columbia University Press, 1973.

——. *Blood and History in China: The Donglin Faction and its Repression, 1620–1627*. Honolulu: University of Hawaii Press, 2002.

Darnton, Robert. *The Great Cat Massacre and Other Essays in Cultural History*. New York: Vintage, 1984.

Darwin, John. *After Tamerlane: The Global History of Empire Since 1405*. New York: Allen Lane, 2008.

——. *The Empire Project: The Rise and Fall of the British World-System, 1830–1970*. Cambridge, UK: Cambridge University Press, 2009.

Daryaee, Touraj. *Sasanian Persia*. London: Tauris, 2009.

Davies, Norman. *Europe: A History*. Oxford: Oxford University Press, 1994.

Davis, Mike. *Late Victorian Holocausts: El Niño Famines and the Making of the Third World*. New York: Verso, 2001.

——. *The Monster at Our Door: The Global Threat of Avian Flu*. New York: New Press, 2006.

Dawkins, Richard. *The Greatest Show on Earth: The Evidence for Evolution*. New York: Simon and Schuster, 2009.

Dawson, Christopher. 1955. *The Mongol Mission: Narratives and Letters of the Franciscan Missionaries in Mongolia and China in the Thirteenth and Fourteenth Centuries*. New York: Sheed and Ward, 1955.

Dawson, Raymond. *Confucius: The Analects*. Harmondsworth, UK, 1993.

de Bary, Theodore, and Irene Bloom, eds. *Sources of Chinese Tradition* I. 2nd ed. New York: Columbia University Press, 1999.

de Blij, Harm. *Why Geography Matters*. New York: Oxford University Press, 2005.

de Callataÿ, François. "The Graeco-Roman Economy in the Super-Long Run: Lead, Copper, and Shipwrecks." *Journal of Roman Archaeology* 18 (2005), pp. 361–72.

de Crespigny, Rafe. *Northern Frontier: The Policies and Strategy of the Later Han Empire*. Canberra: Australian National University, 1984.

de Grazia, Victoria. *Irresistible Empire: America's Advance through 20th-Century Europe*. Cambridge, MA: Harvard University Press, 2005.

de Madriaga, Isabel. *Ivan the Terrible*. New Haven, CT: Yale University Press, 2005.

de Vries, Jan. *The Industrious Revolution: Consumer Behavior and the Household*

Economy, 1650 to the Present. Cambridge, UK: Cambridge University Press, 2008.

de Vries, Jan, and Ad van der Woude. *The First Modern Economy: Success, Failure, and Perseverance in the Dutch Economy, 1500–1815*. Cambridge, UK: Cambridge University Press, 1997.

Dear, Peter. *Revolutionizing the Sciences: European Knowledge and Its Ambitions, 1500–1700*. Princeton: Princeton University Press, 2001.

DeGroot, Gerard. *The Sixties Unplugged: A Kaleidoscopic History of a Disorderly Decade*. Cambridge, MA: Harvard University Press, 2008.

Denham, Tim, et al. "New Evidence and Revised Interpretations of Early Agriculture in Highland New Guinea." *Antiquity* 79 (2005), pp. 839–57.

Dennett, Daniel. *Breaking the Spell: Religion as a Natural Phenomenon*. New York: Penguin, 2007.

Di Cosmo, Nicola. *Ancient China and Its Enemies*. Cambridge, UK: Cambridge University Press, 2002.

Di Cosmo, Nicola, Allen Frank, and Peter Golden, eds. *The Cambridge History of Inner Asia: The Chingissid Age*. Cambridge, UK: Cambridge University Press, 2009.

Diamond, Jared. *Guns, Germs, and Steel: The Fates of Human Societies*. New York: Norton, 1997.

———. *Collapse: How Societies Choose to Fail or Succeed*. New York: Viking, 2005.

Dien, Albert. "The Stirrup and its Effect on Chinese History." *Ars Orientalia* 16 (1986), pp. 33–56.

———, ed. *State and Society in Early Medieval China*. Stanford: Stanford University Press, 1990.

———. *Six Dynasties Civilization*. New Haven, CT: Yale University Press, 2007.

Dien, Dora. *Empress Wu Zetian in Fiction and in History: Female Defiance in Confucian China*. Hauppauge, NY: Nova Science, 2003.

Dietler, Michael. *Archaeologies of Colonialism: Consumption, Entanglement, and Violence in Ancient Mediterranean France*. Berkeley: University of California Press, 2010.

Dietrich, John, ed. *The George W. Bush Foreign Policy Reader*. New York: Michael Sharpe, 2005.

Dignas, Beate, and Engelbert Winter. *Rome and Persia in Late Antiquity*. Cambridge, UK: Cambridge University Press, 2007.

Dillehay, Tom, et al. "Preceramic Adoption of Peanut, Squash, and Cotton in Northern Peru." *Science* 316 (2007), pp. 1890–93.

———. "Monte Verde: Seaweed, Food, Medicine, and the Peopling of North America."

Science 320 (2008), pp. 784–86.

Dixon, Philip. " 'The Cities Are Not Populated as Once They Were'," in John Rich, ed., *The City in Late Antiquity*, pp. 145–60. London: Routledge, 1992.

Dols, Michael. *The Black Death in the Middle East*. Princeton: Princeton University Press, 1976.

Donner, Fred. *The Early Islamic Conquests*. Princeton: Princeton University Press, 1981.

Dower, John. *War Without Mercy*. New York: Pantheon, 1986.

——. *Embracing Defeat: Japan in the Wake of World War II*. New York: Norton, 2000.

Drake, Stillman. *Discoveries and Opinions of Galileo*. New York: Doubleday, 1957.

Drews, Robert. *The Coming of the Greeks*. Princeton: Princeton University Press, 1988.

——. *The End of the Bronze Age*. Princeton: Princeton University Press, 1992.

Dreyer, Edward. *Early Ming China*. Stanford: Stanford University Press, 1982.

——. *Zheng He: China and the Oceans in the Early Ming Dynasty, 1405–1433*. New York: Pearson Longman, 2006.

Drinkwater, John, and Hugh Elton, eds. *Fifth-Century Gaul: A Crisis of Identity?* Cambridge, UK: Cambridge University Press, 1992.

Duby, Georges. *The Age of Cathedrals: Art and Society, 980–1420*. Chicago: University of Chicago Press, 1981.

Dunn, Marilyn. *Emergence of Monasticism from the Desert Fathers to the Early Middle Ages*. Oxford: Blackwell, 2000.

Duus, Peter. *The Rise of Modern Japan*. Boston: Houghton Mifflin, 1976.

Duyvendak, J. J. L. *The Book of Lord Shang*. London: A. Probsthain, 1928.

——. *China's Discovery of Africa*. London: A. Probsthain, 1949.

Earle, Peter. *The Pirate Wars*. New York: St Martin's, 2003.

Easterling, William, ed. "Climate Change and Food Security." *Proceedings of the National Academy of Sciences* 104 (2007), pp. 19679–714.

Eberhard, Wolfram. *Conquerors and Rulers: Social Forces in Medieval China*. Leiden: E. J. Brill, 1965.

Ebrey, Patricia. *The Inner Quarters: Marriage and the Lives of Chinese Women in the Sung Period*. Berkeley: University of California Press, 1993.

——. *The Cambridge Illustrated History of China*. Cambridge, UK: Cambridge University Press, 1996.

Ebrey, Patricia, and Maggie Bickford, eds. *Emperor Huizong and Late Northern Song China*. Cambridge, MA: Harvard University Press, 2006.

Eckstein, Arthur. *Mediterranean Anarchy, Interstate War, and the Rise of Rome*.

Berkeley: University of California Press, 2007.

Economy, Elizabeth. *The River Runs Black: The Environmental Challenge to China's Future.* Ithaca, NY: Cornell University Press, 2004.

Ehrlich, Paul, and Anne Ehrlich. *The Dominant Animal: Human Evolution and the Environment.* New York: Island Press, 2008.

Eich, Armin, and Peter Eich. "War and State-Building in Roman Republican Times." *Scripta Classica Israelica* 24 (2005), pp. 1–33.

Eichengreen, Barry. *Golden Fetters: The Gold Standard and the Great Depression, 1919–1939.* New York: Oxford University Press, 1992.

——. *The European Economy Since 1945.* Princeton: Princeton University Press, 2007.

Eisenberg, Andrew. *Kingship in Early Medieval China.* Leiden: E. J. Brill, 2008.

Elliott, J. H. *Empires of the Atlantic World: Britain and Spain in America, 1492–1830.* New Haven, CT: Yale University Press, 2006.

Elliott, Mark, and Peter Stearns. *Emperor Qianlong: Son of Heaven, Man of the World.* London: Longman, 2009.

Elman, Benjamin. *From Philosophy to Philology: Intellectual and Social Aspects of Change in Late Imperial China.* 2nd ed. Los Angeles: University of California Asian Pacific Monograph Series, 2001.

——. *A Cultural History of Modern Science in China.* Cambridge, MA: Harvard University Press, 2006.

Elsner, Jas. *Imperial Rome and Christian Triumph: The Art of the Roman Empire AD 100–450.* Oxford: Oxford University Press, 1999.

Elton, Geoffrey. *Reformation Europe.* London: Fontana, 1963.

——. *The Practice of History.* London: Fontana, 1967.

Elvin, Mark. *The Pattern of the Chinese Past.* Stanford: Stanford University Press, 1973.

Endicott, Phillip, et al. "Evaluating the Mitochondrial Timescale of Human Evolution." *Trends in Ecology and Evolution* 24 (2009), pp. 515–21.

EPICA Community Members. "Eight Glacial Cycles from an Antarctic Ice Core."*Nature* 429 (2004), pp. 623–28.

Erickson, David, et al. "An Asian Origin for a 10,000-Year-Old Domesticated Plant from the Americas." *Proceedings of the National Academy of Sciences* 102 (2005), pp. 18315–20.

Evans, Richard. *The Third Reich in Power.* New York: Penguin, 2005.

Fagan, Brian. *The Long Summer: How Climate Changed Civilization.* New York: Basic Books, 2004a.

——. *The Little Ice Age.* New York: Basic Books, 2004b.

———. *The Great Warming: Climate Change and the Rise and Fall of Civiliza-tions*. New York: Bloomsbury Press, 2008.

Farmer, Edward. *Zhu Yuanzhang and Early Ming Legislation: The Reordering of Chinese Society Following the Eras of Mongol Rule*. Leiden: E. J. Brill, 1995.

Fasolt, Constantin. "Hegel's Ghost: Europe, the Reformation, and the Middle Ages." *Viator* 39 (2008), pp. 345–86.

Fay, Peter Ward. *The Opium War, 1840–1842*. 2nd ed. Chapel Hill: University of North Carolina Press, 1997.

Feifer, George. *Breaking Open Japan: Commodore Perry, Lord Abe, and American Imperialism in 1853*. New York: Smithsonian Books, 2006.

Ferguson, Niall, ed. *Virtual History*. New York: Basic Books, 1997.

———. *The Pity of War: Explaining World War I*. New York: Basic Books, 1998.

———. *Empire*. New York: Basic Books, 2003.

———. *The War of the World: Twentieth-Century Conflict and the Descent of the West*. New York: Penguin, 2007.

———. "What 'Chimerica' Hath Wrought." *The American Interest*, January–February 2009, http://www.the-american-interest.com/article.cfm?piece=533.

Ferguson, Niall, and Moritz Schularick. " 'Chimerica' and the Global Asset Market Boom." *International Finance* 10.3 (2007), pp. 215–39.

Fernandez-Armesto, Felipe. *Pathfinders: A Global History of Exploration*. New York: Norton, 2006.

Figes, Orlando. *A People's Tragedy: The Russian Revolution, 1891–1924*. New York: Penguin, 1996.

Findlay, Robert, and Kevin O'Rourke. *Power and Plenty: Trade, War, and the World Economy in the Second Millennium*. Princeton: Princeton University Press, 2007.

Finkel, Caroline. *The History of the Ottoman Empire: Osman's Dream*. New York: Basic Books, 2005.

Finkelstein, Israel, and Neil Silberman. *The Bible Unearthed: Archaeology's New Vision of Ancient Israel and the Origin of Its Sacred Texts*. New York: Free Press, 2001.

———. *David and Solomon*. New York: Free Press, 2006.

Finlay, Robert. "How Not to (Re)Write World History: Gavin Menzies and the Chinese Discovery of America." *Journal of World History* 15 (2004), pp. 299–342.

Finlayson, Clive, et al. "Late Survival of Neanderthals at the Southernmost Extreme of Europe." *Nature* 443 (2006), pp. 850–53.

Fishman, Ted. *China, Inc.* New York: Scribner, 2005.

Fitzpatrick, Sheila. *Everyday Stalinism: Ordinary Life in Extraordinary Times—Soviet*

Russia in the 1930s. Oxford: Oxford University Press, 1999.

Flad, Rowan. "Divination and Power: A Multiregional View of the Development of Oracle Bone Divination in Early China." *Current Anthropology* 32 (2008), pp. 403–37.

Fleagle, John, and Christopher Gilbert, eds. "Modern Human Origins in Africa." *Evolutionary Anthropology* 17.1 (2008), pp. 1–80.

Flecker, Michael. *The Archaeological Excavation of the Tenth-Century Intan Shipwreck*. Oxford: British Archaeological Reports, 2002.

Floud, Roderick, and Donald McCloskey, eds. *The Economic History of Britain Since 1700*. 2 vols. 2nd ed. Cambridge, UK: Cambridge University Press, 1994.

Flynn, Dennis. *World Silver and Monetary History in the 16th and 17th Centuries*. Aldershot, UK: Variorum, 1996.

Flynn, Dennis, Arturo Giráldez, and Richard von Glahn, eds. *Global Connections and Monetary History, 1470–1800*. Aldershot, UK: Ashgate, 2003.

Flynn, James. *What Is Intelligence? Beyond the Flynn Effect*. Cambridge, UK: Cambridge University Press, 2007.

Fogel, Robert. *The Escape from Hunger and Premature Death, 1700–2100: Europe, America, and the Third World*. Cambridge, UK: Cambridge University Press, 2004.

——. "Capitalism and Democracy in 2040: Forecasts and Speculations." National Bureau of Economic Research Working Paper 13,184, 2007.

Food and Agriculture Organization. *Statistical Yearbook* vol. 2, part 1. Rome: Food and Agriculture Organization of the United Nations, 2006.

Fowden, Garth. *Empire to Commonwealth: Consequences of Monotheism in Late Antiquity*. Princeton: Princeton University Press, 1993.

Francis, Mark. *Herbert Spencer and the Invention of Modern Life*. Ithaca, NY: Cornell University Press, 2007.

Frank, Andre Gunder. *ReOrient: Global Economy in the Asian Age*. Berkeley: University of California Press, 1998.

Freud, Sigmund. *Moses and Monotheism*. New York: Vintage, 1955. First published in German, 1939.

Fried, Morton. *The Evolution of Political Society*. New York: Random House, 1967.

Friedan, Betty. *The Feminine Mystique*. New York: Dell, 1963.

Frieden, Jeffrey. *Global Capitalism: Its Fall and Rise*. New York: Norton, 2006.

Friedman, George. *America's Secret War: Inside the Hidden Worldwide Struggle Between America and Its Enemies*. New York: Doubleday, 2004.

——. *The Next Hundred Years: A Forecast for the Twenty-First Century*. New York:

Doubleday, 2009.

Friedman, Thomas. *The Lexus and the Olive Tree*. New York: Anchor, 1999.

———. *The World Is Flat: A Brief History of the Twenty-First Century*. New York: Farrar, Straus and Giroux, 2005.

———. *Hot, Flat, and Crowded: Why We Need a Green Revolution*. New York: Farrar, Straus and Giroux, 2008.

Frye, James, Rajagopal Ananthanarayanan, and Dharmendra Modha. "Towards Real-Time, Mouse-Scale Cortical Simulations." IBM Research Report RJ10404 (A0702-001), 2007. Available from http://www.modha.org/papers/rj10404.pdf.

Fu, Zhengyuan. *China's Legalists: The Earliest Totalitarians and Their Art of Ruling*. Armonk, NY: Michael Sharpe, 1996.

Fukuyama, Francis. *Our Posthuman Future*. New York: Picador, 2002.

———, ed. *Blindside: How to Anticipate Forcing Events and Wild Cards in Global Politics*. Washington, DC: Brookings Institution, 2008.

Fukuzawa, Yukichi. *The Autobiography of Yukichi Fukuzawa*. New York: Columbia University Press, 1966. Originally published in Japanese in 1899.

Fuller, Dorian. "Agricultural Origins in South Asia." *Journal of World Prehistory* 20 (2006), pp. 1–86.

———. "Contrasting Patterns in Crop Domestication and Domestication Rates." *Annals of Botany* 2007, pp. 1–22.

Fuller, Dorian, Emma Harvey, and Ling Qin. "Presumed Domestication? Evidence for Wild Rice Cultivation and Domestication in the 5th Millennium BC of the Lower Yangtze Region." *Antiquity* 81 (2007), pp. 316–31.

Fursenko, Aleksandr, and Timothy Naftali. *"One Hell of a Gamble": Khrushchev, Castro, and Kennedy, 1958–1964*. New York: Norton, 1997.

Gaddis, John Lewis. *The Cold War: A New History*. New York: Penguin, 2005.

Gaddis, John Lewis, et al., eds. *Cold War Statesmen Confront the Bomb: Nuclear Diplomacy Since 1945*. New York: Oxford University Press, 1999.

Gaidar, Oleg. *Collapse of an Empire*. Berkeley: University of California Press, 2008.

Galor, Oded, and Omer Moav. "Natural Selection and the Origin of Economic Growth." *Quarterly Journal of Economics* 117 (2002), pp. 1133–91.

Garcia, María José, et al. "Late Holocene Environments in Las Tablas de Daimiel (South Central Iberian Peninsula, Spain)." *Vegetation History and Archaeobotany* 16 (2007), pp. 241–50.

Garnaut, Ross. *Garnaut Climate Change Review: Final Report*. 2008. Available at http://www.garnautreview.org.au.

Garnsey, Peter, and Richard Saller. *The Roman Empire*. London: Duckworth, 1987.

Gay, Peter. *The Enlightenment: An Interpretation*. 2 vols. New York: Knopf, 1966–69.

———. *Modernism: The Lure of Heresy*. New York: Norton, 2008.

Ge, Quansheng, et al. "Winter Half-Year Temperature Reconstruction for the Middle and Lower Reaches of the Yellow River and Yangtze River, China, During the Past 2000 Years." *The Holocene* 13 (2003), pp. 933–40.

Gernet, Jacques. *Buddhism in Chinese Society. An Economic History from the Fifth to the Tenth Centuries*. New York: Columbia University Press, 1995.

Gerring, John. *Social Science Methodology*. Cambridge, UK: Cambridge University Press, 2001.

Gerschrenkon, Alexander. *Economic Backwardness in Historical Perspective*. Cambridge, MA: Harvard University Press, 1962.

Gerth, H. H., and C. Wright Mills, eds. *From Max Weber*. New York: Oxford University Press, 1946.

Ghosh, Amitav. *In an Antique Land: History in the Guise of a Traveler's Tale*. New York: Vintage, 1992.

Giles, J. A., ed. *Matthew Paris's English History from the Year 1235 to 1273*. London: H. G. Bohn, 1852.

Gilbert, M. Thomas, et al. "DNA from Pre-Clovis Human Coprolites in Oregon, North America." *Science* 320 (2008), online edition, 120b.

Gillingham, John. *Coal, Steel, and the Rebirth of Europe, 1945–1955*. Cambridge, UK: Cambridge University Press, 1991.

———. *European Integration, 1950–2003: Superstate or New Market Economy?* Cambridge, UK: Cambridge University Press, 2003.

Godman, Peter. *Poetry of the Carolingian Renaissance*. Norman: University of Oklahoma Press, 1985.

Goebel, Ted, et al. "The Late Pleistocene Dispersal of Modern Humans in the Americas." *Science* 319 (2008), pp. 1497–1502.

Goitein, Shlomo. *A Mediterranean Society: The Jewish Communities of the Arab World as Portrayed in the Documents of the Cairo Geniza*. 5 vols. Berkeley: University of California Press, 1967–88.

Golas, Peter. "The Sung Economy: How Big?" *Bulletin of Sung-Yuan Studies* 20 (1988), pp. 90–94.

———. *Science and Civilization in China V: Chemistry and Chemical Technology*. Part 13: *Mining*. Cambridge, UK: Cambridge University Press, 1999.

Goldman, Marshall. *Petrostate: Putin, Power, and the New Russia*. New York: Oxford University Press, 2008.

Goldman, Merle. *From Comrade to Citizen: The Struggle for Political Rights in China*. Cambridge, MA: Harvard University Press, 2005.

Goldstone, Jack. *Revolution and Rebellion in the Early Modern World*. Berkeley: University of California Press, 1991.

——. "Europe's Peculiar Path: Would the World be 'Modern' if William III's Invasion of England in 1688 Had Failed?" In Tetlock et al, eds., 2006, pp. 168–96.

——. *Why Europe? The Rise of the West in World History, 1500–1850*. Boston: McGraw-Hill, 2009.

Goldsworthy, Adrian. *How Rome Fell: Death of a Superpower*. New Haven, CT: Yale University Press, 2009.

Goody, Jack. *Production and Reproduction: A Comparative Study of the Domestic Domain*. Cambridge, UK: Cambridge University Press, 1976.

——. *Cooking, Cuisine, and Class*. Cambridge, UK: Cambridge University Press, 1982.

——. *Capitalism and Modernity: The Great Debate*. Cambridge, UK: Cambridge University Press, 2004.

Gorbachev, Mikhail. *Memoirs*. New York: Doubleday, 1995.

Gordon, Matthew. *The Breaking of a Thousand Swords: A History of the Turkish Military of Samarra (AH 200–275/815–889 CE)*. Albany: State University of New York Press, 2001.

Gordon, Stuart. *When Asia Was the World*. New York: Da Capo, 2008.

Gould, Stephen Jay. *Punctuated Equilibrium*. Cambridge, MA: Harvard University Press, 2007.

Graff, David. *Medieval Chinese Warfare, 300–900*. London: Routledge, 2002.

Graham, Bob, and Jim Talent. *World at Risk: The Report of the Commission on the Prevention of Weapons of Mass Destruction Proliferation and Terrorism*. New York: Vintage, 2008. Available at http://documents.scribd.com/ocs/2avb51ej t0uadzxm2wpt.pdf.

Graham, Daniel. *Explaining the Cosmos: The Ionian Tradition of Scientific Philosophy*. Princeton: Princeton University Press, 2006.

Graves, Robert. *Count Belisarius*. London: Literary Guild, 1938.

Grayson, Kirk. *Assyrian Rulers of the Early First Millennium BC* I. Toronto: University of Toronto Press, 1991.

Green, John Richard. *A History of the English People*, volume 8. London: Macmillan, 1879.

Green, Ronald. *Babies by Design: The Ethics of Genetic Choice.* New Haven, CT: Yale University Press, 2007.

Grigg, David. *The Transformation of Agriculture in the West.* Oxford: Blackwell, 1992.

Guillaume, Alfred. *The Life of Muhammad.* Lahore: Oxford University Press, 1969.

Guisso, R. *Wu Tse't'ien and the Politics of Legitimation in T'ang China.* Bellingham: University of Western Washington Press, 1978.

Gunz, Philipp, et al. "Early Modern Human Diversity Suggests Subdivided Population Structure and a Complex Out-of-Africa Scenario." *Proceedings of the National Academy of Sciences* 106 (2009), doi 10.1073/pnas.0901515106.

Habu, Junko. *Ancient Jomon of Japan.* Cambridge, UK: Cambridge University Press, 2004.

Haeger, John, ed. *Crisis and Prosperity in Sung China.* Tucson: University of Arizona Press, 1975.

Haldon, John. *Byzantium in the Seventh Century.* 2nd ed. Cambridge, UK: Cambridge University Press: 1997.

Hall, David, and Roger Ames. *Anticipating China: Thinking Through the Narrative of Chinese and Western Culture.* Albany: State University of New York Press, 1995a.

———. *Thinking from the Han: Self, Truth, and Transcendence in Chinese and Western Culture.* Albany: State University of New York Press, 1995b.

Hall, John. "Changing Conceptions of the Modernization of Japan." In Marius Jansen, ed., *Changing Japanese Attitudes Toward Modernization.* Princeton: Princeton University Press, 1966.

Hancock, Graham. *Underworld: The Mysterious Origins of Civilization.* London: Three Rivers Press, 2003.

Hansen, Ilse, and Chris Wickham, eds. *The Long Eighth Century.* Leiden: E. J. Brill, 2000.

Hardy-Smith, Tania, and Phillip Edwards. "The Garbage Crisis in Prehistory." *Journal of Anthropological Archaeology* 23 (2004), pp. 253–89.

Harley, Knick. "Cotton Textile Prices and the Industrial Revolution." *Economic History Review*, New Series 51 (1998), pp. 49–83.

Harries, Meirion, and Susie Harries. *Soldiers of the Sun: The Rise and Fall of the Imperial Japanese Army, 1868–1945.* London: Heinemann, 1991.

Harris, Robert. *Fatherland.* New York: Book Club Associates, 1992.

Harris, William. *Ancient Literacy.* Cambridge, MA: Harvard University Press, 1989.

Hartwell, Robert. "A Cycle of Economic Change in Imperial China: Coal and Iron in Northeast China, 750–1350." *Journal of the Economic and Social History of the*

Orient 10 (1967), pp. 102–59.

———. "Demographic, Political, and Social Transformation of China, 750–1550." *Harvard Journal of Asiatic Studies* 42 (1982), pp. 365–442.

Hassan, Ahmad, and Donald Hill. *Islamic Technology*. Cambridge, UK: Cambridge University Press, 1986.

Hatcher, John. *The Black Death: A Personal History*. New York: Doubelday, 2008.

Haw, Stephen. *Marco Polo's China: A Venetian in the Realm of Khubilai Khan*. London:Routledge, 2006.

Hawksworth, John, and Gordon Cookson. *The World in 2050: Beyond the BRICs*. London: PricewaterhouseCoopers, March 2008. Available at www.pwc.co.uk/economics.

Hayden, Dolores. *Building Suburbia: Green Fields and Urban Growth*. New York: Pantheon, 2002.

He, Nu. "Monumental Structure from Ceremonial Precinct at Taosi Walled Town."*Chinese Archaeology* 5 (2005), pp. 51–58.

Heather, Peter. *The Fall of the Roman Empire*. Oxford: Oxford University Press, 2005.

Hedden, Trey, et al. "Cultural Influences on Neural Substrates of Attentional Con-trol." *Psychological Science* 19 (2008), pp. 12–17.

Heinlein, Robert. *Time Enough for Love*. New York: Ace Books, 1973.

Hemming, John. *The Conquest of the Incas*. New York: Penguin, 1970.

Herlihy, David. *The Black Death and the Transformation of the West*. Cambridge, MA: Harvard University Press, 1997.

Herman, Arthur. *To Rule the Waves: How the British Navy Shaped the Modern World*. New York: Harper, 2004.

Hessler, Peter. *Oracle Bones*. New York: Harper, 2006.

Hickey, Todd. "Aristocratic Landholding and the Economy of Byzantine Egypt." In Roger Bagnall, ed., *Egypt in the Byzantine World*, pp. 288–308. Cambridge, UK: Cambridge University Press, 2007.

Hill, Christopher. *The Experience of Defeat: Milton and Some Contemporaries*. New York: Penguin, 1984.

Hillman, Gordon, et al. "New Evidence of Lateglacial Cereal Cultivation at Abu Hureyra on the Euphrates." *The Holocene* 11 (2001), pp. 383–93.

Ho, Mun Chan, and Hektor Yan. "Is There a Geography of Thought for East-West Differences? Why or Why Not?" *Educational Philosophy and Theory* 39 (2007), pp. 383–403.

Ho, Ping-ti. *Studies on the Population of China, 1368–1953*. Cambridge, MA: Harvard

University Press, 1959.

Hobsbawm, Eric. *The Age of Revolution, 1789–1848*. New York: Vintage, 1964.

———. *The Age of Capital, 1848–1875*. New York: Vintage, 1975.

———. *The Age of Empire, 1875–1914*. New York: Vintage, 1987.

———. *The Age of Extremes: A History of the World, 1914–1991*. New York: Vintage, 1994.

Hobsbawm, Eric, and George Rudé. *Captain Swing*. London: Penguin, 1969.

Hobson, John. *The Eastern Origins of Western Civilisation*. Cambridge, UK: Cambridge University Press, 2004.

Hochschild, Adam. *King Leopold's Ghost*. New York: Mariner, 1998.

Hodder, Ian. *The Domestication of Europe*. Oxford: Blackwell, 1990.

———. *The Leopard's Tale: Revealing the Mysteries of Çatalhöyük*. London: Thames and Hudson, 2006.

Hodges, Richard, and David Whitehouse. *Mohammad, Charlemagne, and the Origins of Europe*. London: Routledge, 1983.

Hodos, Tamar. *Local Responses to Colonization in the Iron Age Mediterranean*. London: Routledge, 2006.

Holcombe, Charles. *In the Shadow of the Han: Literati Thought and Society at the Beginning of the Southern Dynasties*. Honolulu: University of Hawaii Press, 1994.

———. *The Genesis of East Asia, 221 BC–AD 907*. Honolulu: University of Hawaii Press, 2001.

Holloway, David. *Stalin and the Bomb: The Soviet Union and Atomic Energy, 1939–1956*. New Haven, CT: Yale University Press, 1994.

Holt, Frank. *Thundering Zeus: The Making of Hellenistic Bactria*. Berkeley: University of California Press, 1999.

Hopkins, Keith. "Christian Number and its Implications." *Journal of Early Christian Studies* 6 (1998), pp. 185–226.

Hourani, Albert. *A History of the Arab Peoples*. 2nd ed. New York: Warner, 2003.

Howe, Daniel. *What Hath God Wrought: The Transformation of America, 1815–1848*. New York: Oxford University Press, 2007.

Hoyland, Robert. *Arabia and the Arabs: From the Bronze Age to the Coming of Islam*. London: Routledge, 2001.

Hsu, Cho-yun. *Han Agriculture. The Formation of Early Chinese Agrarian Economy (206 BC–AD 220)*. Seattle: University of Washington Press, 1980.

Hsu, Cho-yun, and Kathryn Linduff. *Western Chou Civilization*. New Haven, CT: Yale University Press, 1988.

Huang, Ray. *1587, a Year of No Significance: The Ming Dynasty in Decline*. New Haven, CT: Yale University Press, 1981.

Huang, Yasheng. *Capitalism with Chinese Characteristics: Entrepreneurship and the State*. Cambridge, UK: Cambridge University Press, 2008.

Hucker, Charles. *China's Imperial Past*. Stanford: Stanford University Press, 1975.

Huff, Toby. *The Rise of Early Modern Science: Islam, China, and the West*. 2nd ed. Cambridge, UK: Cambridge University Press, 2003.

Hui, Victoria. *War and State Formation in Ancient China and Early Modern Europe*. Cambridge, UK: Cambridge University Press, 2005.

Hulsewé, A. *Remnants of Ch'in Law*. Leiden: E. J. Brill, 1985.

Huntington, Ellsworth. *Civilization and Climate*. 1st ed. New Haven, CT: Yale University Press, 1915.

Huntington, Samuel. *The Clash of Civilizations and the Remaking of World Order*. New York: Simon and Schuster, 1996.

Hutchison, Michael, and Frank Westermann, eds. *Japan's Great Stagnation*. Cambridge, MA: Harvard University Press, 2006.

Hymes, Robert, and Conrad Schirokauer, eds. *Ordering the World: Approaches to State and Society in Sung Dynasty China*. Berkeley: University of California Press, 1993.

Ikeguchi, Mamoru. "The Dynamics of Agricultural Locations in Italy." Unpublished Ph.D dissertation, King's College, London, 2007.

Imber, Colin. *The Ottoman Empire, 1300–1650: The Structure of Power*. London: Palgrave, 2002.

Impey, Chris. *The Living Cosmos: Our Search for Life in the Universe*. New York: Random House, 2007.

Inalcik, Halil, and Donald Quataert, eds. *An Economic and Social History of the Ottoman Empire, 1300–1914*. Cambridge, UK: Cambridge University Press, 1994.

Ingman, Max, et al. "Mitochondrial Genome Variation and the Origin of Modern Humans." *Nature* 408 (2000), pp. 708–13.

Ingrau, Charles. *The Habsburg Monarchy, 1618–1815*. 2nd ed. Cambridge, UK: Cambridge University Press, 2000.

Inikori, Joseph. *Africans and the Industrial Revolution in England*. Cambridge, UK: Cambridge University Press, 2002.

——. "Africa and the Globalization Process: Western Africa, 1450–1850." *Journal of Global History* 2 (2007), pp. 63–86.

Institute for International Strategic Studies. *The Military Balance 2009*. London: Institute for International Strategic Studies, 2009.

Intergovernmental Panel on Climate Change. *Fourth Assessment Report*. Cambridge, UK: Cambridge University Press, 2007. http://www/ipcc.ch/.

International Monetary Fund. *World Economic Outlook Update*, July 8, 2009 (http://www.imf.org/external/pubs/ft/weo/2009/update/02).

Iriye, Akira. *The Origins of the Second World War in Asia and the Pacific*. London: Longman, 1987.

Irwin, Douglas. *Against the Tide: An Intellectual History of Free Trade*. Princeton: Princeton University Press, 1996.

Isaacson, Walter. *Einstein: His Life and Universe*. New York: Simon and Schuster, 2007.

Israel, Jonathan. *The Dutch Republic: Its Rise, Greatness, and Fall, 1477–1806*. Oxford: Oxford University Press, 1995.

Issar, Arie. *Climate Changes During the Holocene and their Impact on Hydrological Systems*. Cambridge, UK: Cambridge University Press, 2003.

Issar, Arie, and Mattanyah Zahor. *Climate Change—Environment and Civilization in the Middle East*. New York: Springer, 2005.

Ivanhoe, Philip. *Confucian Moral Cultivation*. 2nd ed. Amsterdam: Hackett, 2000.

———, ed. *Readings from the Lu-Wang School of Neo-Confucianism*. Amsterdam: Hackett, 2009.

Jackson, Peter. "Marco Polo and his 'Travels.' " *Bulletin of the School of Oriental and African Studies* 61 (1998), pp. 82–101.

Jacob, Margaret. *Scientific Culture and the Making of the Industrial West*. New York: Oxford University Press, 1997.

Jacob, Margaret, and Larry Stewart. *Practical Matter: Newton's Science in the Service of Industry and Empire*. Cambridge, MA: Harvard University Press, 2004.

Jacques, Martin. *When China Rules the World: The Rise of the Middle Kingdom and the End of the Western World*. London: Allen Lane, 2009.

Jakobsson, Mattias, et al. "Genotype, Haplotype and Copy-Number Variation in Worldwide Human Populations." *Nature* 451 (2008), pp. 998–1003.

Jansen, Marius. *The Making of Modern Japan*. Cambridge, MA: Harvard University Press, 2000.

Jardine, Lisa. *Going Dutch: How England Plundered Holland's Glory*. New York: Harper, 2008.

Jaspers, Karl. *The Origin and Goal of History*. New Haven, CT: Yale University Press, 1953. (First published in German, 1949)

Ji, Junfeng, et al. "Asian Monsoon Oscillations in the Northeastern Qinghai-Tibet Plateau Since the Late Glacial as Interpreted from Visible Reflectance of Qinghai

Lake Sediments." *Earth and Planetary Science Letters* 233 (2005), pp. 61–70.

Ji, Xiao-bin. *Politics and Conservatism in Northern Song China: The Career and Thought of Sima Guang (AD 1019–1086)*. Hong Kong: Chinese University Press, 2005.

Jiang, Leping. "The Shangshan Site, Pujiang County, Zhejiang." *Chinese Archaeology* 8 (2008), pp. 37–43.

Jiang, Leping and Li Liu. "New Evidence for the Origins of Sedentism and Rice Domestication in the Lower Yangzi River, China." *Antiquity* 80 (2006), pp. 355–61.

Johnson, Donald, and Jean Johnson. *Universal Religions in World History: The Spread of Buddhism, Christianity, and Islam to 1500*. New York: McGraw-Hill, 2007.

Johnston, Alastair. *Cultural Realism: Strategic Culture and Grand Strategy in Ming China*. Princeton: Princeton University Press, 1995.

Jones, Eric. 1985. " 'Where is Everybody?' An Account of Fermi's Question." Los Alamos Technical Report LA-10311-MS. Available at http://library.lanl.gov/infores/reports/.

Jongman, Willem. "The Early Roman Empire: Consumption." In Walter Scheidel et al., eds., *The Cambridge Economic History of the Greco-Roman World*, pp. 592–618. Cambridge, UK: Cambridge University Press, 2007a.

——. "Gibbon Was Right: The Decline and Fall of the Roman Economy." In Olivier Hekster, Gerda de Kleijn, and Daniëlle Slootjes, eds., *Crises and the Roman Empire*, pp. 183–99. Leiden: E. J. Brill, 2007b.

Jordan, William Chester. *The Great Famine*. Princeton: Princeton University Press, 1996.

——. *Europe in the High Middle Ages*. London: Penguin, 2001.

Judt, Tony. *Postwar: A History of Europe Since 1945*. New York: Penguin Press, 2005.

Kaegi, Walter. *Byzantium and the Early Islamic Conquests*. Cambridge, UK: Cambridge University Press, 1992.

——. *Heraclius, Emperor of Byzantium*. Cambridge, UK: Cambridge University Press, 2003.

Kamen, Stanley. *Philip of Spain*. New Haven, CT: Yale University Press, 1999.

——. *Empire: How Spain Became a World Power, 1492–1763*. New York: Harper, 2003.

Kann, Robert. *A History of the Habsburg Empire, 1526–1918*. Berkeley: University of California Press, 1980.

Kaplan, David. "The Darker Side of the 'Original Affluent Society.' " *Journal of Anthropological Research* 56 (2000), pp. 301–24.

Kaplan, Robert. "How We Would Fight China." *The Atlantic* 295.5 (June 2005), pp. 49–64.

Ke, Yuehai, et al. "African Origin of Modern Humans in East Asia: A Tale of 12,000 Y Chromosomes." *Science* 292 (2001), pp. 1151–53.

Keene, Donald. *Emperor of Japan: Meiji and His World, 1852–1912*. New York: Columbia University Press, 2002.

Keightley, David. *The Ancestral Landscape: Time, Space, and Community in Late Shang China (ca. 1200–1045 BC)*. Berkeley: University of California Press, 2000.

——. "Marks and Labels: Early Writing in Neolithic and Shang China." In Stark, ed., 2006, pp. 177–201.

Kelly, Christopher. *The End of Empire: Attila the Hun and the Fall of Rome*. New York: Norton, 2009.

Kennedy, David. *Freedom from Fear: The American People in Depression and War, 1929– 1945*. New York: Oxford University Press, 1999.

Kennedy, Hugh. *The Prophet and the Age of the Caliphates*. 2nd ed. London: Longmans, 2004a.

—— *When Baghdad Ruled the Muslim World: The Rise and Fall of Islam's Greatest Dynasty*. New York: Da Capo, 2004b.

——. *The Great Arab Conquests*. London: Da Capo, 2007.

Kennedy, Paul. *The Rise and Fall of British Naval Mastery*. London: Allen Lane, 1976.

——. *The Rise and Fall of the Great Powers*. New York: Vintage, 1987.

Kennedy, Robert F. *Thirteen Days: The Cuban Missile Crisis*. New York: Norton, 1969.

Kennett, Douglas, et al. "Nanodiamonds in the Younger Dryas Boundary Sediment Layer." *Science* 323 (2009), p. 94.

Kerr, Richard, et al. "Atlantic Climate Pacemaker for Millennia Past, Decades Hence?" *Science* 309 (2005), pp. 41–42.

Keynes, John Maynard. *A Treatise on Money*. London: Macmillan, 1930.

Keys, David. *Catastrophe: An Investigation into the Origins of Modern Civilization*. New York: Ballantine, 2000.

Khanna, Parag. *The Second World: Empires and Influence in the New Global Order*. New York: Random House, 2008.

Kirchner, Julius, and Karl Morrison, eds. *Medieval Europe*. Chicago: University of Chicago Press, 1986.

Kiser, Edgar, and Yong Cai. "War and Bureaucratization in Qin China." *American Sociological Review* 68 (2003), pp. 511–39.

—— "Early Chinese Bureaucratization in Comparative Perspective: Reply to Zhao."

American Sociological Review 69 (2004), pp. 608–12.

Kislev, Mordechai, et al. "Early Domesticated Fig in the Jordan Valley." *Science* 312 (2006), pp. 1372–74.

Kittler, Ralf, et al. "Molecular Evolution of *Pediculus Humanus* and the Origin of Clothing." *Current Biology* 13 (2003), pp. 1414–17.

Klein, Richard. *The Human Career*. 3rd ed. Chicago: University of Chicago Press, 2009.

Ko, Dorothy. *Cinderella's Sisters: A Revisionist History of Footbinding*. Berkeley: University of California Press, 2007.

Koepke, Nikola, and Joerg Baten. "The Biological Standard of Living in Europe During the Last Two Millennia." *European Review of Economic History* 9 (2005), pp. 61–95.

——. "Agricultural Specialization and Height in Ancient and Medieval Europe." *Explorations in Economic History* 45 (2008), pp. 127–46.

Kohl, Philip. *The Making of Bronze Age Eurasia*. Cambridge, UK: Cambridge University Press, 2007.

Konner, Melvin. *The Tangled Wing: Biological Constraints on the Human Spirit*. 2nd ed. New York: Holt, Reinhart, and Winston, 2002.

Koryakova, Ludmila, and Andrej Epimakhov. *The Urals and Western Siberia in the Bronze and Iron Ages*. Cambridge, UK: Cambridge University Press, 2007.

Kracke, Edward. *Civil Service in Sung China: 960–1076*. Cambridge, MA: Harvard University Press, 1968.

Kramer, Samuel Noah. *The Sumerians*. Chicago: University of Chicago Press, 1963.

Krause, Johannes, et al. "Neanderthals in Central Asia and Siberia." *Nature* 449 (2007a), pp. 902–904.

——. "The Derived FOXP2 Variant of Modern Humans was Shared with Neanderthals." *Current Biology* 17 (2007b), pp. 1908–12.

Krepinevich, Andrew. *7 Deadly Scenarios: A Military Futurist Explores War in the 21st Century*. New York: Bantam, 2009.

Krepon, Michael. *Better Safe Than Sorry: The Ironies of Living with the Bomb*. Stanford: Stanford University Press, 2008.

Krings, Matthias, et al. "Neanderthal DNA Sequences and the Origin of Modern Humans." *Cell* 90 (1997), pp. 19–30.

Kristiansen, Kristian, and Thomas Larsson. *The Rise of Bronze Age Society*. Cambridge, UK: Cambridge University Press, 2005.

Kron, Geof. "Anthropometry, Physical Anthropology, and the Reconstruction of Ancient Health, Nutrition, and Living Standards." *Historia* 54 (2005), pp. 68–83.

———. "The Use of Housing Evidence as a Possible Index of Social Equality and Prosperity in Classical Greece and Early Industrial England." Forthcoming.

Kuhn, Dieter. *The Age of Confucian Rule: The Song Transformation of China*. Cambridge, MA: Harvard University Press, 2009.

Kühn, Herbert. *On the Track of Prehistoric Man*. New York: Random House, 1955.

Kuhn, Thomas. *The Structure of Scientific Revolutions*. Chicago: University of Chicago Press, 1962.

Kuhrt, Amelie. *The Ancient Near East*. 2 vols. London: Routledge, 1995.

Kuijt, Ian, and Bill Finlayson. "Evidence for Food Storage and Predomestication Granaries 11,000 Years Ago in the Jordan Valley." *Proceedings of the National Academy of Sciences* 106 (2009), doi:10.1073/pnas.0812764106.

Kulikowski, Michael. *Rome's Gothic Wars: From the Third Century to Alaric*. Cambridge, UK: Cambridge University Press, 2006.

Kuper, Adam. *Anthropology and Anthropologists*. 2nd ed. London: Routledge, 1983.

Kurlantzick, Joshua. *Charm Offensive: How China's Soft Power Is Transforming the World*. New Haven, CT: Yale University Press, 2007.

Kurzweil, Ray. *The Singularity Is Near: When Humans Transcend Biology*. New York: Vintage, 2005.

Kuzmin, Yaroslav. "Chronology of the Earliest Pottery in East Asia." *Antiquity* 80 (2006), pp. 362–71.

Kvavadze, Eliso, and Simon Connor. "*Zelkova Carpinifolia* (Pallas) K. Koch in Holocene Sediments of Georgia—an Indicator of Climatic Optima." *Review of Palaeobotany and Palynology* 133 (2005), pp. 69–89.

Kylander, M., et al. "Refining the Pre-Industrial Atmospheric Pb Isotope Evolution Curve in Europe Using an 8000 Year Old Peat Core from NW Spain." *Earth and Planetary Science Letters* 240 (2005), pp. 467–85.

Kynge, James. *China Shakes the World: A Titan's Rise and Troubled Future*. New York: Houghton Mifflin, 2006.

Laiou, Angeliki, and Cécile Morrisson, eds. *The Byzantine Economy*. Cambridge, UK: Cambridge University Press, 2007.

Landes, David. *Revolution in Time: Clocks and the Making of the Modern World*. Cambridge, MA: Harvard University Press, 1983.

———. *The Wealth and Poverty of Nations: Why Some Are So Rich and Some Are So Poor*. New York: Norton, 1998.

———. *The Unbound Prometheus: Technological Change 1750 to the Present*. Rev. ed.

Cambridge, UK: Cambridge University Press, 2003.

Lane, Kris. *Pillaging the Empire: Piracy in the Americas, 1500–1750.* Armonk, NY: M. E. Sharpe, 1998.

Lane Fox, Robin. *Pagans and Christians.* New York: Harper and Row, 1986.

Langlois, John, ed. *China Under Mongol Rule.* Princeton: Princeton University Press, 1981.

Lanier, Jaron. "One Half of a Manifesto." *The Edge,* 2000 (http://www.edge.org/3rd_culture/lanier/lanier_index.html).

Lapidus, Ira. *A History of Islamic Societies.* 2nd ed. Cambridge, UK: Cambridge University Press, 2002.

Larkin, Philip. *Collected Poems.* New York: Farrar, Straus and Giroux, 2004.

Larsen, Clark. "Biological Changes in Human Populations with Agriculture." *Annual Review of Anthropology* 24 (1995), pp. 185–213.

———. "The Agricultural Revolution as Environmental Catastrophe." *Quaternary International* 150 (2006), pp. 12–20.

Larsen, Mogens, ed. *Power and Propaganda: A Symposium on Ancient Empires.* Copenhagen: Akademisk Forlag, 1979.

Latacz, Joachim. *Troy and Homer.* Oxford: Oxford University Press, 2004.

Latham, Ronald, trans. *Marco Polo: The Travels.* Harmondsworth, UK: Penguin, 1955.

Lattimore, Owen. *Inner Asian Frontiers of China.* New York: American Geographical Society, 1940.

Lau, D. C. *Mencius.* 2nd ed. Harmondsworth, UK: Penguin, 2003.

Le Roy Ladurie, Emmanuel. *The Peasants of Languedoc.* Trans. John Day. Urbana: University of Illinois Press, 1972.

Leakey, Richard, and Roger Lewin. *The Sixth Extinction: Patterns of Life and the Future of Mankind.* New York: Doubleday, 1995.

LeBlanc, Steven, and Katherine Register. *Constant Battles: Why We Fight.* New York: St. Martin's Press, 2003.

Lee, Gyoung-ah, et al. "Plants and People from the Early Neolithic to Shang Periods in North China." *Proceedings of the National Academy of Sciences* 104 (2007), pp. 1087–92.

Lee, James and Wang Feng. *One Quarter of Humanity: Malthusian Mythology and Chinese Realities.* Cambridge, MA: Harvard University Press, 1999.

Lee, Thomas, ed. *The New and the Multiple: Sung Senses of the Past.* Hong Kong: Chinese University Press, 2004.

Lee, Yun Kuan. "Special Section: The Xia-Shang-Zhou Chronology Project." *Journal of*

East Asian Archaeology 4 (2002), pp. 321–86.

Legge, James, ed. *The Chinese Classics* III: *The Shoo King*. London: Trübner, 1865. Repr. Hong Kong: Hong Kong University Press, 1960.

——. *The Chinese Classics* V: *The Ch'un Ts'ew and the Tso Chuen*. London: Trübner, 1872. Repr. Hong Kong: Hong Kong University Press, 1960.

Lehner, Mark. *The Complete Pyramids*. London: Thames and Hudson, 1997.

Leslie, D. D., and K. J. H. Gardiner. *The Roman Empire in Chinese Sources*. Rome: Bardi, 1996.

Levathes, Louise. *When China Ruled the Seas: The Treasure Fleet of the Dragon Throne, 1405–1433*. New York: Oxford University Press, 1994.

Lewis, Archibald. *Nomads and Crusaders, A.D. 1000–1368*. Bloomington: Indiana University Press, 1988.

Lewis, Mark. *Sanctioned Violence in Early China*. Albany: State University of New York Press, 1990.

——. *Writing and Authority in Early China*. Albany: State University of New York Press, 1999.

——. *The Early Chinese Empires: Qin and Han*. Cambridge, MA: Harvard University Press, 2007.

——. *China Between Empires: The Northern and Southern Dynasties*. Cambridge, MA: Harvard University Press, 2009a.

——. *China's Cosmopolitan Empire: The Tang Dynasty*. Cambridge, MA: Harvard University Press, 2009b.

Lewis, W. S., ed. *Horace Walpole's Correspondence* I. New Haven, CT: Yale University Press, 1941.

Lewis-Williams, David. *The Mind in the Cave*. London: Thames & Hudson, 2002.

Li, Feng. "Feudalism and the Western Zhou." *Harvard Journal of Asiatic Studies* 63 (2003), pp. 115–44.

——. *Landscape and Power in Early China: The Crisis and Fall of the Western Zhou, 1045–771 BC*. Cambridge, UK: Cambridge University Press, 2006.

——. *Bureaucracy and the State in Early China: Governing the Western Zhou*. Cambridge, UK: Cambridge University Press, 2009.

Li, Xueqin. *Eastern Zhou and Qin Civilization*. New Haven, CT: Yale University Press, 1985.

Li, Xueqin, et al. "The Earliest Writing?" *Antiquity* 77 (2003), pp. 31–44.

Lichtheim, Miriam, ed. *Ancient Egyptian Literature*. 3 vols. Berkeley: University of California Press, 1973–80.

Lieberman, Philip. "The Evolution of Human Speech." *Current Anthropology* 48 (2007), pp. 39–66.

Lieberman, Victor. *Beyond Binary Histories: Re-imagining Eurasia to c. 1830.* Ann Arbor: University of Michigan Press, 1999.

——. *Strange Parallels: Southeast Asia in Global Context, c. 800–1830.* Cambridge, UK: Cambridge University Press, 2003.

Lin, Tai-yi, trans. *Li Ju-chen, Flowers in the Mirror.* Berkeley: University of California Press, 1965.

Lin, Yusheng. *The Crisis of Chinese Consciousness: Radical Antitraditionalism in the May Fourth Era.* Madison: University of Wisconsin Press, 1979.

Little, Lester, ed. *Plague and the End of Antiquity: The Pandemic of 541–750.* Cambridge, UK: Cambridge University Press, 2007.

Liu, Li. "Ancestor Worship: An Archaeological Investigation of Ritual Activities in Neolithic North China." *Journal of East Asian Archaeology* 2 (2000), pp. 129–64.

——. *The Chinese Neolithic.* Cambridge, UK: Cambridge University Press, 2004.

——. "The Emergence of Sedentism in China." In Markus Reindel et al., eds., *Sedentism: Worldwide Research Perspectives for the Shift of Human Societies from Mobile to Settled Ways of Life.* Wiesbaden: Harrassowitz, 2010.

Liu, Li, and Xingcan Chen. *State Formation in Early China.* London: Routledge, 2003.

——. *The Archaeology of China.* Cambridge, UK: Cambridge University Press, 2010.

Liu, Li, and Hong Xu. "Rethinking Erlitou: Legend, History, and Chinese Archaeology." *Antiquity* 81 (2007), pp. 886–91.

Liu, Li, et al. "Evidence for the Early Beginning (c. 9000 cal. BP) of Rice Domestication in China." *The Holocene* 17 (2007), pp. 1059–68.

Liu, Xinru. *Ancient India and Ancient China: Trade and Religious Exchanges 100–600.* Oxford: Oxford University Press, 1988.

Liu, Xiaohong, et al. "Dendroclimatic Temperature Record Derived from Tree-Ring Width and Stable Carbon Isotope Chronologies in the Middle Qilian Mountains, China." *Arctic, Antarctic, and Alpine Research* 39 (2007), pp. 651–57.

Liverani, Mario, ed. *Akkad, the First World Empire.* Padua: Sargon, 1993.

——, ed. *Neo-Assyrian Geography.* Rome: Eisenbrauns, 1995.

——. *International Relations in the Ancient Near East, 1600–1100 BC.* New York: Palgrave, 2001.

——. *Israel's History and the History of Israel.* London: Equinox, 2005.

———. *Uruk: The First City*. London: Equinox, 2006.
Lloyd, Geoffrey. *The Ambitions of Curiosity: Understanding the World in Ancient Greece and China*. Cambridge, UK: Cambridge University Press, 2002.
———. *Cognitive Variations: Reflections on the Unity and Diversity of the Human Mind*. New York: Oxford University Press, 2007.
Lloyd, Geoffrey, and Nathan Sivin. *The Way and the Word: Science and Medicine in Early China and Greece*. New Haven, CT: Yale University Press, 2002.
Loewe, Michael. *The Government of the Qin and Han Empires, 221 BCE–220 CE*. Indianapolis: Hachett, 2006.
Lordkipanidze, David, et al. "Postcranial Evidence from Early *Homo* from Dmanisi, Georgia." *Nature* 449 (2007), pp. 305–10.
Lorge, Peter. *War, Politics and Society in Early Modern China, 900–1795*. London: Routledge, 2005.
Loud, G. *The Age of Robert Guiscard: Southern Italy and the Norman Conquest*. London: Longman, 2000.
Lovell, Julia. *The Great Wall: China Against the World, 1000 BC–AD 2000*. London: Atlantic Books, 2006.
Luckenbill, D. D. *Ancient Records of Assyria and Babylonia* I. Chicago: University of Chicago Press, 1926.
Maalouf, Amin. *The Crusades Through Arab Eyes*. New York: Shocken, 1984.
Maas, Michael, ed. *The Cambridge Companion to the Age of Justinian*. Cambridge, UK: Cambridge University Press, 2005.
MacCullagh, Diarmaid. *The Reformation: A History*. New York: Penguin, 2003.
MacKellar, Landis. "Pandemic Influenza: A Review." *Population and Develop-ment Review* 33 (2007), pp. 429–51.
MacMillan, Margaret. *Paris 1919: Six Months That Changed the World*. New York: Random House, 2002.
———. *Nixon and Mao: The Week That Changed the World*. New York: Random House, 2008.
MacMullen, Ramsay. *Christianizing the Roman Empire*. New Haven, CT: Yale University Press, 1984.
———. *Corruption and the Decline of Rome*. New Haven, CT: Yale University Press, 1988.
Maddison, Angus. *The World Economy: Historical Statistics*. Paris: Organisation for Economic Co-operation and Development, 2003.
———. *Growth and Interaction in the World Economy: The Roots of Modernity*.

Washington, DC: American Enterprise Institute Press, 2005.

——. *Asia in the World Economy 1500–2030*. Canberra: Australian National University Press, 2006.

——. *Chinese Economic Performance in the Long Run: 960–2030*. 2nd ed. Paris: Organisation for Economic Co-operation and Development, 2007.

Madelung, Wilferd. *The Succession to Muhammad: A Study in the Early Caliphate*. Cambridge, UK: Cambridge University Press, 1997.

Major, Candace, et al. "The Co-Evolution of Black Sea Level and Composition Through Deglaciation and Its Paleoclimatic Significance." *Quaternary Science Reviews* 25 (2006), pp. 2031–47.

Malinowksi, Bronislaw. *A Diary in the Strict Sense of the Term*. New York: Harcourt, Brace, and World, 1967.

Mandelbaum, Michael. *The Case for Goliath: How America Acts as the World's Government in the 21st Century*. New York: Public Affairs, 2005.

Mangini, A., et al. "Reconstruction of Temperature in the Central Alps During the Past 2000 yr from a δ18O Stalagmite Record." *Earth and Planetary Science Letters* 235 (2005), pp. 741–51.

——. "Persistent Influence of the North Atlantic Hydrography on Central European Winter Temperature During the Last 9000 Years." *Geophysical Research Letters* 34 (2007), pp. 10.1029/2006GL028600.

Manica, Andrea, et al. "The Effect of Ancient Population Bottlenecks on Human Phenotypic Variation." *Nature* 448 (2007), pp. 346–48.

Mann, James. *Rise of the Vulcans: The History of Bush's War Cabinet*. New York: Penguin, 2004.

——. *The China Fantasy*. New York: Penguin, 2008.

Manning, J. G., and Ian Morris, eds. *The Ancient Economy: Evidence and Models*. Stanford: Stanford University Press, 2005.

Manz, Beatrice Forbe. *The Rise and Rule of Tamerlane*. Cambridge, UK: Cambridge University Press, 1989.

Marks, Robert. *Tigers, Rice, Silk, and Silt: Environment and Economy in Late Imperial South China*. Cambridge, UK: Cambridge University Press, 1998.

Marshall, Fiona, and Elisabeth Hildebrand. "Cattle Before Crops." *Journal of World Prehistory* 16 (2002), pp. 99–143.

Martin, Geoffrey. *All Possible Worlds: A History of Geographical Thought*. 4th ed. New York: Oxford University Press, 2005.

Matthew, Donald. *The Norman Kingdom of Sicily*. Cambridge, UK: Cambridge

University Press, 1992.

Matthews, John, and David Herbert, eds. *Unifying Geography*. London: Routledge, 2004.

Mattila, Raiji. *The King's Magnates: A Study of the Highest Officials of the Neo-Assyrian Empire*. Helsinki: Neo-Assyrian Text Corpus Project, 2000.

Mattson, Ingrid. *The Story of the Qur'an*. Oxford: Blackwell, 2007.

Maynard-Smith, John, and Richard Dawkins. *The Theory of Evolution*. 3rd ed. Cambridge, UK: Cambridge University Press, 2008.

Mazumdar, Sucheta. *Sugar and Society in China: Peasants, Technology, and the World Market*. Cambridge, MA: Harvard University Press, 1998.

McAnany, Patricia, and Norman Yoffee, eds. *Questioning Collapse: Human Resilience, Ecological Vulnerability, and the Aftermath of Empire*. Cambridge, UK: Cambridge University Press, 2010.

McBrearty, Sally, and Alison Brooks. "The Revolution That Wasn't: New Interpretation of the Origin of Modern Human Behavior." *Journal of Human Evolution* 39 (2000), pp. 453–563.

McClellan, Thomas. "Early Fortifications: The Missing Walls of Jericho." *Baghdader Mitteilungen* 18 (2006), pp. 593–610.

McCormick, Michael. *Origins of the European Economy: Communications and Commerce, AD 300–900*. Cambridge, UK: Cambridge University Press, 2001.

McGilchrist, Iain. *The Master and His Emissary: The Divided Brain and the Making of the Western World*. New Haven: Yale University Press, 2009.

McGrail, Séan. *Boats of the World from the Stone Age to Medieval Times*. Oxford: Oxford University Press, 2004.

McKibben, Bill. *Enough: Staying Human in an Engineered Age*. New York: Times Books, 2003.

McKitterick, Rosamund. *The Early Middle Ages: Europe, 400–1000*. Oxford: Oxford University Press, 2001.

McMullen, David. *State and Scholars in T'ang China*. Cambridge, UK: Cambridge University Press, 1988.

McNeill, William. *Plagues and Peoples*. New York: Viking, 1976.

———. *The Pursuit of Power*. Chicago: University of Chicago Press, 1982.

Mendle, Michael. *The Putney Debates of 1647: The Army, the Levellers and the English State*. Cambridge, UK: Cambridge University Press, 2001.

Menzies, Gavin. *1421: The Year China Discovered the World*. New York: Bantam, 2002.

———. *1434: The Year a Magnificent Chinese Fleet Sailed to Italy and Ignited the Renaissance.* New York: Bantam, 2008.

Merton, Robert. "Priorities in Scientific Discovery: A Chapter in the Sociology of Science." *American Sociological Review* 22 (1957), pp. 635–59.

Meskill, John, ed. *Ch'oe Pu's Diary: A Record of Drifting Across the Sea.* Tucson: University of Arizona Press, 1965.

Michalowski, Piotr. *The Lamentation Over the Destruction of Sumer and Ur.* Winona Lake, IN: Eisenbrauns, 1989.

Millett, Kate. *Sexual Politics.* New York: Abacus, 1970.

Mills, J. V. G., ed. *Ma Huan, "Overall Survey of the Ocean's Shores" [1433].* Cambridge, UK: Cambridge University Press, 1970.

Mills, J. V. G., and Roderich Ptak, eds. *Hsing-Ch'a Sheng-Lan, The Overall Survey of the Star Raft by Fei Hsin.* Wiesbaden: Harrassowitz Verlag, 1996.

Mintz, Sidney. *Sweetness and Power: The Place of Sugar in Modern History.* New York: Viking, 1985.

Mithen, Steven. *The Prehistory of the Mind: The Cognitive Origins of Art and Science.* London: Thames & Hudson, 1996.

———. *After the Ice: A Global Human History, 20,000–5000 BC.* Cambridge, MA: Harvard University Press, 2003.

———. *The Singing Neanderthals: The Origin of Music, Language, Mind and Body.* London: Weidenfeld and Nicholson, 2005.

Mokyr, Joel. *The Lever of Riches: Technological Creativity and Economic Progress.* New York: Oxford University Press, 1990.

———. "Editor's Introduction: The New Economic History and the Industrial Revolution." In Joel Mokyr, ed., *The British Industrial Revolution: An Economic Perspective,* pp. 1–127. Boulder, CO: Westview Press, 1999.

———. *The Gifts of Athena: Historical Origins of the Knowledge Economy.* Princeton: Princeton University Press, 2002.

Momssen, Theodor, and Karl Morrison. *Imperial Lives and Letters of the Eleventh Century.* New York: Columbia University Press, 1962.

Moore, Andrew, Gordon Hillman, and A. J. Legge. *Village on the Euphrates.* New York: Oxford University Press, 2000.

Moore, Gordon. "Cramming More Components onto Integrated Circuits." *Electronics* 38.8 (April 19, 1965), pp. 114–17. Available at ftp://download.intel.com/ research/silicon/moorespaper.pdf.

———. "Our Revolution." 1999. Available at http://www.sia-online.org/downlo

ads/Moore.pdf.

———."No Exponential Is Forever ... But We Can Delay 'Forever.' " Paper presented at the International Solid State Circuits Conference, February 10, 2003. Available at ftp://download.intel.com/research/silicon/Gordon_Moore_ISSCC_021 003.pdf.

Moore, Robert. *The Formation of a Persecuting Society: Power and Deviance in Western Europe, 950–1250.* Oxford: Blackwell, 1987.

———. *The First European Revolution, c. 970–1215.* Oxford: Blackwell, 2000.

Morean, Curtis, et al. "Early Human Use of Marine Resources and Pigment in South Africa During the Middle Pleistocene." *Nature* 449 (2007), pp. 905–908.

Morgan, David. *Medieval Persia 1040–1797.* London: Longman, 1988.

Morgan, Edmund. *American Slavery, American Freedom.* New York: Norton, 1975.

Morgan, Leah, and Paul Renne. "Diachronous Dawn of Africa's Middle Stone Age: New ^{40}Ar/^{39}Ar Ages from the Ethiopian Rift." *Geology* 36 (2008), pp. 967–70.

Morishima, Michio. *Why Has Japan "Succeeded"?* Cambridge, UK: Cambridge University Press, 1982.

Morowitz, Harold. *The Emergence of Everything: How the World Became Complex.* New York: Oxford University Press, 2004.

Morris, Ian. "Economic Growth in Ancient Greece." *Journal of Institutional and Theoretical Economics* 160 (2004), pp. 709–48.

———. "The Athenian Empire (478–404 BC)." Princeton/Stanford Working Papers in Classics no. 120508, 2005. http://www.princeton.edu/~pswpc/index.html.

Morris, Ian, and Barry Powell. *The Greeks: History, Culture, and Society.* 2nd ed. Upper Saddle River, NJ: Prentice-Hall, 2009.

Morris, Ian, and Walter Scheidel, eds. *The Dynamics of Ancient Empires.* New York: Oxford University Press, 2009.

Morris, Ian, and Sebastiano Tusa. "Scavi sull'acropoli di Monte Polizzo, 2000–2003."*Sicilia Archeologica* 38 (2004), pp. 35–90.

Morrison, Karl. *Understanding Conversion.* Charlottesville: University of Virginia Press, 1992.

Morris-Suzuki, Tessa. *The Technological Transformation of Japan: From the Seventeenth to the Twenty-First Century.* New York: Cambridge University Press, 1994.

Morton, Oliver. *Eating the Sun: How Plants Power the Planet.* New York: Harper, 2007.

Morwood, Mike, and Penny van Oostersee. *A New Human: The Startling Discovery and*

Strange Story of the "Hobbits" of Flores, Indonesia. New York: Left Coast, 2007.

Mote, Frederick. *Imperial China, 900–1800.* Berkeley: University of California Press, 1999.

Muckle, Peter, trans. *The Story of Abelard's Adversities.* Toronto: Pontifical Institute of Mediaeval Studies, 1964.

Mühlenbock, Christian. *Fragments from a Mountain Society: Tradition, Innovation, and Interaction at Archaic Monte Polizzo, Sicily.* Gothenburg: University of Gothenburg Press, 2008.

Murphey, Rhoads. *Ottoman Warfare.* London: Routledge, 1999.

Mutschler, Fritz-Heiner, and Achim Mittag, eds. *Conceiving the Empire: China and Rome Compared.* New York: Oxford University Press, 2009.

Naam, Ramez. *More Than Human: Embracing the Promise of Biological Enhancement.* New York: Broadway, 2005.

Naquin, Susan, and Evelyn Rawski. *Chinese Society in the Eighteenth Century.* New Haven, CT: Yale University Press, 1987.

Naroll, Raoul. "A Preliminary Index of Social Development." *American Anthropologist* 58 (1956), pp. 687–715.

National Intelligence Council. *Mapping the Global Future.* Washington, DC: Government Printing Office, 2004. Available at http://www.foia.cia.gov/2020/2020.pdf.

———. *Global Trends 2025: A Transformed World.* Washington, DC: Government Printing Office, 2008. Available at http://www.dni.gov/nic/NIC_2025_project.html.

Naughton, Barry. *Growing Out of the Plan: Chinese Economic Reform, 1978–1993.* Cambridge, UK: Cambridge University Press, 1995.

Needham, Joseph. *Science and Civilisation in China* IV: *Physics and Physical Technology.* Part 3: *Civil Engineering and Nautics.* Cambridge, UK: Cambridge University Press, 1971.

Needham, Joseph, Ho Ping-yü, Lu Gwei-djen, and Wang Ling. *Science and Civilisation in China* V. *Chemistry and Chemical Technology.* Part 7: *Military Technology; The Gunpowder Epic.* Cambridge, UK: Cambridge University Press, 1986.

Neisser, Ulric, ed. *The Rising Curve: Long-Term Gains in IQ and Related Measures.* New York: American Psychological Association, 1998.

Nelson, Sarah. *The Archaeology of Korea.* Cambridge, UK: Cambridge University Press, 1993.

Nichols, F. M. *The Epistles of Erasmus.* London: Longmans, Green, 1901.

Nicolle, David, Stephen Turnbull, and John Haldon. *The Fall of Constantinople: The*

Ottoman Conquest of Byzantium. London: Osprey, 2007.

Nienhauser, William. *The Grand Scribe's Records* I. Bloomington: Indiana University Press, 1994.

Nisbett, Richard. *The Geography of Thought: How Asians and Westerners Think Differently... and Why*. New York: Free Press, 2003.

Nixon, Richard. "Asia After Viet Nam." *Foreign Affairs* 46 (1967), pp. 111–45.

Nordhaus, William. "A Review of the *Stern Review* on the Economics of Climate." *Journal of Economic Literature* 45 (2007), pp. 686–702.

Norris, Robert, and Hans Kristensen. "Chinese Nuclear Forces, 2008." *Bulletin of the Atomic Scientists* 64.2 (2008) pp. 42–45.

——"Worldwide Deployments of Nuclear Weapons, 2009." *Bulletin of the Atomic Scientists* 65.6 (2009a) pp. 74–81.

——US Nuclear Warheads, 1945–2009." *Bulletin of the Atomic Scientists* 65.4 (2009b) pp. 72–81.

——"Russian Nuclear Forces, 2010." *Bulletin of the Atomic Scientists* 66.1 (2010) pp. 74–81.

North, Douglass. *Structure and Change in Economic History*. New York: Norton, 1981.

North, Douglass, John Wallis, and Barry Weingast. *Violence and Social Orders: A Conceptual Framework for Interpreting Recorded Human History*. Cambridge, UK: Cambridge University Press, 2009.

Norton, Christopher, and Kidong Bae. "The Movius Line Sensu Lato (Norton et al., 2006) Further Assessed and Defined." *Journal of Human Evolution* 55 (2008), pp. 1148–50.

Norwich, John Julius. *The Normans in Sicily*. London: Penguin, 1992.

Nur, Amos, and Eric Cline. "Poseidon's Horses: Plate Tectonics and Earthquake Storms in the Late Bronze Age Aegean and Eastern Mediterranean." *Journal of Archaeological Science* 27 (2000), pp. 43–63.

O'Connell, J., and F. Allen. "Dating the Colonization of Sahul (Pleistocene Australia–New Guinea): A Review of Recent Research." *Journal of Archaeological Science* 31 (2004), pp. 835–53.

O'Donnell, James. *The Ruin of the Roman Empire*. New York: Ecco, 2008.

Ober, Josiah. *Political Dissent in Democratic Athens*. Princeton: Princeton University Press, 1998.

Oded, B. *Mass Deportations and Deportees in the Neo-Assyrian Empire*. Wiesbaden: Harrassowitz Verlag, 1979.

Oppo, Delia, et al. "2,000-Year-Long Temperature and Hydrology Reconstruc-tions from the Indo-Pacific Warm Pool." *Nature* 460 (2009), pp. 1113–16 (doi:10.1038/nature08233).

Oren, Michael. *Power, Faith, and Fantasy: America in the Middle East, 1776 to the Present.* New York: Norton, 2007.

Ortner, Sherry. "Theory in Anthropology Since the Sixties." *Comparative Studies in Society and History* 26 (1984), pp. 126–66.

Otterbein, Keith. *How War Began.* College Station: Texas A&M University Press, 2004.

Outram, Alan, et al. "The Earliest Horse Harnessing and Milking." *Science* 323 (2009), pp. 1332–35.

Outram, Dorinda. *The Enlightenment.* 2nd ed. Cambridge, UK: Cambridge University Press, 2005.

Overy, Richard. *Why the Allies Won.* New York: Norton, 1995.

Owen, Norman, et al. *The Emergence of Modern Southeast Asia.* Honolulu: University of Hawaii Press, 2005.

Paine, S. C. M. *The Sino-Japanese War of 1894–1895.* Cambridge, UK: Cambridge University Press, 2003.

Palmer, Martin, Elizabeth Breuilly, Chang Wei Ming, and Jay Ramsay. *The Book of Chuang Tzu.* Harmondsworth, UK: Penguin, 2006.

Paludan, Ann. *Chronicle of the Chinese Emperors.* London: Thames & Hudson, 1998.

Pamuk, Sevket. "The Black Death and the Origins of the 'Great Divergence' Across Europe, 1300–1600." *European Review of Economic History* 11 (2007), pp. 289–317.

Papademetriou, Demetrios, and Aaron Terrazas. *Immigrants and the Current Economic Crisis: Research Evidence, Policy Challenges, and Implications.* Washington, DC: Migration Policy Institute, 2009. Available at www.migrationpolicy.org.

Parker, A. J. *Ancient Shipwrecks of the Mediterranean and Roman Provinces.* Oxford: British Archaeological Reports, 1992.

Parker, Geoffrey. *The Military Revolution: Military Innovation and the Rise of the West, 1500–1800.* 2nd ed. Cambridge, UK: Cambridge University Press, 1996.

———. *The Thirty Years' War.* 2nd ed. Cambridge, UK: Cambridge University Press, 1997.

———. *The World Is Not Enough: The Imperial Vision of Philip II of Spain.* Waco, TX: Baylor University Press, 2001.

———. *The World Crisis, 1635–1665.* New York: Basic Books, 2009.

Parpola, Simo, ed. *Assyria 1995: Proceedings of the Tenth Anniversary Symposium of the Neo-Assyrian Text Corpus Project.* Helsinki: Neo-Assyrian Text Corpus

Project, 1997.

Parsons, Talcott. *Societies: Evolutionary and Comparative Perspectives*. Engle-wood Cliffs, NJ: Prentice-Hall, 1966.

Patterson, James. *Grand Expectations: The United States, 1945–1974*. New York: Oxford University Press, 1997.

———. *Restless Giant: The United States from Watergate to Bush vs. Gore*. New York: Oxford University Press, 2005.

Pearce, Fred. *When the Rivers Run Dry. Water—the Defining Crisis of the 21st Century*. Boston: Beacon Press, 2007.

———. *With Speed and Violence: Why Scientists Fear Tipping Points in Climate Change*. Boston: Beacon Press, 2008.

Pearce, Scott, Audrey Spiro, and Patricia Ebrey, eds. *Culture and Power in the Reconstitution of the Chinese Realm, 200–600*. Cambridge, MA: Harvard University Press, 2001.

Peng, Ke. "Coinage and Commercial Development in Classical China, 550–221 BCE." Unpublished PhD dissertation, University of Chicago, 1999.

Perdue, Peter. *China Marches West: The Qing Conquest of Central Eurasia*. Cambridge, MA: Harvard University Press, 2005.

Perkins, Dwight. *Agricultural Development in China 1368–1968*. Chicago: Aldine, 1969.

Perkovich, George, and Dominick Zaum. *Abolishing Nuclear Weapons*. London: International Institute for Strategic Studies, Adelphi Paper 396, 2008.

Perrin, Noel. *Giving Up the Gun: Japan's Reversion to the Sword, 1543–1879*. Boston: Godine, 1979.

Perry, John, and Bardwell Smith, eds. *Essays on T'ang Society*. Leiden: E. J. Brill, 1976.

Peters, Francis. *Muhammad and the Origins of Islam*. Albany: State University of New York Press, 1994.

Petraglia, Michael, and Ceri Shipton. "Large Cutting Tool Variation West and East of the Movius Line." *Journal of Human Evolution* 55 (2008), pp. 962–66.

Piggott, Joan. *The Emergence of Japanese Kingship*. Stanford: Stanford University Press, 1997.

Pincus, Steve. *1688: The First Modern Revolution*. New Haven: Yale University Press, 2009.

Pines, Yuri. 2002. *Foundations of Confucian Thought: Intellectual Life in the Chunqiu Period, 722–453 BCE*. Honolulu: University of Hawaii Press, 2002.

Pinker, Steven. *How the Mind Works*. New York: Norton, 1997.

Pluciennik, Mark. *Social Evolution*. London: Duckworth, 2005.

Pohl, Mary, et al. "Microfossil Evidence for Pre-Columbian Maize Dispersals in the Neotropics from San Andrés, Tabasco, Mexico." *Proceedings of the National Academy of Sciences* 104 (2007), pp. 6870–75.

Pollard, Helen. *Tariacuri's Legacy: The Prehispanic Tarascan State*. Norman: University of Oklahoma Press, 1993.

Pollock, Susan. *Ancient Mesopotamia*. Cambridge, UK: Cambridge University Press, 1999.

Pomeranz, Kenneth. *The Great Divergence: China, Europe, and the Making of the Modern World Economy*. Princeton: Princeton University Press, 2000.

Popper, Karl. *Conjectures and Refutations*. London: Routledge, 1963.

Portal, Jane, ed. *The First Emperor: China's Terracotta Army*. London: British Museum, 2007.

Porter, Andrew, ed. *The Oxford History of the British Empire* III: *The Nineteenth Century*.Oxford: Oxford University Press, 2001.

Porter, Roy, ed. *The Cambridge History of Science* IV: *The Eighteenth Century*. Cambridge, UK: Cambridge University Press, 2003.

Postgate, Nicholas. *Early Mesopotamia: Society and Economy at the Dawn of History*. Cambridge, UK: Cambridge University Press, 1993.

Potts, Dan. *The Archaeology of Elam: Formation and Transformation in an Ancient Iranian State*. Cambridge, UK: Cambridge University Press, 1999.

Pourshariati, Parvaneh. *The Decline and Fall of the Sasanian Empire*. London: I. B. Tauris, 2008.

Powell, Adam, Stephen Shennan, and Mark Thomas. "Late Pleistocene Demography and the Appearance of Modern Human Behavior." *Science* 324 (2009), p. 1298 (doi: 10.1126/science.1170165).

Powell, Barry. *Writing: Theory and History of the Technology of Civilization*. Oxford: Blackwell, 2009.

Preston, Diana. *The Boxer Rebellion*. New York: Berkley Books, 1999.

Price, Simon. *Rituals and Power: The Roman Imperial Cult in Asia Minor*. Cambridge, UK: Cambridge University Press, 1984.

Pritchard, James B., ed. *Ancient Near Eastern Texts Relating to the Old Testament*. 3rd ed. Princeton: Princeton University Press, 1969.

Provan, Iain, V. Philips Long, and Tremper Longman. *A Biblical History of Israel*. Louisville, KY: Westminster John Knox Press, 2003.

Puett, Michael. *To Become a God: Cosmology, Sacrifice, and Self-Divinization in Early*

China. Cambridge, MA: Harvard University Press, 2002.

Qian, Weihong, and Zhu, Yafen. "Little Ice Age Climate Near Beijing, China, Inferred from Historical and Stalagmite Records." *Quaternary Research* 57 (2002), pp. 109–19.

Qiao, Yu. "Devevlopment of Complex Societies in the Yiluo Region: A GIS-Based Population and Agricultural Area Analysis." *Bulletin of the Indo-Pacific Prehistory Association* 27 (2007), pp. 61–75.

Quattrocchi, Angelo, and Tom Nairn. *The Beginning of the End: France, May 1968*. London: Penguin, 1968.

Rawson, Jessica. *Western Zhou Ritual Bronzes from the Arthur M. Sackler Collections*. 2 vols. Cambridge, MA: Harvard University Press, 1990.

Ray, Debraj. *Development Economics*. Princeton: Princeton University Press, 1998.

Razeto, Anna. 2008. "Life in the Ghetto: Urban Living in Han China and the Ro-man Mediterranean." Unpublished paper delivered at the conference "State Power and Social Control in Ancient China and Rome," Stanford University, March 19, 2008.

Redford, Donald. *Egypt, Canaan, and Israel in Ancient Times*. Princeton: Princeton University Press, 1992.

Renfrew, Colin. *The Archaeology of Cult*. London: British School at Athens, 1985.

———. *Archaeology and Language*. London: Pelican, 1987.

Renfrew, Colin, and Katie Boyle, eds. *Archaeogenetics*. Cambridge, UK: Cambridge University Press, 2000.

Renfrew, Colin, and Iain Morley, eds. *Becoming Human: Innovation in Prehistoric Material and Spiritual Culture*. Cambridge, UK: Cambridge University Press, 2009.

Reynolds, David. *One World Divisible: A Global History Since 1945*. New York: Norton, 2000.

Richards, Jay, et al. *Are We Spiritual Machines? Ray Kurzweil vs. the Critics of Strong A.I.* Seattle: Discovery Institute, 2002.

Richards, John. *Unending Frontier: An Environmental History of the Early Modern World*. Berkeley: University of California Press, 2003.

Richardson, Lewis Fry. *Statistics of Deadly Quarrels*. Pacific Grove, CA: Boxwood Press, 1960.

Richerson, Peter, Robert Boyd, and Robert Bettinger. "Was Agriculture Impossible During the Pleistocene but Mandatory During the Holocene?" *American Antiquity* 66 (2001), pp. 387–411.

Riesman, David. *Abundance for What?* Garden City, NY: Doubleday, 1964.

Rifkin, Jeremy. 1998. *The Biotech Century: Harnessing the Gene and Remaking the World.* New York: Tarcher, 1998.

Riley, James. *Rising Life Expectancy: A Global History.* Cambridge, UK: Cambridge University Press, 2001.

Roberts, Andrew. *The Storm of War: A New History of the Second World War.* London: Allen Lane, 2009.

Roberts, Neil. *The Holocene.* Oxford: Blackwell, 1998.

Robinson, James, ed. *The Emergence of the Modern World: Comparative History and Science.* New York: Cambridge University Press, 2010.

Roco, Mihail, and William Bainbridge. "Converging Technologies for Improving Human Health: Nanotechnology, Biotechnology, Information Technology, and Cognitive Science." Washington, DC: National Science Foundation, 2002 (http://www.wtec.org/ConvergingTechnologies/1/NBIC_report.pdf).

Roetz, Heiner. *Confucian Ethics of the Axial Age.* Albany: State University of New York Press, 1993.

Rogers, Clifford, ed. *The Military Revolution Debate.* Boulder, CO: Westview Press, 1995.

Rose, Steven. *The Future of the Brain: The Promise and Perils of Tomorrow's Neuroscience.* Oxford: Oxford University Press, 2006.

Rosen, Arlene. "The Role of Environmental Change in the Development of Complex Societies in Early China." *Bulletin of the Indo-Pacific Prehistory Association* 27 (2007), pp. 39–48.

Rosen, Stanley. *Justinian's Flea: Plague, Empire, and the Birth of Europe.* New York: Viking, 2007.

Rosenfeld, Gavriel. *The World Hitler Never Made.* Cambridge, UK: Cambridge University Press, 2005.

Ross, James Bruce and Mary Martin McLaughlin, eds. *The Portable Renaissance Reader.* New York: Penguin, 1953.

Rossabi, Morris. *Khubilai Khan: His Life and Times.* Berkeley: University of California Press, 1988.

Rothman, Mitchell, ed. *Uruk Mesopotamia and Its Neighbors.* Santa Fe, NM: School of American Research, 2001.

Rowe, William. *Saving the World: Chen Hongmou and Elite Consciousness in EighteenthCentury China.* Stanford: Stanford University Press, 2001.

——. *China's Last Empire: The Great Qing.* Cambridge, MA: Harvard University Press, 2009.

Rozman, Gilbert. *Urban Networks in Ching China and Tokugawa Japan*. Princeton: Princeton University Press, 1973.

Runciman, Steven. *The Fall of Constantinople, 1453*. Cambridge, UK: Cambridge University Press, 1990.

Russell, Peter. *Prince Henry "The Navigator": A Life*. New Haven, CT: Yale University Press, 2000.

Ryan, William, and Walter Pitman. *Noah's Flood*. New York: Simon and Schuster, 1999.

Sahlins, Marshall. "La première société d'abondance." *Les temps modernes* 268 (1968), pp. 641–80.

———. *Stone Age Economics*. Chicago: Aldine, 1972.

———. *Culture in Practice*. New York: Zone Books, 2005.

Sakharov, Andrei. "The Danger of Thermonuclear War." *Foreign Affairs* 61 (1983), pp. 1001–1016.

Saliba, George. *Islamic Science and the Making of the European Renaissance*. Cambridge, MA: Harvard University Press, 2007.

Sallares, Robert. 2007. "Ecology." In Walter Scheidel et al., eds., *The Cambridge Economic History of the Greco-Roman World*, pp. 15–37. Cambridge, UK: Cambridge University Press, 2007.

Saller, Richard. "Framing the Debate on the Ancient Economy." In J. G. Manning and Ian Morris, eds., *The Ancient Economy*, pp. 223–38. Stanford: Stanford University Press, 2005.

Sanchez-Mazas, Alicia, ed. *Past Human Migrations in East Asia: Matching Archaeology, Linguistics, and Genetics*. London: Routledge, 2008.

Sandbrook, Dominic. *Never Had It So Good: A History of Britain from Suez to the Beatles*. London: Abacus, 2005.

Sanderson, Stephen. *Evolutionism and Its Critics*. Boulder, CO: Westview Press, 2007.

Sarris, Peter. "The Justinianic Plague: Origins and Effects." *Continuity and Change* 17 (2002), pp. 169–82.

———. *Economy and Society in the Age of Justinian*. Cambridge, UK: Cambridge University Press, 2006.

Savage-Rumbaugh, Sue, and Roger Lewin. *Kanzi: The Ape at the Brink of the Human Mind*. New York: Wiley, 1994.

Savolainen, Peter, et al. "Genetic Evidence for an East Asian Origin of Domestic Dogs." *Science* 298 (2002), pp. 1610–13.

Saxenian, AnnaLee. *Regional Advantage: Culture and Competition in Silicon Valley and Route 128*. Cambridge, MA: Harvard University Press, 1994.

Scheidel, Walter. *Death on the Nile: Disease and the Demography of Roman Egypt.* Leiden: E. J. Brill, 2001.

———. "A Model of Demographic and Economic Change in Roman Egypt After the Antonine Plague." *Journal of Roman Archaeology* 15 (2002), pp. 97–114.

———. "A Model of Real Income Growth in Roman Italy." *Historia* 56 (2007), pp. 322–46.

———. "Real Wages in Ancient and Medieval Economies: Evidence for Living Standards from 2000 BCE to 1300 CE," 2008. http://www.princeton.edu/~pswpc/index.html.

———, ed. *Rome and China: Comparative Perspectives on Ancient World Empires.* New York: Oxford University Press, 2009a.

———. "The Monetary Systems of the Han and Roman Empires." In Walter Scheidel, ed., *Rome and China*, pp. 137–207. New York: Oxford University Press, 2009b.

———. "In Search of Roman Economic Growth." *Journal of Roman Archaeology* 22, 2009c, pp. 46–70.

———. "Studying the State." In Peter Bang and Walter Scheidel, eds., *The Oxford Handbook to the Ancient State*. Oxford: Oxford University Press, forthcoming.

Scheidel, Walter, Ian Morris, and Richard Saller, eds. *The Cambridge Economic History of the Greco-Roman World.* Cambridge, UK: Cambridge University Press, 2007.

Schettler, G., and R. Romer. "Atmospheric Pb-Pollution by Pre-Medieval Mining Detected in the Sediments of the Brackish Karst Lake An Loch Mor, Western Ireland." *Applied Geochemistry* 21 (2006), pp. 58–82.

Schmandt-Besserat, Denise. " 'Ain Ghazal 'Monumental' Figures." *Bulletin of the American Schools of Oriental Research* 310 (1998), pp. 1–17.

Scholz, Christopher, et al. "East African Megadroughts Between 135 and 75 Thousand Years Ago and Bearing on Early-Modern Human Origins." *Proceedings of the National Academy of Sciences* 104 (2007), pp. 16416–21.

Schwartz, Benjamin. *The World of Thought in Ancient China.* Cambridge, MA: Harvard University Press, 1985.

Schwartz, Benjamin, ed. *Wisdom, Revelation, and Doubt: Perspectives on the First Millennium BC.* Special edition of *Daedalus*, spring 1975.

Schwartz, Glenn, ed. *After Collapse.* Tucson: University of Arizona Press, 2006.

Service, Elman. *Primitive Social Organization.* 1st ed. New York: Random House, 1962.

Shang, Hong, et al. "An Early Modern Human Tooth from Tianyuan Cave, Zhoukoudian, China." *Proceedings of the National Academy of Sciences* 104 (2007), pp. 6573–78.

Shankman, Steven, and Stephen Durant, eds. *The Siren and the Sage: Knowledge and*

Wisdom in Ancient Greece and China. London: Cassell, 2000.

Shanks, Michael, and Christopher Tilley. *Social Theory and Archaeology*. Cambridge: Polity Press, 1987.

Shapin, Steve. 1994. *A Social History of Truth: Credibility and Science in Seventeenth-Century England*. Chicago: University of Chicago Press, 1994.

———. *The Scientific Revolution*. Chicago: University of Chicago Press, 1996.

Shaughnessy, Edward. "Historical Perspectives on the Introduction of the Chariot into China." *Harvard Journal of Asiatic Studies* 48 (1988), pp. 189–237.

———. *Sources of Western Zhou History: Inscribed Bronze Vessels*. Berkeley: University of California Press, 1991.

———. *Before Confucius: Studies in the Creation of the Chinese Classics*. Albany: State University of New York Press, 1997.

Shaw, Brent. "Seasons of Death: Aspects of Mortality in Imperial Rome." *Journal of Roman Studies* 86 (1996), pp. 100–138.

Sheehan, James. *Where Have All the Soldiers Gone?* Boston: Houghton Mifflin, 2008.

Shelmerdine, Cynthia, ed. *The Cambridge Companion to the Aegean Bronze Age*. Cambridge, UK: Cambridge University Press, 2008.

Shen, Guanjen, et al. "U-Series Dating of Liujiang Hominid Site in Guangxi, Southern China." *Journal of Human Evolution* 43 (2002), pp. 817–29.

———. "Mass Spectrometric U-Series Dating of Liabin Hominid Site in Guangxi, Southern China." *Journal of Archaeological Science* 34 (2007), pp. 2109–14.

Shiba, Yoshinobu, and Mark Elvin. *Commerce and Society in Sung China*. Ann Arbor: University of Michigan Press, 1970.

Shklovskii, Iosif, and Carl Sagan. *Intelligent Life in the Universe*. San Francisco: Holden-Day, 1966.

Shlaes, Amity. *The Forgotten Man: A New History of the Great Depression*. New York: HarperCollins, 2007.

Sim, May. *Remastering Morals with Aristotle and Confucius*. Cambridge, UK: Cambridge University Press, 2007.

Simms, Brendan. *Three Victories and a Defeat: The Rise and Fall of the First British Empire*. New York: Basic Books, 2008.

Sing, Chew. *The Recurring Dark Ages*. Walnut Creek, CA: AltaMira Press, 2007.

Singer, P. W. *Wired for War: The Robotics Revolution and Conflict in the 21st Century*. New York: Penguin, 2009.

Sivin, Nathan. "Why the Scientific Revolution Did Not Take Place in China—Or Didn't It?" *Chinese Science* 5 (1982), pp. 45–66.

Slicher van Bath, B. H. *The Agrarian History of Western Europe, AD 500–1850*. London: Arnold, 1963.

Smelser, Neil, and Richard Swedberg, eds. *The Handbook of Economic Sociology*. 2nd ed. New York: Russell Sage Foundation, 2005.

Smil, Vaclav. *General Energetics: Energy in the Biosphere and Civilization*. New York: Wiley, 1991.

——. *Energy in World History*. Boulder, CO: Westview Press, 1994.

——. *Creating the Twentieth Century: Technical Innovations of 1867–1914 and Their Lasting Impact*. New York: Oxford University Press, 2005.

——. *Transforming the Twentieth Century: Technical Innovations and Their Consequences*. New York: Oxford University Press, 2006.

——. *Global Catastrophes and Trends: The Next Fifty Years*. Cambridge, MA: MIT Press, 2008.

Smith, Adam. "Writing at Anyang." Unpublished PhD dissertation, University of California–Los Angeles, 2008.

Smith, Dennis. *Japan Since 1945: The Rise of an Economic Superpower*. London: St. Martin's Press, 1995.

Smith, Grafton Elliot. *The Migrations of Early Culture*. Manchester, UK: Manchester University Press, 1915.

Smith, Michael. *The Aztecs*. 2nd ed. Oxford: Blackwell, 2003.

Smith, Paul. *Taxing Heaven's Storehouse: Bureaucratic Entrepreneurship and the Sichuan Tea and Horse Trade, 1074–1224*. Cambridge, MA: Harvard University Press, 1991.

——. "Do We Know as Much as We Need to About the Song Economy? Observations on the Economic Crisis of the Twelfth and Thirteenth Centuries." *Journal of Sung-Yuan Studies* 24 (1994), pp. 327–33.

Smith, Paul, and Richard von Glahn, eds. *The Song-Yuan-Ming Transition in Chinese History*. Cambridge, MA: Harvard University Press, 2003.

Smith, Richard. *Chinese Maps: Images of "All Under Heaven."* New York: Oxford University Press, 1996.

Snell, Daniel, ed. *A Companion to the Ancient Near East*. Oxford: Blackwell, 2007.

So, Jenny. *Eastern Zhou Ritual Bronzes from the Arthur M. Sackler Collections*. Washington, DC: Smithsonian Institution, 1995.

So, Kwan-wai. *Japanese Piracy in Ming China During the 16th Century*. East Lansing: Michigan State University Press, 1975.

Spence, Jonathan. *Emperor of China: Self-Portrait of K'ang-hsi*. New York:

Vintage, 1974.

——. *The Memory Palace of Matteo Ricci*. New York: Penguin, 1983.

——. *The Search for Modern China*. New York: Norton, 1990.

——. *God's Chinese Son*. New York: Norton, 1996.

Spencer, Herbert. "Progress: Its Law and Cause." *Westminster Review* 67 (1857), pp. 445–85.

Stark, Miriam, ed. *Archaeology of Asia*. Oxford: Blackwell, 2006.

Stathakopoulos, Dionysios. *Famine and Pestilence in the Late Roman and Early Byzantine Empire*. Burlington, VT: Ashgate, 2004.

Steffens, Lincoln. *The Letters of Lincoln Steffens* I. New York: Harcourt, Brace, & Co., 1938.

Steinhardt, Paul, and Neil Turok. *Endless Universe: Beyond the Big Bang*. New York: Broadway Books, 2007.

Stern, Nicholas. *The Economics of Climate Change: The Stern Review*. Cambridge, UK: Cambridge University Press, 2006. Available at http://www.occ.gov.uk/activities/stern.htm.

Stevens, Carol. *Soldiers on the Steppe: Army Reform and Social Change in Early Modern Russia*. DeKalb: Northern Illinois University Press, 1995.

Stevenson, David. *Cataclysm: The First World War as Political Tragedy*. New York: Basic Books, 2004.

Stewart, Larry. *The Rise of Public Science*. Cambridge, UK: Cambridge University Press, 1992.

Stigler, Stephen. "Stigler's Law of Eponymy." In Thomas Gieryn, ed., *Science and Social Structure*, pp. 147–57. New York: New York Academy of Sciences, 1980.

Strachan, Hew. *The First World War*. New York: Penguin, 2005.

Strassberg, Richard. "Trying On Glasses." In Ronald Pittis and Susan Henders, eds., *Macao: Mysterious Decay and Romance*, pp. 204–205. Hong Kong: Oxford University Press, 1997.

Strauss, Barry. *The Trojan War*. New York: Simon and Schuster, 2006.

Struve, Lynn. *Voices from the Ming-Qing Cataclysm*. New Haven, CT: Yale University Press, 1993.

——, ed. *The Qing Formation in World-Historical Time*. Cambridge, MA: Harvard University Press, 2004.

Subrahmanyam, Sanjay. "The Birth-Pangs of Portuguese Asia: Revisiting the Fateful 'Long Decade,' 1498–1509." *Journal of Global History* 2 (2007), pp. 261–80.

Sugihara, Kaoru. "The East Asian Path of Economic Development: A Long-Term

Perspective." In Giovanni Arrighi, Takeshi Hamashita, and Mark Selden, eds., *The Resurgence of East Asia: 500, 150, and 50 Year Perspectives*, pp. 78–123. New York: Routledge, 2003.

Sunstein, Cass. *Worst-Case Scenarios*. Cambridge, MA: Harvard University Press, 2007.

Swain, Carol, ed. *Debating Immigration*. Cambridge, UK: Cambridge University Press, 2007.

Swope, Kenneth. "Crouching Tigers, Secret Weapons: Military Technology Employed During the Sino-Japanese-Korean War, 1592–1598." *Journal of Military History* 69 (2005), pp. 11–42.

Sypeck, Jeff. *Becoming Charlemagne: Europe, Baghdad, and the Empires of A.D. 800*. New York: Harper, 2006.

Tetlock, Philip, and Aaron Belkin, eds. *Counterfactual Thought Experiments in World Politics*. Princeton: Princeton University Press, 1996.

Tetlock, Philip, Richard Ned Lebow, and Geoffrey Parker, eds. *Unmaking the West: "What-If" Scenarios That Rewrite World History*. Ann Arbor: University of Michigan Press, 2006.

Thomas, Chris, et al. "Extinction Risk from Climate Change." *Nature* 427 (2004), pp. 145–48.

Thomson, R. W. *The Armenian History Attributed to Sebeos*. Liverpool, UK: Liverpool University Press, 1999.

Thompson, E. P. *The Making of the English Working Class*. London: Penguin, 1963.

——. *Customs in Common: Studies in Traditional Popular Culture*. London: Merlin, 1991.

Thorp, Robert. *China in the Early Bronze Age*. Philadelphia: University of Pennsylvania Press, 2006.

Tillman, Hoyt, and Stephen West, eds. *China Under Jurchen Rule*. Albany: State University of New York Press, 1995.

Tilly, Charles. *Coercion, Capital, and European States, AD 990–1990*. Oxford: Blackwell, 1992.

Tocheri, Matthew, et al. "The Primitive Wrist of *Homo floresiensis* and Its Implications for Hominin Evolution." *Science* 317 (2007), pp. 1743–45.

Toon, O., et al. "Environmental Perturbations Caused by the Impact of Asteroids and Comets." *Review of Geophysics* 35 (1997), pp. 41–78.

Tooze, Adam. *The Wages of Destruction: The Making and Breaking of the Nazi Economy*. New York: Penguin, 2006.

Torr, Dona, ed. *Marx on China, 1855–1860: Articles from the "New York Daily*

Tribune." London: Lawrence & Wishart, 1951.

Totman, Conrad. *Early Modern Japan*. Berkeley: University of California Press, 1993.

——. *A History of Japan*. Oxford: Blackwell, 2000.

Tracy, James, ed. *The Rise of Merchant Empires: Long-Distance Trade in the Early Modern World, 1350–1750*. Cambridge, UK: Cambridge University Press, 1990.

——, ed. *The Political Economy of Merchant Empires*. Cambridge, UK: Cam-bridge University Press, 1991.

——. *The Founding of the Dutch Republic: War, Finance, and Politics in Holland, 1572–1588*. Oxford: Oxford University Press, 2008.

Trigger, Bruce. *A History of Archaeological Thought*. 2nd ed. Cambridge, UK: Cambridge University Press, 1995.

——. *Sociocultural Evolution*. Oxford: Blackwell, 1998.

Trimble, Jennifer. *Replicating Women in the Roman Empire*. Cambridge, UK: Cambridge University Press, 2009.

Tsai, Shih-shan. *Perpetual Happiness: The Ming Emperor Yongle*. Seattle: University of Washington Press, 2001.

Tsunoda, Ryusaku, William de Bary, and Donald Keene, trans. *Sources of Japanese Tradition*. 2 vols. New York: Columbia University Press, 1964.

Tuchmann, Barbara. *The Guns of August*. London: Macmillan, 1962.

——. *A Distant Mirror: The Calamitous Fourteenth Century*. New York: Ballantine, 1978.

——. *The March of Folly: From Troy to Vietnam*. New York: Ballantine, 1984.

Turchin, Peter. "A Theory for Formation of Large Empires." *Journal of Global History* 4 (2009), pp. 191–217.

Twain, Mark. *Autobiography* I. New York: Harper, 1924.

Twitchett, Denis. "Population and Pestilence in T'ang China." In Wolfgang Bauer, ed., *Studia Sino-Mongolica: Festschrift für Herbert Franke*, pp. 35–68. Wiesbaden: Harrassowitz Verlag, 1979.

Twitchett, Denis, and Michael Loewe, eds. *The Cambridge History of China*, volume 1. Cambridge, UK: Cambridge University Press, 1986.

Tyerman, Christopher. *God's War: A New History of the Crusades*. Cambridge, MA: Harvard University Press, 2006.

Uglow, Jenny. *The Lunar Men*. New York: Farrar, Straus and Giroux, 2002.

Underhill, Anne, et al. "Regional Survey and the Development of Complex Societies in Southeast Shandong, China." *Antiquity* 76 (2002), pp. 745–55.

Underhill, Peter, et al. "The Phylogeography of Y Chromosome Binary Haplotypes and the Origins of Modern Human Populations." *American Journal of Human Genetics* 65 (2001), pp. 43–62.

United Nations Human Development Programme. *Human Development Report 2009. Overcoming Barriers: Human Mobility and Development*. New York: United Nations Development Programme, 2009. http://hdr.undp.org/en/.

United Nations Organization. *2003 Energy Statistics Yearbook*. New York: United Nations Organization, 2006.

Upton, Anthony. *Europe, 1600–1789*. London: Arnold, 2001.

Ur, Jason, et al. "Early Urban Development in the Near East." *Science* 317 (2007), pp. 1188–89.

van Bavel, Bas, and Jan Luiten van Zanden. "The Jump-Start of the Holland Economy During the Late-Medieval Crisis, c. 1350–c. 1500." *Economic History Review* 57 (2004), pp. 502–32.

van Creveld, Martin. *The Rise and Decline of the State*. Cambridge, UK: Cambridge University Press, 1999.

van de Mieroop, Marc. *A History of the Ancient Near East*. 2nd ed. Oxford: Blackwell, 2007.

van Zanden, Jan Luiten. "The 'Revolt of the Early Modernists' and the 'First Modern Economy': An Assessment." *Economic History Review* 55 (2002), pp. 619–41.

Vanaeren, Marian, et al. "Middle Paleolithic Shell Beads in Israel and Algeria." *Science* 312 (2006), pp. 1785–88.

Verhulst, Adriaan. *The Carolingian Economy*. Cambridge, UK: Cambridge University Press, 2002.

Vermeij, Geert. *Nature: An Economic History*. Princeton: Princeton University Press, 2004.

Voight, Benjamin, et al. "A Map of Recent Positive Selection in the Human Genome." *Public Library of Science Biology* 4 (2006), e72.

von Däniken, Erich. *Chariots of the Gods? Was God an Astronaut?* New York: Putnam's, 1968.

von Falkenhausen, Lothar. *Suspended Music: Chime Bells in the Culture of Bronze Age China*. Berkeley: University of California Press, 1993a.

———. "On the Historiographical Orientation of Chinese Archaeology." *Antiquity* 67 (1993b), pp. 839–49.

———. *Chinese Society in the Age of Confucius (1000–250 BC): The Archae-ological Evidence*. Los Angeles: Cotsen Institute of Archaeology, 2006.

von Glahn, Richard. *The Country of Streams and Grottoes: Expansion, Settlement, and the Civilizing of the Sichuan Frontier in Song Times*. Cambridge, MA: Harvard University Press, 1987.

———. *Fountain of Fortune: Money and Monetary Policy in China, 1000–1700*. Berkeley: University of California Press, 1996.

———. "Revisiting the Song Monetary Revolution." *International Journal of Asian Studies* 1 (2004), pp. 159–78.

von Verschuer, Charlotte. *Across the Perilous Sea: Japanese Trade with China and Korea from the Seventh to the Sixteenth Centuries*. Ithaca, NY: Cornell University Press, 2006.

Voth, Hans-Joachim. "The Longest Years: New Estimates of Labor Inputs in England, 1760–1830." *Journal of Economic History* 61 (2001), pp. 1065–82.

Wagner, Donald. *Iron and Steel in Ancient China*. Leiden: E. J. Brill, 1993.

———. "The Administration of the Iron Industry in Eleventh-Century China." *Journal of the Economic and Social History of the Orient* 44 (2001a), pp. 175–97.

———. "Blast Furnaces in Song-Yuan China." *East Asian Science, Technology, and Medicine* 18 (2001b), pp. 41–74.

———. *The State and the Iron Industry in Han China*. Copenhagen: Nordic Institute of Asian Studies, 2001c.

———. *Science and Civilisation in China* V. *Chemistry and Chemical Technology*. Part 11: *Ferrous Metallurgy*. Cambridge, UK: Cambridge University Press, 2008.

Waley, Arthur. *The Book of Songs*. New York: Houghton Mifflin, 1937.

———. "The Fall of Lo-yang." *History Today* 1 (1951), pp. 7–10.

———. *The Opium War Through Chinese Eyes*. London: George Allen & Unwin, 1958.

———. *Chinese Poems*. London: Unwin, 1961.

Waley, Daniel. *The Italian City-Republics*. 3rd ed. London: Weidenfeld and Nicolson, 1988.

Walker, Paul. *Exploring an Islamic Empire: Fatimid History and its Sources*. London: I. B. Tauris, 2002.

Walmsley, Alan. *Early Islamic Syria*. London: Routledge, 2007.

Wang, Eric, et al. "Recent Acceleration of Human Adaptive Evolution." *Proceedings of the National Academy of Sciences* 104 (2007), pp. 20753–58.

Wang, Gungwu. *Divided China: Preparing for Reunification, 883–947*. Singapore: National University of Singapore University, 2007.

Wang, Mingke. "From the Qiang Barbarians to the Qiang Nationality: The Making of a New Chinese Boundary." In Shu-min Huang and Cheng-kuang Hsu, eds.,

Imagining China: Regional Division and National Unity, pp. 43–80. Taipei: Academica Sinica, 1999.

Wang, Xiaoqing. "The Upper Paleolithic Longwangcan Site at Yichuan in Shaanxi." *Chinese Archaeology* 8 (2008), pp. 32–36.

Wang, Zhongshu. *Han Civilization*. New Haven, CT: Yale University Press, 1982.

Ward, Steven, and Erik Asphaug. "Asteroid Impact Tsunami: A Probabilistic Hazard Assessment." *Icarus* 145 (2000), pp. 64–78.

Ward-Perkins, Bryan. *The Fall of Rome and the End of Civilization*. Oxford: Oxford University Press, 2005.

Watson, Andrew. *Agricultural Innovation in the Early Islamic World*. Cambridge, UK: Cambridge University Press, 1982.

Watson, Burton. *The Tso Chuan*. New York: Columbia University Press, 1989.

———. *Records of the Grand Historian: Han Dynasty* I. Rev. ed. New York: Columbia University Press, 1993.

Weber, Max. *The Protestant Ethic and the Spirit of Capitalism*. New York: Scribner's, 1958. First published in German, 1905.

Webb, Stephen. *If the Universe Is Teeming with Aliens . . . Where is Everybody? Fifty Solutions to Fermi's Paradox and the Problem of Extraterrestrial Life*. New York: Springer, 2002.

Weinberg, Gerhard. *A World at Arms: A Global History of World War II*. 2nd ed. Cambridge, UK: Cambridge University Press, 2005.

Weiss, Harvey, et al. "The Genesis and Collapse of North Mesopotamian Civilization." *Science* 261 (1993), pp. 995–1004.

Wengrow, David. *The Archaeology of Early Egypt*. Cambridge, UK: Cambridge University Press, 2006.

Wertime, Theodore, and James Muhly, eds. *The Coming of the Age of Iron*. New Haven, CT: Yale University Press, 1980.

Westad, Odd Arne. *The Global Cold War*. Cambridge, UK: Cambridge University Press, 2005.

Wheeler, Mortimer. *Still Digging: Adventures in Archaeology*. London: Pan, 1955.

White, Leslie. *The Science of Culture*. New York: Farrar, Straus, 1949.

White, Richard. *"It's Your Misfortune and None of My Own": A New History of the American West*. 2nd ed. Norman: University of Oklahoma Press, 1993.

Whittaker, C. R. *Frontiers of the Roman Empire*. Baltimore: Johns Hopkins University Press, 1994.

Whittow, Mark. *The Making of Byzantium, 600–1025*. Berkeley: University of

California Press, 1996.

Wickham, Chris. *Framing the Early Middle Ages: Europe and the Mediterranean 400–800*. Oxford: Oxford University Press, 2005.

———. *The Inheritance of Rome: Illuminating the Dark Ages, 400–1000*. New York: Viking, 2009.

Wiesner-Hanks, Merry. *Early Modern Europe 1450–1789*. Cambridge, UK: Cambridge University Press, 2006.

Wilhelm, Gernot. *The Hurrians*. Warminster, UK: Aris and Philips, 1989.

Wilkinson, Toby. *Genesis of the Pharaohs*. London: Routledge, 2003.

Willcox, George, et al. "Early Holocene Cultivation Before Domestication in Northern Syria." *Vegetation History and Archaeobotany* 17 (2008), pp. 313–25.

Williams, Michael. *Deforesting the Earth*. Chicago: University of Chicago Press, 2003.

Wills, John. *1688: A Global History*. New York: Norton, 2002.

Wilson, Andrew. "Indicators for Roman Economic Growth." *Journal of Roman Archaeology* 22, 2009, pp. 46–61.

Wilson, Dominic, and Anna Stupnytska. *The N-11: More Than an Acronym*. Goldman Sachs Global Economics Paper no. 153, March 28, 2007. Available at https://portal.gs.com.

Wilson, Edward O. *Sociobiology: The New Synthesis*. 25th anniversary ed. Cambridge MA: Harvard University Press, 2000.

Wilson, Peter. *The Thirty Years War: Europe's Tragedy*. Cambridge, MA: Harvard University Press, 2009.

Winchester, Simon. *The Man Who Loved China*. New York: Harper, 2008.

Wolpoff, Milford. *Human Evolution*. New York: McGraw-Hill, 1996.

Wolpoff, Milford, and Rachel Caspari. *Race and Human Evolution: A Fatal Attraction*. New York: Simon and Schuster, 2002.

Wong, Bin. *China Transformed: Historical Change and the Limits of European Experience*. Ithaca, NY: Cornell University Press, 1997.

Wood, Frances. *The Silk Road: Two Thousand Years in the Heart of Asia*. Berkeley: University of California Press, 2002.

Wood, James. "A Theory of Preindustrial Population Dynamics." *Current Anthropology* 39 (1998), pp. 99–135.

Woodhouse, A. S. P., ed. *Puritanism and Liberty*. Chicago: University of Chicago Press, 1938.

Wozniak, Steve, and Gina Smith. *iWoz: Computer Geek to Cult Icon*. New York: Norton, 2007.

Wrangham, Richard. *Catching Fire: How Cooking Made Us Human*. New York: Basic Books, 2009.

Wright, Arthur. *The Sui Dynasty: The Unification of China, AD 581–617*. New York: Knopf, 1978.

Wright, Arthur, and Denis Twitchett, eds. *Perspectives on the T'ang*. New Haven, CT: Yale University Press, 1973.

Wrigley, E. A. *Continuity, Chance, and Change: The Character of the Industrial Revolution in England*. Cambridge, UK: Cambridge University Press, 2000.

Wu, Hung. *Monumentality in Early Chinese Art and Architecture*. Stanford: Stanford University Press, 1995.

Xie, C. Z., et al. "Evidence of Ancient DNA Reveals the First European Lineage in Iron Age Central China." *Proceedings of the Royal Society B: Biological Sciences* 274 (2007), pp. 1597–1601.

Xiong, Victor. *Sui-Tang Chang'an: A Study in the Urban History of Medieval China*. Ann Arbor: University of Michigan Press, 2000.

———. *Emperor Yang of the Sui Dynasty*. Albany: State University of New York Press, 2006.

Yamada, Shigeo. *The Construction of the Assyrian Empire*. Leiden: E. J. Brill, 2000.

Yang, B., et al. "General Characteristics of Temperature Variation in China During the Last Two Millennia." *Geophysical Research Letters* 29 (2002), 10.1029/2001GL014485.

Yang, Liensheng. "Notes on the Economic History of the Chin [Jin] Dynasty." In Liensheng Yang, *Studies in Chinese Institutional History*, pp. 119–97. Cambridge, MA: Harvard University Press, 1961.

Yang, Xiaoneng, ed. *New Perspectives on China's Past: Chinese Archaeology in the Twentieth Century*. 2 vols. New Haven, CT: Yale University Press, 2004.

Yanko-Hombach, Virginia, et al., eds. *The Black Sea Flood Question: Changes in Coastline, Climate, and Human Settlement*. Leiden: E. J. Brill, 2007.

Yates, Robin, et al. *Military Culture in Imperial China*. Cambridge, MA: Harvard University Press, 2009.

Yergin, Daniel. *The Prize: The Epic Quest for Oil, Money, and Power*. New York: Free Press, 1992.

Yergin, Daniel, and Joseph Stanislaw. *The Commanding Heights: The Battle for the World Economy*. Rev. ed. New York: Free Press, 2002.

Yinxu Archaeological Team. "The Shang Bronze Foundry-Site at Xiaomintun in Anyang City." *Chinese Archaeology* 8 (2008), pp. 16–21.

Youlton, John, ed. *The Blackwell Companion to the Enlightenment*. Oxford: Blackwell, 1992.

Yuan, Jing. "The Origins and Development of Animal Domestication in China." *Chinese Archaeology* 8 (2008), pp. 1–7.

Yuan, Jing, and Rowan Flad. "Pig Domestication in Ancient China." *Antiquity* 76 (2002), pp. 724–32.

Zakaria, Fareed. *The Post-American World*. New York: Norton, 2008.

Zeman, Adam. *A Portrait of the Brain*. New Haven, CT: Yale University Press, 2008.

Zhang, De'er. "Evidence for the Existence of the Medieval Warm Period in China."*Climatic Change* 26 (1994), pp. 289–97.

Zhang, E., et al. "Quantitative Reconstruction of the Paleosalinity at Qinghai Lake in the Past 900 Years." *Chinese Science Bulletin* 49 (2004), pp. 730–34.

Zhang, Juzhong et al. "The Early Development of Music. Analysis of the Jiahu Bone Flutes." *Antiquity* 78 (2004), pp. 769–78.

Zhang, Lijia. *"Socialism Is Great!" A Worker's Memoir of the New China*. New York: Anchor, 2008.

Zhang, Xuelian, et al. "Establishing and Refining the Archaeological Chronologies of Xinzhai, Erlitou and Erligang Cultures." *Chinese Archaeology* 8 (2008), pp. 197–211.

Zhao, Dingxin. "Spurious Causation in a Historical Process: War and Bureaucratization in Early China." *American Sociological Review* 69 (2004), pp. 603–607.

———. *The Rise of the Qin Empire and Patterns of Chinese History*. Forthcoming.

Zheng, Bijian. "China's 'Peaceful Rise' to Great-Power Status." *Foreign Affairs* 84.5 (2005), pp. 18–24.

Zheng, Pingzhong, et al. "A Test of Climate, Sun, and Culture Relationships from an 1810-Year Chinese Cave Record." *Science* 322 (2008), pp. 940–42.

Zheng, Yongnian. *Will China Become Democratic? Elite, Class and Regime Transition*. Singapore: East Asian Institute, 2004.

Ziegler, Philip. *The Black Death*. New York: Harper, 1969.

Zilhao, João. "Neandertals and Modern Humans Mixed, and It Matters." *Evolutionary Anthropology* 15 (2006), pp. 183–95.

Zimansky, Paul. *Ecology and Empire: The Structure of the Urartian State*. Chicago: University of Chicago Press, 1985.

Zong, Yeng et al. "Fire and Flood Management of Coastal Swamp Enabled First Rice Paddy Cultivation in Eastern China." *Nature* 449 (2007), pp. 459–63.

Zürcher, Erik. *The Buddhist Conquest of China: The Spread and Adoption of Buddhism in Early Medieval China.* 3rd ed. Leiden: E. J. Brill, 2007.

Zweig, David, and Bi Jianhai. "China's Global Hunt for Energy." *Foreign Affairs* 84.5 (2005), pp. 25–38.